AI시대의

컴퓨터 개론

인공지능과
빅데이터를 위한
필수 교양서

| 강환수 • 조진형 • 신용현 • 강환일 공저 |

AI시대의

컴퓨터 개론

인공지능과 빅데이터를 위한 필수 교양서

인쇄 2023년 01월 13일 초판 2쇄
발행 2023년 01월 20일 초판 2쇄

저자 강환수, 조진형, 신용현, 강환일
발행인 성희령
기획팀 채희만 | **영업팀** 한석범, 최형진, 이호준 | **편집팀** 한혜인, 임유리 | **경영관리팀** 이승희
발행처 INFINITYBOOKS | **주소** 경기도 고양시 일산동구 하늘마을로 158, 대방트리플라온 C동 209호
대표전화 02)302-8441 | **팩스** 02)6085-0777

도서 문의 및 A/S 지원
홈페이지 www.infinitybooks.co.kr | **이메일** helloworld@infinitybooks.co.kr

ISBN 979-11-85578-95-8 | **등록번호** 제2021-000018호 | **판매정가** 29,000원

머리말

2016년 3월, 이세돌 기사와 알파고의 바둑 대회를 계기로 '인공지능'이란 용어는 우리 삶의 일부가 되었다. 인공지능(AI: Artificial Intelligence)은 사람이 생각하고 학습하며 문제를 해결하는 것처럼 인간의 학습능력과 추론능력, 지각능력, 자연언어의 이해능력 등의 지적 능력을 컴퓨터 하드웨어와 소프트웨어로 구현하는 기술이다. 제4차 산업혁명 시대의 핵심 기술인 인공지능의 발달로 우리 사회는 모든 사물이 스스로 사고능력을 지닌 지능형 사회로 빠르게 변화하고 있다. 또한, 코로나로 인해 비대면 전환이 가속화되면서 수업과 회의는 물론 친구들과의 담소도 줌(Zoom)이나 팀스(Teams)와 같은 비디오 화상회의 소프트웨어를 이용한다. 대학의 입학식과 가수의 신곡발표, 회사의 입사식 등도 3차원 사이버상의 메타버스 공간에서 하기도 한다. 향후 우리 삶에서 물리적 공간과 디지털 공간의 구분이 점점 더 모호해질 것이다. 저자는 인공지능 시대를 살아가는 우리가 제4차 산업혁명 시대의 첨단 정보기술을 파악하는 데 조금이나마 이해를 돕고자 이 책을 기획하였다. 이러한 기획 의도에 맞춰, 본서는 제4차 산업혁명 시대의 이해를 기반으로 인공지능과 메타버스, 컴퓨터에 대한 기초 지식을 학습하고 이 시대를 살아가는 우리들이 습득해야 할 컴퓨팅 사고력과 프로그래밍 언어를 학습할 수 있게 구성하였다. 또한 빅데이터, 사물인터넷, 자율주행, 가상현실과 증강현실, 블록체인 등의 첨단기술을 살펴보고 멀티미디어와 정보보안에 이르기까지 다양한 분야의 내용을 담고 있다.

본서는 대학에서 컴퓨터를 전공하는 학생들에게는 기본서로, 컴퓨터 비전공자에게는 일반 교양서로 이용할 수 있도록 구성하였다. 저자는 본서에서 제4차 산업혁명 시대의 인공지능과 메타버스 등 다양한 핵심기술 변화에 맞추어 학생이 알아야 중요한 개념을 설명하고, 다양하고 쉬운 그림으로 도식화하여 독자들이 이해하기 쉽게 설명하려고 노력하였다. 또한 본서를 교재로 강의하시는 교수님에게는 강의 흐름에 맞도록 내용과 단원을 구성하였으며, 관련 내용을 보다 쉽게 배우는 효과적인 학습 방안을 제시하려고 노력하였다. 저자는 다년간의 실무 프로젝트 개발 경험과 대학 및 교육 센터의 강의 경험을 기반으로 제4차 산업혁명 시대에 주목받고 있는 인공지능과 메타버스, 빅데이터, 사물인터넷 등 첨단기술과 컴퓨터 및 정보기술 개론 분야를 보다 쉽게 배울 수 있도록 이 책을 기획하고 저술하였다. 제4차 산업혁명 시대의 인공지능과 첨단 정보기술을 처음 접하는 독자에게 본서가 효과적인 학습 지침서가 되기를 희망한다.

2022년 2월

대표저자 **강 환 수**

본서의 특징

본서는 제4차 산업혁명 시대에 필요한 인공지능과 메타버스, 컴퓨터와 첨단 정보기술에 대한 기본 지식을 처음 학습하는 독자들에게 가능한 한 쉬운 해설로 빠른 시간에 관련 내용을 학습하여 기본 지식을 습득할 수 있는 길잡이가 되기 위한 지침서이다. 본서는 인공지능 시대의 이해, 컴퓨터 기초, 소프트웨어, 인터넷, 멀티미디어, 모바일 컴퓨팅 등의 기초적인 컴퓨터 지식에 대해 소개한다. 또한 제4차 산업혁명 시대의 필요 기술인 인공지능, 메타버스, 빅데이터, 사물인터넷, 가상현실과 증강현실, 자율주행과 드론, 지능형 로봇, 블록체인 등의 첨단기술과 정보보안 등에 이르기까지 다양하고 최신의 정보기술 내용을 담고 있다. 본서는 인공지능 시대를 살아가기 위해 우리가 알아야 할 컴퓨터와 첨단기술 내용을 기초부터 쉽게 해설하여 개념을 이해하도록 구성되었다. 특히 강단에서 다양한 컴퓨터와 정보기술 관련 강좌를 강의하면서 얻은 경험을 바탕으로 독자들이 어려워하는 부분을 보다 쉽게 해설하려고 노력하였다. 이러한 쉬운 해설을 위하여 다양한 그림과 표 등을 첨부하였으며 독자들의 이해 점검을 위하여 단원 마지막에 객관식 문제, 괄호 채우기 문제, 주관식 문제로 구성되는 내용 점검 문제를 준비하였다. 이 책을 통하여 독자 여러분이 마지막 단원까지 얻고자 하는 적절한 지식을 모두 얻을 수 있기를 간절히 기원한다.

- 인공지능의 이해, 컴퓨터 기초, 소프트웨어에서부터 웹, 멀티미디어, 모바일기술, 제4차 산업혁명의 첨단기술, 정보보안 등에 이르기까지 다양하고 최신의 정보기술 내용을 단원 13개로 구성
- 컴퓨터 개론 또는 정보기술 개론 강좌의 한 학기 강의에서 한 주에 한 단원의 학습에 적합하도록 단원 13개로 구성
- 쉬운 해설로 빠른 시간에 인공지능 시대에 필요한 컴퓨터 및 첨단기술 내용을 학습하여 최신 정보기술을 이해하기 위한 지침서
- 쉬운 설명을 위한 다양한 그림과 표, 팁을 효과적으로 구성
- 각 단원마다 학습자의 이해 증진을 위한 적절한 [객관식 문제], [괄호 채우기 문제]와 [주관식 문제]를 제공하여 학습자의 이해 증진 향상

본문 요소

본서는 13개의 단원으로 구성하였으며, 본문은 [표], [그림], [IT Story], [Tip] 등의 요소들을 활용해 설명하였다. 각 단원의 마지막에는 단원 점검 문제로 [객관식], [괄호 채우기], [주관식] 문제를 제공한다.

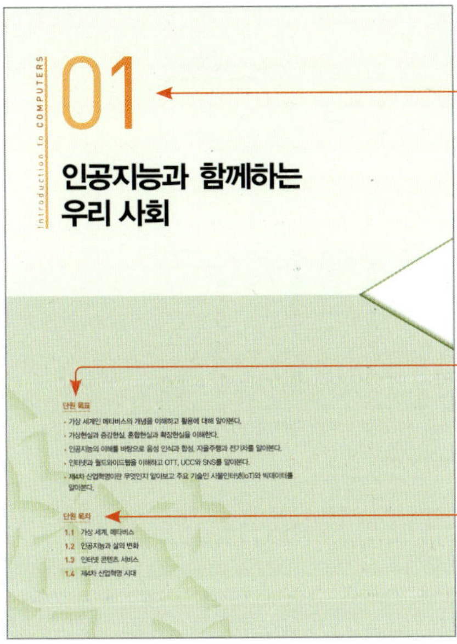

본서는 13개의 단원으로 구성하였다.

[단원 목표]에서는 학습해야 할 주요 내용을 기술한다.

단원 내부는 3~8개 수준의 목차로 구성된다.

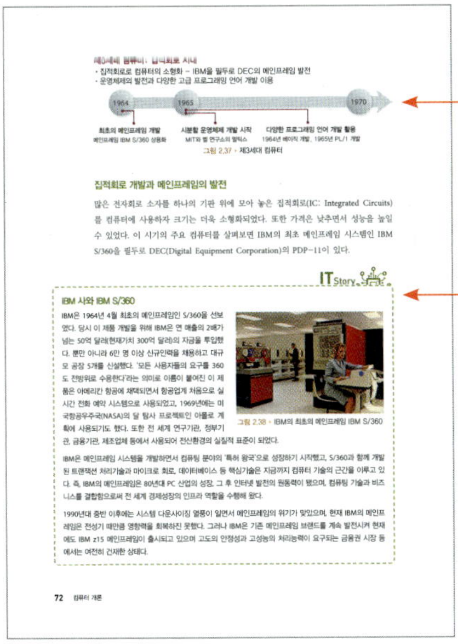

[그림]은 본문의 내용을 이해하기 쉽도록 그림으로 표현한다.

[IT Story]는 본문의 내용 중에서 자세한 설명이 필요한 주제에 대하여 설명하는 부분이다.

분문에서 다루지 못했던
참고 내용들을 별도의 팁으로
제공한다.

[표]는 본문의 보충 설명을
표로 정리하여 표현한다.

2010년 이후, 스마트폰의 대중화와 함께 태블릿(tablet) 등 모바일 기기 시장의 활성화와 소셜네트워크서비스(SNS), 메신저 서비스(messenger service), 클라우드 컴퓨팅(cloud computing), 공유경제 비즈니스(Sharing Economy business)가 유행하면서 새로운 IT 붐이 일고 있으며, 이는 스마트 혁명으로 이어져 우리의 삶에 많은 변화를 가져오고 있다.

2010년대의 스마트 혁명에서 경제 변화의 근간을 이루는 것은 기존의 소프트웨어 기업의 부상과 함께 2000년 이후에 창업한 신규 소프트웨어 기업의 부상이다.

이를 증명이라도 하듯 상장주식을 시가로 평가한 시가총액 기준으로 세계 순위를 알아보면 애플과 구글 등 정보기술 관련 회사가 상위권을 차지하고 있다. 중국의 인터넷 회사인 알리바바와 텐센트, 전기차로 유명한 테슬라가 10위 내에 있다.

2018년				2021년			
로고	기업	국가	시가총액 USD	로고	기업	국가	시가총액 USD
	애플		1조 50억 달러		애플		2조 1,390억 달러
	아마존		9,090억 달러		사우디 아람코		2조 520억 달러
	구글		8,620억 달러		마이크로소프트		1조 6,080억 달러
	마이크로소프트		8,350억 달러		아마존		1조 5,580억 달러
	페이스북		5,240억 달러		구글		1조 1,710억 달러
	버크셔 해서웨이		5,090억 달러		텐센트		7,920억 달러
	알리바바		4,650억 달러		테슬라		7,830억 달러
	텐센트		4,480억 달러		페이스북		7,150억 달러
	JP모건 체이스		3,910억 달러		알리바바		6,570억 달러
	존슨앤존슨		3,500억 달러		버크셔 해서웨이		5,470억 달러

그림 1.36 • 세계 시가총액 상위 10대 기업(2018년과 2021년 비교)

스마트 혁명과 생활의 변화

스마트폰이 대중화된 이후 유무선 네트워크가 빠르게 확산되어 누구나 스마트폰으로 카카오톡과 같은 메신저(messenger)와 소셜네트워크서비스(SNS) 등을 사용하고 있다. 즉 누구나 시공간 제약 없이 지속적으로 상호 의사소통이 가능한 개방형 네트워크 사회가 되었다. 또한 하드웨어와 소프트웨어 기술의 발전으로 주위 환경의 변화를 인식하고 반응하는 스마트폰과 태블릿 등의 스마트 기기의 발달과 빠른 확산으로 스마트 혁명을 맞고 있다.

30 컴퓨터 개론

내용 점검 문제는 [객관식], [괄호 채우기], [주관식]으로 구성되어 있다.

[객관식] 문제에서는 각 단원마다 내용에 대한 학습자의 이해도를 측정하기 위한 4지선다형 객관식 문제를 제공한다.

[괄호 채우기] 문제는 각 단원마다 내용에 대한 학습자의 이해도를 측정하기 위하여, 주요 용어 또는 개념에 관한 괄호 채우기 문제를 제공한다.

[주관식] 문제는 각 단원마다 내용에 대한 학습자의 이해도를 측정하기 위하여, 교재 내용 뿐만 아니라 교재에 없는 내용에 관한 문제도 제공한다.

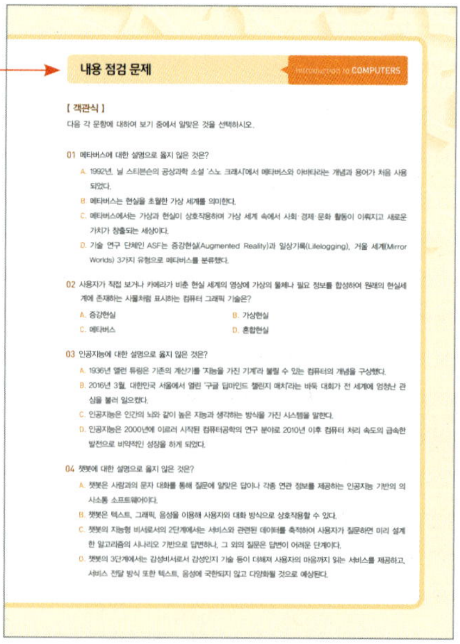

내용 점검 문제 Introduction to COMPUTERS

[객관식]

다음 각 문항에 대하여 보기 중에서 알맞은 것을 선택하시오.

01 메타버스에 대한 설명으로 옳지 않은 것은?

A. 1992년, 닐 스티븐슨의 공상과학 소설 '스노 크래시'에서 메타버스와 아바타라는 개념과 용어가 처음 사용되었다.
B. 메타버스는 현실을 초월한 가상 세계를 의미한다.
C. 메타버스에서는 가상과 현실이 상호작용하여 가상 세계 속에서 사회·경제·문화 활동이 이뤄지고 새로운 가치가 창출되는 세상이다.
D. 기술 연구 단체인 ASF는 증강현실(Augmented Reality)과 일상기록(Lifelogging), 거울 세계(Mirror Worlds) 3가지 유형으로 메타버스를 분류했다.

02 사용자가 직접 보거나 카메라가 비춘 현실 세계의 영상에 가상의 물체나 필요 정보를 합성하여 원래의 현실세계에 존재하는 사물처럼 표시하는 컴퓨터 그래픽 기술은?

A. 증강현실 B. 가상현실
C. 메타버스 D. 혼합현실

03 인공지능에 대한 설명으로 옳지 않은 것은?

A. 1936년 앨런 튜링은 기존의 계산기를 '지능을 가진 기계'라 불릴 수 있는 컴퓨터의 개념을 구상했다.
B. 2016년 3월, 대한민국 서울에서 열린 '구글 딥마인드 챌린지 매치'라는 바둑 대회가 전 세계에 엄청난 관심을 불러 일으켰다.
C. 인공지능은 인간의 뇌와 같이 높은 지능과 생각하는 방식을 가진 시스템을 말한다.
D. 인공지능은 2000년에 이르러 시작된 컴퓨터공학의 연구 분야로 2010년 이후 컴퓨터 처리 속도의 급속한 발전으로 비약적인 성장을 하게 되었다.

04 챗봇에 대한 설명으로 옳지 않은 것은?

A. 챗봇은 사람과의 문자 대화를 통해 질문에 알맞은 답이나 각종 연관 정보를 제공하는 인공지능 기반의 의사소통 소프트웨어이다.
B. 챗봇은 텍스트, 그래픽, 음성을 이용해 사용자와 대화 방식으로 상호작용할 수 있다.
C. 챗봇의 지능형 비서로서의 2단계에서는 서비스와 관련된 데이터를 축적하여 사용자가 질문하면 미리 설계한 알고리즘의 시나리오 기반으로 답변하나, 그 외의 질문은 답변이 어려운 단계이다.
D. 챗봇의 3단계에서는 감성비서로서 감성인지 기술 등이 더해져 사용자의 마음까지 읽는 서비스를 제공하고, 서비스 전달 방식 또한 텍스트, 음성에 국한되지 않고 다양화될 것으로 예상된다.

학습 일정

이 책은 대학이나 교육 기관에서 컴퓨터 개론이나 정보기술 분야의 교재로써 널리 사용될 수 있도록 개발되었다. 대학의 한 학기(15주)에 적합한 분량으로 구성하였기에 다음 표를 참고로 하여 수업을 운영한다면 만족스러운 수업 진행이 될 것이다.

주	내용
1주	**1장** 인공지능과 함께하는 우리 사회
2주	**2장** 컴퓨터 개요
3주	**3장** 정보의 표현
4주	**4장** 컴퓨터 구조
5주	**5장** 운영체제와 활용
6주	**6장** 인공지능과 딥러닝
7주	**7장** 컴퓨팅 사고력과 문제해결
8주	**중간고사**
9주	**8장** 프로그래밍 언어
10주	**9장** 데이터베이스
11주	**10장** 컴퓨터 네트워크와 월드와이드웹
12주	**11장** 제4차 산업혁명과 첨단기술
13주	**12장** 멀티미디어 개론
14주	**13장** 정보보안
15주	**기말고사**

감사의 글

지난 반년 동안 본서를 출판하기 위해 분주했던 나날들이 스쳐가며, 그동안 저를 도와준 관계자 여러분께 감사의 말을 전한다. 가장 먼저 본서의 기획과 집필을 함께한 공동 저자이신 조진형 교수와 신용현 교수 그리고 강환일 교수에게 감사의 뜻을 전한다. 그동안 물심양면으로 많은 배려를 아끼지 않으신 컴퓨터공학부 모든 교수님께 감사의 마음을 전한다. 그리고 항상 저와 함께하는 아내 성희와 딸 유림에게 사랑과 고마움을 전하며, 항상 저를 도와주는 아버지와 누님, 가족들에게도 감사드린다.

마지막으로 본서를 출판할 수 있도록 도와준 인피니티북스의 채희만 대표와 기획과 디자인 및 교정에 힘써준 관계자 분들께 깊이 감사드린다.

저자 소개

강환수 교수

서울대학교 계산통계학과에서 학사학위, 서울대학교 전산과학과에서 전산학 이학 석사(M.S.)를 취득하였다. 1998년까지 삼성 SDS의 정보기술연구소에서 선임연구원으로 재직 중에 지식관리시스템(Knowledge Management Systems)과 그룹웨어시스템(Groupware Systems) 개발 프로젝트에 프로젝트 매니저로 참여하였다. 1998년에 동양미래대학교로 자리를 옮겨 현재, 동양미래대학교 컴퓨터정보공학과의 교수로 재직하고 있으며 서울대학교 컴퓨터공학부에서 박사를 수료하였다. 컴퓨터 관련 교육에 관심이 있어 프로그래밍 언어에 관련된 서적인 "알기 쉬운 자바(영한, 1998)", "비주얼 베이직 6.0 프로그래밍(글로벌, 1999)", "C로 배우는 프로그래밍 기초(학술정보, 2003)", "자바로 배우는 프로그래밍 기초(학술정보, 2005)", "유비쿼터스 시대의 컴퓨터 개론(학술정보, 2006)", "Perfect C(인피니티북스, 2007)", "C로 배우는 프로그래밍 기초 2판(인피니티북스, 2008)" 등을 저술하였으며 역서로는 "비주얼 베이직으로 배우는 프로그래밍 기초(학술정보, 2005)" 등이 있다.

- 서울대학교 계산통계학과 졸업
- 서울대학교 전산과학전공 석사
- 서울대학교 컴퓨터공학부 박사 수료
- 전 삼성SDS 정보기술연구소 선임연구원
- 전 동양미래대학교 산학협력처장 겸 단장
- 현 동양미래대학교 컴퓨터정보공학과 교수

조진형 교수

서울대학교 컴퓨터공학과에서 학사학위를 취득하였고, 한국과학기술원(KAIST) 정보및통신공학과(컴퓨터공학 전공)에서 공학석사를 취득하였다. 1990년에서 1997년까지 현대전자 소프트웨어연구소에서 선임연구원으로 재직하면서 현대그룹 통합 네트워크관리시스템 및 스마트카드 운영체제 개발 프로젝트 등 다양한 신규 개발사업의 프로젝트 매니저로서 참여하였다. 1999년에 동양미래대학교로 자리를 옮겨, 현재에는 동양미래대학교 컴퓨터정보공학과 교수로 재직하고 있으며, 서울대학교 기술경영대학원 박사과정에서 CRM, 데이터마이닝, 스마트카드 관련 분야를 연구하였다.

- 서울대학교 컴퓨터공학과 졸업
- 한국과학기술원(KAIST) 정보및통신공학과(컴퓨터공학 전공) 석사
- 서울대학교 기술경영대학원 박사
- 전 현대전자 소프트웨어연구소 선임연구원
- 현 동양미래대학교 컴퓨터정보공학과 교수
- 현 동양미래대학교 산학협력처장 겸 단장

신용현 교수

서울대학교의 계산통계학과에서 학사 학위를 취득하였고, 서울대학교 전산과학과에서 전산학 이학 석사를 취득하였고 동 대학교 전기컴퓨터공학부에서 공학박사를 취득하였다. 1993년에서 1998년까지 한국통신에서 전임연구원으로 근무하면서 통신망 운영 관리에 관한 연구를 수행했고, 현재는 서울과학기술대학교 컴퓨터공학과 교수로 재직하고 있다. 웹시스템, 운영체제, 임베디드 시스템, 컴퓨터 보안 관련 연구를 하고 있다.

- 서울대학교 계산통계학과 졸업
- 서울대학교 전산과학전공 석사
- 서울대학교 전기컴퓨터공학부 박사
- 전 한국통신 전임연구원
- 현 서울과학기술대학교 컴퓨터공학과 교수

강환일 교수

서울대학교 전자공학과에서 학사학위를 취득하였고, 한국과학기술원(KAIST) 전기 및 전자공학과에서 공학석사를 취득하였다. 미국 위스콘신(매디슨)대학 전기 및 컴퓨터공학과에서 박사학위를 취득하였다. 현재 명지대학교 정보통신공학과에서 교수로 재직 중이며, 캐나다 토론토대학 전기공학과와 미국 퍼듀대학교 전기공학과 방문교수를 역임하였고, 2014년에는 영국 크랜필드대학(슈리븐햄 캠퍼스)의 국방분야의 단기과정을 이수하였다. 주요 연구 분야는 멀티미디어 보안 및 처리, 정보통신 응용 및 국방관련 최적화 연구와 강인제어시스템 등이다.

- 서울대학교 전자공학과 졸업(공학학사)
- 한국과학기술원(KAIST) 전기 및 전자공학과 졸업(공학석사)
- 미국 위스콘신(매디슨)대학 전기 및 컴퓨터공학과 졸업(공학박사)
- 캐나다 토론토대학 전기공학과 및 미국퍼듀대학교 전기공학과 방문교수
- 영국 크랜필드대학(슈리븐햄 캠퍼스) 단기연수
- 현 명지대학교 정보통신공학과 교수

차례

Introduction to COMPUTERS

01

인공지능과 함께하는 우리 사회

단원 목표

- 가상 세계인 메타버스의 개념을 이해하고 활용에 대해 알아본다.
- 가상현실과 증강현실, 혼합현실과 확장현실을 이해한다.
- 인공지능의 이해를 바탕으로 음성 인식과 합성, 자율주행과 전기차를 알아본다.
- 인터넷과 월드와이드웹을 이해하고 OTT, UCC와 SNS를 알아본다.
- 제4차 산업혁명이란 무엇인지 알아보고 주요 기술인 사물인터넷(IoT)과 빅데이터를 알아본다.

단원 목차

1.1 가상 세계, 메타버스

스마트폰의 알람을 듣고 잠에서 깨어나니, 듣기 좋은 음성으로 날씨와 아침뉴스를 알려준다. 또한 AI 스피커나 스마트폰에게 필요한 정보를 물어 답을 얻곤 한다. 코로나로 인해 비대면 전환이 가속화되면서 수업과 회의는 물론 친구들과의 담소도 줌(Zoom)이나 팀스(Teams)와 같은 비디오 화상회의 소프트웨어를 이용한다. 대학의 입학식과 가수의 신곡발표, 회사의 입사식 등을 3차원 사이버상의 메타버스 공간에서 하기도 한다. 향후 우리 삶에서 물리적 공간과 디지털 공간의 구분이 점점 더 모호해질 것이다. 이 모든 것이 컴퓨터와 정보통신 그리고 인공지능이라는 기술의 발달로 가능해진 것이다.

1. 가상과 현실을 넘나드는 메타버스

메타버스란?

1992년, 닐 스티븐슨(Neal Stephenson)의 공상과학 소설 '스노 크래시(Snow Crash)'에서 메타버스와 아바타(avatar)라는 개념과 용어가 처음 사용되었다. 놀랍게도 30년 전의 소설에서 이제야 구현이 가능한 메타버스의 기술적 내용을 상세히 설명하고 있으며, 소설 인물들은 가상 세계인 메타버스에 자신의 가상 신체인 아바타로 들어간다는 개념이 있다. '디지털 속의 또 다른 나'를 뜻하는 '아바타'는 2009년 제임스 캐머런의 영화로 우리에게 널리 알려졌다.

코로나로 인한 비대면 추세의 확산으로 최근 MZ세대의 새로운 소통의 세계인 메타버스가 떠오르고 있다. 메타버스는 초월, 가상을 뜻하는 'Meta'와 우주, 현실 세계를 뜻하는 'Universe'의 합성어로, 현실을 초월한 가상 세계를 의미한다. 나의 아바타로 가상과 현실이 결합된 새로운 차원의 가상 세계를 체험할 수 있다. 메타버스(metaverse)는 가상현실과 증강현실 기술이 합쳐져 더욱 발전된 기술이 집약된 가상 세계이다. 메타버스는 가상과 현실이 상호작용하며 가상 세계 속에서 사회·경제·문화 활동이 이뤄지고 새로운 가치가 창출되는 세상이다.

기술 연구 단체인 ASF(Acceleration Studies Foundation)는 '증강과 시뮬레이션', '내적인 것과 외적인 것'이라는 두 축을 기준으로 증강현실(Augmented Reality)과 일상기록(Lifelogging), 거울 세계(Mirror Worlds)와 가상 세계(Virtual Worlds)의 4가지 유형으로 메타버스를 분류했다.

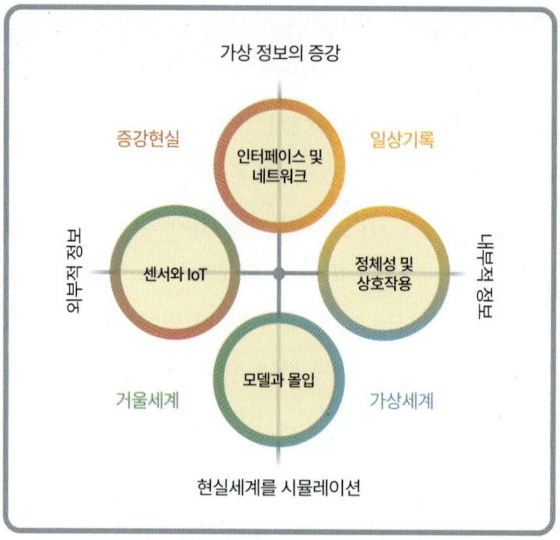

그림 1.1 ▸ 메타버스 개념

증강현실은 현실 공간에 2D 또는 3D로 표현한 가상의 정보를 표시해 상호작용하는 환경을 의미한다. 일상기록이란 블로그처럼 어떠한 형태로든 자신의 인생을 기록하는 것을 말한다. 거울 세계는 구글 어스(Google Earth)처럼 디지털 정보를 기반으로 실제 세계를 사실적으로 반영한 세계를 말한다. 가상 세계란 현실 세계의 경제적, 사회적인 활동과 유사한 활동을 할 수 있도록 디지털 데이터로 구축한 세계이다.

표 1.1 메타버스의 4가지 유형(출처: 대한민국 정책 브리핑)

구분	증강현실 (Augmented Reality)	일상기록 (Lifelogging)	거울세계 (Mirror World)	가상세계 (Virtual World)
정의	현실공간에 가상의 물체 (2D, 3D)를 겹쳐 상호작용 하는 환경	사물과 사람에 대한 경험·정보를 저장, 가공, 공유, 생산, 거래하는 기술	실제 세계를 그대로 반영하되, 정보적으로 확장된 가상세계	디지털 데이터로 구축한 가상세계
특징	위치 기반 기술과 N/W를 활용해 스마트 환경 구축	센서·카메라·SW 기술을 활용해서 사물과 사람의 정보 기록·가공·재생산·공유	3차원 가상지도, 위치 식별, 모델링, 라이프로깅(일상기록) 기술 활용	이용자의 자아가 투영된 아바타 간의 상호작용
활용 분야	AR 글래스, 차량용 HUD, AR 원격협업	웨어러블 디바이스, 지능형 CCTV	지도 기반 서비스	온라인 멀티플레이어 게임, 소셜 가상세계
사례	포켓몬고	애플워치	구글어스, 에어비엔비	리니지, 제페토, 로블록스

※ 미국 미래가속화연구재단(ASF)에서 2007년 발표한 메타버스 로드맵에서 대안적 개념 제시

이미 메타버스는 우리에게 다가와 회사는 메타버스에서 입사식이나 발표회를 하고 있으며, 대학은 입학식이나 수업을, 가수는 신곡발표회나 콘서트를, 정치인은 정치홍보를 하고 있다.

그림 1.2 ▸ 메타버스 활용

메타버스와 소셜네트워크의 결합

소설 '스노 크래시'에는 '세컨드 라이프'라는 용어도 등장하는데, 이 용어도 2003년 미국 IT 벤처기업인 린든랩에 의해 '세컨드 라이프(Second Life)'라는 게임이 출시되면서 우리에게 널리 알려졌다. 이 가상 세계 게임 세컨드 라이프가 메타버스의 효시라고도 볼 수 있다. 세컨드 라이프는 제2의 인생을 살 수 있도록 현실 세계와 다른 또 다른 삶의 현장을 가상으로 만든 것으로 사용사들이 자신의 아바타를 이용해 여러 활동을 하며 상호작용을 하고 경제적 가치도 창출할 수 있었다.

현재, 메타버스와 소셜네트워크서비스(SNS)가 연계된 플랫폼 서비스로는 대표적으로 포트나이트(Fortnite), 마인크래프트(Minecraft), 로블록스(Roblox), 동물의 숲(Animal crossing)이 있고, 국내에는 제페토(zepeto) 플랫폼 등이 있다. 로블록스에서는 자신을 닮은 아바타로 가상 세계에 들어가 블록 형태의 건물을 짓거나, 다른 아바타가 만든 공간에서 3차원 게임 등을 즐길 수 있다. 2021년에 상장돼 460억 달러의 가치를 갖는다고 알려진 로블록스는 현재 미국의 청소년 중 반 이상이 가입하고, 하루 접속자가 4000만 명 이상이라고 한다. 사용자가 자체 제작한 5천만 개의 게임이 유통되고 있는 거대한 메타버스 플랫폼이 됐다.

그림 1.3 ▸ 로블록스와 포트나이트

국내 업체가 개발한 제페토는 또 다른 나인 아바타를 통해 가상공간에서 여러 사람과 소통할 수 있는 누구나 꿈꾸던 것을 만들어 갈 수 있는 가상 세계 플랫폼 서비스이다. 2000년대 초반 국내에서 초반 유행했던 소셜네트워크서비스(SNS)인 싸이월드와 유사하지만, 실제 현실의 연장선상에 있는 것처럼 구현된 가상공간에서 다양한 활동을 지원하는 것이 특징이다. 이용자가 얼굴을 사진으로 찍으면, 자동으로 실물과 닮은꼴 아바타를 만들 수 있다. 제페토는 2018년 8월 출시 2년 만에 중국과 일본, 미국 등 전 세계 200여 국가에서 2억 명 이상의 아바타가 즐기고 있다. 제페토에서는 시용자들이 직접 다양한 콘텐츠를 제작해 판매할 수 있는 제페토 스튜디오를 제공한다.

그림 1.4 ▸ 메타버스 플랫폼 서비스 제페토

미국 대통령 당선자 바이든은 동물의 숲에서 선거운동을 벌이기도 했다. 2020년 9월 BTS는 신곡인 다이너마이트의 뮤직비디오를 포트나이트의 파티 로얄에서 공개했다. 일부 기업들과 학교는 메타버스 내에서 회의나 발표를 진행하기도 한다.

그림 1.5 ▸ 메타버스에서 선거운동 및 회의 진행

특히 교육 분야에서도 아바타를 활용한 가상공간에서 실시간 수업이 확산되고 있으며 증강현실이 접목된 3차원 실감형 콘텐츠가 주는 역동성과 현실감은 수업의 몰입도를 높여 비대면·원격교육의 한계를 극복해 줄 것이다. 이제 메타버스는 게임뿐만 아니라 컨퍼런스, 교육, 엔터테인먼트, 음악, 콘텐츠, 산업 현장 등에서 광범위하게 쓰이고 있다. 페이스북의 저커버그와 엔비디아의 젠슨 황, 소프트뱅크 회장인 손정의도 앞으로 메타버스의 시대가 도래할 것으로 전망했다. 향후 우리 삶에서 디지털 공간이 차지하는 비중은 계속 증대되고, 메타버스로 표현되는 현실 세계와 가상 세계의 융합이 빠른 속도록 진행될 것으로 보인다.

2. 가상현실(VR)과 증강현실(AR)

가상현실

가상현실(VR: Virtual Reality)은 현실 세계가 아닌 가상 세계를 체험하도록 하는 기술이다. 여기서 가상의 체험이란 실제는 아니지만 인공적으로 어떤 특정한 환경이나 상황에 처한 것처럼 느끼도록 하며, 이러한 가상현실 속에 있는 사물이나 환경과 상호작용이 가능하도록 하는 모든 기술을 포함한다.

가상체험에서 활용되는 감각은 시각과 청각이지만, 맛보는 미각, 냄새 맡는 후각, 만지는 촉각의 오감도 있다. 이러한 가상현실에서 가상체험의 몰입을 높이기 위하여 컴퓨터 그래픽 기술과 입출력장치 기술이 필수적이다. 가상현실의 영상출력 장치로는 머리에 쓰는 표시장치(HMD: Head Mounted Display)가 대표적이다. HMD는 삼성, 오큘러스, HTC, 플레이스테이션 VR 등 많은 회사에서 상용화하였으나 2020년 이후에는 오큘러스를 인수한 페이스북의 오큘러스 퀘스트 2(Quest 2)와 MS의 홀로렌즈 2(HoloLens 2) 등이 대표적이다.

그림 1.6 ▸ 가상현실 영상 표시장치 HMD

우리 주위에서 가상현실을 활용하는 예를 들자면, HMD를 쓰고 설치 의자에 앉아 롤러코스트나 바이킹 등의 놀이기구를 체험하도록 하거나, 바다 속과 같이 가기 어려운 곳이나 유명한 관광지를 실제 가서 보는 것처럼 체험하도록 하는 것 등이 있다. 또한 군사분야에서 비행기나 헬기(Helicopter), 탱크 등의 모의비행·주행이나 낙하산 훈련 및 전쟁 등의 모의훈련 분야에 많이 활용된다. 이렇듯 현재는 군사, 의료, 교육, 게임과 오락 분야 등에서 가상현실이 주로 사용되고 있다. 관련 기술의 발전에 따라 가상현실 시장은 계속 커질 것으로 예상된다.

증강현실

증강현실(AR: Augmented Reality)은 사용자가 직접 보거나 카메라가 비춘 현실 세계의 영상에 가상의 물체나 필요 정보를 합성하여 원래의 현실 세계에 존재하는 사물처럼 표시하는 컴퓨터 그래픽 기술이다. 증강현실은 말 그대로 사용자가 보는 현실 세계를 그대로 경험하면서 실시간으로 현실상황에 맞추어 부가적으로 가상의 디지털 정보를 덧붙여 현실 세계를 강화하는 기술이다.

> 증강현실은 현실 세계에 부가정보를 갖는 가상 세계를 겹쳐 보이므로 혼합현실(MR: Mixed Reality)이라고도 한다.

증강현실의 예로 실제 도로 영상에 방향이나 교통정보 등을 가상 이미지로 겹쳐 보이는 내비게이션을 들 수 있다. 국내의 한 업체에서는 신호등과 도로 표시를 잘 보이도록 하고 앞차와 차선, 신호 등을 감지하여 운전자에게 필요한 정보를 표시하는 증강현실 내비게이션을 발표했다.

그림 1.7 ▸ 증강현실 내비게이션

2016년에 출시된 포켓몬고(PokemonGo)는 모바일 애플리케이션 게임으로 전 세계적으로 선풍적인 인기를 끌었다. 포켓몬고는 GPS 위치 기반과 증강현실 기술을 이용해서 스마트폰 화면에 나타나는 몬스터를 잡고 즐기는 게임이다. 포켓몬고는 스마트폰 카메라 실제 배경 위에 몬스터가 스마트폰 화면에 표시되는 증강현실이 게임에 적용된 적절한 사례이다.

증강현실은 영상표시 장치인 HMD와 같은 특별한 장치 없이 스마트폰만으로도 체험할 수 있어 가상현실보다 쉽게 대중화될 수 있다. 특히 구글과 애플, 마이크로소프트는 증강현실에 관한 많은 연구를 진행하고 있으며, HMD 제품 홀로렌즈 2(HoloLens 2)와 연계해 증강현실 소프트웨어도 발표하고 있다.

그림 1.8 ▸ 증강현실 체험

책 속의 그림이나 사진을 3차원의 가상 객체로 팝업시키거나 카드나 종이, 카펫 등의 그림 이미지를 팝업시켜 보다 실제적인 관찰과 이해를 돕는 증강현실 기술들이 범용화되고 있다. 현재 게임과 패션, 가구 제조, 내비게이션, 의료, 교육 등 다양한 분야에서 증강현실 기술이 활용되고 있으며, 최근 제조업 분야에서도 증강현실 기술 활용이 접목되고 있다. 향후 제조업과 의료 분야에서 증강현실 기술의 중요성이 매우 커질 것으로 예상되고 있다.

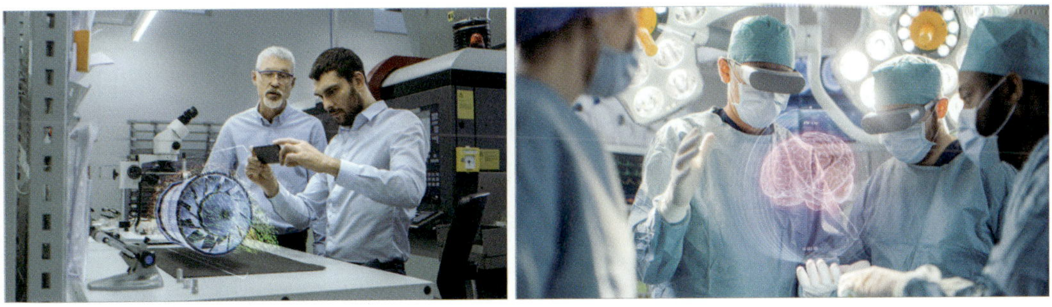

그림 1.9 ▸ 증강현실 사례

3. 혼합현실(MR)과 확장현실(XR)

MR

혼합현실(MR: Mixed Reality)이란 가상현실(VR)과 증강현실(AR)의 단점을 보완해 더욱 진화된 가상 세계를 구현하는 기술이다. 증강현실은 사용자와 상호작용이 제한적이며 몰입도가 낮고, 가상현실은 현실과 분리되고 이질감을 준다는 한계점이 있다. 혼합현실은 현장 작업자 또는 사용자 친화적으로 상호작용할 수 있는 효과적인 방법으로 활용되고 있다.

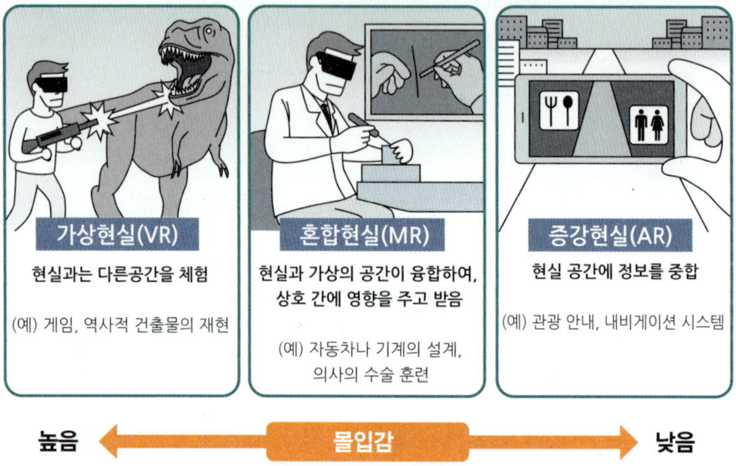

그림 1.10 ▸ 혼합현실 개념

XR

확장현실(XR: eXtended Reality)은 가상현실과 증강현실 그리고 혼합현실 기술을 모두 지칭하는 용어이다. 확장현실은 말 그대로 가상현실과 증강현실 그리고 혼합현실 기술 기반으로 가상과 현실을 융합해 현실의 경험을 확장하고 몰입감을 제공한다. HMD와 같은 기기를 활용하면 3차원 공간에서의 상호작용·경험을 가능하게 하며 비대면 서비스에서의 현실적인 몰입도를 향상시킬 수 있는 기술로 주목받고 있다.

증강현실과 가상현실 기술은 많은 요소 기술들을 공동으로 활용하고 있다. 이러한 기술들이 혁신적이고 새로운 형태의 웨어러블 기기에 적용되어서 다양한 새로운 경험이 가능해질 것이다. 이제 확장현실은 제조, 헬스케어 그리고 교육과 소매 등에 이르기까지 다양한 산업에 적용될 것이다.

XR이 기술적 요소라면 VR, AR, MR 핵심 요소 기술들과 데이터, 네트워크, 클라우드, 인공지능 등 다양한 분야의 기술들이 접목해 실제 가상 세계를 만들어 소통하는 세계가 메타버스라고 볼 수 있다.

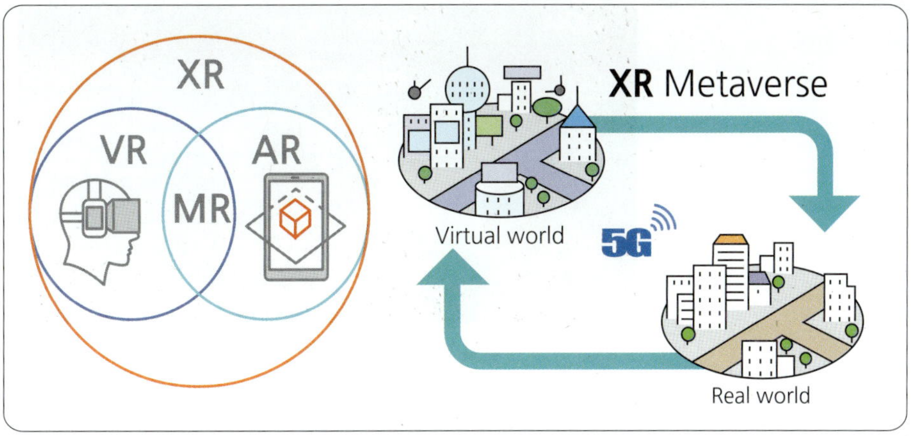

그림 1.11 ▸ XR과 메타버스로의 확장

1.2 인공지능과 삶의 변화

1936년 앨런 튜링(Alan Turing)은 기존의 계산기를 '지능을 가진 기계'라 불릴 수 있는 컴퓨터의 개념을 구상하였으며, 이것이 인공지능의 시초라 할 수 있다. 인공지능은 본격적으로 '인간처럼 생각하는 컴퓨터'로 연구된 지 60여 년이 넘는 컴퓨터과학 연구의 한 분야이다. 70년대와 80년대 말 두 번의 암흑기를 지나면서 지식기반 전문가 시스템과 머신러닝 등으로 연구되던 인공지능은 2010년 딥러닝 연구가 시작되면서 부흥기를 맞고 있다. 특히 인공지능은 2010년 이후 제4차 산업혁명 시대를 맞아 병렬 프로세스와 GPU에 의한 고성능컴퓨터의 발전과 함께 대량의 데이터가 생성되고 활용이 가능하면서 엄청난 진전이 이루어지고 있는 상황이다.

1. 알파고와 인공지능 확산

알파고와 이세돌

2016년 3월, 대한민국 서울에서 열린 '구글 딥마인드 챌린지 매치'라는 바둑 대회가 전 세계에 엄청난 관심을 불러 일으켰다. 바로 이세돌 프로 기사와 알파고의 바둑 대회였다. 알파고(AlphaGo)는 구글의 딥마인드가 개발한 컴퓨터 프로그램으로 한국의 프로 기사 이세돌을 상대로 바둑계의 예상을 깨고 4대1로 승리하여 전 세계를 놀라게 했다.

이 인간과 컴퓨터의 대국을 계기로 전 세계적으로 '인공지능'이라는 용어가 확산되었으며, 일부에서는 미래에 고도로 발달된 인공지능이 우리 인류를 위협할 수 있다는 우려까지 낳기도 했다.

그림 1.12 ▸ 이세돌과 알파고의 대국 장면

알파고 프로그램은 딥러닝(deep learning)이라는 인공지능 기술을 활용해 바둑 전문가로부터의 지도학습(supervised learning)과 자체 경기를 통한 강화학습(reinforcement learning)을 통하여 최고의 인공지능 바둑 프로그램으로 개발되었다. 알파고의 하드웨어는 미국의 구글 데이터 센터에 있으며, CPU(Central Processing Unit) 1202개와 GPU(Graphics Processing Unit) 176개를 병렬로 연결해 계산 처리하는 분산형 컴퓨터(네트워크 컴퓨터)로 알려져 있다.

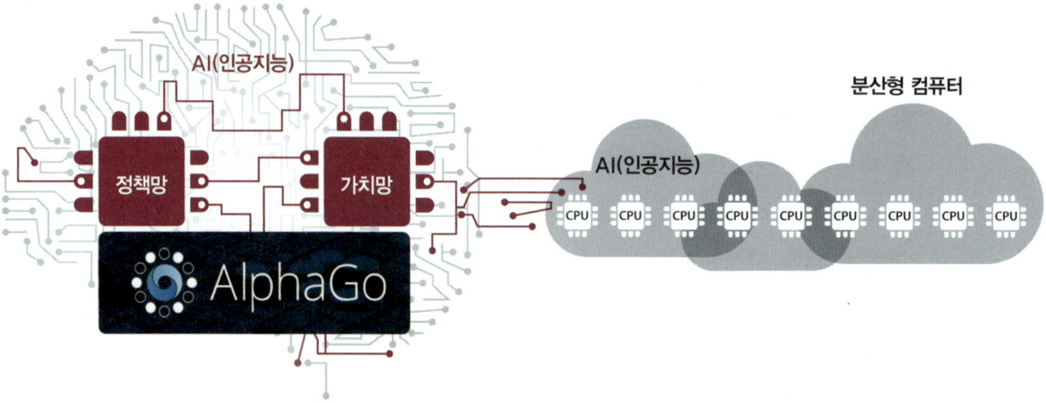

그림 1.13 ▸ 알파고 시스템

인공지능의 이해

인공지능(AI: Artificial Intelligence)은 인간의 뇌와 같이 높은 지능과 생각하는 방식을 가진 컴퓨터 시스템을 말한다. 인공지능의 시작은 1956년으로 거슬러 올라간다. 인공지능은 1956년 미국 다트머스 대학의 학술대회에서 처음 언급되었으며, 지금까지 계속 연구된 컴퓨터공학의 연구 분야로 2010년 이후 컴퓨터 처리 속도의 급속한 발전으로 비약적인 성장을 하게 되었다.

인공지능을 활용한 기술은 우리 일상 생활에서도 많이 접할 수 있는데 음성을 인식해 여러 업무를 처리하는 음성인식과 다양한 언어의 번역 등에 활용되는 자연어처리, 자동차 스스로 목적지를 찾아가는 자율주행, 사진이나 동영상을 인식하는 화상인식, 물체나 얼굴을 인식하는 시각인식, 컴퓨터가 스스로 학습할 수 있는 능력을 키우기 위한 기술을 개발하는 기계학습(machine learning) 등이다.

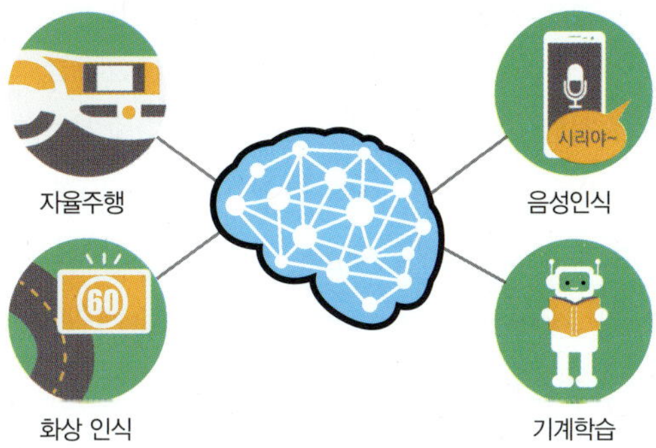

그림 1.14 ▸ 인공지능의 여러 분야

인공지능 활용

인공지능(AI: Artificial Intelligence)은 사람 지능 수준의 지적 능력을 컴퓨터 하드웨어와 소프트웨어로 구현하는 기술이다. 제1차 산업혁명의 증기기관과 같이 인공지능은 제4차 산업혁명을 촉발하는 핵심동력으로 사물인식, 생체인식, 음성인식, 자연어처리, 자동번역, 로봇, 자율주행, 헬스케어, 핀테크, 가상현실, 사물인터넷, 드론 등 대부분 제4차 산업혁명 주요 산업과 서비스 분야와 연계되는 기술 파급력이 높은 핵심 기술이다. 또한 인공지능 발전 속도는 점차 가속화되어, 향후 10여 년간의 변화는 과거 60년의 발전을 훨씬 뛰어 넘을 것으로 예측되고 있다.

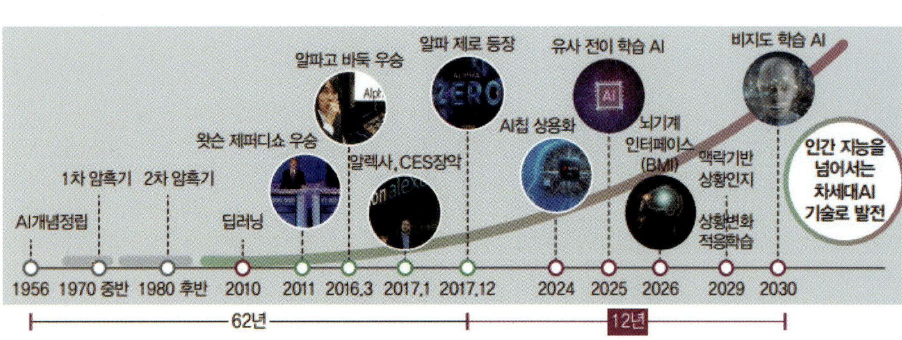

그림 1.15 ▸ 인공지능 기술 발전 전망(참조: 과학기술정보통신부의 I-Korea 4.0 실현을 위한 인공지능(AI) R&D 전략)

2016년 이세돌을 이긴 알파고 리(Alphago Lee)는 바둑계에서 계속 진화하여 알파고 리보다 약 2배정도 향상된 알파고 제로(Alphago Zero)까지 진화한 후 바둑계를 떠났다. 또한 2016년 영국의 국민건강보험공단(NHS)과 협약을 맺어 알파고의 인공지능 알고리즘을 활용한 딥마인드 헬스(DeepMind Health)를 개발하여, 환자 치료와 진단 속도를 단축하는 기술을 시험하고 있다. 알파고는 인간의 해결하지 못한 여러 분야에서 계속 연구할 계획이다. 2011년 제퍼디(Jeopardy!)라는 퀴즈쇼에서 인간을 이겨 유명해진 IBM의 왓슨(Watson)은 자연어처리 분야에서의 인공지능으로 시작하여 현재는 의학과 법률, 교육, 요리, 비서 등 다양한 분야의 인공지능으로 활용되고 있다.

인공지능 한 분야인 딥러닝에서 좋은 인식 결과를 도출하려면 여러 계층의 반복적인 계산이 필요하다. 이세돌을 이긴 알파고는 다중계층의 신경망 구조로 반복 계산에는 많은 계산 능력이 필요하고 이를 고성능의 컴퓨터로 해결했다. 현재 부동소숫점 계산에 탁월한 GPU(Graphic Processing Unit)와 분산처리가 가능한 클라우드 컴퓨팅으로 그 처리 속도가 기하급수적으로 빨라져 과거 수개월 소요되었던 딥러닝이 몇 분~수시간 만에 처리가 가능하다.

제4차 산업혁명의 핵심 기술인 인공지능의 딥러닝 기술로 스마트폰을 비롯한 일상생활 속의 많은 사물들이 스마트해지고 있는 추세이다. 즉 스마트폰, 자동차, 스피커, 냉장고, TV 등 모든 주변 기기들에 인공지능이 더해져 지능화되고 있다. 다음은 딥러닝이 사용된 다양한 분야이다.

- 인간과 대화하는 지능형 에이전트와 실시간 채팅이 가능한 챗봇(chatbot)을 위한 음성인식과 자연어처리, 자동번역 등의 분야로 애플의 시리, 삼성의 빅스비, IBM의 왓슨, 구글 나우, 마이크로소프트의 코타나, 아마존의 대시 등
- 얼굴을 비롯한 생체인식, 사물인식, 자동자 번호판 인식 등 다양한 인식 분야
- X-ray 사진 판독과 각종 진단 등의 의료 분야
- 드론의 자율비행이나 자동차의 자율주행 분야
- 주식이나 펀드, 환율, 일기예보 등의 예측 분야
- 음악의 작곡과 그림을 그리는 회화, 소설을 쓰는 분야 등에도 활용

구글 딥마인드와 그래픽 처리장치 GPU와 TPU

알파고는 구글의 딥마인드에서 개발한 인공지능 바둑 프로그램이다. 딥마인드(DeepMind)는 원래 데미스 하사비스(Demis Hassabis)가 2010년 창업한 영국의 벤처 기업으로, 2014년에 구글에 4억 달러에 인수되었다. 어린 시절 서양 장기인 체스에 천재 소리를 듣던 데미스 하사비스는 여러 게임 회사를 거쳐, 2011년에 인공지능을 연구하는 벤처기업 딥마인드를 설립하였다.

2016년 이세돌과 일전을 치른 알파고 리(Alphago Lee)는 머신러닝의 강화학습과 신경망의 딥러닝이 적용되어 구현되었다. 즉 인터넷상에 있는 3000만 건의 기보 데이터를 기반으로 1차적으로 학습하고 다시 컴퓨터끼리 대국을 시켜 경험을 다시 반복 학습하는 방식으로 알파고의 기력을 향상시켰다고 한다.

딥마인드의 알파고는 2017년 말에 바둑 프로그램의 역할을 종료하고, 인간의 지식 기반으로 풀지 못한 여러 어려운 문제를 해결하는 프로그램으로 준비되고 있으며, 최종 목표는 특화된 인공지능이 아니라 인간처럼 여러 가지 일을 수행하는 범용 인공지능(AGI : Artificial General Intelligence)을 만드는 것이라고 한다.

그림 1.16 ▸ 이세돌과 바둑대회 당시의 알파고 하드웨어와 TPU

그래픽 처리장치인 GPU(Graphics Processing Unit)는 그래픽 연산 처리를 하는 전용 프로세서이다. GPU란 용어는 1999년 엔비디아(Nvidia)가 지포스 256(GeForce 256)을 발표하면서 처음 사용되었다. 또한 일반 CPU 프로세서를 돕는 보조프로세서(coprocessor)로서의 GPU를 GPGPU(General Purpose Graphic Processing Unit)라 하며, 이는 전통적으로 중앙처리장치(CPU)가 맡았던 응용 프로그램들의 계산에 GPU를 사용하는 기술이다. GPU 컴퓨팅이란 GPGPU를 연산에 참여시키는 것을 의미한다.

그래픽 처리장치는 고속의 병렬처리로 대량의 행렬과 벡터를 다루는 데 뛰어난 성능을 발휘한다. 특히 딥러닝에서는 심층신경망에서 빅데이터를 처리하기 위해 대량의 행렬과 벡터를 사용하므로 GPU 사용이 매우 효과적이다. 일반적으로 12개 GPU가 2,000개의 CPU와 비슷한 계산 능력이 있다고 한다.

구글은 2016년에 GPU보다 뛰어난 텐서 처리장치(Tensor Processing Unit)를 발표했다. 텐서란 벡터 · 행렬을 의미한다. TPU는 데이터 분석 및 딥러닝용 칩으로서 벡터 · 행렬연산의 병렬처리에 특화되어 있으며 TPU를 위한 소프트웨어로는 구글에서 오픈소스로 공개한 텐서플로(TensorFlow)가 있다.

2. 음성인식과 음성 합성

음성인식 STT

STT(Speech-to-Text)라고도 부르는 음성인식(speech recognition)은 사람이 말하는 자연어를 분석하여 그 내용을 해석해 문자, 명령어 및 다양한 형태의 정보로 변환해 주는 기술을 말한다.

음성인식이 활용된 대표적 응용프로그램으로는 사람에게 말하듯 명령하면 인공지능 기술로 상황에 맞는 맥락을 알아듣고 정확하게 그 임무를 수행하는 음성인식 기반 인공지능 개인비서 응용프로그램이 있다. 음성인식 인공지능 서비스는 스마트폰뿐만 아니라 여러 기기와 서비스를 대화형 인터페이스로 연결할 수 있다. 일반적으로 자연어처리는 언어간 통·번역 서비스와 음성인식 서비스로 나눌 수 있다. 음성인식은 모바일 앱과 스마트홈, 로봇과 메신저 등에 사용될 수 있다.

그림 1.17 ▸ 음성인식 활용

인공지능 개인비서 응용프로그램으로는 시리(Siri)와 빅스비(Bixby), 어시스턴트(assistant)가 대표적이다. 시리는 애플의 iOS와 맥OS(macOS)에서 운영되는 음성인식 기반 개인비서 응용프로그램이다. 초기에는 단순히 음성인식으로 메모나 문서 작성에 활용되었으나 현재는 앱 실행이나 시스템 설정까지 할 수 있다.

빅스비는 2017년 삼성전자의 갤럭시 S8과 S8+ 언팩 행사에서 발표된 음성인식 기반 개인비서 응용프로그램이다. 빅스비를 개발한 회사는 애플의 시리를 개발한 다그 키틀로스(Dag Kittlaus)가 창업한 회사인 비브 랩스(Viv Labs)로, 현재는 삼성전자의 자회사이다. 빅스비는 음성인식 외에도 터치, 카메라 촬영, 사진 분석, 사용자 이용 패턴 분석 등의 다양한 수단과 매체를 이용하는 인공지능 서비스다. 리마인더(reminder) 기능은 음성명령을 통해 시간과 장소에 대한 정보를 태깅해서 조건을 자동으로 생성해 사용자에게 필요한 알림 팝업을 띄워준다. 어시스턴트는 구글에서 제공하는 인공지능 개인비서 서비스다.

구글 문서의 음성 텍스트 변환(SPEECH TO TEXT)

대다수의 사람들은 구글 문서에서 '한글 음성 입력 받아쓰기(voice typing)'가 가능하다는 것을 잘 모른다. 구글 문서에서 체험해 보자. 구글 계정을 만들고 마이크가 연결된 컴퓨터에서 구글 드라이브에 접속 후, 크롬 브라우저에서 구글 문서를 하나 작성하자. 사용법은 간단하다. 메뉴 '도구' 아래에 보면 '음성 입력' 항목을 확인할 수 있다. 이 메뉴를 선택하고 마이크 아이콘을 누르면 음성을 받아 적는다. 처음엔 인식률이 낮아 다소 불편하긴 하지만 신경써서 발음하면 괜찮아진다. 다소 아쉽지만 마침표(.), 느낌표(!) 등의 문장부호, 특수문자, 줄 바꾸기 기능은 지원되지 않는다.

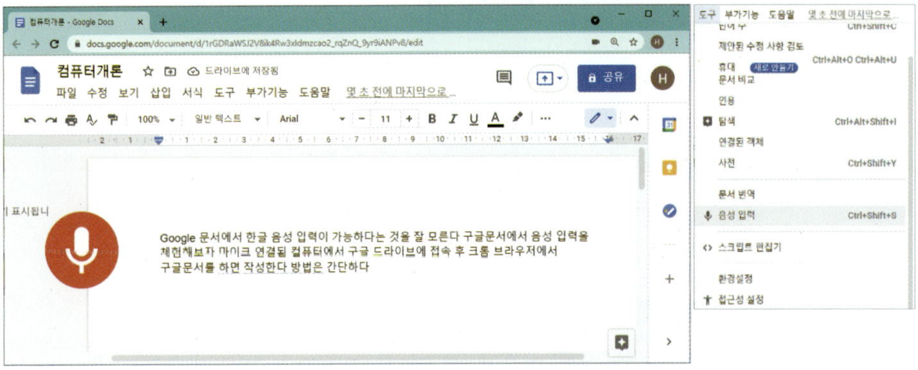

그림 1.18 ▸ 구글 문서에서 한글 음성 입력 받아쓰기 활용

크롬의 VOICENOTE에서 음성 텍스트 변환(SPEECH TO TEXT)

구글의 브라우저 크롬에서 확장 프로그램 보이스노트(VoiceNote 2)를 사용해도 한글 음성 입력 받아쓰기가 가능하다. 구글에서 보이스노트를 검색해 [Chrome에 추가]를 누른다.

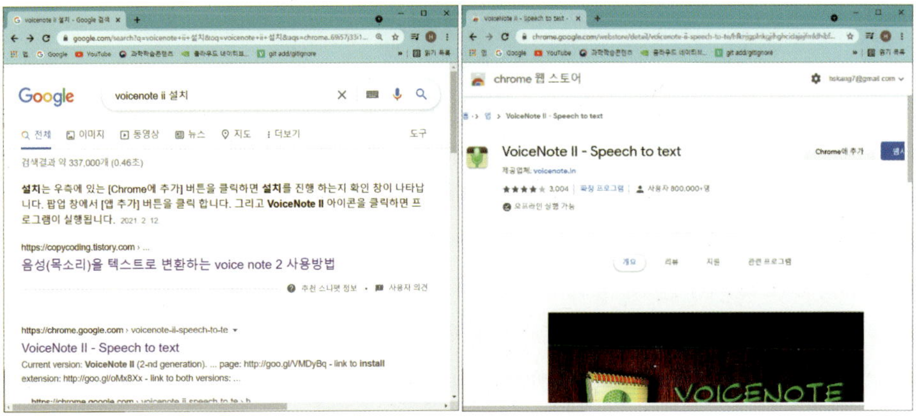

그림 1.19 ▸ 크롬에 VoiceNote 2 추가

보이스노트 설치를 확인한 후, 크롬에서 아이콘을 눌러 실행한다. 가장 먼저 좌측 하단의 지구 모양 아이콘을 클릭해 한국어 설정을 해준다. 우측의 마이크를 클릭하면 음성 텍스트 변환이 가능하다. 보이스노트 아이콘의 우측 메뉴의 [바로가기 만들기]로 실행을 쉽게 할 수 있다. 크롬 브라우저에서 주소로 https://voicenote.in/live로도 실행 가능하다.

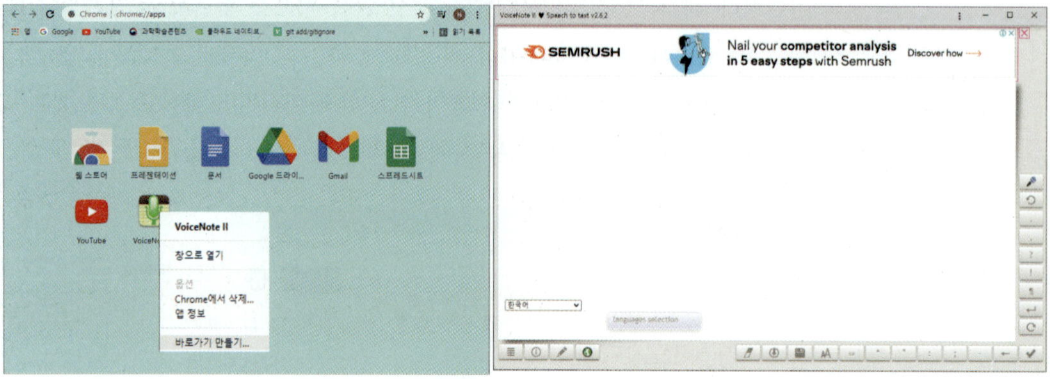

그림 1.20 ▸ 보이스노트 확인과 실행

음성합성 기술

요즘 인공지능 기술을 활용해 텍스트를 음성으로 변환해 주는 TTS(text to speech) 기술이 많이 활용된다. 지하철이나 아파트 공공시설 내에 안내방송을 컴퓨터가 직접 할 수 있다. 이런 기술은 예전에도 있었지만 인공지능을 활용해 예전에 비해 많이 어색하지 않다. 자신의 만든 동영상에도 TTS를 이용하여 컴퓨터가 만든 목소리를 영상에 넣어서 유튜브에 올릴 수도 있다.

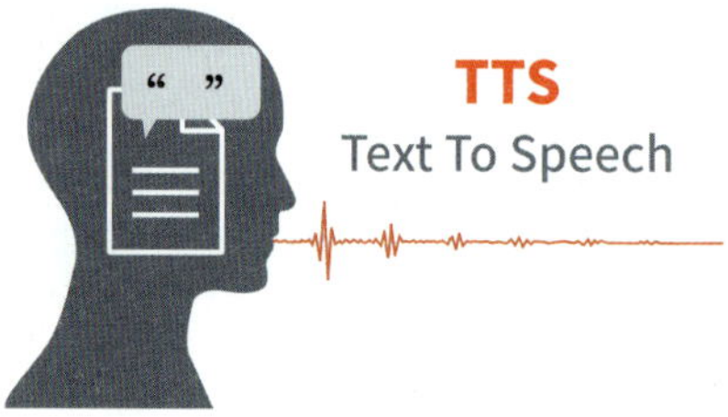

그림 1.21 ▸ 텍스트 음성 변환(text to speech)

국내의 오디오북 서비스 업체는 성우가 읽어 주던 오디오북을 인공지능이 만든 음성으로 읽어주는 서비스를 제공한다. 현재는 성별과 연령대가 정해진 몇 개의 인공지능 목소리 중에 선택하지만 미래엔 자신이 좋아하는 연예인이나 정치인의 음성으로 책을 들을 수도 있을 것이다. 현재 실제 성우 목소리를 분석해 인공지능이 말하는 음성은 사람 음성과 거의 유사한 수준으로 발전했다고 한다. 이러한 인공지능 음성 서비스를 활용하면 문장 수와 관계없이 수십초 만에 오디오북이 만들어진다고 한다. 성우를 쓰는 비용에 비해 저렴하고, 시간은 비교할 수 없이 빠르다. 이와 같이 사람의 음성을 분석해 텍스트 글자로부터 음성을 만들어 내려면 음성합성 기술이 필요하다.

텍스트 음성 변환(TEXT TO SPEECH)

구글 번역기나 네이버 사이트에서 TTS 서비스를 받아볼 수 있다. 예상 외로 자연스럽게 읽는다. 구글 번역기는 번역된 영어로도 음성을 들을 수 있다.

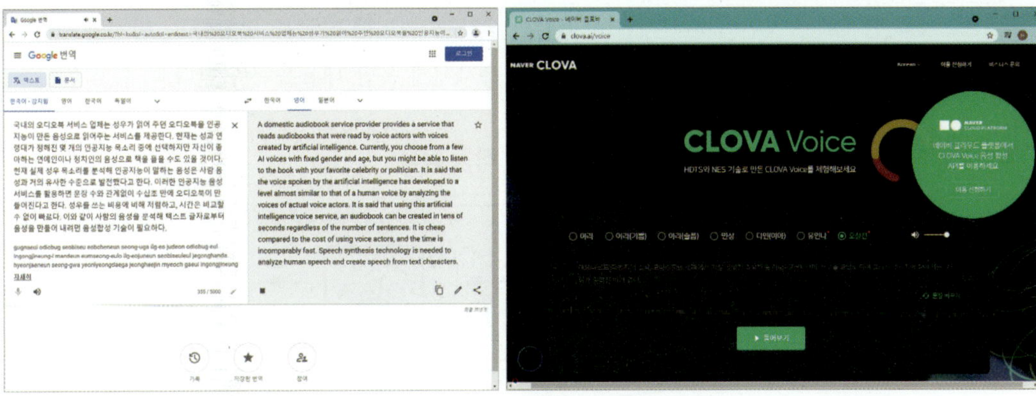

그림 1.22 ▸ 텍스트 음성 변환 기술(translate.google.com/, clova.ai/voice)

국내의 업체 픽처온의 사이트 www.wemakevoice.com에서는 원하는 텍스트를 다양한 음성을 통해 들을 수 있다.

그림 1.23 ▸ 다양한 음성으로 듣기

챗봇과 전화예약 서비스 AI콜

챗봇은 사람과의 문자 대화를 통해 질문에 알맞은 답이나 각종 연관 정보를 제공하는 인공지능 기반의 의사소통 소프트웨어이다. 넓은 의미로 챗봇은 인간과의 대화에 자연스러운 방식으로 참여하는 데 사용되는 응용 소프트웨어라고 볼 수 있다.

챗봇은 텍스트, 그래픽, 음성을 이용해 사용자와 대화 방식으로 상호작용할 수 있다. 챗봇의 작동 방식을 살펴보면 먼저 앱·웹에서 문자 또는 전화 통화를 통해 문의를 하면 챗봇은 메시지 내용을 수신하고 사용자의 요청 내용과 관련 정보를 분석·파악한다. 다음 단계로는 자연어처리 기술로 적절한 의도를 식별해 응답을 결정하고, 마지막으로 챗봇은 문자나 음성으로 문장을 만들어 사용자에게 응답 내용을 전달한다.

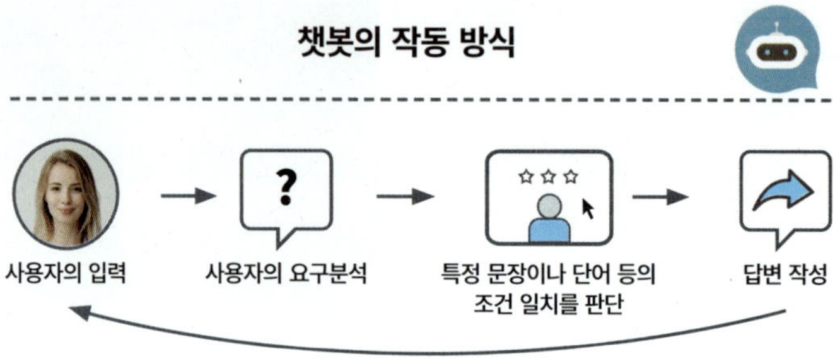

그림 1.24 ▸ 챗봇의 작동 방식

텍스트 기반의 챗봇 서비스는 패턴인식, 자연어처리, 텍스트마이닝, 상황인식 컴퓨팅 기술이 주로 사용되며, 특히 인공지능과 빅데이터 처리기술의 발전으로 기술 활용이 더욱 용이해졌다.

표 1.2 텍스트기반 챗봇의 기술요소

핵심 기술	세부 내용
패턴인식	기계에 의하여 도형, 문자, 음성 등을 식별시키는 것
자연어처리	정보검색, 질의응답, 시스템 자동번역, 통역 등이 포함
텍스트 마이닝	비정형 텍스트 데이터에서 새롭고 유용한 정보를 찾아내는 과정 또는 기술
상황인식 컴퓨팅	가상공간에서 현실의 상황을 정보화하여 사용자 중심의 지능화된 서비스 제공

챗봇은 초기 단계에서는 서비스와 관련된 데이터를 축적하여 사용자가 질문하면 미리 설계한 알고리즘의 시나리오 기반으로 답변하나, 그 외의 질문은 답변이 어려운 단계였다. 지능형 비서로서의 2단계는 현재의 기술 수준으로 인공지능 기술이 본격적으로 도입되어 자연어처리 기술로 단순한 형태의 소통이 가능하며 스스로 검색을 통해 질문에 답변하고 신고, 신청, 예약 등을 수행할 수 있다. 다음 3단계는 감성 비서로서 감성 인

지 기술 등이 더해져 사용자의 마음까지 읽는 서비스를 제공하고, 서비스 전달 방식 또한 텍스트, 음성에 국한되지 않고 다양화될 것으로 예상된다.

표 1.3 챗봇 서비스 발전 단계(한국정보화진흥원)

구분	1단계	2단계	3단계
	챗봇	지능형 비서	감성 비서
제공 방식	텍스트, 음성	텍스트, 음성, 시각 자료	텍스트, 음성, 시각 자료, 행동 인지
주요 기술	패턴 매칭, 키워드 및 연관어 추출	딥러닝, 머신러닝, 자연어 처리	감성 인지 기술, 데이터 정형화 기술
내용	학습 내용에 대한 질의응답	사용자 개인 맞춤형 서비스	감정 교류 통한 서비스

인공지능이 걸려온 전화에서 사람처럼 응대하고 예약까지 받아주는 AI콜(call) 서비스가 확산되고 있다. 사람을 대신해 전화로 식당 등의 예약을 해주는 예약 AI는 음성인식과 자연어처리, 음성 합성이 결합된 기술이다. 고객 음성에서 문자를 추출해 의도를 이해하고, 고객이 원하는 정답형 정보를 찾아 문장으로 다듬어 음성으로 합성해 낸다.

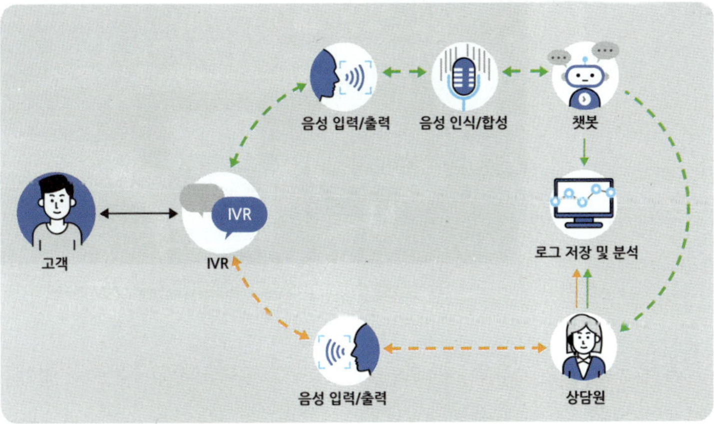

그림 1.25 ▸ 대화형 AI 서비스

AI콜은 상점이나 고객센터까지 전화를 통한 문의 응대 및 예약 등을 진행할 수 있는 대화형 AI 서비스로 확대되었다. 즉 보험, 증권, 리서치 등의 업종에서 전화를 통한 고객 만족도 조사도 가능하며 판매 모니터링 업무를 수행할 수 있다.

3. 자율주행과 전기차

자율주행

요즘 출시되는 자동차는 고속도로 등에서 제한적으로 자율주행(수준2, 운전보조자 단계)이 가능하다. 아마도 10년 내에는 운전자가 직접 운전할 필요 없는 완전한 자율주행 자동차가 도로를 달릴 날이 올 것이다. 자율주행 자동차(self-driving car)는 간단히 운전자의 제어 없이 자동차와 내부 시스템이 스스로 목적지에 갈 수 있는 자동차다. 기술적인 정의를 알아보면 자율주행 자동차란 소프트웨어, 인공지능, 통신, 센서기술의 융·복합을 통해 스스로 주변환경을 인지하고 위험요인을 판단해 주행경로를 제어하며, 운전자 주행조작을 최소화하고 안전주행이 가능한 자동차를 말한다.

몇 년 전만 해도 머지않아 자동차 스스로 운전해 목적지를 찾아가는 자율주행 자동차를 도로에서 찾아볼 수 있으리라 예측했다. 지금도 테슬라 등 관련 업체는 장밋빛 전망을 계속 내놓고 있지만 현재 기술은 녹록지 않은 듯 하다. 일반도로의 자율주행 기술에 앞서 있는 테슬라의 자율주행 기술 오토파일럿(autopilot) 전기차의 여러 사고도 완전한 자율주행 실현을 어렵게 만들고 있다.

그림 1.26 ▸ 테슬라 오토파일럿의 자율주행

현대자동차나 아우디, BMW, 벤츠, 닛산 등 국내외 자동차 업체들과 함께 IT업체인 애플, 우버도 자율주행을 위한 기술개발에 노력하고 있다. 전 세계 자율주행기술에서 가장 앞서 있다고 평가받는 기업은 구글과 테슬라이다. 특히 자동차 업체들은 현재까지 확보된 기술로 전방충돌방지와 차선유지, 자율주차 등 운전자의 주행과 주차를 돕는 첨단 운전자 보조 서비스를 이미 상용화하고 있다.

자율주행에 필요한 기술은 자동차와 정보기술을 효과적으로 융합시켜야 하는 기술로 주변의 물체를 파악하는 센서 기술, 최적의 경로를 선정하는 인공지능 기술, 차량 운전 제어 기술, 지리정보 및 위치정보 활용 기술, 도로 시설물이나 타 차량과의 통신 기술 등이 필요하다. 자동차의 자율주행이 실제 도로에서 가능하려면, 자율주행 기술개발과 함께 자율주행 관련 규제 개선과 법규 신설이 중요한 문제이다. 나아가 신호등과 도로 표지판, 도로정비도 자율주행 차에 맞는 정비가 필요할 것으로 보인다. 완전한 자율주행은 도로나 신호등 체계도 바꿀 것이고 우리의 삶의 모습을 크게 바뀌게 할 것이다.

자율주행 수준

자율주행 자동차는 비디오 카메라, 방향표시기, 인공지능 소프트웨어, 위성위치정보시스템(GPS) 그리고 여러 가지 센서 등을 기반으로 작동된다. 자율주행 자동차는 360도 회전하는 라이다(LiDAR: Light Detection And Ranging 또는 Laser Imaging, Detection and Ranging)의 레이저센서를 이용하여 주변정보에 대한 3차원 정보와 함께 물체와의 거리를 인식하며, 차의 앞과 옆에 위치한 레이저 스캐너의 전파 탐지기를 통해 물체를 식별하고 거리를 계산한다. 라이다는 펄스 레이저를 목표물에 방출하고 빛이 돌아오기까지 걸리는 시간 및 강도를 측정해 거리, 방향, 속도, 온도, 물질 분포 및 농도 특성을 감지하는 기술이다. 이와 같은 각종 카메라와 센서로부터 수집된 데이터는 인공지능 소프트웨어가 종합·분석하여 방향조작, 가·감속, 정지 등 운전에 필요한 최종 의사결정을 내리게 된다.

미국자동차공학학회(SAE: Society of Automobile Engineering)는 자율주행의 단계를 레벨 0에서 레벨 5까지 6단계로 나눈다. 수준 0에서 수준 2까지는 주행책임이 운전자에 있으며, 운전자가 주행환경을 주시해야 하는 부분자동화 수준으로 양산된 고사양의 자동차에 탑재된 자율주행 기능이다. 레벨 3부터는 주행책임이 시스템에 있으며, 자율주행 시스템이 운전조작의 모든 측면을 제어하고, 수준5는 운전자 없이 주행할 수 있는 완전자동화가 가능한 수준이다. 테슬라 CEO 일론 머스크는 2021년 말까지 레벨 5의 완전 자율주행 기술을 완성하겠다고 발표했다.

구분	 레벨 0	 레벨 1	 레벨 2	 레벨 3	 레벨 4	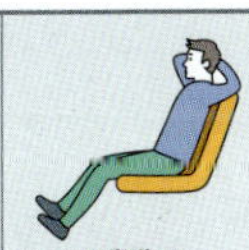 레벨 5
정의	자율주행 無	운전자 지원	부분 자율주행	조건부 자율주행	고도 자율주행	완전 자율주행
자율 수준	운전자	FEET-OFF	HANDS-OFF	EYES-OFF	MIND-OFF	승객
제어 주체	인간	인간/시스템	시스템	시스템	시스템	시스템
운행 책임	인간	인간	인간	인간/시스템	시스템	시스템
하드웨어 요구성능				• ECU 프로세서: 20TOPS 이상 • 램: 24GB 이상 • 저장공간: 256GB 이상 • 데이터링크: 100Mbps 이상	• ECU 프로세서: 200TOPS 이상 • 램: 48GB 이상 • 저장공간: 512GB 이상 • 데이터링크: 100Mbps 이상	• ECU 프로세서: 2000TOPS 이상 • 램: 128GB 이상 • 저장공간: 2TB 이상 • 데이터링크: 1Gbps 이상

그림 1.27 ▸ 자율주행의 6단계 수준

자율주행 자동차가 실현된다면 그에 따른 파급효과가 매우 클 것으로 보인다. 긍정적 효과로는 자동차 관련산업의 발전, 도로용량 증가, 차내 시간 생산성 향상, 교통사고 감소와 보험 등 관련비용 감소, 배출가스 절감에 의한 환경개선 등이 있으며, 부정적 효과로는 직업운전자 실직으로 인한 고용 축소, 자율주행 자동차의 보안 문제 등이 있을 것으로 보인다. 특히 자율주행으로 인한 교통사고 감소는 70 ~ 80% 정도로 예측하고 있으며, 탄소 배출도 약 60% 정도 감소할 것으로 예측하고 있다. 또한 자율주행 기술과 관련된 센서와 반도체, 프로세서 산업의 고성장도 예측되고 있다. 아마도 자율주행 자동차 실현의 파급 효과로 우리의 모습과 산업경제에 많은 변화를 가져올 것으로 예측된다.

이제는 전기차 시대

이미 전 세계에 보급된 전기차의 수는 1,100만 대가 넘는다. 통칭 전기차인 순수 전기자동차(EV: Electric Vehicle)는 전기를 동력원으로 삼아 운행하는 자동차를 말한다. 전기차는 화석연료와 엔진인 내연기관을 사용하지 않는 고전압 배터리에서 전기에너지를 전기모터로 공급하여 구동력을 발생시키는 무공해 차량이다. 내연기관 차량에 비해 전기차는 전기·전자 기술, 모터·배터리, 센서 그리고 인공지능 소프트웨어가 결합된 전자 제품이라고 불 수 있다.

- 내연기관차와 달리 엔진이 없고 배터리와 모터만으로 차량 구동
- 엔진이 없으므로 대기오염 물질과 온실가스를 배출하지 않음
- 배터리 용량에 따라 주행가능 거리에 차이가 있음

그림 1.28 ▸ 전기자동차

사실 화석연료를 사용하는 내연기관차보다 전기차가 먼저 개발됐다. 그러나 전기차는 효율이 떨어졌고 배터리 무게와 충전 시간 문제로 상용화되지 못했지만, 최근에는 기후·환경문제로 내연기관차보다 장점이 더 많아졌기 때문에 시장이 급격히 성장하고 있다. 현대차는 2025년부터 모든 신차를 수소·배터리 전기차로 출시할 계획이다. 블룸버그의 조사에 따르면 세계 전기차 연간 판매는 2025년엔 800만대, 2030년엔 2,400만대, 2040년엔 6,000만 대로 늘어날 것으로 전망한다. 이제 곧 내연기관차보다 전기차가 거리에서 더 많이 보일 날도 머지않은 것 같다.

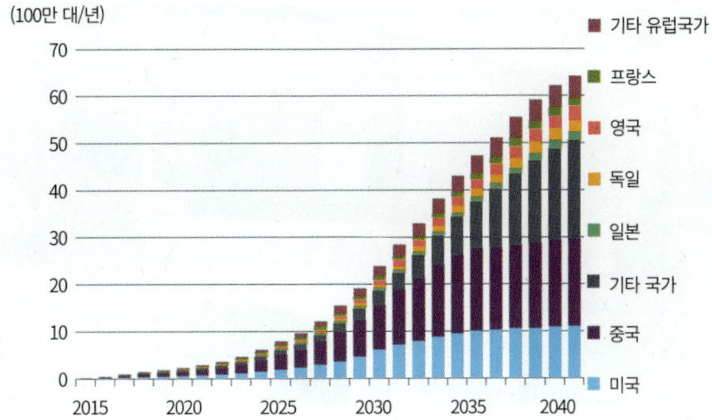

그림 1.29 ▸ 세계 전기자동차 연간 판매량 전망

전기차는 내연기관 차량보다 구조가 간단하다. 전기차의 모터는 영구자석형 구동모터로 효율이 높아 회전 출력이 좋다. 주행 중에도 소음과 진동이 거의 발생하지 않는다.

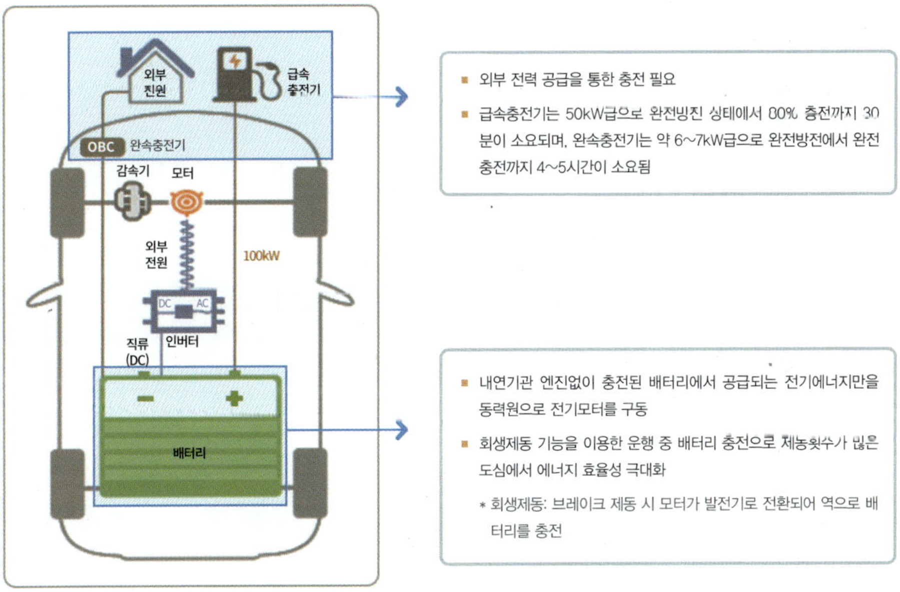

그림 1.30 ▸ 전기차 내부 구조

전기차의 단점은 아직 부족한 충전소와 충전 시간이다. 이러한 단점을 보완하기 위해 '무선충전 도로'와 같은 새로운 기술이 개발되고 있다. 유선충전 방식과 달리 한국과학기술원(KAIST)이 자체 개발한 무선충전 기술은 충전시설이나 연결부품의 설치 없이 충전이 가능하다. 땅 밑에 묻어 놓은 무선충전기와 차량에 설치한 무선충전장치를 무선으로 연결해 차량을 충전하는 방식이다. 2021년 여름, 대전에서 1시간에 150㎾를 충전해 150㎞까지 주행할 수 있는 버스를 시험 운행 중이다.

그림 1.31 ▸ 대전의 무선충전 전기버스와 무선충전 차선 개념

하이브리드 차와 미래의 자동차

순수 전기자동차(EV)는 화석연료 엔진 없이 배터리를 통한 전기에너지만을 동력원으로 사용하는 전기자동차이다. 내연기관이 없고 전기모터만 장착하면 되기 때문에 자동차 구조는 단순하다. 자동차 앞쪽의 엔진룸이 없어도 되니 기존 상식과는 다른 다양한 디자인의 자동차가 등장하고 있다. 내연기관이 화석연료와 배터리를 함께 사용하는 하이브리드와 플러그인 하이브리드 자동차는 순수 전기자동차가 내연기관차를 완전히 대체할 때까지 함께 사용될 것이다.

	하이브리드 자동차(HEV)	플러그인 하이브리드 자동차(PHEV)	전기 자동차(EV)
구동원	엔진+모터(보조동력)	모터, 엔진(방전시)	모터
에너지원	전기, 화석연료	전기, 화석연료(방전시)	전기
구동형태			
배터리	0.98 ~ 1.8kwh	4 ~ 16kwh	10 ~ 30kwh
특징	주행 조건별 엔진과 모터를 조합한 최적운행으로 연비 향상	단거리는 전기로만 주행, 장거리 주행시 엔진사용, 하이브리드+전기차의 특성을 가짐	충전된 전기 에너지만으로 주행, 무공해 차량

그림 1.32 ▸ 하이브리드 차와 순수 전기차

미래의 자동차는 친환경 전기차와 수소차, 정보통신기술(ICT)과 인공지능에 기반한 자율주행차를 포괄하는 개념이다. 산업적으로는 우버·디디추싱·그랩 등 스마트폰·O2O 플랫폼 기반의 공유이동수단 서비스 산업까지 확장된다. 2030년 미래자동차 시장은 전기·수소차, 자율주행차, 이동서비스 산업이 주도할 것으로 전망되고 있다. 2030년 미래의 자동차로 국내의 교통사고 사망자는 70% 이상 줄어들고 미세먼지도 10% 이상 감소될 것으로 예측된다.

그림 1.33 ▸ 미래의 자동차 기대효과

1.3 인터넷 콘텐츠 서비스

1. 인터넷과 모바일

인터넷

이제 인터넷 없이는 단 하루도 살 수 없을 정도로 인터넷은 우리의 삶의 한 부분이 되었다. 인터넷은 시구 진역에서 서로 다른 기종의 컴퓨터들이 통일된 프로토콜을 사용해 자유롭게 통신을 주고 받을 수 있는 세계 최대의 통신망을 말한다.

> 인터넷은 1969년 미국 국방부에서 시작된 아파넷(ARPANET)이 모체로서 네트워크를 서로 접속하는 기술과 그 기술에 의해 접속된 네트워크를 가리킨다. 즉 인터넷은 네트워크의 네트워크인 셈이다.

네트워크가 전 세계에 보급되면서, 현재는 인터넷 프로토콜을 통한 네트워크를 가리키는 고유명사로 쓰이게 되었다. 1980년 이후 전 세계의 호스트 컴퓨터가 인터넷에 연결되면서 인터넷에 연결된 호스트 컴퓨터의 수는 해마다 증가하였으며, 1990년 개발된 WWW로 인해 1990년 이후의 인터넷에 연결된 호스트 컴퓨터의 수는 연 400% 이상 급증하고 있다.

월드와이드웹 WWW

World Wide Web(줄여서 Web 또는 WWW, W3)은 1990년, 유럽입자물리연구소(CERN)의 팀 버너스리가 개발한 하이퍼텍스트(Hypertext) 기반의 하이퍼미디어(Hypermedia) 정보를 인터넷의 HTTP(Hyper Text Transfer Protocol) 규약을 이용하여 저장·공유하는 기술이다. WWW는 클라이언트·서버(Client·Server) 구조 방식으로 웹 서버가 실행되는 서버에 각종 정보와 이를 참조할 수 있는 프로그램을 저장한 후, 이러한 서버의 정보를 요청하는 클라이언트에게 정보를 제공하는 방식이다. 정보를 검색하는 클라이언트는 웹 브라우저(web browser)라는 클라이언트 프로그램을 이용한다.

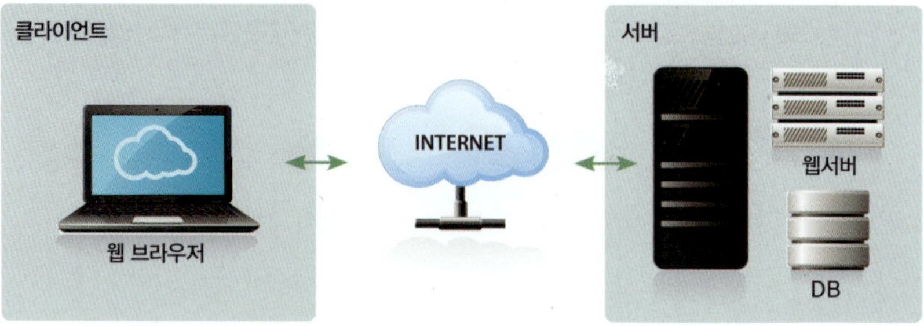

그림 1.34 ▸ 웹의 클라이언트 · 서버 구조

1990년 웹(web)이라는 것이 정보공유 목적으로 만들어지면서 인터넷을 이용한 정보혁명은 시작되었다. 1993년부터 본격적으로 서비스가 시작된 웹은 그 사용이 쉽고 인터넷의 발전과 맞물려 전 세계적으로 폭발적인 사용 증가를 가져왔으며 기존의 모든 인터넷 서비스가 WWW 환경으로 통합되는 계기가 되었다. 웹이 학술 목적이 아닌 일반인들에게 전파되기 시작한 것이 1990년 중반이라면 약 30여 년 동안 웹에 의하여 우리의 생활 모습이 과거와는 전혀 다른 모습으로 변했다.

모바일 시대

1960년대 말, 냉전시대의 산물로 미국의 서부지역 세 곳의 대학과 연구소를 전화선으로 연결한 아파넷이 발전되어, 1990년대에는 전 세계의 컴퓨터가 인터넷(internet)으로 서로 연결되었다. 이 인터넷을 기반으로 1990년에 개발된 웹(WWW: World Wide Web)은 전 세계 사람들이 만나는 하나의 정보공유 공간이 되었다.

인터넷과 웹을 기반으로 1999년에 미국과 독일, 한국 등 세계 여러 국가에서 인터넷 시장의 거대한 잠재력을 기반으로 정보기술(IT: information technology) 붐(boom)이 불기 시작하였다. 1990년대 IT붐은 인터넷의 폭발적인 성장으로 이어졌고, 벤처기업이 각광을 받으면서 주식시장은 폭등했다.

구글(Google)과 아마존(Amazon), 이베이(ebay), 한국의 네이버(naver)와 다음(daum), 중국의 텐센트(tencent)와 같은 인터넷 기업도 이 시기에 생겨나기 시작했다. 닷컴(.com) 이름만 붙이면 주식이 천정부지로 오르던 IT 붐은 결국 지속되지 못하고 2000년에 들어 대부분의 닷컴 회사들이 파산하게 되는 닷컴버블(dotcom bubble)로 이어졌다.

닷컴버블 붕괴는 그 당시 인터넷 산업의 성장속도가 생각보다 빠르지 않았고, 닷컴 회사의 실질적인 수익창출이 어려웠던 것에 대한 결과였다. 이러한 닷컴버블은 전 세계뿐 아니라 국내에도 큰 충격을 주었으며, 닷컴 회사의 절반이 파산하고 수많은 선의의 투자자들의 피해가 발생했다. 그러나 닷컴버블의 붕괴에서 살아 남은 회사는 실질적인 IT 기업으로 검증받는 기회가 되기도 하였다.

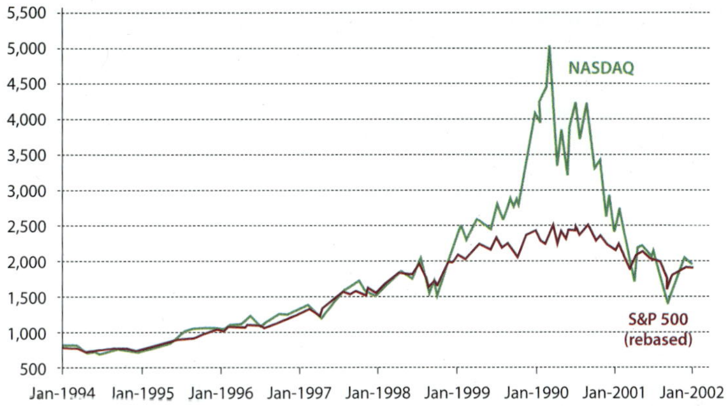

그림 1.35 ▸ 닷컴 회사가 주로 상장된 나스닥의 폭락

닷컴버블 이후, 2000년대에도 인터넷 기반의 웹은 지속적으로 성장하였으며 이를 기반으로 인터넷 정보검색 전문기업인 구글과 네이버 등은 크게 성장하였다. 또한 이 시기에 인터넷 오픈마켓과 쇼핑몰도 폭발적으로 성장하여 아마존(Amazon)과 이베이(ebay)도 성장하였으며, 그 당시 IT 후진국인 중국에서도 알리바바(Alibaba)가 설립되었다. 2000년 중반, 애플(apple)은 음악파일 MP3 재생기인 디지털 음악 재생기기 아이팟(iPod)을 출시하여 다시 재도약하였다.

스마트폰 이후의 스마트 혁명

2007년 6월, 애플의 아이폰(iPhone) 출시는 사용자의 눈높이와 시대의 요구에 맞춘 정보기술 분야의 혁신이었다. 물론 그 이전에도 터치 스크린(touch screen)을 주 입력장치로 사용하는 개인정보단말기(PDA: Personal Digital Assistant)나 한 손에 들어올 만큼 작고 가벼운 팜탑(palmtop) 등의 소형 컴퓨터 기기는 있었으나 아이폰으로 시작된 스마트폰은 지금의 스마트 혁명을 이끌었다.

웹은 개발된 지 4~5년 만에, 그리고 스마트폰은 출시된 지 불과 1년 만에 대중화되었다. 현재 정보기술 발전으로 스마트 혁명을 이끄는 원천은 바로 인터넷과 웹 그리고 스마트폰이다.

2010년 이후, 스마트폰의 대중화와 함께 태블릿(tablet) 등 모바일 기기 시장의 활성화와 소셜네트워크서비스(SNS), 메신저 서비스(messenger service), 클라우드 컴퓨팅(cloud computing), 공유경제 비즈니스(Sharing Economy business)가 유행하면서 새로운 IT 붐이 일고 있으며, 이는 스마트 혁명으로 이어져 우리의 삶에 많은 변화를 가져오고 있다.

2010년대의 스마트 혁명에서 경제 변화의 근간을 이루는 것은 기존의 소프트웨어 기업의 부상과 함께 2000년 이후에 창업한 신규 소프트웨어 기업의 부상이다.

이를 증명이라도 하듯 상장주식을 시가로 평가한 시가총액 기준으로 세계 순위를 알아보면 애플과 구글 등 정보기술 관련 회사가 상위권을 차지하고 있다. 중국의 인터넷 회사인 알리바바와 텐센트, 전기차로 유명한 테슬라가 10위 내에 있다.

2018년

로고	기업	국가	시가총액 USD
	애플		1조 50억 달러
	아마존		9,090억 달러
	구글		8,620억 달러
	마이크로소프트		8,350억 달러
	페이스북		5,240억 달러
	버크셔 해서웨이		5,090억 달러
	알리바바		4,650억 달러
	탄센트		4,480억 달러
CHASE	JP모건 체이스		3,910억 달러
	존슨앤존슨		3,500억 달러

2021년

로고	기업	국가	시가총액 USD
	애플		2조 1,390억 달러
	사우디 아람코		2조 520억 달러
	마이크로소프트		1조 6,080억 달러
	아마존		1조 5,580억 달러
	구글		1조 1,710억 달러
Tencent	탄센트		7,920억 달러
	테슬라		7,830억 달러
	페이스북		7,150억 달러
	알리바바		6,570억 달러
	버크셔 해서웨이		5,470억 달러

그림 1.36 ▸ 세계 시가총액 상위 10대 기업(2018년과 2021년 비교)

스마트 혁명과 생활의 변화

스마트폰이 대중화된 이후 유무선 네트워크가 빠르게 확산되어 누구나 스마트폰으로 카카오톡과 같은 메신저(messenger)와 소셜네트워크서비스(SNS) 등을 사용하고 있다. 즉 누구나 시공간 제약 없이 지속적으로 상호 의사소통이 가능한 개방형 네트워크 사회가 되었다. 또한 하드웨어와 소프트웨어 기술의 발전으로 주위 환경의 변화를 인식하고 반응하는 스마트폰과 태블릿 등의 스마트 기기의 발달과 빠른 확산으로 스마트 혁명을 맞고 있다.

이러한 스마트 혁명은 산업 전반에 걸쳐 파급효과가 나타나고 있으며, 스마트폰은 이미 없어서는 안 될 IT 기기의 중심이 되었으며 우리들의 개인생활 모습을 바꾸어 가고 있다.

2015년, 영국의 주간지 이코노미스트(The Economist)는 예전의 슈퍼컴퓨터 속도로 작업을 처리하고, 인터넷에 연결되며, 크기도 작은 스마트폰을 사용하는 우리 인간을 '포노 사피엔스(Phono sapiens)'라고 지칭하였다. 우리 인류가 생각하는 인간인 호모 사피엔스(Homo sapiens)로 진화했듯이, 포노 사피엔스는 이제 우리 인간이 스마트폰을 활용하는 인간으로 진화했음을 의미한다. 이러한 신조어는 스마트폰이 인간의 삶에 미친 영향이 엄청 크다는 것을 증명하고 있다. 또한 스마트폰은 우리 인류 역사상 가장 빠르게 보급된 기술로 평가되는데, 이러한 스마트폰의 확산 속도는 우리 삶에 스마트폰이 얼마나 지대한 영향을 미치고 있는지를 단적으로 보여준다.

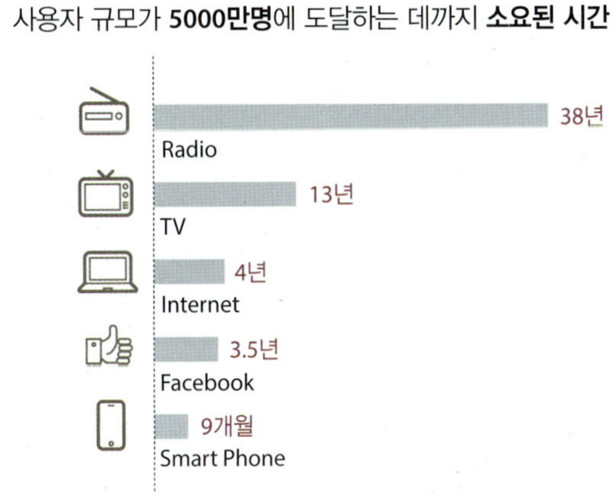

그림 1.37 ▸ 스마트폰 등 주요 기술의 확산 속도

2. 미디어 콘텐츠 서비스 OTT

미디어의 디지털화와 OTT로의 발전

TV 중심으로 방송되던 아날로그 동영상이 디지털화가 되면서 인터넷에 접속되는 다양한 기기에 주문형 VOD(Video on Demand) 서비스가 가능해졌다. 개인이 만든 1인 미디어가 대중화되면서 유튜브가 성공했으며, 영화 등 다양한 미디어 콘텐츠의 주문형 스트리밍 서비스인 OTT가 대중화되었다. 미디어 시장에서 처음엔 TV 중심의 지상파 방송사가 주도했다면 그 다음은 케이블 채널이 주도했고, 2010년 이후에는 OTT 서비스가 주도하고 있다. 특히 최근 코로나로 인해 외출이 뜸해지면서 온라인 동영상 서비스 시장이 지속해서 성장하고 있다.

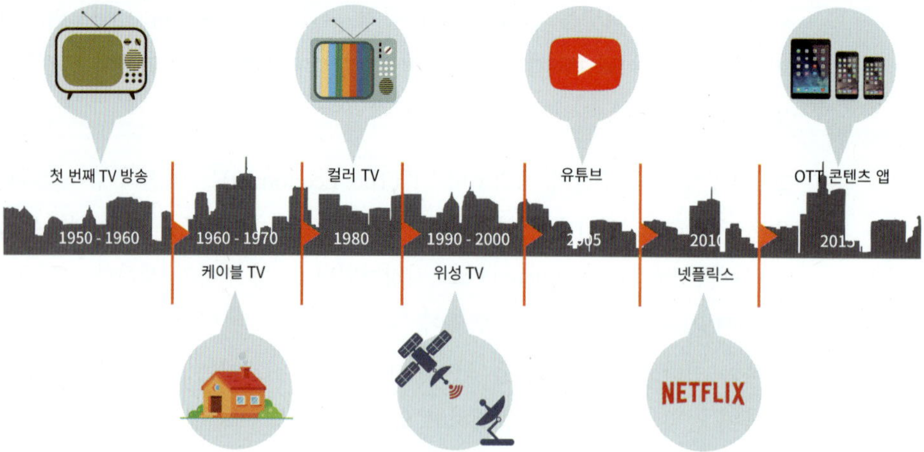

그림 1.38 ▸ 미디어 서비스 발전 과정

온라인 동영상 스트리밍 서비스 OTT(Over The Top)는 인터넷을 통해 개인용 PC와 스마트폰뿐만 아니라 TV 등에서도 시청할 수 있는 드라마나 영화 등의 미디어 콘텐츠 서비스를 말한다. OTT는 PC, 스마트폰, 태블릿 PC, 콘솔 게임기 등 다양한 플랫폼을 지원하며 실시간 방송과 VOD를 포함한 차세대 방송 서비스이다.

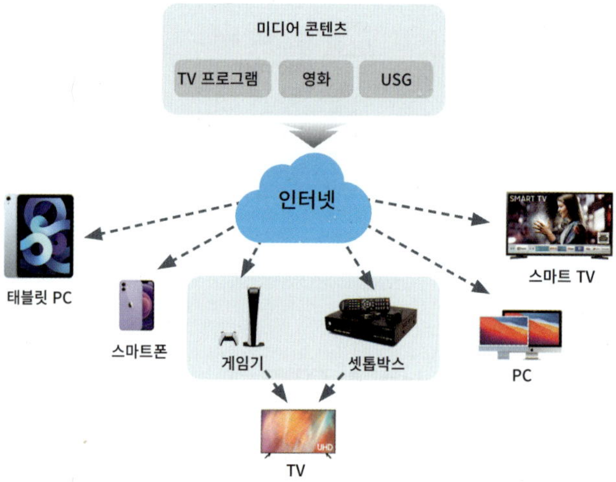

그림 1.39 ▸ OTT의 이해

동영상 스트리밍 서비스 경쟁

넷플릭스(Netflix)의 세계적인 성공 이후 아마존, 애플, 디즈니 같은 전 세계의 수많은 기업들이 이를 미래 핵심 서비스로 인식해 시장 선점을 위해 경쟁하고 있다. 전 세계 OTT 시장에서의 넷플릭스의 점유율이 갈수록 높아지고 있는 상황이다. 국내도 예외는 아니어서 넷플릭스가 점점 시장을 잠식하고 있는 상태이다. 넷플릭스에 대항하기 위해 국내 업체로는 2019년 9월, SK텔레콤과 공중파 3사(KBS, MBC, SBS)의 웨이브(wavve)가 새롭게 출범했다. CJ ENM과 JTBC가 합작한 티빙(TVING)도 서비스되고 있다. 국내에서는 넷플릭스가 압도적 1위이고 웨이브와 티빙이 2위 싸움을 하고 있다. 2021년 7월, 가입자 수로는 넷플릭스, 웨이브, 티빙 순이며, 사용 시간으로는 웨이브, 넷플릭스, 티빙 순이다.

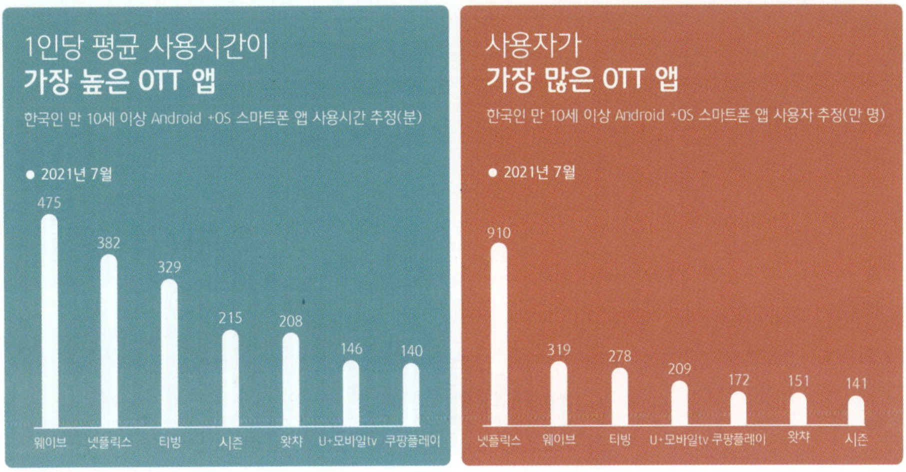

그림 1.40 ▸ 국내의 OTT 사용 현황

추천서비스란 사용자가 관심을 가질 만한 영화나 음악, 동영상, 책 등의 정보를 추천해 주는 서비스이다. OTT분야의 추천서비스는 이용자의 취향, 성향에 의한 추천과 함께 시청 시간대, 시청 기기 등의 정보를 기반으로 머신러닝과 딥러닝 등의 인공지능을 활용해 비슷한 시청 형태의 군집으로 나누어 추천서비스에 활용한다.

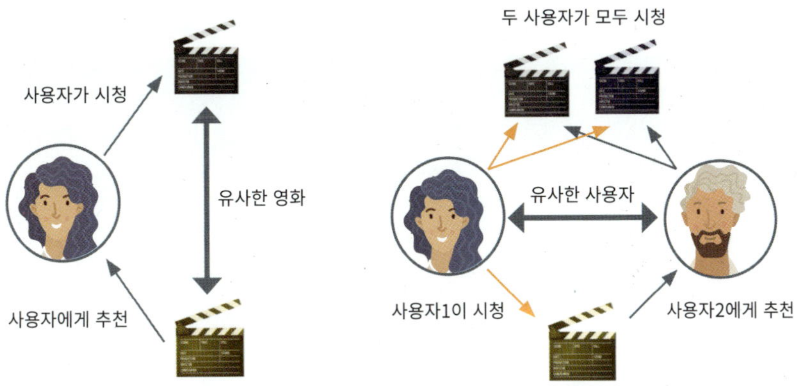

그림 1.41 ▸ 추천서비스의 이해

넷플릭스

인터넷(net)과 영화(flicks)의 합성어인 넷플릭스는 1997년 비디오 대여 사업을 시작으로 DVD 대여 서비스를 거쳐 현재, 전 세계 온라인 미디어 스트리밍 서비스 1위 업체가 되었다. 사용자의 75% 정도가 추천서비스를 이용할 정도로 넷플릭스는 이용자가 원하는 콘텐츠를 추천한다고 한다. 2020년 하반기에 전 세계 유료 가입자 수가 2억 명을 넘어섰다.

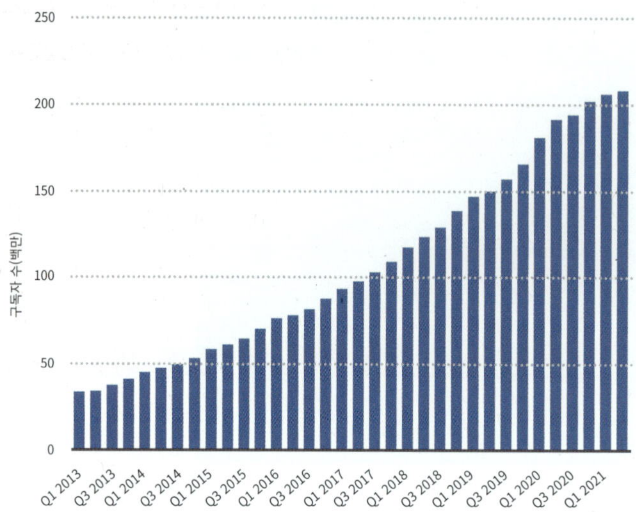

그림 1.42 ▸ 전 세계 넷플릭스 유료 가입자 수

전 세계의 안방 TV를 안고 넷플릭스는 영화나 드라마 등의 콘텐츠도 직접 제작한다. 2021년 9월에 공개된 한국 드라마 '오징어 게임'은 전 세계 시청 순위 1위를 기록하기도 했다. 물론 국산 콘텐츠의 글로벌 흥행과 성공은 넷플릭스와 같은 글로벌 동영상 스트리밍 서비스 플랫폼의 장점이다. 넷플릭스와 경쟁할 국산 동영상 스트리밍 서비스 플랫폼의 성장이 우리의 과제이기도 하다.

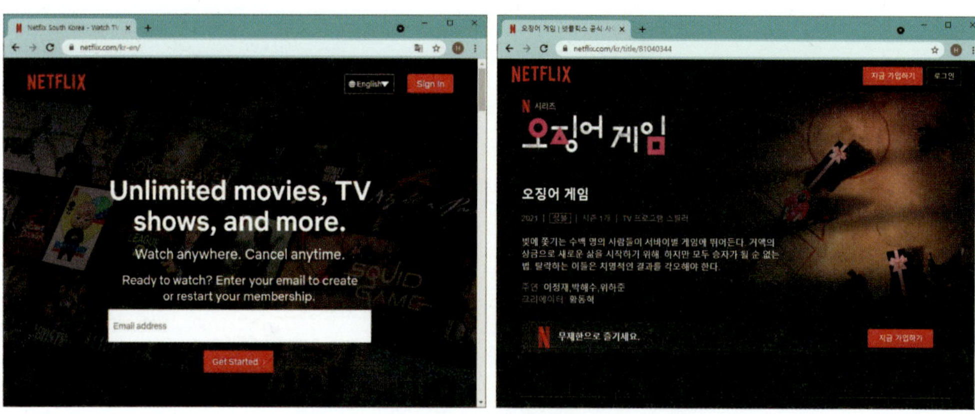

그림 1.43 ▸ 넷플릭스 홈페이지와 오징어 게임

3. 사용자 제작 콘텐츠 UCC와 1인 미디어

남녀노소를 불문하고 대중교통을 이용하면서 스마트폰으로 주로 유튜브를 시청하곤 한다. 청소년들의 미래 희망 직업이 유튜버가 될 정도로 1인 미디어의 열풍이 대단하다. 주 사용자인 10~20대들의 관심은 게임, 키즈, 뷰티, 먹방 분야에 집중되어 있으며, 중장년층의 이용자도 급증해 재테크, 부동산, 자기개발, 정치, 요리·낚시·캠핑 등의 취미 분야에 관심을 보이고 있다.

UCC

인터넷 사업자나 콘텐츠 공급자와 같은 전문 조직이 아닌 일반 사용자들이 직접 만들어 인터넷 서버에 올리고 인터넷에 의해 유통되는 콘텐츠를 사용자 제작 콘텐츠, 간단히 UCC(User Created Contents)라 한다. UCC는 대부분 이미지·음악 등의 멀티미디어 요소가 결합된 동영상 위주이며, 텍스트 위주의 UCC는 블로그라고 할 수 있다. 이용자가 적극적으로 참여해서 정보와 지식을 만들고 공유하는 열린 인터넷에서 사용자들이 다양한 정보를 창조하고 공유할 수 있으므로 이러한 UCC는 현재 가장 인기 있는 콘텐츠다.

1인 크리에이터와 브로드 캐스팅 자키(BJ)를 체계적으로 관리·육성하는 다중 채널 네트워크(MCN) 산업이 가파른 성장세를 보이고 있다.

국내의 한 업체의 조사에 의하면 현재 우리나라에서 가장 인기 있는 카카오, 네이버, 페이스북, 유튜브 4가지 앱 중, 유튜브를 시청하는 데 가장 많은 시간을 쏟는 것으로 나타났다. 이는 무선통신 가격도 낮아지고 무엇보다도 10대와 20대의 모바일 사용자가 동영상을 선호하기 때문이라고 한다.

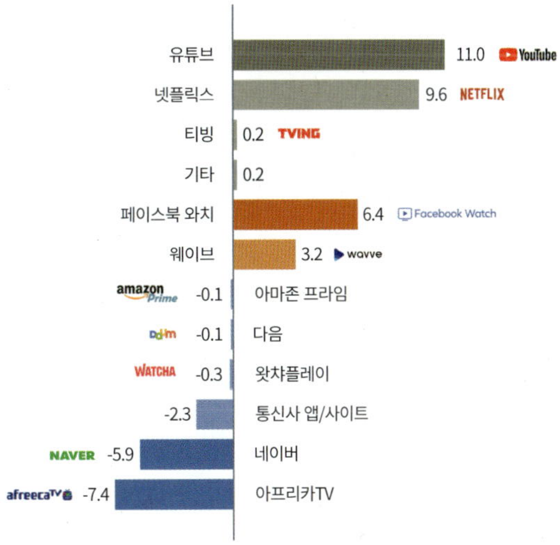

그림 1.44 ▸ 국내 동영상 서비스 앱의 총 사용시간의 추이

유튜브

UCC 사이트로는 프랑스의 데일리모션(www.dailymotion.com), 미국의 마이스페이스(www.myspace.com), 국내의 카카오TV(tv.kakao.com), 판도라TV(www.pandora.tv)와 네이버TV(tv.naver.com) 등이 있으며 UCC의 대표적인 사이트는 단연 유튜브(www.youtube.com)다. 유튜브는 단순한 동영상 공유 사이트로 출발하여 전 세계의 사람들이 가장 많이 찾는 UCC 사이트로 성장하였다. 유튜브는 2006년 인터넷 검색분야 세계 최고인 구글(www.google.com)이 유튜브와 16억 5000만 달러, 약 1조 6천억 원에 인수했다.

유튜브의 위력을 보여준 가장 인상적인 예로는 가수 싸이와 방탄소년단이 있다. 특히 2012년 유튜브에 올린 싸이의 '강남스타일'은 공개된 지 2개월 만에 2억 번 이상 조회되는 기록을 달성하며, 싸이는 단숨에 세계적인 가수가 되었다. 또한 방탄소년단은 데뷔 전부터 유튜브 채널을 만들어 자신들의 동영상을 유튜브에 올리고 적극적으로 알렸다고 한다. 세계적인 가수가 된 방탄소년단의 히트곡 '다이너마이트' 뮤직비디오의 유튜브 조회수가 12억 뷰를 넘었다. 이와 같이 UCC 사이트인 유튜브의 영향력은 여러 분야에서 더욱 커지고 있다. 다음은 2020년 세계 주요 가수의 유튜브 조회수를 나타낸 자료이다.

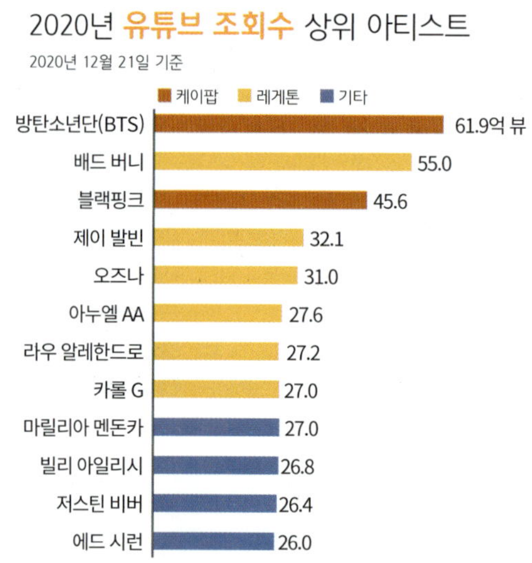

그림 1.45 ▸ 2020년 유튜브 조회수 상위 아티스트

국내에서는 글로벌 1위 UCC 플랫폼인 유튜브가 독점하고 있는 상황이다. 한국 유튜브 누적 조회수는 2020년 88.19% 성장했다. 코로나로 인해 온라인 동영상 사용 빈도와 시청 시간이 늘어난 것이 가장 큰 요인으로, 유튜브의 국내 점유율이 계속 증가하고 있다.

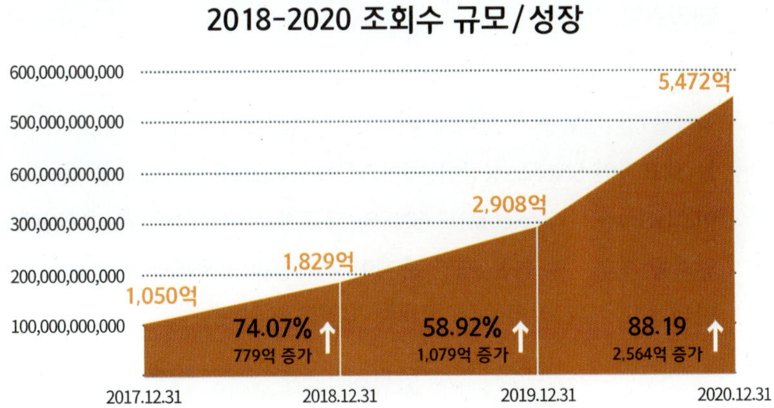

그림 1.46 ▸ 유튜브 조회수 성장률

4. 소셜네트워크서비스 SNS

소셜네트워크서비스 SNS

2000년 초에 아이러브스쿨(www.iloveschool.co.kr)이란 사이트가 선풍적인 인기를 끌었다. 이 사이트는 본인의 출신 학교 동창을 중심으로 정보를 공유하는 사이트이다. 이러한 커뮤니티를 발전시켜 인터넷 공간에서 불특정 타인과 인맥을 구축하는 서비스를 소셜네트워크서비스, 간단히 SNS(Social Networking Service)라 한다. SNS는 유명인이나 불특정인과 인맥을 맺을 수 있으며, 자기의 생각을 빠르고 쉽게 공유할 수 있는 장점과 함께 스마트폰과 같은 스마트기기의 대중화로 SNS 이용자는 폭발적으로 증가하여, 2023년 기준 전 세계적으로 40억을 넘어설 것으로 예측된다.

그림 1.47 ▸ 전 세계 SNS 이용자 추이

페이스북

대표적인 SNS 사이트의 예로는 하버드대 학생이 2004년 하버드대 기숙사에 거주하는 학생들 간 친목을 도모하기 위해 만든 후, 현재는 전 세계 30억 명의 네티즌이 사용하는 대표적인 SNS로 성장한 페이스북(www.facebook.com)을 들 수 있다. 또한 마이스페이스(www.myspace.com)도 SNS의 대표적 사이트이며, 우리나라에도 친구를 사귀는 등 인맥을 형성하기 쉬운 개인 홈페이지의 성격의 SNS인 싸이월드(cyworld.co.kr)가 2000년대엔 인기가 있었으나 현재는 고전하고 있다.

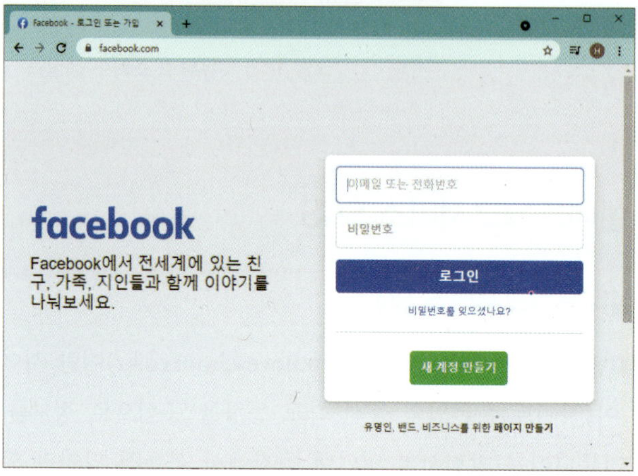

그림 1.48 ▸ SNS 대표업체 페이스북(www.facebook.com)

트위터

'새가 지저귀는 소리'를 뜻하는 단어인 트윗(tweet)에서 유래된 트위터(twitter)는 2006년에 서비스가 시작되어 2017년, 전 세계적으로 3억 명 이상이 사용하는 SNS이다. 트위터는 140자로 제한되는 간단한 단문으로 자신이 관심을 갖는 주제의 내용을 친구들에게 쉽게 전달할 수 있는 메신저이다. 자신이 관심 있는 다른 사용자를 팔로잉(following)이라 하며, 자신에게 관심이 있는 다른 사용자를 팔로워(follower)라 한다. 자신이 트윗한 메신저는 팔로워가 볼 수 있으며, 팔로잉이 트윗한 메신저는 자신이 볼 수 있는 구조이다. 트위터에서 다른 사용자를 팔로우(follow, 구독)한다는 것은 다른 사용자를 팔로잉으로 결정한다는 의미이며, 트위터에서 인맥을 넓혀가는 방법이다.

트위터는 2011년부터 우리나라에서 공식 서비스되기 시작했으며, 2017년 6월, 300만 명을 넘었다고 한다. 시간과 공간의 제약 없이 언제 어디서나 사용할 수 있는 스마트폰의 장점과 140자라는 제한이 있는 메신저에 바로 반응을 보이고 참여할 수 있는 장점이 있으나, 2018년 중반기에 들어 사용자 수가 감소하기도 했다.

1.4 제4차 산업혁명 시대

1. 제4차 산업혁명이란?

4차 산업혁명 시대 정의

스위스의 작고 아름다운 마을 다보스(Davos)에서 매년 1월 세계경제포럼(WEF: World Economic Forum)이 열린다. 2016년 1월 20일에 열린 경제포럼에서 의장인 클라우스 슈밥(Klaus Schwab)에 의해 제4차 산업혁명(The Fourth Industrial Revolution)이 처음 언급되었다. 국내에는 그 해 4월 《클라우스 슈밥의 제4차 산업혁명》이 번역되어 출간된 이후, 제4차 산업혁명에 대한 다양한 도서가 출판되었다. 특히 2016년 3월, 알파고와 이세돌의 바둑 대결 이후, 인공지능 열풍이 불면서 제4차 산업혁명이란 용어가 많이 언급되었고, 2017년 대선에서 여러 후보들이 제4차 산업혁명을 강조하면서 인지도가 크게 올랐다.

그림 1.49 ▸ 2016 다보스 포럼

제4차 산업혁명은 한국에서만 요란하다는 등 아직도 '제4차 산업혁명 도래'와 '산업혁명'이라는 용어 자체에 대해 많은 논란이 있지만, 클라우드 슈밥은 그의 저서에서 '모든 것이 연결된, 지능적인 사회로의 진화'라고 제4차 산업혁명을 요약하고 있다. 제4차 산업혁명에 대한 여러 정의를 살펴보자.

- '제3차 산업혁명의 컴퓨터혁명 혹은 디지털혁명을 기반으로 21세기에 들어와 유비쿼터스 모바일 인터넷(ubiquitous and mobile internet), 더 저렴해지고 작고 강해진 센서, 인공지능과 기계학습(machine learning)이 제4차 산업혁명 시대를 열었다. 더욱 정교해지고 통합적으로 진화한 디지털 기술은 사회 변화를 이끌고 있으며, 나노기술, 양자컴퓨팅 등 모든 기술이 융합하여 물리학, 디지털, 생물학 분야가 상호 교류하는 제4차 산업혁명은 종전의 그 어떤 혁명과도 근본적으로 궤를 달리한다.' – 클라우스 슈밥의 저술 서적에서 요약

- '제4차 산업혁명은 정보통신 기술(ICT)의 융합으로 이루어낸 혁명 시대를 말한다. 18세기 초기 산업혁명 이후 네 번째로 중요한 산업 시대이다. 이 혁명의 핵심은 빅데이터 분석, 인공지능, 로봇공학, 사물인터넷, 무인운송 수단(무인항공기, 무인자동차), 3차원 인쇄, 나노기술과 같은 6대 분야에서 새로운 기술 혁신이다.' – 위키백과에서
- '인공지능, 사물인터넷, 빅데이터, 모바일 등 첨단 정보통신기술이 경제 · 사회 전반에 융합되어 혁신적인 변화가 나타나는 차세대 산업혁명' – IT용어사전
- '제4차 산업혁명은 인공지능으로 자동화와 연결성이 극대화되는 산업 환경의 변화를 의미한다.' – 나무위키에서

21세기에 들어와 IT 버블 붕괴도 있었지만, 2007년 아이폰의 개발과 무선통신 기술의 발전에 의한 모바일 컴퓨팅 환경은 기계, 자동차, 제조업, 금융, 의학 등 다양한 분야의 융합 기술을 낳았고 이는 다시 다양한 사회의 변화를 가져왔다. 2010년 이후에 혁신적인 발전을 거듭하고 있는 디지털기술인 인공지능과 빅데이터 그리고 사물인터넷 등의 혁신적인 요소 기술이 이끄는 4차 산업혁명 시대를 다음 그림과 같이 정의할 수 있다.

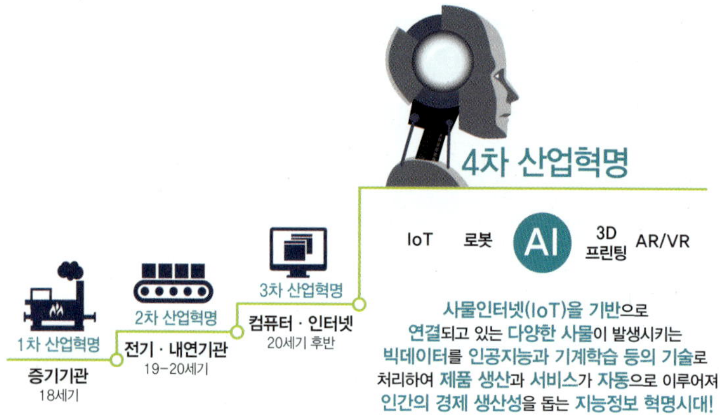

그림 1.50 ▸ 4차 산업혁명

4차 산업혁명 요소 기술

제4차 산업혁명 시대의 핵심인프라는 사물인터넷(IoT)이며, 핵심기술은 연결된 사물인터넷에서 발생되는 빅데이터와 이를 처리하는 인공지능 기술 등이다. 다음은 제4차 산업혁명 시대에 주목할 만한 기술 분야이다. 이에 대한 일부 기술의 기초 내용은 1장에서 알아보고, 11장에서 자세한 내용을 살펴보자.

- IoT
- 빅데이터
- 인공지능, 신경망, 딥러닝, 기계학습
- 클라우드 컴퓨팅
- 스마트 팩토리와 스마트 시티
- 자율주행차와 드론
- 3D 프린팅, 4D 프린팅
- 블록체인과 비트코인
- 가상현실과 증강현실, 혼합현실
- 공유경제
- 로봇공학과 지능형 로봇
- 스마트홈과 지능형 빌딩
- 모바일 컴퓨팅과 웨어러블 컴퓨팅
- 헬스케어와 스마트의료
- 유무선 통신
- 소프트웨어 교육과 무크, 나노디그리

2. 사물인터넷과 빅데이터

사물인터넷 IoT

스마트폰이 모든 사람을 인터넷에 연결했다면 향후 사물인터넷은 모든 사물을 인터넷에 연결할 것이다. 사물인터넷(IoT: Internet of Things)은 각종 사물에 센서와 통신 기능을 내장하여 무선 통신을 통해 인터넷에 연결하는 기술을 의미한다.

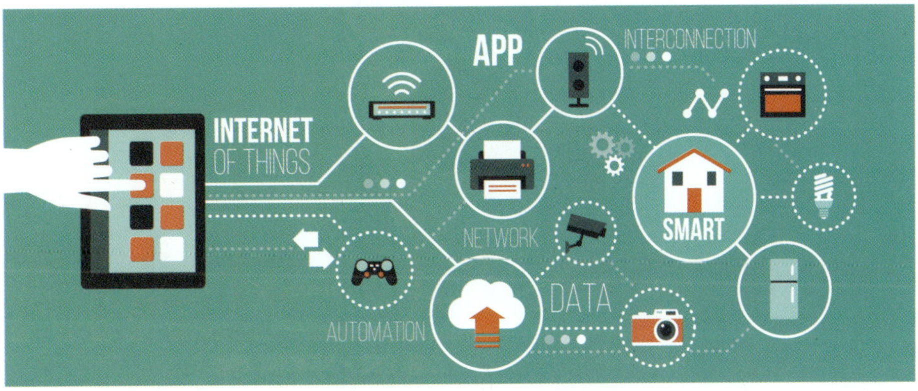

그림 1.51 ▸ 사물인터넷(IoT) 개념

사물인터넷을 통해 생산되는 대량의 데이터(빅데이터)를 활용하면 여러 분야의 생산성과 효율성을 높일 수 있다. 여기서 사물이란 전원을 켤 수 있는 모든 기기를 말하는데, 냉장고, AI 스피커와 같은 가전제품을 비롯하여 보안 카메라, 케이블 셋톱박스와 같은 소비재, 컨베이어 벨트 및 제조 장비와 같은 산업 시스템, 교통 신호 및 스마트 미터와 같은 상용 디바이스, 모바일 장비, 웨어러블 디바이스 등 다양한 임베디드 시스템 등이 IoT의 대상이 될 수 있다. 슈밥은 2025년까지는 1조 개의 센서가 인터넷에 연결 될 것으로 예측하고 있다.

빅데이터

순수하게 빅데이터(big data)란 과거 아날로그 환경에서 생성되던 데이터에 비하면 그 규모가 방대하고, 생성 주기도 짧고, 형태도 수치 데이터뿐 아니라 문자와 영상 데이터를 포함하는 대규모 데이터를 말한다. 일반적으로 빅데이터 기술이란 다양한 종류의 빅데이터에 대한 생성과 저장, 수집 그리고 수집한 빅데이터를 분석·처리하여 가치를 추출하고, 결과를 표현하여 의사결정에 사용하도록 하는 기술을 포함한다. 빅데이터 활용의 사례를 들자면 '서울시 심야버스'가 대표적이다. 제4차 산업혁명이 발표되던 2012년 다보스에서 서울시장이 직접 '도시 내 혁신 촉진' 세션에 참여해 '서울시 심야버스' 사례를 소개했다. 서울시는 30억 건의 콜택시 요청기록 등의 통화량 빅데이터를 분석, 실제 심야에 유동인구가 집중되는 곳을 찾아내 심야버스 노선을 선정했다고 한다.

구글, 아마존, 페이스북, 애플 등은 핵심 서비스를 무료로 제공하면서 방대한 양의 데이터를 수집 중인데, 이러한 빅데이터 수집이 회사의 큰 자산이 된 것이다. 사물인터넷이 발달될수록 수많은 데이터들이 쌓이고 이를 처리하는 빅데이터 기술은 더욱 중요해질 것이다

그림 1.52 ▸ 빅데이터 개념

내용 점검 문제

[객관식]

다음 각 문항에 대하여 보기 중에서 알맞은 것을 선택하시오.

01 메타버스에 대한 설명으로 옳지 않은 것은?

A. 1992년, 닐 스티븐슨의 공상과학 소설 '스노 크래시'에서 메타버스와 아바타라는 개념과 용어가 처음 사용되었다.

B. 메타버스는 현실을 초월한 가상 세계를 의미한다.

C. 메타버스에서는 가상과 현실이 상호작용하며 가상 세계 속에서 사회·경제·문화 활동이 이뤄지고 새로운 가치가 창출되는 세상이다.

D. 기술 연구 단체인 ASF는 증강현실(Augmented Reality)과 일상기록(Lifelogging), 거울 세계(Mirror Worlds) 3가지 유형으로 메타버스를 분류했다.

02 사용자가 직접 보거나 카메라가 비춘 현실 세계의 영상에 가상의 물체나 필요 정보를 합성하여 원래의 현실세계에 존재하는 사물처럼 표시하는 컴퓨터 그래픽 기술은?

A. 증강현실 B. 가상현실

C. 메타버스 D. 혼합현실

03 인공지능에 대한 설명으로 옳지 않은 것은?

A. 1936년 앨런 튜링은 기존의 계산기를 '지능을 가진 기계'라 불릴 수 있는 컴퓨터의 개념을 구상했다.

B. 2016년 3월, 대한민국 서울에서 열린 '구글 딥마인드 챌린지 매치'라는 바둑 대회가 전 세계에 엄청난 관심을 불러 일으켰다.

C. 인공지능은 인간의 뇌와 같이 높은 지능과 생각하는 방식을 가진 시스템을 말한다.

D. 인공지능은 2000년에 이르러 시작된 컴퓨터공학의 연구 분야로 2010년 이후 컴퓨터 처리 속도의 급속한 발전으로 비약적인 성장을 하게 되었다.

04 챗봇에 대한 설명으로 옳지 않은 것은?

A. 챗봇은 사람과의 문자 대화를 통해 질문에 알맞은 답이나 각종 연관 정보를 제공하는 인공지능 기반의 의사소통 소프트웨어이다.

B. 챗봇은 텍스트, 그래픽, 음성을 이용해 사용자와 대화 방식으로 상호작용할 수 있다.

C. 챗봇의 지능형 비서로서의 2단계에서는 서비스와 관련된 데이터를 축적하여 사용자가 질문하면 미리 설계한 알고리즘의 시나리오 기반으로 답변하나, 그 외의 질문은 답변이 어려운 단계이다.

D. 챗봇의 3단계에서는 감성비서로서 감성인지 기술 등이 더해져 사용자의 마음까지 읽는 서비스를 제공하고, 서비스 전달 방식 또한 텍스트, 음성에 국한되지 않고 다양화될 것으로 예상된다.

05 챗봇 작동 방식의 순서를 바르게 나열한 것은?

> ① 먼저 앱 · 웹에서 문자 또는 전화 통화를 통해 문의
> ② 메시지 내용을 수신하고 사용자의 요청 내용과 관련 정보를 분석 · 파악
> ③ 자연어처리 기술로 적절한 의도를 식별하고 응답을 결정
> ④ 챗봇은 문자나 음성으로 문장을 만들어 사용자에게 응답 내용을 전달

A. ①, ②, ③, ④
B. ②, ①, ③, ④
C. ①, ②, ④, ③
D. ①, ③, ②, ④

06 1969년 미국 국방부에서 시작된 아파넷(ARPANET)이 모체로서 네트워크를 서로 접속하는 기술과 그 기술에 의해 접속된 네트워크는?

A. HTML
B. 인터넷
C. WWW
D. HTTP

07 WWW와 관련이 가장 적은 것은?

A. 하이퍼미디어
B. HTTP
C. 웹브라우저
D. AR

08 미디어의 발전 순서가 바른 것은?

A. TV 출현, 케이블 TV, 인공위성 TV, OTT
B. 케이블 TV, TV 출현, 인공위성 TV, OTT
C. 인공위성 TV, TV 출현, 케이블 TV, OTT
D. TV 출현, 케이블 TV, OTT, 인공위성 TV

09 관련성이 가장 적은 것은?

A. UCC – youtube
B. SNS – facebook
C. OTT – wavve
D. EV – netflix

10 사물인터넷을 기반으로 연결되고 있는 다양한 사물이 발생시키는 빅데이터를 인공지능과 기계학습 등의 기술로 처리하여 제품생산과 서비스가 자동으로 이루어져 인간의 경제 생산성을 돕는 지능정보 혁명시대는?

A. 제3차 산업혁명
B. 제4차 산업혁명
C. 제5차 산업혁명
D. 정보화 혁명

11 다음 관계가 옳지 않은 것은?

A. 사물인터넷 – IoT
B. 온라인 동영상 스트리밍 서비스 – OTT
C. 사용자제작콘텐츠 – UCC
D. 음성인식 – EV

12 사물인터넷에 대한 설명으로 옳지 않은 것은?

A. 사물인터넷은 모든 사물을 인터넷에 연결할 것이다.

B. 여기서 사물이란 CPU가 있는 모든 기기를 말한다.

C. 사물인터넷을 통해 생산되는 대량의 데이터를 활용하면 여러 분야의 생산성과 효율성을 높일 수 있다.

D. 2025년까지는 1조 개의 센서가 인터넷에 연결될 것으로 예측된다.

13 인터넷 사업자나 콘텐츠 공급자와 같은 전문 조직이 아닌 일반 사용자들이 직접 만들어 인터넷 서버에 올리고 인터넷에 의해 유통되는 콘텐츠는?

A. SNS
B. UCC
C. blog
D. 메신저

14 빅데이터에 대한 설명으로 옳지 않은 것은?

A. 빅데이터(big data)란 과거 아날로그 환경에서 생성되던 데이터에 비하면 그 규모가 방대한 대규모 데이터를 말한다.

B. 빅데이터 기술이란 다양한 종류의 빅데이터에 대한 생성과 저장, 수집 그리고 수집한 빅데이터를 분석·처리하여 가치를 추출하고, 결과를 표현하여 의사결정에 사용하도록 하는 기술을 포함한다.

C. 영상 데이터는 빅데이터에 포함되지 않는다.

D. 빅데이터 활용의 사례를 들자면 '서울시 심야버스'가 대표적이다.

15 인공지능과 가장 관련이 적은 것은?

A. 음성인식
B. VR
C. 기계학습
D. 자연어처리

16 포켓몬고 게임에서 활용한 기술은?

A. HMD
B. AI
C. VR
D. AR

17 개념이 가장 큰 것은?

A. MR
B. VR
C. XR
D. AR

18 메타버스에서 자신을 나타내는 가상 신체는?

A. 아바타
B. 거울
C. 로블록스
D. 홀로그램

19 인공지능 개인비서 응용프로그램이 아닌 것은?

A. 어시스턴트　　B. 빅스비
C. 시리　　D. 카카오톡

20 미국자동차공학학회(SAE)의 자율주행 단계는 몇 개인가?

A. 4　　B. 5
C. 6　　D. 7

【 괄호 채우기 】

다음 각 문항에 대하여 빈칸에 적절한 단어를 채우시오.

01 기술 연구 단체인 ASF는 '증강과 시뮬레이션', '내적인 것과 외적인 것'이라는 두 축을 기준으로 증강현실과 일상기록, 거울 세계와 ____________, 4가지 유형으로 메타버스를 분류했다.

02 ____________(은)는 사람 지능 수준의 지적 능력을 컴퓨터 하드웨어와 소프트웨어로 구현하는 기술이다.

03 구글의 ____________(은)는 데이터 분석 및 딥러닝용 칩으로서 벡터·행렬연산의 병렬처리에 특화된 처리장치이다.

04 ____________(이)라고도 부르는 음성인식(speech recognition)은 사람이 말하는 자연어를 분석하여 그 내용을 해석해 문자, 명령어 및 다양한 형태의 정보로 변환해 주는 기술을 말한다.

05 ____________(은)는 인터넷을 통해 개인용 PC와 스마트폰뿐만 아니라 TV 등도 시청할 수 있는 드라마나 영화 등의 미디어 콘텐츠 서비스를 말한다.

06 ____________(이)란 과거 아날로그 환경에서 생성되던 데이터에 비하면 그 규모가 방대하고, 생성 주기도 짧고, 형태도 수치 데이터뿐 아니라 문자와 영상 데이터를 포함하는 대규모 데이터를 말한다.

07 2015년, 영국의 주간지 이코노미스트(The Economist)는 예전의 슈퍼컴퓨터 속도로 작업을 처리하고, 인터넷에 연결되며, 크기도 작은 스마트폰을 사용하는 우리 인간을 ____________(이)라고 지칭하였다.

08 ____________(이)란 IoT라는 사물인터넷이 연결된 다양한 가정용 기기를 인터넷을 통해 원격으로 모니터링하여 자동화를 지원하는 기술을 말한다.

09 인터넷은 1969년 미국 국방부에서 시작된 ____________(이)가 모체로서 인터넷은 네트워크를 서로 접속하는 기술과 그 기술에 의해 접속된 네트워크를 가리킨다.

10 __________(은)는 1990년, 유럽입자물리연구소(CERN)의 팀 버너스리가 개발한 하이퍼텍스트(Hypertext) 기반의 하이퍼미디어(Hypermedia) 정보를 인터넷의 HTTP(Hyper Text Transfer Protocol) 규약을 이용하여 저장 공유하는 기술이다.

[주관식]

01 제페토에 가입해 메타버스를 체험하시오.

02 자신이 사용하는 스마트폰의 앱 중에서 활용도가 높은 앱을 추천하시오.

03 사이트 channel.io/ko/blog/chatbot에 접속해 챗봇을 직접 만들어 체험해 보시오.

04 서울 열린데이터 광장(data.seoul.go.kr)에 접속해 지하철에 관련된 빅데이터를 내려받아 보시오.

05 서울시 빅데이터 캠퍼스(bigdata.seoul.go.kr)에 접속해 빅데이터 분석 사례를 하나 소개하시오.

06 윈도우 11에서 한글 목소리를 텍스트로 생성하는 기능을 활용해 보시오.

07 구글 워드에서 음성을 인식하여 문서를 작성해주는 기능을 찾아 직접 문서를 만들어 보시오.

08 독일에서 진행되고 있는 '전통적 제조업 공장을 첨단 ICT 기술을 결합한 스마트 공장으로 진화시키자'라는 산업정책은 무엇인가?

09 텍스트를 읽어주는 사이트를 접속해 TTS를 체험하시오.

10 자신이 사용하는 스마트폰 앱 중에서 활용도가 높은 앱을 추천하시오.

Introduction to COMPUTERS

02

컴퓨터 개요

단원 목표

- 컴퓨터의 정의와 구성요소를 이해한다.
- 하드웨어와 소프트웨어의 차이를 이해한다.
- 컴퓨터의 기원과 근세의 기계식 계산기를 알아보고 계산이론의 발전을 알아본다.
- 전자식 컴퓨터의 발전을 세대별로 이해한다.
- 컴퓨터의 성능과 크기, 용도에 따른 컴퓨터의 종류를 알아본다.

단원 목차

2.1 컴퓨터란 무엇인가?

사회가 보다 복잡해지고 다양한 정보를 요구하는 시대에 정확하고 빠른 정보의 검색과 작성은 필수적이다. 이러한 다양한 정보의 검색과 작성을 위한 기기가 바로 스마트폰, 태블릿 등의 모바일(mobile) 기기를 포함한 넓은 의미의 컴퓨터이다. 그러므로 컴퓨터가 없는 가정이나 사무실, 스마트폰이 없는 외출은 이제 상상할 수 없는 일이 되었다.

1. 컴퓨터 정의

컴퓨터(computer)는 '전자적으로 계산을 수행하는 장치'이다. 컴퓨터는 빠르고 정확한 계산을 위하여 처리(process), 저장(store), 입력(input), 출력(output) 기능을 수행한다. 컴퓨터가 수행하는 계산의 대상을 데이터(data) 또는 자료라 하며 처리 기능을 거쳐 출력된 의미 있는 자료를 정보(information)라 한다.

컴퓨터는 기본적으로 전기가 흐르거나 흐르지 않는 정보(On/Off)를 의미하는 1과 0의 두 가지 신호인 디지털 데이터만을 인식하므로 컴퓨터 외부의 문자, 이미지, 동영상, 음성과 같은 여러 형태의 데이터는 컴퓨터 내부에서 모두 디지털 데이터로 변환되어 처리된다. 따라서 컴퓨터는 1과 0의 조합으로 구성된 문자, 숫자 등의 데이터를 처리 계산함으로써 원하는 결과를 얻을 수 있다. 컴퓨터의 처리 기능은 컴퓨터의 처리를 명령하는 여러 명령 집합(instruction set)에 의하여 그 일을 수행한다. 이러한 명령어 집합이 프로그램(program)이다. 이러한 처리, 저장, 입력, 출력 4가지 기능의 관점에서 컴퓨터를 정의하면 다음과 같다.

> "컴퓨터는 원하는 결과를 얻기 위해 입력기능을 이용하여 데이터를 디지털로 변환하고 처리, 저장 기능을 이용하여 데이터를 처리하며, 변환된 정보를 출력기능을 이용하여 적절한 출력장치로 출력할 수 있는 전자적 장치이다."

2. 컴퓨터 구성요소

컴퓨터는 우리가 흔히 보는 본체, 모니터, 키보드, 마우스, 저장장치 등과 같은 물리적인 부분, 즉 하드웨어(hardware)와 컴퓨터의 행동을 지시하는 프로그램인 소프트웨어(software)로 구성된다. 하드웨어는 데이터의 입력, 저장, 처리, 출력을 제어하는 데 사용되는 물리적인 기계 장치(device)로 구성된다. 하드웨어의 중요한 구성요소로는 중앙처리장치(CPU: Central Processing Unit), 주기억장치(main memory), 보조기억장치(secondary memory), 입력장치(input device), 출력장치(output device) 등이 있다.

중앙처리장치는 연산을 수행하는 연산장치(ALU: Arithmetic Logic Unit)와 연산을 제어하는 제어장치(control unit)로 구성되며 이 중앙처리장치의 칩(chip)을 프로세서(processor)라 한다.

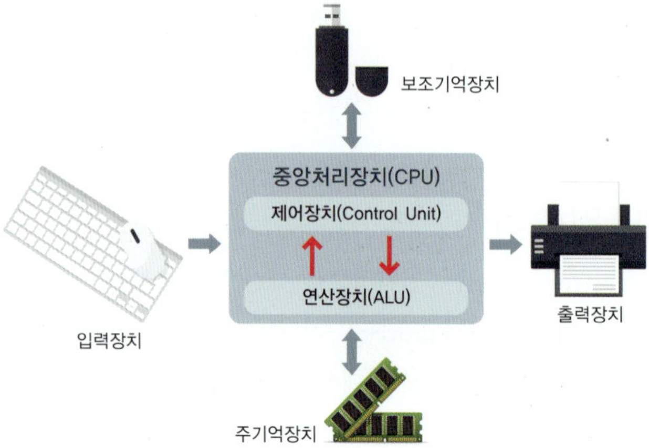

그림 2.1 ▸ 컴퓨터 하드웨어 5가지 구성요소

소프트웨어는 컴퓨터가 수행할 작업을 지시하는 전자적 명령어들의 집합으로 구성된 프로그램을 말한다. 즉 소프트웨어란 컴퓨터가 수행해야 할 일을 알려주는 자료이다.

데이터는 컴퓨터의 보조기억장치에서 파일(file)로 조직되고 처리된다. 즉 보조기억장치에서 논리적인 한 단위로 취급되는 연관된 자료의 모음을 파일이라 한다. 프로그램 자체도 파일에 저장하며 프로그램 처리 대상이나 결과도 파일에 저장할 수 있다.

2.2 하드웨어란?

1. 입력장치

키보드와 마우스

입력장치는 데이터 처리를 위하여 데이터를 컴퓨터 내부로 입력하는 기계이다. 대부분의 컴퓨터에 설치되어 있는 가장 흔한 입력장치로는 키보드(keyboard)와 마우스(mouse)를 들 수 있다. 키보드는 문자와 기호를 입력하는 장치로 특수 키를 사용하여 프로그램 명령을 입력할 수 있다. 마우스는 그래픽 사용자 인터페이스(GUI) 환경에서 위치를 입력하는 가장 보편화된 입력장치이다. 또한 스마트폰과 소형 컴퓨터에 무선으로 연결하여 쉽게 이용할 수 있는 레이저 키보드도 입력장치라 할 수 있다.

키오스크와 POS

키오스크(kiosk)란 터치 패널 등이 달린 작은 설치형 디지털 단말기를 말한다. 예전에는 정보를 전달하는 출력장치로 주로 사용했으나 지금은 무인 주문 시스템으로 사용자가 메뉴를 고르고 결제를 하는 상호작용 키오스크(interactive kiosk)로 많이 사용된다.

키오스크는 자판기와 지하철의 무인 교통 카드 판매·충전기, 관공서의 무인 민원 발급기, 은행의 ATM 기기 등에서 주로 사용되고 있으며, 최근에는 음식점에서도 인건비 절약 차원에서 주문·결제 시스템으로 활용되고 있다. 현재의 키오스크는 입력장치에서 중앙처리와 출력장치까지 탑재된 또다른 컴퓨터 중 하나이다.

그림 2.2 ▸ 키오스크의 사용 모습

스마트폰과 태블릿 그리고 다양한 매장에서 사용하는 POS(Point Of Sale) 시스템인 점포판매시스템의 터미널은 출력 화면이 터치스크린으로 입력장치로도 사용되며, 버스나 택시에 구비된 T-Money용 장치도 하나의 입력장치라 할 수 있다. 또한 음악과 소리 청취용으로 사용되는 이어폰(ear phone)은 음성 명령을 인식해 사람의 명령을 처리할 수 있는 입력장치로도 널리 활용될 것으로 보인다.

그림 2.3 ▸ 터치스크린, T-Money 기기 등 다양한 입력장치

컴퓨터에 입력되는 다양한 종류의 미디어 자료에 따라 입력장치의 종류도 매우 다양하다. 소리를 입력하는 마이크, 영상을 입력하는 스캐너, 동영상을 입력하는 카메라, 특수한 마크와 문자, 바코드를 판독하는 광학마크판독기(OMR: Optical Mark Reader),

자기잉크문자판독기(MICR: Magnetic Ink Character Reader), 광학문자판독기(OCR: Optical Character Reader), 바코드판독기(Bar Code Reader) 등이 있다.

2. 중앙처리장치

CPU

중앙처리장치(CPU: Central Processing Unit)는 주어진 임무를 수행하기 위해 소프트웨어로부터 받은 명령어를 실행하는 장치이며, 간단히 CPU라고 부른다. 중앙처리장치는 마이크로프로세서(microprocessor) 또는 줄여서 프로세서(processor)라고도 부르며 사람의 머리에 해당하는 매우 중요한 컴퓨터의 구성요소이다.

중앙처리장치의 내부는 제어장치(control unit)와 연산장치(arithmetic logic unit)로 구성된다. 제어장치는 자료와 명령어의 중앙처리장치로의 입출력을 제어하며 연산장치는 산술연산과 논리연산을 수행하는 장치이다.

우리가 가장 흔히 이용하는 개인용 컴퓨터는 대부분 인텔(Intel) 사에서 생산하는 CPU를 이용하고 있으며 AMD(Advanced Micro Devices) 사의 CPU도 널리 사용되고 있다.

그림 2.4 ▸ 인텔 CPU와 AMD 사의 CPU

메인보드

중앙처리장치는 마더보드(motherboard)라고도 부르는 컴퓨터 내부의 메인보드(mainboard)에 장착된다. 메인보드는 중앙처리장치를 연결하는 소켓, 주기억장치를 설치하는 메모리 슬롯, 그래픽 카드와 사운드 카드, 네트워크 카드 등의 다른 하드웨어 장치에 연결시키는 확장 슬롯, ROM(Read Only Memory) 등으로 구성되는데 흔히 주기판 또는 모기판이라고도 부른다. 마더보드는 CPU 종류, 기억장치 최대 용량, 확장 슬롯의 수량 등 컴퓨터의 기본 성능을 규정하며, 시스템의 안정성도 결정할 수 있는 중요한 부품이다.

그림 2.5 ▸ 메인보드

GPU

GPU란 용어는 1999년 엔비디아(Nvidia) 사에서 처음 사용한 용어로 그래픽 처리 장치(GPU: Graphics Processing Unit)를 말한다. 과거에는 CPU 내부에서 처리하던 그래픽 처리를 빠른 시간에 고수준 해상도를 처리하는 전담 그래픽 카드가 맡으면서 1999년 엔비디아 사의 GeForce 256 그래픽 프로세서부터 GPU라 지칭하였다.

그림 2.6 ▸ 엔비디아의 GPU(GeForce 256, RTX 8000)

GPU의 그래픽 처리는 구조상 병렬 컴퓨팅 계산에 적합한 구조를 가지므로 GPU는 고속의 병렬처리로 대량의 행렬과 벡터를 다루는 데 뛰어난 성능을 발휘한다. 부동소수점 실수 연산과 벡터 연산에서 GPU는 CPU보다 약 10배 이상 빠르다. 이러한 이유로 2000년대 후반부터 GPU를 3D 그래픽 이외의 수리 연산 중심의 컴퓨팅 분야에 사용하기 시작했으며, 이를 범용 GPU라 하여 GPGPU(General Purpose Graphic Processing Unit)라 칭한다.

GPU는 디스플레이가 화려한 게임 분야, 이미지 처리 및 분석, 컴퓨팅 가속이 필요한 비트코인 채굴과 대량의 행렬과 벡터 연산이 요구되는 빅데이터 처리와 인공지능의 심층신경망(딥러닝) 분야 등에 널리 활용된다.

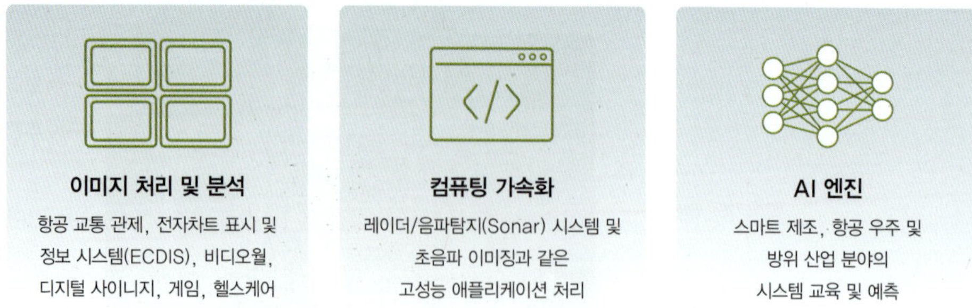

그림 2.7 ▸ GPU 활용

모바일 AP

초소형 컴퓨터인 스마트폰, 태블릿 PC 등의 모바일 기기에 사용되는 중앙처리장치(CPU)를 AP(Application Processor)라 한다. 즉 모바일 분야의 핵심인 모바일 애플리케이션 프로세서(AP)란 모바일 기기의 두뇌 역할을 담당하는 반도체 칩(chip)이다. AP는 일반적으로 연산을 위한 CPU의 주된 기능 외에도 메모리와 표시장치를 위한 그래픽처리(GPU), 카메라, 저장장치, 무선통신, 디지털 신호 처리(DSP: Digital Signal Process), 이미지 처리 등의 여러 가지 시스템 장치와 인터페이스를 제어하는 다양한 기능을 포함하고 있다. AP는 여러 기능의 반도체를 한 개의 칩에 모아 만든 시스템온칩(SoC: System on Chip)이나 엄지 손톱보다 작다.

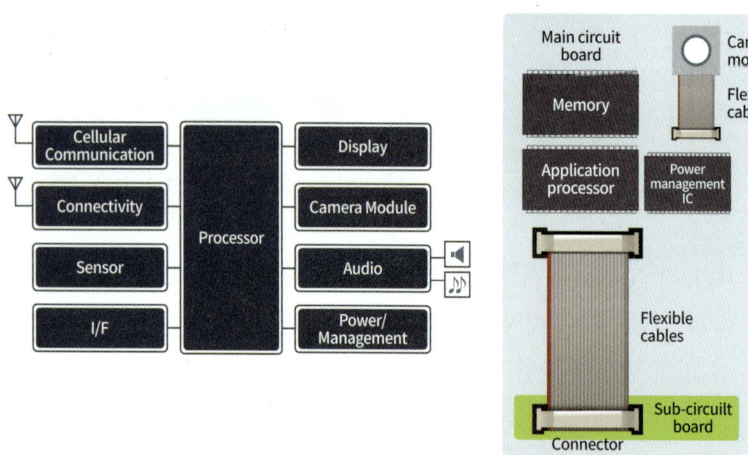

그림 2.8 ▸ 스마트폰의 AP와 블록 다이어그램

대표적인 AP로는 퀄컴(Qualcomm)의 MSM 시리즈 '퀄컴 스냅드래곤(Qualcomm Snapdragon)', 삼성의 '엑시노스(Exynos)', 엔비디아(NVIDIA)의 '테그라(Tegra)' 시리즈, 애플의 'A' 시리즈 등이 있다.

그림 2.9 ▸ 다양한 모바일 애플리케이션 프로세서

3. 주기억장치

DIMM과 소켓

컴퓨터가 데이터를 정보로 변환하는 주요 작업을 수행하는 곳은 중앙처리장치와 주기억장치이나. 듀얼 인라인 메모리 모듈(DIMM: Dual In-line Memory Module)은 여러 개의 메모리 칩을 회로 기판 위에 탑재한 메모리 모듈을 지칭하며, 컴퓨터의 주기억장치로 쓰인다. 주기억장치는 마더보드의 DIMM 소켓이라 부르는 장치에 장착되며 현재 CPU에서 처리 중인 프로그램과 데이터를 임시로 저장하는 데 이용된다. 주기억장치는 임의 접근 메모리로 RAM(Random Access Memory)이라 하는데 이는 메모리의 임의의 위치에 데이터를 읽거나 쓸 수 있음을 의미한다. 다음 그림은 우리가 일반적으로 접하는 RAM인 DIMM과 DIMM 소켓을 나타낸다.

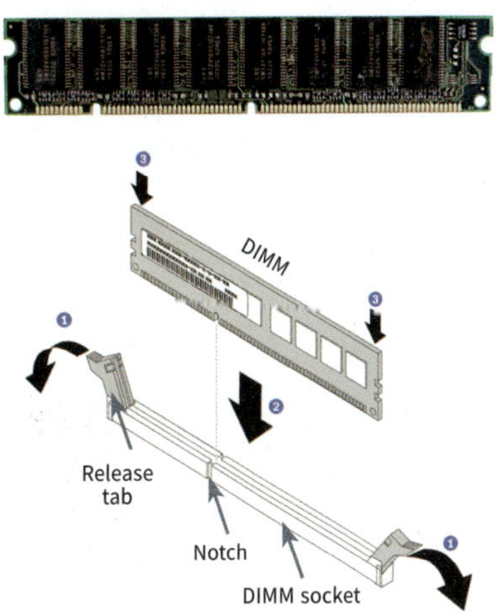

그림 2.10 ▸ DIMM과 DIMM 소켓

주기억장치는 수백만 개의 전자회로를 포함하고 있는 실리콘 칩으로 구성되어 있다. 컴퓨터는 각 전자회로를 켜거나 꺼서(on/off) 데이터를 기억한다. 주기억장치의 기억장소는 각 전자회로에 비트(bit) 단위의 데이터가 저장되고, 이 기억된 데이터를 찾아서 사용할 수 있도록 정렬한 곳이다.

컴퓨터의 성능과 속도를 결정하는 가장 중요한 요소 중의 하나가 바로 주기억장치의 용량이다. 일반적으로 RAM의 용량이 클수록 더 많은 작업을 빠르게 실행할 수 있기 때문이다.

4. 보조기억장치

USB 메모리와 하드디스크

보조기억장치는 프로그램이나 데이터를 저장하기 위한 저장 공간으로 간단히 저장장치(storage)라고도 부른다. 주기억장치인 RAM은 현재 실행 중인 프로그램과 데이터를 저장하며 전원을 끄면 저장된 자료가 모두 사라진다. 이렇게 전원이 없으면 저장된 자료를 손실하는 메모리를 휘발성(volatile) 메모리라 한다. 그러나 저장장치는 전원을 꺼도 계속 자료를 저장할 수 있는 비휘발성(non-volatile) 저장공간이다. 저장장치는 주기억장치에 비하여 속도는 느리지만 가격이 저렴하여 더 넓은 공간을 이용할 수 있다. 일반적으로 사용되는 저장장치에는 USB 메모리와 하드디스크(HDD: Hard Disk Drive)가 대표적이다.

2000년에 처음 등장한 USB(Universal Serial Bus) 메모리는 크기가 작고 휴대하기가 편해 아직까지 범용적으로 사용되고 있다. 현재는 저장 용량도 커져 256GB 용량의 USB 저장장치를 적정한 가격에 구매할 수 있다. 1TB 이상의 USB 저장장치도 상용화 되었으나 아직은 고가이다.

원래 이름이 자기디스크(MDD: Magnetic Disk Drive)였던 하드디스크는 판독/기록 헤드(read/write head)를 통하여 자기디스크 상의 데이터를 읽거나 쓴다. 하드디스크는 USB 메모리에 비하여 대용량의 자료 저장이 가능하며, 접근시간(access time)이 보다 빠르다.

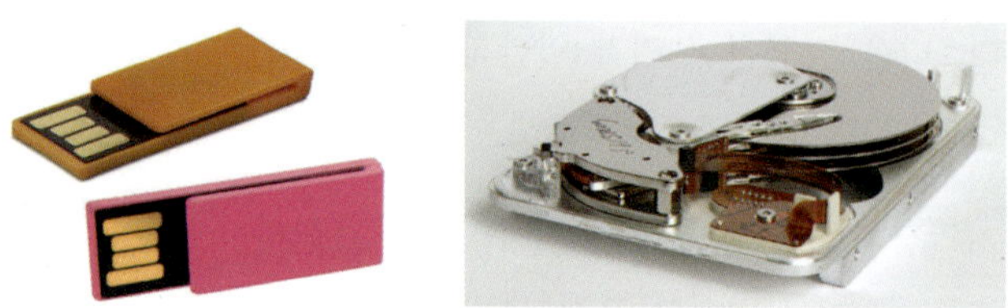

그림 2.11 ▸ USB 메모리와 하드디스크의 내부

SSD와 외장하드

2010년부터 빠르게 확산되고 있는 차세대 대용량 저장장치로는 SSD(Solid State Disk)가 있다. SSD는 기존 저장장치인 HDD와 비교해 읽고 쓰는 속도가 빠르며, 전력 사용량이 적고 충격에 강하며 발열과 소음도 적은 장점이 있다. 가격도 저렴해지고 있어, SSD의 저장용량은 1TB 이상의 제품도 일반화되었다. 최근의 개인용 컴퓨터는 SSD와 HDD가 모두 장착되어, SSD에 운영체제와 자주 사용하는 프로그램을 설치하고, 기존의 HDD에는 영화나 음악 같은 대용량의 자료를 저장하여 함께 사용하는 경우가 늘고 있다.

외장하드는 휴대할 수 있는 대용량의 외장형 하드디스크 드라이브(external hard disk drive)로, 휴대가 간편하고 외부에서 USB와 같은 인터페이스를 통해 직접 컴퓨터와 연결하여 사용할 수 있다. 또한 대용량임에도 USB 메모리나 SSD에 비해 가격이 저렴하다는 장점이 있다.

그림 2.12 ▸ SSD와 외장하드

5. 출력장치

디스플레이 장치와 프린터

출력장치는 컴퓨터의 처리 결과를 사용자가 사용 가능한 형태나 적당한 최종적인 형태로 바꾸어 주는 장치이다. 가장 많이 이용되는 출력장치는 화면을 통한 영상 출력장치인 영상 디스플레이(display) 장치와 문자와 그림 출력장치인 프린터(printer)이다. 또한 소리의 출력에는 스피커를 이용하며 대형 그림의 출력에는 플로터(plotter)가 이용된다.

그림 2.13 ▸ 플로터

간단히 모니터라고 부르는 영상 디스플레이 장치는 대부분 LCD(Liquid Crystal Display)나 LED(Light Emitting Diode)를 사용하고 있다. 액정 디스플레이인 LCD는 액정에 정해진 전압을 가하면 결정 방향이 일정하게 줄을 지어 빛의 반사가 변화해서 문자나 그림을 표시하는 디스플레이 장치이다. LED는 자체 발광 다이오드라고도 하는데 다이오드란 전류가 한쪽 방향으로만 흐르게 만드는 회로 소자를 말한다. 최근에는 LED 모니터가 주류를 이루고 있으며, 가로가 긴 와이드 모니터와 화면이 안쪽으로 휜 커브드(curved) 모니터도 많이 출시되고 있다.

그림 2.14 ▸ 와이드 모니터와 커브드 모니터

게임을 즐기거나 사진 또는 영상을 다루는 전문가를 위한 고해상도 모니터(UHD: Ultra High Definition)도 출력장치로 활용된다. 고해상도 모니터는 이미지를 구성하는 작은 점인 화소(pixel) 수가 3840×2160으로 Full HD 모니터의 1920×1080보다 4배 높은 수치여서 4K UHD라 부르기도 한다.

그림 2.15 ▸ 고해상도 4K UHD 모니터

3차원 프린터

컴퓨터에서 모델링(modeling)된 3차원 설계데이터로 모델 모형을 그대로 입체 물체로 만들 수 있는 3차원(3D: Three Dimension) 프린터도 일반화되었다. 3차원 모형을 만드는 기기는 예전부터 주로 기계분야에서 사용되어 왔다. 1984년에 미국의 찰스 훌(Charles W. Hull)이 설립한 회사 3D 시스템즈 사는 3차원 모형을 만드는 기술을 발명한 이후, 항공 및 자동차 산업에서 시제품을 만드는 용도로 산업용 3D 프린터를 사용해 오고 있었다. 그 당시는 주로 빠른 모형제작 RP(Rapid Prototyping)에 사용되는 기기로 가격도 매우 고가였다. 이제 관련 분야의 기술혁신으로 가격이 내려가고 쉽게 사용할 수 있는 3D 프린터가 되어, 현재는 기존의 제조 방식에 혁명을 가져올 기술로 주목 받고 있다.

그림 2.16 ▸ 3D 프린터와 출력된 제품

IT Story

3차원 영상 디스플레이 장치

영화 '아이언맨3'에서 허공에 떠 있는 입체 영상인 로봇 슈트에 주인공이 직접 손으로 허공의 로봇 슈트를 제어하는 모습이 나온다. 이처럼 공상과학 영화에 많이 나오는 입체 영상 디스플레이 장치도 연구 개발되고 있으며 머지않아 대중화될 것으로 기대한다. 이러한 3차원 영상 디스플레이의 대표적인 방법이 홀로그램(hologram)이다.

홀로그램은 1949년 데니스 가보르(Dennis Gabor)가 현미경을 연구하면서 제안한 개념으로, 홀로는 그리스어로 '완전한'이라는 의미의 'Holos'에서, 정보 또는 메시지라는 의미의 'Gramma'를 합친 단어이다.

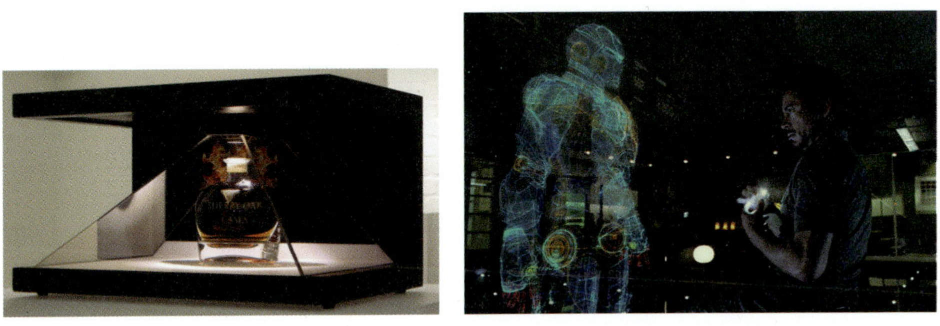

그림 2.17 ▸ 3D 홀로그램 영상 장치와 영화에서의 홀로그램

국내의 공연장이나 놀이공원에서도 홀로그램 영상을 활용하여 K-POP 가수가 실제로 공연하는 것처럼 다양한 영상을 환상적인 3차원 입체 영상을 제공한다.

공상과학 영화와 같이 허공에 표시되는 홀로그램을 컴퓨터의 출력장치로 사용하려면 아직 연구되어야 할 기술이 많다고 하나, 최근 마이크로소프트는 허공에서 홀로그램과 같은 3차원 영상을 볼 수 있는 '홀로렌즈(HoloLens)'라는 웨어러블 기기를 출시하여 발전시키고 있다. 홀로렌즈(HoloLens)는 기존의 머리 착용 디스플레이(HMD: Head Mounted Display) 장치와 다르게 투명한 안경이 장착된 머리 착용 디스플레이 장치로, 허공에 영상이 보이는 듯 하고 손의 움직임으로 영상을 조작할 수 있도록 한다.

그림 2.18 ▸ 마이크로소프트의 홀로렌즈와 활용 모습

2.3 소프트웨어란?

컴퓨터를 사람에 비유하면 사람의 몸은 하드웨어이고 사람의 몸을 움직이게 하는 의지 또는 정신을 소프트웨어라 할 수 있다. 즉 하드웨어는 소프트웨어 없이는 아무 일도 할 수 없는 고철 덩어리에 불과하다. 이러한 소프트웨어는 컴퓨터가 특정 작업을 수행할 수 있도록 해주는 전자적인 명령어 집합으로 구성되며 컴퓨터의 하드웨어가 해야 할 작업 내용을 지시한다.

1. 소프트웨어 분류

응용 소프트웨어와 시스템 소프트웨어

소프트웨어는 크게 응용 소프트웨어와 시스템 소프트웨어로 나뉜다. 시스템 소프트웨어는 컴퓨터가 작동되도록 도와주는 기본 소프트웨어를 말하며 응용 소프트웨어는 문서 작성이나 프로그램 개발 등 특정 작업에 활용되는 소프트웨어를 말한다. 그러므로 컴퓨터는 기본적으로 시스템 소프트웨어는 반드시 필요하며 특정 업무의 필요에 따라 적당한 응용 소프트웨어를 이용하여 원하는 정보를 얻을 수 있다.

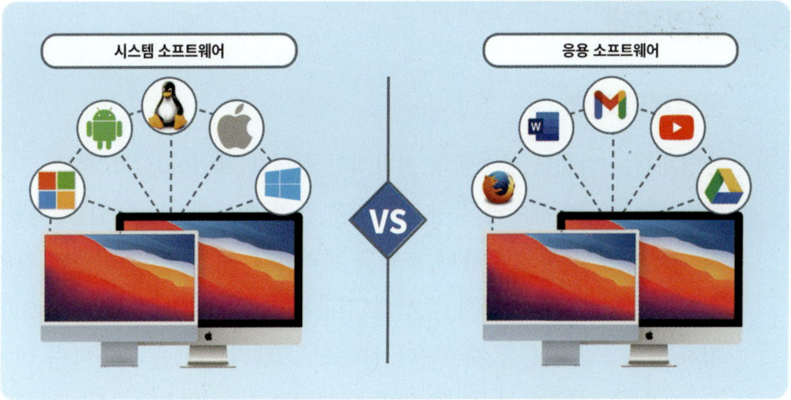

그림 2.19 ▸ 시스템 소프트웨어와 응용 소프트웨어의 이해

응용 소프트웨어로는 사무실에서 문서 작성이나 간단한 회계처리 분야에 이용하는 워드 프로세서, 스프레드시트 종류의 사무용 소프트웨어가 있으며 프로그램 개발 분야와 데이터베이스 분야 등의 다양한 응용 소프트웨어가 있다.

표 2.1 응용 소프트웨어와 시스템 소프트웨어

소프트웨어 구분	프로그램 분류	해당 제품
응용 소프트웨어	사무용	워드 프로세서(MS-WORD, 아래한글), 스프레드시트(엑셀), 프레젠테이션 프로그램(파워포인트)
	프로그램 개발	Visual Studio, Eclipse, Python, PyCharm, SourceTree,
	데이터베이스	SQL Server, mySQL, MariaDB, Oracle
시스템 소프트웨어	컴퓨터 운영체제	Windows 10, 11, 맥OS, Unix, Linux
	스마트 기기 운영체제	Android, iOS
	유틸리티	바이러스 치료 프로그램, 보안 프로그램, 파일 압축 유틸리티, 디스크 관련 유틸리티

시스템 소프트웨어는 크게 운영체제(Operating System)와 각종 유틸리티 프로그램으로 구분할 수 있다. 운영체제는 특정 CPU에 맞게 관련된 하드웨어를 작동하게 하고 또한 응용 소프트웨어를 실행해주는 소프트웨어이다. 유틸리티 프로그램은 운영체제를 돕고 컴퓨터 시스템이 원활하게 작동하도록 돕는 프로그램이다.

2. 운영체제

운영체제 개요

운영체제는 컴퓨터 시스템의 전반적인 동작을 제어하고 조정하는 시스템 프로그램이다. 운영체제는 하드웨어와 응용프로그램 간의 인터페이스 역할을 하면서 CPU, 주기억장치, 입출력장치 등의 컴퓨터 자원을 관리한다. 즉, 인간과 컴퓨터 간의 상호작용을 위한 인터페이스를 제공하면서 동시에 컴퓨터의 동작을 구동(booting)하고 작업의 순서를 정하며 입출력 연산을 제어한다. 또 프로그램의 실행을 제어하며 데이터와 파일의 저장을 관리하는 등의 기능을 수행한다. 그러므로 컴퓨터가 작동되어 운영체제가 실행되면 컴퓨터가 종료될 때까지 계속해서 운영체제는 실행된다.

운영체제 종류

운영체제는 컴퓨터 하드웨어와 밀접하게 관련되어 작동되며 주요 종류로는 유닉스(Unix), 리눅스(Linux), 윈도우(Windows), 맥(Mac) OS 등이 있다. 이러한 각각의 운영체제는 컴퓨터와 사용자 사이의 상호작용을 수행하는 사용자 인터페이스(UI: User Interface)에서 자기만의 차별화된 특색을 가지고 있다. 다음은 개인용 컴퓨터에서 사용되는 리눅스 운영체제의 그래픽 사용자 인터페이스(GUI) 그림이다.

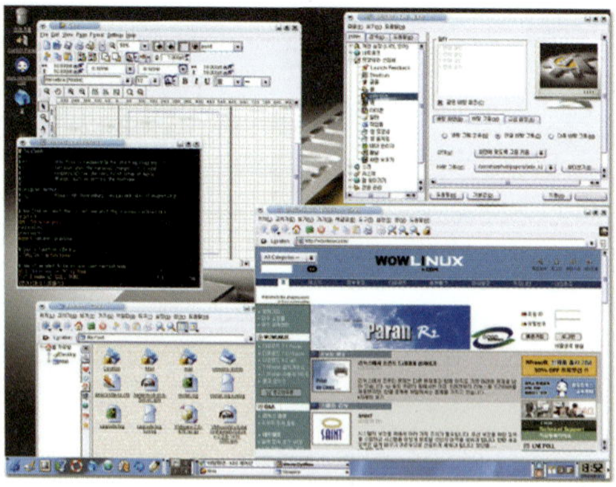

그림 2.20 ▸ 리눅스의 GUI

다음은 GUI를 세상에 소개한 애플(Apple) 사의 매킨토시(Macintosh) 컴퓨터의 최근 운영체제인 macOS 몬테레이(macOs Monterey)의 화면을 나타낸다. 몬테레이는 강화된 영상통화, 아이메시지 앱, 지도 등을 추가하고 아이패드와 아이맥 등 다른 애플 기기와 연동 기능을 대폭 보강했다.

그림 2.21 ▸ macOS 몬테레이 공개

다음은 마이크로소프트 사의 최신 윈도우 버전인 윈도우 11(Windows 11)의 화면을 나타내고 있다.

그림 2.22 ▸ 운영체제 Windows 11

2.4 컴퓨터의 기원

1. 주판과 계산 도구

주판과 파스칼의 계산기

인류가 사용하는 계산 도구의 기원은 주판(abacus)이라 볼 수 있다. 수판이라고도 부르는 주판은 기원전 30세기 정도에 바빌로니아에서 처음 발명되었다고 한다. 고대 중국에서도 주판을 사용하였으며, 현대적인 주판은 중국에서는 1300년경부터 사용되었고, 우리나라에 1400년경에 도입되었다.

그림 2.23 ▸ 중국 고대 주판

1645년 17세기, 프랑스의 철학자이자 수학자인 파스칼(Blaise Pascal, 1623 ~ 1662)은 세계 최초의 기계식 계산기인 파스칼린(Pascaline)을 개발했다. 파스칼의 계산기는 현재의 자동차 주행 기록기와 같이 톱니바퀴의 원리를 이용하여 만들었으며 덧셈과 뺄셈을 할 수 있는 수동식 계산기이다.

그림 2.24 ▸ 파스칼의 계산기와 그의 초상화

파스칼이 만든 최초의 계산기인 파스칼린(Pascaline)으로부터 영감을 얻어 독일의 수학자이자 철학자인 고트프리트 라이프니츠(Gottfried Leibniz)는 사칙연산이 가능한 라이프니츠 계산기를 개발했다.

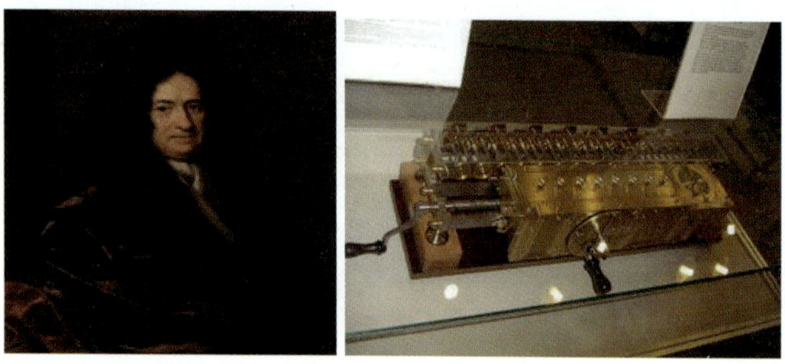

그림 2.25 ▸ 라이프니츠의 계산기와 그의 초상화

배비지의 분석엔진

1823년 찰스 배비지(Charlse Babbage, 1791 ~ 1871)는 다항함수를 계산할 수 있는 차분기관(Difference Engine)을 설계하였고 이를 발전시켜 1834년, 분석엔진(Analytic Engine)을 설계하였다. 해석기관이라고도 부르는 이 분석엔진은 지금의 컴퓨터와 같이 제어장치, 연산 장치, 저장장치, 입출력장치 등을 포함하고 있으며 기계가 수행해야 할 단계들의 순서를 종이 카드에 구멍을 뚫어 지정함으로써 입력장치로 설계하였다. 만일 증기를 동력으로 사용하는 분석엔진이 완성되었다면, 그 크기가 작은 증기 기관차만 했을 것이라고 추정한다. 놀랍게도 분석엔진은 프로그램 언어의 개념은 물론 반복문과 제어문까지 갖추고 있었다. 배비지의 분석엔진은 그 당시 기술 수준으로 구현하지는 못했으나 지금의 모든 범용 컴퓨터의 모체가 되는 중요한 의미가 있다. 그 당시 영국의 시인 바이런의 딸인 오거스터 에이다(Augusta Ada, 1815 ~ 1852)는 배비지의 협력자로서 배비지의 분석엔진을 영국에 알렸다.

그림 2.26 ▸ 배비지의 분석엔진과 그의 초상화

IT Story

오거스타 에이다

영국의 낭만파 시인 바이런의 딸인 오거스타 에이다(Augusta Ada, 1815~1852)는 유명 귀족 집안에서 태어나 백작부인이 된 상류층 여성으로, 수학에 천재적 재능을 갖고 있었으며 지적 욕구가 높고 상상력이 풍부한 형이상학자였다.

에이다는 최초의 컴퓨터 창안자 찰스 배비지가 고안한 기계를 이해했고, 1833년에 배비지가 고안한 '분석 엔진(Analytical Engine)'에 계산과정을 기술하는 프로그램을 만들어 오늘날 일반적으로 사용하는 컴퓨터의 시조가 되는데 공헌하였다. 1842년 에이다는 오늘날 컴퓨터의 원형이 된 '분석 엔진'에 관한 책인 '배비지의 해석기관에 대한 분석(Observations on Mr. Babbage's Analytical Engine)'을 출간하였다. 에이다가 작성한 배비지 해석기관에 대한 설명은 현대 컴퓨터 프로그래밍 역사의 기원이 되었다. 또한 에이다는 현대 프로그래밍의 기초가 될 수 있는 개념인 '서브루틴(subroutine)', '반복(loop)', '점프(jump)'와 '조건(if)' 구문을 만들어 냈다.

에이다의 업적은 그로부터 100년 뒤인 1950년대 이르러 세상에 알려졌다. 이후 에이다에게 [세계 최초의 프로그래머]라는 호칭을 주었으며, 1979년 미국 국방성에서는 그녀의 업적을 기려 새로 개발한 프로그래밍 언어를 그녀의 이름을 따서 "ADA"라고 명명하였다.

2. 근세의 기계식 계산기와 계산 이론 발전

홀러리스의 천공카드기계

1887년 미국의 홀러리스(Herman Hollerith, 1860 ~ 1929)는 그 당시 사용하던 기차표에 착안하여 전기와 기계가 사용된 최초의 계산기인 천공 카드 기계(PCS: Punch Card System)를 발명하고, 이를 1890년 미국의 인구 조사에 사용하였다. 여러 가지 자료를 카드의 천공 상태로 표현하여 구멍의 유무를 전기적인 신호로 검출하여 사용하는 이 시스템은 1980년대까지 이용되던 일괄처리(Batch Processing)의 효시라고 할 수 있다. 이후 1911년 홀러리스는 회사를 설립하였는데 이 회사가 그 유명한 현재의 IBM(International Business Machines)으로 발전하였다.

그림 2.27 ▸ 홀러리스의 천공카드 시스템과 천공카드

튜링 기계와 프로그램 내장방식 계산이론

1936년 영국의 수학자 튜링(Alan M. Turing, 1912 ~ 1954)은 런던 수학 회보에 '계산 가능한 수에 관한 연구: 결정 문제의 적용과 관련하여'라는 연구 논문에서 튜링 기계 이론을 발표하였다. 이 튜링 기계(turing machine)은 알고리즘을 수학적이고 기계적인 절차들로 분해하여 동작할 수 있는 컴퓨터의 실행과 저장에 관한 추상적인 모델이다. 튜링 기계 이론은 계산 기계를 만들려고 했던 그 당시에 현대 컴퓨터와 프로그램이 동작하는 원리가 설명된 추상적인 계산 모델을 제시하였으며 후에 컴퓨터 발전에 상당한 영향을 미치는 중요한 이론적 모델이 되었다.

그림 2.28 ▸ 컴퓨터 계산이론의 선구자 튜링과 폰 노이만

1942년에는 헝가리인 폰 노이만(von Neumann, John, 1903 ~ 1957)은 '프로그램 내장 방식' 컴퓨터의 개념을 제시하였다. 프로그램 내장 방식은 명령어와 데이터를 이진수로 코드화하여 계산 순서를 미리 기계 내부의 메모리에 저장해 두고 실행할 때 컴퓨터가 순차적으로 그 기억 내용을 꺼내 해독하여 자동으로 처리하는 방식이다. 이 방식은 현재에도 디지털 컴퓨터의 프로그램 방식으로 이용한다. 그러므로 순차적으로 작업이 수행되는 컴퓨터를 흔히 '폰 노이만 기계(von Neumann machines)'라고도 한다.

1949년에는 영국의 캠브리지 대학에서 폰 노이만의 '프로그램 내장 방식'을 최초로 적용한 컴퓨터인 에드삭(EDSAC: Electronic Delay Storage Automatic Calculator)이라는 새로운 개념의 컴퓨터가 개발되었다.

IT Story

앨런 튜링과 봄베

영국의 수학자이자 컴퓨터 과학자로 튜링 기계를 고안하였으며, 이를 통해 현대 컴퓨터의 모델을 제시하였다. 튜링은 컴퓨터 과학의 계산이론 분야와 알고리즘 분야, 그리고 인공지능 분야 등에서 많은 업적을 남겨, 튜링을 '컴퓨터 과학의 아버지'라 부른다.

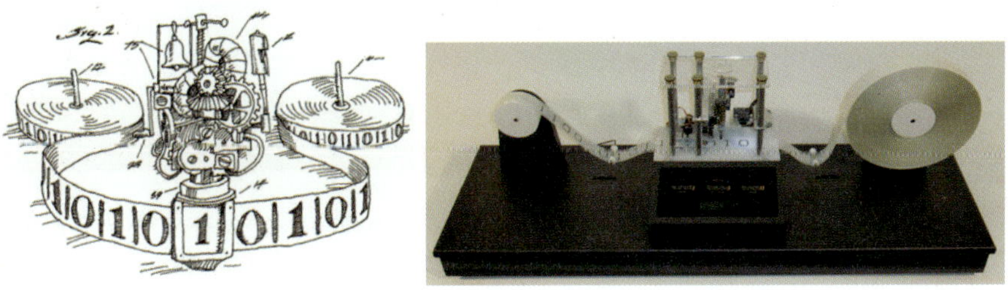

그림 2.29 ▸ 튜링 머신 개념과 오늘날 구현해 본 튜링 머신

2015년에 2월에 국내에서 개봉한 영화 '이미테이션 게임'은 앨런 튜링의 전기를 다룬 영화로서, 튜링은 2차 세계대전 당시 독일의 에니그마 기계(Enigma Machine)의 암호를 풀기 위한 조직의 팀장으로 참여해 전자 계산기 시스템 봄베(BOMBE)를 개발하였다. 튜링의 팀이 개발한 봄베는 독일의 에니그마 암호 코드를 풀어 연합군이 2차 세계대전을 승리하는 결정적 공헌을 한다.

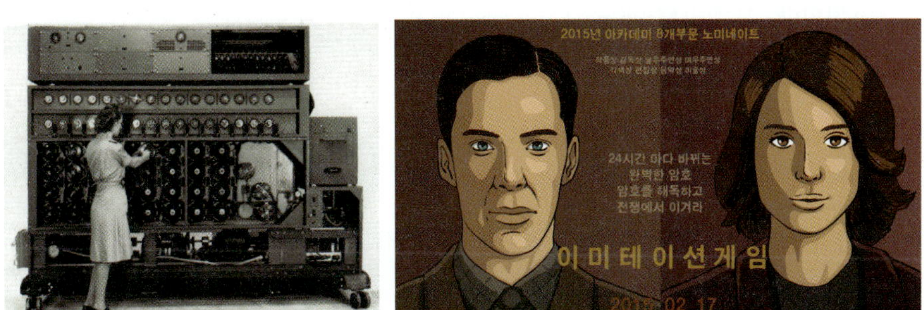

그림 2.30 ▸ 튜링이 개발한 봄베와 영화 '이미테이션 게임' 포스터

ABC와 마크-Ⅰ

1942년 미국의 아이오와 주립 대학의 아타나소프(John. V. Atanasoff) 박사는 그의 연구실 조교인 클리포드 베리(Clifford Berry)와 함께 최초의 자동 전자식 컴퓨터인 ABC(Atanasoff–Berry Computer)를 만들었다.

1944년 미국 하버드 대학의 에이킨(H. H. Aiken, 1900~1973)과 IBM 사는 협력하여 최초의 전기기계식 자동 계산기인 하버드 마크-I(Harvard MARK- I)를 개발하였다. 이 마크- I 은 계전기(relay) 3,300개, 4마력의 모터를 사용하는 72개의 톱니바퀴로 구성된 기계식 계산기였다고 한다.

그림 2.31 ▸ ABC와 마크-I

2.5 컴퓨터의 발전

1946년 최초의 전자식 컴퓨터인 에니악(ENIAC)에서부터 지금까지 컴퓨터의 발전에 대해서 알아보자.

1. 진공관을 이용한 제1세대 컴퓨터

1946년부터 1956년까지의 시기를 제1세대 컴퓨터라 한다. 이 시기의 컴퓨터는 진공관을 사용하였으며 저장장치로는 자기드럼을 이용하였고 입출력장치로는 천공카드를 이용하였다. 기계어(Machine Language)를 이용하여 프로그램을 만들어 컴퓨터를 작동시켰다.

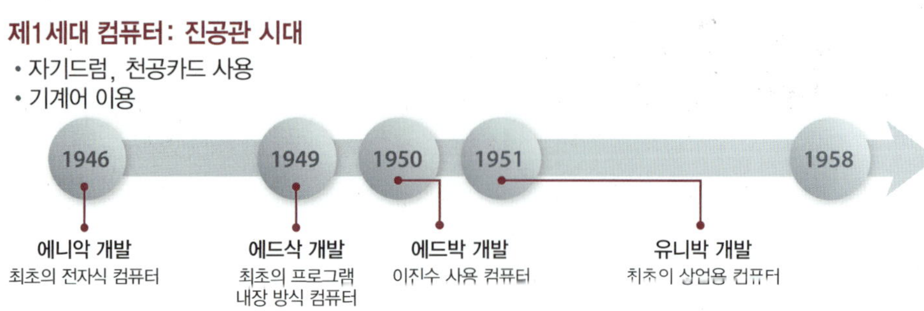

그림 2.32 ▸ 제1세대 컴퓨터

최초의 전자식 컴퓨터 에니악

미국의 모클리(J. W. Mauchly, 1907 ~ 1980) 박사와 에커트(J. P. Eckert, 1919~현재)는 미 국방성의 지원을 받아 1943년에 전자식 컴퓨터 연구·개발을 시작했다. 그 결과 1946년 세계 최초로 진공관이 사용된 다용도 전자식 컴퓨터인 에니악(ENIAC: Electronic Numerical Integrator And Computer)이 탄생했다. 에니악은 길이 30미터, 높이 2.5미터, 폭이 1미터이며 40개의 부분으로 분리되어 있다. 또한 18,000개의 진공관, 7만 개의 저항기(resistor), 6,000개의 스위치로 구성되었으며 소요 전력이 150Kw, 무게는 30톤이나 되는 거대한 기계였다. 에니악은 십진수를 사용하며, 1초에 5,000번의 가감 연산과 360번의 곱셈, 170번의 나눗셈을 수행할 수 있었다. 에니악은 대포의 탄도 계산을 위해 개발되었으며 사람이 하면 20시간이나 걸릴 계산을 단 30초 만에 할 수 있었다.

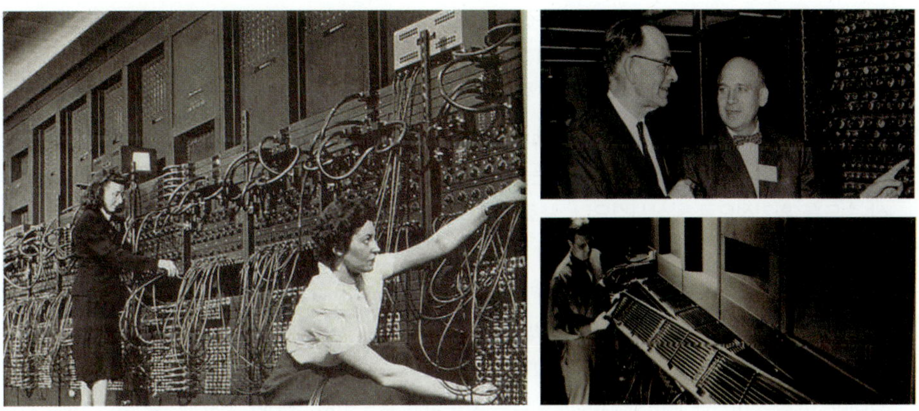

그림 2.33 ▸ 최초의 전자식 컴퓨터 에니악의 모습과 이를 개발한 모클리와 에커트

프로그램 내장 방식의 에드삭과 에드박

1949년 영국 케임브리지 대학의 윌크스(M. V. Wilkes)가 세계 최초의 프로그램 내장 방식의 컴퓨터인 에드삭(EDSAC: Electronic Delay Storage Automatic Computer)을 개발하였다.

1950년 미국의 펜실베니아 대학과 프린스턴 대학 연구소에서 모클리(J. Mauchly)와 에커트(J.P. Eckert, Jr.)가 에니악을 개량한 에드박(EDVAC: Electronic Discrete Variable Automatic Computer)을 개발하였다. 에드박은 에드삭에 이어 폰 노이만이 고안한 프로그램 내장 방식을 적용하였으며 현재의 컴퓨터와 같이 이진법을 채택하였다.

1951년 미국의 에커드 모클리 사(현재의 유니시스 사)에서 에드박을 발전시켜 세계 최초의 상업용 컴퓨터인 유니박-Ⅰ(UNIVAC-Ⅰ)을 개발하였다. 유니박(UNIVAC: UNIVersal Automatic Computer)은 미국의 조사 통계국에서 설치·사용되었다.

그림 2.34 ▸ 에드박과 유니박

IT Story

폰 노이만과 프로그램 내장 방식

정보기술(IT)혁명의 기원인 실리콘밸리, 여기에 위치한 인텔과 마이크로소프트, IBM 등 IT기업에서는 언제 어디서나 컴퓨터를 사용할 수 있고, 나라 간 장벽인 언어통역의 문제를 해결하며, 해킹으로부터 완벽하게 보호받는 미래의 컴퓨터 환경을 구현하기 위해 연구 중이다. 그러나 폰 노이만(John Von Neumann, 1903 ~ 1957)이 없었다면 이와 같은 미래는 상상조차 할 수 없었을 지 모른다. 노이만은 기초수학, 응용수학, 물리학, 컴퓨터, 인공생명 등 현대 과학과 공학 전반에 지대한 영향을 끼친 천재 과학자다. 노이만은 최초의 컴퓨터 에니악이 등장했을 때 문제가 많다고 느꼈다. 에니악은 폭탄의 비행거리나 암호해독 등 사람 머리로 처리하기 어려운 숫자계산 속도를 획기적으로 향상시켰으나, 새로운 일을 할 때마다 사람이 수천 개의 스위치를 며칠씩이나 걸려서 다시 설정해야 했다. 이러한 문제를 인식한 그는 프로그램과 자료를 모두 기억장치에 집어넣고 여기에서 프로그램과 자료를 차례로 불러 해독한 후 처리할 수 있는 현대식 논리구조를 확립, 이를 적용한 컴퓨터를 만들기 시작했다. 이렇게 탄생한 것이 에드박이다. 노이만 방식 또는 프로그램 내장 방식으로 불리는 현대식 컴퓨터의 등장은 디지털 기술의 급속한 발전을 가능케 했다. 현재 사용되는 컴퓨터의 99.9%가 노이만 방식이거나 이를 변형한 형태다. 이후 노이만은 IBM의 기술 프로젝트 자문역을 맡으면서 단순한 숫자계산을 넘어 여러 가지 기능을 수행하는 다목적 컴퓨터를 개발하고자 노력했다. 특히 그는 자기 복제가 가능한 기계를 떠올렸는데, 이는 현재의 컴퓨터 바이러스, 네트워크, 인공지능, 인공생명을 예견한 것이었다.

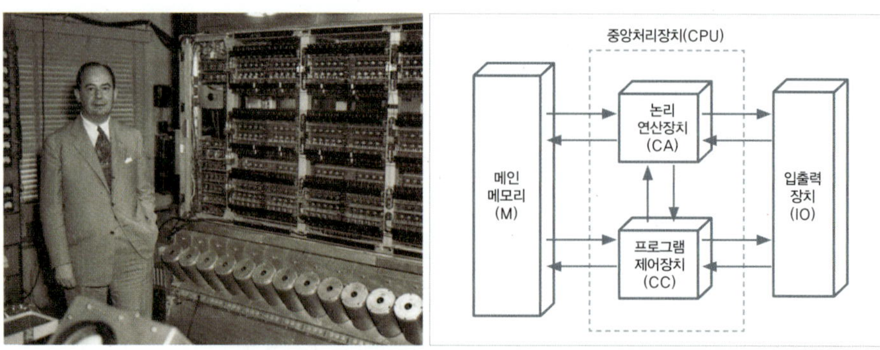

그림 2.35 ▸ 폰 노이만과 프로그램 내장 방식

이미 우리는 세탁기, 냉장고, 엘리베이터 등 컴퓨터와는 무관하다고 생각하는 곳에서 컴퓨터를 만나는 세상에 살고 있다. 많은 사물에 컴퓨터가 연결되고 있는 4차 산업혁명 시대에는 공기처럼 사람이 전혀 의식하지 못하는 곳에 컴퓨터가 장착되거나 서로 연결되고 있다. 앞으로 컴퓨터가 어떻게 변할지는 누구도 쉽게 상상할 수 없다.

2. 트랜지스터를 이용한 제2세대 컴퓨터

트랜지스터를 이용한 컴퓨터가 1956~1963년 개발되었는데, 이를 제2세대 컴퓨터라 한다.

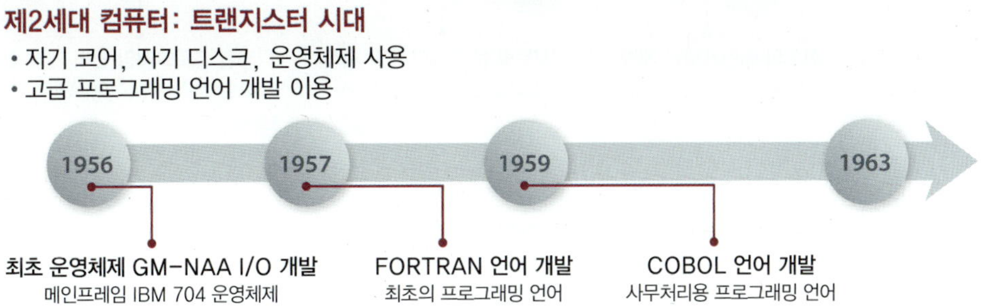

그림 2.36 ▸ 제2세대 컴퓨터

트랜지스터의 이용

1947년에 개발된 트랜지스터는 진공관을 대체하였고 1958년부터 컴퓨터에도 접목되기 시작했다. 트랜지스터를 사용함에 따라 컴퓨터의 크기는 백분의 일로 작아졌고, 성능은 우수하며 가격은 저렴해졌다. 주기억장치는 자기 코어를 사용하였고 보조기억장치에는 자기 디스크를 이용하였다.

운영체제와 고급 프로그래밍 언어의 등장

제2세대 컴퓨터 시기에는 하드웨어를 제어하는 운영체제가 처음으로 도입되었다. 실질적인 작업을 위해 쓰인 최초의 운영체제는 1956, IBM 704를 위해 개발된 GM-NAA I/O로, 실행 중인 프로그램이 완료되면 자동으로 새 프로그램을 실행하는 기능을 수행하였다. 또한 사람의 일상 언어와 비슷한 포트란(FORTRAN: FORmular TRANslation language)과 코볼(COBOL: COmmon Business Oriented Language)이라는 고급 수준의 프로그래밍 언어(High Level Programming Language)도 개발되었다. 1957년에 개발된 최초의 프로그래밍 언어인 포트란은 과학기술 분야에 적합하며 1959년에 설계된 코볼은 사무처리용으로 개발된 프로그래밍 언어이다. 즉 이 시기에 소프트웨어가 본격적으로 발전하기 시작했다.

3. 집적회로를 이용한 제3세대 컴퓨터

1964년부터 1970년까지를 제3세대 컴퓨터라 한다. 제3세대는 집적회로가 사용되었고 메인프레임과 소프트웨어의 체계가 확립된 시기이다.

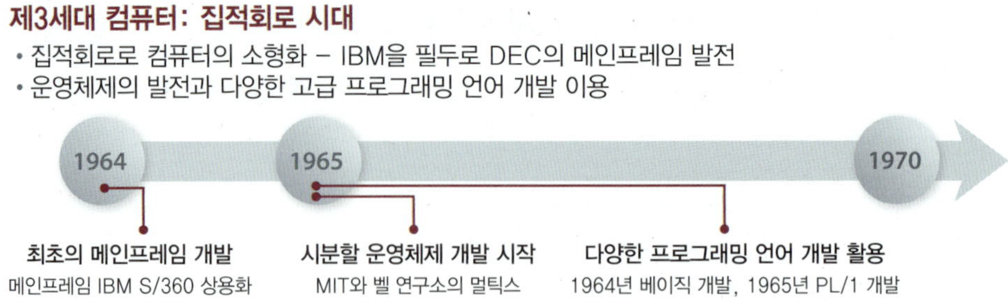

그림 2.37 ▸ 제3세대 컴퓨터

집적회로 개발과 메인프레임의 발전

많은 전자회로 소자를 하나의 기판 위에 모아 놓은 집적회로(IC: Integrated Circuits)를 컴퓨터에 사용하자 크기는 더욱 소형화되었다. 또한 가격은 낮추면서 성능을 높일 수 있었다. 이 시기의 주요 컴퓨터를 살펴보면 IBM의 최초 메인프레임 시스템인 IBM S/360을 필두로 DEC(Digital Equipment Corporation)의 PDP–11이 있다.

IT Story

IBM 사와 IBM S/360

IBM은 1964년 4월 최초의 메인프레임인 S/360을 선보였다. 당시 이 제품 개발을 위해 IBM은 연 매출의 2배가 넘는 50억 달러(현재가치 300억 달러)의 자금을 투입했다. 뿐만 아니라 6만 명 이상 신규인력을 채용하고 대규모 공장 5개를 신설했다. '모든 사용자들의 요구를 360도 전방위로 수용한다'라는 의미로 이름이 붙여진 이 제품은 아메리칸 항공에 채택되면서 항공업계 처음으로 실시간 전화 예약 시스템으로 사용되었고, 1969년에는 미국항공우주국(NASA)의 달 탐사 프로젝트인 아폴로 계획에 사용되기도 했다. 또한 전 세계 연구기관, 정부기관, 금융기관, 제조업체 등에서 사용되어 전산환경의 실질적 표준이 되었다.

그림 2.38 ▸ IBM의 최초의 메인프레임 IBM S/360

IBM은 메인프레임 시스템을 개발하면서 컴퓨팅 분야의 '특허 왕국'으로 성장하기 시작했고, S/360과 함께 개발된 트랜잭션 처리기술과 마이크로 회로, 데이터베이스 등 핵심기술은 지금까지 컴퓨터 기술의 근간을 이루고 있다. 즉, IBM의 메인프레임은 80년대 PC 산업의 성장, 그 후 인터넷 발전의 원동력이 됐으며, 컴퓨팅 기술과 비즈니스를 결합함으로써 전 세계 경제성장의 인프라 역할을 수행해 왔다.

1990년대 중반 이후에는 시스템 다운사이징 열풍이 일면서 메인프레임의 위기가 맞았으며, 현재 IBM의 메인프레임은 전성기 때만큼 영향력을 회복하진 못했다. 그러나 IBM은 기존 메인프레임 브랜드를 계속 발전시켜 현재에도 IBM z15 메인프레임이 출시되고 있으며 고도의 안정성과 고성능의 처리능력이 요구되는 금융권 시장 등에서는 여전히 건재한 상태다.

소프트웨어의 발전

1965년에 MIT 대학과 벨 연구소에서 개발을 시도했던 시분할 운영체제 멀틱스(Multics)가 개발이 시작되어 1960년 후반부터 사용되었다. 이 시기에는 터미널을 이용하여 메인프레임을 여러 사용자가 이용할 수 있도록 시분할(Time Sharing) 시스템 기술이 적용되어 컴퓨터를 대화식으로 사용할 수 있게 되었다. 또한 컴퓨터가 동시에 여러 작업을 수행할 수 있는 다중프로그래밍(Multiprogramming) 기술도 적용되었으며, 1965년에 IBM의 메인프레임에서 사용하기 위해 프로그램 언어 PL/1(Programming Language One)이 개발되었다. 또한 미국의 다트머스 대학에서는 초심자용 다목적 기호명령부호 언어인 베이직(BASIC: Beginner's All-purpose Symbolic Instruction Code) 언어를 개발하여 교육에 활용하였다. 제3세대 시기에는 소프트웨어의 체계가 확립되었으며 운영체제의 다양한 기술이 실현된 시기이다.

4. 고밀도 집적회로를 이용한 제4세대 컴퓨터

1971년부터 현재까지의 시기를 제4세대 컴퓨터라 한다. 이 시기에는 집직회로의 발달로 손톱 크기의 칩에 수억 개의 트랜지스터를 가진 고밀도 집적회로(LSI: Large Scale Integration) 초고밀도 집적회로(VLSI: Very Large Scale Integration)를 사용하게 되었다. 이러한 집적회로의 발달에 따라 초고성능 컴퓨터인 슈퍼컴퓨터를 생산하는 크레이(Cray Research) 사가 설립되어 슈퍼컴퓨터 Cray-1이 탄생하게 되었다.

마이크로컴퓨터 알테어와 애플, IBM PC의 등장

1971년에 인텔(Intel) 사에서 중앙처리장치인 Intel 4004 마이크로프로세서를 개발한 이후, 컴퓨터는 크기와 성능 면에서 급속한 발전을 가져왔다. 1975년에는 MIT(Micro Instrumentation and Telemetry Systems)의 에드 로버츠는 인텔의 마이크로프로세서 8080이 탑재된 최초의 개인용 컴퓨터(PC)인 알테어(Altair) 8800을 개발, 판매하였다. 1975년에는 빌 게이츠(Bill Gates)와 폴 알렌(Paul Allen)이 알테어 8800에서 사용할 수 있는 프로그래밍 언어 베이직을 개발하였고, 베이직을 판매하기 위해 마이크로소프트(Microsoft) 사를 설립했다. 1976년, 스티브 워즈니악(Steve Wozniak)과 스티브 잡스(Steve Jobs)는 애플(Apple) 사를 창업하여 직접 손으로 제작한 개인용 컴퓨터 키트인 애플 I을 출시하였다.

그림 2.39 ▸ 알테어 8080과 애플 I 컴퓨터

IBM도 PC시장에 진입하여 운영체제 MS-DOS를 장착한 IBM PC/XT를 1982년에 발표하였다. 애플 사는 최초의 그래픽 사용자 인터페이스(GUI)를 쓴 리자(Lisa) 컴퓨터를 1983년에 발표하여 현재까지 GUI(Graphical User Interface) 분야에서 그 기술을 선도하고 있다.

그림 2.40 ▸ 초기의 애플 컴퓨터와 현재 애플의 데스크탑 컴퓨터 iMac

IT Story

빌 게이츠와 스티브 잡스

컴퓨터 분야에서 명예와 부를 함께 얻은 사람 중에 대표적인 인물을 꼽으라면 바로 빌 게이츠와 스티브 잡스일 것이다. 약 40년 전부터 시작하여 우리 인간의 삶을 서서히 바꾸어 놓은 개인용 컴퓨터와 스마트폰 그리고 태블릿이라는 혁명적인 기기의 출현 뒤에는 놀랍게도 항상 빌 게이츠와 스티브 잡스가 있었다.

그림 2.41 ▸ 스티브 잡스와 빌 게이츠

빌 게이츠와 스티브 잡스는 모두 1955년생으로 동시대를 살며 유명한 컴퓨터 회사의 CEO로 성장한 대표적인 인물이라는 공통점이 있으나, 그들의 행보에는 다소 차이가 있다. 빌 게이츠는 부유한 어린 시절을 보내고 명문 하버드 대학을 중퇴했으나, 스티브 잡스는 사생아로 태어나 양부모 밑에서 자랐으며 평범한 리드 대학을 중퇴하였다. 빌 게이츠가 개발자라기보다 냉철한 이성으로 결정적 판단을 잘하는 진정한 비즈니스 맨에 가깝다면, 스티브 잡스는 자기 중심적이고 개성이 강하며 항상 새로운 것에 도전하는 창의성이 강한 개발자로 평가받는다.

빌 게이츠는 베이직 인터프리터와 대표적 운영체제인 DOS를 만들었고, 스티브 잡스는 컴퓨터 애플을 만들어 개인용 컴퓨터를 대중화시켰다. 빌 게이츠는 마이크로소프트 사를 만들어 세계적 소프트웨어 회사로 성장시키는 등 큰 어려움 없이 승승장구하고 있으며, 스티브 잡스도 애플을 창업한 이후, 넥스트(NeXT)를 창업하고, 애니메이션 회사인 픽사(Pixar)를 인수하였고, 다시 돌아간 애플에서 후대에도 길이 남을 만한 여러 정보화 기기를 개발한 천재로 알려져 있다. 1997년, 애플의 넥스트 합병으로 스티브 잡스는 애플로 다시 돌아가게 되었으며, 그 해 적자이던 애플을 다시 흑자로 만들었다고 한다. 2001년 MP3 플레이어인 아이팟(iPod)을 만들어 대중들에게 잊혀져 가던 애플을 다시 기억하게 하였으며, 2007년에는 아이폰(iPhone)이라는 혁명적인 개인 정보화 기기인 스마트폰을 출시하여 전 세계를 놀라게 했다. 그 이후로도 애플은 가정용 멀티미디어 기기인 애플 TV, 태블릿 PC인 아이패드(iPad) 등의 제품을 개발하였으나 스티브 잡스는 2011년 췌장암으로 아쉽게 생을 마감하였다.

인터넷과 WWW의 등장

1969년에 미 국방성의 의해 최초의 인터넷인 아파넷(ARPANET)이 탄생되었다. 이후 1989년에 유럽의 입자물리학연구소(CERN: European Organization for Nuclear Research)에서 연구 결과 및 자료의 효율적인 공유를 목적으로 팀 버너스 리(Tim Berners Lee)는 월드 와이드 웹(WWW: World Wide Web)을 개발하였다. 이는 웹이라고도 불리며, 인터넷에 연결된 컴퓨터들을 통해 사람들이 정보를 공유할 수 공간을 말한다. 이 공간에서 정보를 공유하기 위해 웹 브라우저라는 소프트웨어를 사용하는데, 최근에는 마이크로소프트 사의 엣지(edge), 구글의 크롬(Chrome)을 주로 사용하나 초기에는 넷스케이프라는 브라우저를 사용했다.

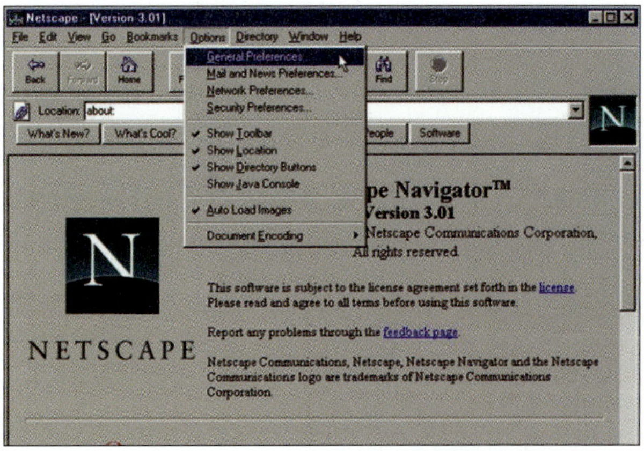

그림 2.42 ▸ 초기의 웹 브라우저인 넷스케이프(Netscape)

현재 우리는 언제 어디서나 세계의 정보를 빠른 시간 내에 볼 수 있는 시대에 살고 있다. 이처럼 정보의 세계화는 전 세계의 컴퓨터를 하나의 망으로 구성한 인터넷이라는 네트워크와 WWW의 개발로 가능한 것이다.

5. 제5세대 컴퓨터와 양자컴퓨터

제5세대 컴퓨터란 미래의 컴퓨터를 말한다. 미래의 컴퓨터는 인간과 대화하고 자연 언어로 명령을 처리하며, 인간처럼 생각하고 창의적인 작업도 수행할 수 있을 것이다. 이러한 차세대 컴퓨터를 만들기 위한 연구 분야로는 인공지능 (AI: Artificial Intelligence) 분야, 병렬처리(Parallel Processing) 분야, 전문가 시스템(Expert System) 분야, 신경망(Neural Network) 분야 등이 있다.

양자컴퓨터

양자컴퓨터(Quantum computer)는 현재 슈퍼컴퓨터의 성능을 월등히 앞서는 '꿈의 컴퓨터'로 불린다. 양자컴퓨터란 중첩(superposition)과 얽힘(entanglement) 등 양자 물리학의 원리를 이용하여 다수의 정보를 동시에 연산할 수 있도록 구현된 새로운 개념의 컴퓨터이다.

양자컴퓨터는 0 아니면 1로만 저장할 수 있는 전통적인 컴퓨터의 비트(bit) 대신 0, 1, 그리고 0과 1의 조합을 동시에 나타내고 저장할 수 있는 양자 비트(quantum bit)인 '큐비트(qubits)'를 이용하여 데이터를 처리한다. 양자컴퓨터의 연산 단위인 큐비트는 00·01·10·11을 동시에 가질 수 있다. 이러한 두 상태의 중첩이 가능해짐에 따라 양자컴퓨터는 전통적인 컴퓨터보다 데이터 처리의 속도가 훨씬 빠르다. 즉 양자컴퓨터가 상용화된다면 그 성능은 슈퍼컴퓨터의 성능보다 최소 1억 배 이상으로, 슈퍼컴퓨터가 150년 걸려 계산할 것을 단 4분 만에 끝낼 수 있다고 한다.

양자컴퓨터는 특정 연산에 최적화된 초고속 대용량 컴퓨팅 기술로, 전통적인 컴퓨터로 해결하지 못했던 머신러닝, 최적화, 신약 개발, 암세포 염기서열 분석, 검색 부문의 과제들을 해결하는 하나의 수단으로 떠오르고 있다. 양자컴퓨터의 연산속도는 병렬처리를 통해 '큐비트' 개수당 2의 n승(제곱)으로 증가한다. 큐비트 2개로는 동시에 2의 제곱인 4가지 상태를, 10 큐비트는 2의 10제곱인 1024가지의 상태를 나타낼 수 있다. 따라서 50큐비트 양자컴퓨터는 2의 50제곱, 즉 1,125조 8999억 정도의 연산을 처리할 수 있다.

2011년 캐나다의 D-웨이브 시스템즈(D-Wave Systems) 사가 최초로 양자컴퓨터 디웨이브 원(D-Wave 1)을 상용화했다, 이후 IBM과 구글 등도 양자컴퓨터를 개발하고 상용화 계획을 발표하고 있다. 2019년 구글은 큐비트 50개로 양자컴퓨터 칩인 '시커모어'

를 만들어 슈퍼컴퓨터의 한계를 뛰어넘었다. 이후 매년 큐비트 수를 두 배 가까이 늘린 양자컴퓨터 출시하고 있으며, 23년에는 큐비트 1,000개의 벽을 넘어 1,121개로 만든 '콘도르' 개발을 계획하고 있다. IBM은 2019년, IT 및 가전기기 전시회 CES2019에서 세계 최초로 20 큐비트의 상용 양자컴퓨터 'Q시스템원'을 공개했다. 이후 2021년 127 큐비트와 433 큐비트의 중급형 양자컴퓨터를 개발하고, 이후 2023년 1,000 큐비트의 양자컴퓨터 개발을 계획하고 있다.

그림 2.43 ▸ IBM이 운용 중인 65 큐비트 양자컴퓨터용 칩 '허밍버드'와 양자컴퓨터 IBM Q시스템원

한편 마이크로소프트 사는 양자컴퓨터 소프트웨어 개발에 주력하고 있는데, 2017년 12월에 양자컴퓨터 특화 언어인 큐샵(Q#)이 포함된 퀀텀 개발 키트 베타를 공개했다. 2019년에는 자사 클라우드 컴퓨팅 서비스 애저에서 큐샵으로 프로그래밍을 체험할 수 있는 프리뷰 시비스를 발표했다. MS의 프로그래밍 툴 '비쥬얼 스튜디오'에서도 큐샵을 활용할 수 있다. MS는 개발자들이 양자컴퓨팅에 도전할 수 있도록 개발 툴킷도 제공하고 있다.

양자컴퓨터는 월등히 빠른 연산속도를 기반으로 데이터 처리량이 급속히 늘어나고 있는 사물인터넷(IoT), 빅데이터, 인공지능(AI) 등의 분야에 활용될 것으로 기대된다.

2.6 컴퓨터의 종류

컴퓨터의 발전에 따른 컴퓨터의 용도와 크기, 그 처리 능력에 따라 컴퓨터를 구분하여 살펴보자.

1. 슈퍼컴퓨터

슈퍼컴퓨터는 기상 예측과 같이 그 처리량이 방대한 작업을 빠른 연산 속도로 처리하기 위해 설계된 과학기술 계산 전용의 컴퓨터를 말한다. 과거에는 과학기술 계산을 초고속으로 처리하는 계산 전용의 중앙처리장치를 구비한 컴퓨터를 슈퍼컴퓨터라고 했으나, 최근에는 수천 개 이상의 중앙처리장치를 서로 연결하여 대규모의 벡터 계산과 행렬 계산을 고속으로 병렬처리하는 슈퍼컴퓨터가 주류를 이루고 있다.

슈퍼컴퓨터를 생산하는 대표적 기업으로는 미국 크레이(Cray Inc.) 사를 들 수 있으며 이 회사의 제품 Cray XC30은 캐비넷당 384개의 인텔 64비트 제온 프로세서가 병렬로 연결되어 있으며, 이러한 캐비닛을 몇 개 연결하느냐에 따라 그 수행 능력이 결정되는 슈퍼컴퓨터이다. 슈퍼컴퓨터의 계산 능력은 주로 플롭스(FLOPS: FLoating point OPerations per Second)이라는 단위를 쓰는데, 1테라(Tera) FLOPS는 1초당 1조 번의 부동소수점 연산 횟수를 수행할 수 있음을 의미한다. 스위스 국립 슈퍼 컴퓨팅 센터의 피즈다인트(Piz Daint)는 Cray XC30로 만든 슈퍼컴퓨터로 계산 능력이 6,270.0 TFlops라고 한다.

그림 2.44 ▸ 슈퍼컴퓨터 Cray XC50

현재 가장 빠른 슈퍼컴퓨터는 미국 오크릿지 국립 연구소(Oak Ridge National Laboratory)에 설치된 IBM의 서밋(Summit) 슈퍼컴퓨터로 200 페타플롭스(PFlops)의 계산 능력을 갖고 있다. 페타플롭스(PetaFlops)는 1초당 1,000조 번의 연산처리 단위로 간단히 피플롭(PFLOP)이라고도 한다.

그림 2.45 ▸ 슈퍼컴퓨터 서밋(Summit), 200 PFlops

중국도 슈퍼컴퓨터의 강국으로 중국의 텐허-2(Tiahan-2)는 인텔 제온 파이 프로세서를 사용하여 중국의 국방 기술 대학교에서 개발되었다. 광저우 국립 슈퍼 컴퓨터 센터의 텐허-2의 속도는 33,862.7 TFlops라고 한다.

그림 2.46 ▸ 중국 텐허2(Tianhe-2), 33,862.7 TFlops

슈퍼컴퓨터는 그 처리 속도에 맞는 많은 계산량이 필요한 과학기술 분야의 문제를 해결하기 위해 활용된다. 그 활용 분야로는 기상예보, 지진 및 해일 예보와 같은 지구환경 분야, 은하의 구조와 형성 그리고 진화를 이해하려는 천문학 분야, 새로운 약을 개발하기 위해 분자 구조를 살피는 약학 분야, 그리고 의학 및 화학 분야 등 수없이 많은 과학기술 분야를 예로 들 수 있다.

슈퍼컴퓨터의 활용 범위는 더욱 다양해져 은행 및 보험회사와 같은 금융기관에서도 엄청난 데이터를 처리하고 분석하기 위해 슈퍼컴퓨터를 활용하고 있으며 영화 제작에도 특수효과를 위해 슈퍼컴퓨터를 활용하기도 한다. 또한 우리나라의 서울대학교, 전북대학교 등의 대학과 기상청 등의 공공기관, 대기업 등에서 여러 대의 슈퍼컴퓨터를 도입하여 이용하고 있다.

2. 메인프레임과 미니컴퓨터

메인프레임

메인프레임은 기억 용량이 크고 많은 입출력 장치를 신속히 제어함으로써 다수의 사용자가 함께 쓸 수 있는 대형 컴퓨터를 말한다. 메인프레임은 주로 대기업이나 은행의 업무 처리, 대학교나 연구소 등의 실습실이나 연구실에서 다량의 단말기를 연결해 사용된다. 일반적으로 전산실에 설치되어 있으며, 각 단말기를 통해 입력되는 자료와 작업을 처리한다. 근래에 마이크로컴퓨터가 대중화되어 중요성이 줄어들고 있으나, 아직도 대규모 전산 시스템을 요구하는 곳에서는 메인프레임 컴퓨터를 통해 처리하고 있다.

그림 2.47 ▸ IBM 메인프레임 신기종 'IBM z15'

미니컴퓨터

미니컴퓨터는 성능과 크기 면에서 메인프레임과 워크스테이션 또는 마이크로컴퓨터 사이의 컴퓨터를 말한다. 미니라는 단어는 1960년대에 그 당시 메인프레임보다 작다는 의미에서 처음 사용되었다. 그러므로 미니컴퓨터는 개인용 컴퓨터인 PC보다 작은 컴퓨터가 아니라 중형컴퓨터(midrange computer)라고 할 수 있다. 현재는 메인프레임과 미니컴퓨터의 구분이 모호해졌고, 개인용 컴퓨터의 성능이 계속 빨라져 미니컴퓨터의 의미가 많이 사라진 상태이며, 다만 가격 면에서 메인프레임보다 저렴한 중형컴퓨터를 말한다.

3. 워크스테이션과 마이크로컴퓨터

워크스테이션

워크스테이션(workstation)은 1980년대에 많이 이용하던 시스템의 용어로 개인이 고도의 수치 처리 능력이 필요한 작업을 수행하는데 편리하고 효율적이며 양질의 그래픽 환경을 제공하여 개인용으로 사용하는 컴퓨터를 말한다. 워크스테이션은 주로 자동차 및 항공기 또는 여러 기계의 고급 설계와 3차원 모델링, 애니메이션 등의 컴퓨터 그래픽 분야에 주로 이용되고 있으며 물론 네트워크로 연결해 메인프레임이나 미니컴퓨터에 접속하여 업무 처리도 가능하다. 개인용 컴퓨터인 PC의 성장과 성능 향상으로 워크스테이션은 자리는 예전같지 않으며, 오라클(oracle) 사는 매장의 터미널인 POS 시스템으로 마이크로 워크스테이션을 출시하고 있다.

그림 2.48 ▸ Oracle MICROS Workstation 6 Family

마이크로컴퓨터

마이크로컴퓨터는 오늘날 사무실의 책상과 가정에 모두 보급되어 있는 개인용 컴퓨터를 말한다. 개인용 컴퓨터는 크게 두 가지로 분류되는데 과거에는 IBM 호환 컴퓨터라 부르던 인텔 CPU가 탑재된 개인용 컴퓨터와 애플 사의 맥(Mac) 컴퓨터로 분류할 수 있다. 현재 개인용 컴퓨터의 성능은 워크스테이션을 능가하여 워크스테이션과 개인용 컴퓨터의 구분이 모호해졌다.

그림 2.49 ▸ 마이크로컴퓨터

4. 휴대형 컴퓨터

책상 위에 올려 놓는 마이크로컴퓨터인 데스크톱(desk top) 컴퓨터는 휴대할 수 없다. 이러한 불편을 제거하여 이동이 자유로운 휴대형 마이크로컴퓨터를 소형 컴퓨터라 하며 그 크기와 용도에 따라 다양하게 발전해 왔다. 2007년 아이폰 출시로 스마트폰이 대중화되면서, 스마트폰과 태블릿 PC가 휴대용 컴퓨터의 중요한 위치를 점하게 되었다.

개인용 디지털 보조기

이제는 거의 사라진 기기인 개인용 디지털 보조기(Personal Digital Assistant)는 PDA라 부르며 무선 통신과 정보 처리 기능을 결합한 개인 휴대 기기로 개인정보 처리기 또는 개인 휴대 통신 단말기라고도 불렸다. 과거 PDA의 기능을 살펴보면 개인의 일정 계획 등을 관리하는 기능, 전자 펜이나 필기 인식 기술을 이용하여 개인 정보를 관리하는 기능, 사전이나 매뉴얼 등을 내장하여 언제나 자료를 검색할 수 있는 검색 기능, 이메일, 팩스, 무선 호출 및 휴대 전화 메시지를 주고받을 수 있는 통신 기능 등이 있었으나, 이제는 이러한 모든 기능을 스마트폰이 대체하고 있다.

그림 2.50 ▸ PDA와 이동형 키보드에 연결된 PDA

노트북 컴퓨터

그 크기가 공책 정도인 노트북 컴퓨터는 1990년대 초반부터 급속도로 보급되기 시작해 현재는 광범위하게 사용되고 있다. 노트북 컴퓨터는 개인정보 관리는 물론 문서 작성, 자료 저장 및 검색, 인터넷 접속까지 컴퓨터로 할 수 있는 모든 기능을 갖추고 있다. 이러한 노트북보다 더 작아 이동이 손쉬운 랩탑(lap top), 팜탑(palm top) 컴퓨터도 등장하였다. 랩탑 컴퓨터는 무릎이란 단어의 랩(lap)이 의미하듯 무릎 위에 올려놓고 쓸 수 있는 휴대하기에 간편한 컴퓨터를 말하며 팜탑은 손 위에 올려 놓을 수 있는 더 작은 크기의 컴퓨터를 말한다. 이러한 랩탑이나 팜탑은 휴대폰과 태블릿의 등장으로 이제 거의 사라지게 되었다.

그림 2.51 ▸ 노트북

스마트폰

2007년 애플의 아이폰(iPhone)이 진정한 의미로 대중화에 성공한 스마트폰의 효시라고 볼 수 있다. 아이폰은 제품이 출시되자 마자 전 세계적으로 선풍적인 인기를 끌었으며, 휴대 전화기에 모든 컴퓨터의 기능이 합쳐진 진정한 의미의 소형컴퓨터라고 할 수 있다. 스마트폰은 iOS나 안드로이드(Android)와 같은 운영체제가 설치되어 소프트웨어인 다양한 앱을 설치·활용할 수 있다. 또한 스마트폰은 시각을 인지하는 카메라와 위치를 관장하는 GPS, 촉각을 처리하는 터치스크린, 표현감각을 인지하는 자이로스코프 등의 다양한 센서가 장착되어 있어 일반 컴퓨터보다 다양한 기능으로 활용될 수 있다. 이제 개인의 필수품이 된 스마트폰은 계속 진화되어 우리의 삶을 바꾸어 놓을 것이다.

그림 2.52 ▸ 다양한 스마트폰

태블릿 PC

2010년 첫 선을 보인 애플의 아이패드(iPad)가 '스마트 패드'라고도 불리우며, 태블릿 PC라는 새로운 영역을 개척하였다. 사실 터치스크린이나 펜을 장착한 태블릿 PC는 2000년대 초반에도 있었으나 그리 대중화되지 못하고 있는 상태였다. 2007년 아이폰의 출시 후, 스마트폰이 대중화되면서 애플은 스마트폰보다 큰 화면에서 프로그램인 앱을 활용할 수 있는 아이패드를 출시하였다. 아이패드는 터치스크린에 적합하며 뛰어난 인터페이스를 자랑하는 운영체제 iOS와 함께 다양한 앱의 출시로 휴대용 태블릿 PC의 새로운 패러다임을 열게 되었다. 당시 예상과는 달리 아이패드는 첫 해 약 1,470만 대가 팔리는 인기를 얻었다. 2010년 첫 해 태블릿 시장은 1,820만 대였고, 아이패드는 경쟁자가 거의 없이 태블릿 시장의 80% 이상을 점유했다. 그나마 삼성전자의 갤럭시탭이 유일한 경쟁 제품이었다. 이제 태블릿 시장이 매우 성장하여 점점 노트북 자리를 대체하고 있다.

그림 2.53 ▸ 아이패드와 갤럭시탭

5. 개발 실험용 컴퓨터

2012년 이후, 학교나 실험실에서 활용할 수 있는 개발 실험용 컴퓨터 또는 마이크로 컨트롤러를 내장한 보드가 출시되고 있다. 즉 중앙처리장치와 보드, 운영체제인 리눅스, 그리고 다른 기기를 연결할 수 있는 다양한 인터페이스로 구성된 라즈베리 파이, 간단히 마이크로 컨트롤러를 내장한 보드로 구성된 아두이노가 대표적이다.

라즈베리 파이

라즈베리 파이(Raspberry Pi)는 영국의 자선 교육 재단인 라즈베리 파이(www.raspberrypi.org)에서 개발한 신용카드 크기의 초소형 컴퓨터이다. 라즈베리 파이의 CPU는 ARM 프로세서를, 운영체제는 리눅스를 사용한다. 라즈베리 파이는 초소형 보드 위에 그래픽 프로세서, 이더넷 그리고 외부 기기의 연결을 위한 핀과 포트가 있으며, 하드 디스크 드라이브는 내장되어 있지 않다. SD(Secure Digital) 카드 슬롯이 제공되어 SD 카드를 외부 기억장치로 사용한다. 라즈베리 파이의 HDMI(High-Definition Multimedia Interface) 단자에 모니터나 TV를 연결하고, USB 단자에 키보드와 마우스를 연결하며, 운영체제 리눅스가 설치된 SD 카드를 연결하여 부팅하면 일반 데스크탑과 같은 다양한 작업을 할 수 있다. 라즈베리 파이는 256MB 메모리의 모델 A와 256MB 메모리의 모델 B가 출시된 이후 다양한 모델이 있다.

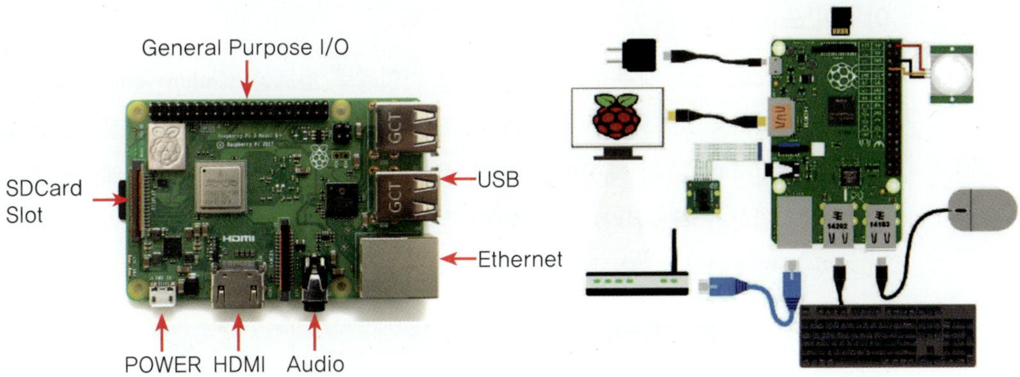

그림 2.54 ▸ 라즈베리 파이

초보자는 운영체제가 설치된 SD 카드를 구매하여 사용하는 것이 편리하다. 재단 사이트(www.raspberrypi.org/downloads)에서 자료를 내려 받아 직접 라즈비안 위지(Raspbian Wheezy)와 아치 리눅스(Arch Linux) 등 다양한 운영체제를 설치할 수 있다. 라즈베리 파이를 제어하는 프로그래밍 언어로는 파이썬, 자바, 베이직, 펄, C 등을 사용할 수 있다.

라즈베이 파이가 2012년 컴퓨터 과학 교육 증진을 위해 발매된 이후 전 세계적으로 300만 대 이상이 판매되는 인기를 끌고 있다. 라즈베이 파이를 사용하여 다양한 기기를 연결한 새로운 창작품을 만들어 낼 수 있으므로 라즈베이 파이는 다양한 분야에서 활용할 수 있는 무한한 잠재력을 지니고 있다.

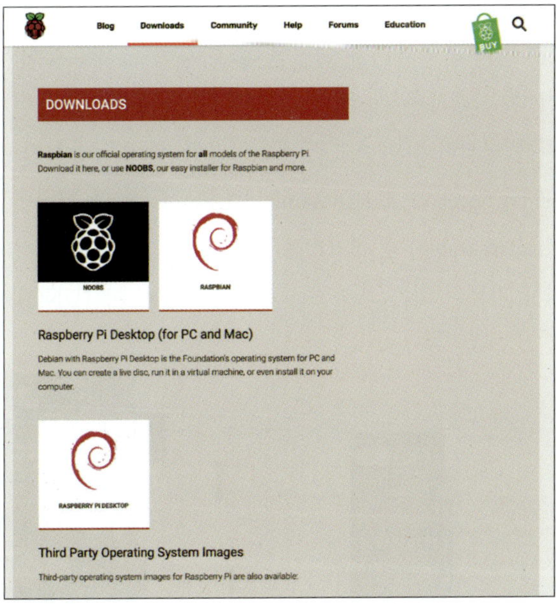

그림 2.55 ▸ 라즈베리 파이 운영체제 다운로드(www.raspberrypi.org/downloads)

아두이노

아두이노(Arduino)는 오픈소스를 기반으로 마이크로 컨트롤러(micro controller)를 내장한 기기 제어용 보드이다. 아두이노 보드는 다양한 센서나 부품 등의 장치를 연결할 수 있도록 인터페이스를 제공한다. 또한 손쉽게 컴퓨터와 연결해 소프트웨어를 로드하면 원하는 결과가 작동된다. 즉 아두이노는 하드웨어와 소프트웨어로 구성된 '오픈 소스 전자 플랫폼'이다.

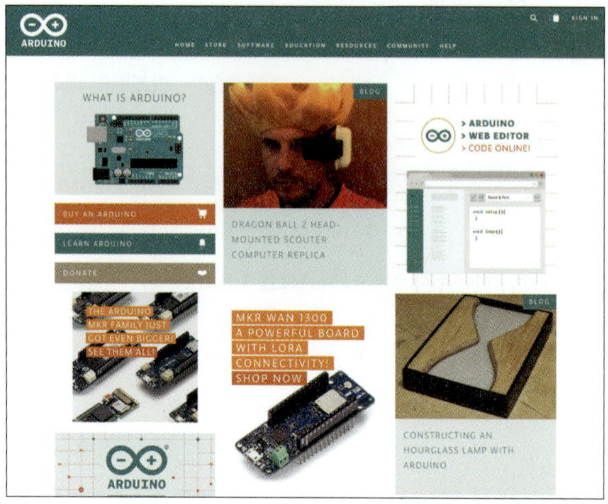

그림 2.56 ▸ 아두이노 홈페이지(arduino.cc)

아두이노는 여러 스위치나 센서로부터 값을 받아들여, LED나 모터와 같은 외부 전자 장치들을 통제함으로써 환경과 상호작용이 가능한 물건을 만들어낼 수 있다. 아두이노의 USB 단자에 컴퓨터를 연결한 후 아두이노 전용 통합개발환경(IDE)에서 프로그램을 작성한 후 실행하면 아두이노가 작동한다. 아두이노가 인기를 끄는 이유는 다양한 입출력장치를 연결하여 마이크로 컨트롤러를 쉽게 동작시킬 수 있다는 것이다. 아두이노는 기초(entry level)와 고급(enhanced features), 사물인터넷(IoT), 교육(education) 그리고 웨어러블(wearable) 등 5가지로 나뉘어 다양한 보드와 키트와 액세서리가 출시되고 있다. 가장 기본이 되는 표준 보드는 아두이노 '우노(UNO)' 보드이다.

그림 2.57 ▸ 아두이노 우노

센서 입력장치

센서(sensor)란 온도, 빛, 압력, 습도, 소리 등을 감지하여 처리하기 쉬운 전기 신호로 바꾸어 주는 전자부품 장치이다. 센서를 시험하려면 아두이노나 라즈베리 파이에 연결된 센서 입력장치를 통해 여러 다양한 정보를 입력 받아 필요한 제어를 수행할 수 있다. 센서는 크게 물리센서와 화학센서로 나눌 수 있다. 물리센서는 빛, 전기, 자기, 열, 역학에 관련된 물리량을 측정하며 화학센서는 기체 및 액체 상태의 화학 성분의 양을 측정한다. 대표적인 센서인 광센서는 빛을 이용하여 대상을 검출하는 센서이다.

표 2.2 다양한 센서 분류

대분류	분류	내용
물리센서	광센서	빛을 이용하여 대상을 검출하는 소자, 인간의 감각기관 중에서 시각에 해당되는 것이 광센서, 시각 센서라고도 부름
	자기센서	자기장 또는 자력선의 크기 · 방향을 측정하는 센서로 자기유도현상에 의하여 전선에 발생하는 전류인 자기에너지를 검출 · 측정
	온도센서	열을 감지하여 전기신호를 내는 센서로 일반적으로 접촉식과 비접촉식
화학센서	가스센서	가스센서는 인간의 오감 중 후각에 해당하는 기능을 갖으며, 공기 중의 각종 가스를 검지, 정량화에 이용되는 화학센서
	습도센서	대기중의 습도를 검출하기 위한 센서로, 모발습도계와 같은 고전적인 것으로부터 금속산화물이나 고분자막을 이용한 소형 경량의 센서
	바이오센서	측정 대상물로부터 정보를 얻을 때 생물학적 요소를 이용하거나 또는 모방하여 생화학 반응에 의한 신호를 색, 형광, 전기적 신호 등과 같이 인식 가능한 유용한 신호로 변환시켜주는 화학센서의 일종

아두이노에서 사용할 수 있는 센서는 매우 다양한데, 초음파 거리센서는 초음파를 이용하여 물체까지의 거리를 감지하는 센서이다. 자동차 후방감지처럼 가까워지고 멀어지는 3cm에서 4m 정도까지의 거리를 알 수 있다. 앞에 장애물이 있다면 적외선이 반사되어 알려주는 적외선 장애물 감지센서 등도 있다.

그림 2.58 ▸ 다양한 아두이노 주요 센서 입력 장치

센서가 많이 활용되는 예가 바로 자동차로 약 200~300개가 사용된다. 향후 자율주행 자동차는 다음보다 훨씬 많은 센서를 활용할 것이다.

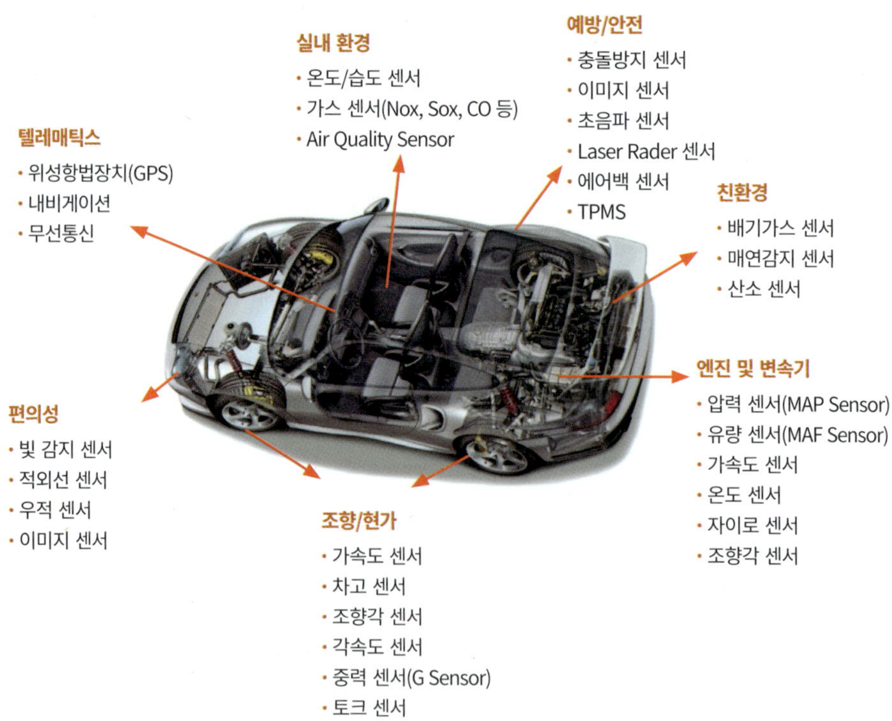

그림 2.59 ▸ 자동차에 활용되는 다양한 센서

내용 점검 문제

[객관식]

다음 각 문항에 대하여 보기 중에서 알맞은 것을 선택하시오.

01 컴퓨터 하드웨어를 구성하는 요소 중 연산장치와 제어장치로 구성된 것은?

A. 주기억장치 B. 보조기억장치
C. 중앙처리장치 D. 출력장치

02 컴퓨터에 대한 설명으로 옳지 않은 것은?

A. 컴퓨터는 '전자적으로 계산을 수행하는 장치'이다.
B. 컴퓨터는 1과 0의 신호만을 인식한다.
C. 컴퓨터의 기본 기능은 처리, 저장, 입력, 출력이다.
D. 컴퓨터는 모니터, 하드디스크, 프린트 등과 같은 물리적인 부분만으로 이루어져 있다.

03 컴퓨터 운영체제에 대한 설명으로 옳지 않은 것은?

A. 컴퓨터 시스템의 전반적인 동작을 제어하고 조정하는 시스템 프로그램이다.
B. 프로그램의 실행을 제어하며 데이터와 파일의 저장을 관리하는 등의 기능을 수행한다.
C. 특정 업무에 필요한 소프트웨어가 운영체제이다.
D. 운영체제의 종류로는 유닉스(Unix), 리눅스(Linux), 윈도우(Windows), 맥OS(MacOS) 등이 있다.

04 입력장치로만 바르게 짝지어진 것은?

A. 키보드, 마우스, 모니터, 프린터
B. 키보드, 바코드판독기, 스캐너, 카메라
C. 프린터, 스캐너, 마우스, 광학마크판독기
D. 바코드판독기, 스피커, 카메라, 가상키보드

05 현재 사용하는 모든 범용 컴퓨터의 모체가 되는 것은?

A. 주판과 파스칼의 계산기
B. 배비지의 분석엔진
C. 홀러리스의 천공카드기계
D. ABC와 마크-I

06 중앙처리장치의 설명으로 옳지 않은 것은?

A. 사람에 비유하면 머리에 해당하는 매우 중요한 구성요소이다.

B. 입력 데이터를 정보로 변환하기 위하여 소프트웨어로부터 받은 명령어를 실행한다.

C. 중앙처리장치 내부는 주기억장치와 제어장치로 이루어져 있다.

D. 다른 하드웨어와 연결시켜주는 마더보드에 장착된다.

07 최초의 전자식 진공관 컴퓨터는?

A. 에드삭　　B. 에드박

C. 마크-I　　D. 에니악

08 주기억장치에 대한 설명으로 옳지 않은 것은?

A. 비휘발성 메모리

B. 수백만 개의 전자회로를 포함하고 있는 실리콘 칩으로 구성

C. 실행중인 데이터를 저장

D. 전자회로를 켜거나 꺼서 데이터를 기억

09 제3세대 컴퓨터에 대한 설명으로 옳지 않은 것은?

A. 집적회로를 이용함으로써 컴퓨터는 더욱 소형화되었고, 가격은 낮아졌지만 성능은 높일 수 없었다.

B. 컴퓨터가 동시에 여러 작업을 수행할 수 있는 다중프로그래밍 기술이 적용되었다.

C. 소프트웨어의 체계가 확립되었으며 운영체제의 다양한 기술이 실현되었다.

D. 시분할(Time Sharing)시스템 기술이 적용되어 컴퓨터를 대화식으로 사용할 수 있게 되었다.

10 보조기억장치가 아닌 것은?

A. USB　　B. SSD

C. RAM　　D. 하드디스크

11 인간과 대화하고 자연 언어로 명령을 처리하며 컴퓨터도 인간과 같이 생각하고 창의적인 작업을 수행하는 컴퓨터는 몇 세대 컴퓨터인가?

A. 제2세대 컴퓨터　　B. 제3세대 컴퓨터

C. 제4세대 컴퓨터　　D. 제5세대 컴퓨터

12 응용 소프트웨어가 아닌 것은?

A. 파워포인트　　B. 엑셀

C. SQL서버　　D. Linux

13 제2세대 컴퓨터에서 컴퓨터의 크기를 백분의 일로 작아지게 하고, 성능은 우수하면서 가격은 저렴하게 만든 것은?

A. 진공관
B. 트랜지스터
C. 천공카드
D. 자기 디스크

14 프로그램 내장 방식에 대한 설명으로 옳지 않은 것은?

A. 세계 최초의 프로그램 내장 방식의 컴퓨터는 에드삭이다.
B. 8진법을 채택하였다.
C. 현재의 컴퓨터 발전에 중요한 영향을 끼쳤다.
D. 폰 노이만에 의해 고안되었다.

15 슈퍼컴퓨터를 설명하는 내용으로 옳지 않은 것은?

A. 처리량이 방대한 작업을 빠른 연산 속도로 처리하기 위해 설계된 과학기술 계산 전용의 컴퓨터를 말한다.
B. 활용분야는 지구 환경 분야, 천문학 분야, 약학 분야 그리고 의학 및 화학 분야 등 수없이 많은 과학기술 분야이다.
C. 최근에는 성능이 뛰어난 한 개의 중앙처리장치로 구성하는 슈퍼컴퓨터가 주류를 이루고 있다.
D. 현재 슈퍼컴퓨터는 우리나라의 서울대학교, 전북대학교 등의 대학과 기상청 등의 공공기관, 대기업 등에서 여러 대가 도입되어 이용되고 있다.

16 오늘날 사무실의 책상과 가정에 모두 보급되어 있는 개인용 컴퓨터를 일컫는 것은?

A. 슈퍼컴퓨터
B. 미니컴퓨터
C. 마이크로컴퓨터
D. 노트북 컴퓨터

17 기억 용량이 크고 많은 입출력장치를 신속히 제어함으로써 다수의 사용자가 함께 쓸 수 있는 대형 컴퓨터로, 주로 대기업이나 은행의 업무 처리, 대학교나 연구소 등의 실습실이나 연구실에서 다량의 단말기를 연결해 사용하는 컴퓨터는?

A. 메인프레임
B. 마이크로컴퓨터
C. 슈퍼컴퓨터
D. 워크스테이션

18 2010년 첫 선을 보인 애플의 아이패드(iPad)가 효시라고 볼 수 있으며 터치스크린이 장착된 휴대용 PC는?

A. 태블릿 PC
B. 데스크탑 PC
C. 미니 컴퓨터
D. 노트북

19 중앙처리장치와 함께 컴퓨터의 성능과 속도를 결정하는 중요한 요소 중의 하나는?

A. 입력장치
B. 주기억장치
C. 보조기억장치
D. 출력장치

20 각 세대의 컴퓨터에 대한 설명으로 옳지 않은 것은?

A. 2세대 컴퓨터는 진공관을 이용한 컴퓨터로 천공카드가 그 예이다.

B. 3세대는 직접회로를 이용한 컴퓨터로 컴퓨터가 전 세대보다 더욱 소형화되었다.

C. 4세대 컴퓨터는 손톱크기의 칩에 수억 개의 트랜지스터를 가진 고밀도 직접회로를 이용하였다.

D. 5세대 컴퓨터는 향후 창의적인 작업을 수행할 수 있을 것이다.

[괄호채우기]

다음 각 문항에 대하여 빈칸에 적절한 단어를 채우시오.

01 컴퓨터는 빠르고 정확한 계산을 위하여 ___________, 저장(store), 입력(input), 출력(output) 기능을 수행한다.

02 ___________(은)는 컴퓨터의 처리를 명령하는 명령어 집합이다.

03 ___________(은)는 CPU 종류, 기억장치 최대 용량, 확장 슬롯의 수량 등 컴퓨터의 기본 성능을 규정한다.

04 1989년에 유럽의 입자물리학연구소에서 연구 결과 및 자료의 효율적인 공유를 목적으로 팀 버너스 리(Tim Berners Lee)는 ___________을 개발하였다.

05 컴퓨터 시스템의 전반적인 동작을 제어하고 조정하는 시스템 프로그램을 ___________(이)라 한다.

06 찰스 배비지가 설계한 ___________(은)는 지금의 컴퓨터와 같이 제어장치, 연산장치, 저장장치, 입출력장치 등을 포함하고 있으며 기계가 수행해야 할 단계들의 순서를 종이 카드에 구멍을 뚫어 지정함으로써 입력 장치로 설계하였다.

07 세계 최초의 전자식 진공관 컴퓨터는 ___________(이)다.

08 고급 수준의 프로그래밍 언어 중 ___________(은)는 과학기술 분야에 적합한 프로그래밍 언어이며, ___________(은)는 사무처리용으로 개발된 프로그래밍 언어이다.

09 제3세대 컴퓨터는 ___________(을)를 이용하였는데, 이것은 많은 전자회로 소자를 하나의 기판 위에 모아 놓은 것이다.

10 양자컴퓨터는 0 아니면 1로만 저장할 수 있는 전통적인 컴퓨터의 비트(bit) 대신 0, 1, 그리고 0과 1의 조합을 동시에 나타내고 저장할 수 있는 양자 비트(quantum bit)인 ___________(을)를 이용하여 데이터를 처리한다.

[주관식]

01 컴퓨터를 정의하시오.

02 컴퓨터의 구성요소 5가지를 열거하시오.

03 중앙처리장치 내부의 2가지 구성요소를 열거하시오.

04 RAM은 무엇이며 그 단어가 의미하는 것은 무엇인가?

05 이번 학기에 사용하는 응용소프트웨어를 열거하시오.

06 지금까지 사용해 본 운영체제를 열거하시오.

07 현재 컴퓨터의 실행 방식이기도 한 폰 노이만이 고안한 방식은 무엇인가?

08 1946년 에니악의 개발 이후 컴퓨터의 발전을 표로 만드시오.

09 양자컴퓨터(Quantum Computer)에 대해서 알아보시오.

10 세계의 슈퍼김퓨디 사용 현황을 알 수 있는 http://www.top500.org 사이트를 참조하여 한국에서 이용되는 슈퍼 컴퓨터의 사용 현황을 성능 순으로 2개만 알아보시오.

Introduction to COMPUTERS

03

정보의 표현

단원 목표

- 컴퓨터 내부의 자료 표현 방법과 저장 용량 단위를 알아본다.
- 2진수, 8진수, 16진수를 이해하고 이들 간의 변환을 알아본다.
- 2진수의 음수 표현 방법인 2의 보수에 대하여 알아본다.
- 컴퓨터에서 이용하는 정보의 종류인 정수, 부동소수, 문자, 논리를 이해한다.
- 컴퓨터에서 정수의 연산 방법, 부동 소수의 연산 방법을 알아본다.
- 컴퓨터에서 논리연산 방법과 논리회로 설계 방법을 알아본다.

단원 목차

3.1 컴퓨터의 자료 표현

1. 자료 표현 원리

사람에게 친숙한 10진수

숫자란 사람이 수를 셀 때 사용하는 도구이다. 사람은 수를 세기 위해 0, 1, 2 등의 아라비아 숫자도 만들고 영, 일, 이와 같은 이름을 붙였다. 사람들은 보통 24, 329, 7567과 같은 10진수(decimal number)를 많이 쓰는데 그렇다면 10진수는 왜 10진수라고 부를까? 수에서 하나의 자릿수(digits)에 사용하는 숫자가 0, 1, 2, 3, 4, 5, 6, 7, 8, 9까지 열 개이므로 10진수라고 한다. 여기서 10을 기수(base)라 한다.

그렇다면 두 자리 10진수 10은 어떻게 만들어지는지 생각해 보자. 0부터 9까지 모두 센 뒤, 그 다음으로 넘어가려면 이미 정해진 0에서 9까지의 열 개의 숫자를 모두 사용했으므로 왼쪽 옆에 숫자를 하나 더 써넣어 9보다 큰 숫자를 10으로 나타낸다. 그러므로 10진수에서 가장 오른쪽은 10^0인 단 단위이며, 그 왼쪽 옆은 10^1인 십 단위, 다시 또 그 왼쪽 옆은 10^2인 백 단위의 자릿수이며, 마찬가지로 어느 자릿수는 바로 근접한 오른쪽 자릿수의 10배로 커진 자릿수를 나타낸다.

즉 10진수 5319는 [그림 3.1]에서 설명하듯이, 1000(10^3)인 것이 5개, 100(10^2)인 것이 3개, 10(10^1)인 것이 1개, 마지막으로 1(10^0)인 것이 9개 모인 수를 말한다.

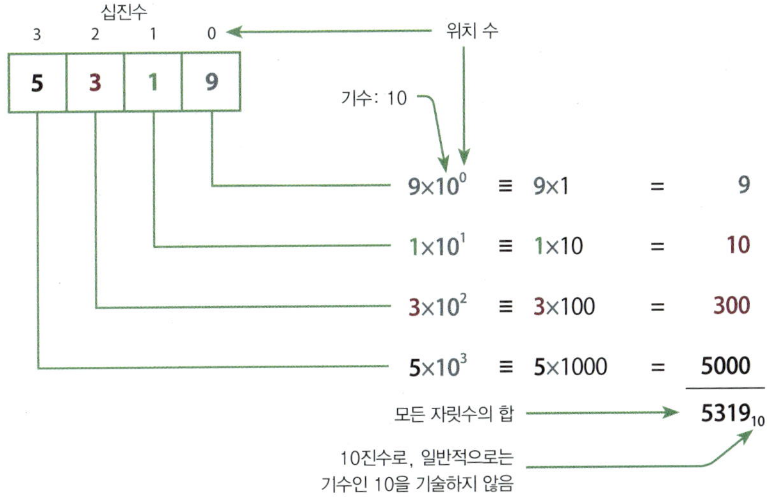

그림 3.1 ▸ 10진수 5319의 표현과 이해

그렇다면 우리 사람은 왜 10진수를 편리하게 느낄까? 사람의 손가락이 모두 합쳐 10개이므로 자연스럽게 10진수를 사용하여 수를 세게 되었다는 설이 유력하다. 그러나 우리 주변에는 10진수 이외에 다양한 진수를 흔하게 사용한다. 일례로 시간(hour)은 12진수나 24진수가 사용되며, 분(minute)은 60진수가 사용되고, 일주일은 7진수로, 월은 12진수로 사용된다.

컴퓨터 내부 자료표현 방법 2진수

컴퓨터도 인간과 달리 10진수가 아닌 2진수를 사용한다. 일상 생활에서 '참과 거짓', '남자와 여자', '스위치의 온(on)과 오프(off)'와 같이 두 가지로 표현되는 것이 있다. 컴퓨터는 전기적 소자인 트랜지스터로 자료 값을 저장하므로 전기가 흐르거나(on) 흐르지 않는(off) 두 가지 전기 신호만으로 자료를 처리하고 저장한다. 이와 같이 디지털 신호에서 전기가 흐를 경우 '참'을 의미하는 '1', 흐르지 않을 경우 '거짓'의 '0'으로 표현되므로, 컴퓨터 내부에서 처리하는 숫자는 0과 1을 표현하는 2진수 체계를 사용한다. 즉 컴퓨터는 논리의 조합이 간단하고 내부에 사용되는 소자의 특성상 편리하기 때문에 2진법을 사용하는 것이 가장 합리적이고 효율적인 방식이다.

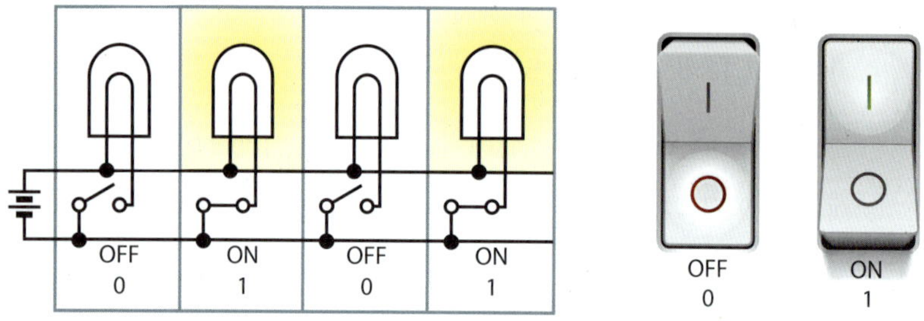

그림 3.2 ▸ 트랜지스터와 스위치에서의 0과 1의 이진 표현

2진수의 이해

2진수(binary number)는 11010, 1010, 110과 같이 사용할 수 있는 숫자가 0과 1, 2개이므로 2진수라 한다. 10진수의 기수(base, radix)가 10이라면 2진수의 기수는 2이다. 2진수를 순서대로 나열하면 0, 1, 10, 11, 100 등과 같이 하위 자릿수가 1 다음은 왼쪽 자릿수를 하나 올리고 자신의 자릿수는 0이 되는 방식으로 증가한다. 2진수에서 가장 오른쪽은 단(2^0) 단위이며, 왼쪽으로 갈수록 2(2^1) 단위, 4(2^2) 단위, 8(2^3) 단위, 16(2^4) 단위 등으로 어느 자릿수는 바로 오른쪽의 기수인 2배로 증가하는 자릿수이다.

[그림 3.3]처럼 2진수 11010은 왼쪽부터 16, 8, 4, 2, 1 자릿수의 카드로 표현할 수 있다. 즉 1이면 그 카드에 있는 표시 수만큼을 더하고 0이면 0을 더하면 된다. 즉 2진수 11010은 다음과 같이 16 + 8 + 0 + 2 + 0을 계산해 10진수로 26이다.

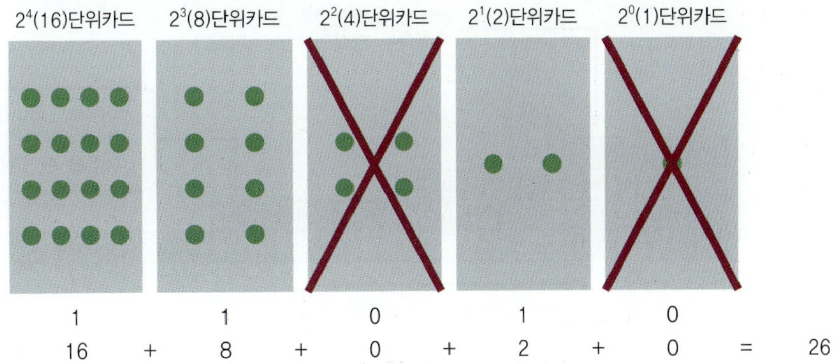

그림 3.3 ▸ 카드를 이용한 2진수의 이해

2. 정보의 표현, 비트와 바이트

비트와 바이트

비트(bit)는 BInary digiT의 합성어로 컴퓨터 메모리의 저장 단위 또는 정보 처리 단위 중에서 가장 작은 기본 정보 단위를 말한다. 즉 전기의 흐름 상태인 온(on)과 오프(off)를 표현하는 단위가 비트이며 1과 0인 2진수로 표현이 가능하다.

여러 개의 비트를 조합하여 다양한 경우를 만들 수 있는데, 비트가 연속적으로 8개 모인 정보 단위를 바이트(byte)라 한다. 1바이트는 8개의 비트를 조합하므로 총 $2^8 = 256$ 가지의 정보 종류를 저장할 수 있다. 8개의 연속적인 비트 전기적 스위치로 표현하면 [그림 3.4]와 같다. 이 정보는 2진수 10110010을 표현한다.

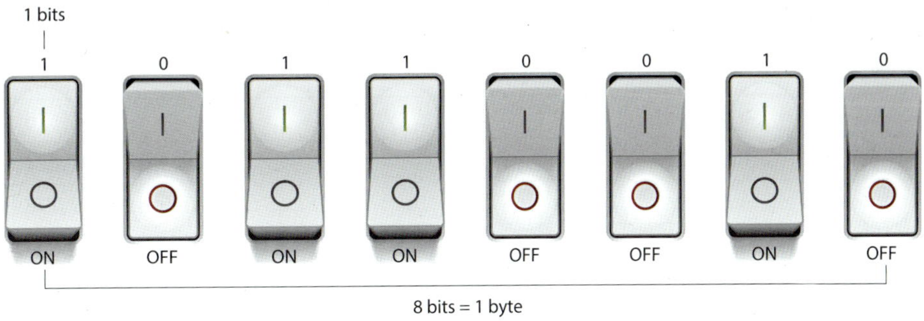

그림 3.4 ▸ 트랜지스터의 전기적 스위치로 구성된 8비트 10110010의 표현

자주 쓰이지는 않지만 바이트의 1/2 크기인 4비트를 니블(nibble)이라고 한다. 일반적으로 바이트가 4개 모이면 워드(word)라 하는데 시스템마다 그 크기는 다를 수 있다. 윈도우 시스템에서는 32비트가 1워드이고 유닉스 시스템에서는 64비트가 1워드일 수 있다.

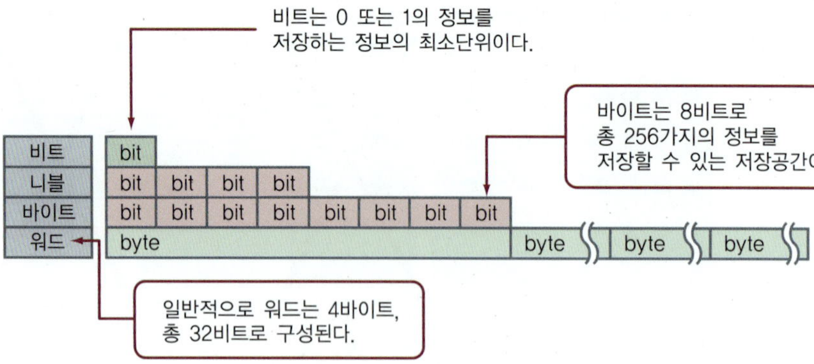

그림 3.5 ▸ 비트와 니블, 바이트, 워드

3. 저장 용량

요즘 컴퓨터의 하드디스크 용량은 매우 커져서 1TB도 흔하다. [표 3.1]은 자주 이용하는 바이트의 단위로 파일이나 주기억장치, 저장장치의 크기를 표현하는 단위이다. 정확히 말하자면 바이트가 정보의 용량의 단위이고 킬로, 메가, 기가, 테라 등은 그 크기를 표현한다. 즉 킬로(Kilo)는 2^{10}을 의미하며 1024개를 나타낸다. 마찬가지로 메가(Mega)는 계량 단위 앞에 이용하여 1024×1024인 백만을 의미한다. 마찬가지로 기가 바이트(Giga Byte)는 2^{30}을 의미하며, 테라 바이트(Tera Byte)는 2^{40}을 의미하며, 페타 바이트(Peta Byte)는 2^{50}을, 엑사 바이트(Exa Byte)는 2^{60}을 의미한다.

표 3.1 저장 용량 단위

표기	단위	계산	바이트 수	계량 단위
B	Byte	2^0	1	
KB	Kilo Byte	2^{10}	1,024	천
MB	Mega Byte	2^{20}	1,048,576	백만
GB	Giga Byte	2^{30}	1,073,741,824	십억
TB	Tera Byte	2^{40}	1,099,511,627,776	조
PB	Peta Byte	2^{50}	1,125,899,906,842,624	천조
EB	Exa Byte	2^{60}	1,152,921,504,606,846,976	백경
ZB	Zetta Byte	2^{70}	1,180,591,620,717,411,303,424	십해
YB	Yotta Byte	2^{80}	1,208,925,819,614,629,174,706,176	자

현재는 USB 메모리도 1테라 이상의 용량이 출시되고 있으며 머지않아 페타나 엑사도 일상화된 단위가 될 것이다. 그만큼 기술이 발달하여 저장장치의 용량도 커지고 그에

따라 정보의 양도 대단히 방대해졌다는 증거이다. 이러한 저장 용량의 단위를 실생활에서 이용하는 정보의 크기와 비교하면 [그림 3.6]과 같다.

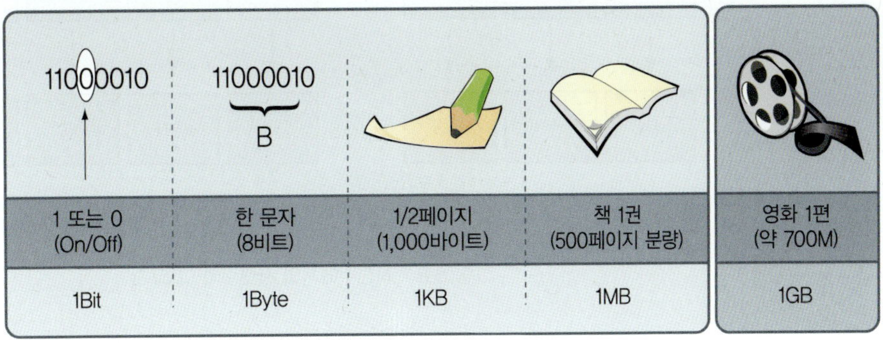

그림 3.6 ▸ 저장 용량의 비교

3.2 진수와 수의 표현

1. 진수의 종류

10진수

10진수는 0에서 9까지의 열 가지의 수를 한 자리(digit)의 기본 단위로 사용하는 진법으로, 인간이 일상 생활에서 이용하는 가장 친숙한 진수이다.

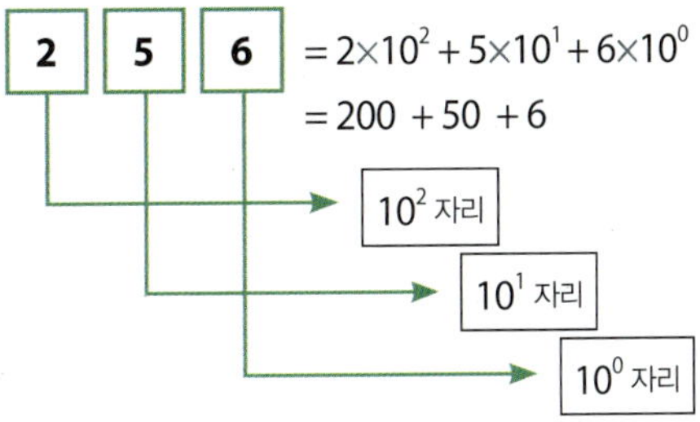

그림 3.7 ▸ 십진수 256의 의미

10진수의 각 자리는 가장 오른쪽부터 $1(10^0)$자리, $10(10^1)$자리, $100(10^2)$자리 순으로 그 자리에 따라 의미하는 수가 정해진다. 이러한 방법은 다른 진수에도 적용되어 N진수인 경우 각 자릿수는 0에서 N−1까지의 정수를 이용하며 오른쪽부터 n번째 자리의 크기는 N^{n-1}이 된다.

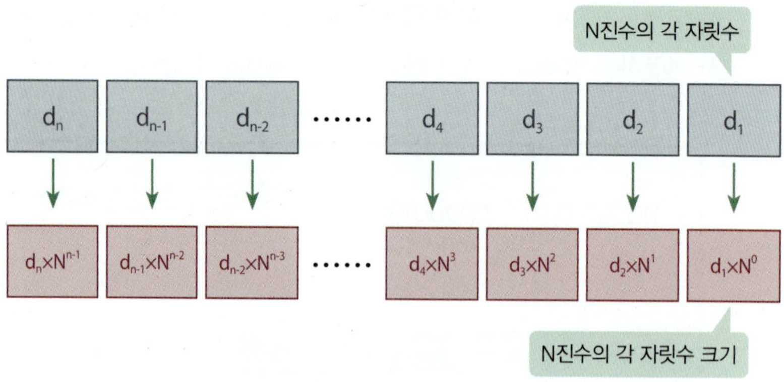

그림 3.8 ▸ N진수에서의 자릿수와 그 크기

10진수, 8진수, 16진수

2진수는 0과 1의 두 가지 표현으로 각 자릿수를 표시하는 진수이다. 다음은 위에서 알아본 진수의 일반화를 이용하여 2진수 101의 의미를 표현한 것이다.

$$\begin{aligned} 101_2 &= 1\times2^2+0\times2^1+1\times2^0 \\ &=4+0+1 \\ &=5 \end{aligned}$$

[그림 3.9]는 8개의 자릿수를 갖는 2진수 11110011을 표현한 그림이다.

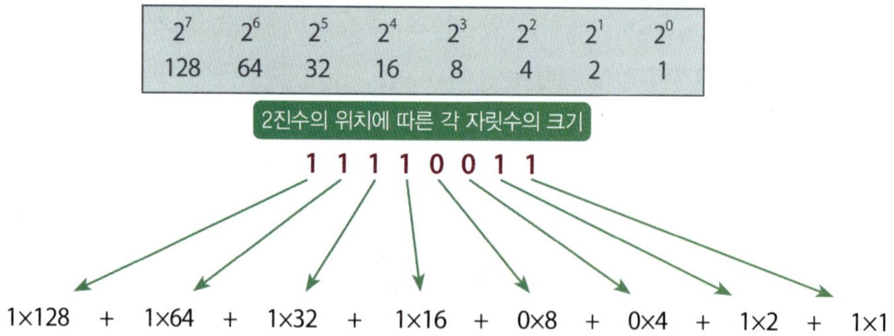

그림 3.9 ▸ 2진수의 의미

8진수는 0부터 7까지 여덟 가지의 수를 이용하여 숫자를 표시하는 진수이다.

$$\begin{aligned} 301_8 &= 3\times8^2+0\times8^1+1\times8^0 \\ &=192+0+1 \\ &=193 \end{aligned}$$

16진수는 0에서 9까지 그리고 A에서 F까지(소문자도 이용 가능하며 A부터 F까지 차례로 10부터 15까지를 의미) 총 16개의 숫자나 문자를 사용하여 표시하는 진수이다.

$$
\begin{aligned}
1AF_{16} &= 1 \times 16^2 + A \times 16^1 + F \times 16^0 \\
&= 256 + 160 + 15 \\
&= 431
\end{aligned}
$$

IT Story

2진법을 만든 독일의 천재 라이프니츠

독일의 철학자 법학자이면서 수학자이기도 한 라이프니츠(Gottfried Wilhelm von Leibniz 1646~1716)는 미적분과 함께 현대 대표 문명 기기인 컴퓨터가 탄생하는 데 결정적인 '0과 1'의 이진법을 개발했다. 라이프니츠는 라이프치히에서 태어나고 자라 라이프치히대에서 철학 및 법학 석·박사 학위를 받은 후 파리에서 외교관 등을 지냈다. 30세에 요한 프리드리히 공(公)의 궁중 고문관으로 초청받아 하노버에 온 그는 남은 40년 생애를 하노버에서 학문을 연구하며 보냈다. 하노버 시는 하노버대 개교 175년을 맞은 2007년 대학 이름을 라이프니츠대로 바꾸는 등 라이프니츠의 재평가 작업에 적극 나섰다. 대학 심벌도 2진법을 표기한 라이프니츠의 친필 글씨를 따다 썼다. 대학 1층에는 그가 개발한 초기 사칙연산 계산기와 미적분 공식 기호, 철학과 법학의 성과 소개 등 특별 전시 공간을 마련했다. 시 중심 공원에는 '이분법'을 형상화한 조각도 설치했으며, 조각상에는 '다양함 속의 통일'이라는 글귀가 새겨져 있다. 시청의 회의실 이름은 '라이프니츠룸'이다. 라이프니츠대로 이름을 바꾸는 데 주도적인 역할을 한 클라우스 훌레크 부총장은 "라이프니츠에게 '0'은 무(無), '1'은 하느님 말씀이었으며 0과 1의 2진법에는 하느님의 말씀으로 모든 것을 창조할 수 있다는 그의 생각이 담겨 있다"고 설명했다. 현재 전 세계에서 쓰이는 미적분 기호는 대부분 라이프니츠가 개발한 것이며, 라이프니츠는 수학, 자연, 과학, 철학 등의 분야에서 뛰어난 학자로서의 재능을 발휘했다.(인터넷에서 발췌)

2. 진수의 변환

10진수를 2진수로 변환

10진수 양수를 2진수로 바꾸는 규칙은 다음과 같다. [그림 3.10]은 10진수 26을 2진수로 바꾸는 과정을 나타낸다. 즉 다음 계산 과정을 통해 10진수 26은 2진수 11010_2임을 알 수 있다.

- **단계 1**: 주어진 값을 2로 나누고 그 나머지를 기록한다.
- **단계 2**: 몫이 0이 아니면 계속해서 새로운 몫을 2로 나누고 그 나머지는 기록한다.
- **단계 3**: 몫이 0이면 원래 값의 이진 표현은 나머지가 기록되는 순서대로 왼쪽에서 오른쪽으로 나열한다.

그림 3.10 ▸ 10진수 26을 2진수로 변환하는 과정

10진수의 소수를 2진수로 바꾸는 규칙은 다음과 같다.

- **단계 1**: 10진수 소수에 2를 곱하여 나온 결과에서 정수 부분으로의 자리 올림수와 소수점 아래 부분을 따로 보관한다.
- **단계 2**: 단계 1에서 소수 부분이 0이면 단계 3으로 넘어가고, 아니면 소수점 아래 부분을 다시 새로운 10진수 소수로 취급하여 단계 1을 반복한다.
- **단계 3**: 구해진 정수 부분으로의 자리 올림수를 순서대로 나열한다.

위의 규칙을 이용하여 0.625를 2진수로 바꾸는 과정은 [그림 3.11]과 같다. 즉, $0.625 = 0.101_2$이 성립된다.

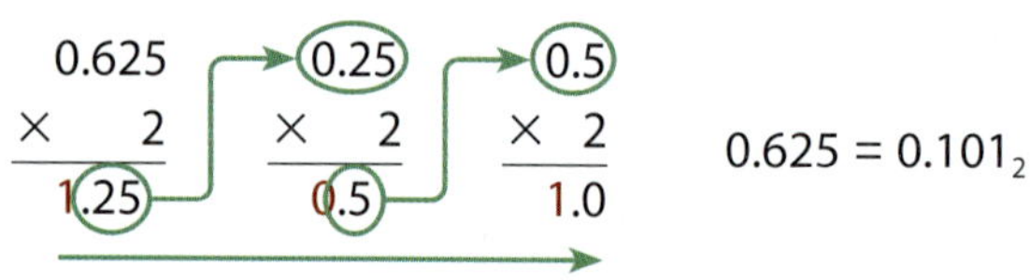

그림 3.11 ▸ 10진수 소수 0.625의 2진수 변환 과정

2진수, 8진수, 16진수 간 상호관계

2진수, 8진수 그리고 16진수 사이의 관계를 알아보자. 수식 $8 = 2^3$, $16 = 2^4$이 만족하므로 2진수로 표현된 수를 각각 8진수, 16진수로 표현하는데 쉽게 변환이 가능하다. 즉 소수점을 기준으로 정수 부분은 왼쪽으로, 소수 부분은 오른쪽으로 2진수의 4자리씩을 16진수로 변환하면 2진수를 16진수로 쉽게 변환할 수 있다. 마찬가지 방법으로 2진수의 3자리씩을 8진수로 변환하면 2진수를 8진수로 쉽게 변환할 수 있다. 즉 앞에서 예로 들었던 26.625의 2진수 11010.1010을 각각 2진수, 8진수, 16진수로 표현하면 [그림 3.12]와 같다.

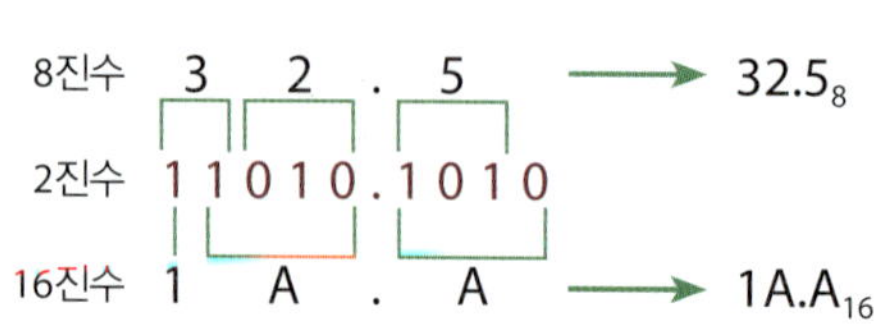

그림 3.12 ▸ 2진수의 표현을 8진수와 16진수로 변환하는 과정

3. 2진수의 음수 표현

2진수를 음수를 표현하는 가장 일반적인 방법은 2의 보수 표기 방법이다. 이러한 음수 표현을 위한 보수 표현에서는 먼저 비트의 크기를 정하고 수를 표현한다.

1의 보수

보수는 쉽게 이해하자면 보충하는 수로 각 자릿수의 수와 보수를 더하면 해당 진수의 자리올림이 발생하고 해당 자릿수는 0이 되도록 하는 수이다.

- 10진수에서 4의 보수는 6이다. 4 + 6하면 해당 자릿수는 0이 되고 자리올림 1이 발생한다.
- 8진수에서 5의 보수는 3이다. 5 + 3하면 해당 자릿수는 0이 되고 자리올림 1이 발생한다.

2진수의 1의 보수(1's complement)는 주어진 2진수의 비트를 0은 1로, 1은 0으로 각각 변환하는 방법이다. 즉 4비트의 2진수 0100의 1의 보수는 1011이 된다.

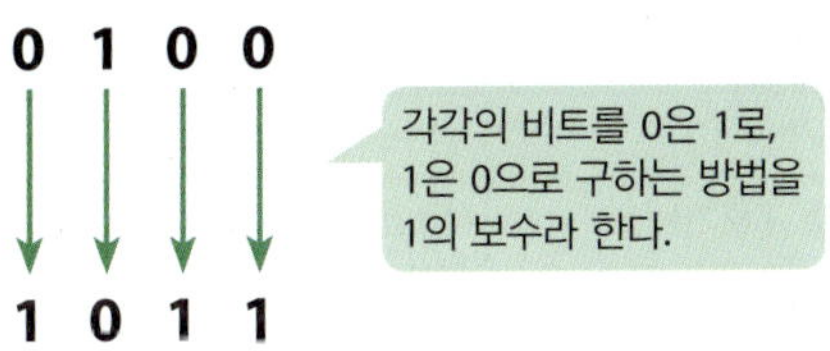

그림 3.13 ▸ 2진수를 1의 보수로 변환하는 과정

이러한 1의 보수 방법으로 음수를 표현할 수 있다. 즉 4비트에서 1이 0001이므로 −1은 1의 보수인 1110으로 표기하는 방법이다. 음수를 1의 보수로 표기하는 방법은 0이 +0과 −0으로 각각 다르다는 단점이 있다. 즉 +0은 0000이고 −0은 1111이다. 그러므로 일반적으로 컴퓨터에서는 다음에 나오는 2의 보수를 이용하여 음수를 표현한다.

2의 보수

음수의 2진수 표기인 2의 보수를 구하는 방법을 알아보자. 2의 보수를 구하는 한 가지 방법은 2^n에서 음수의 절대값을 빼는 방법이다. 여기에서 n은 숫자가 표현되는 비트의 개수를 말한다. 예를 들어 −4를 4비트로 2의 보수로 표현하자면, 표현되는 비트의 수가 4개이므로 $2^4 - 4 = 12 = 1100_2$이 된다.

n비트에서 -a의 2의 보수 계산 방법:

$$2^n - a$$

그림 3.14 ▸ n비트 2진수의 2의 보수 계산 방법 1

2의 보수를 구하는 다른 방법은 다음과 같이 세 단계를 이용하는 방법이다. 이 방법은 위의 1의 보수와 2의 보수를 함께 표현한 표에서 볼 수 있듯이 음수의 2의 보수는 1의 보수 값보다 1이 크다는 사실을 이용하는 방법이다.

표 3.2 n비트 2진수의 2의 보수 계산 방법 2

단계 1	음수의 절대값인 양의 정수의 2진수를 n 비트에서 구한다.
단계 2	단계 1에서 얻은 2진수의 1의 보수를 n 비트에서 구한다.
단계 3	단계 2에서 얻은 2진수에 1을 더한 n 비트 만을 취한다.

예를 들어 4비트에서 −4를 2의 보수로 표현하자면, 단계 1에서 4비트의 4의 2진수인 0100을 구하고, 단계 2에서 0100의 1의 보수인 1011을 구한다. 단계 3에서는 단계 2에서 구한 1011에 1을 더하면 1100이 나오는데, 이 2진수가 2의 보수로 −4를 나타낸다.

표 3.3 4비트에서 −4의 2의 보수 계산 과정

단계	방법	결과
1단계(양수를 2진수로)	양수 4를 4비트의 2진수로	0100
2단계(1의 보수 구하기)	4비트에서 비트를 각각 0은 1로, 1은 0으로	1011
3단계(1 더하기)	4비트에서 1 더하기	1100

마지막으로 2의 보수를 구하는 다른 방법을 알아보자. 이 방법은 위의 방법에서 2단계의 1의 보수를 구하는 과정과 3단계의 1을 더하는 과정을 한 번에 쉽게 구하는 방법이다.

> 원래 양수의 n비트 2진수에서 가장 오른쪽의 0에서 처음으로 나오는 1까지 그대로 놔 두고 나머지 왼쪽 비트를 모두 1의 보수로 바꾸는 방법

이 방법을 이용하여 4비트의 −4를 구하면 1단계에서 구한 4의 4비트 2진수 0100에서 가장 오른쪽의 0에서 처음으로 나오는 1까지인 100은 그대로 놔 두고 나머지 비트인 0 만을 1의 보수인 1로 바꾸면 바로 1100의 결과가 나온다. 연습을 통해 익숙해지면 이 방법이 가장 간편하다.

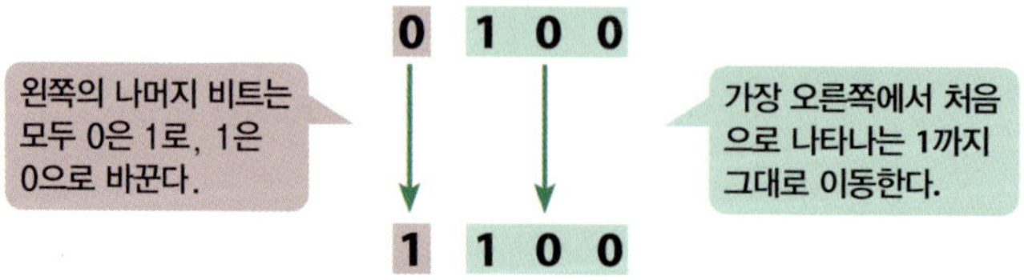

그림 3.15 ▸ 2의 보수 계산 방법 3(간편한 방법)

음수를 표현하는 방식 중 가장 많이 사용되는 방식이 2의 보수(2's complement)를 이용한 표기 방법이다. 다음은 비트의 수가 4인 경우 1의 보수 방법과 2의 보수 표현 방법을 이용하여 0과 음수를 나타낸 표이다.

표 3.4 4비트 2진수의 1의 보수와 2의 보수

숫자	2진수(양수)	1의 보수	2의 보수
0	0000	0000 1111	0000
−1	0001	1110	1111
−2	0010	1101	1110
−3	0011	1100	1101
−4	0100	1011	1100
−5	0101	1010	1011
−6	0110	1001	1010
−7	0111	1000	1001
−8	1000	−	1000

1의 보수는 0이 두 가지로 표현되므로 −8을 표현할 수 없다. 그러나 2의 보수는 1의 보수의 단점을 보완하고 4비트에서 −8에서 +7까지 표현이 가능하다. 또한 1의 보수와 2의 보수 모두 음수는 4비트의 가장 왼쪽 비트가 1이라는 사실을 알 수 있다. 이와 같이 비트의 모임에서 가장 왼쪽의 비트를 최상위비트(MSB: Most Significant Bit)라 한다. 보수 표현에서는 이 최상위비트가 부호를 나타내므로 부호비트(sign bit) 라고도 부른다.

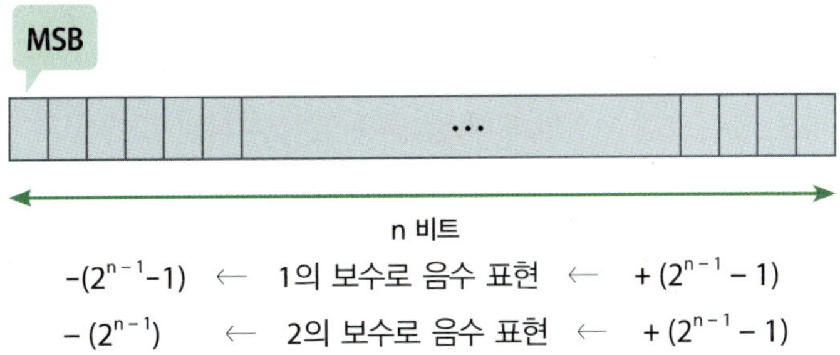

그림 3.16 ▸ MSB와 1의 보수와 2의 보수의 표현 범위

3.3 컴퓨터의 정보 종류

1. 정수

부호가 있는 정수 표현

컴퓨터는 정수의 양수와 음수를 표현하는데, 주로 2진수와 2의 보수 방법을 이용한다. 즉 8비트의 메모리로는 2^8가지(256)의 정보를 표현할 수 있고, 양수와 음수를 모두 표현하면 $-(2^7) = -128$에서 $(2^7 - 1) = 127$까지의 범위를 표현할 수 있다.

표 3.5 8비트로 구성되는 정수의 표현

숫자	2진수	숫자	2진수
–	–	−128	10000000
+127	01111111	−127	10000001
+126	01111110	−126	10000010
...	...	...	
+5	00000101	−5	11111011
+4	00000100	−4	11111100
+3	00000011	−3	11111101
+2	00000010	−2	11111110
+1	00000001	−1	11111111
0	00000000	–	–

결과적으로 2의 보수를 이용하여 n개의 비트로 정수의 양수와 음수를 모두 표현하면, 수의 범위는 $-(2^{n-1})$에서 $(2^{n-1} - 1)$까지까지 가능하다. 다음은 저장공간의 비트 크기에 따른 정수 표현 범위의 최대 값, 최소 값을 나타낸 표이다.

표 3.6 n비트로 구성되는 정수의 표현 범위

저장공간 크기	표현 범위
1비트	$-1(-2^0) \sim 0(2^0-1)$
2비트	$-2(-2^1) \sim 1(2^1-1)$
4비트	$-8(-2^3) \sim 7(2^3-1)$
8비트	$-128(-2^7) \sim 127(2^7-1)$
16비트	$-32,768(-2^{15}) \sim 32,767(2^{15}-1)$
32비트	$-2,147,483,648(-2^{31}) \sim 2,147,483,647(2^{31}-1)$

부호가 없는 정수 표현

컴퓨터에서 양수와 음수를 모두 다루는 정수를 부호가 있는(signed) 정수라 하며 양수만을 다루는 정수를 부호가 없는(unsigned) 정수라 한다. 만일 n비트로 구성되는 정수가 있다면 이 정수의 범위와 수는 표기 방법에 따라 달라진다. [표 3.7]은 4비트의 정수의 표현을 unsigned와 signed에 따라 달라지는 수의 정보를 나타낸다.

4비트의 정수 표현에서 2진수 1111은 부호가 없는 정수에서는 15를 의미하지만 2의 보수에서는 −1을, 1의 보수에서는 −0을 의미한다.

표 3.7 4비트 2진수의 singed 정수와 unsigned 정수

4비트 정보	unsigned	signed 1의 보수	signed 2의 보수	4비트 정보	unsigned	signed 1의 보수	signed 2의 보수
0000	0	0	0	1000	8	−7	−8
0001	1	1	1	1001	9	−6	−7
0010	2	2	2	1010	10	−5	−6
0011	3	3	3	1011	11	−4	−5
0100	4	4	4	1100	12	−3	−4
0101	5	5	5	1101	13	−2	−3
0110	6	6	6	1110	14	−1	−2
0111	7	7	7	1111	15	−0	−1

오버플로

n개의 비트로는 표현의 한계가 있으므로 n비트의 메모리에 표현 범위를 초과하는 수를 저장하는 경우 오버플로(overflow)가 발생한다. 부호가 없는 양수만을 표현하는 정수에서 4비트의 메모리에 16을 저장한다면 0000 되어 오버플로가 발생한다. 특히 더하기나 빼기의 연산에서 오버플로가 발생할 수 있다. 예로 부호가 있는 정수의 2의 보수 표기 방법에서 4비트의 정수인 $M = 0011_2 = 3$, $N = 0110_2 = 6$일 때, M + N의 결과가 9가 아니라 −7이 된다. 즉 4비트의 2의 보수 방법에서 오버플로가 발생하여 원하는 답과 다른 결과를 얻거나 문제가 발생할 수 있다.

> $M + N = 0011_2 + 0110_2 = 1001_2$인데, 이 수 1001_2는 2의 보수 방법으로 −7이라는 결과가 나온다.

2. 부동소수와 정규화

컴퓨터에서 정수의 표현 방식인 1의 보수나 2의 보수를 고정소수점 수(fixed point number)라 하며 실수를 표현하는 방식을 부동소수점 수(floating point number)라 한다.

정규화의 이해

10진수의 실수 352.45는 3.5245×10^2으로도 표현이 가능하다. 실수의 표현을 표준화하는 방법인 정규화(normalization)는 실수의 소수점을 이동하여 소수점 왼쪽에 단 하나의 자릿수가 오도록 조정하고, 소숫점의 원래 위치는 진수의 지수로 표현하는 방법이다.

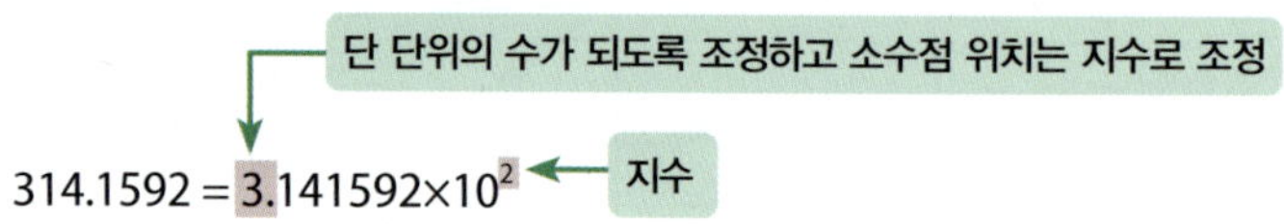

그림 3.17 ▸ 10진수의 정규화

다음은 10진수의 실수 1234.5432 등 여러 실수에 대한 정규화의 예이다.

표 3.8 10진수의 정규화의 예

10진수 실수	정규화
1234.5432	1.2345432×10^3
24.345078	2.4345078×10^1
0.003045	3.045×10^{-3}
-134.784556	-1.34784556×10^2

정규화에서의 지수와 가수

실수 26.625를 2진수로 표현하면 11010.101이다.

- 실수의 정부 부분 26을 2진수로 표현하면 11010이고 실수의 소수 부분인 0.625를 2진수로 표현하면 0.101이므로 이를 합치면 11010.101이 된다.

이와 같은 정규화된 실수 표현을 부동소수(floating point number)라 한다. 부동소수라는 표현은 수의 소수점의 위치를 움직일 수 있게 한다는 의미이다. 이러한 표현은 한정된 비트의 수를 이용하여 정밀도를 보다 높게 표시할 수 있다. 즉 고정소수점보다 매우 큰 정수 또는 매우 작은 소수의 표현이 가능하다. 정규화된 실수의 표현인 부동소수는 소수 부분과 지수 부분으로 구분할 수 있는데 이를 각각 가수(mantissa)와 지수(exponent)라 한다. 가수는 수의 정밀도(precision)를 표현하며 지수는 수의 크기(magnitude)를 표현한다.

2진수 11010.101을 부동소수로 표현하면 부호, 지수와 가수로 구분하여 표현할 수 있다. 2진수의 부동소수 표현에서 가수는 소수점을 이동하여 소수점 왼쪽에 단 하나의 1이 오도록 하며, 소수점의 위치를 조정하는 부분은 $2^{지수}$로 표현된다.

- 부동소수의 표현방법은 실수를 정수와 소수로 구분하지 않고 가수로 모두 소수로만 처리하고, 지수로 소수점의 위치를 조정하는 장점이 있다.

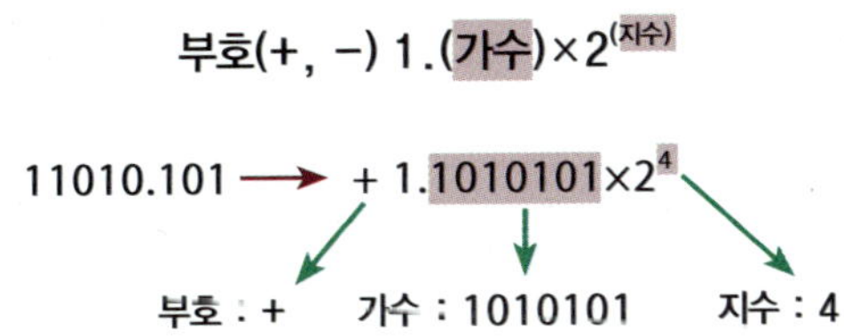

그림 3.18 ▸ 2진수 11010.101의 정규화 표현

2진수 11010.101을 정규화된 부동소수로 표현한 결과에서 부호는 0(양수)이고, 가수는 1010101이고 지수는 4이다. 2진수에서 가수는 1.xxxxxx에서 소수점의 오른쪽 수만을 선택한다. 다음은 2진수를 부동소수의 표현으로 지수와 가수, 그리고 부호로 구분한 예이다.

표 3.9 2진수 실수를 정규화된 부동소수의 부호, 지수, 가수로 표현

2진수 실수	정규화	부호	지수	가수
101.11	1.0111×2^{2}	0(+)	2	0111
10011.101	1.0011101×2^{4}	0(+)	4	0011101
0.001011	1.011×2^{-3}	0(+)	-3	011
-0.00000111	-1.11×2^{-6}	1(-)	-6	11

3. IEEE 754 부동소수 정규화 표준

부동소수의 저장 표현

전기전자기술자협회(IEEE: Institute of Electrical and Electronics Engineers, 줄여서 아이트리플이(Eye−triple−E)라고 읽음)에서는 부동소수를 저장하는 표준을 IEEE 754 표

준으로 제공한다. 이 부동소수의 저장방법은 크게 단정도 형식(single precision format)과 배정도 형식(double precision format), 두 가지가 있다. 이 저장방법은 부동소수의 표현을 부호부(sign), 지수부(exponent), 가수부(mantissa)로 나누어 이진 표현으로 저장하는 방법이다.

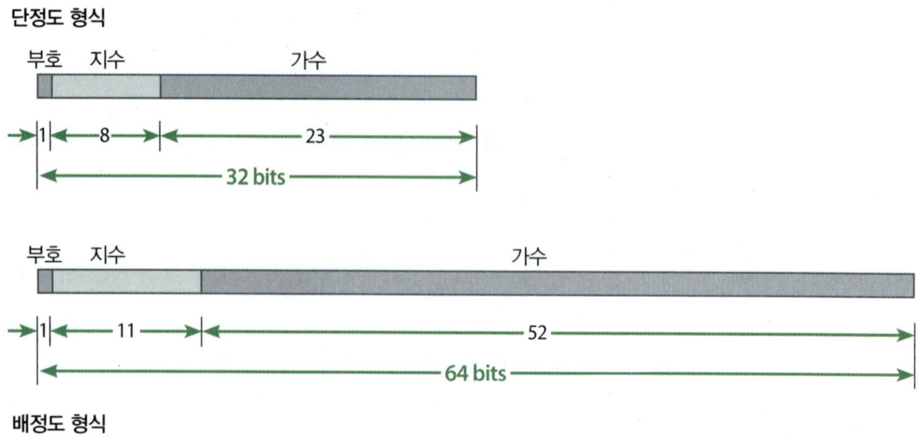

그림 3.19 ▸ IEEE 754 단정도 형식과 배정도 형식

부호부는 양수이면 0, 음수이면 1이 저장된다. 지수부는 양수로만 표현하기 위해 단정도에서는 127 편향지수(127 biased exponent) 2진수로, 배정도에서는 1023 편향지수(1023 biased exponent) 2진수로 지수를 저장한다. 가수부에는 부동소수의 가수를 왼쪽부터 저장하고 오른쪽 나머지 비트는 모두 0으로 채운 2진수를 저장한다.

- 여기서 127 편향지수는 원래의 수에 127(0111 1111)을 더한 2진수로 −126에서 +127까지이며, 마찬가지로 1023 편향지수는 원래의 수에 1023(011 1111 1111)을 더한 2진수로, −1022에서 +1023까지이다.

표 3.10 지수부에 이용되는 127 편향지수와 1023 편향지수

원래의 수	127 편향지수		1023 편향지수	
	10진수	2진수(8비트)	10진수	2진수(11비트)
−1022	−		1	000 0000 0001
…	−		…	
−127	−		896	011 0000 0001
−126	1	0000 0001	897	011 0000 0010
…	…		…	
−2	125	0111 1101	1021	011 1111 1101
−1	126	0111 1110	1022	011 1111 1110
0	127	0111 1111	1023	011 1111 1111

원래의 수	127 편향지수		1023 편향지수	
	10진수	2진수(8비트)	10진수	2진수(11비트)
1	128	1000 0000	1024	100 0000 0000
2	129	1000 0001	1025	100 0000 0001
...	...		...	
127	254	1111 1110	1150	100 0111 1110
128	–		1151	100 0111 1111
...	–		...	
1023	–		2046	111 1111 1110

정보 표현의 크기가 다르다는 점이 단정도와 배정도의 차이점이라고 할 수 있다. 단정도는 전체가 32비트이며 배정도는 전체가 64비트로, 배정도가 단정도에 비해 지수와 가수의 표현 크기가 크다.

10진수 5.625가 메모리에 저장된 단정도 형식을 알아보자. 5.625를 2진수로 변환하면 101.101이므로 이를 정규화하면 다음과 같이 표현할 수 있다. 즉 101.101은 부호는 양수이며 지수는 2이고 가수는 01101이다.

표 3.11 2진수 실수를 부동소수의 부호, 지수, 가수로 표현

원 실수	정규화	부호	지수	가수
101.101	$+1.01101 \times 2^2$	+	2	01101

실수 101.101은 부호가 양수이므로 부호부는 0이고, 지수부는 2 + 127인 129의 이진 표현이 저장되며, 가수부는 가수 01101에 나머지 오른쪽 18개의 비트가 모두 0으로 채워진 이진 표현이 저장된다.

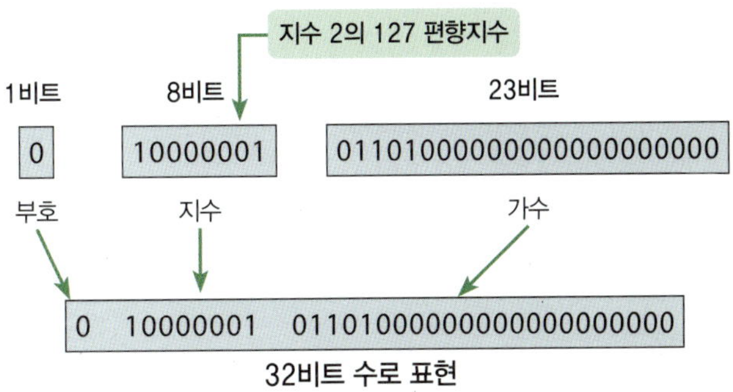

그림 3.20 ▸ 2진수 101.101의 부동소수 표현

32비트인 단정도 부동소수점 형식에서 정규화된 2진수 형태로 표현할 수 있는 가장 작은 수는 (식 3.1)과 같다. 이를 32비트의 2진수로 표현하면 [그림 3.21]과 같다.

$$\pm 1.00000000000000000000000 \times 2^{-126} \qquad \text{(식 3.1)}$$

양수 : 0 00000001 00000000000000000000000

음수 : 1 00000001 00000000000000000000000

그림 3.21 ▸ 단정도 형식에서 가장 작은 수 표현

마찬가지로 32비트인 단정도 부동소수점 형식에서 정규화된 2진수 형태로 표현할 수 있는 가장 큰 수는 (식 3.2)와 같고, 이를 32비트의 2진수로 표현하면 [그림 3.22]와 같은 형식이 된다.

$$\pm 1.11111111111111111111111 \times 2^{127} \qquad \text{(식 3.2)}$$

양수 : 0 11111110 11111111111111111111111

음수 : 1 11111110 11111111111111111111111

그림 3.22 ▸ 단정도 형식에서 가장 큰 수 표현

10진수로 가장 작은 수와 큰 수는 $1.175494351 \times 10^{-38} \sim 3.402823466 \times 10^{38}$이 되며, 이는 단정도 부동소수점 형식에서 표현 가능한 범위이다.

10진수와 2진수의 변환과 부동소수의 저장 표현

IEEE 754 표준, 단정도 형식으로 10진수 0.15625를 저장한 결과를 알아보자. 10진수 0.15625는 2진수로 변환하면 0.00101이며, 이것을 정규화하면 1.01×2^{-3}이 된다.

> 부호는 양수이므로 0, 지수는 −3이므로 127 편향지수로 계산하면 −3 + 127 = 124 = 01111100, 가수 23개의 비트는 01 이후에 나머지 21개의 비트를 모두 0으로 채운 01000000000000000000000이다.

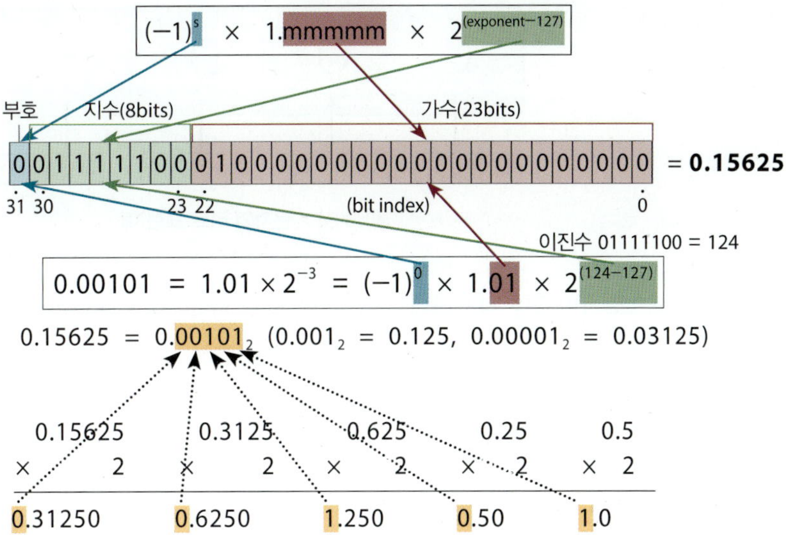

그림 3.23 ▸ 단정도 형식에서 10진수 0.15625의 2진수 변환

언더플로

부동소수의 저장 방식에서는 오버플로(overflow)뿐만 아니라 언더플로(underflow)도 발생할 수 있다. 부동소수에서 오버플로는 지수부가 표현할 수 있는 상한보다 큰 수를 저장하여 정밀도를 상실하는 것을 말한다. 마찬가지로 언더플로는 지수 부분이 표현할 수 있는 하한보다 작은 수를 나타내어 정밀도를 상실하는 것을 말한다. 예를 들어 단정도 형식에서 지수의 범위가 −126에서 +127까지므로 지수가 127보다 크면 오버플로가 발생하며, 지수가 −126보다 작으면 언더플로가 발생한다.

3.4 문자와 논리 표현

1. 문자 코드의 이해

문자와 코드표

컴퓨터에서 문자는 하나의 정해진 수로 표현한다. 한 예로 문자 C는 1000011, O는 1001111, D는 1000100, E는 1000101으로 표현한다. 즉 영문자는 7개의 비트의 조합으로 표현한다.

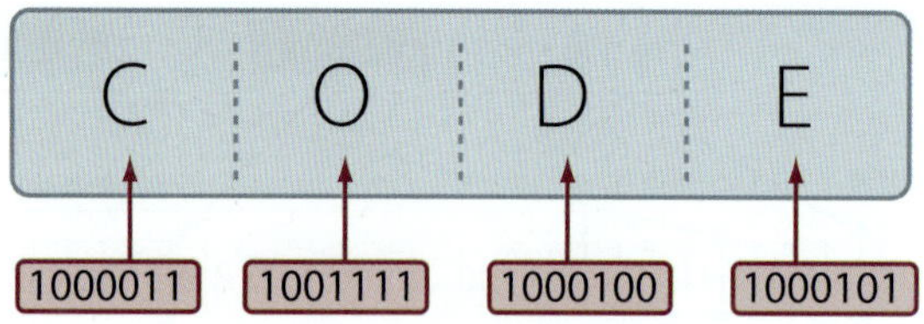

그림 3.24 ▸ 문자의 비트 표현 예

일반적으로 n비트를 사용하면 총 2^n개의 서로 다른 문자 표현이 가능한데, 각각의 조합에 일정한 문자를 할당하여 지정한 것을 문자 코드(code)라고 한다. 국제 표준인 문자 코드는 아스키코드, 엡시딕코드, 유니코드 등이 있다.

2. 아스키코드와 유니코드

아스키코드

아스키코드는 ASCII(American Standard Code for Information Interchange)의 약자로, 미국 표준협회에서 국제적인 표준으로 정한 문자 코드이다. 7비트를 사용하여 128개의 문자, 숫자, 특수문자 코드를 규정하고 있다. [그림 3.25]는 아스키코드 표이다. 문자의 코드는 행과 열의 코드의 연결로 이루어지며, 예로 대문자 A의 코드는 1000001이며, 소문자 a의 코드는 1100001이다.

	0000	0001	0010	0011	0100	0101	0110	0111	1000	1001	1010	1011	1100	1101	1110	1111
000	NUL	SOH	STX	ETX	EOT	ENQ	ACK	BEL	BS	HT	LF	VT	FF	CR	SO	SI
001	DLE	DC1	DC2	DC3	DC4	NAK	SYN	ETB	CAN	EM	SUB	ESC	FS	GS	RS	US
010	Space	!	“	#	$	%	&	‘	(	)	*	1	,	–	.	/
011	0	1	2	3	4	5	6	7	8	9	:	;	〈	5	〉	?
100	@	A	B	C	D	E	F	G	H	I	J	K	L	M	N	O
101	P	Q	R	S	T	U	V	W	X	Y	Z	[	\	]	^	_
110	`	a	b	c	d	e	f	g	h	i	j	k	l	m	n	o
111	p	q	r	s	t	u	v	w	x	y	z	{	|	}	~	DEL

그림 3.25 ▸ 아스키코드

위에서 살펴보았던 “code”라는 문자의 조합인 문자열은 다음과 같이 8비트의 4개 바이트에 저장된다.

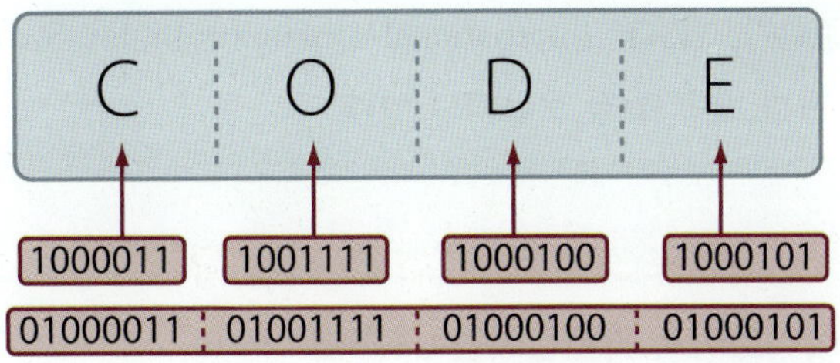

그림 3.26 ▸ "code" 문자열이 저장된 1바이트의 메모리 내부

아스키코드가 7비트를 이용하지만 실제로 한 문자는 8비트인 1바이트에 저장된다. 그러므로 한 문자의 시작은 0으로 하고 나머지는 코드 값으로 구성된다.

유니코드

최근에 나온 표준 코드가 유니코드(unicode)이다. 유니코드는 전 세계 모든 언어를 하나의 코드 체계로 통합하기 위하여 만들어졌다.

아스키코드는 영어 문사를 기반으로 힌 코드 체계이다. 따라서 동양권의 2바이트 문자 체계를 수용하기에는 무리가 있는 시스템이다. 이런 문제는 미국 등 유수의 S/W, H/W 업체가 동양권의 컴퓨터 관련 시장에 접근할 때에도 큰 걸림돌이 되었다. 이러한 문제를 해결하기 위해 만들어진 것이 유니코드이다. 유니코드는 기존의 아스키에서 사용하는 8비트 체계에서 벗어나, 전 세계의 문자를 모두 표현하기 위한 2바이트인 16비트로 확장된 코드 체계이다.

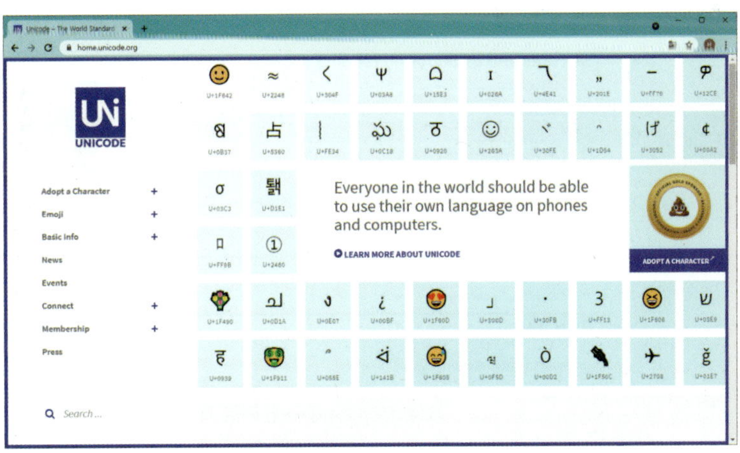

그림 3.27 ▸ 유니코드 홈페이지(http://www.unicode.org)

유니코드는 1980년 중반부터 논의가 시작되어 1995년 65,536자의 코드영역을 언어학적으로 분류하였다. 한, 중, 일을 포함해 세계 유수의 언어 문자를 배열해 만들어졌고, 국

제표준화기구(ISO: International Organization for Standardization)에 상정·확정되었으며 현재 계속 수정 보완되고 있다.

IT Story

1바이트에서 4바이트까지 가변길이인 UTF-8

UTF-8(Unicode Transformation Format 8 - bit)은 유니코드를 위한 가변길이 문자 인코딩 방식 중 하나로, 켄 톰프슨과 롭 파이크의 의해 고안되었다. 유니코드는 세계의 모든 글자를 2바이트로 표현하지만, UTF-8은 유니코드 한 문자를 나타내기 위해 1바이트에서 4바이트까지 가변적으로 인코딩한다. 예를 들어서, U+0000부터 U+007F 범위에 있는 ASCII 문자들은 UTF-8에서 1바이트만으로 표시되며, U+0800부터 U+FFFF 범위에 있는 유니코드는 3바이트로 변환되는데, 여기에 속하는 한글과 한자 등은 3바이트로 표현된다. 마지막으로 U+10000부터 U+10FFFF 범위에 있는 문자는 3바이트로 표현된다. 결과적으로 UTF-8은 아스키코드와 유니코드를 혼용한 방식으로 숫자와 영어권 문자는 1바이트를 사용하고, 아시아 언어권 문자는 3바이트를 사용하며, 다른 문자 인코딩 방식과의 호환이 비교적 쉬운 장점이 있다. 따라서 다양한 언어로 작성되는 환경이나, 웹과 같은 다양한 국가의 사람들이 보는 경우에 좋은 방식이다.

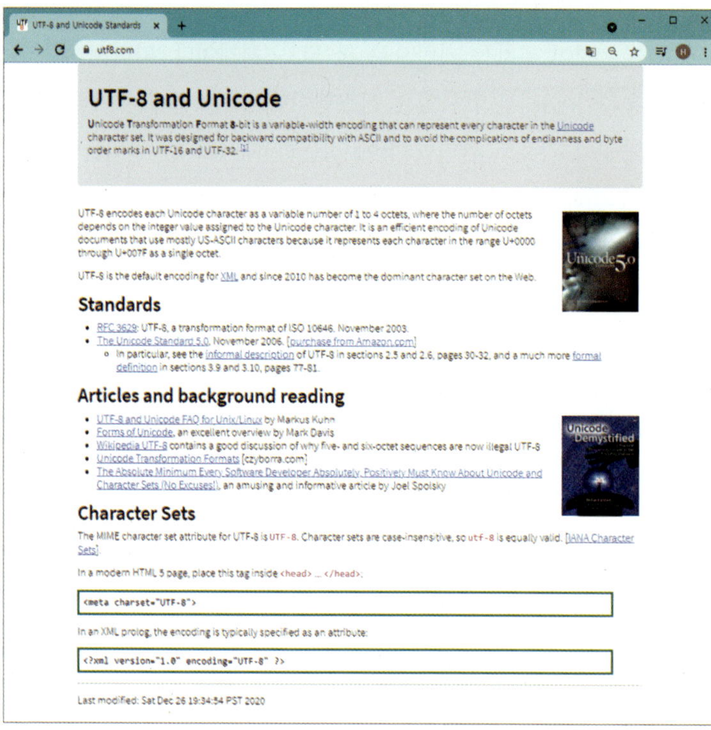

그림 3.28 ▸ UTF-8 자료 페이지

3. 논리 표현

논리와 부울대수

참(true)과 거짓(false)을 의미하는 두 가지 정보를 논리값이라 한다. 하나의 비트 정보도 0과 1이므로 이를 각각 거짓과 참으로 표현할 수 있다. 이러한 이진 논리 변수와 AND, OR, NOT의 논리 연산을 이용한 부울대수(boolean algebra)는 논리 회로를 수학적으로 해석하기 위해 영국의 수학자 조지 불(George Bool)이 제창한 기호 논리학의 한 분야이다. 부울대수는 컴퓨터가 정보를 처리하는 방식에 대하여 이론적인 배경을 제공한다.

IT Story

조지 부울

조지 불(George Boole, 1815~1864)은 영국의 수학자이자 논리학자이다. 논리대수인 부울대수를 창안해 기호 논리학 분야에 큰 업적을 남겼다. 조지 불은 1854년 부울대수의 기본적인 원리를 만들었고, 1938년에 미국의 벨 연구소에 근무하던 클라우드 샤논이 전기회로의 스위치가 ON, OFF의 두 상태를 갖는 점에 착안하여, 릴레이 회로의 접점 수를 감소시키는 데 응용하여 스위칭 대수로 확립하였다. 스위칭 대수를 이용하여 디지털 논리회로의 표현과 설계에 응용할 수 있음이 증명됨으로써 디지털 논리의 수학적 기초가 되어 논리대수라고도 불리게 되었다.

그림 3.29 ▸ 조지 부울

3.5 컴퓨터의 연산

1. 정수 연산

컴퓨터에서 정수의 덧셈과 뺄셈 연산 방법을 알아보자. 특히 정수의 뺄셈 연산에서는 2의 보수 표기를 이용한다는 것에 주의하자.

정수의 덧셈

컴퓨터의 덧셈 방식은 수학에서 이용하는 방식과 같다. 1바이트에서 17과 23을 더한다면 [그림 3.30]과 같이 각각의 2진수에서 덧셈을 실행한다. 자리 올림에 주의하여 덧셈을 실행하면 그 결과를 얻을 수 있다.

정수의 연산에서 주의할 것은 정해진 비트를 넘어서는 올림은 무시해야 한다는 것이다. 즉 8비트 연산에서는 올림이 있더라도 9번째 비트는 무시한다.

	17 :	0 0 0 1 0 0 0 1
	+ 23 :	0 0 0 1 0 1 1 1
결과	40 :	0 0 1 0 1 0 0 0

그림 3.30 ▸ 정수의 덧셈 연산

정수의 뺄셈

정수의 뺄셈에서는 2의 보수를 이용한 음수의 표현 방법을 이용한다. 즉 a − b의 연산은 a + (−b)로 변환하여 덧셈을 수행한다. 이러한 2의 보수를 이용하면 연산이 매우 간편하기 때문에 컴퓨터는 2의 보수를 선호한다. 4비트 정보 표현에서 4 − 4를 수행해 보자. 다음과 같이 4 − 4를 4 + (−4)로 표현하여, 각 수를 2진수로 계산하면 간단히 0000이 나오는 것을 확인할 수 있다.

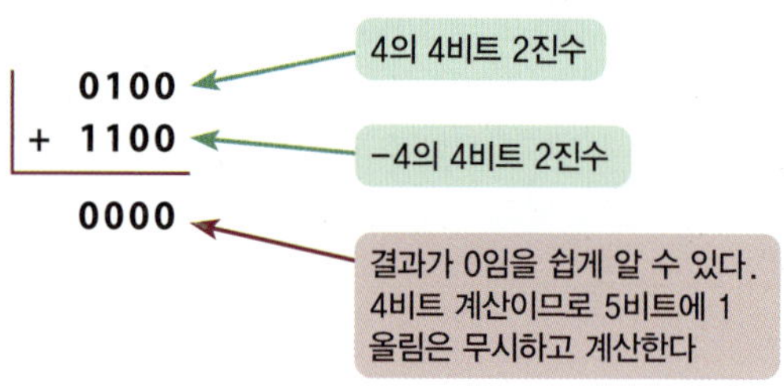

그림 3.31 ▸ 정수의 뺄셈 연산

다음은 4비트 2진수의 연산 a + b에서 a와 b의 값에 따른 계산 방법 및 결과를 설명한 표이다.

표 3.12 4비트에서의 정수 뺄셈의 예

숫자 a	a의 2의 진수	숫자 b	b의 2의 보수	a+b	결과 (2진수)	결과 (10진수)
+7	0111	−1	1111	7−1	0110	+6
+6	0110	−2	1110	6−2	0100	+4
+5	0101	−3	1101	5−3	0010	+2
+4	0100	−4	1100	4−4	0000	0
+3	0011	−5	1011	3−5	1110	−2
+2	0010	−6	1010	2−6	1100	−4
+1	0001	−7	1001	1−7	1010	−6
0	0000	−8	1000	0−8	1000	−8

2. 논리연산

논리연산자

논리연산에서 이용하는 연산자는 크게 단항연산자와 이항연산자로 구분할 수 있다. 단항연산자는 YES(또는 buffer)와 NOT으로 하나의 항만이 연산에 참여한다. 이항연산자 AND, OR 연산자는 두 개의 항이 연산에 참여한다. AND와 OR가 변형된 연산자 NAND(Not And), NOR(Not Or)과 함께 XOR(eXclusive Or), XNOR(Not eXclusive Or) 연산자도 두 개의 항이 연산에 참여한다.

연산자 YES는 입력을 그대로 전달하고, NOT은 입력 0의 결과는 1, 1은 0으로, 입력 값의 반대로 출력한다. 연산자 NAND는 AND 연산의 결과와 반대이고 연산자 NOR는 OR 연산의 결과와 반대이다. 연산자 XOR는 입력 항이 서로 다르면 1이고 같으면 0이며, XNOR는 XOR와 결과가 반대이다. 다양한 논리연산자는 다음 [그림 3.32]와 같은 진리표와 표시 방법을 갖는다.

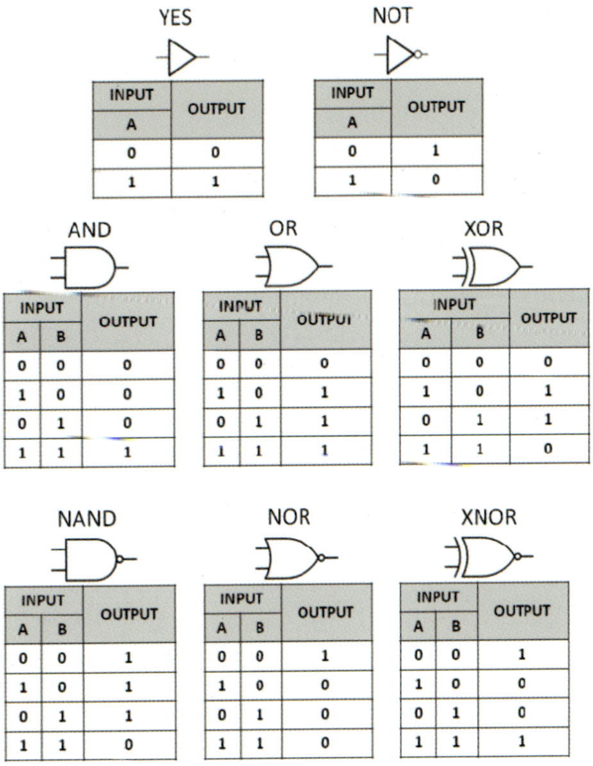

YES

INPUT A	OUTPUT
0	0
1	1

NOT

INPUT A	OUTPUT
0	1
1	0

AND

INPUT A	INPUT B	OUTPUT
0	0	0
1	0	0
0	1	0
1	1	1

OR

INPUT A	INPUT B	OUTPUT
0	0	0
1	0	1
0	1	1
1	1	1

XOR

INPUT A	INPUT B	OUTPUT
0	0	0
1	0	1
0	1	1
1	1	0

NAND

INPUT A	INPUT B	OUTPUT
0	0	1
1	0	1
0	1	1
1	1	0

NOR

INPUT A	INPUT B	OUTPUT
0	0	1
1	0	0
0	1	0
1	1	0

XNOR

INPUT A	INPUT B	OUTPUT
0	0	1
1	0	0
0	1	0
1	1	1

그림 3.32 ▸ 논리연산자 AND, OR, XOR, NAND, NOR, XNOR의 게이트 표시와 진리표

부울대수에서 논리곱 연산자 AND는 •로, 논리합 연산자 OR는 +로, 논리부정 연산자 NOT은 ′로 표시한다. 즉 논리 변수 x_1과 x_2의 논리곱 AND 연산은 $x_1 \cdot x_2$으로 표시하며,

논리합 OR 연산은 x_1+x_2으로 표시하고, 변수 x1의 논리부정 NOT 연산은 x_1'으로 표시한다. [표 3.13]은 논리 연산에서 자주 이용되는 연산의 법칙을 정리한 표이다.

표 3.13 논리연산 법칙

① 항등 법칙	0 + x = x, 1 + x = 1	0 • x = 0, 1 • x = x
② 동일 법칙	x + x = x	x • x = x
③ 보수 법칙	x + x′ = 1	x • x′ = 0
④ 부정의 부정	(x′)′ = x	
⑤ 교환 법칙	x • y = y • x	x + y = y + x
⑥ 결합 법칙	x + (y + z) = (x + y) + z	x • (y • z) = (x • y) • z
⑦ 분배 법칙	x • (y + z) = x • y + x • z	x + y • z = (x + y) • (x + z)
⑧ 드모르강 법칙	(x + y)′ = x′ • y′	(x • y)′ = x′ + y′
⑨ 흡수 법칙	x + (x • y) = x	x • (x + y) = x
흡수 법칙 증명	x + (x • y) = x • 1 + (x • y) = x • (1 + y) = x • 1 = x	x • (x + y) = (x + 0) • (x + y) = x + (0 • y) = x + 0 = x

논리함수

함수 $y = f(x_1, x_2, x_3, \cdots)$에서 입력변수인 x_i가 모두 1 또는 0의 값만을 가지며, 결과값인 y 역시 1 또는 0만을 갖는 함수를 논리함수(logical function)라 한다. 논리함수는 논리합(OR), 논리곱(AND), 논리부정(NOT) 등 여러 가지 논리연산자를 사용한다. 논리함수를 간소화하기 위해서는 먼저 임의의 논리함수에 대한 진리표를 구해야 한다. 예를 들어, 다음과 같은 진리표를 생각해 보자.

표 3.14 논리함수 진리표

행	x_1 x_2 x_3	$f(x_1, x_2, x_3)$
1	0 0 0	1
2	0 0 1	1
3	0 1 0	0
4	0 1 1	0
5	1 0 0	0
6	1 0 1	1
7	1 1 0	0
8	1 1 1	0

[표 3.14]의 진리표에서 논리값이 1인 행을 선택하여, 각각의 행에 대하여 x_i에 해당하는 값이 1이면 x_i, 0이면 x_i'으로 나타낸 후에 논리곱(AND)으로 연결한다. 위 진리표에서 1, 2, 6행의 논리값이 1이므로 다음과 같이 표현할 수 있다.

1행: $x_1' \cdot x_2' \cdot x_3'$

2행: $x_1' \cdot x_2' \cdot x_3$

6행: $x_1 \cdot x_2' \cdot x_3$

각 행들을 OR로 연결한다. 1행, 2행, 6행을 OR로 연결한 결과는 다음과 같다.

$$f(x_1, x_2, x_3) = x_1' \cdot x_2' \cdot x_3' + x_1' \cdot x_2' \cdot x_3 + x_1 \cdot x_2' \cdot x_3$$

주어진 식에 부울대수의 기본법칙을 적용하여 그 식을 간단히 하면 다음과 같은 결과를 얻을 수 있다.

$$\begin{aligned} f(x_1, x_2, x_3) &= x_1' \cdot x_2' \cdot x_3' + x_1' \cdot x_2' \cdot x_3 + x_1 \cdot x_2' \cdot x_3 \\ &= x_1' \cdot x_2' \cdot (x_3' + x_3) + x_1 \cdot x_2' \cdot x_3 && \leftarrow \text{분배법칙} \\ &= x_1' \cdot x_2' \cdot 1 + x_1 \cdot x_2' \cdot x_3 && \leftarrow \text{보수법칙} \\ &= x_1' \cdot x_2' + x_1 \cdot x_2' \cdot x_3 && \leftarrow \text{항등법칙} \\ &= x_2' \cdot (x_1' + x_1 \cdot x_3) && \leftarrow \text{분배법칙} \end{aligned}$$

그림 3.33 ▸ 논리함수

3. 논리회로 설계

게이트

논리곱과 논리합, 논리부정 등의 논리연산자들은 논리게이트(logic gate)라는 물리적인 장치로 구현될 수 있다. 여러 논리연산자들을 표현하는 논리게이트의 기호는 다음과 같다.

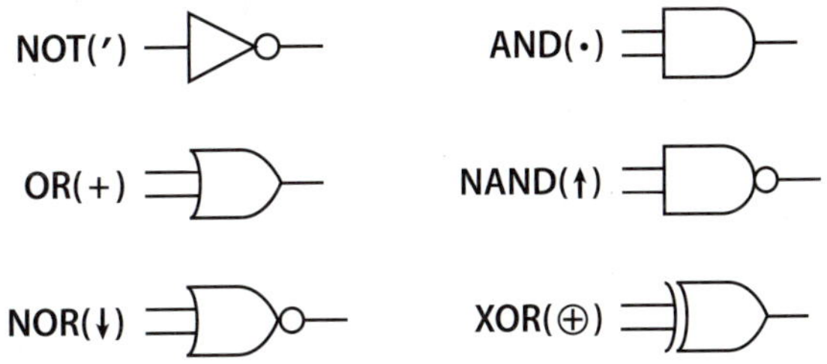

그림 3.34 ▸ 논리연산자의 기호 표현

논리회로 설계

부울 대수에 의한 논리함수의 결과를 얻기 위하여 여러 논리 입력값에 대해 논리연산을 수행하여 하나의 논리 출력값을 내보내는 물리적 장치를 논리회로(logic circuits)라 한다. 논리 기호를 이용하여 앞에서 주어졌던 논리식을 논리회로로 표현하면 다음과 같다.

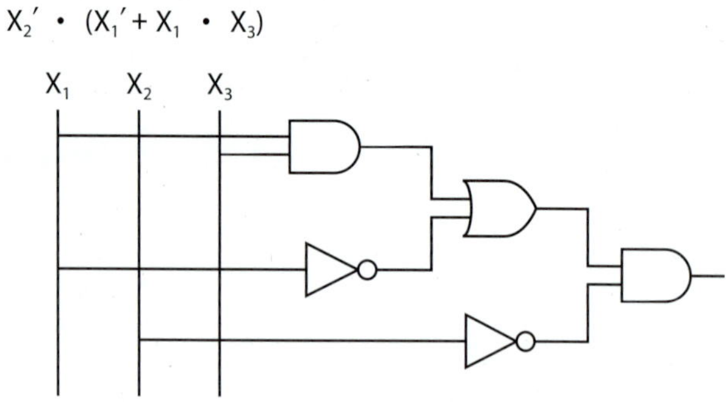

그림 3.35 ▸ 논리회로 표현 예

다음 진리표에 대한 논리회로를 설계해 보자.

표 3.15 논리함수의 진리표

행	x_1 x_2 x_3	$f(x_1, x_2, x_3)$
1	0 0 0	0
2	0 0 1	0
3	0 1 0	0
4	0 1 1	1
5	1 0 0	0
6	1 0 1	1
7	1 1 0	1
8	1 1 1	1

위 진리표에서 4, 6, 7, 8행의 논리값이 1인 것만을 선택하여 다음과 같이 표현한다.

4행: $x_1' \cdot x_2 \cdot x_3$
6행: $x_1 \cdot x_2' \cdot x_3$
7행: $x_1 \cdot x_2 \cdot x_3'$
8행: $x_1 \cdot x_2 \cdot x_3$

위에서 얻은 각 행들을 논리합(OR)으로 연결한다. 그러므로 논리함수 $f(x_1, x_2, x_3)$는 다음과 같다.

$$f(x_1, x_2, x_3) = x_1' \cdot x_2 \cdot x_3 + x_1 \cdot x_2' \cdot x_3 + x_1 \cdot x_2 \cdot x_3' + x_1 \cdot x_2 \cdot x_3$$

위의 논리식을 간단하게 만들기 위해 이미 배운 흡수 법칙과 함께 다음 규칙을 먼저 알아두자.

흡수 법칙: A+AB=A

[A+AB=A(1+B)=A]

규칙 1: A+A′B=A+B

[A+A′B=A+AB+A′B=A+1B(A+A′)=A+B]

흡수 법칙

주어진 식에 부울 대수의 기본법칙을 적용하면 다음과 같은 결과를 얻을 수 있다.

$f(x_1, x_2, x_3)$

$= x_1' \cdot x_2 \cdot x_3 + x_1 \cdot x_2' \cdot x_3 + x_1 \cdot x_2 \cdot x_3' + x_1 \cdot x_2 \cdot x_3$

4번째 항을 두 번째 항으로 이동

$= x_1' \cdot x_2 \cdot x_3 + x_1 \cdot x_2 \cdot x_3 + x_1 \cdot x_2' \cdot x_3 + x_1 \cdot x_2 \cdot x_3'$

1, 2번째 항을 분배법칙으로 묶음

$= x_2 \cdot x_3 \cdot (x_1' + x_1) + x_1 \cdot x_2' \cdot x_3 + x_1 \cdot x_2 \cdot x_3'$

보수법칙으로 $x_1' + x_1 = 1$

$= x_2 \cdot x_3 \cdot 1 + x_1 \cdot x_2' \cdot x_3 + x_1 \cdot x_2 \cdot x_3'$

1, 2번째 항을 분배법칙으로 묶음

$= x_3 \cdot (x_2 + x_1 \cdot x_2') + x_1 \cdot x_2 \cdot x_3'$

위에서 배운 규칙1을 적용하여

$= x_3 \cdot (x_2 + x_1) + x_1 \cdot x_2 \cdot x_3'$

첫 번째 항을 분배법칙으로 분리

$= x_3 \cdot x_2 + x_3 \cdot x_1 + x_1 \cdot x_2 \cdot x_3'$

2, 3번째 항을 분배법칙으로 묶음

$= x_2 \cdot x_3 + x_1 \cdot (x_3 + x_2 \cdot x_3')$

위에서 배운 규칙1을 적용하여

$= x_2 \cdot x_3 + x_1 \cdot (x_3 + x_2)$

두 번째 항을 분배법칙으로 분리

$= x_2 \cdot x_3 + x_1 \cdot x_3 + x_1 \cdot x_2$

교환법칙으로 순서 교체

$= x_1 \cdot x_2 + x_2 \cdot x_3 + x_1 \cdot x_3$

그림 3.36 ▸ 논리함수 연산식의 간략화

위 논리식 결과의 논리회로는 다음과 같다.

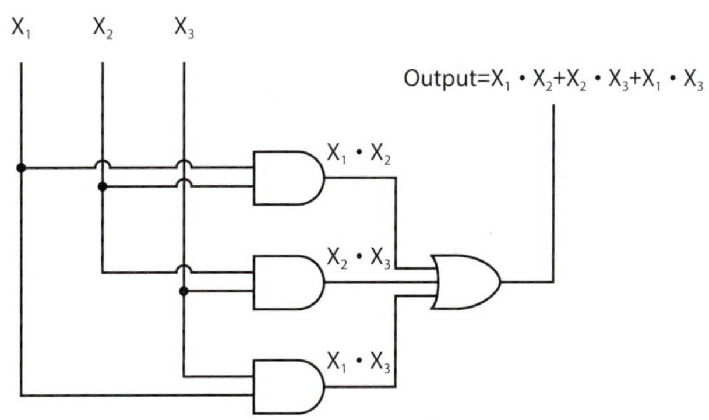

그림 3.37 ▸ 논리식 $x_1 \cdot x_2 + x_2 \cdot x_3 + x_1 \cdot x_3$의 논리회로

내용 점검 문제

[객관식]

다음 각 문항에 대하여 보기 중에서 알맞은 것을 선택하시오.

01 정보의 크기를 나타내는 것이 아닌 것은?

A. 비트
B. 바이트
C. 보수
D. 워드

02 컴퓨터의 정보처리 단위에 관한 설명으로 옳지 않은 것은?

A. 가장 작은 정보 단위를 비트(bit)라 한다.
B. 연속적으로 4개의 비트가 모인 정보 단위를 니블(Nibble)이라 한다.
C. 바이트(byte)는 총 256가지 종류의 정보를 저장할 수 있다.
D. 워드는 항상 32비트이다.

03 정보의 처리단위 크기를 바르게 나타낸 것은 무엇인가?

A. 비트 〈 니블 〈 바이트 〈 워드
B. 니블 〈 비트 〈 워드 〈 바이트
C. 비트 〈 바이트 〈 니블 〈 워드
D. 니블 〈 워드 〈 비트 〈 바이트

04 정보처리 단위가 바르게 짝지어지지 않은 것은?

A. B(Byte) – 2^{0} Byte
B. KB(Kilo Byte) – 2^{10} Byte
C. MB(Mega Byte) – 2^{40} Byte
D. PB(Peta Byte) – 2^{50} Byte

05 1의 보수에 대한 설명으로 옳지 않은 것은?

A. 1의 보수는 주어진 이진수의 비트를 각각 0은 1로, 1은 0으로 변환하는 방법이다.
B. 4비트의 이진수 0100의 1의 보수는 1011이 된다.
C. 1의 보수 방법으로 음수를 표현할 수 있다.
D. 1의 보수에서 0은 하나로 표현된다.

06 16진수 $18B_{16}$를 10진수로 바르게 변환한 값은?

A. 395
B. 396
C. 378
D. 404

07 2의 보수에 대한 설명으로 옳지 않은 것은?

A. 4비트의 2의 보수에서 −8을 표현할 수 없다.
B. 4비트의 2의 보수에서 음수는 4비트의 가장 왼쪽 비트가 1이다.
C. n비트에서 −a의 2의 보수 계산 방법은 2^n-a 이다.
D. −4를 4비트 2의 보수로 표현하면 1100_2이다.

08 이진수 0110의 1의 보수는?

A. 0111
B. 1001
C. 1010
D. 1110

09 n개의 비트로는 표현의 한계가 있으므로 n비트의 메모리에 표현 범위를 초과하는 경우를 무엇이라 하는가?

A. 정규화
B. 오버플로
C. 가수
D. EBCDIC

10 10진수 소수 0.125를 2진수 소수로 변환한 값은?

A. 0.1
B. 0.01
C. 0.001
D. 0.11

11 부동소수에 대한 설명으로 옳지 않은 것은?

A. 부동소수는 정규화된 실수의 표현이다.
B. 부동소수는 고정소수점보다 매우 큰 정수 또는 매우 작은 소수의 표현이 가능하다.
C. 부동소수는 소수 부분과 지수 부분으로 구분할 수 있는데, 이를 각각 지수와 가수라 한다.
D. 부동소수의 저장 방법에는 크게 단정도 형식과 배정도 형식, 두 가지가 있다.

12 논리회로의 NOT(')에 해당하는 논리기호는?

A. 
B. 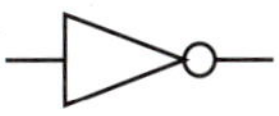
C. 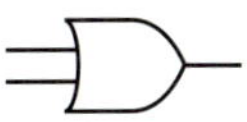
D. 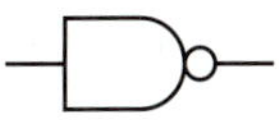

13 부동소수의 저장 방법인 단정도 형식과 배정도 형식에 대한 설명으로 옳지 않은 것은?

A. 이 저장 방법은 부동소수의 표현을 부호부, 지수부, 가수부로 나누어 이진 표현으로 저장하는 방법이다.

B. 단정도 형식과 배정도 형식의 부호부는 양수이면 1, 음수이면 0이 저장된다.

C. 단정도 형식과 배정도 형식의 가수부는 부동소수의 가수를 왼쪽부터 저장하고 오른쪽 나머지 비트는 모두 0으로 채운 2진수를 저장한다.

D. 두 형식의 차이는 정보표현의 크기로 단정도는 전체가 32비트이며 배정도는 전체가 64비트로 배정도가 단정도에 비해 지수와 가수의 표현 크기가 크다.

14 논리회로 그림에 해당하는 논리식은 무엇인가?

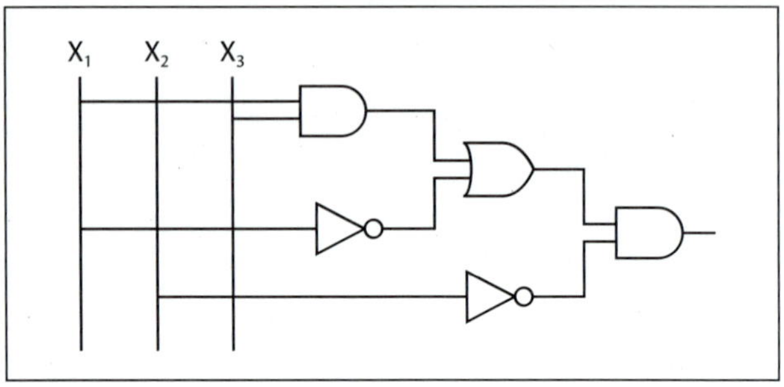

A. $x_3' \cdot (x_1'+x_2 \cdot x_3)$

B. $x_2' \cdot (x_1'+x_1 \cdot x_3)$

C. $x_2 \cdot (x_1'+x_1 \cdot x_3)$

D. $x_1'(x_2'+x_3 \cdot x_4)$

15 국제 표준 문자 코드가 아닌 것은?

A. 아스키코드　　B. WWW

C. EBCDIC　　D. 유니코드

16 논리 연산의 법칙 중 맞지 않은 것은?

A. $0 + x = x$

B. $1 \cdot x = 1$

C. $x \cdot (y + z) = x \cdot y + x \cdot z$

D. $x + (x \cdot y) = x$

17 컴퓨터의 정수 연산 방식으로 옳지 않은 것은?

A. 컴퓨터의 덧셈 방식은 수학에서 이용하는 방식과 같다.

B. 컴퓨터의 덧셈 방식은 정해진 비트를 넘어서는 올림은 무시해야 한다.

C. 컴퓨터의 뺄셈 방식은 1의 보수를 이용한 음수의 표현 방법을 많이 이용한다.

D. 컴퓨터의 뺄셈 방식, 즉 a − b의 연산은 a + (−b)로 변환하여 덧셈을 수행한다.

18 지수 부분이 표현할 수 있는 하한보다 작은 수를 나타내어 정밀도를 상실하는 것을 무엇이라 하는가?

A. 언더플로(underflow)

B. 오버플로(overflow)

C. 문법오류(syntax error)

D. 논리오류(logical error)

19 함수 y = f(A, B, C) 에서 입력 변수인 A, B, C가 모두 1 또는 0의 값만을 가지며, 결과값인 y 역시 1 또는 0만을 갖는 것을 무엇이라 하는가?

A. 논리연산자

B. 부동소수

C. 정형화

D. 논리함수

20 부동소수를 단정도 형식으로 저장하는 경우, 지수부에 사용하는 저장 방식은?

A. 127 편향지수

B. 1023 편향지수

C. 1의 보수

D. 2의 보수

[괄호 채우기]

다음 각 문항에 대하여 빈칸에 적절한 단어를 채우시오.

01 사람은 일상 생활에서 10진수를 사용하나, 컴퓨터는 ___________(을)를 사용한다.

02 주기억장치, 저장장치의 크기를 표현하는 단위 중 2^{30}의 바이트 수를 갖는 단위는 ___________(이)다.

03 2진수 10110.1011_2을 16진수로 바꾸면 결과는 ___________(이)다.

04 2진수 11010.101을 정규화된 부동소수로 표현한 결과에서 부호는 0(양수)이고, 가수는 ___________이고 지수는 4이다.

05 부동소수를 저장할 때 IEEE 754 표준인 단정도 형식과 배정도 형식은 ___________, ___________, ___________(으)로 나누어 저장된다.

06 10진수 −14를 8비트 2의 보수 방법으로 나타내면 ___________(이)다.

07 2의 보수에서 4비트의 정수 0101과 1011의 뺄셈을 한 결과는 ___________(이)다.

08 전 세계의 모든 언어를 하나의 코드 체계 안으로 통합하기 위하여 만들어진 코드는 ___________(이)다.

09 부울 대수에서 논리곱 연산자 AND는 ___________(으)로, 논리합 연산자 OR는 ___________(으)로, 논리 부정 연산자 NOT은 ___________(으)로 표시한다.

10 2진수와 8진수의 관계에서 2진수 ___________자리는 8진수 한 자리로 쉽게 변환이 가능하다.

[주관식]

01 여러분이 사용하는 컴퓨터에서 메모리의 용량과 저장장치의 용량이 얼마인지 알아보시오.

02 4비트로 구성되는 16개 수의 조합을 2진수와 8진수, 16진수로 나타내시오.

03 다음 8비트의 2진수를 각각 8진수와 16진수로 변환하시오.

A. 10111010

B. 01010011

C. 11100101

D. 10010111

04 다음 10진수를 16비트의 2의 보수로 변환하시오.

A. −7

B. −124

05 다음 지수를 32비트의 단정도 형식의 지수부에 저장하는 127 편향지수로 변환하시오

A. 0

B. 2

C. 5

D. 9

06 다음 부동소수를 32비트의 단정도 형식으로 변환하시오.

A. −1.875

B. 26.625

07 아스키코드를 이용하여 문자열 "Hello"가 메모리에 저장된 모습을 보이시오.

08 유니코드에서 한글은 어떻게 구성되는지 알아보시오.

09 다음 정수의 연산을 8비트에서 2의 보수로 변환하여 수행하시오.

27 − 3

10 다음과 같은 32비트 단정도 형식의 부동소수를 2진수로 표현하시오.

1 01111100 11001100000000000000000

Introduction to COMPUTERS

04

컴퓨터 구조

단원 목표

- 저장 프로그램의 의미와 프로그램을 구성하는 명령어 형식을 이해한다.
- 저급 언어인 기계어와 어셈블리어를 이해한다.
- 주기억장치의 구조와 주소의 의미를 이해한다.
- 캐시메모리의 필요성과 의미를 이해하고 기억장치의 계층의 의미를 이해한다.
- 중앙처리장치를 구성하는 연산장치, 제어장치, 레지스터에 대하여 알아본다.
- 레지스터의 필요성과 종류를 알아본다.
- 마이크로프로세서의 성능을 좌우하는 요소를 알아본다.
- CISC 프로세서와 RISC 프로세서의 차이와 특징을 이해한다.

단원 목차

4.1 폰 노이만의 저장 프로그램

1. 프로그램 내장 방식

프로그램을 주기억장치에 저장

폰 노이만이 고안한 저장 프로그램(stored program) 방식은 주기억장치에 자료뿐만 아니라 프로그램도 저장하는 프로그램 내장 방식을 말한다. 프로그램 내장 방식은 초기 컴퓨터가 자료만을 주기억장치에 저장하고 프로그램은 스위치나 배선을 조정하여 만든 하드웨어 장치에 의하여 실행하는 것과 근본적으로 많은 차이가 있다. 즉 이러한 저장 프로그램 방식은 프로그램을 소프트웨어라고 하는 것으로 인식하여 과거보다 프로그램을 보다 손쉽게 수정할 수 있도록 하였다.

에니악 컴퓨터와 같은 이전 방식은 작업을 할 때마다 전기회로를 바꾸어야 했지만 프로그램 내장방식은 주기억장치에 프로그램만 바꾸어 저장하면 원하는 프로그램을 수행할 수 있다.

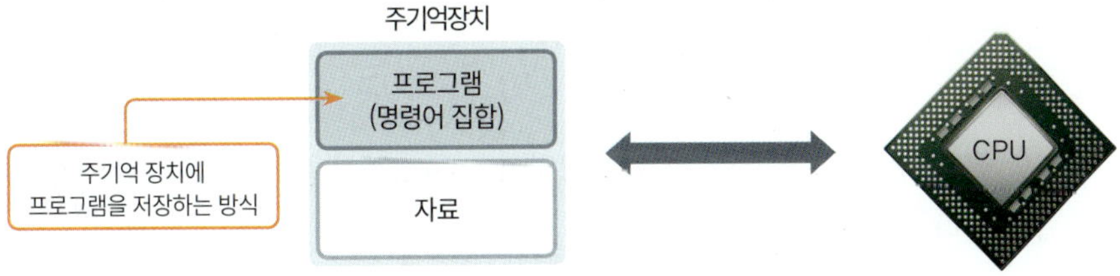

그림 4.1 ▸ 프로그램 내장 방식

프로그램 내장 방식에서는 컴퓨터에서 해야 할 작업을 나타내는 일련의 명령어 집합 (instruction set)인 프로그램이 자료와 함께 주기억장치에 저장된다. 중앙처리장치(CPU)는 메모리에서 필요한 자료를 이용하며 저장된 명령어를 순차적(sequential)으로 실행한다. 현재의 모든 컴퓨터도 이러한 프로그램 내장 방식으로 실행되며 이를 위한 중앙처리장치와 저장장치는 컴퓨터의 가장 중요한 요소이다.

2. 프로그램 구성 명령어

프로그램을 구성하는 명령어의 형식과 종류를 알아보자.

명령어 형식

명령어(instruction)는 연산 부분(operation part)과 피연산 부분(operand part)으로 구성된다. 연산 부분은 명령어가 수행해야 할 기능을 의미하는 코드이고 피연산 부분은 연산에 참여하는 자료를 의미하는 코드로 구성된다.

명령어는 8, 16, 32, 64비트 등으로 구성될 수 있다. 만일 16비트의 명령어라면, 그 중에서 4비트는 연산 종류(opcode)이고 나머지 12비트는 피연산자의 메모리 주소(address)를 나타낼 수 있다.

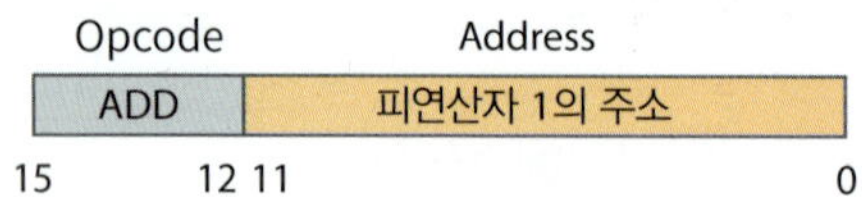

그림 4.2 ▸ 16비트의 명령어 형식 예

명령어에서 피연산자 수는 없거나 2개 또는 3개인 명령어도 있다. 여기서 피연산자는 메모리 주소 또는 레지스터가 될 수 있다.

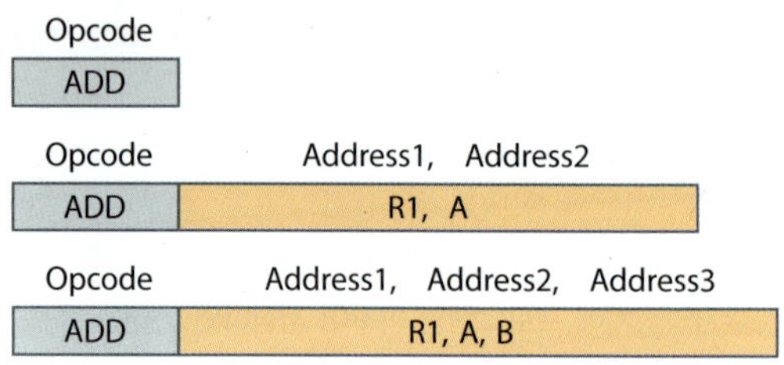

그림 4.3 ▸ 피연산자의 수에 따른 다양한 명령어 형식

일반적으로 명령어를 구성하는 피연산자 수가 많으면 적은 수의 명령어로 원하는 작업을 수행할 수 있으나 하나의 명령어를 처리하기 위해 많은 수고와 시간이 드는 단점도 있다.

명령어 종류

명령어는 실제로 메모리에 저장되는 이진수의 코드(다음에 배울 기계어)이지만 우리 인간에게 친숙하게 표기하기 위하여 ADD(add), LDA(load address), STA(store address), HLT(halt) 등의 기호 단어를 이용한 연산자와 A, B, C 등의 피연산자의 이름으로 명령어(다음에 배울 어셈블리어)를 기술할 수 있다.

표 4.1 명령어 종류와 구문 형식, 기능

명령어	구문 형식	기능
ADD	ADD A	피연산자의 자료 A와 레지스터의 자료를 더하는 명령어
LDA	LDA B	피연산자의 자료 B(주소 B의 자료)를 레지스터에 가져오는 명령어
STA	STA C	레지스터의 내용을 피연산자 C(주소 C)에 저장하는 명령어
HLT	HLT	컴퓨터를 종료하는 명령어

3. 저급 언어

사람에게 친숙하지 않아 이해하기 어려우나 컴퓨터에게 작업을 지시할 수 있는 언어를 저급 언어(low level language)라 한다.

저급 언어로는 이진 자료 표현의 기계어(machine language)와 기호 표현의 어셈블리어(assembly language)가 있다.

기계어

컴퓨터에게 지시를 내리는 명령어는 메모리에 이진 자료로 저장된다. 이와 같이 컴퓨터를 작동시키기 위해 0과 1로 표현한 컴퓨터 고유 명령 형식 언어를 기계어라 한다. 하나의 기계어 명령어는 연산의 종류를 나타내는 연산코드와 그 처리 대상인 자료를 나타내는 피연산자로 구성된다. 여기서 피연산자는 주로 메모리에 저장된 자료의 주소를 나타낸다.

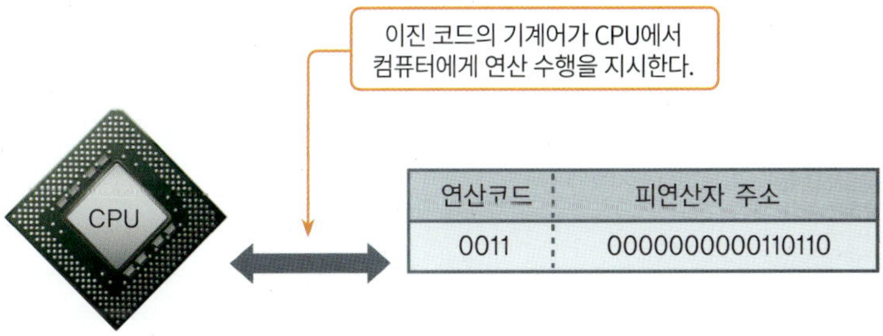

연산코드	피연산자 주소
0011	000000000110110

그림 4.4 ▸ 기계어의 구성

기계어는 이진수로만 구성되어 있으므로 이해하기 어렵고 컴퓨터 구조에 대한 충분한 지식이 없으면 프로그램 작성을 할 수 없다. 따라서 일반 사람은 프로그래밍이 불가능하다. 또한 전문가라 하더라도 이진 숫자 0과 1을 사용하므로 프로그래밍이 어렵고 시간이 많이 걸린다. 이런 이유로 어셈블리어가 개발되었고 현재는 기계어를 이용하여 프로그래밍을 하는 일이 없어졌다.

어셈블리어

컴퓨터 명령어인 기계어를 사람이 일상 생활에서 사용하는 자연어와 유사하게 만든 것이 어셈블리어이다. 이 어셈블리어를 구성하는 명령어는 연산자와 피연산자를 몇 개의 문자 조합으로 기호화 해서 나타낸다. [그림 4.5]는 위에서 살펴본 명령어 ADD, LDA, STA , HLT 의 어셈블리어와 기계어를 보여주고 있다.

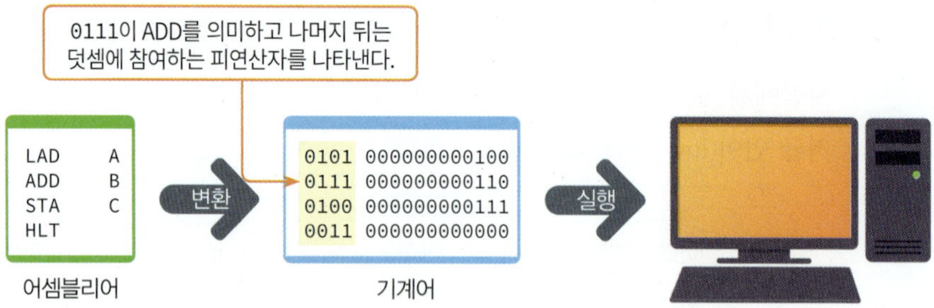

그림 4.5 ▸ 명령에 따른 어셈블리어와 기계어

기계어와 어셈블리어는 각각의 CPU 종류에 따라 그 내용이 모두 다르므로 어셈블리어로 작성된 프로그램들은 한 종류의 CPU에서만 동작하고 다른 종류에서는 실행되지 않는다. 즉 인텔의 펜티엄 프로세서를 위한 어셈블리어와 매킨토시 컴퓨터를 위한 어셈블리어는 다르다.

초기에는 모든 프로그래머가 어셈블리어로 프로그램을 개발하였으나 현재는 대부분 포트란이나 C 언어와 같은 고급 언어(high level language)를 사용한다. 그러나 요즘에도 처리 속도가 중요하거나 고급 언어에서 지원되지 않는 기능을 사용해야 하는 경우에는 어셈블리어를 사용한다. 고급 언어에 해당하는 여러 프로그램언어에 대해서는 7장에서 자세히 학습할 예정이다.

4.2 다양한 기억장치

주기억장치(main memory)는 컴퓨터가 작동하는 동안 중앙처리장치가 해야 할 작업 내용인 프로그램 명령어와 프로그램에서 이용할 자료를 저장하고 있는 기억장치이며 간단히 메모리(memory)라고도 부른다.

1. 주기억장치의 구조

주소

메모리의 저장소는 주소(address)를 이용하여 각각 바이트 단위로 고유하게 식별할 수 있다. 컴퓨터의 주기억장치의 용량이 1,024MB라면 주소는 0번지에서 $1024 \times 2^{20} - 1$번지($1M = 2^{20}$)까지 존재한다.

컴퓨터가 한 번에 작업할 수 있는 데이터의 크기를 워드 크기(word size)라 한다. 자료는 주로 워드 단위로 기억장치와 중앙처리장치 사이를 이동한다. 개인용 컴퓨터에서 1

워드는 32비트(4비트)이거나 64비트(8비트)이다. 주소는 2진수, 10진수 또는 16진수로 표현할 수 있으며, [그림 4.6]은 16진수로 주소를 표현한 예이다.

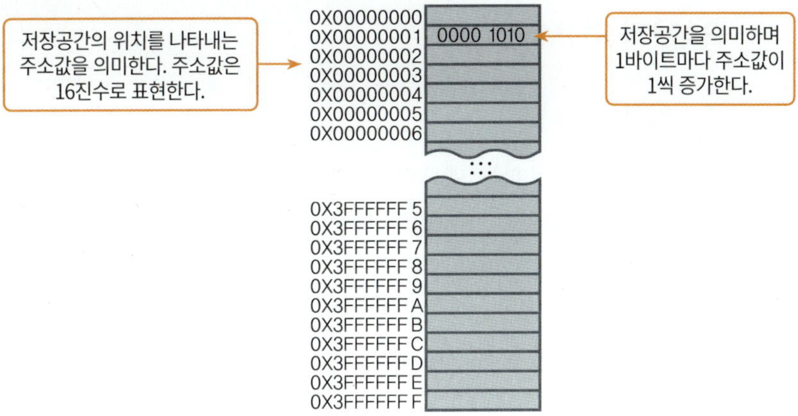

그림 4.6 ▸ 메모리와 주소

버스

중앙처리장치와 메모리와 그리고 컴퓨터 시스템의 여러 입출력 장치의 제어기(controller) 사이를 연결해 주는 통로를 시스템 버스(system bus)라 한다. 시스템 버스는 주소(address) 버스, 자료(data) 버스, 그리고 제어(control) 버스가 연결되어 있다. 주소 버스는 주기억장치의 주소를 식별하도록 하는 연결 경로이다. 자료 버스는 자료를 전달하는 연결 경로이다. 이 자료 버스는 내부 버스와 구별하여 외부 버스라고도 한다. 제어 버스는 읽기, 쓰기와 같은 명령 제어 신호를 전달하는 경로이다

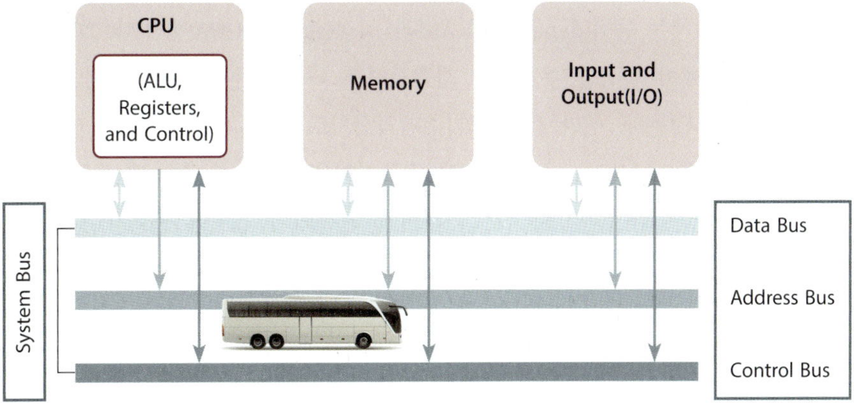

그림 4.7 ▸ 메모리와 중앙처리장치, 입출력장치를 연결하는 시스템 버스

도로의 폭이 넓으면 많은 차량이 이동할 수 있듯이 자료 버스의 크기가 크면 한 번의 신호에 전달하는 자료의 양이 많아진다. 즉 자료 버스의 너비가 64비트이면 64비트의

자료를 한 번에 전달할 수 있다는 의미다. 그러므로 자료 버스가 크면 자료 이동 성능이 좋은 시스템이다.

2. RAM과 ROM

주기억장치 RAM

주기억장치로 사용하는 메모리를 RAM(Random Access Memory)이라 한다. 유일한 숫자인 메모리 주소로 메모리의 특정 위치의 내용을 어디든지 바로 참조할 수 있다는 의미에서 '임의 접근 메모리'라 한다.

> RAM은 메모리의 주소만 알고 있다면 위치와 상관 없이 바로 접근할 수 있다.

RAM은 보통 전원이 꺼지면 저장된 내용이 모두 사라지는 소멸성(volatile) 기억장치이며 정보의 쓰기와 읽기가 가능하다. RAM은 컴퓨터의 주기억장치뿐만 아니라 주변 단말기기의 기억장치에 널리 쓰인다.

그림 4.8 ▸ RAM

RAM의 종류

RAM에는 동적(dynamic) RAM과 정적(static) RAM이 있다. DRAM은 전원이 연결된 상태에서 일정한 주기마다 재충전하는 리프레쉬(refresh)를 해 주어야만 정보가 지워지지 않는다. 우리 컴퓨터의 주기억장치로 주로 사용하는 메모리는 DRAM의 한 종류인 SDRAM(Synchronous DRAM)이며, SDRAM은 시스템 클럭(clock)과 동기를 맞춘 DRAM이다. 반면 SRAM은 전원만 연결되어 있으면 정보가 지워지지 않는 기억장치이다. DRAM보다 상당히 빠르고 비싸며 PC의 중앙처리장치 내부에 있는 캐쉬 메모리(cache memory)에 주로 사용한다.

읽기 전용 메모리

ROM은 읽기 전용 메모리(Read Only Memory)로 한 번 저장된 자료는 더 이상 쓰기를 할 수 없고 읽기만 가능한 메모리이다. ROM은 전원이 끊어져도 정보가 지워지지 않는 비소멸성(non-volatile)이며 메모리에 임의 접근이 가능하다. 또한 전원공급 유무와 상관없이 자료 보관이 가능하므로 기계특성 정보와 컴퓨터가 전원공급을 받아 처음 수행해야 할 바이오스(BIOS: Basic Input Output System) 프로그램 저장에 사용된다.

> 컴퓨터의 전원을 켜면 ROM의 바이오스 프로그램에 저장된 부트 순서를 실행하여 하드웨어 장치가 점검되고 운영체제가 시작되어 컴퓨터를 사용할 수 있다.

그림 4.9 ▸ 마더보드에서의 ROM과 RAM

IT Story

BIOS

바이오스(BIOS: Basic Input/Output System)는 컴퓨터의 부팅을 위한 펌웨어(firmware)로 컴퓨터를 시작한 후 운영체제가 시스템을 제어하기 이전까지 하드웨어를 점검하여 컴퓨터를 실행한다. 컴퓨터의 전원이 연결되면 바이오스는 먼저 POST(Power-On Self Test)라는 일련의 시동자체시험 과정을 거쳐 주기억장치와 보조기억장치, 컴퓨터 키보드, 그래픽 카드 등의 주변장치가 잘 연결되어 있는지 확인하며 관련 하드웨어의 이상 여부를 확인하는 초기화(initialize) 작업을 수행한다. 만일 보조기억장치의 연결에 문제가 있거나 보조기억장치 내에 운영체제 파일에 문제가 있다면 바이오스는 부팅 불가 메시지를 출력한다. 만일 POST 과정에서 아무 문제가 없다면 운영체제를 컴퓨터의 메모리인 RAM에 로드(load)한다.

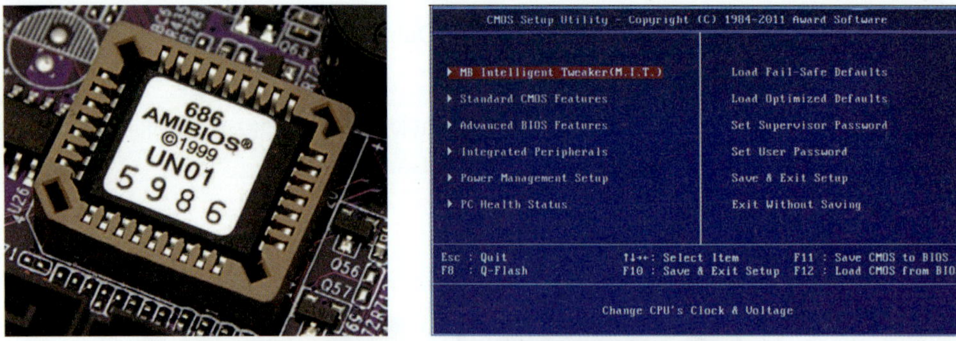

그림 4.10 ▸ 바이오스 화면과 바이오스가 저장된 ROM

ROM의 종류

기억된 데이터를 지우거나 변경 불가능한 마스크(Mask) ROM과 임의의 프로그램을 기억시킬 수 있는 PROM(Programmable ROM), 자외선 또는 X선 등을 이용하여 데이터를 지우거나 입력 가능한 EPROM(Erasable Programmable ROM) 등이 있다.

MASK ROM　　PROM　　EPROM

그림 4.11 ▸ ROM의 종류

3. 캐시 메모리와 버퍼

고속기억장치 캐시

CPU의 속도에 의해 컴퓨터의 속도가 결정된다고 볼 수 있으나 CPU 속도만 빠르고 다른 기억장치나 버스가 느리다면 빠른 CPU 속도의 장점을 최대로 살릴 수 없을 것이다. 실제로 CPU에 비해 상대적으로 주변기기의 속도가 매우 느리다는 것은 분명하다. 이러한 문제점을 해결하기 위하여 주변기기의 속도를 빠르게 하는 대표적인 방법이 캐시(cache) 메모리를 사용하는 방법이다. 가장 일반적인 캐시 메모리는 주기억장치와 CPU의 속도의 차이를 해결하는 캐시 메모리이다.

캐시 메모리의 사용은 주기억장치와 CPU 간 처리속도의 차이로 인하여 발생하는 병목현상(bottleneck)을 해결하기 위한 유용한 수단이다.

- 주기억장치는 CPU보다 처리속도가 훨씬 느리기 때문에 CPU가 수행해야 할 연산들 가운데 주기억장치와 CPU의 레지스터 사이의 데이터 이동이 가장 오래 걸린다.
- 주기억장치에서 캐시로 이동된 자료는 계속 이용되어야 캐시를 효율적으로 사용할 수 있을 것이다. 이와 같이 기억장치에 저장된 자료는 시간적으로나 공간적으로 곧 다시 사용할 가능성이 높다는 원리를 자료의 참조 지역성(locality of reference)이라 한다.
- 참조 지역성에서 시간 지역성(Temporal locality)은 최근에 참조한 자료가, 공간 지역성(Spatial Locality)은 한번 참조된 자료의 주변 자료가 다시 참조될 가능성이 높다는 원리이다.

따라서, 주기억장치보다 훨씬 빠른 속도를 가진 캐시 메모리를 이용하면 컴퓨터의 처리 속도를 향상시킬 수 있다.

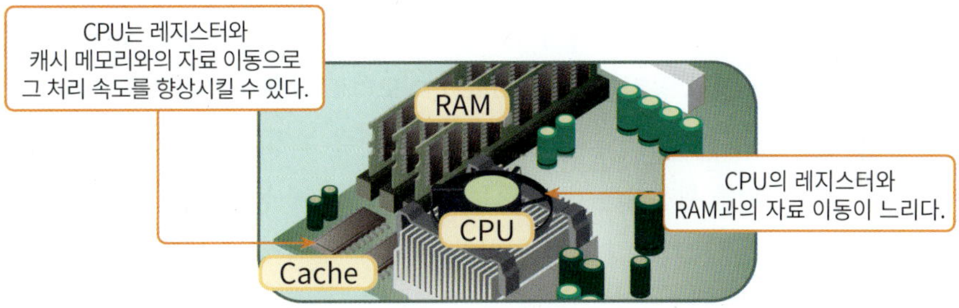

그림 4.12 ▸ CPU와 RAM 사이의 캐시 메모리

캐시 메모리는 메인 메모리보다 대개 약 10배쯤 더 빠르다. 캐시 메모리가 더 빠른 이유는 캐시 메모리는 메모리 소자로 저장 속도가 빠르고 고가인 SRAM을 이용하기 때문이다. 캐시 메모리는 최근에 저장되는 자료의 종류를 데이터와 명령어에 따라 구분하여 저장하는 방식으로 그 속도가 더욱 개선되고 있다.

캐시의 수준

현재 CPU와 RAM 사이의 캐시 메모리는 두 수준의 캐시를 이용하는 경우가 많다. CPU에 더 가깝게 위치한 캐시를 수준-1 캐시(Level-1(L1) Cache)라 하며, 수준-1 캐시보다 CPU 에서 떨어져 있는 캐시를 수준-2 캐시(Level-2(L2) Cache)라 한다. 일반적으로 수준-1 캐시는 CPU에 내장되어 있다.

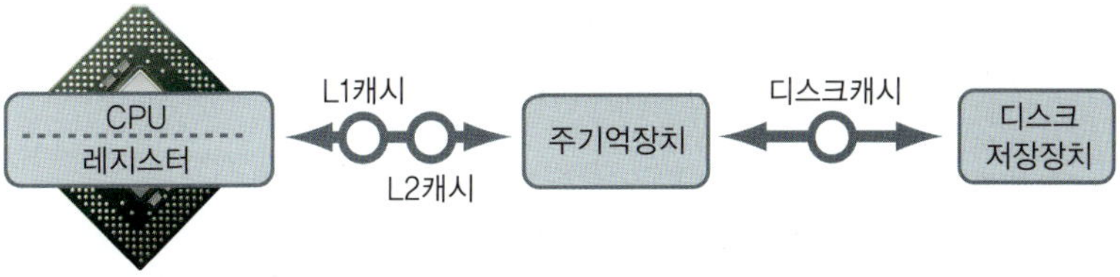

그림 4.13 ▸ 캐시의 종류

디스크 캐시

보조기억장치와 주기억장치 사이의 캐시 메모리도 있다. 하드디스크의 속도는 RAM보다 느리다. 매번 프로그램을 실행시킬 때마다 디스크를 읽어야 하므로 속도가 느릴 수밖에 없다. 따라서 RAM과 디스크 사이에 일정량의 임시메모리를 만들고 처음 프로그램을 실행할 때 RAM으로 들어오는 내용을 임시메모리에도 보관한다. 그런 다음 프로그램을 실행시키면 하드디스크가 아닌 임시메모리에서 읽어 오기 때문에 읽는 속도가 매우 빨라진다. 이러한 보조기억장치와 주기억장치 사이의 임시메모리는 일반적으로 주기억장치의 일부를 사용하는데, 이러한 방식을 디스크 캐시라고 한다.

버퍼

프로세서의 속도는 입출력 주변장치의 속도보다 훨씬 더 빠르다. 그러므로 프로세서는 주변장치의 응답을 기다리다 시간을 허비할 수 있다. 이를 방지하기 위해 RAM의 일부를 임시저장 공간인 버퍼(buffer) 메모리로 사용해 입출력장치로 전달될 데이터를 일시적으로 저장한다. 그동안 프로세서는 다른 요청이나 작업을 계속 수행할 수 있다. 이처럼 버퍼를 활용하는 방식 또는 버퍼를 채우는 동작을 버퍼링(buffering)이라 한다. 즉 컴퓨터에서 버퍼란 속도의 차이가 나는 두 장치 간에 효율적인 작업 처리를 위한 임시 저장 공간이다.

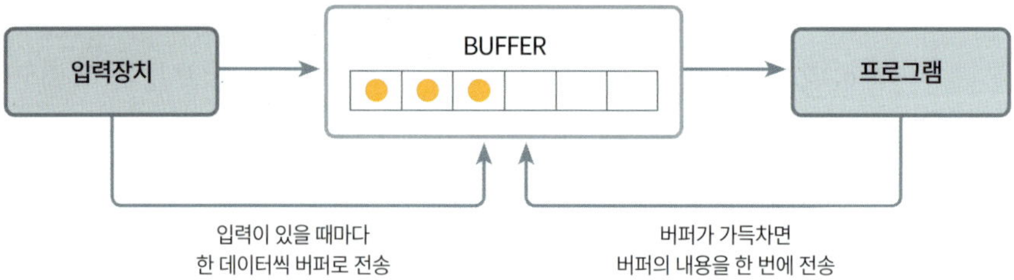

그림 4.14 ▸ 버퍼의 개념

4. 다양한 보조기억장치

보조기억장치

주기억장치보다 가격이 싸며, 전원이 없어도 대용량의 자료를 영구적으로 저장할 수 있는 기억장치를 보조기억장치(secondary memory unit)라 한다. 보조기억장치는 자료 접근방법에 따라 순차접근(sequential access) 방식과 직접접근(direct access) 방식이 있다. 자기 테이프와 같은 저장장치는 순차적으로 접근이 가능하며, 자기 디스크와 자기 드럼은 원하는 위치에 바로 쓰고 읽을 수 있는 직접 접근이 가능하다. 보조기억장치는 CPU

외부에 위치하며, 주기억장치의 제한된 기억용량을 보조하기 위해 사용하는 것으로 전원이 차단되어도 기억된 내용이 계속 저장된다.

하드디스크

하드디스크의 상세이미지

그림 4.15 ▸ 하드디스크 드라이브

HDD라고 부르는 하드디스크 드라이브(Hard Disk Drive)는 현재도 가장 많이 사용하는 보조기억장치 중 하나로, 헤드를 이용하여 여러 개의 원형 알루미늄 기판인 디스크에 자료를 저장하는 방식이다. HDD는 휴대할 수 있는 연한 재질의 저장장치인 플로피 디스크 드라이브(FDD: Floppy Disk Drive)와 대비되어 하드 디스크라 명명하였다. 하드디스크 드라이브로 자료를 읽고 쓰려면 자성 물질의 디스크를 회전시키고, 그 위에 헤드를 접근시켜 데이터를 읽거나 쓴다. 기계적인 방식이므로 소음과 진동이 있고 속도도 제한이 있다.

HDD를 보완하는 SSD

SSD(Solid State Disk)는 2010년부터 빠르게 확산되고 있는 차세대 대용량 저장장치이며, 가격이 계속 하락하면서 많은 컴퓨터에 내장되어 있다. SSD는 플래시 메모리와 이를 제어하는 컨트롤러로 구성된 대용량 저장장치이므로, 기존의 HDD와 비교해 읽고 쓰는 속도가 빠르다. 또한 전력 사용량이 적고 충격에 강하며, 발열과 소음도 적다는 장점이 있다. 하드디스크에 비하면 용량이 큰 SSD는 가격이 비싼 편이라, SSD에 운영체제와 자주 사용하는 응용프로그램을 설치하고, HDD에는 영화나 음악 같은 대용량 자료를 저장하여 함께 사용하는 경우가 늘고 있다. SSD의 시장 규모는 계속 증가하여 2020년에는 HDD를 넘어섰고 수요는 더욱 늘어날 것으로 예측하고 있다.

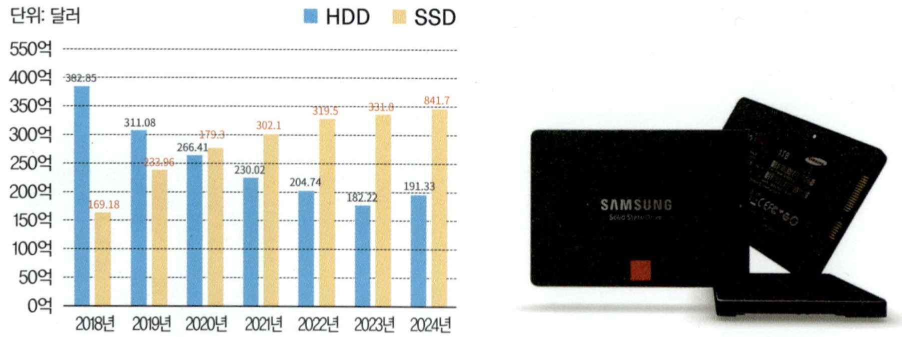

그림 4.16 ▸ SSD와 HDD의 시장 규모 예측

휴대가 간편한 외장하드

외장하드는 휴대할 수 있는 대용량의 디스크 드라이브(external hard disk drive)를 말한다. 보조기억장치인 내장형 HDD와 달리, USB와 같은 인터페이스를 통해 직접 컴퓨터와 연결할 수 있으므로 휴대와 이동이 편리하다는 특징이 있다. 외장하드는 2.5인치와 3.5인치가 있는데, 별도의 전원장치가 필요 없으며, 휴대가 간편한 2.5인치 외장하드가 많이 사용되고 있다. 외장하드는 수십 TB 용량으로 대용량의 정보를 저장할 수 있으며, 현재는 주로 12TB 이하가 2.5인치 제품으로 출시되고 있다. 외장하드는 대부분의 제품이 USB 인터페이스로 컴퓨터와 연결되며, IEEE 1394나 E-S ATA를 지원하는 제품도 있다.

그림 4.17 ▸ 다양한 외장하드

플래시 메모리

플래시 메모리는 RAM과 ROM의 장점을 합친 메모리이다. 소비전력이 적고, 전원이 꺼지더라도 저장된 정보가 사라지지 않는 비소멸성 메모리이다. 또한 RAM과 같이 정보의 입출력도 자유로워 디지털 텔레비전, 디지털 캠코더, 휴대전화, 디지털 카메라, 개인휴대단말기(PDA), 게임기, MP3 플레이어, USB 메모리 등에 널리 이용되는 보조 기억장치이다.

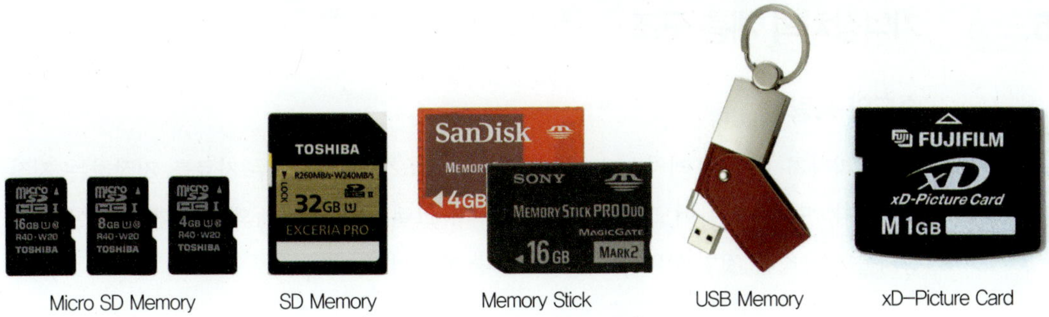

그림 4.18 ▸ 다양한 플래시 메모리

플래시 메모리는 메모리 셀들의 한 부분이 섬광(flash)처럼 단 한 번의 동작으로 지워질 수 있다고 해서 플래시라 명명하였다. 플래시 메모리는 일반 RAM과는 달리 바이트 단위가 아닌 블록 단위의 주소 지정이 가능하며 쓰기 시간도 오래 걸린다. 또한 플래시 메모리는 쓰기 반복 횟수도 무한대는 아니어서 그 사용에 제한이 있을 수 있으나, 휴대형 전자기기뿐만 아니라 컴퓨터의 보조기억장치로도 널리 사용되고 있다.

USB 메모리

현재 휴대용으로 가장 많이 사용하는 저장장치는 USB(Universal Serial Bus) 메모리이다. 그 이유는 크기가 작아 휴대하기 간편하며, 연결장치인 USB 방식이 컴퓨터뿐만 아니라 TV, 자동차 등에도 설치되어 있기 때문이다. 초기에는 메모리 용량이 적다는 단점 이 있었으나 지금은 용량이 4GB에서 1TB까지 다양하므로 용량에도 문제가 없다. USB는 컴퓨터와 주변기기 간 데이터를 주고받을 때 사용하는 데이터 전송 통로 규격 중 하나이다. 이미 배운 플래시 메모리(Flash Memory)는 자유롭게 데이터를 저장하거나 삭제할 수 있으며, 전원이 꺼져도 데이터가 그대로 보존되는 메모리 반도체이다. USB 메모리는 외부 연결 인터페이스는 USB 포트(Port)를 사용하며, 내부적으로 저장장치는 플래시 메모리를 사용하는 외장장치이다.

그림 4.19 ▸ USB 메모리

5. 기억장치의 계층 구조

속도와 용량

중앙처리장치 내부의 레지스터, 주기억장치, 보조기억장치 모두 자료를 저장하는 저장장치이다. 또한 캐시 메모리도 저장장치이다. 그런데 컴퓨터는 왜 이렇게 다양한 저장장치를 이용하는 것일까? 바로 속도와 용량 때문이다.

만일 컴퓨터가 속도가 매우 빠른 주기억장치를 갖는다면 캐시 메모리는 불필요하다. 또한 CPU가 용량이 매우 큰 레지스터를 갖는다면 따로 주기억장치를 가질 필요가 없다. 그러나 현실은 그렇지 않다. 저장장치는 속도가 빠르면 가격이 비싸고, 또한 동일한 비용으로 속도를 유지하려면 용량은 적어질 수밖에 없다. 이러한 현실을 반영해 컴퓨터의 저장장치를 잘 활용하려면 속도와 용량 그리고 가격과 그 쓰임새를 고려하여 몇 가지 분류의 저장장치가 필요하다.

> 가격과 용량, 참조 속도 등을 고려해 저장장치의 분류를 나누는 개념을 '기억장치의 계층 구조'라 한다.

다음 그림은 기억장치의 계층 구조를 나타내는데 위로 올라갈수록 저장장치는 그 처리 속도가 빠르나 가격은 고가여서 상대적으로 작은 용량을 이용한다.

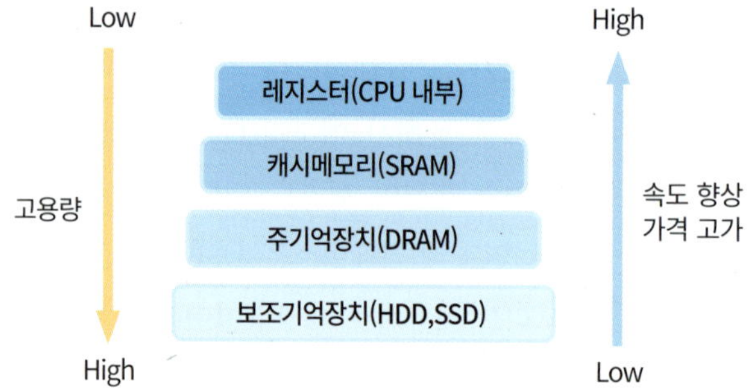

그림 4.20 ▸ 기억장치 계층 구조

현재는 실행하지 않으나 앞으로 계속 이용하려는 프로그램이나 자료는 보조기억장치에 저장하고 현재 실행 중인 프로그램이나 자료는 주기억장치에 저장하며, 실행 중인 프로그램이나 자료 중에서 현재 집중적으로 이용되는 프로그램이나 자료는 캐시 메모리에 저장하며, 연산이 필요한 프로그램이나 자료는 레지스터에 저장하여 연산에 직접 이용한다.

4.3 중앙처리장치 CPU

중앙처리장치(CPU: Central Processing Unit)는 메모리에 저장된 프로그램과 자료를 이용하여 실제 작업을 수행하는 전자회로 장치이다. 이 중앙처리장치는 자료의 연산을 수행하는 연산장치와 컴퓨터의 작동을 제어하는 제어장치 그리고 연산에 필요한 자료를 임시로 저장하는 레지스터로 구성된다.

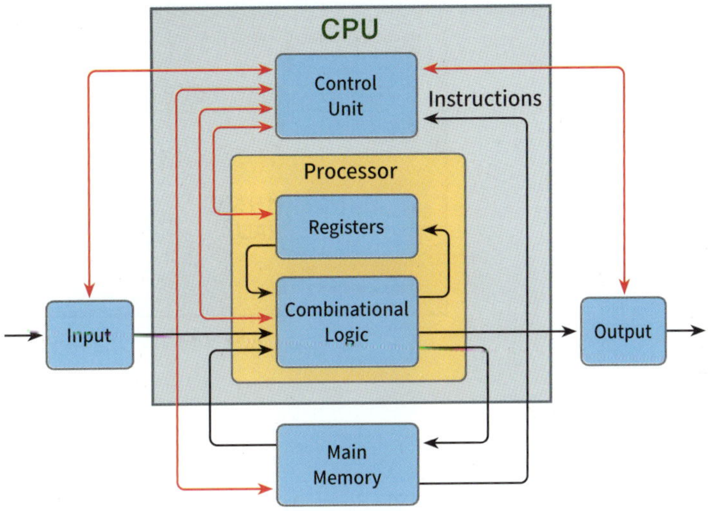

그림 4.21 ▸ 중앙처리장치(CPU) 구성

중앙처리장치 내부에도 자료 버스와 제어 버스가 연결되어 있다. 자료 버스는 연산장치와 레지스터 사이를 전달하는 연결 경로이다. 이 자료 버스는 외부 버스와 구별하여 내부 버스 또는 시스템 버스라고 한다. 제어 버스는 레지스터와 연산장치에 읽기, 쓰기 또는 여러 종류의 명령 제어 신호를 전달하는 경로이다.

우리가 흔히 말하는 코어i7, 코어i9등이 중앙처리장치의 상품 이름으로 컴퓨터의 성능을 결정 짓는 가장 중요한 요소이다.

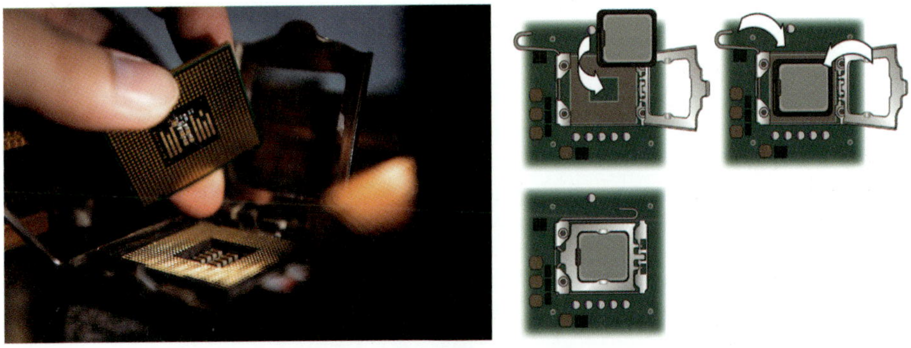

그림 4.22 ▸ 마더보드에 CPU를 장착

1. 연산장치 ALU

산술연산과 논리연산

연산장치(ALU: Arithmetic and Logic Unit)는 더하기, 빼기, 나누기, 곱하기 등의 산술연산 모듈(arithmetic module)과 NOT, AND, OR, XOR 등의 논리연산을 수행하는 모듈(logic module)로 구성된 회로이다.

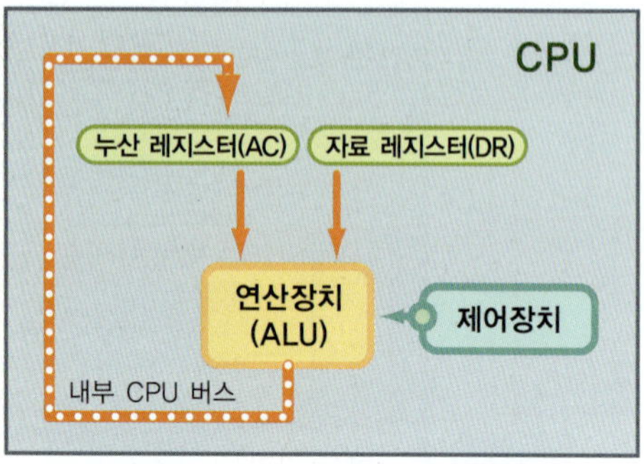

그림 4.23 ▸ CPU 내부의 연산장치

레지스터 연산

연산장치에서 이용하는 피연산자는 하나 또는 두 개일 수 있으며, 중앙처리장치의 임시 기억장소인 누산 레지스터(accumulator)와 자료 레지스터(data register)에 저장된 자료를 연산에 참여할 피연산자로 이용한다. 연산장치의 결과는 다시 누산 레지스터에 저장되어 필요하면 주기억장치에 저장되거나 다른 연산에 이용될 수 있다. 두 수의 더하기를 수행한다면 다음과 같이 두 레지스터 피연산자의 연산을 연산장치가 제어장치의 신호를 받아 실행한다. 다음은 누산 레지스터와 자료 레지스터의 합을 연산장치에서 더하여 그 결과를 다시 누산 레지스터에 저장하는 표현 방식이다.

$$AC \leftarrow AC + DR$$

그림 4.24 ▸ 레지스터 연산의 표현

2. 제어장치

제어장치(control unit)는 중앙처리장치를 구성하는 요소이다. 산술 및 논리 연산에 요구되는 작업을 연속적으로 수행하는 신호를 보냄으로써 연산장치와 레지스터가 명령을 수행하게 하는 장치이다. 이 제어장치는 여러 개의 해독기(decoder)와 제어기로 구성되며 명령어의 실행에 필요한 연산 순서와 연산 종류 등을 종합적으로 제어한다. 즉 제어장치는 실행할 명령어를 해석하여 해석된 명령어에 해당되는 제어 신호를 발생·처리한다. 신체에 비유하자면 '뇌'와 같은 역할을 하므로 제어장치는 중앙처리장치에서 매우 중요한 요소이다.

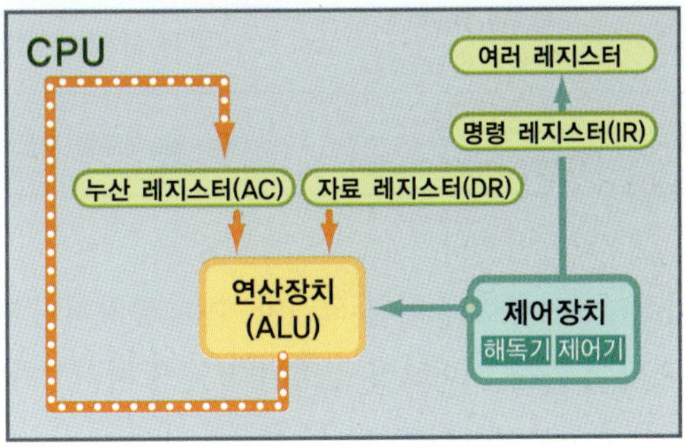

그림 4.25 ▸ 제어장치

3. 레지스터

중앙처리장치 내부의 저장장소

중앙처리장치도 주기억장치로부터 읽어 온 명령어와 자료를 저장할 임시 저장장소가 필요하다. 또한 연산장치에서 처리 결과를 저장할 임시 저장장소도 필요하며, 다음에 실행할 명령어의 주소 값을 저장할 장소도 필요하다.

중앙처리장치에서 내부 처리 연산에 필요한 다양한 임시 기억장소를 레지스터(register)라 한다.

중앙처리장치는 컴퓨터가 명령을 수행하는 과정을 처리하기 위해 여러 개의 레지스터를 갖는다. 중앙처리장치 내부의 레지스터는 어떠한 저장장치보다 참조 속도가 빠르며 가격이 비싸므로 그 수가 제한적이다. 다음은 중앙처리장치의 주요 레지스터의 이름과 그 기능을 정리한 표이다.

표 4.2 주요 레지스터의 종류와 기능

레지스터 심볼	레지스터 이름	기능
DR	자료 레지스터 (Data Register)	연산에 필요한 피연산자를 저장하는 레지스터
AR	주소 레지스터 (Address Register)	현재 접근할 기억장소의 주소를 기억하는 레지스터

레지스터 심볼	레지스터 이름	기능
AC	누산 레지스터 (Accumulator Register)	연산장치의 입출력 데이터를 임시적으로 기억하는 레지스터
IR	명령어 레지스터 (Instruction Register)	현재 수행 중인 명령어를 저장하고 있는 레지스터
PC	프로그램 카운터 (Program Counter)	다음에 실행할 명령어의 메모리 주소가 저장된 레지스터
TR	임시 레지스터 (Temporary Register)	임시로 자료를 저장하는 레지스터로 범용 레지스터라고도 부름

중앙처리장치에서 레지스터의 크기와 수는 중앙처리장치의 성능에 매우 중요한 요소이므로 가격과 성능을 고려하여 결정된다. 중앙처리장치의 레지스터의 크기는 32비트, 64비트, 128비트 등이다.

4. 명령어 처리 과정

CPU와 주기억장치 간의 자료 전송

명령어 처리과정에서 다음과 같이 CPU와 주기억장치 간의 다양한 자료 전송이 발생한다. 즉 주기억장치의 명령어와 자료가 중앙처리장치의 여러 임시 저장장소인 레지스터로 전송되어 명령어를 처리한 후, 처리 결과가 다시 주기억장치로 전송되는 과정을 거친다.

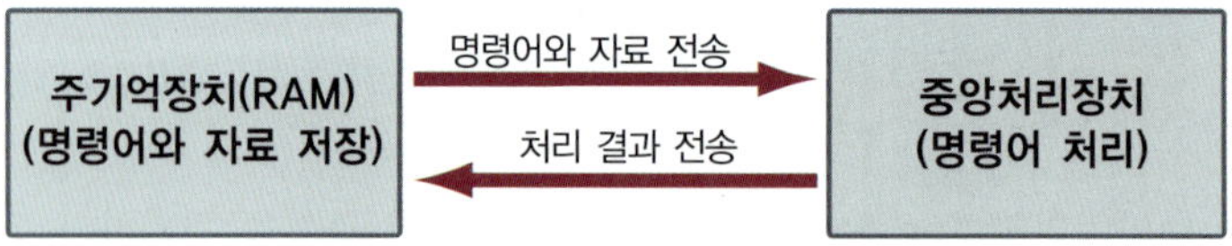

그림 4.26 ▸ CPU와 주기억장치와의 자료 교환

인출, 해독 실행의 기계 주기

중앙처리장치는 하나의 명령어를 실행하기 위하여 인출(fetch), 해독(decode), 실행(execution)의 세 과정을 거쳐 하나의 명령어를 실행한다. 그러므로 명령어의 집합인 프로그램을 실행하려면 이러한 세 과정을 계속적으로 반복해야 한다. 이러한 과정을 기계 주기(machine cycle)라 한다.

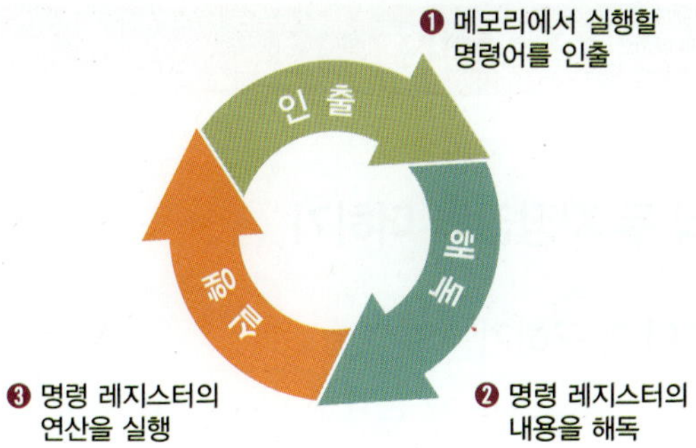

그림 4.27 ▸ 명령어 실행 과정인 기계 주기

인출 단계에서 제어장치가 프로그램 카운터에 있는 주소로 다음에 수행할 명령어를 명령 레지스터에 저장한다. 이후 다음 명령어를 수행하기 위해서 프로그램 카운터를 하나 증가시킨다.

해독 단계에서 제어장치는 레지스터에 있는 명령어를 연산 부분과 피연산 부분으로 해독한다. 만일 피연산 부분이 있는 명령어라면 피연산 부분의 메모리 주소를 주소 레지스터에 저장한다.

실행 단계에서 중앙처리장치는 각 구성 요소에게 작업 지시를 내린다. 작업 내용이 메모리의 자료를 레지스터로 가져오는 내용이라면 이러한 작업을 수행하는 회로를 작동시킨다. 또한 산술 논리 연산이 필요한 작업 내용이면 이에 적합한 연산장치(ALU)의 회로를 작동시켜 실행 과정을 수행한다. 작업에 따라 연산 결과인 레지스터의 내용을 메모리에 저장하기도 한다.

하나의 명령어 실행이 종료되면 프로그램 카운터가 가리키는 다음 명령어를 가지고 다시 기계 주기를 반복한다. 이러한 과정을 반복하는 것이 프로그램을 실행하는 과정이다. 이러한 기계주기를 중앙처리장치와 주기억장치 간의 자료의 이동과 함께 표현하면 [그림 4.28]과 같다.

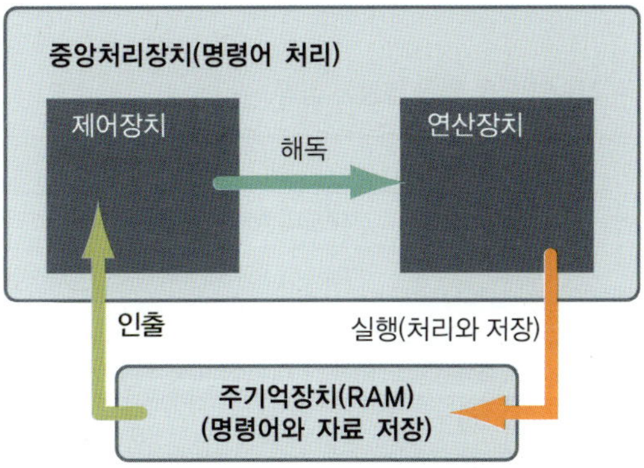

그림 4.28 ▸ 기계 주기와 자료의 이동

4.4 프로그램 실행 과정

1. 메모리 두 저장값의 더하기

두 정수의 합 구하기

두 정수를 더하는 간단한 연산에서 컴퓨터는 무슨 작업을 수행하는지 알아보자. 만일 두 수가 각각 32와 −18이라면 다음과 같이 컴퓨터가 수행해야 할 작업을 간단히 기술할 수 있다. 기호 A는 32를 의미하며, 기호 B는 −18을 의미하고 두 정수의 합이 C를 의미한다는 표현이다. 결국 다음 문장이 고급 언어로 기술된 하나의 프로그램이라 할 수 있다.

$$C \leftarrow A + B$$

사람은 위와 같은 기호로 컴퓨터에게 작업을 수행하도록 명령을 내린다.

작업 명령어 구성과 이해

컴퓨터는 위와 같은 명령을 메모리에 더 작은 단위의 여러 명령어 집합으로 구성하여 그 명령을 실행한다. 두 정수의 합을 구하기 위해서는 다음과 같이 4개의 명령어 집합으로 가능하다.

```
LDA  A
ADD B
STA  C
HLT
```

두 정수의 합을 구하기 위한 명령어 집합에서 각 명령어의 의미를 살펴보면 다음과 같다.

표 4.3 두 정수의 합을 위한 명령어 집합

순서	명령어	의미
명령어1	LDA A	메모리 A의 내용을 누산 레지스터(AC)에 저장
명령어2	ADD B	메모리 B의 내용과 누산 레지스터(AC)의 값을 더하여 누산 레지스터(AC)에 다시 저장
명령어3	STA C	누산 레지스터(AC)의 값을 메모리 C에 저장
명령어4	HLT	프로그램 종료

명령어 LDA의 기능을 세부적으로 표시하면 DR ← M[AR], AC ← DR로 표시할 수 있다.

LLDA는 주소 레지스터(AR)의 주소 값에 해당하는 메모리 자료(M[AR])를 누산 레지스터(AR)에 저장하는 작업을 수행한다.

이 작업을 위해 자료 레지스터(DR)를 중간에 이용한다. 이와 같이 명령어 ADD와 STA도 그 세부 수행 기능을 다음과 같이 기호로 표시할 수 있다.

표 4.4 명령어의 세부 수행 기능

명령어	세부 수행 기능 표시	세부 수행 기능 의미
LDA	DR ← M[AR] AC ← DR	• 주소 레지스터(AR)의 주소값의 메모리 자료(M[AR])를 자료 레지스터(DR)에 저장 • 자료 레지스터(DR)를 다시 누산 레지스터(AC)에 저장
ADD	DR ← M[AR] AC ← AC + DR	• 주소 레지스터(AR)의 주소값의 메모리 자료(M[AR])를 자료 레지스터(DR)에 저장한 후 • 누산 레지스터(AC)와 자료 레지스터(DR)를 더하여 그 결과를 다시 누산 레지스터(AC)에 저장
STA	M[AR] ← AC	• 누산 레지스터(AC)의 값을 주소 레지스터(AR)의 주소값 위치의 메모리(M[AR])에 저장

2. 명령어의 모의 실행

작업 명령어와 메모리 이해

두 정수의 합을 구하는 명령어 집합과 자료가 메모리에 저장된 모습을 살펴보면 다음과 같다.

- 명령어 LDA A에서 피연산자 A는 메모리 주소 0012FF40에 저장된 32를 말하며, 이 값을 누산 레지스터에 저장한다.
- 마찬가지로 명령어 ADD B에서 피연산자 B는 메모리 주소 0012FF44에 저장된 −18을 가리키며, 이를 자료 레지스터에 저장한 후, 누산 레지스터(AC)와 자료 레지스터(DR)를 더하여 그 결과를 다시 누산 레지스터(AC)에 저장한다.
- 명령어 STA C에서 피연산자 C는 메모리 주소 0012FF48을 가리키며, 여기에는 32 + (−18)의 결과로 누산 레지스터에 저장된 14가 저장된다.

다음 그림에서 왼쪽은 두 정수의 합을 구하는 명령어가 실행되기 이전의 메모리 모습이고, 오른쪽은 명령어가 실행된 이후 C의 결과가 나온 뒤의 메모리 모습이다.

주소	실제 메모리 내용	
0012FF30	LDA	0012FF40
0012FF34	ADD	0012FF44
0012FF38	STA	0012FF48
0012FF3C	HLT	
0012FF40	32	
0012FF44	-18	
0012FF48		

→

주소	실제 메모리 내용	
0012FF30	LDA	0012FF40
0012FF34	ADD	0012FF44
0012FF38	STA	0012FF48
0012FF3C	HLT	
0012FF40	32	
0012FF44	-18	
0012FF48	14	

그림 4.29 ▸ 명령어 실행 전과 실행 후의 메모리 내부

4.5 마이크로프로세서

1. 마이크로프로세서 성능

마이크로프로세서의 성능은 사이클당 연산 수와 자료 버스의 폭, 레지스터의 수와 크기, 그리고 캐시 메모리의 크기 등으로 결정된다.

자료 버스 폭

컴퓨터가 한 번에 작업할 수 있는 데이터의 크기를 워드 크기(word size)라고 하는데 이는 레지스터의 크기와 같다고 볼 수 있다. 예를 들어, '32비트 컴퓨터', '64비트 프로세서(컴퓨터)'라는 용어의 의미는 프로세서 내에 있는 레지스터의 크기를 나타낸다. 마이크로프로세서의 자료 버스는 연산장치와 레지스터 등과 같은 CPU의 내부 구성 요소 간에 자료를 전달하는 통로이다. 그러므로 자료 버스 폭은 마이크로프로세서의 워드 크기와 비례하며 워드 크기와 같거나 더 크다.

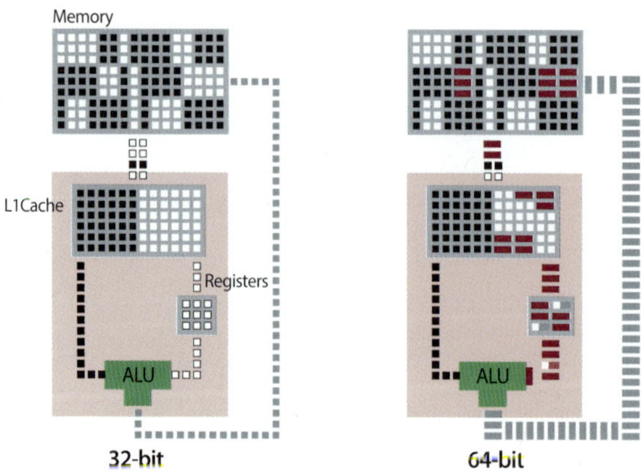

그림 4.30 ▸ 32비트와 64비트 컴퓨터 비교

만일 레지스터는 64비트인데 자료 버스는 32비트라면 연산은 64비트 단위로 수행하는데 그 결과 자료를 전달하는데 한 번에 전달이 불가능하므로 병목 현상이 발생할 것이다.

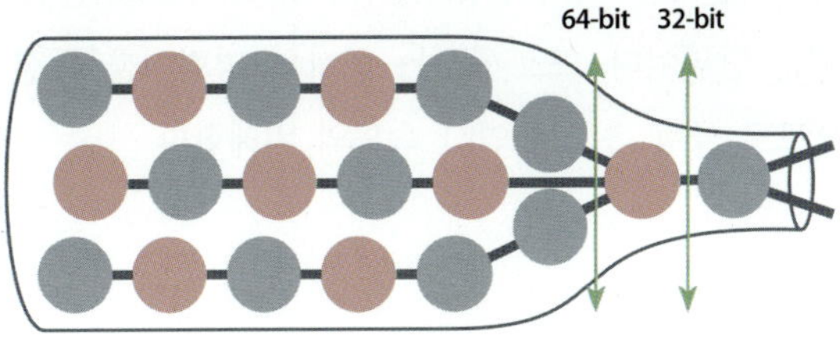

그림 4.31 ▸ 병목 현상

이러한 마이크로프로세서의 워드 크기는 효율적으로 사용할 수 있는 운영체제 또는 응용 프로그램을 결정한다. 현재 이용하는 개인용 컴퓨터의 운영체제는 32비트 또는 64비트이다. MS의 윈도우 7이나 8, 윈도우 10은 32또는 64비트를 지원하는 운영체제이며, 인텔의 펜티엄4(Pentium IV)는 32비트, 아이테니엄(Itanium)은 64비트 마이크로프로세서이다.

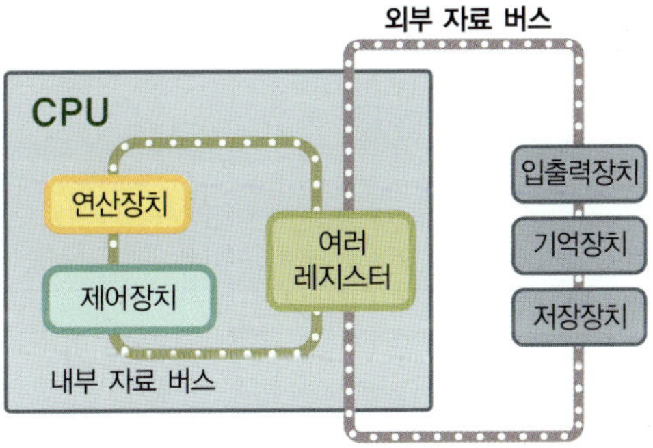

그림 4.32 ▸ 내부자료 버스와 외부자료 버스

자료 버스는 내부 버스(또는 시스템 버스)와 외부 버스(또는 확장 버스)로 구분할 수 있다. 위에서 언급한 CPU 내부의 버스를 시스템 버스라 하며 CPU를 벗어나 다른 입출력장치나 기억장치, 저장장치로 이동을 위한 버스는 외부 버스이다. 그러므로 컴퓨터의 성능을 고려한다면 외부 버스도 내부 버스의 폭과 같거나 넓어야 자료 전달을 원활히 할 수 있다.

클럭 속도

클럭 속도는 마이크로프로세서의 성능을 결정하는 데 주요한 요인이 된다. 시스템 클럭은 수정 진동자를 사용하는데 전원이 공급되면 초당 수백만 회의 진동수를 일정하게 유지한다. 컴퓨터는 이 진동수에 맞추어 연산을 처리하는 시간을 조절한다. 따라서 클럭 속도가 빠를수록 컴퓨터의 처리 속도도 빨라진다. 즉 클럭 주파수는 컴퓨터 가 명령어를 수행하는 속도를 결정한다. 예를 들어 클럭 속도가 1GHz라면 초당 10억(2^{30})회의 진동수를 가진다는 의미이다. 여기서 클럭 속도의 단위인 Hz는 1초당 진동의 반복 횟수를 재는 단위이다. 프로세서는 하나의 명령어를 특정 수의 클럭 사이클에서 실행할 수 있으므로 클럭 속도는 연산 속도와 비례한다.

병렬처리

병렬처리는 하나의 컴퓨터에서 2개 이상의 CPU를 이용하여 한 번에 여러 개의 명령어를 동시에 실행시키는 처리 방법이다. 진정한 의미의 병렬처리를 위해서는 병렬처리를 위한 소프트웨어가 필요하다. 듀얼 또는 쿼드 코어 프로세서라고 부르는 CPU는 하나의 CPU 내부에 2개 또는 4개의 프로세서를 내장하며, 인텔 코어 i9은 6개의 프로세서로 구성되며, 1개의 CPU로 구성된 칩보다 성능이 뛰어나다.

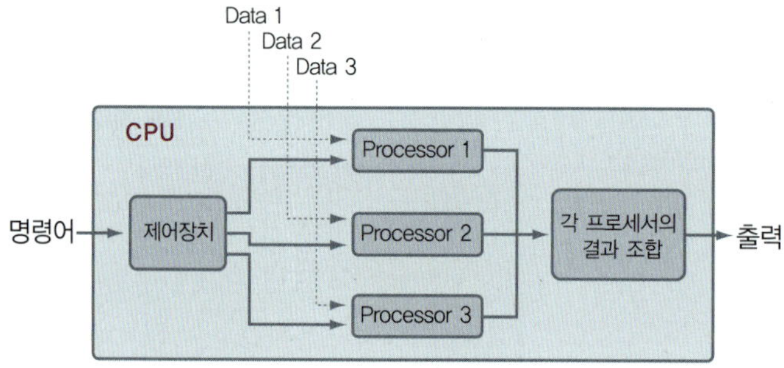

그림 4.33 ▸ 병렬처리

컴퓨터의 성능

지금 살펴본 바와 같이 CPU 처리 속도에 영향을 미치는 요인들로서 레지스터의 크기, 클럭(clock) 속도, 버스 폭, 캐시 메모리 크기 등을 들 수 있다. 마찬가지로 컴퓨터의 성능은 크게 CPU의 성능과 주기억장치의 용량, 외부 자료 버스의 크기 등에 좌우된다고 볼 수 있다. 주기억장치의 용량이 클수록 커다란 프로그램을 실행할 수 있으며 동시에 컴퓨터의 처리 속도가 더욱 빨라진다.

2. 주요 마이크로프로세서

인텔

마이크로프로세서를 생산하는 가장 친숙한 회사는 단연 인텔이다. 인텔은 1971년 하나의 칩으로 된 컴퓨터(Computer On a Chip)라 부르는 마이크로프로세서 4004를 처음 출시하였다. 이후 IBM이 IBM 호환 PC를 인텔의 8088 프로세서에 탑재하여 출시하면서 인텔은 눈부시게 성장하게 된다.

표 4.5 인텔 계열 마이크로프로세서의 발전

발표 연도	명칭	버스 폭	클럭 속도	특징
1971	4004	4비트	740 KHz	
1974	8080	8비트	2 MHz	
1979	8088	16비트	~8 MHz	16비트형 XT
1982	80286	16비트	~ 12 MHz	16비트형 AT
1985	80386	32비트	~ 33 MHz	32비트형 PC
1989	80486	32비트	~ 100 MHz	
1993	Pentium	64비트	~ 200 MHz	
1995	Pentium Pro	64비트	200 MHz ~	
1997	Pentium MMX	64비트	233 MHz ~	
1998	Pentium II	64비트	233 MHz ~	
1998	Celeron	64비트	400 MHz ~	
1999	Pentium III	64비트	450 MHz ~	
2000	Pentium IV	64비트	1.3 GHz ~	
2001	Itanium	64비트	800 MHz ~	PC 계열에서 64비트 시대를 개척
2002	Itanium 2	64비트	900 MHz ~	
2005	Pentium D	64비트	2.0 GHz ~	
2006	Core	64비트	1.8 GHz ~	
2006	Core 2 Duo	64비트	2.6 GHz ~	
2007	Core 2 Quad	64비트	2.4 GHz ~	
2008	Core i7	64비트	2.5 GHz ~	
2009	Core i5	64비트	2.4 GHz ~	
2010	Core i3	64비트	2.9 GHz ~	
2011 이후	2, 3, 4세대 Core i3, Core i5, Core i7	64비트	2.5 GHz ~	
2013	Core i7 Extreme Edition	64비트	4.0 GHz ~	
2018	Core i9	64비트	4.8 GHz	

1993년에 인텔은 64비트 자료 버스를 사용한 마이크로프로세서인 펜티엄을 발표한다. 2001년에는 고성능 서버용으로 진정한 의미의 64비트 시대를 연 아이테니엄((Itanium) 프로세서를 출시하였으며, 2011년 이후에는 코어 i3, i5, i7, i9 CPU를 출시하고 있다.

그림 4.34 ▸ 최근의 인텔 프로세서 인텔 코어 i9

무어의 법칙

무어의 법칙(Moore's Law)은 인텔의 공동 설립자인 고든 무어(Gorden Moore)가 1965년도에 한 연설에서 "마이크로 칩의 처리 능력은 18개월마다 두 배로 증대된다"라고 한 내용에서 유래한 것이다. 결국 과거 50여 년 동안 살펴 보면 이 법칙은 잘 맞아 마이크로프로세서의 성능은 약 18개월에서 24개월마다 두 배로 증가하였다. 실제 무어의 법칙을 인텔과 AMD의 마이크로프로세서 발전에 적용해 보면 그 정확성을 알 수 있다.

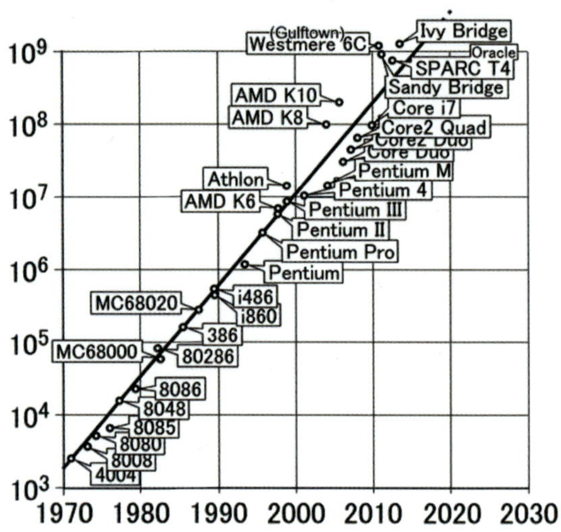

그림 4.35 ▸ 무어의 법칙에 따른 마이크로프로세서의 발전

그러나 지난 50여년간 꾸준히 지속되어 온 무어의 법칙은 앞으로 몇 년 안에 물리학의 근본 원리와 상충하는 어려움 때문에 지켜지지 않을지도 모른다. 현재 인텔을 비롯한 마이크로프로세서 생산 업체는 이러한 무어의 법칙을 유지하기 위해 노력하고 있다. 이제 무어의 법칙은 마이크로 칩의 처리 능력에만 국한되지 않고 정보기술 분야의 발전이 빠르게 진행되고 있다는 의미로 포괄적으로 이해해도 될 것이다.

무어의 법칙과 마이크로프로세서 성능의 한계

무어의 법칙이 1965년에 일렉트로닉스(Electronics) 잡지에 발표된 지 벌써 50년이 되었다. 무어의 법칙은 쉽게 말해서 저장 용량이 1년 6개월마다 2배 씩 커진다는 법칙이다. 무어는 경험적 관찰을 통해 예측 한 것으로 지금까지 반도체 기술의 발전 속도를 대표하는 법칙이 되었 다. 그러나 이제 급변하는 정보기술 환경과 미세 공정 기술의 한계, 그리고 급증하는 투자 비용으로 인해 18개월마다 반도체의 용량을 2배 씩 늘리는 일은 점점 어려워지고 있어 무어의 법칙의 한계론이 제기되기도 한다. 아마도 무어의 법칙이 있었기에 인텔 등 반도체 생산 업체는 이 예측을 실현하기 위해 끊임없이 노력했을 것이고, 지금도 불가능과 한계에 도전하고 있다. 인텔의 이러한 노력에도 불구하고 무어의 법칙이 종말을 고한다는 시각은 종종 제기되고 있다. 프로세서 집적은 진행되고 있을지 모르지만, 집적에 따른 데이터 처리 성능 향상 속도는 과거 수십 년의 수준에 미치지 못하고 있는 것이 현실이다. 2016년 국제반도체기술로드맵(ITRS) 위원회는 반도체 기술의 근간을 이뤘던 미세화 기술이 2021년 이후에는 더 이상 지속될 수 없다는 사실을 공식적으로 선언하기도 했다. 현재 프로세서 미세화에서는 순수한 성능보다 그래픽 기능이나 전력 효율 향상에 중점을 두고 있다. 그러나 무어의 법칙의 한계론만 있는 것은 아니며, 지금은 반도체 공정 및 디자인 부분에 혁신이 필요 한 시기이며 이러한 어려움은 '극복할 수 있다'라는 긍정론도 있다.

미국 국가과학재단(National Science Foundation)은 '무어의 법칙 이면의 과학 및 엔지니어링'(Science and Engineering behind Moore's Law)이라는 이름의 프로젝트를 주도하고 있으며 제조, 나노기술, 다중 코어칩, 양자 컴퓨팅 등의 새로운 기술 연구를 재정적으로 지원하고 있다. 만일 앞으로 몇 년 후에는 무어의 법칙이 들어 맞지 않더라도 계속된 노력으로 다른 측면의 기술은 발전할 것이라고 믿는다.

3. 명령어에 따른 프로세서 분류

마이크로프로세서는 프로세서마다 고유한 명령어 집합을 제공한다. 이 명령어는 크게 복합 명령어 집합으로 구성된 CISC(Complex Instruction Set Computing) 계열과 축소 명령어 집합으로 구성된 RISC(Reduced Instruction Set Computing) 계열로 구분한다. CISC와 RISC는 명령어 구조의 복잡성과 제공하는 명령어의 수에 따라 분류될 수 있다. 결국 고유한 명령어 집합을 제공하는 마이크로프로세서는 CISC계열과 RISC 계열로 구분할 수 있다.

CISC

CISC는 일반적으로 명령어의 구조가 복잡하고 100 ~ 250개의 다양한 명령어를 제공한다. 인텔의 80x86 계열과 모토로라의 680x0 계열의 프로세서는 CISC 프로세서이다.

현재 많이 사용하는 인텔 계열의 프로세서도 CISC 프로세서로 복잡한 프로그램을 적은 수의 명령어로 구성할 수 있는 장점이 있으나 CISC 칩은 복잡한 명령어의 실행을 위한 복잡한 회로가 이용되므로 생산가가 비싸고 전력 소모가 많아 열이 많이 발생하는 단점이 있다.

CISC 프로세서는 복잡한 연산을 하나의 명령어로 처리하려는 의도에서 시작되었다. 복잡한 연산을 위한 회로는 집적회로의 발달로 인해 가능해졌으며 다양한 연산을 수행해야 하므로 명령어의 수도 증가하게 되었다. 이러한 CISC는 고급 언어를 프로세서의 명령어로 변환하는 컴파일러의 역할을 매우 쉽게 도와준다. 그 이유는 고급 언어의 복잡한 기능을 수행하는 작업이 단 몇 개의 명령어로 가능하기 때문이다. CISC의 명령어는 복잡한 연산을 수행하기 위해 다양한 길이를 가지며 메모리의 자료를 직접 참조하는 연산도 많이 제공하는 특징을 갖는다.

RISC

RISC는 CISC와 다르게 명령어의 수가 적고 그 구조도 단순하다. 하나의 프로그램을 수행하려면 RISC 프로세서는 CISC보다 많은 명령어를 실행해야 하지만 하나의 명령어가 단순하여 그 처리 속도가 매우 빨라 전체적으로 RISC 프로세서는 CISC 프로세서보다 수행 속도가 빠르다고 알려져 있다.

RISC 프로세서는 레지스터 내부에서 모든 연산이 수행되며 메모리의 참조는 제한적이다. 이를 지원하기 위해 RISC 프로세서는 상대적으로 레지스터가 많은 특징을 갖는다. 또한 RISC 프로세서의 명령어는 고정 길이이며 쉽게 해독이 되도록 명령어 형식을 갖는다.

1988년 중반 애플의 매킨토시에 장착된 모토로라의 PowerPC에서 처음 구현된 RISC 프로세서는 이후 Sun, HP, NEC의 워크스테이션 컴퓨터의 주류 프로세서로 자리 잡고 있다.

내용 점검 문제

[객관식]

다음 문항을 읽고 보기 중에서 알맞은 것을 선택하시오.

01 명령어 형식으로 옳지 않은 것은?

A. 명령어는 연산 부분과 피연산 부분으로 구성된다.

B. 명령어의 피연산자는 꼭 있어야 한다.

C. 명령어를 구성하는 피연산자 수가 많으면 적은 수의 명령어로 원하는 작업을 수행할 수 있으나 하나의 명령어를 처리하기 위해 많은 수고와 시간이 드는 단점도 있다.

D. 피연산자는 메모리의 주소 또는 레지스터가 될 수 있다.

02 프로그램 내장 방식의 설명으로 옳지 않은 것은?

A. 메모리에 자료뿐만 아니라 프로그램도 저장함

B. 현재의 컴퓨터가 사용하고 있는 방식

C. 스위치나 배선을 조정하여 컴퓨터를 실행하는 것

D. 가장 중요한 요소는 중앙처리장치와 메모리

03 기계어와 어셈블리 언어에 대한 설명으로 옳지 않은 것은?

A. 기계어는 컴퓨터를 작동시키기 위해 0과 1로 나타낸 컴퓨터 고유 명령 형식 언어를 말한다.

B. 어셈블리 언어는 컴퓨터 명령어인 기계어를 사람이 일상 생활에서 사용하는 자연 언어와 유사하게 만든 것을 말한다.

C. 기계어는 일반 사람이 프로그래밍하기에 불가능하나.

D. 기계어와 어셈블리어는 각각의 CPU 종류에 따라 그 내용이 모두 같아, 여러 종류의 CPU에서 실행된다.

04 버스에 대한 설명으로 옳지 않은 것은?

A. 버스는 주소 버스, 자료 버스, 제어 버스가 있다.

B. 주소 버스는 전달하는 내용과는 무관하므로 외부 버스라고 한다.

C. 제어 버스는 읽기, 쓰기와 같은 명령 제어 신호를 전달하는 경로이다.

D. 자료 버스의 너비 크기가 크면 한 번에 전달하는 자료의 양이 많아진다는 의미이다.

05 전원이 꺼지면 저장된 내용이 모두 사라지는 소멸성(volatile) 기억장치이며, 정보의 쓰기와 읽기가 가능한 것은?

A. 플래쉬메모리　　B. RAM

C. 하드디스크　　D. ROM

06 ROM에 대한 설명으로 옳지 않은 것은?

A. 읽기 전용 메모리이다.

B. EPROM은 자외선 또는 X 선 등을 이용하여 데이터를 지우거나 입력할 수 있다.

C. 전원이 끊어져도 정보가 지워지지 않는 비소멸성 메모리이다.

D. 크게 Dynamic ROM과 Static ROM으로 나눌 수 있다.

07 캐시 메모리에 대한 설명으로 옳지 않은 것은?

A. 캐시 메모리는 RAM과 CPU 간 처리속도의 차이로 인하여 발생하는 병목 현상을 해결하기 위한 수단이다.

B. 컴퓨터의 처리속도를 향상시킬 수 있다.

C. 캐시메모리는 메인 메모리보다 느리다.

D. CPU와 RAM 사이의 캐시 메모리에는 CPU에 더 가까운 수준–1캐시(Level–1(L1) Cache)와 수준–1캐시보다 CPU에서 떨어져 있는 수준–2캐시(Level–2(L2) Cache)가 있다.

08 속도가 빠른 것부터 나열한 것은?

A. 보조기억장치 > 주기억장치 > 캐시메모리 > 레지스터

B. 레지스터 > 주기억장치 > 캐시메모리 > 보조기억장치

C. 주기억장치 > 캐시메모리 > 보조기억장치 > 레지스터

D. 레지스터 > 캐시메모리 > 주기억장치 > 보조기억장치

09 다음 내용이 설명하는 것은?

> 중앙처리장치를 구성하는 요소이다. 산술 및 논리연산에 요구되는 작업을 연속적으로 수행하는 신호를 보냄으로써 연산장치와 레지스터가 명령을 수행하게 하는 장치이다.

A. 보조기억장치

B. 연산장치

C. 레지스터

D. 제어장치

10 중앙처리 장치의 구성요소만을 나열한 것은?

A. 연산장치, 제어장치, 레지스터

B. 레지스터, 중앙장치, 보조기억장치

C. 캐시 메모리, 레지스터, 제어장치

D. 제어장치, 연산장치, 플래쉬 메모리

11 기계주기에 대한 설명으로 옳지 않은 것은?

A. 기계주기는 명령어의 집합인 프로그램을 실행하기 위해 인출, 해독, 실행의 세 과정을 거치는데 이러한 과정을 기계주기라 한다.

B. 인출과정에서는 메모리에서 실행할 명령어를 명령 레지스터에 저장한다.

C. 기계주기에서는 동시에 여러 개의 명령어를 인출, 해독, 실행한다.

D. 해독과정에서는 명령 레지스터의 내용을 해독한다.

12 레지스터 심볼과 기능이 잘못 짝지어진 것은?

A. DR: 연산에 필요한 피연산자를 저장하는 레지스터

B. IR: 현재 수행 중인 명령어를 저장하고 있는 레지스터

C. AC: 연산장치의 입출력 데이터를 임시적으로 기억하는 레지스터

D. TR: 현재 접근할 기억장소의 주소를 기억하는 레지스터

13 두 정수의 합을 위한 명령어들 중에서 메모리 X의 내용을 누산 레지스터(AC)에 저장하는 것은?

A. LDA X
B. ADD X
C. STA X
D. HLT

14 CPU의 처리속도에 가장 적은 영향을 미치는 요인은?

A. 레지스터의 크기
B. 버스 폭(너비)
C. 캐시 메모리
D. 하드디스크 크기

15 클럭에 대한 설명으로 옳지 않은 것은?

A. 시스템 클럭은 수정 진동자를 사용하는데 전원이 공급되면 초당 수백만 회의 진동수를 일정하게 유지한다.

B. 클럭 속도가 빠를수록 컴퓨터의 처리 속도도 빨라진다

C. 클럭 속도는 마이크로프로세서의 성능에 중요한 영향을 미친다.

D. 클럭 속도는 연산속도와 반비례한다.

16 CISC와 RISC에 대한 설명으로 옳지 않은 것은?

A. CISC는 명령어의 구조가 복잡하다.

B. RISC는 구조가 단순하여 하나의 프로그램을 수행하려면 CISC보다 많은 명령어를 실행해야 한다.

C. CISC는 RISC보다 수행 속도가 빠르다고 알려져 있다.

D. CISC는 복잡한 연산을 하나의 명령어로 처리하려는 의도에서 시작되었다.

17 빈칸에 들어갈 단어로 적절한 것은?

> 중앙처리장치 내부에서 연산에 필요한 자료를 잠시 저장하기 위한 임시 기억장소이다. 이때, 중앙처리장치는 컴퓨터가 명령을 수행하는 과정을 처리하기 위해 여러 개의 __________를 갖는다.

A. 자료버스
B. 클럭
C. 주소버스
D. 레지스터

18 명령어와 그 의미가 바르게 짝지어진 것은?

A. LDA: 지정한 메모리의 내용과 누산 레지스터의 값을 더하는 명령

B. STA: 누산 레지스터의 값을 지정한 메모리에 저장

C. ADD: 지정한 메모리의 내용을 누산 레지스터에 저장

D. HLT: 프로그램의 시작을 알리는 명령

19 연산장치에 대한 설명으로 옳은 것은?

A. 연산장치는 NOT, AND, OR, XOR 등의 논리 연산만을 수행하는 회로이다.
B. 연산장치에서 이용하는 피연산자는 단 하나이다.
C. 레지스터 피연산자의 연산을 연산장치가 제어장치의 신호를 받아 실행한다.
D. 연산장치의 결과는 누산 레지스터에 저장되어 필요하면 주기억장치에 저장은 되나, 다른 연산에 이용될 수는 없다.

20 명령어에 대한 설명으로 옳은 것은?

A. 명령어는 연산부분과 제어부분으로 나뉜다.
B. 연산부분은 명령어가 수행해야 할 기능을 의미하는 코드이다.
C. 연산부분은 명령어에서 가장 오른쪽 부분에 기술한다.
D. 한 문장에 연산부분이 두 개인 경우 연산을 좀더 효율적으로 할 수 있다.

【 괄호 채우기 】

다음 각 문항에 대하여 빈칸에 적절한 단어를 채우시오.

01 명령어는 ___________(와)과 ___________(으)로 구성된다.

02 0과 1로 나타낸 컴퓨터 고유 명령 형식 언어를 ___________(이)라 한다.

03 메모리 저장소는 ___________(을)를 이용하여 각각 바이트 단위로 고유하게 식별할 수 있다.

04 ___________(은)는 2010년부터 빠르게 확산되고 있는 차세대 대용량 저장장치이며, 가격이 계속 하락하면서 많은 컴퓨터에 내장되어 있다. 플래시 메모리와 이를 제어하는 컨트롤러로 구성된 대용량 저장장치이므로, 기존 저장장치인 HDD와 비교해 읽고 쓰는 속도가 빠르며, 전력 사용량이 적고 충격에 강하며 발열과 소음도 적은 장점이 있다.

05 기억장치에 저장된 자료는 시간적으로나 공간적으로 곧 다시 사용할 가능성이 높다는 원리를 자료의 (이)라 한다.

06 ___________(은)는 주로 CPU와 주기억장치의 속도 차이를 해결한다.

07 제어장치는 ___________(와)과 ___________(으)로 구성되어 있다.

08 중앙처리장치가 명령어를 실행하기 위해서 ___________, ___________, ___________의 과정을 반복한다.

09 (   )(은)는 수정 진동자의 진동을 일정하게 유지시켜줌으로써 컴퓨터의 연산 처리 시간을 조절하는 것이다.

10 (   )(은)는 1965년도에 한 연설에서 "마이크로 칩의 처리 능력은 18개월마다 두 배로 증대된다."라고 한 내용에서 유래된 법칙이다.

【 주관식 】

01 프로그램 내장 방식에서 메모리에 저장되는 것은 무엇인가?

02 RAM과 ROM의 차이를 설명하시오.

03 우리가 사용하는 개인용 컴퓨터에 있는 ROM은 어디에 이용되는가?

04 중앙처리장치를 구성하는 중요 요소 3가지를 기술하시오.

05 캐시 메모리가 필요한 이유와 종류를 설명하시오.

06 레지스터의 종류와 그 기능을 기술하시오.

07 기억장치의 계층 구조에 대하여 설명하시오

08 명령어 실행 과정을 명령어 LDA A로 설명하시오.

09 마이크로프로세서의 성능을 결정하는 여러 요인을 열거하고 설명하시오.

10 프로세서를 RISC와 CSIC로 분류하는 기준과 각각의 특징을 비교하는 표를 만들어 설명하시오.

Introduction to COMPUTERS

05

운영체제와 활용

단원 목표

- 운영체제의 정의와 목적 그리고 기능을 이해한다.
- 운영체제의 사용자 인터페이스 방식을 이해한다.
- 운영체제의 관리자를 알아보고 그 기능을 이해한다.
- 운영체제의 여러 형태를 이해하고 그 특징을 알아본다.
- 시대별로 운영체제의 발전 과정과 특징을 알아본다.
- 도스 운영체제의 발전과정을 알아본다.
- 윈도우와 OS/2 운영체제의 발전과정을 알아본다 .
- 애플 매킨토시의 운영체제의 발전과정을 알아본다.
- 리눅스와 유닉스 운영체제의 발전과정을 알아본다.
- 윈도우에서 실제 활용될 수 있는 기능을 실습한다.

단원 목차

5.1 운영체제 개요

1. 운영체제 개념

운영체제와 커널

운영체제(OS: Operating System)란 컴퓨터 시스템의 전반적인 동작을 제어하고 조정하며 사용자에게 편리성을 제공하고 한정된 시스템 자원을 효율적으로 사용할 수 있도록 관리하는 시스템 프로그램들의 집합을 말한다. 운영체제는 내부의 커널(kernel)과 외부 사용자와의 커널 사이의 인터페이스 역할을 담당하는 쉘(shell)로 구성된다. 커널(kernel)은 주기억장치 내에 상주하면서 하드웨어를 제어하고 프로세스 등 여러 자원을 배분하는 핵심 역할을 수행한다. 사용자와 운영체제 사이에서 의사소통이 가능하도록 사용자 명령을 해석하고 전달해주는 쉘은 그래픽 또는 텍스트 중심의 인터페이스 방식에 따라 GUI와 CLI 방식으로 나뉜다. 운영체제를 통해 사용자 명령을 쉘이 받아 해석하고 커널에 전달하면 커널은 하드웨어를 제어한다.

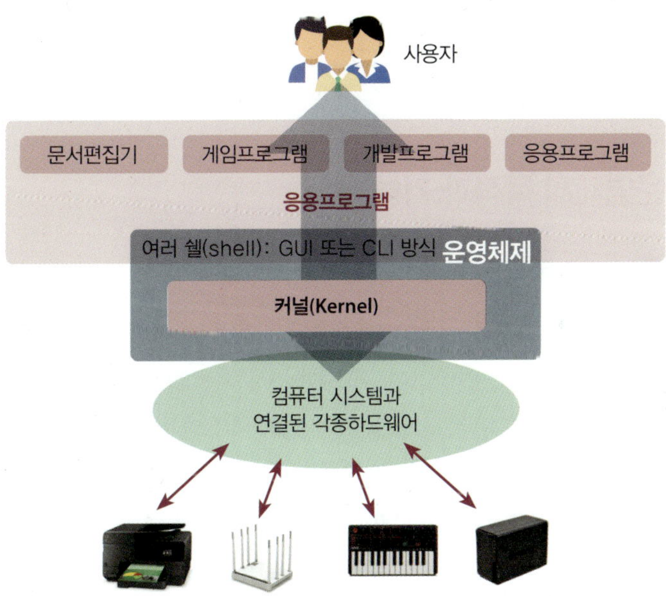

그림 5.1 ▸ 운영체제 정의

즉 운영체제를 구성하는 프로그램들은 컴퓨터에 내장되거나 하드웨어와 연결된 응용 프로그램 간의 인터페이스 역할을 하면서 중앙처리장치(CPU), 주기억장치, 입출력 장치, 파일 시스템 등의 컴퓨터 자원을 관리한다. 즉 인간과 컴퓨터 시스템 간의 상호작용을 위한 인터페이스를 제공함과 동시에 컴퓨터의 동작을 구동(booting)하고, 작업의 순서를 정하며 입출력 연산을 제어한다. 또한 프로그램의 실행을 제어하며 데이터와 파일의 저장을 관리하는 등의 기능을 수행한다.

운영체제 종류

운영체제의 종류는 매우 다양한데 컴퓨터의 용량에 따라 개인용 컴퓨터와 중대형 컴퓨터로 구분하여 그 종류를 살펴볼 수 있다. 개인용 컴퓨터에 이용하는 대표적인 운영체제로는 마이크로소프트의 윈도우 계열 운영체제와 리눅스(Linux) 등이 있다. 중 대형 컴퓨터에서 사용하는 운영체제는 유닉스(Unix) 계열의 운영체제가 주종을 이루고 있다. 스마트폰과 스마트패드와 같은 스마트기기의 운영체제는 해당 단원에서 자세히 알아보자

표 5.1 운영체제 종류

개인용 컴퓨터	중대형 컴퓨터	스마트폰 및 기기
• MS-DOS • Windows 계열 • OS/2 • Linux 계열 • 맥OS	• Unix 계열 • Windows Server 계열 • VMS	• iOS • Android • Windows

2. 운영체제 목적과 기능

운영체제 목적

운영체제의 목적은 컴퓨터 시스템의 자원을 편리하게 사용할 수 있는 환경을 제공하고 이를 효율적으로 관리하여 시스템의 성능을 최적화하는 데 있다. 즉 하드디스크에 있는 파일 정보를 출력하기 위해 파일의 주소와 디스크 제어기(disk controller) 등을 직접 다루지 않고 사용자는 운영체제가 제공하는 인터페이스를 이용하여 시스템에 명령을 내려 작업을 수행한다. 또한 중앙처리장치를 효율적으로 이용하기 위하여 기억 장소에 여러 개의 프로그램을 동시에 로드(load)하여 적절히 프로그램이 실행될 수 있도록 프로그램과 사용자를 보호하는 기능을 수행한다.

> 운영체제는 컴퓨터의 기능을 사용자가 잘 활용하도록 돕고, 하드웨어가 성능을 잘 발휘하도록 관리하는 기능을 수행한다.

표 5.2 운영체제 기능

초기화	자원 관리	기타
• 컴퓨터 시스템 초기화 설정 기능	• 중앙처리장치 • 저장장치 • 입출력장치 • 주기억장치 • 네트워크장치 • 파일시스템	• 사용자와 컴퓨터 간의 편리한 인터페이스 기능 • 오류 검사 및 복구 기능 • 사용자 계정관리 • 자원 공유 및 보안 • 하드웨어 및 자원의 공유

3. 사용자 인터페이스 방식

운영체제가 사용자에게 제공하는 사용자 인터페이스 방법에는 크게 명령행 인터페이스 방법과 그래픽 사용자 인터페이스 방법 두 가지가 있다.

명령행 인터페이스

운영체제가 제공하는 기능을 키보드 입력을 통해 사용하는 인터페이스 방법을 명령행 인터페이스(CLI: Command Line Interface)라 한다.

> 명령행 인터페이스 방식, 간단히 CLI 방식을 제공하는 운영체제로는 MS 도스(MS-DOS), 유닉스(UNIX)의 여러 쉘(Shell), 윈도우의 명령 프롬프트(Command Prompt) 등이 있다.

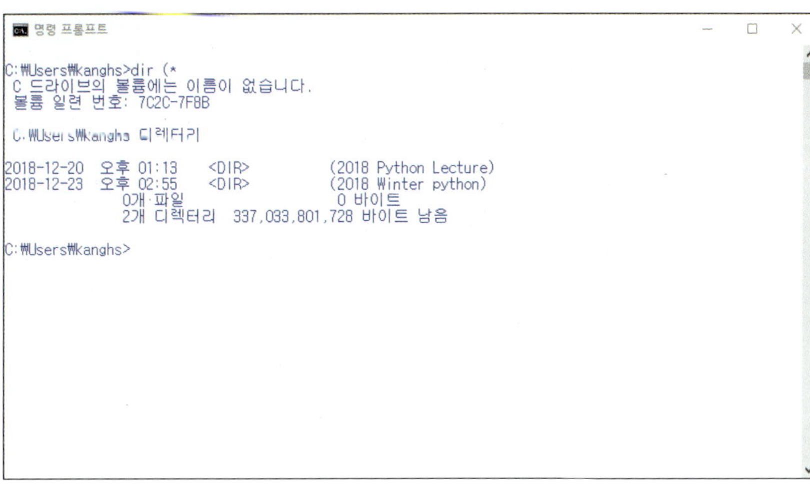

그림 5.2 ▸ 윈도우 계열의 명령 프롬프트

명령행 인터페이스 방식은 그래픽 사용자 인터페이스가 개발되기 이전인 1980년대 이전까지 대중적으로 사용되던 방법이다. 이러한 명령행 인터페이스 방식은 주요 명령어를 숙지해야 하므로 숙달되기까지 많은 시간 필요하여 초보자에게는 다소 불편하다. 그러나 명령어만 숙지한다면 간단하고 빠르게 여러 정보를 얻을 수 있는 장점도 있어 아직까지도 널리 이용된다. [그림 5.2]는 윈도우 계열에서 제공하는 명령행 인터페이스 방식의 명령 프롬프트이다.

그래픽 사용자 인터페이스

그래픽 사용자 인터페이스(GUI: Graphical User Interface)란 운영체제에서 제공하는 기능을 아이콘이나 메뉴로 보여주고 사용자가 마우스로 선택해서 작업을 수행하는 방식이다. GUI 방식은 제록스(Zerox)사의 폴로 알토(Palo alto) 연구소에서 1970년대에 처음 개발하여 애플의 맥OS와 유닉스의 X 윈도우, MS 윈도우 등의 인터페이스 방법으로 사용되었다. 그래픽 사용자 인터페이스는 그림을 이용한 의사소통 방법을 제공하여 인간 공학적으로 보다 만족스럽고, 초보자도 직관적으로 사용이 가능하다. 명령행 인터페이스보다 사용자 편리성를 더 강조한 인터페이스 방식이다.

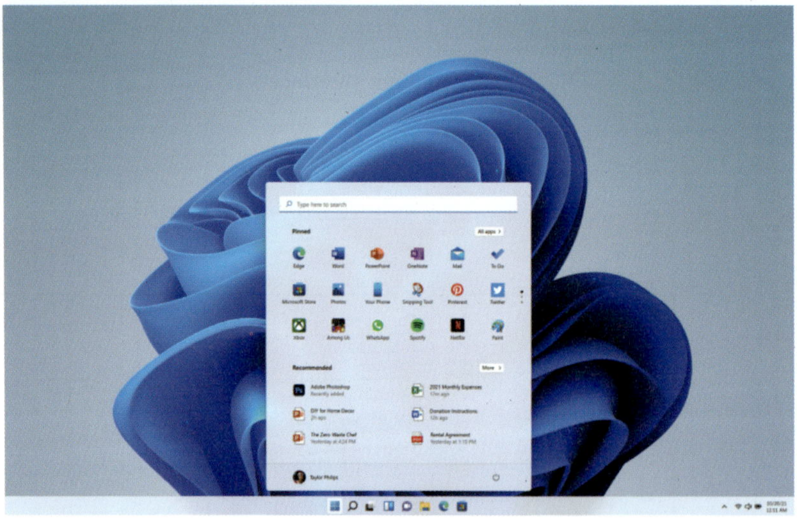

그림 5.3 ▸ 윈도우 11의 GUI(www.apple.com)

5.2 운영체제 관리

운영체제의 가장 중요한 기능은 여러 시스템 자원의 관리이다. 운영체제가 관리하는 주요 자원으로는 기억장치, 프로세스, 입출력장치, 파일을 고려할 수 있다. 이러한 자원의 관리를 맡는 기억장치 관리자, 프로세스 관리자, 장치 관리자, 파일 관리자는 자원 관리를 위한 자원의 상태 파악, 자원의 할당 및 회수 등의 기능을 수행한다.

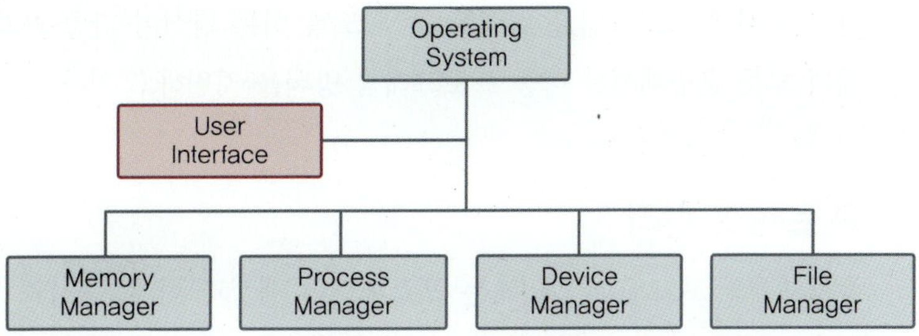

그림 5.4 ▸ 운영체제 관리자

1. 기억장치 관리

프로그램이 실행되려면 실행 모듈이 주기억장치에 적재되어야 한다. 이러한 기억장치의 관리 대상으로는 주기억장치, 보조기억장치를 생각할 수 있다. 기억장치 관리는 여러 프로그램을 실행하는 동안 주기억장치, 보조기억장치를 관리하는 프로그램이다. 즉 기억장치 관리자는 주기억장치의 공간이 사용 가능하면 어느 프로세스를 주기억장치에 적재할지 결정하여 적절한 주기억장치에 프로세스를 적재하고, 프로세스가 더 이상 주기억장치를 필요로 하지 않으면 다시 주기억장치를 회수한다.

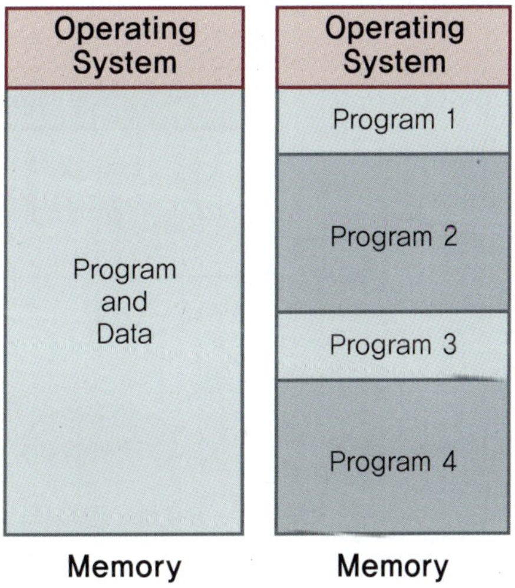

그림 5.5 ▸ 단일 프로그램 방식과 다중 프로그래밍 방식

초기에는 주기억장치를 단일 프로그램 방식으로 관리하였다. 하나의 실행되는 프로그램을 주기억장치에 적재하여 실행하고, 다른 프로그램을 실행하려면 이전의 프로그램을 내리고 다시 실행할 프로그램을 적재하는 방식을 단일 프로그래밍 방식이라 한다. 이러한 단일 프로그램 방식의 기억장치 관리를 수행한 운영체제가 MS-DOS이다. 단일 프로그래밍 방식보다 복잡하게 하나 이상의 프로그램이 동시에 주기억장치 내부에 적재

하고 동시에 프로그램을 실행할 수 있도록 하는 방식이 다중 프로그래밍 방식이다. 현재의 모든 운영체제는 다중 프로그래밍 방식을 지원하고 있다.

2. 프로세스 관리

운영체제의 프로세스 관리자는 프로세스의 생성과 삭제, 중지와 계속, 동기화 등의 기능을 수행한다. 프로세스(process)는 컴퓨터 내부에서 현재 실제로 실행 중이거나 곧 실행이 가능한 프로그램을 말한다. 정확히 표현하면 프로세스는 시작했지만 아직 종료되지 않은 프로그램으로 주기억장치에 적재되어 있는 프로그램이다. 프로그램이 시작되면 보조기억장치인 디스크에서 선택되어 주기억장치인 메모리로 적재된다. 이와 같이 메모리에 적재되어 중앙처리장치의 처리를 기다리거나 중앙처리장치에 선택되어 처리가 수행되는 프로그램을 프로세스라 한다.

프로세스 상태

프로세스의 상태는 준비(Ready), 대기(Waiting), 실행(Running)의 3가지로 구분할 수 있다. 이와 같이 프로세스의 상태를 한 상태에서 다른 상태로 이동시키는 모듈을 프로세스 스케줄러라 한다. 이 프로세스 스케줄러가 프로세스 관리자의 주요 구성 요소이다.

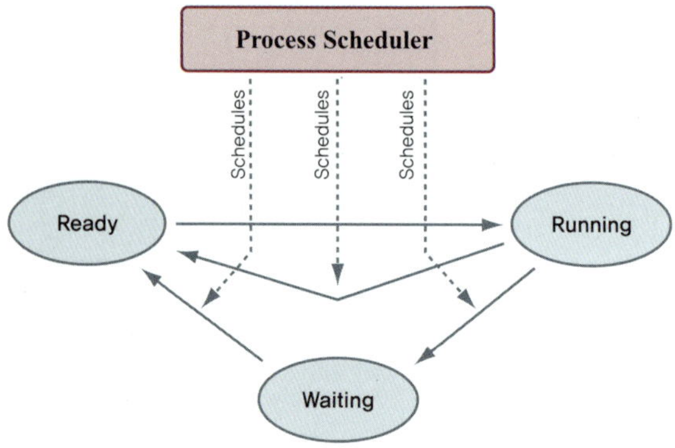

그림 5.6 ▸ 프로세스 관리자와 프로세스 상태

프로세스의 준비 상태는 프로세스가 주기억장치 등 필요한 자원들을 할당 받은 상태에서 프로세서(CPU)를 할당 받기 위해 기다리고 있는 상태를 말한다. 실행 상태는 프로세스가 프로세서의 의해 실행되고 있는 상태를 말한다. 실행 상태라도 운영체제에 의하여 다시 준비나 대기 상태로 이동될 수 있다. 프로세스가 필요한 자원을 요청한 후 이를 할당 받을 때까지 기다리는 상태가 대기 상태라 하며, 대기 상태에서 필요한 자원을 할당 받으면 준비 상태로 이동한다.

3. 장치 관리

장치관리자는 입출력 장치의 효과적인 할당과 회수 등의 기능을 관리한다. 입출력 장치에 접근하는 다양한 방법으로 입출력 장치를 관리하는데 한 예로 선입선출(FIFO: First In First Out) 방식을 들 수 있다. 선입선출 방식이란 출력장치인 프린터를 이용할 때와 같이 아무리 많은 양이라도 먼저 출력을 요청한 작업을 먼저 출력해주는 방식을 말한다.

장치관리자는 실행 중인 프로세스의 입출력을 인터럽트(interrupt)를 이용하여 처리한다. 인터럽트란 컴퓨터 장치나 프로그램에서 특정한 일이 발생했을 때 운영체제에게 특정한 서비스를 수행하도록 요구하는 이벤트를 말한다. 즉 장치관리자는 실행 중인 프로세스가 입출력을 요구하면 실행을 잠시 멈추고 요구한 입출력에 해당하는 장치를 할당하며, 입출력이 종료되면 다시 입출력 장치 등의 자원을 회수하여 중단된 시점부터 프로세스의 실행을 다시 계속하게 한다.

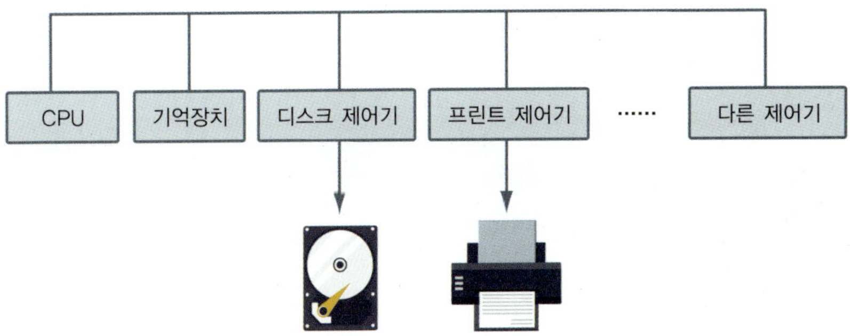

그림 5.7 ▸ 장치 제어기 연결 구조

장치관리자와 하드웨어인 입출력장치 사이의 인터페이스를 담당하는 프로그램이 장치 제어기(device driver)이다. 컴퓨터를 새로 사거나 프린터 등의 입출력 장치를 구매했을 때 설치 디스켓이나 CD-ROM 안에 들어 있는 것이 장치 제어기, 간단히 드라이버라고 한다. 즉 장치 제어기는 하드웨어와 운영체제의 연결 고리가 되는 프로그램으로, 하드웨어 구성 요소가 운영체제 하부에서 적절히 작동하는 데 필요한 프로그램이다.

4. 파일 관리

파일 관리자는 보조기억장치에 저장되는 파일을 관리한다. 사용자와 보조기억장치 사이의 인터페이스를 제공하고, 실제 기억장치에 대한 사용자의 논리적인 관점과 물리적인 관점을 연결하는 역할을 수행한다.

파일 관리자의 기능을 살펴보면 다음과 같다.

- 파일의 접근을 제어한다.
- 파일의 생성, 삭제, 수정을 감독한다.
- 파일을 디스크의 어디에 저장할 지를 감독한다.
- 파일을 여러 사용자가 공유하는 기법을 제공한다.
- 폴더의 구조를 제공하고 관리한다.

그림 5.8 ▸ 파일 관리자의 역할

5.3 운영체제의 분류

1. 초기 운영체제

1952년 IBM-701 컴퓨터의 사용을 위해 GM(General Motors) 연구소에서 '운영체제'라는 형태의 프로그램을 처음 개발했다. 이 이전까지는 운영체제의 개념이 없었다. 즉 프로그래머는 각종 장치의 전면 판의 스위치를 이용하여 직접 프로그램을 주기억장치에 적재하고 해당하는 버튼을 눌러 프로그램을 실행하였다. 운영체제가 없던 초기에는 프로그래머가 컴퓨터 하드웨어를 직접 조작하였으므로 작업을 하나 수행하려면 준비 시간이 많이 소요되었고, 비효율적인 중앙처리장치의 이용으로 작업 시간의 낭비를 초래하였다.

그림 5.9 ▸ 운영체제의 효시인 IBM-701

일괄처리 방식

일괄처리(batch processing) 작업의 개념은 천공카드가 컴퓨터 입력장치로 사용되던 시기인 1950년대에 생긴 처리 방식이다. 이 방식은 일정 기간 또는 일정량의 자료를 모아두었다가 한 시점에 순서적으로 일괄 처리하는 자료 처리 방식이다. 즉 천공카드를 이용하는 경우, 프로그램당 한 묶음의 천공카드들을 상자에 순서대로 넣어, 컴퓨터 운영자가 천공카드를 컴퓨터에 입력하고 처리가 완료되면 실행 결과를 확인하는 방식을 예로 들 수 있다.

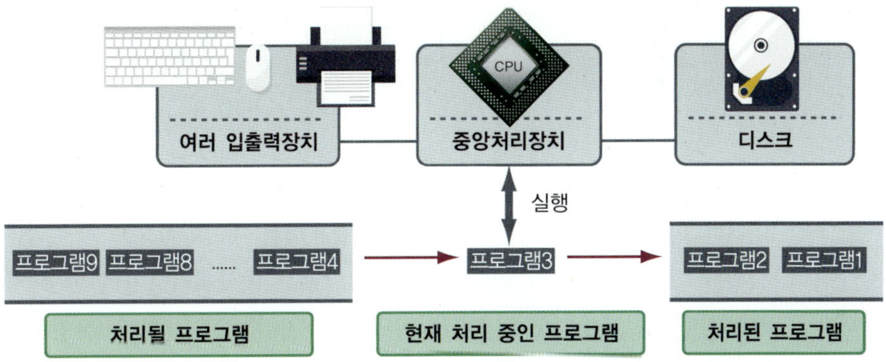

그림 5.10 ▸ 일괄처리 방식

일괄처리 방식은 한 번 시스템을 차지한 자료는 시스템 자원을 독점하여 처리하므로 컴퓨터 시스템을 효율적으로 사용하는 장점이 있다. 반면, 중앙처리장치가 사용 가능하더라도 다른 처리를 할 수 없는 유휴 시간(idle time)을 갖게 되는 단점도 있다. 또한 일괄 처리방식은 하나의 작업이 시작되면 중간에 문제가 발생하는 경우 그 처리가 어려우며 작업 제출과 작업 완료 사이의 시간(turnaround time)이 많이 걸려 작업 결과를 빠르게 확인할 수 없다는 단점도 있다.

일괄처리 방식은 오래된 방법임에도 컴퓨터의 처리 효율을 높일 수 있고, 일정 시점 단위로 처리해야 하는 업무에는 여전히 유용하게 이용되고 있다.

2. 여러 운영체제 형태

시분할 시스템

시분할 시스템(time sharing system)은 하나의 시스템을 여러 명의 사용자가 단말기를 이용하여 여러 작업을 처리할 때 이용하는 방법이다. 1950년에 고안되었으나, 1961년에 매사추세츠 공과대학(MIT)에서 호환 시분할시스템(CTSS: Compatible Time Sharing System)을 개발함으로써 개념을 정립하였다. 시분할시스템에서는 여러 명의 사용자가 시스템을 단말기로 이용하더라도 각각의 사용자가 시스템을 이용하는 데 전혀 지장이 없도록 중앙처리장치의 이용 시간을 잘게 분할하여 작업을 순환하며 수행하도록 한다.

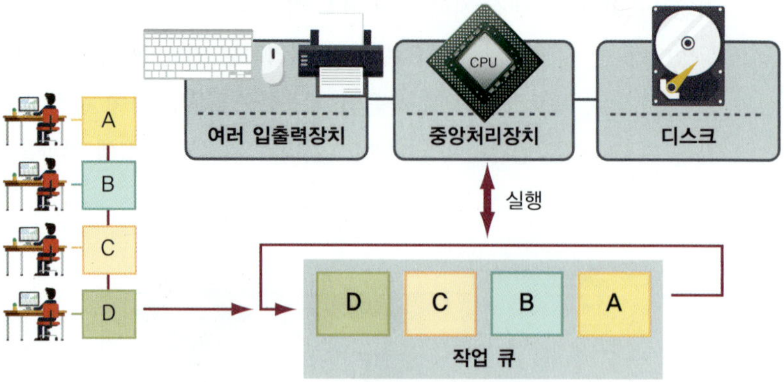

그림 5.11 ▸ 시분할 시스템의 개념

이러한 시스템을 이용하면 단말기에서 컴퓨터와 대화형식으로 프로그램을 작성하거나 실행할 수 있는 장점이 있다. 실행 프로그램은 연산처리장치의 할당 시간을 돌아가며 부여 받는 타임 조각(time slice) 방법으로 시분할을 구현한다. 운영체제에는 프로그램의 개발이나 실행을 대화형식으로 진행할 수 있는 기능이 있어, 컴퓨터가 한 시각에 하나 이상의 문제들을 해결하게 함으로써 중앙처리장치의 유휴 시간을 줄일 수 있는 장점이 있다. 그러나 시스템의 용량과 사용하는 단말기의 수가 적정해야 하며 그렇지 않으면 시스템의 반응 속도가 현저히 떨어질 수 있다.

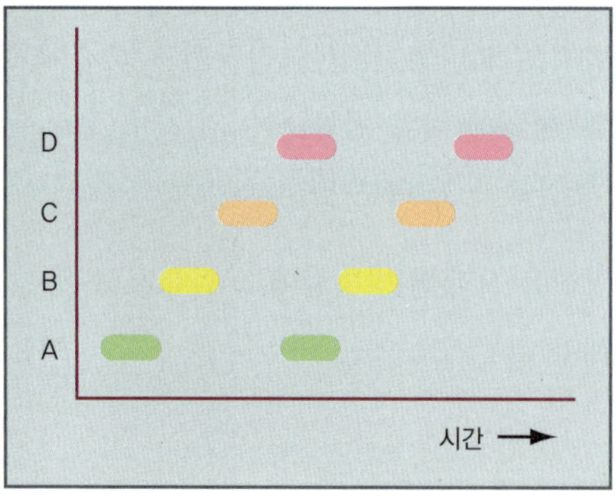

그림 5.12 ▸ 타임 조각

시분할 시스템은 다중 프로그래밍 방식을 이용하여 동시에 여러 명이 수행하는 작업을 주기억장치에 상주시키기 위한 기억장치 관리 기법, CPU 스케줄링 기법 등이 필요하기 때문에 운영체제가 복잡하다. 배치 처리에서는 아무리 큰 작업이라도 먼저 작업 처리를 요청하면 먼저 처리를 종료하는 특징이 있지만 시분할 시스템에서는 단말기만 이용할 수 있다면 짧은 작업인 경우엔 수행을 빨리 완료할 수 있는 특징이 있다.

다중 프로그래밍 시스템

다중 프로그래밍 방식은 2개 이상의 프로그램을 주기억장치에 동시에 저장하고 하나의 CPU로 실행하는 방식을 말한다. 즉 다중 프로그래밍 시스템은 여러 프로그램이 동시에 실행되는 것과 같아 보인다. 그러나 실제로 여러 프로그램이 동시에 수행되는 것이 아니고 한 프로그램씩 순차적으로 돌아가면서 조금씩 수행되지만 CPU의 속도가 매우 빠르므로 우리가 보기에는 동시에 수행되는 것처럼 보일 뿐이다.

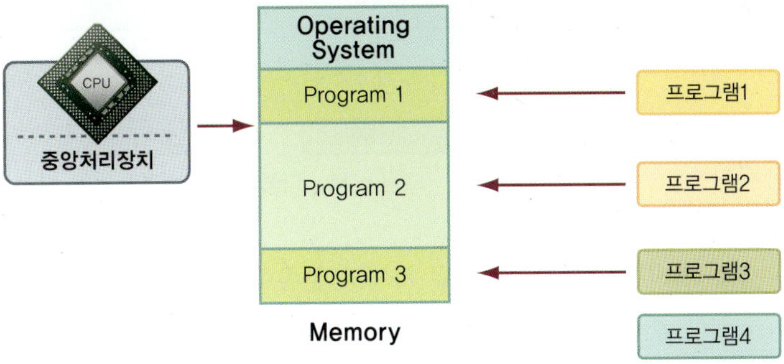

그림 15.13 ▸ 다중 프로그래밍 시스템의 개념(현재는 프로그램 2를 시행 중)

전자적 장치인 중앙처리장치는 날로 고속화되고 그 처리 속도도 빨라지고 있다. 그러나 기계적인 동작이 따라야 하는 입출력 장치의 속도는 CPU의 속도에 비해 현저히 떨어지고 있다. 그러므로 다중 프로그래밍 방식에서는 하나의 프로그램이 주변장치의 처리를 기다리는 동안 다른 프로그램이 CPU에서 실행될 수 있게 함으로써 전체적인 시스템의 처리 효율을 높이는 것이다.

다중 프로그래밍 방식은 여러 개의 프로그램을 준비 상태에 두고 관리하며 다른 작업을 실행할 프로그램으로 선정하기 위한 기억장치 관리 기법과 CPU 스케줄링 기법이 필요하다. 여기서 실행할 프로그램을 선정하기 위한 기준을 우선순위(priority)라 한다. 다중 프로그래밍 방식에서 한 프로그램이 입출력 대기상태가 되면 다른 프로그램 이 CPU를 사용할 수 있도록 전환하고, 입출력 동작이 끝나면 우선순위에 따라서 실행 가능한 프로그램 중에서 하나를 선정하여 실행한다. 우선순위는 일반적으로 작업을 요청한 시간과 입출력 동작의 시간, CPU 사용 시간 등을 고려하여 정할 수 있다.

다중 처리 시스템

다중 처리(Multiprocessing) 시스템은 2개 이상의 중앙처리장치를 사용하여 작업을 여러 개로 분담해 프로그램을 동시에 수행하는 방식이다. 이 시스템은 수행 시간을 단축하거나 단위 시간당 처리율을 높일 수 있는 방식이다. 또한 하나의 CPU에 문제가 생기더라도 다른 CPU가 처리를 계속할 수 있으므로 신뢰도를 높일 수 있다. 일반적으로 여러 개의 프로세서가 하나의 운영체제에 의해 관리되고, 버스나 기억장치를 공유하여 서로 통신하며 작업을 처리하므로 작업 처리 속도도 빨라질 수 있다.

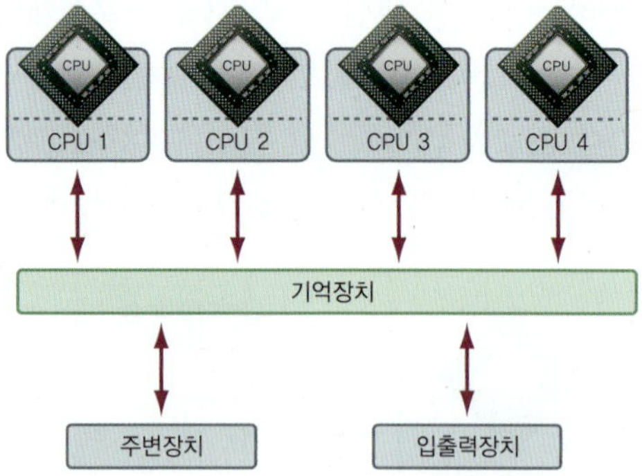

그림 5.14 ▸ 다중처리 시스템의 개념

다중 처리 시스템은 크게 두 가지로 분류할 수 있다. 첫째, 별도의 주 처리기만이 운영체제를 수행하며 제어를 담당하는 비대칭적(asymmetric) 다중 처리 방식과 둘째, 다른 하나는 모든 처리기들이 하나의 운영체제를 동시에 수행하며 각자의 작업을 수행 하는 대칭적 다중 처리 방식이다.

다중 처리 시스템은 한 개의 CPU로 작업하는 단일 처리 시스템보다 많은 양의 작업을 동시에 처리할 수 있으므로 작업속도와 신뢰성을 향상시킬 수 있다. 현재의 컴퓨터 시스템은 저렴한 CPU 가격과 이를 처리하는 시스템 소프트웨어의 발달로 다중 처리 기법을 많이 사용한다. 특히 요즘 중소형 서버는 대부분 인텔 계열 CPU를 2개에서 8개로 탑재하여 다중 처리 기법을 이용하는 시스템이 주류를 이룬다.

다중작업

다중작업(multitasking)은 한 사람의 사용자가 한 대의 컴퓨터로 2가지 이상의 작업(task)을 동시에 처리하거나 프로그램들을 동시에 구동시키는 기능을 말한다. 단일작업은 다중작업과는 다르게 한 사용자가 한 번에 한 가지 작업이나 한 프로그램 밖에 실행하지 못하는 시스템을 말한다.

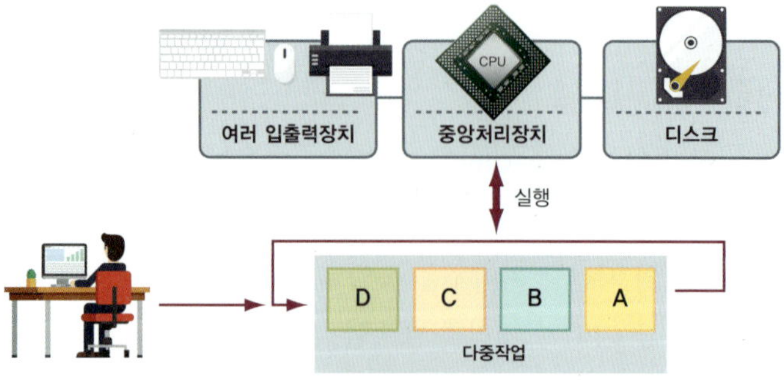

그림 5.15 ▸ 다중작업 방식의 개념

초기의 컴퓨터는 처리속도가 느리고, 메모리의 용량이 작아 사용자는 한 번에 한 가지 작업이나 한 프로그램밖에 처리하지 못하는 단일작업을 수행하였으나 처리속도가 빨라지고 메모리 용량이 증가하면서 다중작업이 가능하게 되었다. 예를 들어, MS-DOS 운영체제에서는 문서작성을 하는 워드프로세싱 프로그램을 실행하다가 프레젠테이션 프로그램을 실행하려면 먼저 워드프로세싱 프로그램을 종료하고 프레젠테이션 프로그램을 실행시켜 문서를 작성해야 했다.

다중작업은 대형 컴퓨터에서 여러 명의 사용자가 단말기를 통해 시분할시스템으로 동시에 작업을 하는 것과는 그 의미가 조금 다르며, 마찬가지로 여러 명의 사용자가 단말기를 통해 여러 프로그램을 실행하여 여러 프로그램이 메모리에 존재한다는 다중프로그래밍과도 조금 다르다.

실시간 처리 시스템

실시간 처리 시스템은 처리를 요구하는 작업이 발생할 때마다 지정된 짧은 시간 내에 작업을 처리하여 확실한 응답이나 출력을 보장하는 시스템이다. 이 시스템은 각각의 적용 업무에 따른 단말 입출력장치의 발달, 단말장치와 컴퓨터 본체를 잇는 통신 제어장치 등의 발달, 그리고 빠른 처리 속도로 확실한 응답을 보장하는 마이크로프로세서의 발달로 실용화된 시스템이다. 실시간 처리 시스템의 예를 들자면 미사일 방어 시스템이 있다. 즉 발사된 미사일을 인지하여 그에 상응하는 방어 수단을 보장하려면 지정된 짧은 시간 내에 응답을 보장하는 실시간 처리 시스템이어야 한다. 또 다른 실시간 처리 시스템 응용 분야로는 항공기나 철도의 좌석 예약 시스템, 은행의 예금 업무 등을 예로 들 수 있다.

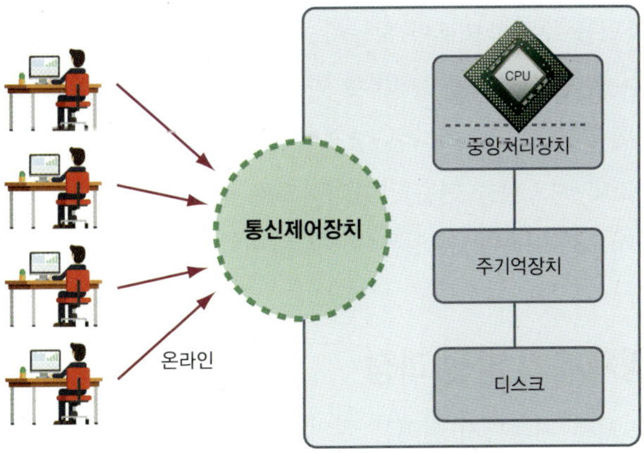

그림 5.16 ▸ 실시간 처리 시스템의 개념

실시간 처리 시스템은 자료가 발생한 단말기를 통해 그 처리가 가능하므로 사용자가 편리하고, 처리 시간이 단축되고 처리 비용도 절감되는 장점이 있다. 그러나 실시간 처리 시스템은 시스템에 오류가 발생하면 심각한 문제를 초래할 수 있는 위험성도 있다.

분산 처리 시스템

분산 처리 시스템은 네트워크로 연결된 여러 자료 저장 장소와 컴퓨터 시스템에 작업과 자원을 나누어 서로 통신을 하면서 일을 처리하게 하는 방식이다. 즉 하나의 대형 컴퓨터 시스템에서 수행하던 기능을 물리적으로 분산된 여러 개의 시스템에 분담시킨 후 네트워크를 통하여 상호 교신하여 일을 처리하는 방식을 의미한다.

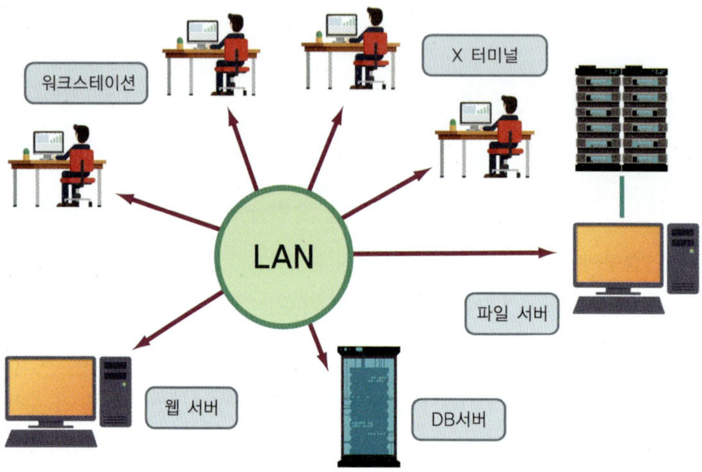

그림 5.17 ▸ 분산 처리 시스템의 개념

이러한 분산 처리 시스템은 여러 개의 자료 저장 장소와 시스템을 이용하여 동시에 여러 작업을 수행함으로써 성능이 향상될 수 있다. 또한 자료도 복사본을 여러 곳에 유지할 수 있어 신뢰도를 높일 수 있으며, 네트워크에 새로운 처리 시스템을 추가함으로써 시스템 확장도 가능하다는 장점이 있다. 그러나 이와 같은 장점을 잘 살리자면 자료 저장장소와 시스템을 단순히 물리적으로 연결해서는 안되고 연결된 여러 자원과 시스템을 효율적으로 이용할 수 있는 소프트웨어와 시스템의 논리적인 설계가 반드시 필요하다.

3. 운영체제의 발전 과정

[표 5.3]은 지금까지 살펴본 여러 운영체제 형태가 시대의 변화에 따라 발전해 온 특징을 정리한 것이다.

표 5.3 운영체제 발전 과정과 특징

세대	특징	의미
0세대 (1940년대)	• 운영체제가 없었음	• 기계어 사용
1세대 (1950년대)	• 일괄처리 시스템	• IBM 701용 OS • 단일 흐름 일괄 처리
2세대 (1960년대)	• 다중 프로그래밍 • 시분할 시스템 등장 • 실시간 처리 시스템	• 고급 언어로 운영체제 개발
3세대 (1960년대 중반~1970년 중반)	• IBM S/360, S/370 등장 • 다중모드 시스템 도입	• 일괄처리, 시분할 처리, 다중 처리를 하나의 시스템에서 제공(다중모드) • 유닉스 개발
4세대 (1970년 중반~1989)	• GUI 방식 발전 • 분산 처리 시스템 개념 • 개인용 컴퓨터 OS 등장	• 개인용 컴퓨터와 워크스테이션 등장 • TCP/IP의 등장
5세대 (1990년대~현재)	• 분산 처리 시스템 실현 • 지식 기반 시스템 등장 • 인공 지능 시스템 실현	• MS의 윈도우 강세 • 다양한 GUI 방식의 운영체제

5.4 다양한 운영체제의 종류

1. 도스

MS-DOS 출현

마이크로소프트의 MS-DOS는 Disk Operating System의 약자로 디스크 중심의 명령행 사용자 인터페이스(Command Line User Interface) 방식의 운영체제이다.

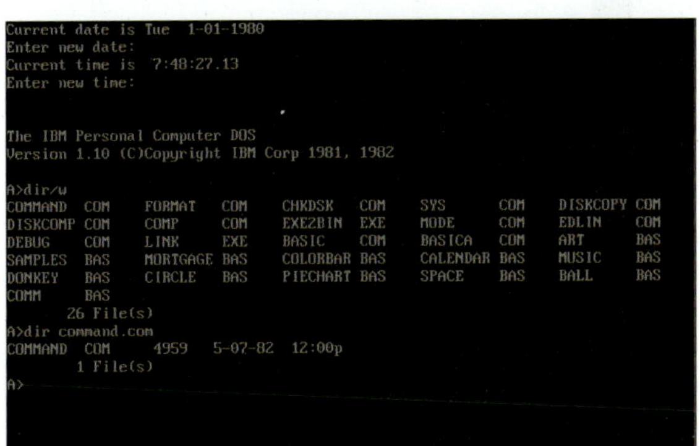

그림 5.18 ▸ 명령행 인터페이스 방식의 DOS 1.10

MS-DOS의 첫 출현은 1981년 8월 버전 1.0으로 시작된다. MS-DOS 1.0은 IBM 개인용 컴퓨터인 IBM PC 호환 컴퓨터의 16비트 마이크로프로세서를 위한 운영체제이다.

그림 5.19 ▸ DOS 1.0의 패키징

도스가 나오기 전에는 자기 테이프에 운영체제를 저장하여 컴퓨터를 운영하였다. IBM은 개인용 컴퓨터에 적합한 운영체제를 만들기 위하여 빌 게이츠(Bill Gates)와 폴 알렌(Paul Allen)을 고용해 디스크에 운영체제를 저장하여 이용한다는 의미에서 도스를 개발하게 되었다. IBM이 개발한 디스크 운영체제는 PC-DOS라 하였는데 실제 MS-DOS와 거의 차이는 없었다. 결국 IBM 호환 개인용 컴퓨터에 MS-DOS를 채택하게 되어 MS-DOS는 계속 발전하였고 이와 함께 마이크로소프트도 세계적인 소프트웨어 회사로 발전하게 되었다.

MS-DOS 경험

MS-DOS는 현재의 윈도우와는 인터페이스가 전혀 다른 명령어 중심 운영체제이다. MS-DOS와 비슷한 인터페이스를 갖는 기능이 현재의 윈도우에 남아있어 시작 메뉴의 검색을 눌러 명령어 cmd를 넣으면 DOS 기능을 수행하는 쉘(shell)인 명령 프롬프트를 실행할 수 있다.

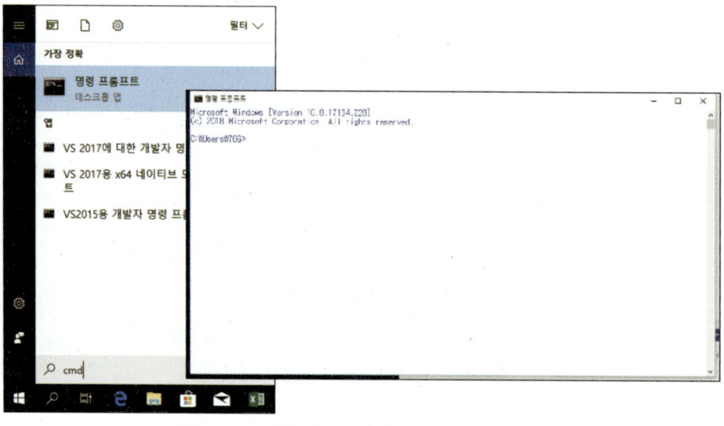

그림 5.20 ▸ 윈도우10에서 DOS 명령 쉘 실행

[표 5.4]는 도스에서 이용되는 주요 명령어를 나타내고 있다.

표 5.4 MS-DOS 명령어

명령어	내용
cd	디렉토리 이동
dir	현재 디렉토리 정보 보기
copy	파일 복사
del	파일 삭제
edit	파일 편집
move	파일 이동
ren	파일 이름 수정
cls	도스 프롬프트에서 모든 내용 제거

2. 윈도우

마이크로소프트의 윈도우 계열의 운영체제는 도스 운영체제의 명령행 인터페이스 방식에서 발전하여 그래픽 사용자 인터페이스(GUI) 방식을 채택한 운영체제이다.

그림 5.21 ▸ MS의 윈도우 1.01 시작 화면

마이크로소프트의 윈도우 운영체제가 처음 발표된 것은 1983년이었으나 실제로 널리 사용되기 시작한 것은 1993년 윈도우 3.1부터이다. 윈도우 3.1 이전의 윈도우는 메뉴, 리스트박스, 콤보박스, 버튼을 포함한 대화상자 등의 GUI의 기본 구성 요소를 사용한 초보적인 그래픽 사용자 인터페이스였다.

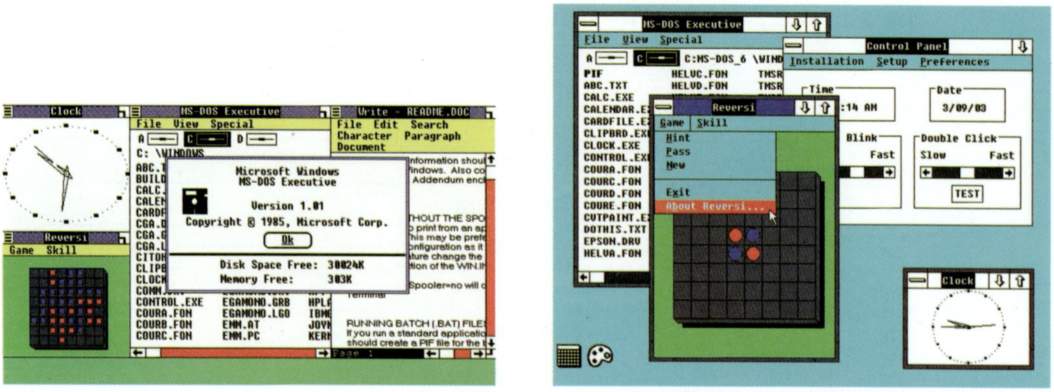

그림 5.22 ▸ MS의 윈도우 1.01(1985)과 윈도우 2.03(1987) 화면

윈도우 3.1

1985년 윈도우 1.0이 발표된 이후 버전 향상이 되어 1992년 윈도우 3.1에 이르게 된다. 윈도우 3.1도 운영체제라기보다 운영환경에 불과한 것이었고 도스가 실질적인 운영체제였다. 실제로 윈도우 3.1은 도스를 먼저 설치하고 난 후에 설치해야 도스에서 실행이 가능했다.

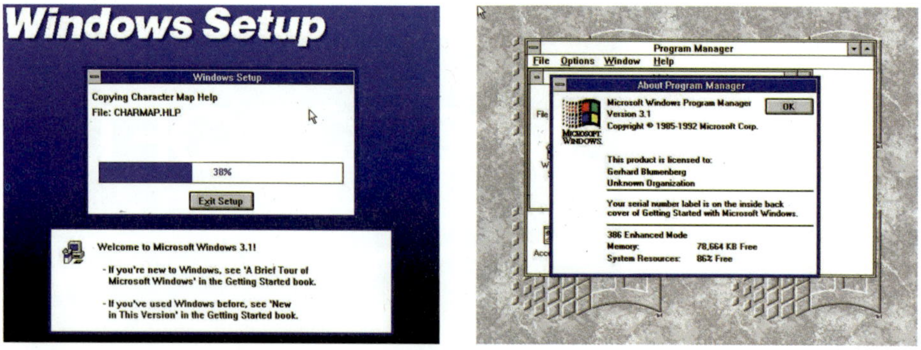

그림 5.23 ▸ 윈도우 3.1 설정 화면

윈도우 3.1은 이전 버전의 그래픽 환경과는 차원이 다른 좀 더 배우기 쉽고 알기 쉬운 그래픽 인터페이스를 적용하였으며 한 프로그램을 종료하지 않고 다른 프로그램을 실행할 수 있도록 다중작업이 지원되었다. 또한 윈도우 3.1은 멀티미디어를 지원하고 네트워킹 지원도 강화되어 비로소 대중적으로 윈도우 운영체제를 사용하는 계기가 되었다.

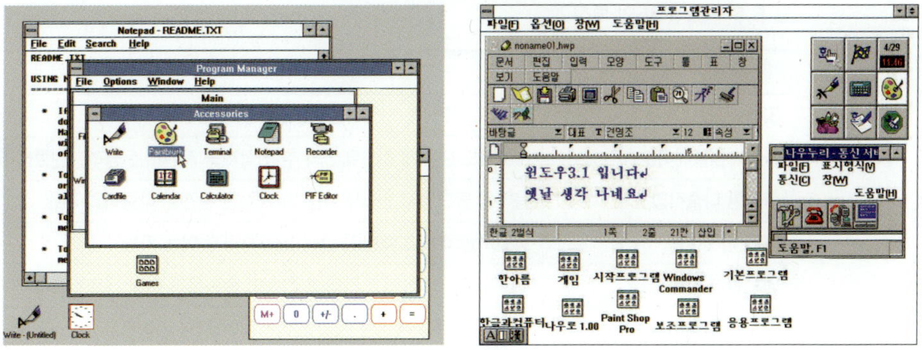

그림 5.24 ▸ 윈도우 3.0과 3.1 화면

윈도우 95의 출현

윈도우 95는 윈도우 3.1의 다음 버전으로 파일 시스템 이외에는 MS-DOS의 기능을 사용하지 않는 실질적인 그래픽 사용자 인터페이스를 채택한 하나의 독립된 운영체제이다.

그림 5.25 ▸ 윈도우 95 로고와 바탕 화면

윈도우 95는 윈도우 3.1에 비하여 시스템이 매우 안정적이며 처리속도도 향상되었을 뿐만 아니라 프로그램 간의 데이터 교환방법인 객체 연결 삽입(OLE: Object Linking and Embedding)지원, 끌어놓기(drag-and-drop) 기능 등으로 새롭게 바뀌었다.

윈도우 3.0에서는 도스 환경을 이용하여 명령을 문자로 직접 입력하여 내리던 것을 윈도우 95에서는 아이콘을 클릭하도록 간편화 하였다. 또한 하단에 작업표시줄을 마련해 응용 프로그램을 표시하였고, 마우스의 오른쪽에 단축메뉴 버튼을 설치하여 파일 열기와 복사·삭제를 쉽게 할 수 있도록 하였다. 최대 255자의 긴 이름의 파일을 사용할 수 있으며, 여러 프로그램을 한 화면에서 사용할 수 있는 멀티태스킹 개념을 도입하였다. 도스에서 디렉토리를 폴더라는 용어로 수정하였고, 컴퓨터의 모든 내용을 쉽고 빠르게 볼 수 있도록 [내 컴퓨터]를 바탕화면에 설치하였다.

표 5.5 윈도우 95의 특징

특징	내용
32비트 운영체제	32비트 CPU를 지원하는 32비트 운영체제
플러그앤플레이(PnP)	초보자도 손쉽게 하드웨어의 추가 삭제를 지원하는 플러그앤플레이 기능
완전한 다중작업	음악을 들으면서 인터넷 이용이 가능한 완전한 다중작업 지원
255 파일이름	파일이름의 8.3 제한이 없이 255자까지 이용 가능
네트워크 강화	TCP/IP가 내장되고 인터넷 접속이 손쉬우며 여러 네트워크 지원 강화
강화된 멀티미디어	음악뿐 아니라 동영상 등의 멀티미디어 지원 기능
새로운 사용자 인터페이스	바탕화면을 설치하고 시작메뉴를 이용하여 각종 프로그램과 문서 · 프린터를 손쉽게 사용
탐색기 기능 강화	폴더와 파일을 간단히 찾아보거나 복사 또는 이동시킬 수 있는 탐색 기능과 등록 정보 기능, 휴지통 기능 등이 향상

윈도우 NT와 윈도우 2000

윈도우 NT는 개인용 컴퓨터의 운영체제인 윈도우 계열의 운영체제를 한 단계 끌어 올려 서버 운영체제로 출시한 제품이다. 1993년 윈도우 NT 3.1을 출시한 이후 계속 발전하여 1994년에는 윈도우 NT 3.5를 거쳐 1996년에는 윈도우 NT 4.0에 이르게 된다. 윈도우 NT에서 NT는 '신기술'(New Technology)의 약자로 인텔 CPU칩 중심의 컴퓨터를 서버로 사용할 수 있도록 한 마이크로소프트사의 야심작이었고 크게 성공하였다. 과거에는 서버라 하면 대부분의 시스템이 유닉스 운영체제를 이용하였다. 윈도우 NT가 출시되면서 윈도우 NT가 탑재된 저가의 서버가 유닉스 일색의 서버 제품을 어느 정도 대체한 것이 사실이다.

그림 5.26 ▸ 윈도우 NT 로고와 화면

윈도우 NT의 차기 버전이 윈도우 2000이다. 윈도우 2000은 윈도우 NT의 기술과 윈도우 98의 인터페이스를 결합하여 한 단계 발전시킨 운영체제로서 소규모에서 대규모 사업을 위한 서버와 비즈니스 전문 사용자를 위한 운영체제이다.

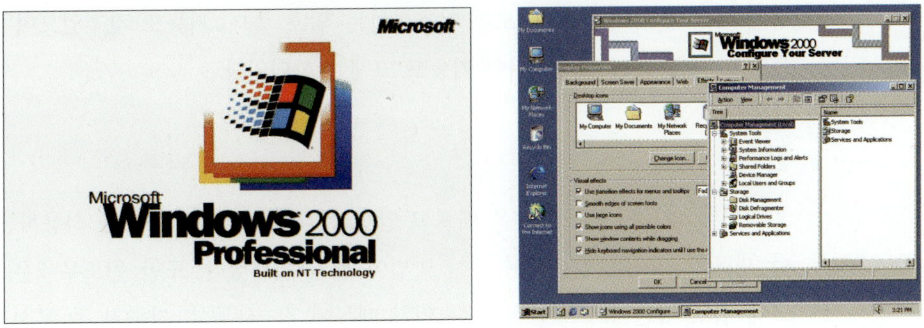

그림 5.27 ▸ 윈도우 2000 로고와 화면

윈도우 XP

윈도우 XP는 윈도우 ME와 윈도우 2000으로 나뉘어 있던 마이크로소프트의 운영체제를 하나로 합친 것으로, 인터넷을 사용 기반으로 하여 만든 운영체제로서 이전 버전의 단점을 보완하고 더욱 안정성을 갖춘 운영체제이다. 윈도우 XP에서 'XP'는 경험(experience)을 나타내는 단어이며, 이 제품은 크게 가정용(Home Edition)과 전문가 용(Professional)으로 분류된다.

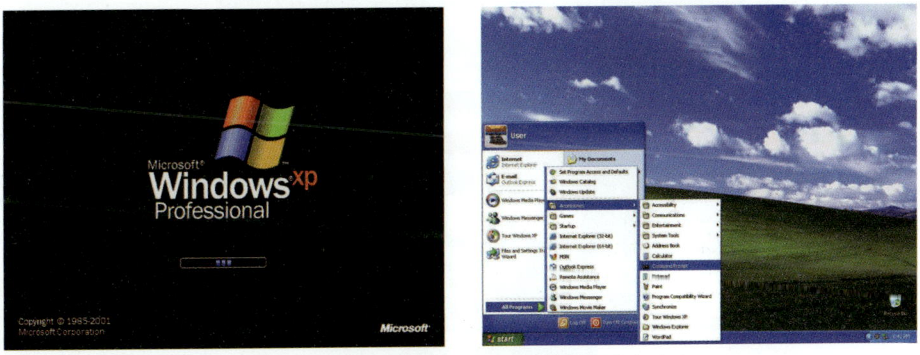

그림 5.28 ▸ 윈도우 XP 시작 로고 화면과 바탕 화면

윈도우 XP는 사용자 인터페이스가 이전보다 더 참신한 디자인을 채택하여 더 빠르고 더 쉽게 작업을 완수할 수 있도록 윈도우 운영체제의 가용성을 더 높은 수준으로 끌어올렸다. 윈도우 XP는 여러 장소에서 정보를 동시에 공유할 수 있는 허브 기능을 갖추었으며, 윈도우 운영체제의 한계였던 도스(MS-DOS) 기반에서 벗어나기 위해 각종 응용 프로그램을 시스템 자체에 내장하였다. 따라서 윈도우 XP만 설치하면 별도의 프로그램을 설치하지 않아도 웬만한 컴퓨터 작업을 할 수 있다. 인터넷 전화, 메신저(MS 메신저) 프로그램이 기본으로 들어 있고 동영상이나 그림·소리 파일 등을 자유롭게 실행하고 편집할 수도 있다. PC에서 CD를 제작할 수 있는 프로그램도 내장되어 있다. 그

밖에 특정 폴더의 자료를 모두 암호화하는 '암호 폴더' 기능도 갖추었으며 실시간 음성, 동영상 공유 등의 멀티미디어 기능도 크게 강화되었다.

윈도우 7, 8

2009년에 발표된 윈도우 7은 빠르고 안정적인 성능과 함께, PC를 사용하는 방법과 PC를 새로운 기기와 연결해서 쓰는 방법이 훨씬 쉬워졌다. 또한 윈도우 7은 무선 네트워크에 쉽고 직관적으로 연결할 수 있기 때문에 집, 사무실, 지하철 등 무선 통신 환경이 제공되는 곳이라면 손쉽게 인터넷에 접속할 수 있다.

2010년 마이크로소프트는 스마트폰을 위한 모바일 운영체제인 윈도우 폰 7을 발표했다. 2012년에 발표된 윈도우 8의 가장 큰 변화는 윈도우 폰 7의 영향으로 윈도우의 모습이 많이 바뀌었다는 점이다. 즉 과거의 시작 버튼이 없어졌으며, 바탕화면이 터치 스크린에 적합하게 타일 형식으로 바뀌었다. 타일에는 간단히 정보가 표시되어 실행할 프로그램의 정보를 얻을 수 있다. 또한 스마트폰처럼 앱을 내려 받을 수 있는 앱 스토어가 있어 필요한 프로그램을 내려 받아 사용할 수 있게 되었다.

그림 5.29 ▸ 윈도우 7, 8 화면

윈도우 10, 11

코드명 '스레숄드'의 윈도우 10은 2015년 윈도우 8의 차기 버전으로 발표되었다. 윈도우 10은 다시 시작버튼이 표시되며, 과거의 바탕화면과 타일 형식의 인터페이스를 함께 사용한다. 윈도우 10은 바탕 화면을 여러 개 생성할 수 있는 기능인 가상 데스크톱을 제공한다. 가상 데스크톱을 활용하면 PC의 화면이 하나여도, 화면이 여러 개인 것과 같은 업무 효율을 얻을 수 있다. 또한 윈도우 10은 기본으로 윈도우 디펜더라는 백신 프로그램이 설치되어 있다.

그림 5.30 ▸ 윈도우 10 화면

2021년 10월에 출시된 윈도우 11은 CPU는 2개 이상 코어가 있는 1GHz 이상 65비트 프로세서급 이어야 하며, 램(RAM)은 4GB, 저장공간은 64GB 이상인 시스템 사양을 요구한다. 윈도우11은 스마트폰의 안드로이드 앱을 내려 받고 실행할 수 있고, 협업도구인 팀스(teams)가 기본 탑재돼 있다. 또한 화면 분할 기능 '스냅'을 제공하고 데이터 고속 처리 기능인 '다이렉트 스토리지'를 지원한다.

그림 5.31 ▸ 윈도우 11 화면

윈도우 역사

마이크로소프트사의 그래픽 사용자 인터페이스 방식의 운영체제인 윈도우 계열의 시작은 1983년이었다. 그러나 대중적으로 이용된 것은 1990년 윈도우 3.0 이후부터라고 볼 수 있다. 그러나 윈도우 3.1까지는 DOS가 운영체제이고 윈도우는 그래픽 운영환경이었다. 그러므로 마이크로소프트사의 진정한 의미의 그래픽 환경 운영체제는 1995년 윈도우 95부터이다. 마이크로소프트사의 운영체제는 그 시대의 가장 성능이 우수한 운영체제도 아니고 그래픽 환경이 뛰어난 운영체제도 아니다. 그러나 1980년대부터 2000년대에 이르기까지 PC 시장을 거의 독점하면서 전 세계에서 가장 많이 이용한 운영체제임에는 틀림없다.

표 5.6 MS의 윈도우 계열 발전

연도	버전	비고
1983	Microsoft Windows 발표	
1985	Microsoft Windows 1.0	
1987	Microsoft Windows 2.0	
1990	Microsoft Windows 3.0	
1992	Microsoft Windows 3.1	
1993	Microsoft Windows NT 3.1	서버 제품
1994	Microsoft Windows NT 3.5	서버 제품
1995	Microsoft Windows 95	코드이름: 시카고(Chicago)
1996	Microsoft Windows NT 4.0	서버 제품
1998	Microsoft Windows 98	코드이름: 멤피스(Memphis)
1999	Microsoft Windows 98 SE	
2000	Microsoft Windows 2000	코드이름: 오디세이(Odyssey)
2000	Microsoft Windows ME	
2001	Microsoft Windows XP	코드이름: 휘슬러(whistler)
2003	Microsoft Windows Server 2003	서버 제품
2005	Microsoft Windows Vista 베타1 발표	코드이름 롱혼(Longhorn)
2006	Microsoft Windows Vista	개인용
2008	Microsoft Windows Server 2008	
2009	Microsoft Windows 7	
2009	Microsoft Windows Server 2008 R2	
2010	Microsoft Windows Phone 7	모바일 운영체제
2012	Microsoft Windows 8	
2012	Microsoft Windows Server 2012	
2013	Microsoft Windows Phone 2013	

연도	버전	비고
2013	Microsoft Windows 8.1	
2013	Microsoft Windows Server 2012 R2	
2015	Microsoft Windows 10	코드이름: 스레숄드(Threshold)
2021	Microsoft Windows 11	

3. OS/2

OS/2는 Operating System/2의 약어로 IBM과 마이크로소프트사가 협력하여 개발한 인텔의 80386/80486 계열 CPU에서 능력을 최대로 발휘하도록 설계한 운영체제이다. OS/2가 처음 개발된 해는 1987년이며 IBM과 마이크로소프트는 협력하여 인텔의 80286 CPU에 적합하도록 16비트 운영체제 OS/2를 개발하였다. 1991년 IBM과 마이크로소프트는 결별하고 각각 독자적인 운영체제를 개발하게 되는데 IBM은 독자적으로 OS/2를 발전시켜 인텔의 80386 CPU에 적합하도록 완전한 32비트 운영체제인 OS/2 2.0을 1992년에 발표한다. IBM과의 결별 이후 마이크로소프트가 OS/2를 발전시킨 것이 윈도우 NT이다.

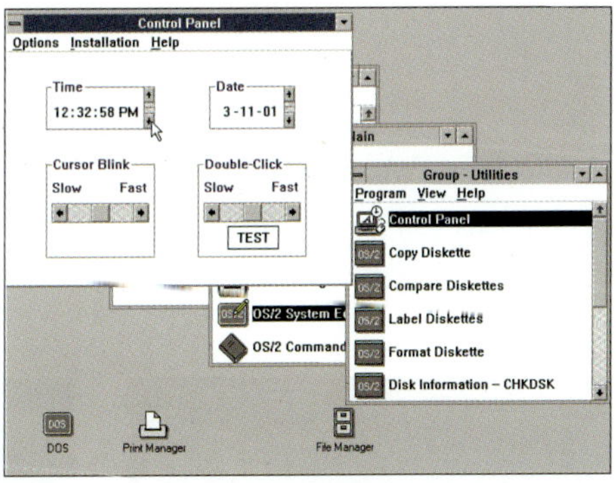

그림 5.32 ▸ OS/2 1.30(1990)의 화면

OS/2는 완전한 32비트를 지원하여 안정성이 뛰어나고, 다중 프로그래밍도 지원하며 그래픽 사용자 인터페이스도 뛰어나 화면관리도 손쉬운 등 많은 장점을 가진 운영체제였다. [그림 5.30]에서 보듯이 1990년의 OS/2 화면이 후의 윈도우 3.0보다 세련된 것을 느낄 수 있다. 그러나 OS/2를 기반으로 실행되는 응용프로그램을 개발하려는 소프트웨어 개발자가 없었고 OS/2의 초기 버전이 MS-DOS 프로그램을 제대로 실행하지 못했기 때문에 OS/2의 수요가 거의 없었다.

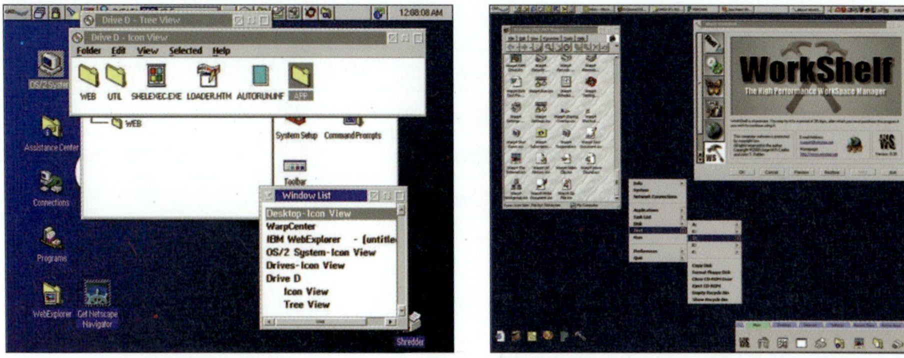

그림 5.33 ▸ OS/2 Warp의 화면

그 이후 1994년 OS/2 Warp를 발표하는 등 여러 가지 단점을 극복한 OS/2 버전이 속속 발표되었지만 마이크로소프트 윈도우의 대중적인 인기에 밀려 빛을 보지 못하였다. 그러나 1994년 OS/2 Warp 4.0을 개발하는 등 IBM은 계속 버전 향상을 하며 OS/2를 발전시켜 왔으나 2005년 말, 끝내 모든 지원과 사업을 종료하였다. 현재 OS/2는 일부 전문가들에 의해 공개 소프트웨어로 다시 개발되는 등 부활의 길을 찾고 있다.

4. 매킨토시 운영체제

애플 컴퓨터

스티브 워즈니악(Steve Wozniak)과 스티브 잡스(Steve Jobs)는 1976년 애플(apple) 컴퓨터를 창설하고 애플1을 발표한다. 애플1은 개인용 컴퓨터로 처음 발표된 컴퓨터이며 1977년에는 이를 발전시킨 애플11를 발표한다.

기판

잡스와 워즈니악

컴퓨터

그림 5.34 ▸ 애플 컴퓨터의 애플 I의 기판과 컴퓨터

1981년 제록스(Xerox)사는 그래픽 운영체제의 모체가 된 그래픽 운영환경을 채택한 제록스 스타 워크스테이션(Star Workstation)을 발표한다. 이 제록스 스타 워크스테이션은 최초의 그래픽 사용자 인터페이스 방식의 운영체제를 탑재한 컴퓨터이며 이후 애플과 마이크로소프트의 운영체제에 많은 영향을 미치게 된다.

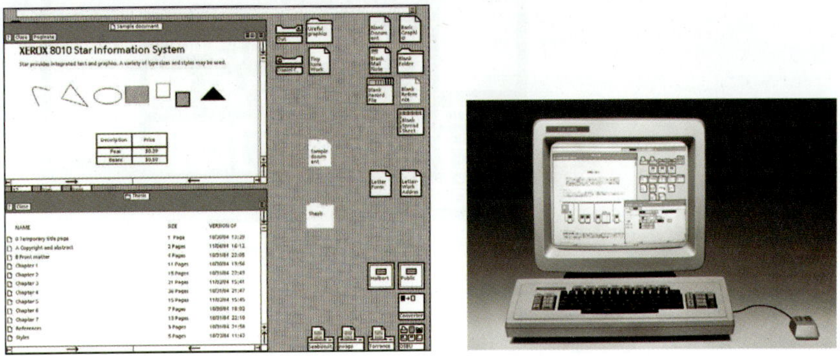

그림 5.35 ▸ 제록스 스타 워크스페이션의 그래픽 운영체제(1981)

애플 컴퓨터는 1983년에 처음으로 그래픽 사용자 인터페이스 방식의 운영체제를 장착한 리사(Lisa)를 발표한다. 애플의 리사는 일반 비즈니스 시장을 목표로 한 최초의 개인용 컴퓨터이며 최초로 그래픽 사용자 인터페이스의 운영체제를 탑재한 개인용 컴퓨터라는 데 그 의미가 있다. 그러나 가격이 고가여서 일반 사용자가 구매할 만한 상업적인 컴퓨터는 아니었다.

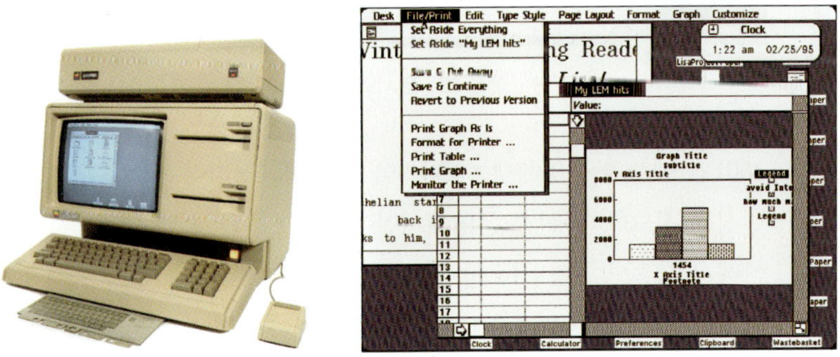

그림 5.36 ▸ 애플 리사(Lisa) 컴퓨터와 그래픽 운영체제

애플의 운영체제 시스템

애플은 1984년 상업용 개인 컴퓨터인 매킨토시(Macintosh)를 발표한다. 매킨토시는 그래픽 사용자 인터페이스 방식의 운영체제 시스템 1(System 1)을 사용하였다. 이 시스템

1 운영체제는 그 당시 명령행 방식의 MS-DOS보다 매우 앞선 기술이었으며 운영체제를 한 단계 향상시키는 계기가 되었다.

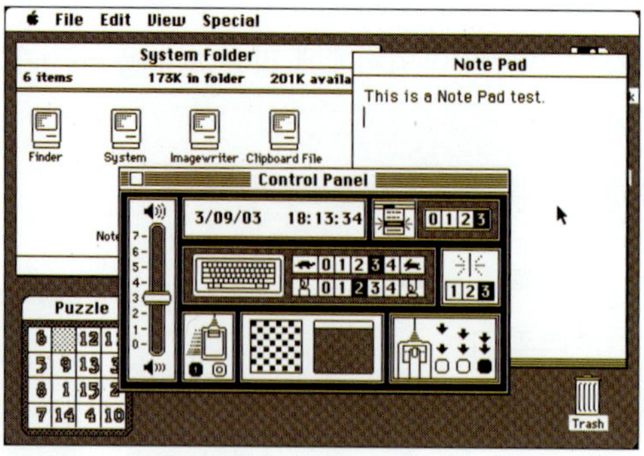

그림 5.37 ▸ 애플 매킨토시 I의 운영체제 시스템 1(1984)

애플의 운영체제는 시스템 1에서 시스템 7까지 버전 향상이 이루어졌으며 1997년에는 이름을 바꾸어 맥 OS 8(Mac OS 8)으로 발전한다.

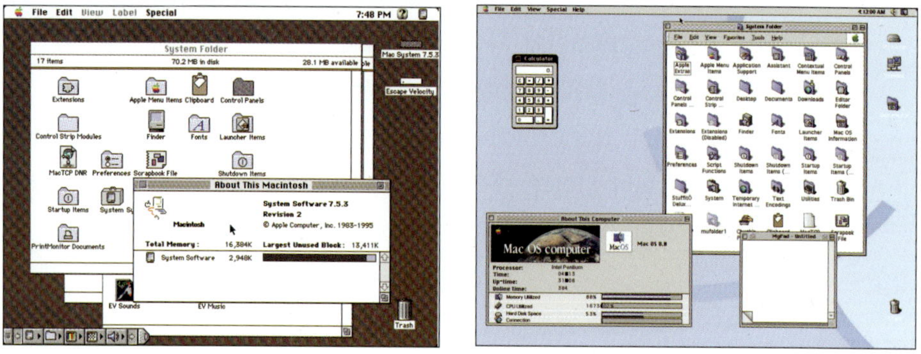

그림 5.38 ▸ 애플 매킨토시의 운영체제 시스템 7(1991)과 맥 OS 8 (1997)

2001년 애플의 운영체제는 OS 9을 클래식환경이라는 이름으로 명명하여 OS X으로 대변신을 시도한다. 현재 운영체제인 맥OS X 10은 수십 년간 서버나 공학 또는 전문 분야에서 사용되어 왔던 유닉스(Unix)에 기반한 운영체제이다. 지금까지 유닉스는 뛰어난 메모리 관리와 프로세서 관리, 강력한 보안 기능뿐만 아니라 다양한 네트워크 기능을 제공하는 것으로 널리 알려져 있다. 애플 컴퓨터의 맥OS X 10을 분석해 보면 운영체제의 핵심이라고 하는 커널 부분에서 BSD와 마하(Mach) 3.0이라는 유닉스 커널에 기반하고 있으며 그 위에 다윈(Darwin)이라는 사용자 인터페이스 환경을 사용한다. 그러나 애플의 OS X은 유닉스 환경을 배경으로 하는 운영체제인 넥스트(NeXT)의 운영체제를 기본으로 했기 때문에 기존 소프트웨어들과 호환성이 전혀 없는 독자적인 운영체제였다. 기존 사용하던 OS 9계열의 소프트웨어들은 클래식환경으로 OS X에 에뮬레이터라는 개념으로 OS X 안에 내장되어 있다.

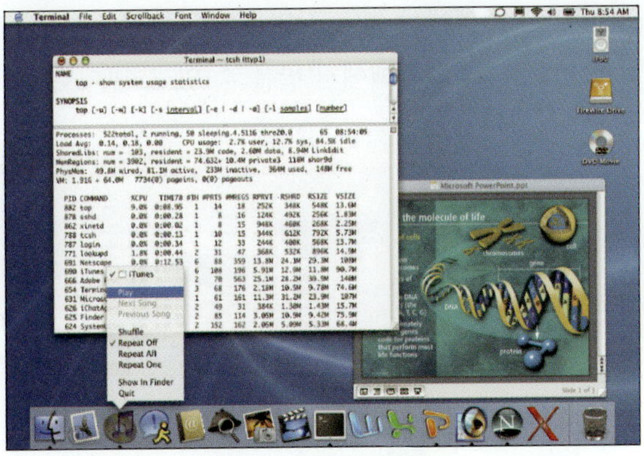

그림 5.39 ▸ 애플의 운영체제 맥 OS X 10.2(2002)

특히 2005년 5월에 발표된 코드명 '타이거'인 OS X 10.4는 유닉스 기반의 64비트 운영체제로 뛰어난 안정성에 고성능의 그래픽엔진 기술을 이용하여 그래픽 차원을 한 단계 높였다. OS X 10의 아쿠아 인터페이스는 보기에 좋고 편리한 기능을 제공한다. 윈도우 XP도 OS X 10의 아쿠아 인터페이스를 많이 모방하였으며 리눅스와 같은 공개용 운영체제에서도 아쿠아 인터페이스를 모방한 다양한 인터페이스가 나왔다. 아쿠아 인터페이스는 초보들자도 쉽게 사용할 수 있도록 직관적으로 설계하였으며 아이콘, 메뉴, 윈도우 등을 표현하는데 있어 각종 그림자 효과나 투명성 등을 결합하여 사용자에게 새로운 그래픽 인터페이스를 제공한다.

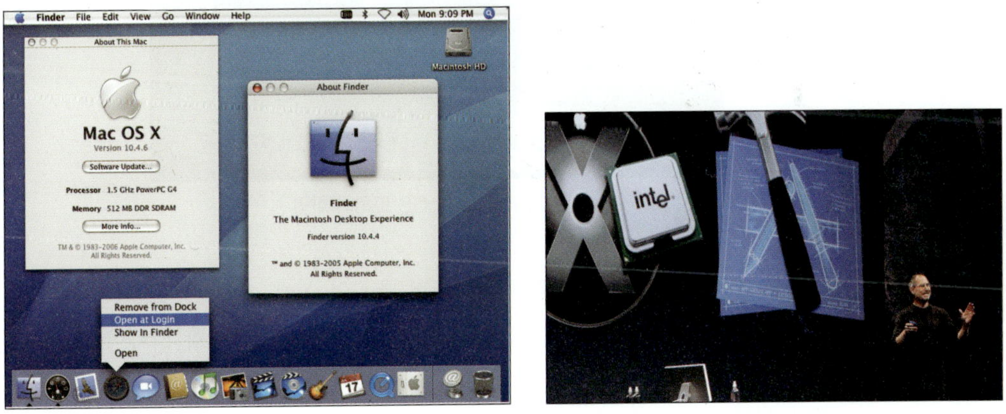

그림 5.40 ▸ 애플의 맥 OS X와 맥 OS X 10.4 (2005)와 발표 장면

OS X 요세미티(Yosemite)는 애플의 11번째 OS X 운영체제이다. 2014년 6월 애플 세계 개발자 회의에서 발표된 후, 2014년 가을에 정식 출시되었다. OS X 요세미티는 애플의 필수적인 요소는 유지하면서 강력하고 사용하기 쉬운 인터페이스를 추구하며, 모바일 운영체제인 iOS와 연동을 쉽게 만든 운영체제이다. 즉 데스크톱인 맥(Mac)과 아

이패드, 아이폰 사이에서 여러 작업을 이어서 할 수 있다거나, 와이파이(Wi-Fi)에 연결되었다면 걸려온 전화를 맥에서 받을 수 있고, 반대로 전화를 맥에서도 걸 수 있다.

그림 5.41 ▸ OS X 10.10 요세미티의 화면(www.apple.com)

현재 애플은 macOS로 운영체제를 호칭하고 있으며, 시에라, 하이시에라, 모하비 버전 순으로 발표되었다. macOS 시에라부터 인공지능 음성서비스 프로그램인 시리(Siri)가 전면적으로 도입되었다.

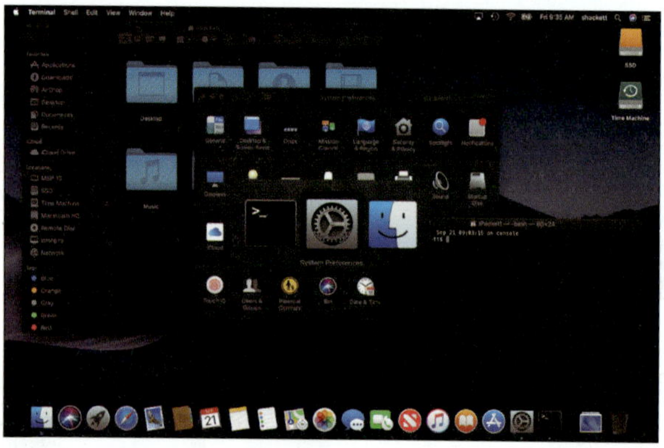

그림 5.42 ▸ macOS 모하비 화면

2007년 실질적인 최초의 스마트폰인 아이폰의 출시와 함께 애플은 제2의 부흥기를 맞고 있다. 과거 국내에서 애플 컴퓨터는 출판이나 음악 작곡, 그래픽 디자인, 출판 등의 특수 분야에서만 사용되고 있었으나 아이폰의 성공으로 지금은 맥 데스크톱과 맥북이 개발용 뿐만 아니라 사무용으로도 인기를 끌고 있다. 아이폰의 성공으로 애플의 데스크톱과 운영체제도 다시 도약하고 있으며, 또 다른 운영체제인 안드로이드와 함께 새로운 시장을 열지 기대된다. 애플의 모바일 운영체제인 iOS와 관련 내용은 모바일 단원에서 다루고자 한다. [표 5.7]은 지금까지 살펴본 애플의 운영체제를 정리한 것이다.

표 5.7 애플 운영체제의 발전

연도	버전	비고	연도	버전	비고
1984	System 1		2008	맥OS X 10.6	
1985	System 2		2010	맥OS X 10.7	
1986	System 3		2012	OS X 10.8	
1987	System 4		2013	OS X 10.9	
1988	System 6		2014	OS X 10.10	요세미티(Yosemite)
1990	System 7		2015	OS X 10.11	엘카피탠(El Capitan)
1997	맥OS 8		2016	macOS 10.12	시에라(Sierra)
1999	맥OS 9		2017	macOS 10.13	하이 시에라(High Sierra)
2001	맥OS X 10.0	유닉스 기반의 OS	2018	macOS 10.14	모하비(Mojave)
2001	맥OS X 10.1		2019	macOS 10.15	카탈리나(Catalina)
2002	맥OS X 10.2		2020	macOS 11.0	빅서(Big Sur)
2002	맥OS X 10.4		2021	macOS 12	몬터레이(Monterey)

5. 리눅스

리눅스(Linux)는 핀란드의 리누스 토발즈(Linus Torvalds)에 의하여 개발된 유닉스(Unix) 기반의 운영체제이다. 리눅스는 당시 헬싱키 대학의 학생이었던 리누스 토발즈가 유닉스를 기반으로 개발한 운영체제로 윈도우가 주도하던 개인용 컴퓨터에 적합한 공개용 운영체제로 1991년 11월 버전 0.10이 뉴스그룹을 통해 일반에 공개되었다.

그림 5.43 ▸ 리눅스 개발자 리누스 토발즈

리누스 토발즈는 독자적으로 제작한 리눅스의 소스 코드를 일반공중허가(GPL: General Public License)에 따라 인터넷에 공개해 모든 사람이 자유롭게 사용할 수 있도록 하고 일반인들이 직접 리눅스의 개선에도 참여할 수 있도록 하였다.

IT Story

GPL

일반공중허가(GPL: General Public License)는 FSF(Free Software Foundation)와 GNU(Gnu's Not Unix) 프로젝트로부터 제공되는 소프트웨어에 적용되는 라이선스로서, 사용자들이 소프트웨어를 자유롭게 공유하고 내용을 수정하도록 보증한다.

그림 5.44 ▸ GNU의 홈페이지 www.gnu.org

개인용 컴퓨터에서 이용할 수 있는 유닉스 기반의 운영체제가 리눅스만은 아니지만 그래픽 사용자 인터페이스 환경을 지원하는 리눅스는 개발자를 중심으로 급속히 확산되기 시작했다. 이러한 확산에는 리눅스가 무료 소프트웨어라는 매우 큰 장점과 유닉스에 기반한 매우 안정적인 운영체제라는 점에 기인한다. 리눅스는 인터넷 프로토콜인 TCP/IP를 강력하게 지원하는 등 네트워크 기능이 강화되었고, 다중 사용자(multi user), 다중 프로그래밍(multi programming) 방식을 지원하는 안정적인 운영체제이다

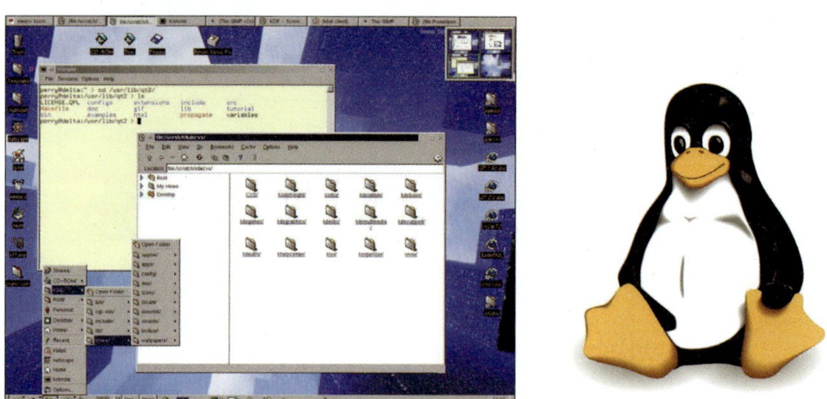

그림 5.45 ▸ 리눅스 화면과 리눅스 로고

리눅스는 개방 소프트웨어(open software)로 전 세계 500만 명이 넘는 프로그램 개발자 그룹이 리눅스 개발에 참여하고 있으며, 여러 그룹에서 시스템의 특성에 맞게 소스를 변경할 수 있으므로 다양한 버전의 리눅스가 개발되어 이용되고 있다. 몇 가지 예로 Linux Mint, Ubuntu Linux, Debian Linux, Red Hat Linux, SuSE Linux, Oracle Linux 등이 있으며 레드햇 리눅스는 변종 리눅스의 첫 상업용 리눅스이다.

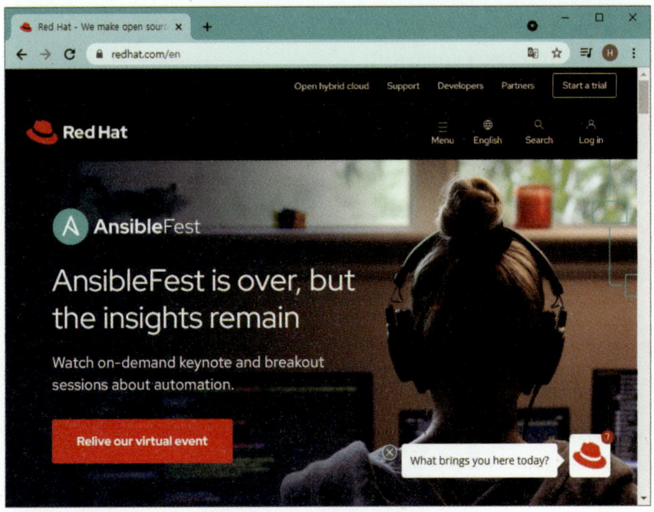

그림 5.46 ▸ 레드햇 리눅스의 홈페이지 www.redhat.com

레드햇 리눅스는 리눅스의 커널을 이용해 운영체제를 자체 개발하여 1994년에 저가의 상업용 운영체제로 판매하기 시작하였으며 현재에도 널리 사용되는 상업용 리눅스의 대표적인 예이다. 운영체제 리눅스 자체도 전 세계적으로 수백만 명의 프로그래머가 모여 계속적으로 버전 향상이 이루어지고 있으며 공식 홈페이지를 통하여 발표하고 있다.

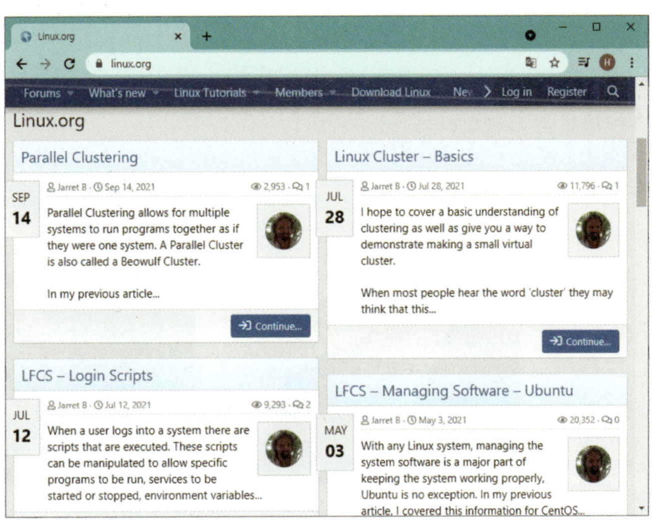

그림 5.47 ▸ 리눅스 공식 홈페이지 www.linux.org

6. 유닉스

유닉스(Unix)는 벨 연구소의 데니스 리치(Dennis M. Ritchie)와 켄 톰슨(Ken Thompson)이 참여한 멀틱스(MULTICS) 운영체제 팀에서 개발한 운영체제이다. 멀틱스는 유닉스가 개발되기 이전의 운영체제이며 PDP-7이라는 새로운 시스템의 운영체제로 개발한 것이 유닉스(UNICS: UNiplexed Information and Computing Service)이다. 이것을 발전시켜 1973년 새로 개발한 언어 C를 이용하여 시스템 PDP-11을 위해 만든 운영체제가 유닉스(Unix)이다.

그림 5.48 ▸ PDP-11 앞에서 유닉스 개발자 켄 톰슨과 데니스 리치

유닉스를 만들기 위해 최초 C 언어로 작성된 소스 코드는 약 11,000줄이고 그 중 95%인 10,000줄은 C 언어로 작성되었으며 나머지 1,000줄은 어셈블리 언어로 작성되었다고 한다. 1,000줄의 어셈블리 언어 코드 중에서 800줄 정도는 기계 종속적인 부분이고, 나머지 200줄은 수행 속도를 높이기 위한 목적으로 작성되었다고 한다. 이러한 이유로 유닉스는 다른 시스템에도 쉽게 적용하여 운영할 수 있는 이식성(Portability)이 좋은 운영체제로 유명하다.

그림 5.49 ▸ 유닉스 개발자 켄 톰슨과 데니스 리치

벨 연구소는 유닉스의 소스 코드를 공개하고 사용자들이 소스를 수정·이용할 수 있도록 했다. 이러한 결과로 유닉스 운영체제는 대학과 연구소를 중심으로 교육용과 연구용으로 널리 사용되었으며 대학을 중심으로 유닉스 기반의 여러 버전이 나오게 되었다

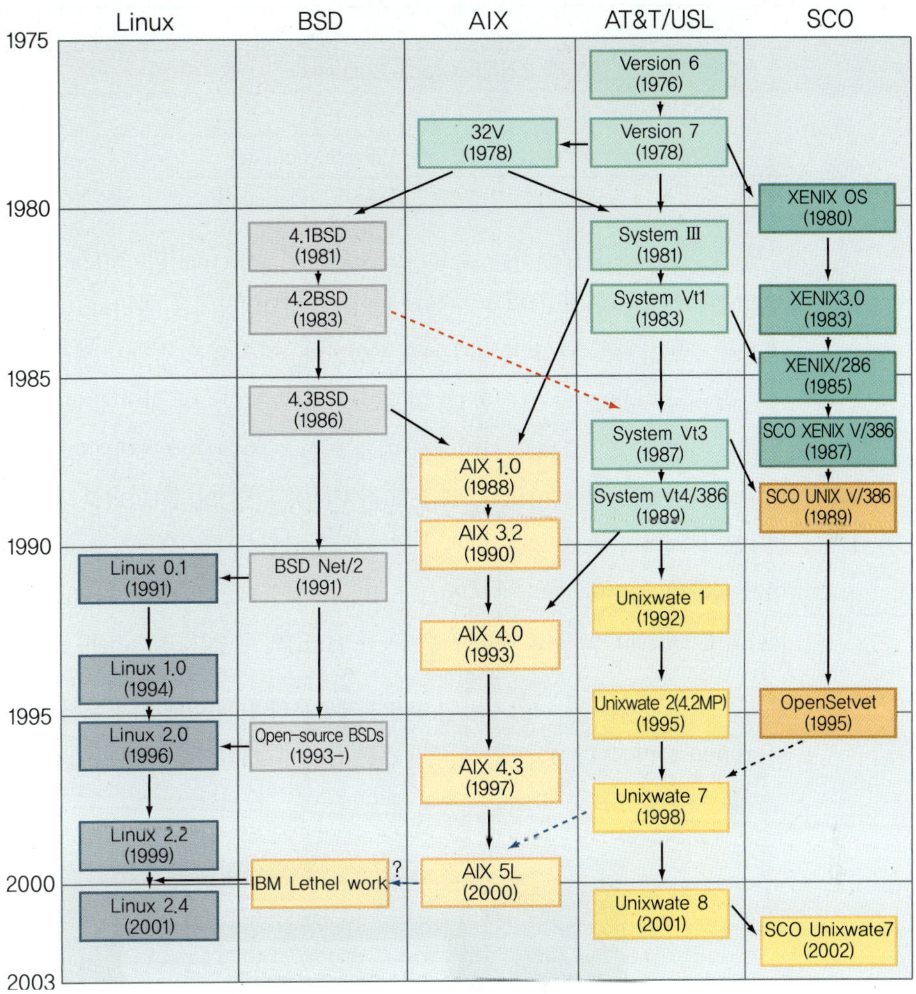

그림 5.50 ▸ 유닉스 계열 운영체제의 여러 버전 발전

벨 연구소에서 개발한 유닉스는 계속 발전하여 시스템 V(System V)로 불려지고 있다. 유닉스의 새로운 버전 중에서 가장 먼저 나온 것이 1977년에 소개된 BSD(Berkeley Software Distribution)이다. BSD는 버클리 대학의 컴퓨터 연구소 그룹(CSRG: Computer System Research Group)에서 개발한 유닉스 계열의 운영체제이다.

중대형 컴퓨터를 생산하는 IBM, SUN, HP, DEC, DELL 등은 시스템 V와 BSD 버전을 이용하여 자체 상표의 유닉스를 개발하였으나, 2000년대에 들어와 SUN은 오라클(Oracle)에, DEC는 HP에 합병되어 현재에는 [표 5.8]과 같은 컴퓨터 생산 업체에서 유닉스 계열의 운영체제를 출시하고 있다.

표 5.8 주요 회사의 유닉스 계열 운영체제

회사	버전	비고
ORACLE	오라클 솔라리스(Oracle Solaris)	
HP	HP-UX	1.0(1986)
IBM	AIX(Advanced Interactive eXecutive)	1.0(1990)

유닉스 운영체제를 구성하는 주요 요소 중에 커널(Kernel)과 쉘(Shell)이 있다. 커널은 운영체제의 가장 핵심이 되는 모듈로 CPU와 주기억장치를 관리하고 시스템 호출을 처리하며 주변장치를 관리하는 기능을 포함한다. 쉘은 운영체제의 설정 환경에 따라 시스템 부팅 후 나오거나 특정한 쉘 프로그램 실행에 의하여 화면에 나타난다. 쉘은 순수 유닉스 운영체제와 사용자 사이에서 매개 역할을 하는 프로그램으로 도스와 같은 명령행 인터페이스 방식을 따른다. 쉘은 표준 UNIX 명령 인터프리터로서 사용자가 입력한 명령을 해석하여 그에 맞는 다른 프로그램을 실행시키는 유틸리티 프로그램이다. 쉘은 여러 종류가 있는데 스티븐 본(Steven Bourne)의 본쉘(Bourne Shell, sh), 빌 조이(Bill Joy)의 C 쉘(csh), 그리고 데이브 콘(Dave korn)의 콘쉘(Korn Shell, ksh)이 유명하다.

유닉스는 초기에는 명령행 기반의 운영체제였으나 1980년대 중반부터 X 윈도우 기반의 MOTIF와 OPENLOOK과 같은 유닉스용 GUI가 개발되어 사용자에게 좀 더 친화적인 그래픽 사용자 인터페이스를 제공하게 된다.

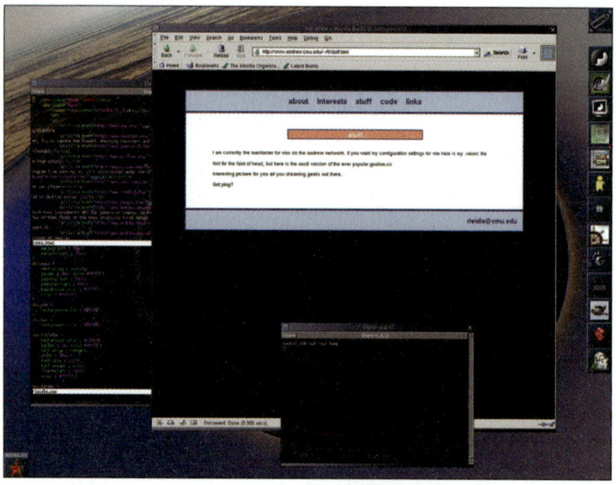

그림 5.51 ▸ 유닉스 운영체제의 GUI

유닉스는 버전이 매우 다양하며 크게 시스템 V 계열과 BSD 계열로 나눌 수 있는데 현재 하나로 통합되어 가고 있다. 미전신전화국(AT&T)과 선(Sun)사가 주도하는 유닉스 인터내셔널(UI: Unix International)은 시스템 V 4.1을 지원하고 있으며, IBM, DEC, HP가 주도하는 개방소프트웨어재단(OSF: Open Software Foundation)은 OSF/1이라 불리는 BSD 계열의 유닉스를 발전시켰다. 두 연합체는 POSIX(Portable Operating System Interface Based on UNIX) 위원회의 표준안을 협의하여 공통적인 표준으로 운영체제를 개선할 것으로 보인다.

5.5 윈도우 운영체제 활용

1. 윈도우 설정

컴퓨터의 WINDOWS 설정 실행

윈도우 10 운영체제의 다양한 환경을 살펴보거나 윈도우 설정을 수정하려면 윈도우 메뉴 [시작]에서 [설정]을 선택한다. 또는 단축키 [Winow(⊞) + I]를 사용하면 다음과 같이 컴퓨터 설정 변경을 담당하는 프로그램으로 이동할 수 있다.

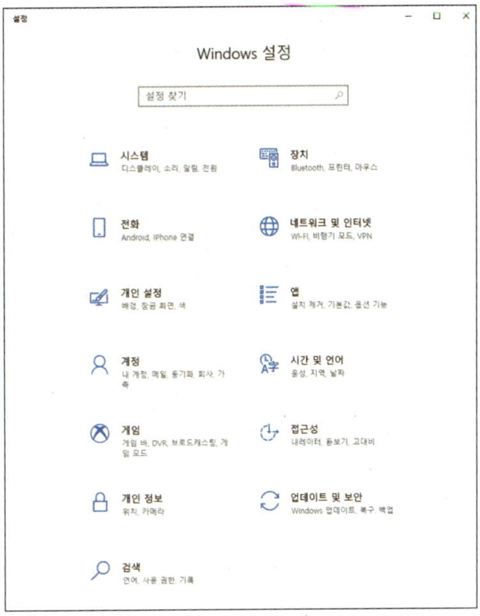

그림 5.52 ▸ Windows설정의 다양한 기능

시스템, 장치, 네트워크 등의 설정 실행

설정의 [시스템]은 디스플레이, 소리, 알림, 전원 등의 설정 기능이 수행된다. [시스템]의 [정보]를 누르면 사용하는 시스템의 윈도우 버전, 시스템 등의 정보를 확인할 수 있다. [장치]를 선택하면 블루투스, 프린터, 마우스 등의 장치를 확인할 수 있다.

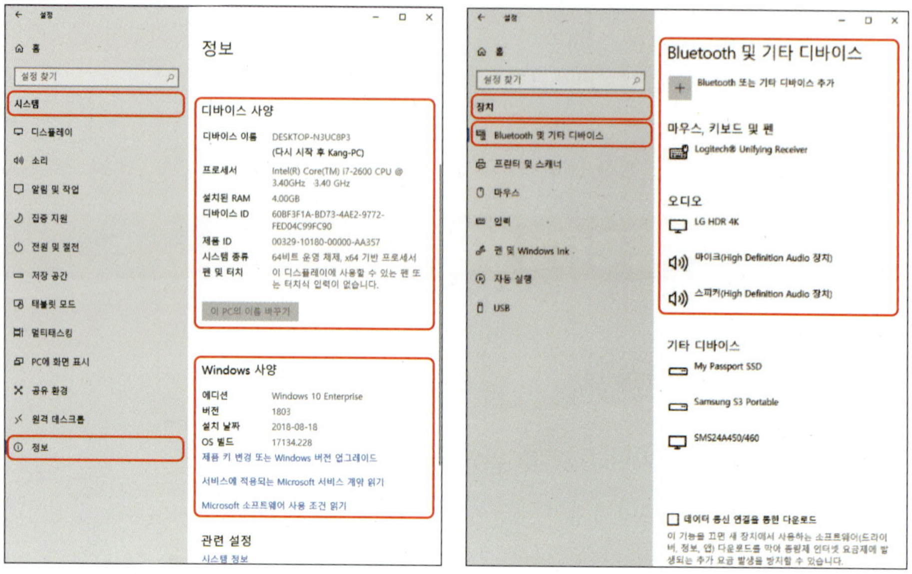

그림 5.53 ▸ 컴퓨터에 대한 시스템과 장치의 정보 확인 및 설정 수정

2. 가상 데스크톱 활용

가상 데스크톱과 설정 메뉴

가상 데스크톱(virtual desktop)이란 한 사용자로 로그인하여 여러 개의 바탕화면을 독립적으로 사용할 수 있는 기능이다. 요즘은 두 개의 모니터를 이용하여 바탕화면을 넓게 사용하기도 하지만 가상 데스크톱 기능을 활용하면 바탕화면을 여러 개 만든 후 필요할 때 가상 데스크톱을 꺼내 쓸 수 있다. 가상 데스크톱을 사용하면 여러 개의 프로그램이 실행된 복잡한 데스크톱을 피할 수 있으며 작업을 효과적으로 관리할 수 있다.

단축키 [Alt + Tab]을 누르면 현재 실행 중인 작업을 보듯이, 단축키 [Winow(⊞) + Tab]은 현재 실행 중인 가상 데스크톱과 작업을 모두 볼 수 있으며, 가상 데스크톱을 추가 및 삭제할 수 있다. [그림 5.54]는 단축키 [Winow(⊞) + Tab]을 누른 화면으로 상단에 데스크톱의 현황이 보이며, 하단에 선택된 데스크톱의 열려 있는 작업이 보인다.

그림 5.54 ▸ 단축키 [Win + Tab]에 의한 가상 데스크톱 기능

화면 하단에 보이는 [작업 표시줄]에서 메뉴 [작업 보기 단추 표시]를 선택하면 [작업 표시줄]에 '작업 보기' 아이콘( )이 보인다. 이 아이콘은 단축키 [Winow(⊞) + Tab]과 같은 역할을 한다.

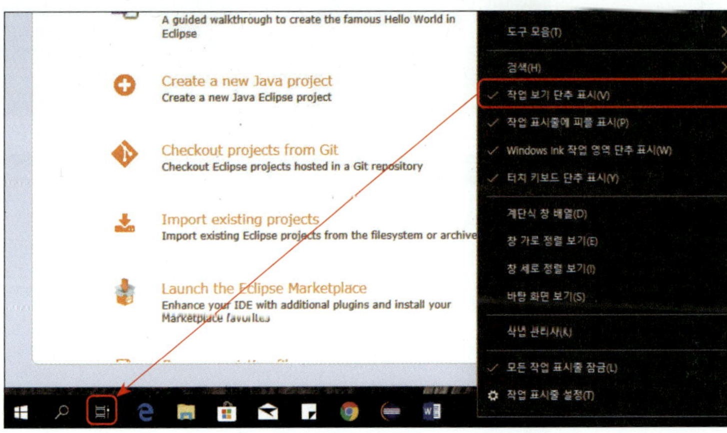

그림 5.55 ▸ [작업 보기] 단추 보이기

가상 데스크톱 추가와 삭제

가상 데스크톱 화면에서 [새 데스크톱 +] 영역을 누르면 새로운 가상 데스크톱을 생성할 수 있으며, 바로 생성된 가상 데스크톱을 확인할 수 있다. 생성된 가상 데스크톱은 필요하면 닫기 (×)를 눌러 바로 삭제할 수 있다.

> 화면 하단의 여러 작업 중에서 이동시킬 프로그램을 원하는 데스크톱으로 드래그하여 바로 이동도 가능하다.

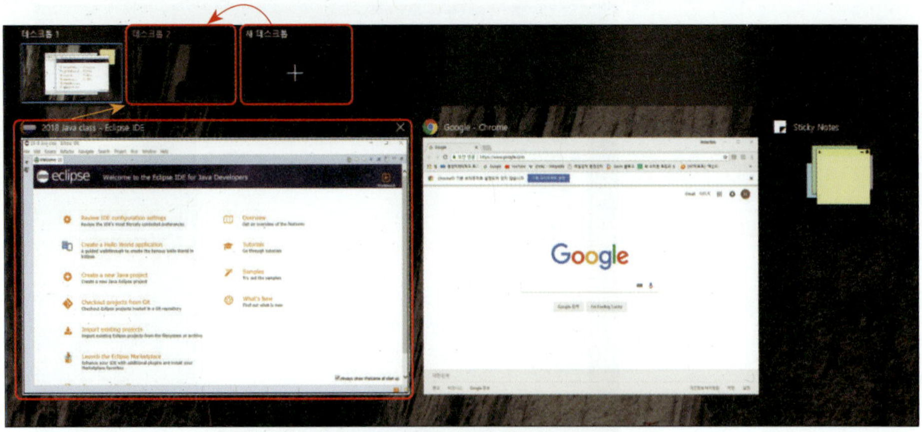

그림 5.56 ▸ [새 데스크톱]으로 데스크톱 추가 및 작업 이동

물론 가상 데스크톱 설정 화면에서 원하는 데스크톱으로 이동도 가능하고, 각각의 데스크톱에서 사용중인 프로그램을 다른 데스크톱으로 드래그하여 옮길 수도 있다.

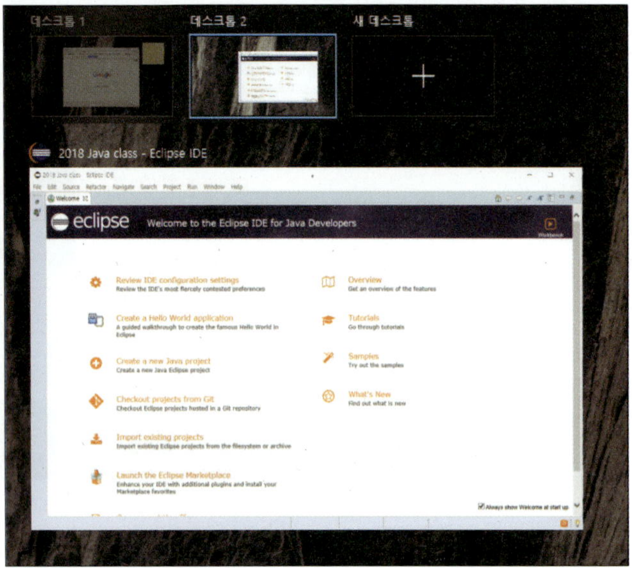

그림 5.57 ▸ 추가된 데스크톱과 작업

단축키 [Tab + Winow(⊞) + ←, →]를 이용하면 바로 이전과 이후의 가상 데스트톱으로 이동이 가능하다. 가상 데스크톱의 관련 단축키를 살펴보면 [표 5.9]와 같다.

표 5.9 가상 데스크톱 관련 단축키

기능	설명	단축키
보기	가상 데스크톱의 현황과 실행중인 작업 현황 보기로 여기서 바로 이동, 삭제, 생성, 작업의 이동도 가능	Tab + Winow(⊞)

기능	설명	단축키
이동	여러 개 생성된 가상 데스크톱 간의 이동이 가능	Tab + Winow(⊞) + ←, →
생성	현재 다음으로 가상 데스크톱 생성	Ctrl + Winow(⊞) + D
삭제	현재의 가상 데스크톱 삭제	Ctrl + Winow(⊞) + F4

3. 탐색기와 유틸리티

바로 가기 기능

단축키 [Winow(⊞) + E]로 윈도우 탐색기를 실행하면 일반적으로 보여지는 첫 화면이 '바로 가기'로 설정되어 있다. 탐색기의 '바로 가기'는 자주 사용하는 문서나 파일을 연결해 놓은 개념이다. 만일 바로 가기에 폴더를 표시하려면 우클릭 메뉴로 [바로 가기에 고정]을 선택하며, 더 이상 필요하지 않으면 폴더의 우클릭 메뉴 [바로 가기에서 제거]를 선택한다.

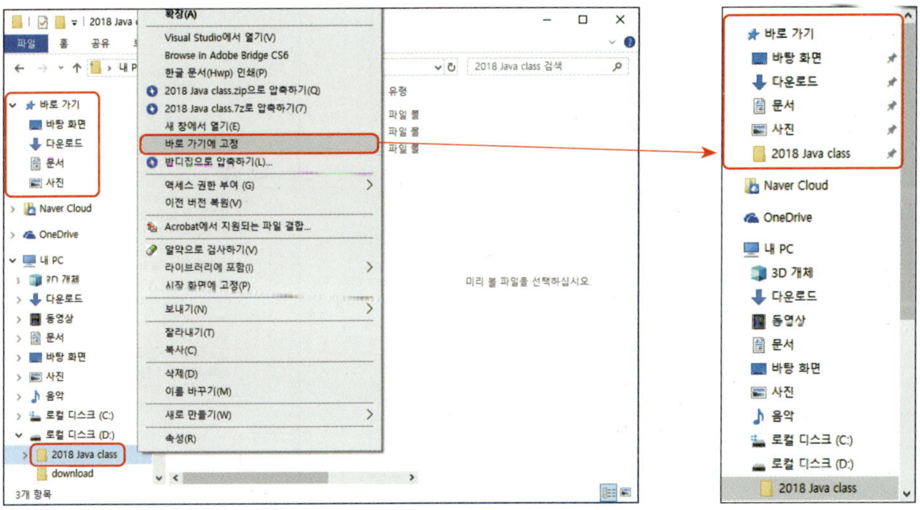

그림 5.58 ▸ 바로 가기 고정

폴더 옵션 기능

탐색기에서 메뉴 [보기] 혹은 우측 끝 아이콘 [리본 최소화(Ctrl + F1)]를 누르면 [그림 5.59]와 같이 탐색창, 레이아웃, 현재 보기, 표시/숨기기, 옵션 기능을 제공하는 메뉴가 표시된다. 하나의 기능으로 [탐색 창]의 [확장하여 폴더 열기]을 체크하면 선택된 폴더는 자동으로 폴더가 확장되어 사용이 간편하다.

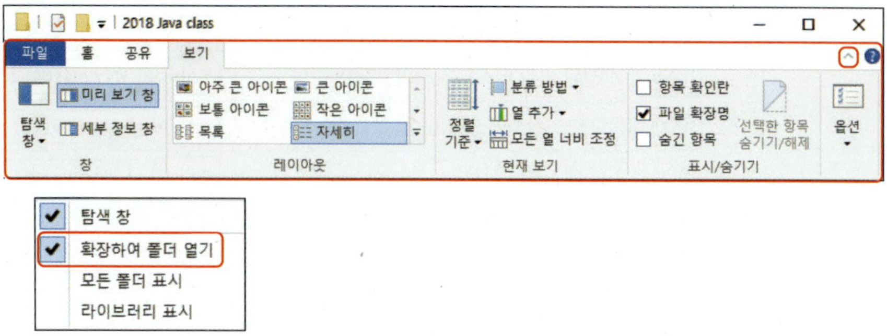

그림 5.59 ▸ 탐색기의 메뉴 [보기]

메뉴 바의 [옵션]을 선택하면 [그림 5.60]과 같은 대화상자가 표시된다. 만일 예전처럼 탐색기 실행 시 파일 탐색기를 '내 PC'로 열려면 일반 탭에서 [파일 탐색기 열기:] > [내 PC]를 선택한 다음 적용을 선택한다. [항목을 다음과 같이 클릭] > [한 번 클릭해서 열기]를 체크하면 더블클릭이 아니라 한 번 클릭으로 프로그램 실행이나 항목 선택이 가능하므로 마우스 사용이 한결 간편해지는 것을 느낄 것이다.

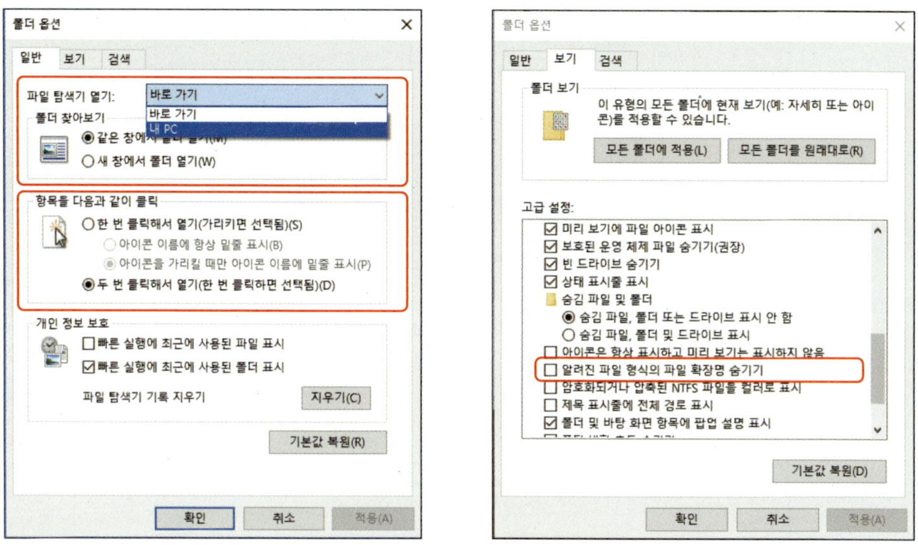

그림 5.60 ▸ 폴더 옵션의 일반과 보기 탭

또한 탭 [보기]를 눌러 다양한 고급 설정을 지정할 수 있다. 한 예로 [알려진 파일 형식의 파일 확장자 숨기기]를 선택하지 않으면 exe와 같은 친근한 파일 확장자도 항상 표시된다.

윈도우 10에서 유용한 단축키를 알고 싶다면 다음 사이트를 활용하자.

https://support.microsoft.com/ko-kr/help/12445/windows-keyboard-shortcuts

내용 점검 문제

[객관식]

다음 각 문항에 대하여 보기 중에서 알맞은 것을 선택하시오.

01 커널과 쉘에 대한 설명으로 옳지 않은 것은?

A. 운영체제는 내부의 커널과 외부 사용자와의 커널 사이의 인터페이스 역할을 담당하는 쉘로 구성된다.

B. 커널은 주기억장치 내에 상주하면서 하드웨어를 제어하고 프로세스 등 여러 자원을 배분하는 핵심 역할을 수행한다.

C. 쉘은 그래픽 또는 테스트 중심의 인터페이스 방식에 따라 GUI와 CLI 방식으로 나뉜다.

D. 운영체제를 통해 사용자 명령을 커널이 받아 해석하고 쉘에 전달하면 쉘은 하드웨어를 제어한다.

02 운영체제의 기능 중 옳지 않는 것은?

A. 컴퓨터 시스템 초기화 설정 기능

B. 사용자와 컴퓨터 간의 편리한 인터페이스 기능

C. XML 웹 서비스를 요청하고 응답하는 기능

D. 하드디스크의 오류 검사 및 복구 기능

03 운영체제에 관한 설명 중 옳지 않은 것은?

A. 시스템 자원을 효율적으로 사용할 수 있도록 관리하는 여러 시스템 프로그램들의 집합이다.

B. 하드웨어와 사용자 간의 인터페이스 역할을 수행한다.

C. 데이터와 파일의 저장을 관리하는 기능을 수행한다.

D. 운영체제의 종류로는 오라클, SQL 서버 등이 있다.

04 다음 중 개인용 컴퓨터에 해당되는 운영체제로 가장 보기 어려운 것은?

A. MS-DOS

B. Unix 계열

C. Linux 계열

D. Mac OS

05 다음 중 사용자 인터페이스 종류인 명령행 인터페이스와 그래픽 사용자 인터페이스를 설명하는 것 중 옳지 않는 것은?

A. 명령행 인터페이스는 운영체제가 제공하는 기능을 키보드 입력을 통해 사용하는 인터페이스 방법을 말한다.

B. 그래픽 사용자 인터페이스는 운영체제에서 제공하는 기능을 아이콘이나 메뉴로 보여주고 사용자가 마우스로 선택해서 작업이 수행하는 방식을 말한다.

C. 그래픽 사용자 인터페이스는 그림을 이용한 의사소통 방법을 제공하여 인간 공학적으로 보다 만족스럽고, 초보자도 직관적으로 사용이 가능하다.

D. 명령행 인터페이스는 명령어 중심의 명령을 숙지해야 하기 때문에 초보자에게 불편하고, 숙달되기까지 많은 시간이 필요하기 때문에 지금은 이용되지 않는다.

06 운영체제의 목적으로 가장 적합한 것은?

A. 소프트웨어를 개발하기 위한 필요 환경을 제공하기 위함이다.

B. 각기 필요한 업무를 원활하게 소화하기 위함이다.

C. 컴퓨터 시스템의 자원들을 효율적으로 관리하여 시스템의 성능을 최적화하기 위함이다.

D. 많은 업무를 동시에 처리할 수 있도록 하기 위함이다.

07 빈칸에 들어갈 말로 알맞은 것은?

> 2개 이상의 중앙처리장치(CPU)를 사용하여 작업을 여러 개로 분담하여 프로그램을 동시에 수행하는 방식이다. ________(은)는 하나의 CPU에 문제가 생기더라도 다른 CPU가 처리를 계속할 수 있으므로 신뢰도를 높일 수 있다.

A. 실시간 처리 시스템

B. 다중 프로그래밍 시스템

C. 다중 처리 시스템

D. 다중작업

08 FIFO의 원어를 올바르게 기술한 것은?

A. First In First Out

B. First In Fine Out

C. Friend Information Fine Out

D. First In French Out

09 빈칸에 들어갈 말로 알맞은 것은?

> ________(은)는 처리를 요구하는 작업이 발생할 때마다 지정된 짧은 시간 내에 작업을 처리하여 확실한 응답이나 출력을 보장하는 시스템이다. 군사용으로 사용할 수 있을 뿐만 아니라 항공기, 철도, 은행의 업무에서 사용 가능하다.

A. 실시간 처리 시스템

B. 다중 프로그래밍 시스템

C. 다중 처리 시스템

D. 다중작업

10 파일 관리자의 기능으로 옳지 않은 것은?

A. 파일의 접근을 제어한다.

B. 파일을 여러 사용자가 공유하는 기법을 제공하지 못한다.

C. 파일의 생성, 삭제, 수정을 감독한다.

D. 파일을 디스크 어디에 저장할 지를 감독한다.

11 다음이 설명하는 것은 무엇인가?

> 한 사람의 사용자가 한 대의 컴퓨터로 2가지 이상의 작업을 동시에 처리하거나 프로그램들을 동시에 구동시키는 기능을 말한다.

A. 실시간 처리 시스템

B. 다중 프로그래밍 시스템

C. 다중 처리 시스템

D. 다중작업

12 다중 프로그래밍 시스템의 설명 중 옳지 않은 것은?

A. 2개 이상의 여러 프로그램을 주기억장치에 동시에 저장한다.

B. 2개 이상의 CPU로 여러 프로그램이 동시에 실행된다.

C. 한 프로그램씩 순차적으로 돌아가면서 조금씩 수행 된다.

D. 우선순위에 따라 작업을 선정하여 실행한다.

13 다음 멀티태스킹의 의미로 적절한 것은?

A. 여러 명의 사용자가 단말기를 통해 시분할시스템으로 동시에 작업하는 것

B. 한번에 한가지 작업이나 한 프로그램을 실행하는 시스템

C. 여러 프로그램이 메모리에 존재하여 조금씩 돌아가면서 수행

D. 한 사람의 사용자가 한 대의 컴퓨터로 2가지 이상의 작업을 동시에 수행

14 리눅스에 대한 설명 중 옳지 않은 것은?

A. 핀란드의 리누스 토발즈에 의하여 개발된 마이크로소프트의 윈도우 기반의 운영체제이다.

B. 리눅스는 오픈 소프트웨어로 많은 프로그램 개발자들이 프로그램 개발에 참여하고 있다.

C. 그래픽사용자 인터페이스 환경을 지원하여 개발자 중심으로 급속히 확산되었다.

D. TCP/IP를 강력하게 지원하는 등 네트워크 기능이 강화되었고, 다중사용자, 다중 프로그래밍 방식을 지원한다.

15 운영체제에 대한 설명으로 옳지 않은 것은?

A. 윈도우11은 스마트폰의 안드로이드 앱을 내려 받고 실행할 수 있고, 협업도구인 팀스가 기본 탑재돼 있나.

B. IBM과 마이크로소프트는 협력하여 인텔의 80286 CPU에 적합하도록 16비트 운영체제 우분투(ubuntu)를 개발하였다.

C. 제록스 스타 워크스테이션은 최초의 그래픽 사용자 인터페이스 방식의 운영체제를 탑재한 컴퓨터이다.

D. 리눅스는 핀란드의 리누스 토발즈에 의하여 개발된 유닉스 기반의 운영체제이다.

16 유닉스에 대한 설명으로 옳지 않은 것은?

A. 벨 연구소의 데니스 리치와 켄 톰슨이 참여한 멀틱스(MULTICS) 운영체제 팀에서 개발한 운영체제이다

B. C언어와 어셈블리어로 작성되어 있어 다른 시스템에는 쉽게 적용할 수 없다.

C. 유닉스의 소스코드는 공개되어 있어 사용자들이 소스를 수정 이용할 수 있도록 했다.

D. 유닉스 운영체제를 구성하는 중요 요소로서 커널과 쉘이 있다.

17 마이크로소프트의 윈도우 설명으로 옳지 않은 것은?

A. 마이크로소프트의 윈도우 계열의 운영체제는 도스 운영체제의 명령행 인터페이스 방식에서 발전하여 그래픽 사용자 인터페이스(GUI) 방식을 채택한 운영체제이다.

B. 마이크로소프트의 윈도우 운영체제는 그래픽 사용자 인터페이스(GUI) 방식을 채택한 최초의 운영체제이다.

C. 마이크로소프트의 윈도우 운영체제가 처음 발표된 것은 1983년이었으나 실제로 사용자가 널리 사용하기 시작한 것은 1993년 윈도우 3.1부터 이다.

D. 윈도우 3.1 이전의 윈도우는 메뉴, 리스트박스, 콤보박스, 버튼을 포함한 대화상자 등의 GUI의 기본 구성 요소를 사용한 초보적인 그래픽 사용자 인터페이스를 이용하였다.

18 운영체제에 대한 설명 중 옳지 않은 것은?

A. 마이크로소프트 사의 대표적인 그래픽 사용자 인터페이스 방식의 운영체제는 윈도우(Windows)이다.

B. OS/2는 인텔의 80386/80486 계열 CPU에서 능력을 최대로 발휘하도록 설계한 운영체제이다.

C. 유닉스는 어셈블리어와 포트란으로 작성되었다.

D. 리눅스는 유닉스 기반의 운영체제이다.

19 빈칸에 들어갈 말로 알맞은 것은?

> ________(이)란 한 사용자로 로그인하여 여러 개의 바탕화면을 독립적으로 사용할 수 있는 기능이다.

A. 가상 데스크톱(virtual desktop) B. 탐색기

C. 작업 D. 클립보드

20 탐색기에서 자주 사용하는 문서나 파일을 연결해 놓은 것은?

A. 가상 데스크톱(virtual desktop) B. 레이아웃

C. 옵션 D. 바로가기

【 괄호 채우기 】

다음 각 문항에 대하여 빈칸에 적절한 단어를 채우시오.

01 운영체제의 __________은 주기억장치 내에 상주하면서 하드웨어를 제어하고 프로세스 등 여러 자원을 배분하는 핵심 역할을 수행한다.

02 그래픽 사용자 인터페이스 방식의 영어 약자는 __________(이)다.

03 __________(은)는 입출력 장치의 효과적인 할당과 회수 등의 기능을 관리한다.

04 하나 이상의 프로그램이 동시에 주기억장치 내부에 적재하고 동시에 프로그램을 실행할 수 있도록 하는 방식을 __________(이)라 한다.

05 __________(은)는 메모리에 적재되어 CPU의 처리를 기다리거나 CPU에 선택되어 처리가 수행되는 프로그램을 말한다.

06 컴퓨터 장치나 프로그램에서 특정한 일이 발생했을 때 운영체제에게 특정한 서비스를 수행하도록 요구하는 이벤트를 __________(이)라 한다.

07 __________(은)는 하나의 시스템을 여러 명의 사용자가 단말기를 이용하여 여러 작업을 처리할 때 이용하는 처리 방식이다.

08 ____________(은)는 2개 이상의 중앙처리장치를 사용하여 작업을 여러 개로 분담하여 프로그램을 동시에 수행하는 방식이다.

09 ____________(은)는 처리를 요구하는 작업이 발생할 때마다 지정된 짧은 시간 내에 작업을 처리하여 확실한 응답이나 출력을 보장하는 방식이다.

10 ____________(은)는 네트워크를 통해 연결된 여러 자료 저장 장소와 컴퓨터 시스템에 작업과 자원을 나누어 서로 통신을 하면서 일을 처리하는 방식이다.

[주관식]

01 운영체제의 정의를 설명하고 운영체제를 구성하는 관리자를 열거하시오.

02 운영체제의 사용자 인터페이스의 종류를 열거하고 각각 설명하시오.

03 배치처리 방식과 시분할 방식의 차이를 설명하시오.

04 다중 프로그래밍과 다중 처리 방식의 차이를 설명하시오.

05 운영체제의 발전을 1세대부터 5세대까지 구분하여 그 특징을 설명하시오.

06 GUI의 효시와 발전에 대하여 설명하시오.

07 애플의 홈 페이지를 방문하여 현재의 매킨토시의 운영체제의 버전과 특징을 설명하시오.

08 린도우즈(Lindows)가 무엇인지 인터넷에서 조사하여 설명하시오.

09 유닉스의 명령어 기반 쉘에서 이용되는 명령어 10개를 소개하고 설명하시오.

10 윈도우 10의 가상 데스크톱의 기능을 확장할 수 있는 다음 소프트웨어를 설치하고 여러 가상 데스크톱의 이름과 배경화면을 직접 수정해 보시오.

win-10-virtual-desktop-enhancer

위 소프트웨어 설치 파일 제공 장소:
https://github.com/sdias/win-10-virtual-desktop-enhancer

Introduction to COMPUTERS

06

인공지능과 딥러닝

단원 목표

- 제4차 산업혁명의 핵심 기술인 인공지능 정의와 활용을 알아본다.
- 인공지능에서의 머신러닝과 딥러닝의 차이를 알아본다.
- 머신러닝 문제에서 다루는 회귀와 분류를 알아본다.
- 인공신경망과 심층신경망의 정의와 내부 동작 방식을 알아본다.
- 텐서플로로 대표되는 다양한 인공신경망 라이브러리를 알아본다.

단원 목차

6.1 인공지능 개요

4차 산업혁명 시대에는 사물인터넷과 빅데이터 등의 기술과 핵심 기술인 인공지능의 발달로 많은 사물이 스스로 상황을 판단하는 등 사고 능력을 갖는 지능형 사회가 될 것이다. 지능형 사회를 이끄는 핵심 기술인 인공지능에 대하여 알아보자.

1. 인공지능이란?

인공지능 정의

인공지능(AI: Artificial Intelligence)은 '사고나 학습, 문제해결 능력 등 인간 지능 수준의 지적 능력을 컴퓨터 하드웨어와 소프트웨어로 구현하는 기술'이다. 다양한 인공지능의 정의를 살펴보자.

- 인간이 생각하고 행동하는 것처럼 기계를 행동하게 만드는 것(존 매카시, John McCarthy, 1956)
- 지능이 요구되는 일을 할 수 있는 기계를 만드는 예술(레이 커즈와일, Ray Kurzweil, 1990)
- 인간처럼 생각(thinking humanly)하며 행동(acting humanly)하는 기계, 이성적으로 생각(thinking rationally)하고 행동(action rationally)하는 기계(스튜어트 러셀, Stuart Russell, 2017)

인공지능은 강한 인공지능(strong AI)과 약한 인공지능(weak AI)으로 구분한다. 강한 인공지능은 인간처럼 생각하고 행동하는 인공지능을 말하며 약한 인공지능은 특정 데이터를 입력하고 프로그램을 통해 학습시킴으로써 특정한 문제를 해결하는 인공지능을 말한다. 강한 인공지능은 범용 인공지능(general AI)과 슈퍼 인공지능(super AI)으로 분류할 수 있고, 약한 인공지능은 좁은 인공지능(narrow AI)이라고 한다. 강한 인공지능은 스타워즈, 터미네이터, 트랜스포머와 같은 공상과학 영화에서 나오는 로봇이나 사이보그라고 할 수 있다. 아직 상상에 불과하지만 인간의 지능을 월등히 초월한 인공지능이 슈퍼 AI다. 현재 인공지능 연구는 특정 분야에서 활용 가능한 약한 인공지능 분야가 주류이다. 미래학자인 레이 커즈와일은 강한 인공지능의 출현 시점을 2045년으로 예측했다가 2030년으로 앞당겼다고 한다.

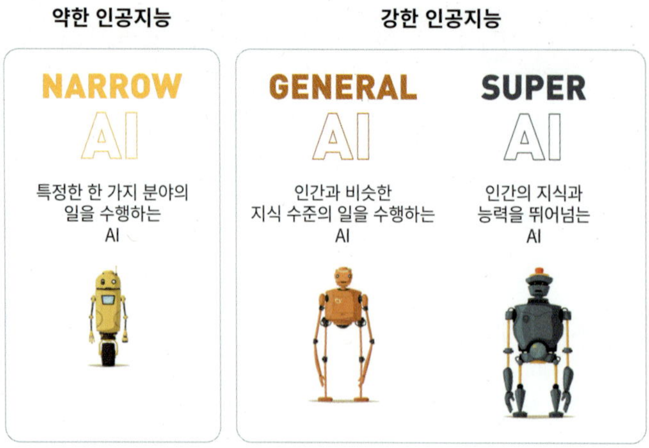

그림 6.1 ▸ 약한 인공지능과 강한 인공지능

2. 인공지능 역사

인공지능은 본격적으로 '인간처럼 생각하는 컴퓨터'로 연구된 지 80여 년이 넘는 컴퓨터과학 연구의 한 분야이다. 1970년대와 1990년대 말 두 번의 침체기를 지나면서 지식 기반 전문가 시스템과 머신러닝 등으로 연구되던 인공지능은 2010년 이후 딥러닝 연구가 활성화되면서 부흥기를 맞고 있다.

1940~1950년대의 인공지능 태동기

1943년 워렌 맥컬럭(Warren McCullonch)은 인간 두뇌 신경에서 착안한 논리적 모델을 제시했다. 이 모델이 인공신경망 퍼셉트론의 원류이다. 튜링 머신을 구상한 앨런 튜링(Alan Turing)은 1950년 자신의 논문인 'The Imitation Game'에서 '튜링 테스트'를 제안했다. 튜링 테스트는 '기계도 생각할 수 있는가?'라는 테스트로 '지능적 기계의 개발 가능성과 학습하는 기계'에 관한 인공지능의 개념적 토대를 제공한다. 1956년 존 매카시(John McCarthy)는 다트머스 회의에서 '인공지능'이라는 용어를 처음 사용하였고, 이 학술회의는 인공지능이 학문 분야로 발전되는 계기가 되었다.

1957년 프랭크 로젠블랫(Frank Rosenblatt)은 인공신경망의 근간이 되는 퍼셉트론(perceptron)을 개발했다. 단층 신경망인 퍼셉트론은 인간의 뇌 신경에서 아이디어를 얻어 여러 신호를 입력 받아 하나의 신호를 출력하는 모델이다.

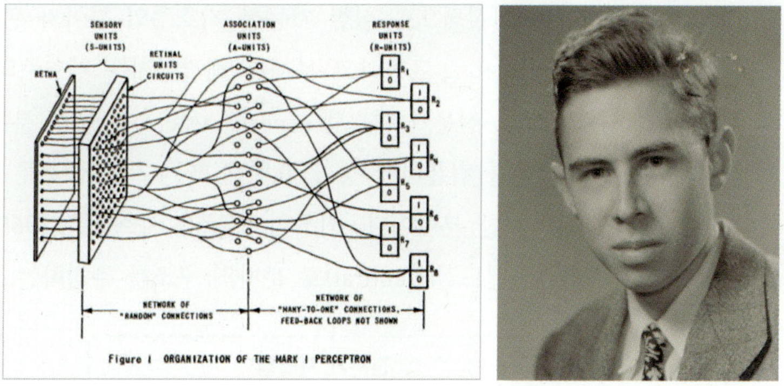

그림 6.2 ▸ 로젠블랫과 퍼셉트론

뉴욕타임즈는 퍼셉트론 기반으로 스스로 학습하는 기기의 기사 발표에서 조만간 걷고, 말하고, 보고, 쓰며 자아를 인식하는 컴퓨터가 출현할 것이라는 인공지능의 희망찬 미래를 말하기도 했다.

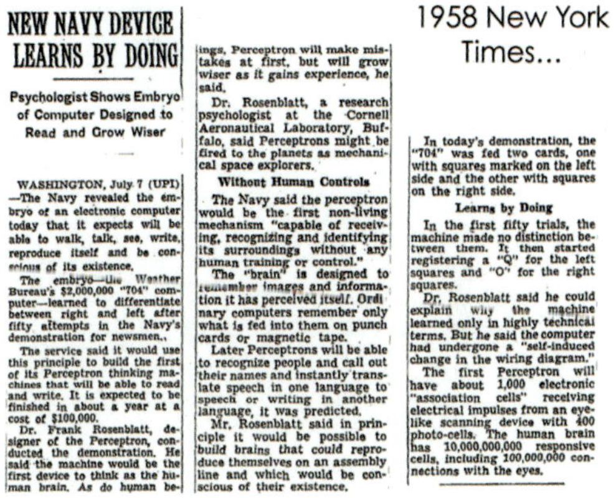

1958 New York Times...

NEW NAVY DEVICE LEARNS BY DOING

Psychologist Shows Embryo of Computer Designed to Read and Grow Wiser

WASHINGTON, July 7 (UPI)—The Navy revealed the embryo of an electronic computer today that it expects will be able to walk, talk, see, write, reproduce itself and be conscious of its existence.

The embryo—the Weather Bureau's $2,000,000 "704" computer—learned to differentiate between right and left after fifty attempts in the Navy's demonstration for newsmen.

The service said it would use this principle to build the first of its Perceptron thinking machines that will be able to read and write. It is expected to be finished in about a year at a cost of $100,000.

Dr. Frank Rosenblatt, designer of the Perceptron, conducted the demonstration. He said the machine would be the first device to think as the human brain. As do human beings, Perceptron will make mistakes at first, but will grow wiser as it gains experience, he said.

Dr. Rosenblatt, a research psychologist at the Cornell Aeronautical Laboratory, Buffalo, said Perceptrons might be fired to the planets as mechanical space explorers.

Without Human Controls

The Navy said the perceptron would be the first non-living mechanism "capable of receiving, recognizing and identifying its surroundings without any human training or control."

The "brain" is designed to remember images and information it has perceived itself. Ordinary computers remember only what is fed into them on punch cards or magnetic tape.

Later Perceptrons will be able to recognize people and call out their names and instantly translate speech in one language to speech or writing in another language, it was predicted.

Mr. Rosenblatt said in principle it would be possible to build brains that could reproduce themselves on an assembly line and which would be conscious of their existence.

In today's demonstration, the "704" was fed two cards, one with squares marked on the left side and the other with squares on the right side.

Learns by Doing

In the first fifty trials, the machine made no distinction between them. It then started registering a "Q" for the left squares and "O" for the right squares.

Dr. Rosenblatt said he could explain why the machine learned only in highly technical terms. But he said the computer had undergone a "self-induced change in the wiring diagram."

The first Perceptron will have about 1,000 electronic "association cells" receiving electrical impulses from an eye-like scanning device with 400 photo-cells. The human brain has 10,000,000,000 responsive cells, including 100,000,000 connections with the eyes.

그림 6.3 ▸ 1958년 뉴욕 타임즈의 퍼셉트론 기사

기호주의와 연결주의

1950년대의 인공지능 연구 주류는 기호주의(Symbolism)와 연결주의(Connectionism) 분야이다. 기호주의는 인간의 지능과 지식을 기호화하여 학습시키는 방법이며, 연결주의는 두뇌 신경 조직을 모형화하고 여러 신경을 네트워크 구조로 연결해 연결 강도를 학습시키는 방법이다.

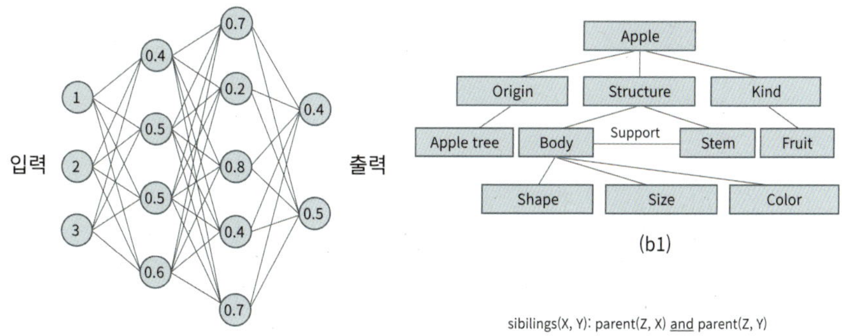

(a) (b2)

그림 6.4 ▸ 연결주의(a)와 기호주의(b1, b2)

1950년대 초반에는 현실적으로 실현 가능한 기호주의 분야가 관심을 더 받고 있었다. 지식을 기호로 논리적으로 표현하고 문제를 해결하려는 기호주의의 대표적 연구 분야는 전문가 시스템이다. 전문가 시스템(experts system)은 특정 분야에 전문가가 지닌 지식과 경험 및 노하우를 컴퓨터에 정리·표현해 빠른 시간에 전문지식을 이용할 수 있도록 하는 인공지능의 한 분야이다. 최초의 전문가 시스템은 1965년에 파이겐바움(Feigenbaum)이 개발한 덴드럴(Dendral)로 분자의 구조를 추정하는 전문가 시스템이다.

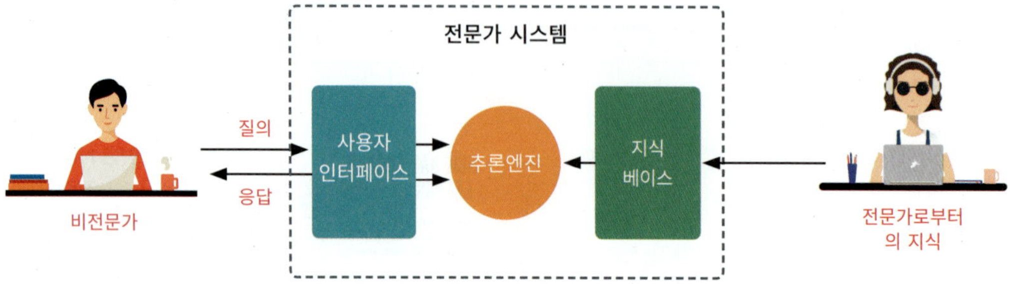

그림 6.5 ▸ 전문가 시스템

인공지능의 첫 번째 겨울

1969년 기호주의의 마빈 민스키(Marvin Minsky)와 시모어 페퍼트(Seymour Papert)는 퍼셉트론이 XOR 같은 문제도 해결할 수 없다고 증명했다. 더불어 퍼셉트론을 여러 층 쌓은 다층 퍼셉트론(MLP: Multilayer Perceptron)이 이 문제를 해결할 수 있지만 이를 학습시킬 방법이 없다고 지적했다. 이 'XOR문제' 이후에 민스키의 기호주의 학문으로 관심이 집중되는 계기가 되었으나, 기호주의도 한계에 도달하면서 이후 인공지능은 연구 자금 지원이 위축되는 침체기를 겪게 되었다. 1970년대에 걸쳐 이어졌던 이 침체기를 인공지능의 첫 번째 겨울이라고 부른다.

1. AND GATE

x_1	x_2	y
0	0	0
1	0	0
0	1	0
1	1	1

2. NAND GATE

x_1	x_2	y
0	0	1
1	0	1
0	1	1
1	1	0

3. OR GATE

x_1	x_2	y
0	0	0
1	0	1
0	1	1
1	1	1

4. XOR GATE

x_1	x_2	y
0	0	0
1	0	1
0	1	1
1	1	0

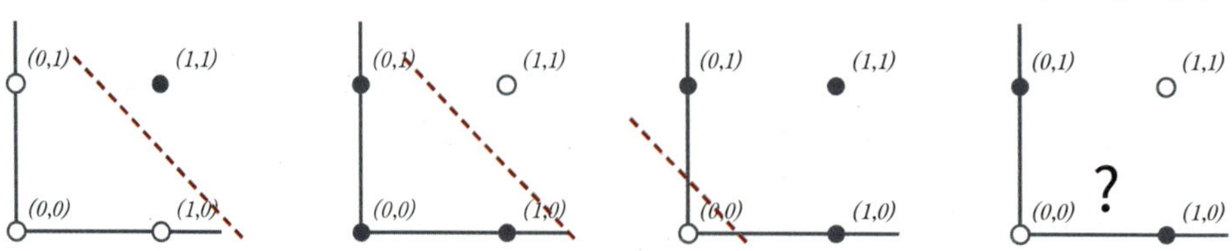

그림 6.6 ▸ 퍼셉트론의 XOR 문제

인공지능의 첫 번째 겨울에서 다시 활성화 시킨 것은 기호주의의 전문가 시스템의 발전이다. 스탠포드 대학에서 개발한 전문가 시스템 마이신(MYCIN, 1972~1980)은 감염성 질병을 진단하고 항생제를 처방하는 대화형 시스템이 대표적이다.

오차역전파

1986년 카네기멜론 대학의 제프리 힌튼(Geoffrey Hinton)은 오차역전파(error back-propagation) 알고리즘으로 층(layer)이 많은 다층 퍼셉트론을 학습시키는 데 성공한다. 1989년 얀 르쿤(Yann LeCun)은 손으로 작성된 우편물의 우편번호를 인식하여 자동으로 분류할 수 있는 프로그램을 개발하여 90%의 정확도로 손글씨를 인식할 수 있었다.

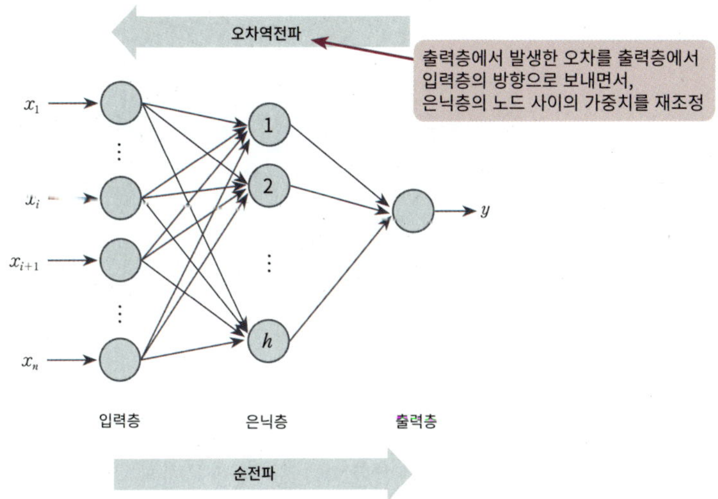

그림 6.7 ▸ 오차역전파 개념

인공지능의 두 번째 겨울

1990년대에 접어들면서 입력 데이터에서 특징의 수가 증가하고, 구조가 복잡해지면서 여러 문제가 발생하게 된다. 인공신경망에서 뉴런 층이 많아질수록 예상과는 달리 여러 문제(경사 소실(Vanishing Gradient), 과적합(overfitting), 극소(local minimum) 등)로 학습이 제대로 이루어지지 않자 인공신경망 분야는 2000년대 중반까지 또 한번의 겨울을 맞이하게 된다.

1995년 이후에 활성화된 머신러닝의 서포트 벡터 머신(SVM: Support Vector Machine)과 결정트리(decision tree), 랜덤 포레스트(random forest)는 인공신경망보다 간단하면서도 더 좋은 성능을 나타내기 시작했다. 머신러닝은 컴퓨터가 대량의 데이터를 기반으로 스스로 학습하고 통계적인 결과를 도출하는 인공지능의 한 분야이다.

딥러닝의 중흥기

1998년, 얀 르쿤은 이미지 처리 분야 등에 널리 활용되는 합성곱 신경망(CNN: Convolutional Neural Network)이라는 새로운 기술을 발표했다. 2006년, 힌튼은 여러 기술적 해결책을 제시해 심층 신경망도 학습이 가능하다는 것을 밝혀낸다. 이를 계기로 힌튼은 신경망(neural network)에 deep을 붙여 심층신경망(DNN: Deep Neural Network)이라는 용어를 사용하면서 본격적인 딥러닝(deep learning) 시대가 찾아왔다.

2012년 구글 브레인과 스탠포드의 앤드류 응(Andrew Ng) 교수가 개발한 딥러닝 모델은 유튜브의 1000만 마리 고양이 얼굴을 인식하였다. 2012년 이미지 분류 경진대회인 ILSVRC 대회에서 CNN 기반의 알렉스넷(AlexNet)은 이미지 인식 오차율이 15%로 다른 팀에 비해 무려 10%가 낮은 기록으로 우승했다.

그림 6.8 ▸ ILSVRC(ImageNet Large Scale Visual Recognition Challenge) 경진대회 자료 이미지넷

2016년 3월, 구글 딥마인드의 알파고(AlphaGo)는 세계 정상급 프로기사 이세돌에게 4:1로 승리하면서 인공지능이란 용어를 우리들에게 각인시켰고 사람들은 인공지능의 발전에 두려움까지 느끼게 되었다. 발전을 거듭한 인공신경망은 다양한 분야에서 머신러닝을 비롯한 어떠한 인공지능 분야보다도 좋은 성능을 보여주고 있다.

지금까지 살펴본 인공지능의 역사를 요약하면 다음과 같이 1970년대의 첫 번째 겨울과 1990년대 두 번째 겨울을 거쳐 현재 인공지능이 가장 활성화된 시기를 지나고 있다.

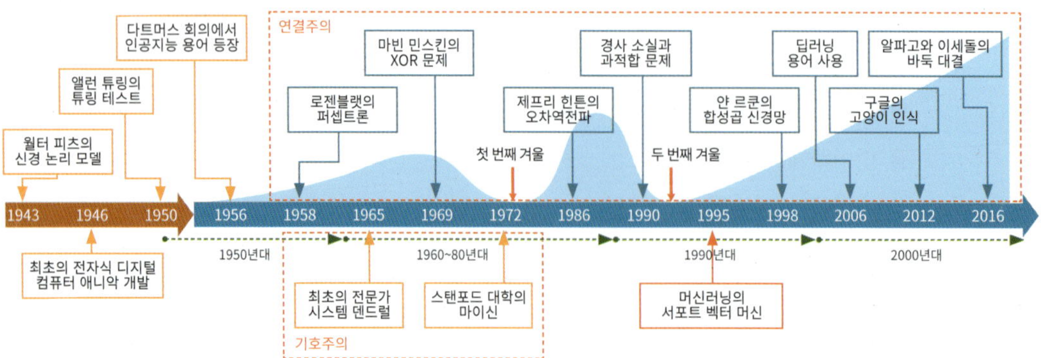

그림 6.9 ▸ 인공지능의 역사

3. 일상에서의 인공지능

음성인식과 번역, 자연어처리

'내일 아침 6시에 알람 켜줘'로 스마트폰에 알람을 설정하는 것은 일상이 되었다. 모두 인공지능의 음성인식 기술 덕분이다. 애플의 시리(Siri)와 안드로이드의 구글 나우(Google Now), 삼성전자의 빅스비(Bixby) 모두 음성인식 소프트웨어이다. 마이크로소프트도 코타나(Cortana)라는 음성인식 개인비서를 제공한다. 윈도우 10에서는 아직 한국어를 제공하지 않아 지역을 미국으로, 언어를 영어로 설정하고 직접 영어로 'open file explorer'라고 명령하면 파일 탐색기를 열 수 있다. 윈도우 11에서는 윈도우 로고 키 + H를 누르면 새 음성 입력 인터페이스가 뜨는데 거기서 한국어 받아쓰기가 지원된다.

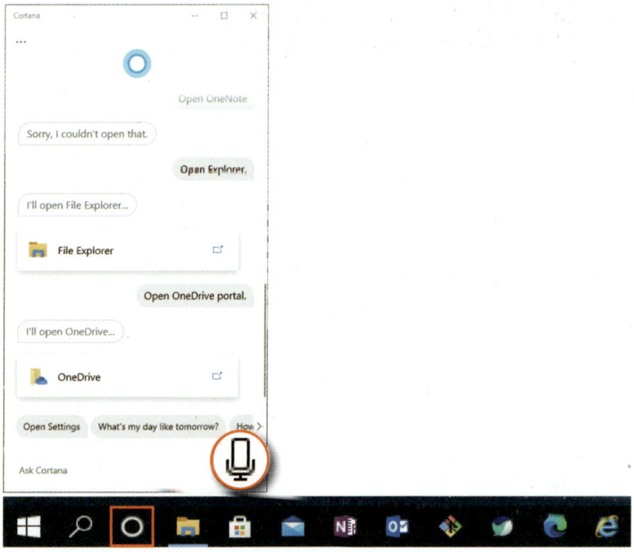

그림 6.10 ▸ 윈도우 음성인식 코타나

예전과 달리 이제 유튜브에는 동영상이 매우 다양하고 학습을 위한 동영상도 많다. 영어 동영상도 주저할 필요가 없다. 물론 아직 부자연스럽지만 한글로 번역되는 자막이 제공된다. 구글 크롬이나 네이버 웨일 등 대부분의 브라우저는 자동 번역을 제공한다. 특히 네이버 웨일은 브라우저에 듀얼 탭을 제공해 같은 페이지를 영어와 한글로 사용하면 매우 편리하다.

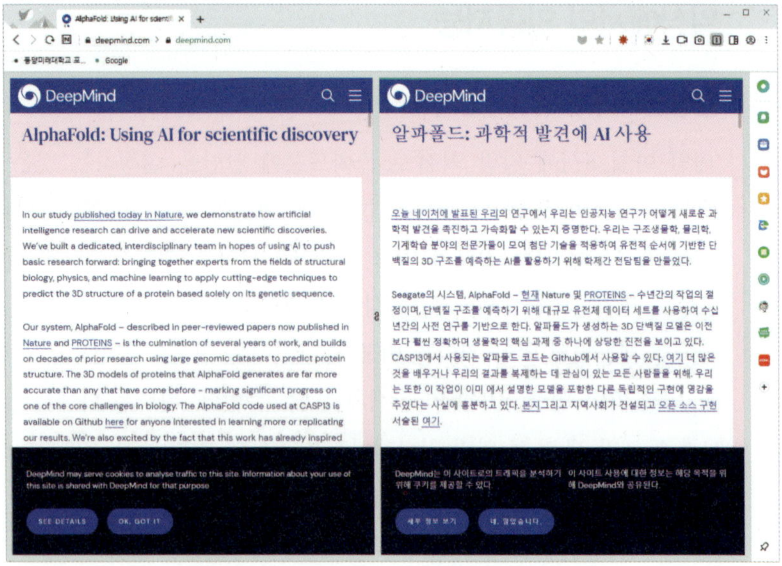

그림 6.11 ▸ 네이버 웨일의 듀얼 탭을 사용한 번역

영상인식과 의료영상 분석

코로나로 인해 백화점이나 식당 입구에서 얼굴을 인식해 온도를 측정하는 기기를 흔히 볼 수 있게 되었다. 인공지능의 이미지 분석은 의료영상 분석 및 인식 분야에 널리 활용되고 있다. 인공지능 기술은 환자의 흉부 엑스레이 사진을 인공지능 기술로 분석해 주요 폐 질환을 97%의 정확도로 검출해낸다.

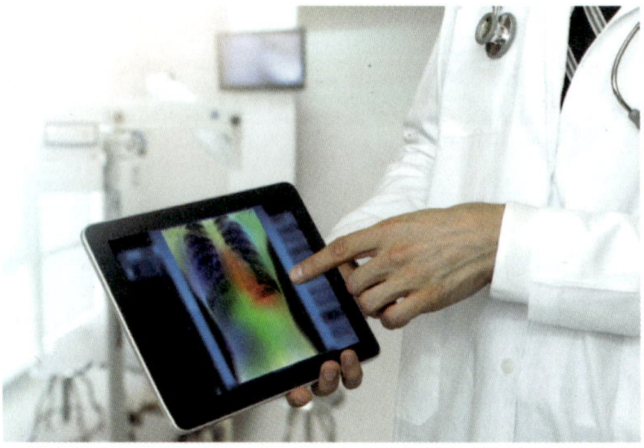

그림 6.12 ▸ 인공지능 기술로 폐 질환 분석

소설과 작곡 등의 예술 분야

GPT(Generation Pre-trained Transformer)는 OpenAI(openai.com)사가 개발한 자연어처리 인공지능 모델이다. OpenAI는 일론 머스크(Elon Musk)와 샘 알트먼(Sam Altman)이 세운 인공지능 연구소로 인류에게 이익을 주는 인공지능 연구를 목표로 하는

비영리단체이다. 2018년에 처음 공개된 GPT-1에 이어 2019년에 GPT-2, 2020년에 공개한 GPT-3는 각종 언어 관련 문제풀이, 소설쓰기, 간단한 사칙연산, 번역, 주어진 문장에 따른 웹페이지 코딩과 리액트(react) 코딩이 가능하다고 한다.

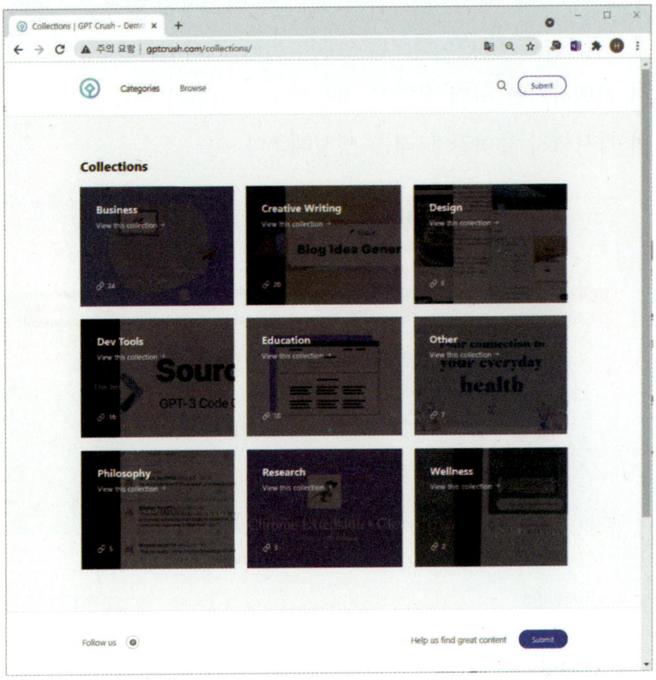

그림 6.13 ▸ GPT-3의 사례 홈페이지(gptcrush.com)

불과 1년 만에 성장한 GPT-3는 인공지능 모델의 복잡도를 의미하는 매개변수(parameters) 수가 1,750억 개이다. GPT-2의 매개변수가 15억 4,200만 개 정도라니 100배 이상 복잡한 GPT-3가 사과라면 GPT-2는 건포도로 비유할 수 있다. 인간의 뇌 신경은 뉴런을 연결하는 1,000조 개의 시냅스로 구성되었으니 인공지능 모델의 매개변수가 인간 뇌의 시냅스와 같지는 않지만 비슷한 복잡도를 가질 날도 얼마 남지 않았다.

그림 6.14 ▸ 인간 골격으로 대표되는 GPT-2와 티라노사우르스 렉스의 뼈로 근사한 GPT-3의 대략적인 크기 비교

인공지능은 음악과 미술 등의 예술 분야에도 도전하고 있다. 순환 신경망이라고 부르는 RNN(Recurrent Neural Network) 기술은 시간에 연속적인 데이터를 학습해 이전 데이터를 기반으로 다음 값을 예측한다. 이러한 인공지능의 RNN 기술을 음악의 작곡에 활용할 수 있다. 대표적인 음악 분야의 인공지능 활용은 OpenAI의 뮤즈넷(MuseNet)과 주크박스(JukeBox)이다. 뮤즈넷은 음악 스타일을 지정하고 약 10개가 넘는 악기 중에서 선택하기만 하면 음악을 자동으로 작곡한다. 주크박스는 음악 장르와 가수를 지정하면 가사까지 들어간 노래를 생성해준다.

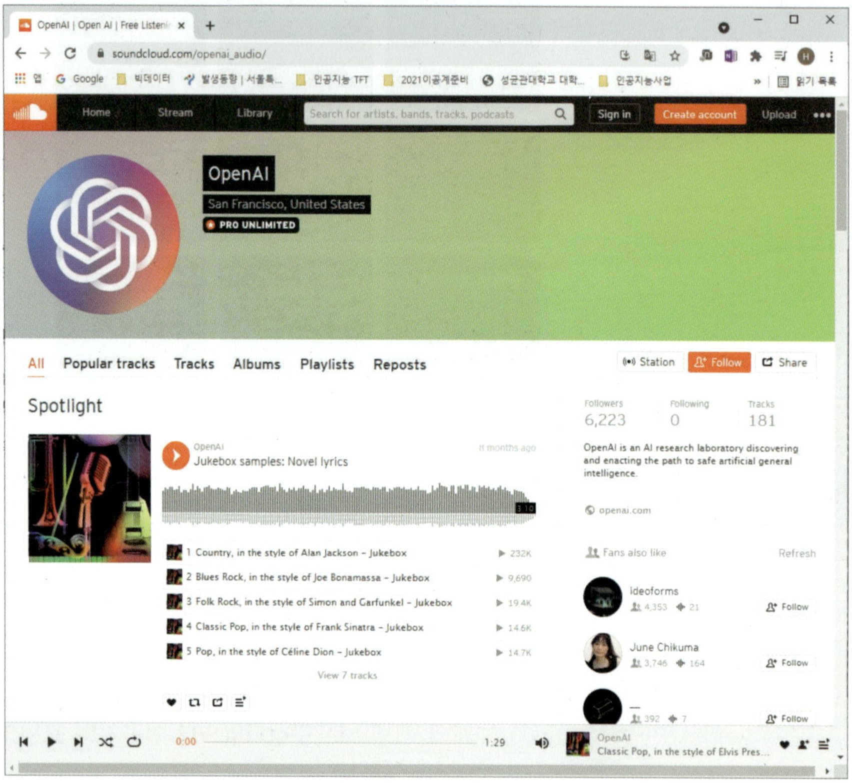

그림 6.15 ▸ OpenAI의 뮤즈넷과 주크박스

이미지와 동영상 모방 생성

이안 굿펠로(Ian Goodfellow)가 만든 생성적 적대 신경망(GAN: Generative Adversarial Network)이 활용되면서 인공지능은 모방과 창조가 가능해졌다. 2017년, 버클리 대학 인공지능연구소는 GAN 구조에 원래 이미지의 형태를 잘 유지할 수 있는 조건을 추가한 순환 GAN(cycleGAN) 모델을 개발했다. 주어진 사진을 모네 화풍의 그림으로 만들어 내기도 하고, 그 반대도 가능하다. 또한 얼룩말과 일반 말을 서로 바꾸고, 여름 산과 겨울 산과의 변환도 가능하다.

그림 6.16 ▸ cycleGAN을 통한 이미지 변환

다음은 cycleGAN을 활용해 유명 화가의 작품을 학습시켜 주어진 사진을 모네와 고흐 등 유명 화가의 화풍으로 변환한 결과이다.

그림 6.17 ▸ 사진을 유명 화가의 화풍으로 변환

딥페이크(deep fake)는 원본 이미지나 동영상 위에 다른 영상을 중첩하거나 결합하여 원본과는 다른 콘텐츠를 생성하는 기술이다. 2017년 워싱턴대학교 컴퓨터공학부 연구팀은 오바마의 목소리에 맞춰 립싱크로 말하는 '오바마 AI'를 만들었다. 오바마 대통령의 실제 연설에서 음성을 추출한 후, 음성에 맞게 입 모양과 표정을 학습시켜 새로운 영상을 만들어냈다. 다음의 오른쪽 동영상이 인공지능이 만든 영상이다. 딥페이크는 산업적 활용가치가 높아 영화 음반 등 다양한 분야에서 활용이 가능하다. 하지만 가짜 뉴스 등의 심각한 문제도 있다.

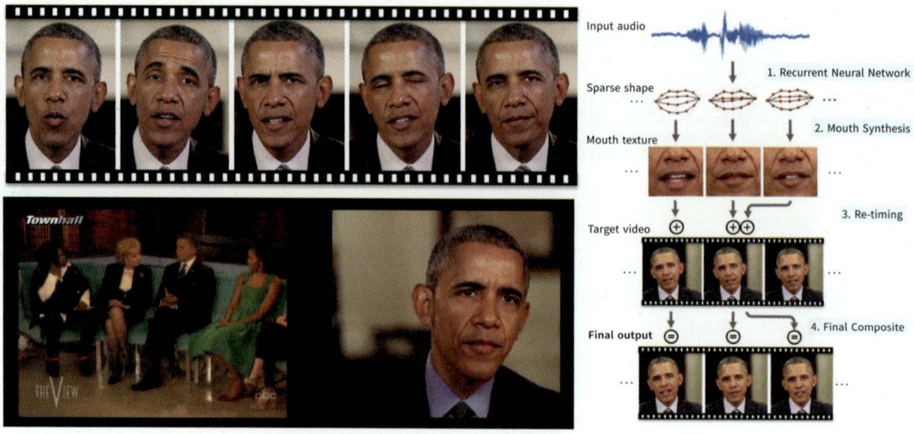

그림 6.18 ▸ 오바마 생성 영상과 합성 과정

추천서비스, 이상 감지 등에 사용되는 인공지능

유튜브나 넷플릿스를 어느 정도 사용하면 계속 내가 좋아할 만한 영상이 계속 추천된다. 이러한 온라인상에서 나도 모르게 개인의 취향과 관심에 맞는 것을 찾아주는 개인화된 맞춤형 추천서비스는 이제 일상이 되었다. 인공지능은 관련 콘텐츠를 추천하기 위해 자신의 선택 이력과 다른 사용자의 선택 이력 자료를 기반으로 학습을 통해 개인화된 맞춤형 추천서비스가 가능하다.

광고성의 스팸 메일이 예전보다 훨씬 줄어 들었다. 인공지능을 사용하여 스팸 메일을 걸러 주기 때문이다. 또한 여러 컴퓨터에서 메일을 사용하면 자신이 맞는지 확인하기도 한다. 인공지능을 사용해 계정에 이상 활동을 점검하는 과정이다. 카드나 은행의 부적절한 거래도 인공지능에 의해 감지될 수 있다.

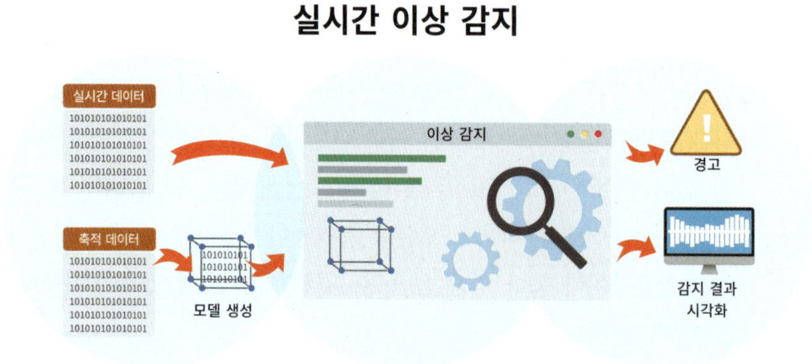

그림 6.19 ▸ 이상 감지 과정

앞에서 살펴본 것처럼 인공지능은 이미지 인식, 자연어 번역, 의료진단, 주식 시장 거래, 자율주행, 상품 추천, 교통량 예측, 스팸 메일 및 악성코드 필터링, 개인비서, 온라인 이상 탐지, 음성인식 등 우리 일상의 여러 분야에 활용되고 있다.

그림 6.20 ▸ 일상에서의 인공지능

4. 인공지능의 미래와 윤리 강조

인공지능의 미래 '특이점' 순간

향후 언제 인간의 뇌를 능가하는 인공지능이 나올까? 스마트폰과 자율주행차를 예언한 미래학자 레이 커즈와일(Ray Kurzweil)은 2029년에 가능할 것으로 예측한다. 많은 미래학자들은 늦어도 21세기 내에는 인공지능이 인간의 두뇌를 따라잡을 것으로 본다. 바로 인공지능이 인간 뇌의 능력을 넘어서는 순간을 '특이점(Singularity)'이라 한다. 특이점이란 말은 1950년대 처음 등장했다. 컴퓨터과학자 폰 노이만은 '기술의 가속된 발전으로 인해 인류의 삶을 완전히 바꿀 변곡점'을 『기술적 특이점』으로 정의했다.

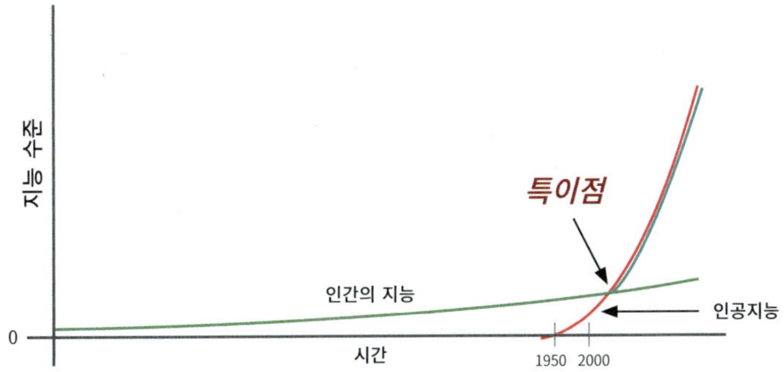

그림 6.21 ▸ 특이점(Singularity)

커즈와일은 '인공지능은 향후 인류와 함께 살아가는 도구로 우리의 지적·신체적 한계를 넓혀주는 역할을 하며, 인류의 어려운 문제 해결을 도와주는 도구'로 인공지능을 사용할 수 있다고 본다. 한 예로 모든 언어를 정확하게 번역해주는 인공지능으로 전 인류는 편히 소통할 수 있게 될 것이다.

인공지능 윤리

인공지능은 우리에게 한없이 혜택만을 줄 것인가? 테슬라의 일론 머스크(Elon Musk)는 "인공지능은 인류를 파멸로 이끌 것이다."라고 말하고, 페이스북의 마크 저커버그(Mark Zuckerberg)는 "인공지능은 우리 삶을 더 좋게 만들어줄 것이다."라고 한다. 현재의 기술로도 인공지능은 우리 사회에 많은 혜택을 주고 있으며 동시에 우리에게 해를 끼칠 수 있다. 또한 발전을 거듭하고 있는 인공지능이 가져올 예상하지 못한 사회적·윤리적인 걱정과 두려움이 있는 것도 사실이다. 그러므로 진화하고 있는 인공지능의 위험 가능성을 신속하게 인식하고 해결해야 한다. 또한 기술 발전으로 인공지능의 사회적 행동이 가능해질 것으로 전망됨에 따라 인공지능이 지켜야 할 행동 규범인 인공지능 윤리에 대한 이슈가 부각되고 있다.

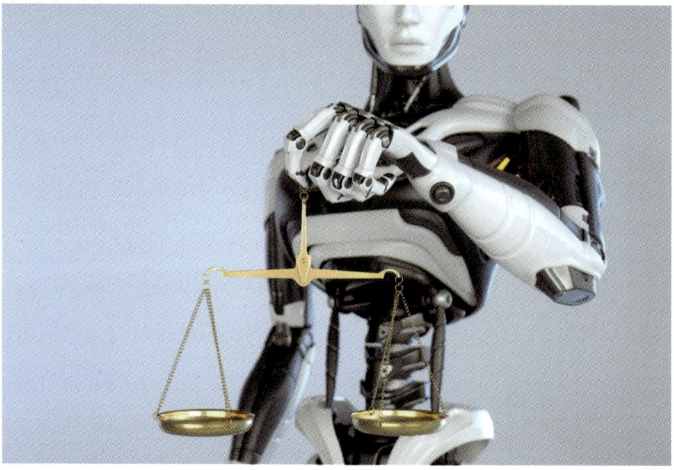

그림 6.22 ▸ 인공지능의 윤리

인공지능 윤리는 인공지능 기술의 개발 및 배포에서 도덕적 행동을 안내하기 위해 널리 인정되는 옳고 그름에 대한 가치, 원칙 및 기술로 구성된다. 한 예로 로봇 윤리는 로봇이 장기적으로 인간에게 위협이 될 수 있으며, 전쟁에서 킬러 로봇과 같은 일부 로봇을 사용하는 등에 대한 도덕적 윤리를 말한다. 로봇이나 자율주행 차량과 같은 다양한 인공지능 시스템이 인간과 상호작용에서 윤리적으로 허용되는 행동을 보일 수 있음을 보장해야 할 것이다.

6.2 머신러닝과 딥러닝

1. 인공지능과 머신러닝, 딥러닝

인공지능이라는 용어가 나올 때마다 항상 함께 나오는 머신러닝과 딥러닝은 무엇이고 어떻게 다를까? 인간의 지능을 구현하고자 하는 인공지능이 가장 큰 범주이고, 그 다음이 머신러닝, 머신러닝의 여러 분야 중에서 2010년 이후 현재의 인공지능 붐을 주도하고 있는 기술이 심층신경망인 딥러닝(deep learning)이다.

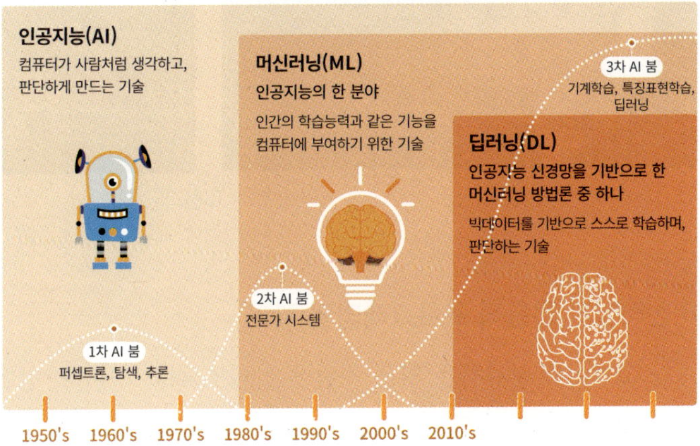

그림 6.23 ▸ 인공지능과 머신러닝, 딥러닝의 이해

인공지능이 컴퓨터과학의 한 연구분야라면 머신러닝은 1980년대부터 본격적으로 발전된 데이터를 기반으로 기계 스스로 학습하는 인공지능의 한 분야이다. 마찬가지로 딥러닝은 머신러닝의 한 방법으로 퍼셉트론으로 구성된 인공신경망으로 여러 단계의 심층학습을 통하여 스스로 학습하는 기술이다.

머신러닝의 정의와 이해

1959년 아서 사무엘(Arthur Samuel)이 머신러닝(machine learning)이라는 용어를 처음 사용해 대중화시켰다. 2016년 사무엘은 머신러닝을 다음과 같이 정의했다.

> "머신러닝은 컴퓨터가 인간처럼 학습하고 행동하도록 하는 과학이며, 관찰 및 실제 단어의 상호작용 형태로 데이터와 정보를 제공함으로써 시간이 지남에 따라 자율적으로 학습을 향상시키는 과학이다."

기계학습이라고도 부르는 머신러닝은 주어진 데이터를 기반으로 기계가 스스로 학습하여 성능을 향상시키거나 최적의 해답을 찾기 위한 지능적 학습 방법이다. 과거의 방법이 외부에서 학습 방법을 알려준다면 머신러닝은 스스로 데이터를 반복적으로 학습하여 기술을 터득하는 방식이다. 즉 머신러닝은 명시적(explicit)으로 프로그래밍을 하지 않아도 컴퓨터가 학습을 할 수 있도록 해주는 인공지능의 한 형태이다. 머신러닝에서 데이터는 매우 중요한데 더 많은 데이터가 유입되면 컴퓨터는 학습을 더 많이 하고, 시간이 흐르면서 스마트해져서 작업을 수행하는 능력과 정확도가 향상된다.

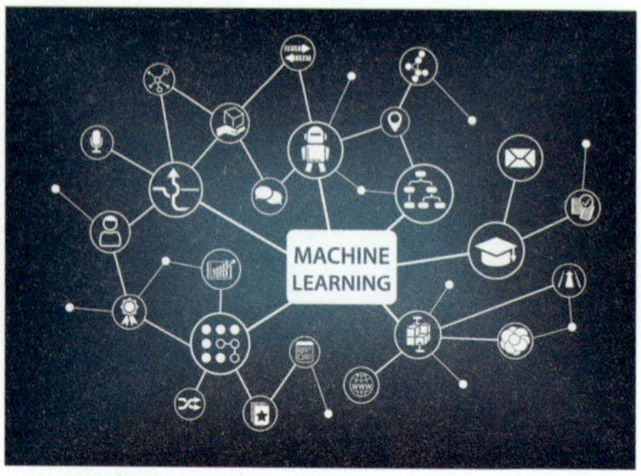

그림 6.24 ▸ 머신러닝 개념

머신러닝과 전통적 프로그래밍의 차이

개와 고양이를 분류하는 일은 사람에겐 너무 쉬운 일이다. 만일 컴퓨터에게 개와 고양이의 분류를 맡긴다면 어떨까? 우리가 지금까지 배운 전통적 프로그래밍 방식으로 이 문제를 해결하려면 개와 고양이 생김새의 특징을 세부적으로 코딩해 분류해야 한다. 개와 고양이의 외모 특징 자체를 찾는 것도 쉬운 문제가 아니다. 그러므로 이러한 전통적 방식의 코딩 결과는 좋지 않다. 우리 인간이 어린 시절 부모 도움의 학습으로 개와 고양이를 자연스럽게 분류하듯이 머신러닝은 개와 고양이 사진에서 반복되는 패턴을 인지해 스스로 학습하는 방식으로 개와 고양이 분류 문제를 해결한다.

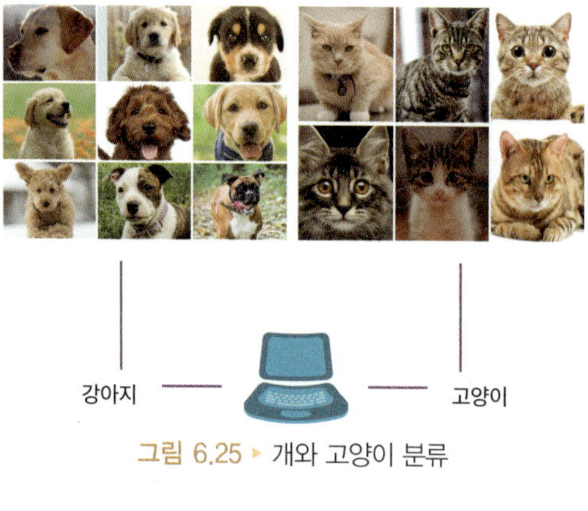

그림 6.25 ▸ 개와 고양이 분류

전통적인 프로그래밍은 프로그래머가 직접 작성한 프로그램에 입력 데이터를 사용하고 프로그램을 실행하여 출력을 생성한다. 반면 스스로 데이터를 반복적으로 학습하여 기술을 터득하는 방식인 머신러닝 학습에서는 입력 데이터와 정답이 있는 출력이 알고리즘에 공급되어 프로그램(모델)을 생성한다. 머신러닝은 명시적으로 프로그래밍(explicit programming)을 하지 않아도 알고리즘이 데이터에서 학습을 해 자동으로 규칙을 공식화할 수 있다. 즉 머신러닝 모델을 통해 미래의 결과를 예측할 수 있다.

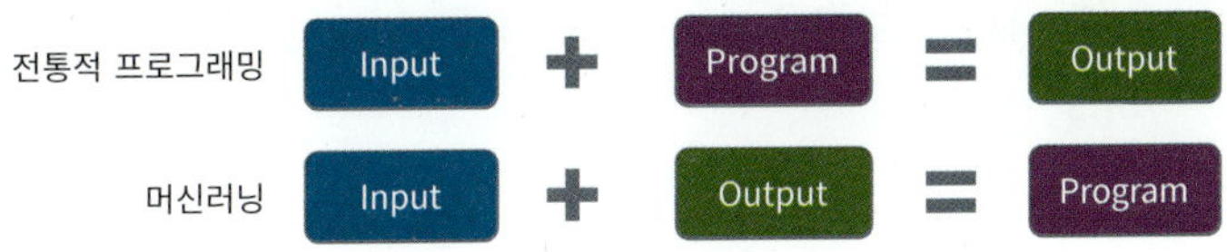

그림 6.26 ▸ 전통적 프로그래밍과 머신러닝의 차이

2. 머신러닝 절차와 주요 용어

머신러닝 수행 과정

머신러닝의 수행 과정을 살펴보자. 첫 번째 단계는 데이터 수집이다. 수집된 데이터의 품질과 양에 따라 예측 모델의 성능이 결정되기 때문에 머신러닝 과정에서 가장 중요한 단계이다. 다음은 데이터 전처리 단계이다. 데이터 수집에서 얻은 자료는 값이 빠져 있거나 잘못된 값이 들어 갈 수 있다. 데이터 전처리 단계에서는 누락된 값을 채우고 이상 값을 수정하거나 제거하며, 잘못된 값은 수정하는 데이터 정리가 필요하다. 또한 데이터 특성마다 차이가 너무 크면 머신러닝 모델에 따라 값을 비슷한 크기로 고르는 정규화(normalization) 과정도 필요하다. 모델의 계산에 적합한 자료구조로 만들고 필요하면 기초 자료로 새로운 자료를 생성하는 등의 데이터 변환 작업이 필요하다. 다음은 적절한 머신러닝 모델을 생성해 데이터로 학습시키는 모델 학습 단계이다. 그 다음은 학습된 모델의 성능을 시험하고 보다 좋은 결과를 위한 성능 개선 단계도 필요하다. 마지막 단계는 데이터와 머신러닝 과정 그리고 예측 결과를 보기 좋게 시각화하는 과정이다.

그림 6.27 ▸ 머신러닝 수행 과정

데이터와 특징

머신러닝은 데이터에 숨겨진 정보를 찾는 분야로 데이터가 무엇보다 중요하다. 머신러닝의 데이터는 데이터 집합(data set)이라고도 부른다. 머신러닝에서 사용될 수 있는 중고 자동차 데이터로 예를 들어 보자. 이 자료는 자동차의 제조사와 모델, 색상, 사용기간, 배기량, 주행거리, 연료, 신차가격, 중고가격 등 9개의 열이 있는 엑셀의 테이블 형태 자료이다. 실제 중고 자동차 개개의 자료인 행을 표본(sample), 인스턴스(instance) 또는 데이터 포인터(data pointer)라 한다. 데이터 수인 행 수가 표본 수(# of samples)이다.

특징 $X_1, X_2, X_3, \cdots$ 정답(label) Y

	제조사	모델	색상	사용기간	배기량	주행거리	연료	신차가격	중고가격
1	현대	제네시스	흰색	5.6	3,200	78,000	가솔린	50,000,000	12,000,000
2	기아	카니발	검정색	3.0	2,100	30,000	디젤	45,000,000	1,300,000
3	르노삼성	SM6	회색	2.2	1,300	2,000	가솔린	37,000,000	1,000,000
4	쌍용	티볼리	흰색	7.3	1,450	63,000	가솔린	41,000,000	5,300,000
					…				
100	쉐보레	말리부	빨간색	4.5	1,320	44,000	가솔린	39,000,000	2,700,000

표본 수 100

그림 6.28 ▸ 머신러닝에서 사용되는 전형적인 테이블 형태의 데이터

데이터를 수집하다 보면 여러 가지 사유로 값이 빠지거나 이상한 값이 있을 수 있다. 데이터 값 중에서 정상적인 범주를 벗어난 값을 특이값(outlier)이나 이상치라 한다. 또한 빠진 데이터 값을 결측값(또는 결측치, missing value)이라 한다. 이러한 특이값이나 결측값은 머신러닝 성능에 영향을 미치므로 사전 처리가 필요하다.

만일 제조사와 색상 등의 8개 열로 마지막 열인 중고가격을 예측하고 싶다고 가정하자. 여기서 예측값을 위한 속성인 제조사와 색상 등 8개를 특성(features) 또는 특성 벡터(features vector)라고 한다. 맨 마지막 열(정답)인 중고가격은 예측값 또는 목표(target)값이 된다. 특히 이미 아는 정답을 레이블(label)이라 하며, 정답이 확보된 데이터를 레이블 데이터(labeled data)라 표현한다. 이 특징과 목표값을 수학의 집합으로 표시하면 다음과 같이 표기할 수 있다. 물론 위의 중고 자동차 데이터에서는 목표 값이 중고가격인 y_1 하나인 경우다.

특징 표현이 차수가 높으면
여러 개로 표현

$$X = \{x_1, x_2, x_3, \cdots, x_n\}, Y = \{y_1, y_2, y_3\}$$

그림 6.29 ▸ 데이터의 특성과 정답(레이블)

머신러닝 모델

머신러닝 모델은 내부의 알고리즘으로 특정 유형의 패턴을 인식하여 문제를 해결하도록 고안된 결과물이다. 즉 주어진 문제를 해결하기 위해 데이터로 알고리즘을 학습시키면 바로 머신러닝 모델이 생성된다. 머신러닝 모델은 훈련 과정을 통해 데이터에 가장 적합한 매개변수로 설정된 알고리즘이 준비된다. 머신러닝 모델은 처음엔 몰랐던 매개변수 값을 스스로 학습을 통해 값을 정하게 된다.

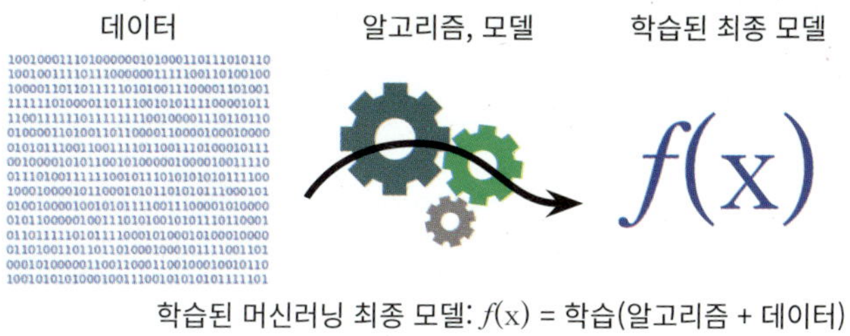

그림 6.30 ▸ 머신러닝 모델

학습 데이터로 훈련시킨 머신러닝 모델은 처음 본 새로운 테스트 데이터에 대해 결과를 예측할 수 있다. 머신러닝은 정답이 붙은 학습 데이터로 모델을 학습시킨다. 학습된 머신러닝 모델은 새로운 테스트 데이터에 대한 결과를 예측한다.

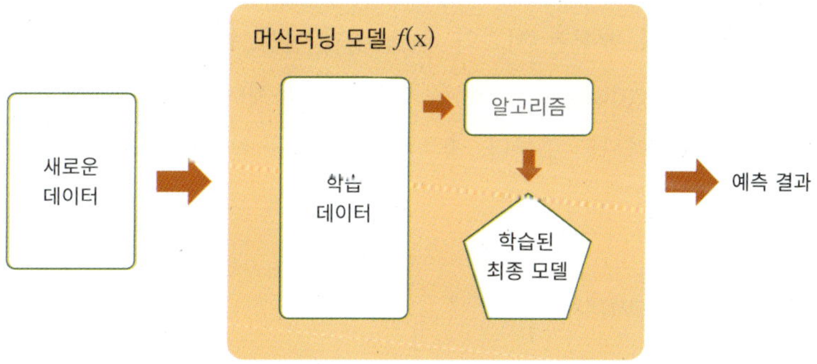

그림 6.31 ▸ 머신러닝 모델과 데이터

학습 데이터와 테스트 데이터

데이터는 크게 학습(훈련) 데이터(training data)와 테스트(검사 또는 시험) 데이터(test data)로 나눈다. 학습 데이터는 학습에 사용되는 데이터이며 테스트 데이터는 학습이 잘 되었는지 최종 검사에 사용되는 데이터다. 마치 학습 데이터는 정답이 있는 참고서 연습문제 시험에, 테스트 데이터는 수능 시험에 비유할 수 있다. 또한, 학습 데이터는 다시 학습 데이터(training data)와 검증 데이터(validation data)로 나눌 수 있다. 검증 데이터는 학습 향상을 점검하기 위해 치르는 모의고사에 비유할 수 있다.

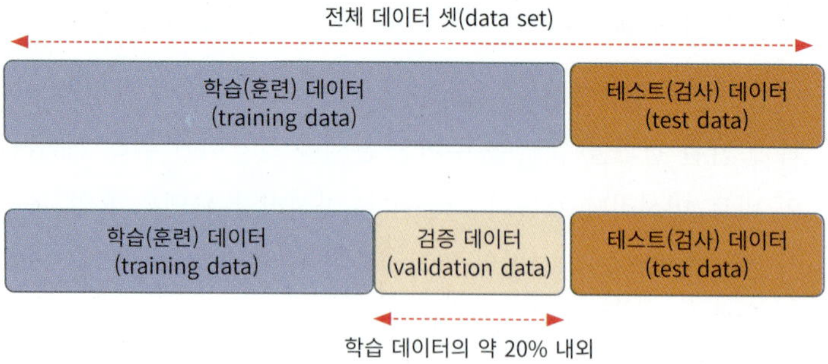

그림 6.32 ▸ 학습 및 검증 데이터와 테스트 데이터

현재 머신러닝 모델이 제대로 학습되고 있는지를 판단하려면 훈련에 사용되지 않은 검증 데이터로 모델의 정확도(accuracy)나 손실함수(loss function)를 평가해 지속적으로 모델의 성능을 개선할 수 있다. 손실함수란 현재 모델의 예측의 오류 정도를 나타내는 값으로 작을수록 좋은 함수 값이다. 정확도는 예측값과 정답의 일치하는 수준이라고 이해하자.

머신러닝 대상 문제: 회귀와 분류

머신러닝을 통해 해결하고자 하는 문제는 크게 회귀(regression)와 분류(classification)로 나눌 수 있다. 회귀는 가격, 급여, 연령, 온도 등의 연속값(continuous value)을 예측하는 문제다. 분류는 사과와 배, 남성과 여성, 춥거나 더움, 참 또는 거짓과 같은 불연속적인 이산값(discrete value)을 예측하는 문제다. 분류 문제에서 구분해야 할 유형을 클래스(class)라고도 부른다. 즉 남성과 여성을 분류해야 한다면 유형 수(# of classes)는 2이다.

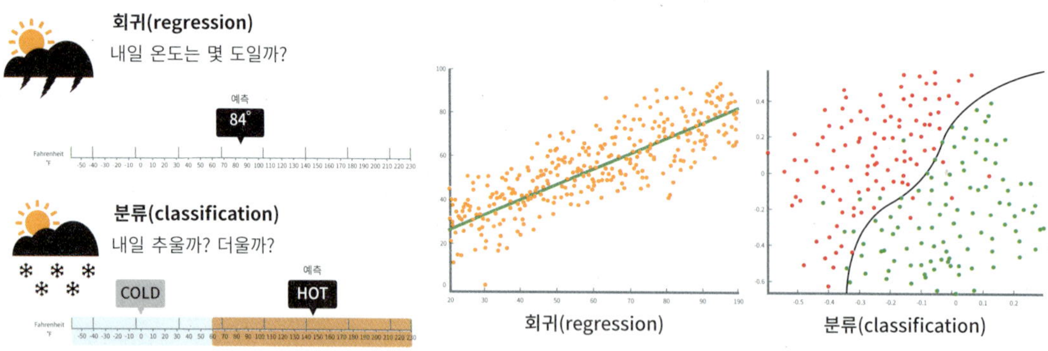

그림 6.33 ▸ 회귀와 분류

매일 보는 일기예보가 회귀 문제의 대표적인 사례이다. 날씨 예측 모델은 현재의 여러 데이터를 기반으로 학습해 내일이나 미래의 날씨와 기온을 예측한다. 분류의 예로는 이메일에서 광고성 스팸(spam)메일을 걸러주는 기능을 들 수 있다. 스팸메일 분류 모

델은 수백만 개의 이메일을 학습해 새 메일을 수신할 때마다 메일의 스팸 여부를 식별한다. 만일 메일이 스팸이면 정해진 스팸 폴더로 이동된다.

실제 회귀 문제는 데이터를 잘 표현할 수 있는 최적의 선(line)을 찾는 과정이다. 또한 분류 문제는 데이터를 분류할 수 있는 결정 경계(decision boundary)를 찾는 과정이다.

표 6.1 회귀와 분류

구분	회귀	분류
예측 값	연속 값	불연속 값
의미	목표 값을 더 정확하게 예측할 수 있는 최적의 선을 찾는 과정	데이터 세트를 여러 클래스로 나눌 수 있는 결정 경계를 찾는 과정
종류	• 선형 회귀 • 비선형 회귀	• 이중 분류(Binary Classifier) • 다중 분류(Multi-class Classifier)
활용	• 날씨 예측 • 주가 예측 • 주택 가격 예측 • 중고 자동차 가격 예측	• 스팸메일 식별 • 음성 인식 • 암세포 식별 • 손글씨 숫자 인식

머신러닝 비지도 학습 문제: 군집화

군집화(clustering)는 정답이 없는 학습인 비지도 학습의 일종으로, 정답이 없이 주어진 데이터들을 유사한 특성을 가진 그룹으로 분리하여 군집(cluster)으로 나누는 일이다. 다음 그림처럼 처음 주어진 정답이 없는 왼쪽의 파란 데이터에서 오른쪽과 같이 주어진 데이터들을 가장 잘 설명하도록 그룹을 찾아내는 것이 군집화의 목적이다. 그룹인 클러스터의 수는 알고리즘에 따라 미리 결정된 수일 수 있다. 군집화는 고객의 성향을 분석해 비슷한 성향의 고객끼리 군집으로 나누는 고객 세분화 등에 활용될 수 있다.

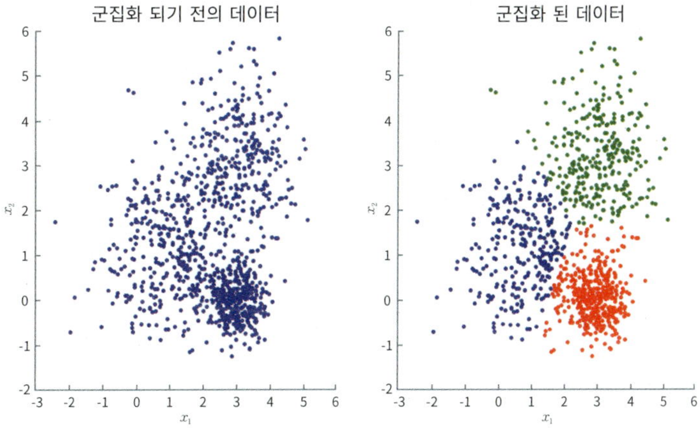

그림 6.34 ▸ 군집화 과정(i.stack.imgur.com/clDB3.png)

3. 다양한 머신러닝 기술 분야

머신러닝 분류

머신러닝은 용어 의미대로 '컴퓨터가 스스로 학습하여 문제를 해결하는 방법'을 의미한다. 머신러닝은 지도 학습과 비지도 학습, 반지도 학습 그리고 강화 학습으로 나뉜다.

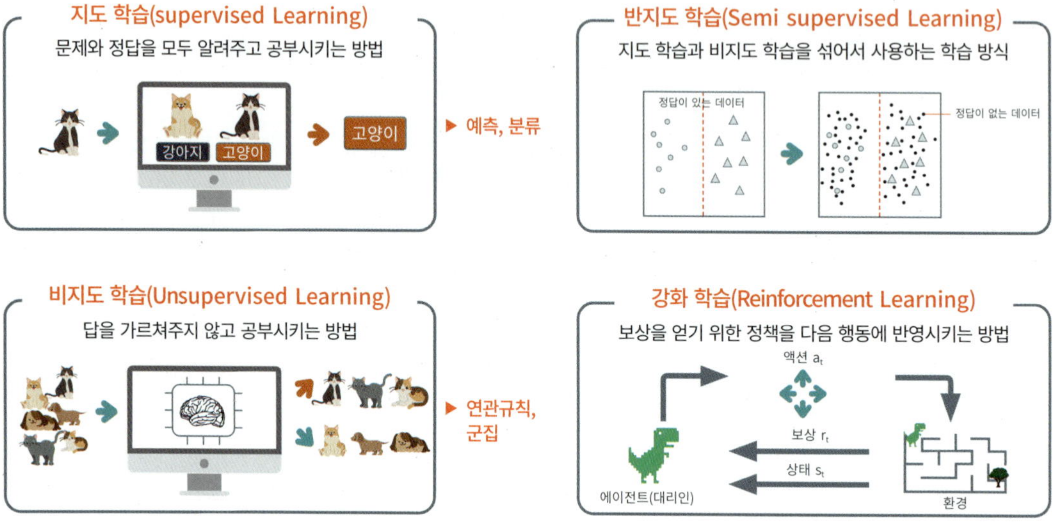

그림 6.35 ▸ 머신러닝의 종류

지도 학습과 활용

지도 학습(supervised learning)이란 정답이 있는 훈련 데이터(labeled data)로부터 입출력 간의 함수인 모델을 학습시키는 방법이다. 훈련 과정에서 입력값 X_data가 주어지면 입력값에 대한 정답(label)인 Y_data로 학습시킨다.

지도 학습으로 분류와 회귀 문제를 해결한다. 분류는 주어진 데이터를 정해진 정답 유형에 따라 분류하는 문제를 말한다. 다음 그림은 사과와 배, 오렌지를 분류하는 지도 학습을 나타낸다.

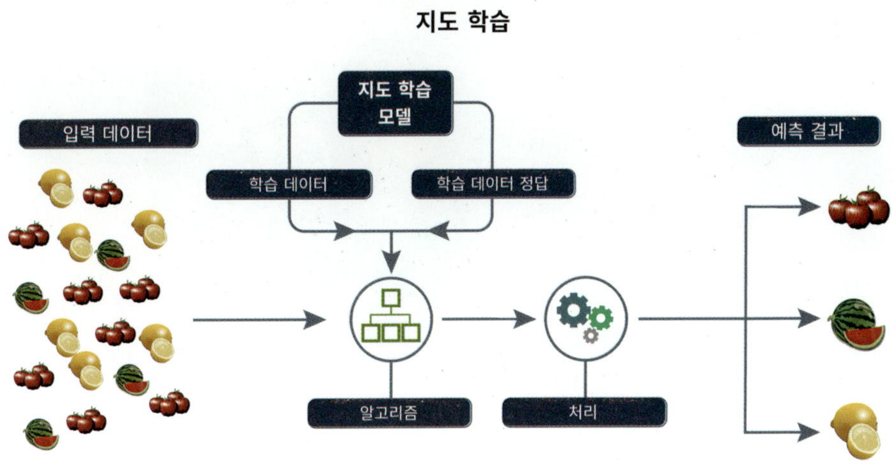

그림 6.36 ▸ 지도 학습으로 분류 문제 해결

회귀(regression)는 입력 데이터로부터 연속된 출력값을 예측하는 문제이다. 예를 들어 키로부터 몸무게를 예측하거나 시역과 평형으로 아파트 값을 예측하는 문제가 회귀 문제이다.

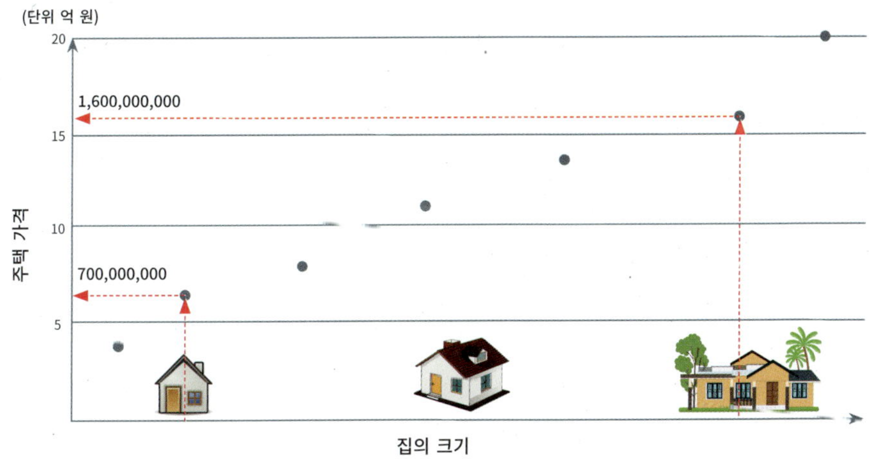

그림 6.37 ▸ 회귀 사례, 집값 예측

지도 학습의 한 활용사례를 알아보자. 지도 학습은 신용카드 부정사용 감지에 사용되고 있다. 고객의 신용카드 사용 습관을 분석해 의심스러운 사용을 실시간으로 감지할 수 있다. 의심스러운 카드 사용에 대해 거래가 완료되기 전 카드 사용을 중지시키거나 소지자에게 거래 확인을 통해 신용카드 사기 사용을 미연에 방지할 수 있다.

그림 6.38 ▸ 지도 학습 활용 사례: 신용카드 부정사용 방지

비지도 학습과 활용

비지도 학습(unsupervised learning)은 정답이 없는 훈련 데이터(unlabeled data)를 사용하여 데이터 내에 숨어있는 어떤 관계를 찾아 내는 방법이다. 비지도 학습은 지도 학습과는 달리 정답 레이블이 없는 데이터를 비슷한 특징끼리 군집화해 새로운 데이터에 대한 결과를 예측하는 방법이다. 정답이 없는 데이터로부터 패턴이나 형태를 찾아야 하기 때문에 지도 학습보다 더 어렵다고 할 수 있다. 준지도 학습이라고도 부르는 반지도 학습(semi-supervised learning)은 지도 학습과 비지도 학습을 섞어서 사용하는 학습 방식이다.

비지도 학습의 대표적인 종류는 군집화(clustering)이다. 예를 들어 다음 그림처럼 여러 과일의 사진에서 각각의 사진 데이터에 대해 색깔이 무엇인지, 모양이 어떠한지 등에 대한 특징을 기반으로 사과와 배, 오렌지 등으로 군집화 하는 것이다.

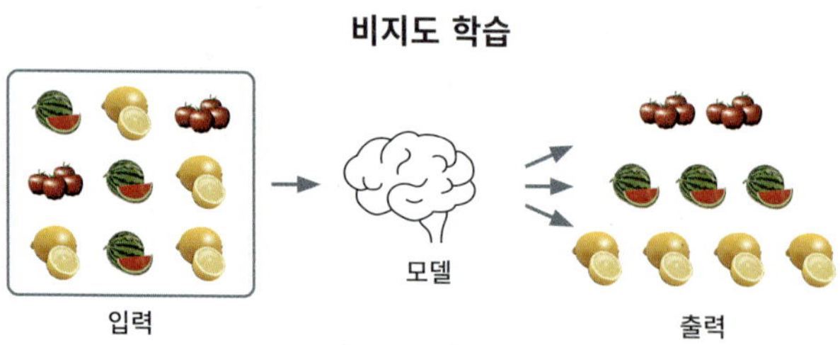

그림 6.39 ▸ 비지도 학습의 클러스터링

비지도 학습의 군집화 활용 사례로는 고객의 성향 군집화를 들 수 있다. 금융 회사는 고객의 투자 성향을 몇 개로 군집화 해 서로 다른 광고 메시지를 보낸다면 마케팅 효과를 증진시킬 수 있다. 즉 상품 가입 확률이 높은 잠재고객에게만 목적성 광고 메시지를 보내 광고비를 줄이고 수익성을 높일 수 있다.

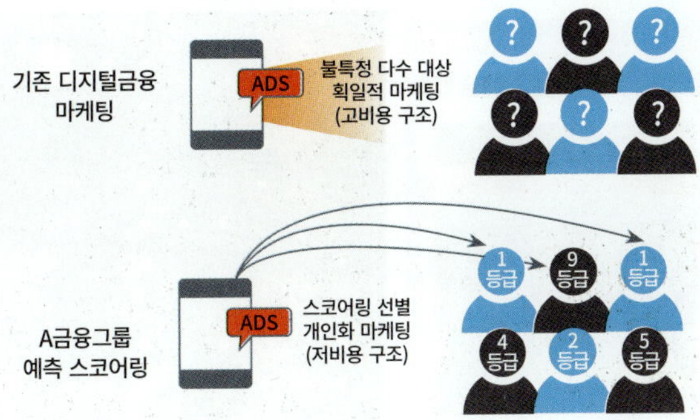

그림 6.40 ▸ 고객의 군집화로 마케팅 활용(TBWA코리아, 빅데이터를 활용한 '금융 가입고객 예측 모델' 참조)

강화 학습과 활용

강화 학습이란 주어진 현재 상황(situation)에서 보상(reward)을 최대화 하도록 다음 행동(action)을 학습시키는 방법이다. 개에게 좋아하는 먹이를 주며 개를 훈련시키는 방법에 비유할 수 있다. 강화 학습(reinforcement learning)은 어느 주어진 환경(environments)에서 학습 주체인 대리인(agent)에게 지시한 명령에 대해 대리인을 관찰(observation)하여 다음 행동(action)을 하면 잘못한 행동에 대해서는 벌을, 잘한 행동에 대해 보상을 줌으로써 대리인은 가장 큰 보상을 얻기 위한 정책(policy)을 통해 스스로 학습하는 방법이다.

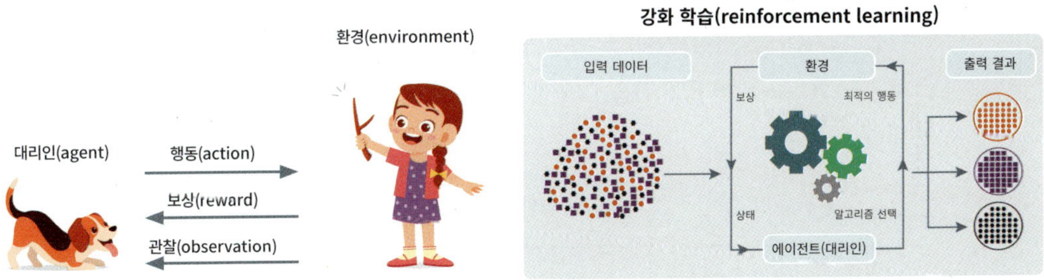

그림 6.41 ▸ 강화 학습 알고리즘

아기가 걸음을 걷는 학습 과정이나 어릴적 자전거를 배우는 과정이 강화 학습에 비유된다. 강화 학습은 '궁극적인 목표는 있지만, 그에 이르는 과정은 정답이 없는 상황'인 게임이나 자율주행 등에 주로 활용되는 기법이다. 구글 딥마인드의 알파고(AlphaGo)가 바로 이 강화 학습을 사용한 예다. 다음은 강화 학습(deep Q-learning)을 적용한 구글 딥마인드의 인공지능 벽돌 깨기와 팩맨 게임 모습이다.

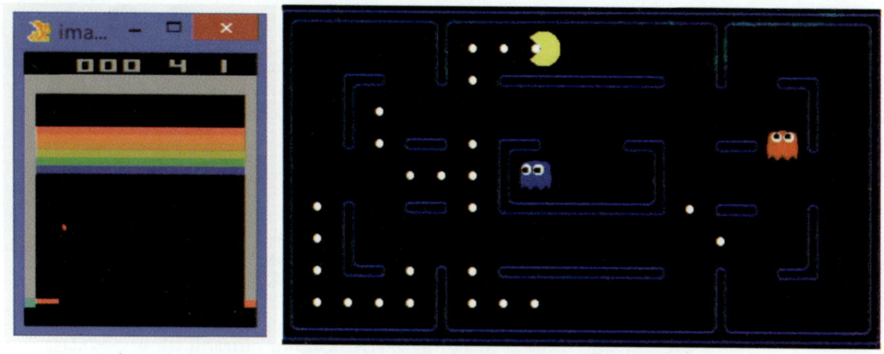

그림 6.42 ▸ 구글 딥마인드 Atari 벽돌 깨기 게임과 팩맨 게임

4. 지도 학습의 대표적 알고리즘

선형 모델

통계 분야에서 오랫 동안 연구된 선형 모델은 현재 머신러닝 분야에서도 널리 쓰이고 있는 기법이다. 선형 모델은 데이터 특성에 대한 선형 함수를 만들어 예측하는 기법이다. 예를 들어, 나이로 혈압을 예측하는 문제를 생각해 보자. 나이처럼 데이터 특성이 하나라면 선형 모델은 다음 1차 함수로 간단하게 표현될 수 있다. 이 예측 모델은 입력 자료로 파란색 데이터를 학습한다. 모델은 학습으로 알지 못했던 매개변수인 a와 b를 각각 1.46, 58.7로 결정한다. 1차 함수에서 a는 기울기(또는 가중치)이고, b는 y축과 만나는 절편(또는 편향)이다. 모델은 학습으로 파악한 1차 함수를 통해 나이 70의 혈압으로 160.9(1.46×70+58.7)를 예측할 수 있다. 다음 그림의 붉은 점이 (70, 160.9)를 나타낸다.

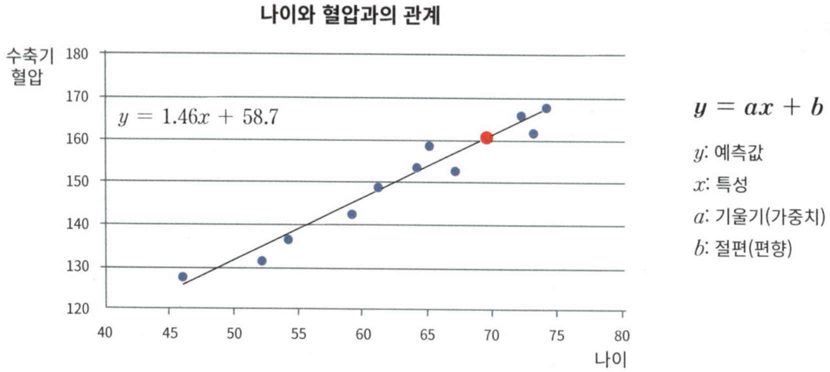

그림 6.43 ▸ 선형 모델

선형 모델은 회귀뿐 아니라 분류에도 활용될 수 있다. 선형 회귀는 데이터에 가장 적합한 선을 찾는 방법이고, 선형 분류는 유형 클래스를 분류하는 가장 적합한 선을 찾는 방법이다.

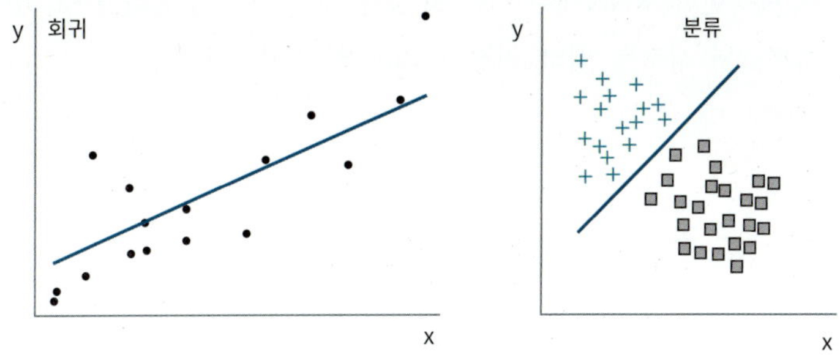

그림 6.44 ▸ 회귀와 분류에 사용되는 선형 모델

> 만일 입력 데이터의 특성의 수(차수)가 n이라면 선형 모델의 식은 다음과 같다. 선형 모델이 학습을 통해 구해야 할 값이 w_1, w_2, ⋯ w_n, b 등 많아진다.
>
> $y = w_1x_1 + w_1x_2 + w_3x_3 + \cdots + w_nx_n + b$

K-최근접 이웃(KNN) 알고리즘

지도 학습인 K-최근접 이웃 알고리즘(KNN: K-Nearest Neighbors)은 가장 간단한 알고리즘으로 회귀와 분류에 모두 사용된다. 분류에서 KNN은 새로운 자료에 대해 기준으로 정한 가장 근접한 이웃 K개 중에서 가장 많은 유형으로 분류하는 방법이다. 다음 그림은 두 개의 특징 X, Y의 데이터에서 A와 B, 2개 클래스로 분류하는 문제를 KNN으로 이해하기 위한 그림이다. 별표는 클래스 A에, 삼각형은 클래스 B에 속한다. 만일 중앙 부근의 새로운 데이터 ?는 A와 B 중 무엇으로 분류해야 할까?

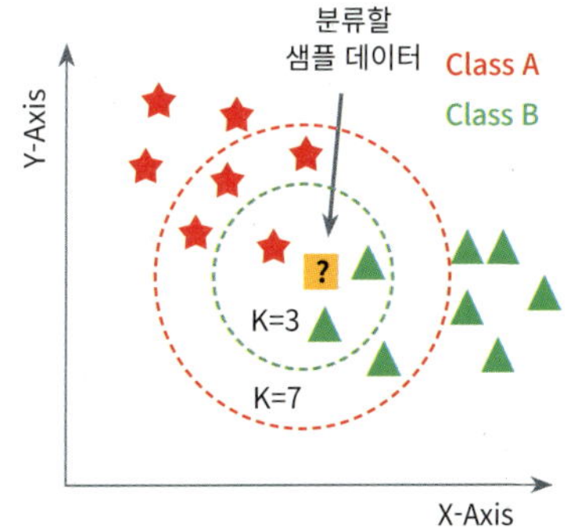

그림 6.45 ▸ K-최근접 이웃 알고리즘의 예측

K가 3인 경우, ?와 가장 가까운 이웃 3개(녹색 점선 원으로 표시) 중에서 A는 1개, B는 2개이다. 그러므로 다수결에 의해 데이터 ?는 클래스 B로 예측된다. 마찬가지로 K가 7이면, 최근접 7개(붉은색 점선 원으로 표시)를 선택해 보면 A는 4개, B는 3개이므로 A로 예측한다. KNN에서 기준 K 값에 따라 예측이 달라질 수 있다. 지도 학습의 다른 방법으로는 서포트 벡터 머신과 의사결정트리, 랜덤 포레스트(random forest) 알고리즘 등이 있다.

5. 비지도 학습의 대표적 알고리즘

K-평균(means) 군집화 알고리즘

K-평균 군집화 알고리즘(K-means clustering algorithm)은 주어진 데이터를 비슷한 K개의 군집(클러스터)으로 묶는 알고리즘으로, 간단히 KC(K-means Clustering) 또는 K-평균 알고리즘이라 부른다. 비지도 학습인 K-평균 알고리즘은 정답이 없는 입력 데이터에 정답을 붙이는 역할에 주로 사용된다. K-평균 군집화 알고리즘은 K-최근접 이웃 알고리즘과는 관련이 없다.

군집화를 수행하는 과정을 다음 그림으로 간단히 살펴보면, 처음(a)엔 임의로 정한 중심(b)에 근접한 군집(c)으로 나눈다. 다음 각각의 군집에서 다시 중심(d)을 구한다. 새로 정한 중심을 기준으로 다시 근접한 군집(e)으로 나눈다. 이러한 과정을 반복해 군집에 소속된 데이터가 바뀌지 않거나, 무게중심이 변하지 않으면 종료(f)한다.

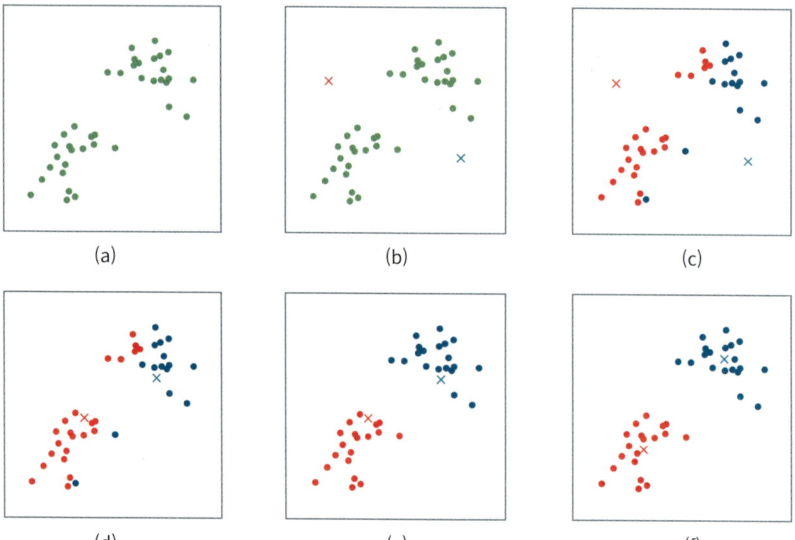

그림 6.46 ▸ K-평균 알고리즘 과정

알고리즘 이름에서 K는 주어진 데이터로부터 그룹화할 그룹, 즉 군집의 수를 말하며, 각 군집은 하나의 중심(centroid)을 가진다. 평균은 각 군집의 중심과 데이터들의 평균 거리를 의미한다. 알고리즘 적용 이전에 군집 수 K가 결정되어야 한다. 동일한 자료에 대해 군집 수 K가 변하면 전혀 다른 결과가 나올 수 있다.

차원 축소

특징 수가 많은 고차원 데이터는 그만큼 데이터 저장 양도 많다. 또한 머신러닝 모델도 학습 시간이 훨씬 많이 소요되며 원하는 결과가 안 나올 수 있다. 그러므로 특징 수를 줄이는 차원 축소(dimensionality reduction)는 모델의 성능을 향상시킬 수 있다. 차원 축소는 실제 높은 차원의 원시 데이터(raw data)에서 중복되거나 관련성이 떨어지는 특성을 파악해 차원 수를 줄이는 방식으로 모델의 이해를 높이고 계산 속도를 향상시킬 수 있다. 그러나 데이터의 차원 축소는 정보의 손실이 발생할 수 있다. 그러므로 데이터의 차원을 축소하면서 정보 손실을 최소로 한다면 금상첨화일 것이다.

간단히 x, y, z, 3개의 특징 수인 3차원을 x, y, 2개인 2차원으로 줄이는 예가 차원 축소이다. 이를 그림자 투영에 비유하면 이해가 쉽다.

그림 6.47 ▸ 그림자 투영(3차원을 2차원으로 차원 축소)

6.3 인공신경망과 딥러닝

1. 퍼셉트론과 인공신경망

MCP와 퍼셉트론

우리 인간의 뇌에는 1천억 개의 뉴런이라는 신경세포가 있다. 가지돌기(dendrite)에 들어온 여러 신호는 하나로 통합되어 어떤 임계 값을 초과하면 축삭돌기(axon)를 통해 이동되고 다음 신경 세포에 전달된다.

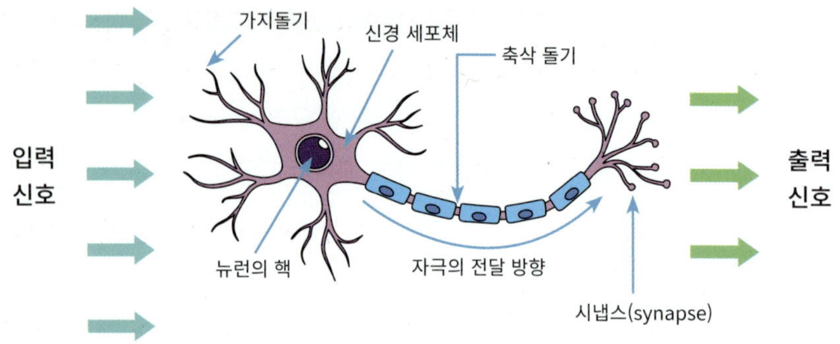

그림 6.48 ▸ 인간의 신경세포

1957년 심리학자인 프랭크 로젠블랫(Frank Rosenblatt)는 세계 최초로 인공신경망인 퍼셉트론(perceptron)을 제시했다. 퍼셉트론은 다수의 신호를 입력(input) 받아서 하나의 신호를 출력(output)한다. 퍼셉트론은 각 입력의 강도를 표현하는 가중치(weights)가 있으며, 스스로 학습하는 능력이 있다. 초기 가중치는 임의의 값을 지정한 후 뉴런의 결과를 목표값과 비교하여 그 차이인 오차(error)를 사용해 다시 그 다음 단계의 가중치에 반영한다.

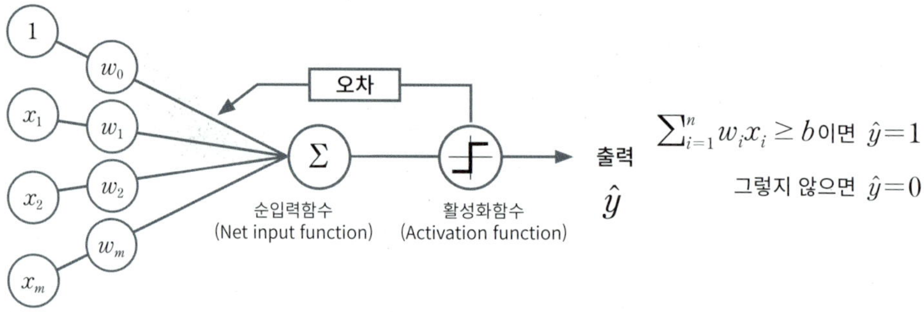

그림 6.49 ▸ 로젠블랫의 퍼셉트론

각 $x_i(i=1, \ldots, n)$는 입력 신호이며 y는 출력 신호, w_i는 가중치(weight)를 의미하고, w_0는 임계값 $-b$이다. 각 인공 뉴런은 가중치와 입력을 곱의 합($x_1w_1+x_2w_2+\cdots+x_nw_n$)인 가중 합계(weighted sum)를 계산하고, 그 값이 임계값(threshold) $b(=-w_0)$보다 크면 뉴런은 실행(fire)되어 결과값이 1이며 그렇지 않으면 0이 결과값이다. 이것은 실제 뉴런이 신호를 다음 뉴런으로 보낼지를 결정하는 과정과 같다. 다음은 로젠블랫이 고안한 퍼셉트론 기계와 그림이다.

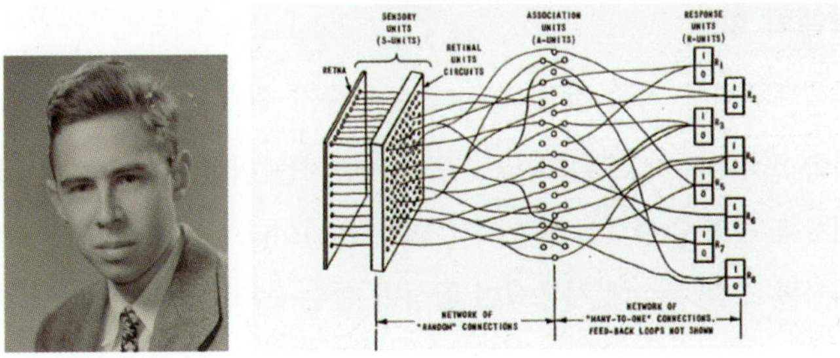

그림 6.50 ▸ 로젠블랫과 퍼셉트론

IT Story

연결주의와 인간의 뇌

연결주의(connectionism)는 인간의 중추 신경계인 뉴런에서의 처리를 추상화한 인공신경망을 사용하여 지적 능력을 설명하고자 하는 인지 과학의 운동이다. 연결주의의 시작이 바로 1943년에 제시된 맥컬럭-피츠 뉴런(MCP 또는 MP neuron)이다. 연결주의의 신경망은 단위 뉴런 간의 연결 강도를 표현하는 가중치와 함께 여러 뉴런으로 구성된 뇌를 단순화시킨 모델이다. 다음 그림은 1938년의 인포그래픽으로 인간의 뇌는 여러 기능을 수행하는 여러 방으로 구성되어 있다는 인간 뇌의 경이로움을 표현한 그림이다.

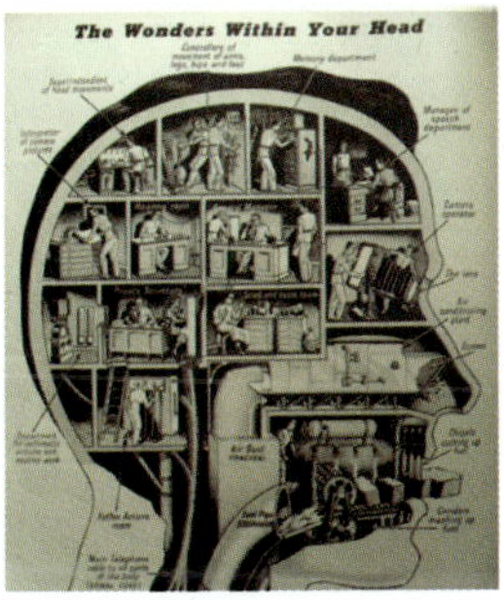

그림 6.51 ▸ 연결주의(connectionism)와 인간 뇌의 경이로움(1938)

가중치와 편향

퍼셉트론 계산식에서 입력 특성은 x 하나이고 w_0를 b로 표현하면 다음과 같은 간단한 수식의 퍼셉트론이 된다. 퍼셉트론의 수식 $wx+b$에서 가중치 w를 기울기 a로 생각하면 결국 $ax+b$가 되어 기울기가 a, y절편이 b인 1차 함수와 같다. 결국 입력 특성이 하나이면 가중치는 기울기이며, 편향은 절편을 의미한다.

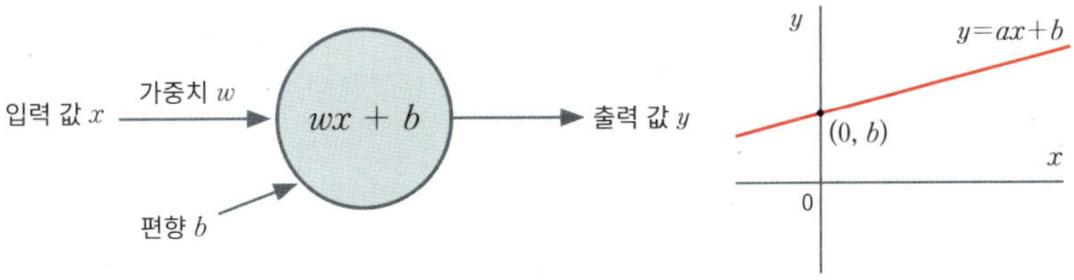

그림 6.52 ▸ 입력 특성이 하나인 간단한 퍼셉트론

활성화 함수

퍼셉트론에서 최종 값을 결정하는 함수가 활성화 함수(activation function)이다. 즉 활성화 함수는 퍼셉트론의 입력값과 가중치를 곱한 것에 편향을 모두 합한 값 $\sigma=\sum_{i}^{n} w_i x_i + b$에서 뉴런의 출력값을 결정하는 함수 $f(\sigma)$이다. 결국 활성화 함수는 퍼셉트론의 최종 값의 세기를 조절하는 데 사용되며 활성화 함수 출력값은 다음 퍼셉트론의 입력으로 사용된다.

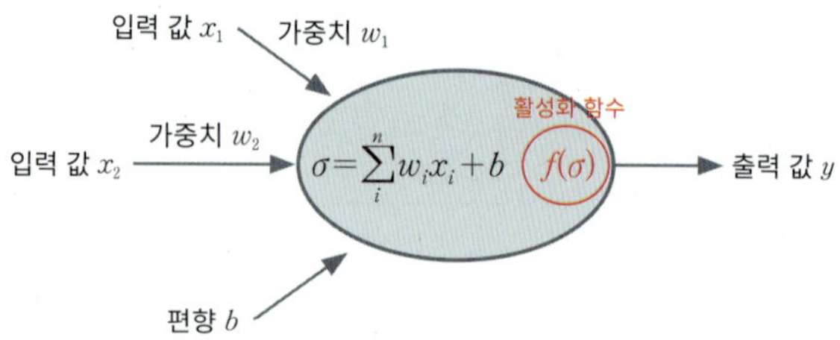

그림 6.53 ▸ 퍼셉트론과 활성화 함수(activation function)

로젠블랫의 활성화 함수는 다음의 단위 계단 함수(unit step function)이다. 즉 가중 합계(weighted sun)인 σ가 0 이상이면 결과는 1이고, 0 미만이면 0이 결과이다.

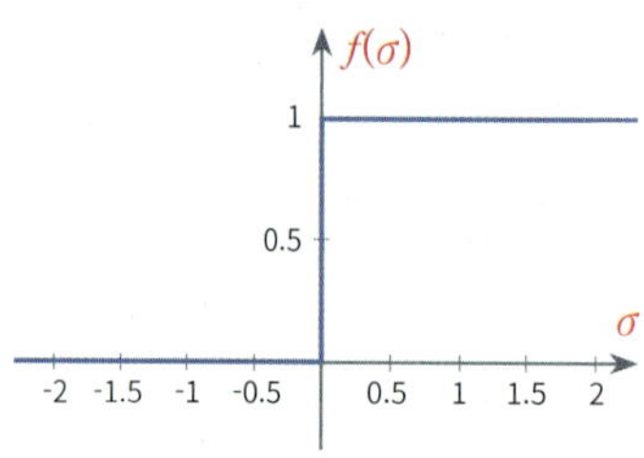

$$f(\sigma) = \begin{cases} \sigma \geq 0 \text{이면 } 1 \\ \sigma < 0 \text{이면 } 0 \end{cases}$$

그림 6.54 ▸ 로젠블랫의 활성화 함수: 단위 계단 함수

가장 단순한 활성화 함수는 입력 그대로 출력하는 $f(x)=x$인 항등 함수(identity function)이다. 활성화 함수는 다양한데 최근에 많이 사용하는 ReLU(Rectified Linear Unit) 함수를 비롯해서 시그모이드(sigmoid) 함수와 하이퍼볼릭탄젠트(tanh) 함수 등이 있다.

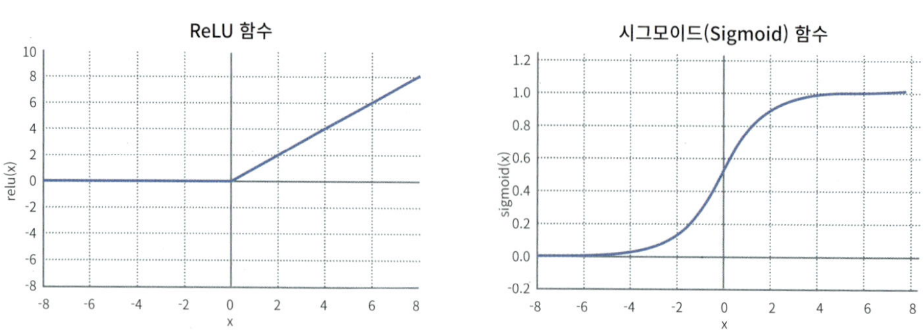

그림 6.55 ▸ 다양한 활성화 함수

간단한 인공신경망 이해

가장 간단한 인공신경망(ANN: Artificial Neural Network)은 입력층(input layer)과 퍼셉트론의 출력층(output layer)으로 구성된다. 다음 그림에서 입력층은 4차원의 입력 특성을 가지며, 출력층은 하나의 퍼셉트론으로 구성된다. 즉 아파트 가격을 예측하는 선형 회귀 문제에서 특징은 크기, 방의 개수, 도심과의 거리, 건축 연수로 특징 수인 차수는 4이다. 활성화 함수로 항등 함수를 사용한다면 입력의 가중치 곱의 합이 그대로 아파트 가격이 된다. 다음 그림과 같이 인공신경망 그림에서 편향이 생략되는 경우가 많지만 내부적으로는 계산에 반영된다. 훈련 데이터에 있는 입력과 출력 값으로 가중치와 편향을 결정해 테스트 데이터의 입력에 대해 출력인 아파트 가격을 예측할 수 있다. 즉 위의 인공신경망은 학습 데이터의 훈련을 통해 4개의 가중치와 하나의 편향 값을 알아내는 것이다.

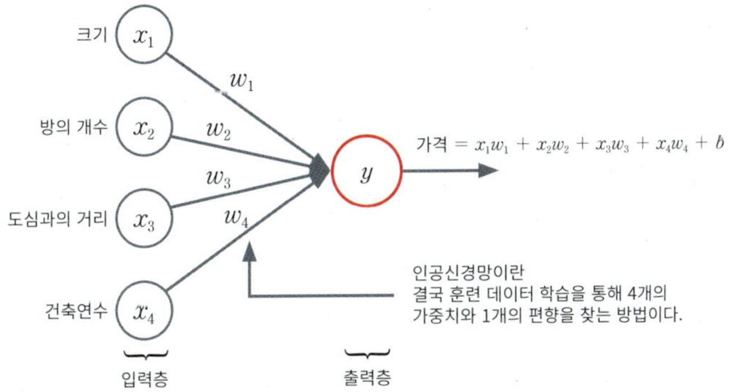

그림 6.56 ▸ 입력의 차원이 4인 단순 선형 회귀 문제의 인공신경망

다층 퍼셉트론(MLP)과 심층신경망(DNN)

위에서 살펴본 인공신경망을 확장해 가로로 여러 개 연결한 층(layer)을 쌓으면 다층 신경망(MLP: Multi–Layer Perceptron)이 된다. 즉 여러 값이 입력되는 입력층(input layer)과 여러 개의 뉴런으로 구성되는 출력층(output layer)을 구성할 수 있다. 입력층과 출력층 사이에는 은닉층(hidden layer)이라 부르는 여러 층으로 연결하여 하나의 인공신경망을 구성할 수 있다.

- 중간층이라고도 부르는 은닉층(hidden layer)은 뉴런이 여러 개 연결되어 깊은 사고를 하는 것과 같다. 이러한 은닉층이 여러 층 겹쳐서 구성되면 처리할 계산량이 기하급수적으로 늘어나나 그만큼 정확도가 높아진 결과를 얻을 수 있다. 이와 같이 여러 층의 은닉층의 단계가 많아질수록 더 깊은 딥러닝이 된다.

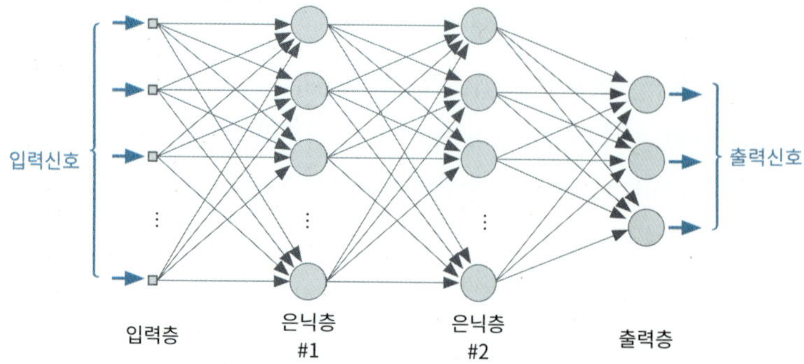

그림 6.57 ▸ 다층 퍼셉트론: MLP

다음 그림의 인공신경망은 입력층과 은닉층 그리고 1개의 예측 값이 있는 출력층으로 구성된다. 즉 입력 자료의 차원은 크기, 방의 개수, 도심과의 거리, 건축 연수 등 4이며, 아파트 가격을 예측하는 인공신경망으로 5개의 퍼셉트론으로 구성되는 은닉층과 아파트 가격이 출력으로 나오는 출력층을 가진다.

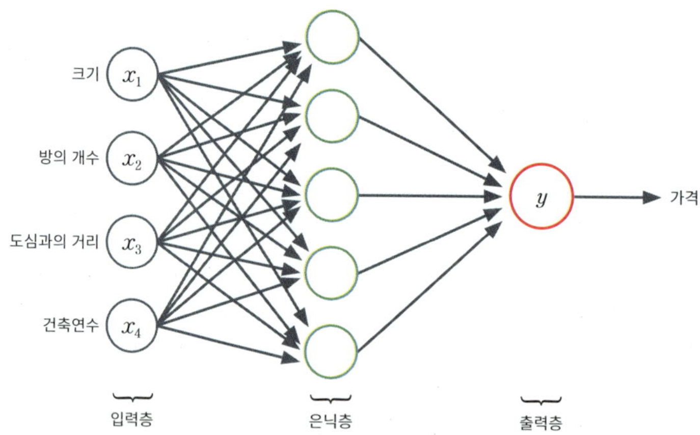

그림 6.58 ▸ 입력의 차원이 4인 선형 회귀 문제에서 5개의 퍼셉트론을 은닉층으로 구성한 인공신경망

딥러닝이라고 불리는 심층신경망(DNN: Deep Neural Network)은 입력층(input layer)과 출력층(output layer) 사이에 여러 개의 은닉층(hidden layer)들로 이뤄진 인공신경망이다. 현재의 딥러닝은 적게는 몇 개에서 많게는 수백 개의 은닉층으로 구성된다.

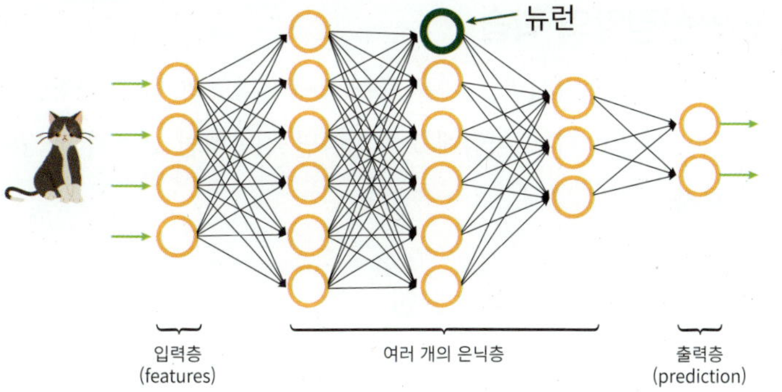

그림 6.59 ▸ 심층신경망

신경망에서는 방대한 양의 데이터를 신경망으로 유입시켜, 데이터를 정확하게 구분하도록 시스템을 학습시켜 원하는 결과를 얻어낸다. 현재 심층신경망은 항공기나 드론, 자동차의 자율비행이나 필체 인식 또는 음성인식과 같이 현재 우리 생활 곳곳에 매우 다양하게 이용되고 있다.

IT Story

인공신경망 연산 과정

간단히 입력층과 출력층으로 구성되는 인공신경망을 생각해 보자. 다음 그림은 입력 특성(차원)이 n개이고 k개의 퍼셉트론으로 출력층을 구성하는 인공신경망을 표현하고 있다. 훈련 데이터에서 각각의 샘플이 입력층으로 입력된다.

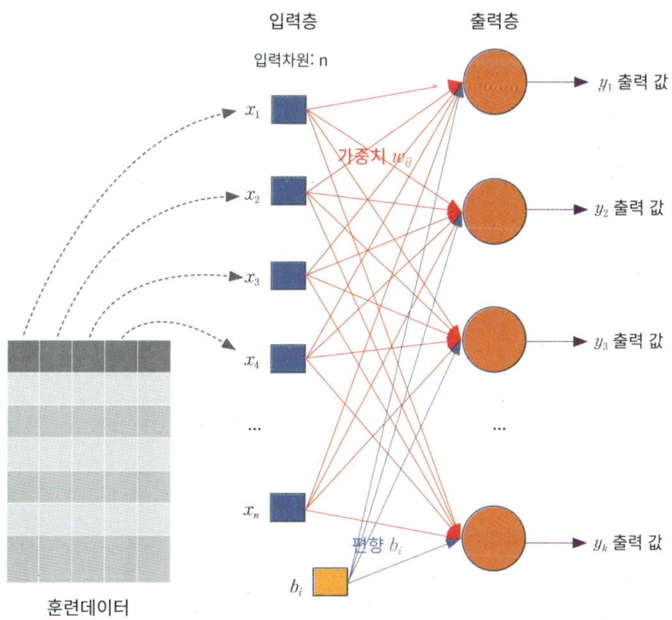

그림 6.60 ▸ 입력층과 출력층으로 구성된 인공신경망

2. 인공신경망의 학습

가장 단순한 선형회귀를 예를 들어 인공신경망의 학습 과정을 이해해 보자. 설명에 활용되는 수식이 다소 어렵게 느껴진다면 전반적인 흐름과 과정에서의 용어를 이해하도록 하자.

선형 회귀와 인공신경망 모델

다음 '소프트웨어 개발 분야 급여 수준' 데이터에서 SW경력(연수)에 따른 월급여를 예측하는 가장 간단한 인공신경망 모델을 정의해 보자. 정의된 모델을 다음 6개의 데이터로 학습시켜 2년 또는 12년 등의 원하는 연수의 월급여를 예측할 수 있다. 다음 하단 그림을 산포도(scatter)라 한다.

소프트웨어 개발 분야 급여 수준 자료

		신입사원	초급기능사	고급기능사	초급기술자	고급기술자	기술사
월급여(백만원)	y	2.6	3.1	4.3	6.5	8.4	11.2
sw경력(년수)	x	0	3	5	8	10	13

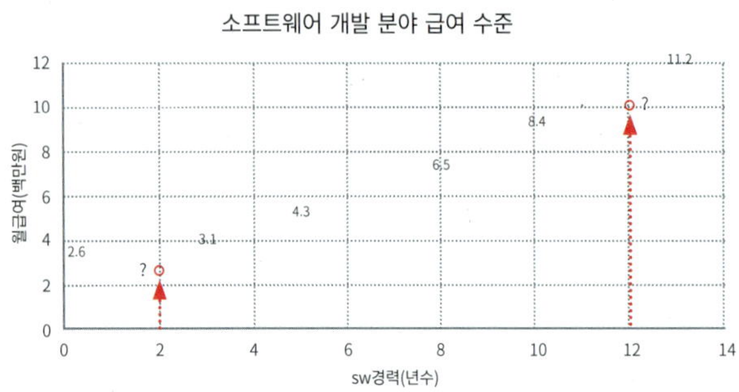

그림 6.61 ▸ '소프트웨어 개발 분야 급여 수준' 자료와 산포도

예측을 위해 가장 간단한 인공신경망 모델을 정의해 보자. 즉 입력층의 x 입력 하나가 퍼셉트론에 들어가 $\hat{y}$(y hat)의 출력을 낸다. 위 자료에 명시된 급여를 y라면 $\hat{y}$는 정의한 모델에 의한 예측값이다. 퍼셉트론의 활성화 함수는 항등함수라 가정하자. 급여 $\hat{y}$가 예측하려는 출력 변수이고, SW경력 x는 우리가 알고 있는 입력 변수이다. 다음 퍼셉트론 수식에서 가중치 w와 편향 b가 바로 모델 예측에 필요한 매개변수이다. 즉 인공신경망은 학습을 통해 최적의 w와 b를 구해야 한다.

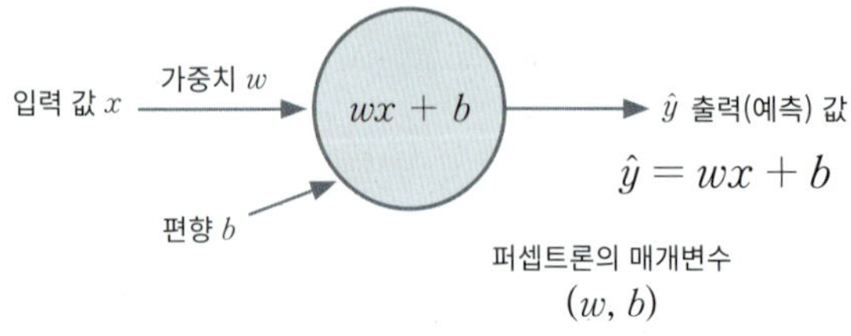

그림 6.62 ▸ 가장 간단한 인공신경망과 매개변수

퍼셉트론 수식 $\hat{y}=wx+b$는 우리가 이미 많이 봐 왔던 1차 함수 수식과 같다. 바로 가중치 w는 기울기(x축 값이 1증가할 때 y축의 증가값)이며, 편향 b는 y축과 직선이 만나는 절편이다. 결국 인공신경망의 학습이란 데이터로 훈련 과정을 통해 최적의 매개변수인 w와 b를 결정하는 과정이다. 이제 인공신경망의 목표는 학습 데이터 6개의 (x_i, y_i)를 통해 자료에 가장 근접하는 1차 함수의 기울기인 w와 절편인 b를 구하는 것이다. 다음의 붉은 점선이 자료에 가장 근접하는 직선이라면 w와 b가 결정(약 $w=0.68$, $b=1.56$)된 것이고, 이제 경력 2년이나 12년 등의 월급여를 예측할 수 있다.

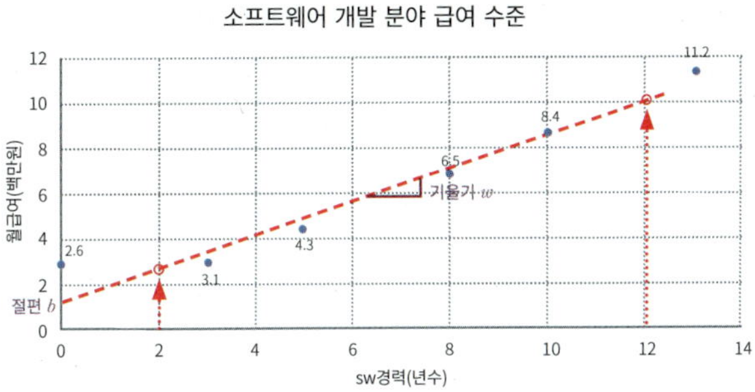

그림 6.63 ▸ 자료를 근접하는 단순 선형회귀 직선

IT Story

단순 선형회귀와 다중 선형회귀

위 예와 같이 입력 속성이 x 하나인 선형회귀를 단순 선형회귀라 하며, '프로젝트 개발 경험'과 '관련 자격증' 등의 x_1, x_2, x_3, … 여러 입력 속성이 있는 경우 이를 다중 선형회귀라 한다.

회귀

단순 선형회귀	$y = b_0 + b_1 \times x_1$
다중 선형회귀	종속 변수 == 결과 값 ↙ $y = b_0 + b_1 \times x_1 + b_2 \times x_2 + \cdots + b_n \times x_n$

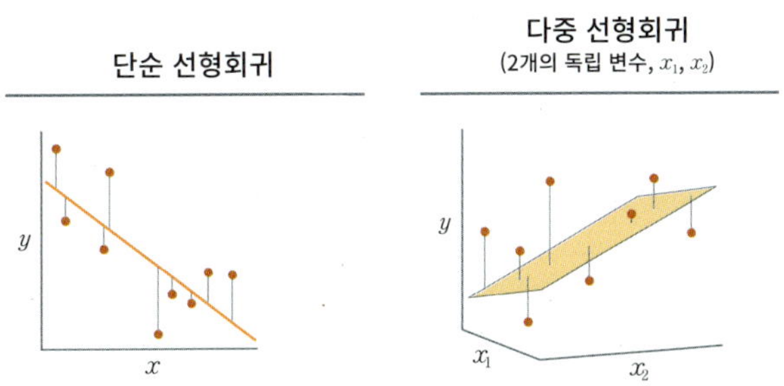

그림 6.64 ▸ 단순 선형회귀와 다중 선형회귀

손실함수의 이해

그렇다면 퍼셉트론 수식 $\hat{y}=wx+b$에서 어떻게 w와 b를 찾을 수 있을까? 다음 그림에서 학습 데이터를 예측하는 회귀 직선을 4개 그려보았다. 매개변수 w와 b가 결정된 4개의 직선 중 어느 직선이 훈련 데이터를 표현하고 다른 데이터를 예측하는 가장 좋은 직선일까?

이를 위해 가장 먼저 인공신경망에서 무엇이 가장 좋은 직선인지의 기준이 필요하다. 바로 인공신경망에서 학습의 목표가 되는 기준 지표가 바로 '손실함수'이다.

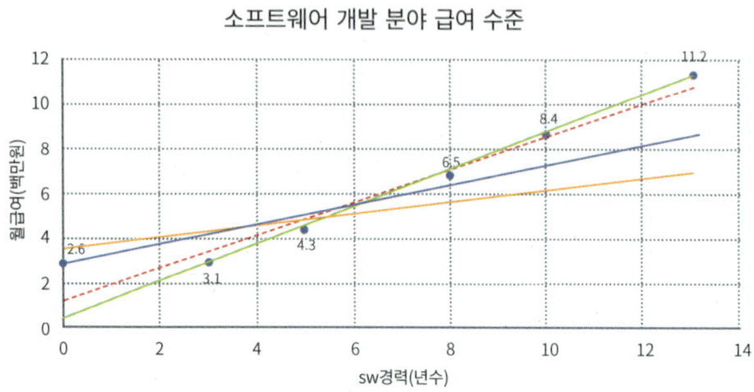

그림 6.65 ▸ 데이터를 표현하고 예측하는 여러 직선

데이터를 가장 근접하는 직선이란 데이터에서 실제값 y와 예측값 $\hat{y}$(y hat)이 차이인 오류를 최소화하는 직선이다. 이제 우리의 목표는 학습 데이터 x에서 y를 예측할 때 오류를 최소화하기 위해 w와 b에 대한 최적의 값을 찾는 것이다. 즉 인공신경망에서 최적의 매개변수인 가중치와 편향을 찾기 위해 하나의 목표값인 오류를 최소화하는 방향으로 학습을 수행한다. 바로 인공신경망에서 학습 지표인 목표값의 계산식을 손실 함수(loss function) 또는 비용 함수(cost function), 목적 함수(objective function)라 한다. 손실과 비용이라는 용어에서 느껴지듯이 값이 작아질수록 목표에 접근하는 것이다.

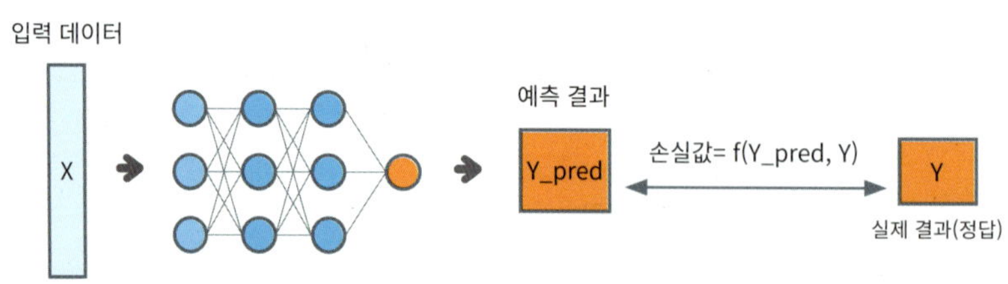

그림 6.66 ▸ 손실함수 개념

경사하강법: 손실 값을 줄이는 방법

인공신경망은 학습을 통해 지표인 손실 값을 줄이는 방향으로 가중치 w와 편향 b를 찾아야 한다. 어떤 손실함수가 정의되었을 때, 손실함수의 값이 최소가 되는 지점을 찾아

가는 방법이 바로 널리 알려진 경사하강법(傾斜下降法, gradient descent)이다. 경사하강법은 말 그대로 '경사 따라 내려가기' 방식으로 기울기를 계산해 기울어진 방향으로 조금씩 이동하는 과정을 반복적으로 수행해 기울기가 최소가 되는 지점으로 이동하는 방식이다. 황사나 안개로 앞이 전혀 보이지 않는 산에서 하산하는 방법을 생각해 보자. 발로 더듬어가며 높이가 조금씩 낮아지는 방향으로 한 발 한 발 내딛어 간다면 결국 하산에 성공할 것이다. 이러한 기법이 경사하강법이다.

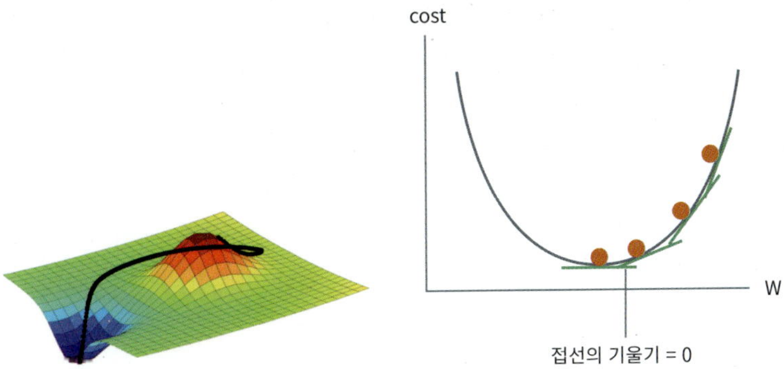

그림 6.67 ▸ 경사히강법 개념

순전파와 오차역전파

가중치 w를 수정하는 과정을 알아보자. 처음에는 임의의 초기 가중치 w로 주어진 입력으로 은닉층을 거쳐 결과값을 계산한다. 그리고 결과값과 실제값 사이의 오차를 구하고, 경사하강법에 따라 가중치를 수정한다. 오차가 더이상 줄어들지 않을 때까지 이 과정을 반복한다. 이러한 과정은 신경망에서 [입력층 → 은닉층 → 출력층]의 방향인 좌측에서 우측으로의 진행방향을 갖는다. 이러한 계산 방법을 순전파(forward propagation)라 한다.

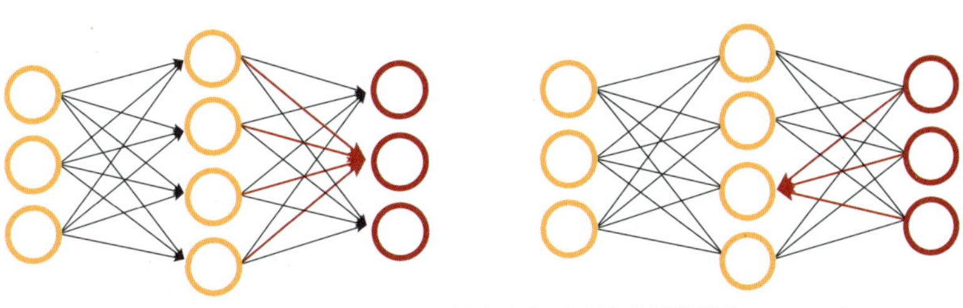

그림 6.68 ▸ 인공신경망의 순전파와 오차역전파

현재의 인공신경망은 학습 과정에서 가중치를 수정하기 위해 순전파의 반대 방향으로 학습을 하는 오차역전파(error backpropagation) 과정을 거친다. 오차역전파는 예측값과 실제값을 비교해 오차를 출력층에서 입력층으로 역으로 전파시키면서 다변 함수의 미분법인 연쇄법칙(chain rule)을 사용해 바로 가중치와 편향을 계산하는 방식이다. 즉 인공신경망은 순전파 방향으로 예측값을 계산하고 오차에 의한 가중치와 편향을 수정하기 위해 오차역전파를 사용한다. 1986년, 제프리 힌튼 교수에 의해 '후진 방식 자동 미분'이라는 수학 방식에서 인공신경망에 도입된 오차역전파로 심층신경망이 실제 학습이 실현되었다.

3. 다양한 인공신경망 라이브러리

현재 인공신경망을 위한 공개된 프레임워크(framework)는 매우 다양하다. 프레임워크는 툴킷(toolkit) 또는 라이브러리(library)라는 용어로도 사용된다. 오픈소스 소프트웨어는 소스가 공개되어 누구나 활용할 수 있다. 현재 가장 인기있는 인공신경망 오픈소스 라이브러리는 구글의 텐서플로(tensorflow)와 페이스북의 파이토치(Pytorch)이다. 또한 마이크로소프트가 2015년에 공개한 마이크로소프트의 인지 툴킷(CNTK: Cognitive Toolkit)도 많이 활용된다.

그림 6.69 ▸ 다양한 인공신경망 라이브러리

다음은 2018년도의 딥러닝 프레임워크의 인기 순위를 나타낸 자료이다.

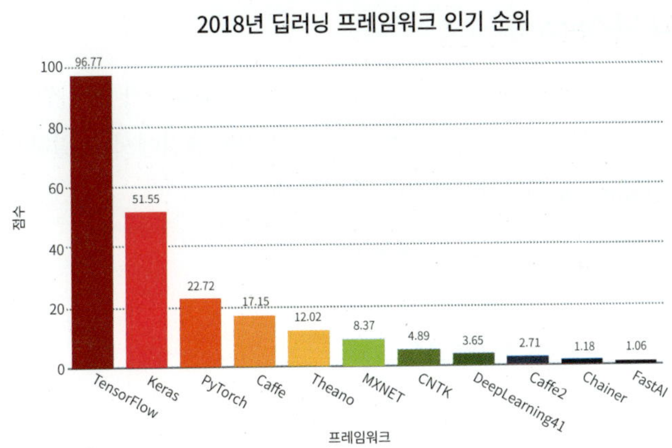

그림 6.70 ▸ 2018년도의 딥러닝 프레임워크의 인기 순위

구글의 텐서플로

텐서플로(tensorflow)는 2015년 11월 구글이 공개한 머신러닝과 딥러닝을 위한 오픈소스 플랫폼이다. 텐서플로는 원래 구글 브레인(brain) 팀이 구글 내부에서 연구와 제품 개발을 위한 목적으로 만들어 사용하다가 공개한 오픈소스 소프트웨어다. 텐서플로는 용어대로 다차원 데이터인 텐서(tensor)와 연산의 흐름인 데이터 흐름 그래프(data flow graph)를 사용한 수치 연산을 통해 인공신경망 중심의 머신러닝 구현 공개 라이브러리이다. 텐서플로는 프로그램 작성 후 코드 수정없이 데스크탑, 서버 혹은 모바일 기기에서 CPU(Central Processing Unit)나 GPU(Graphical Processing Unit)를 사용하여 구동시킬 수 있다.

그림 6.71 ▸ 텐서플로 홈페이지(www.tensorflow.org)

케라스(Keras)

케라스(Keras)는 프랑소아 숄레(Francois Chollet)가 파이썬으로 개발한 오픈소스 라이브러리로 구글의 텐서플로 등의 인공신경망 엔진에서 지원하는 고수준 API(Application Programming Interface) 라이브러리다.

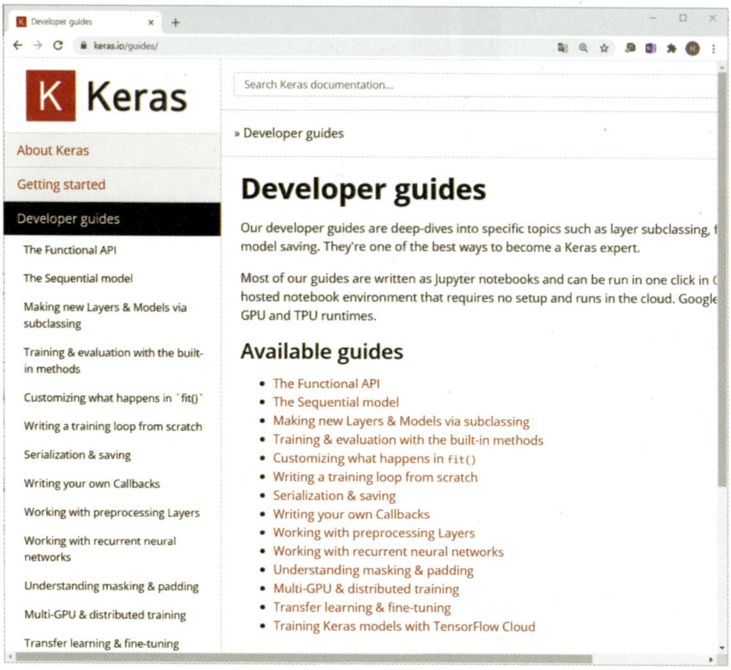

그림 6.72 ▸ 케라스 홈페이지(keras.io)

케라스는 원래 몬트리올 대학의 시애노(theano) 딥러닝 엔진을 쉽게 사용하려고 개발되었으나 현재는 텐서플로와 시애노 외에 마이크로소프트의 인지 툴킷(CNTK)과 아마존이 지원하는 아파치(Apache)의 맥엑스넷(MXNET), 시애노(theano) 등의 딥러닝 엔진과 인텔(Intel)이 주도하는 OpenCL의 PlaidML의 컴파일러 위에서 사용될 수 있다. 케라스는 간결하면서 직관적인 API를 제공하므로 초보자도 쉽게 이해할 수 있다. 그러므로 수리적으로 복잡한 딥러닝 이론을 모르더라도 다양한 인공지능 모델을 쉽게 구현할 수 있다.

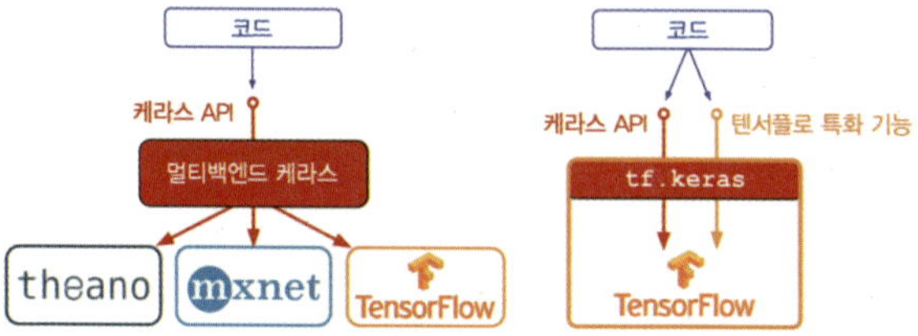

그림 6.73 ▸ 케라스 이해

2017년, 케라스는 텐서플로의 코어 라이브러리로 사용되기 시작했으며 버전 2.0부터는 아예 텐서플로의 고수준 API가 되었다. 케라스는 MNIST 손글씨 숫자 이미지 분류와 MNIST 패션, cifar10 및 cifar100 소형 컬러 이미지, IMDB 영화 리뷰, 로이터 뉴스와 이어 주요 기사, 보스턴 주택 가격 등의 딥러닝 샘플 데이터 셋을 제공한다.

파이토치(PyTorch)

파이토치(PyTorch)는 컴퓨터 비전 및 자연어처리와 같은 응용 분야에 사용되는 토치(torch) 라이브러리를 기반으로 하는 파이썬을 위한 오픈소스 머신 러닝 라이브러리이다. 파이토치는 페이스북 인공지능 연구팀(FAIR: Facebook AI Research)에서 개발해 2016년에 오픈소스로 공개하고, 2018년 12월 1.0 버전을 정식 출시했다.

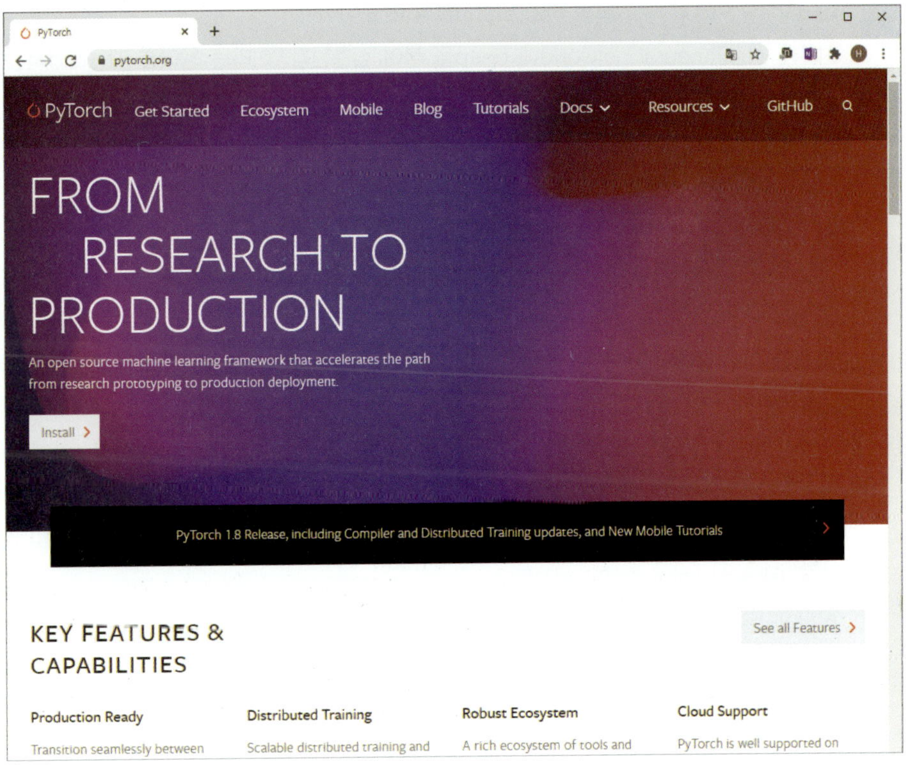

그림 6.74 ▸ 파이토치 홈페이지(pytorch.org)

파이토치는 풍부한 성능 개선과 모바일 플랫폼용 개발자 친화적인 지원을 제공하면서 최근 사용 비중이 높아지고 있다. 자율주행 전기차로 주가를 올리고 있는 테슬라의 오토파일럿(Autopilot)이나 우버의 파이로(Pyro)가 바로 파이토치로 만들어진 대표적인 인공지능 소프트웨어다. 또한 2015년 10월, 일론 머스크 등이 인류에게 이익을 주며 인간 친화적인 인공지능 연구를 목표로 설립된 OpenAI(openai.org)는 주 개발 플랫폼으로 파이토치를 선정했다.

내용 점검 문제

[객관식]

다음 문항을 읽고 보기 중에서 알맞은 것을 선택하시오.

01. 인공지능 역사로 바르지 않은 것은?

A. 앨런 튜링이 제시한 논리적 모델이 인공신경망 퍼셉트론의 원류이다.

B. 로젠블랫은 인공신경망의 근간이 되는 퍼셉트론을 개발한다.

C. 전문가 시스템은 특정분야에 전문가가 지닌 지식과 경험 및 노하우를 컴퓨터에 정리 · 표현해 빠른 시간에 전문지식을 이용할 수 있도록 하는 인공지능의 한 분야이다.

D. 힌튼은 신경망(neural network)에 deep을 붙여 심층신경망이라는 용어를 사용하면서 본격적인 딥러닝 시대가 찾아온다.

02. 인공지능 설명으로 바르지 않은 것은?

A. 인공신경망의 여러 분야 중의 하나가 머신러닝이다.

B. 머신러닝은 데이터를 기반으로 기계 스스로 학습하는 인공지능의 한 분야이다.

C. 딥러닝은 퍼셉트론으로 구성된 인공신경망으로 여러 단계의 심층 학습을 통하여 스스로 학습하는 기술이다.

D. 2010년 이후 현재의 인공지능 붐을 주도하고 있는 기술이 심층신경망인 딥러닝이다.

03. 머신러닝의 설명으로 바르지 않은 것은?

A. 머신러닝은 반복되는 패턴을 인지해 스스로 학습하는 방식으로 개와 고양이 분류 문제를 해결한다.

B. 머신러닝은 전통적인 프로그래밍 방식대로 프로그래머가 직접 작성한 프로그램에 입력 데이터를 사용하고 프로그램을 실행하여 출력을 생성한다.

C. 머신러닝은 명시적으로 프로그래밍을 하지 않아도 알고리즘이 데이터에서 학습을 해 규칙을 자동으로 공식화할 수 있다.

D. 머신러닝 모델을 통해 미래의 결과를 예측할 수 있다.

04. 머신러닝 수행 과정에서 순서가 옳은 것은?

A. 모델 학습 → 데이터 수집 → 데이터 전처리 → 모델 성능 시험과 개선 → 데이터와 결과 시각화

B. 데이터 수집 → 데이터 전처리 → 모델 성능 시험과 개선 → 모델 학습 → 데이터와 결과 시각화

C. 데이터 수집 → 데이터 전처리 → 모델 학습 → 데이터와 결과 시각화 → 모델 성능 시험과 개선

D. 데이터 수집 → 데이터 전처리 → 모델 학습 → 모델 성능 시험과 개선 → 데이터와 결과 시각화

05. 데이터에서 같은 의미가 아닌 것은?

A. 표본
B. 인스턴스
C. 데이터 포인터
D. 레이블

06. 회귀와 분류에 대한 설명으로 옳지 않은 것은?

A. 회귀는 가격, 급여, 연령, 온도 등의 이산 값을 예측하는 문제다.
B. 분류는 사과와 배, 춥거나 더움, 참 또는 거짓과 같은 불연속적인 이산 값을 예측하는 문제다.
C. 분류 문제에서 구분해야 할 유형을 클래스라고 부른다.
D. 남성과 여성을 분류해야 한다면 유형 수는 2이다.

07. 정답 레이블이 없는 데이터를 비슷한 특징끼리 군집화 하여 새로운 데이터에 대한 결과를 예측하는 방법은?

A. 지도 학습
B. 비지도 학습
C. 반지도 학습
D. 강화 학습

08. 주어진 현재 상황에서 보상을 최대화 하도록 다음 행동을 학습시키는 방법은?

A. 지도 학습
B. 비지도 학습
C. 반지도 학습
D. 강화 학습

09. 지도 학습 알고리즘으로만 구성된 것은?

A. K-평균 군집화, KNN
B. K-평균 군집화, 차원 축소
C. KNN, K-평균 군집화
D. 선형 모델, KNN

10. 퍼셉트론이 학습을 수행해 구하는 값은?

A. 가중치, 편향
B. 가중치, 출력값
C. 입력값, 출력값
D. 입력값, 편향

11. ReLU와 시그모이드 등은 무슨 종류인가?

A. 퍼셉트론
B. 지도 학습
C. 활성화 함수
D. 인공신경망

12. 인공신경망에서 학습 지표인 목표값의 함수가 아닌 것은?

A. 손실 함수
B. 비용 함수
C. 목적 함수
D. 활성화 함수

13. 심층신경망에서 원활한 학습에 기여한 다음 알고리즘은?

> 예측 값과 실제 값을 비교해 오차를 출력층에서 입력층으로 역으로 전파시키면서 연쇄법칙(chain rule)을 사용해 바로 가중치와 편향을 계산하는 방식이다.

A. 오차역전파
B. 순전파
C. 활성화 함수
D. 손실 함수

14. 인공신경망에서 손실 함수의 값이 최소가 되는 지점을 찾아가는 방법은?

A. 오차역전파
B. 평균제곱오차
C. 크로스엔트로피
D. 경사하강법

15. 인공신경망에 대한 설명으로 옳지 않은 것은?

A. 손실 함수는 평균제곱오차와 교차엔트로피오차 등이 있다.
B. 평균제곱오차 수식은 학습 데이터에서 실제 값 y와 모델이 예측한 값 $\hat{y}$ 사이의 오차제곱 합의 평균값으로 정의한다.
C. 학습 데이터 x에서 결과 y를 예측하는 학습과정에서 최적의 가중치와 편향을 찾아 간다.
D. 목표값인 손실 함수의 결과를 최대화하는 방향으로 학습을 수행한다.

16. 구글이 공개한 머신러닝과 딥러닝을 위한 오픈소스 플랫폼은?

A. 케라스
B. 파이토치
C. 텐서플로
D. CNTK

17. 프랑소아 숄레가 개발한 오픈소스 라이브러리로 구글의 텐서플로 등의 인공신경망 엔진에서 지원하는 고수준 API(Application Programming Interface) 라이브러리는?

A. 파이토치
B. 텐서플로
C. CNTK
D. 케라스

18. 테슬라의 오토파일럿이나 우버의 파이로 개발에 사용된 인공지능 라이브러리는?

A. CNTK
B. 파이토치
C. 케라스
D. 텐서플로

19. 사용 중인 딥러닝 프레임워크를 필요에 따라 다른 라이브러리로 쉽게 바꿀 수 있게 하는 프레임워크는?

A. MNIST
B. 오토파일럿
C. 오픈 뉴럴 네트워크 익스체인지(ONNX)
D. MXNET

20. 인공신경망 라이브러리와 다소 관계가 적은 것은?

A. 텐서플로
B. 파이토치
C. CNTK
D. 사이킷런

[괄호채우기]

다음 각 문항에 대하여 빈칸에 적절한 단어를 채우시오.

01. 인공지능이 인간 뇌의 능력을 넘어서는 순간을 ___________(이)라 한다.

02. 이안 굿펠로가 만든 ___________(이)가 활용되면서 인공지능은 모방과 창조가 가능해졌다.

03. ___________(은)는 원본 이미지나 동영상 위에 다른 영상을 중첩하거나 결합하여 원본과는 다른 콘텐츠를 생성하는 기술이다.

04. 기호주의는 인간의 지능과 지식을 기호화해 학습시키는 방법이며, ___________(은)는 두뇌 신경 조직을 모형화해 여러 신경을 네트워크 구조로 연결해 연결 강도를 학습시키는 방법이다.

05. 데이터는 크게 ___________(와)과 테스트(검사 또는 시험) 데이터(test data)로 나눈다.

06. ___________(은)는 정답이 없는 학습인 비지도 학습의 일종으로, 정답이 없이 주어진 데이터들을 유사한 특성을 가진 그룹으로 분리하는 일이다.

07. 머신러닝은 지도 학습과 비지도 학습, 반지도 학습 그리고 ___________(으)로 나뉜다.

08. 입력층과 출력층 사이에는 ___________(이)라 부르는 여러 층으로 연결하여 하나의 인공신경망을 구성할 수 있다.

09. 딥러닝이라고 불리는 ___________(은)는 입력층(input layer)과 출력층(output layer) 사이에 여러 개의 은닉층(hidden layer)들로 이뤄진 인공신경망이다.

10. 입력 속성이 x 하나인 선형회귀를 단순 선형회귀라 하며, '프로젝트 개발 경험'과 '관련 자격증' 등의 x_1, x_2, x_3, … 여러 입력 속성이 있는 경우 이를 ___________(이)라 한다.

[주관식]

01. 인공지능 윤리와 관련한 '로봇 공학의 삼원칙 문제'에 대해 기술하시오.

02. 앨런 튜링의 튜링 테스트에 대해 설명하시오.

03. 이미지 분류 경진대회 ILSVRC에서 우승한 팀의 오차율과 심층 수를 설명하시오.

04. 다음 사이트를 접속해 인공지능 기술을 경험해 보고 인공지능 기술을 체험할 수 있는 다른 사이트도 소개하시오.

https://quickdraw.withgoogle.com/?locale=ko

05. 딥페이크 관련 앱을 찾아 설치해 사용 후기를 설명하시오.

06. 다음 구글의 텐서플로 사이트에 접속해 인공신경망을 체험하시오.

https://playground.tensorflow.org/

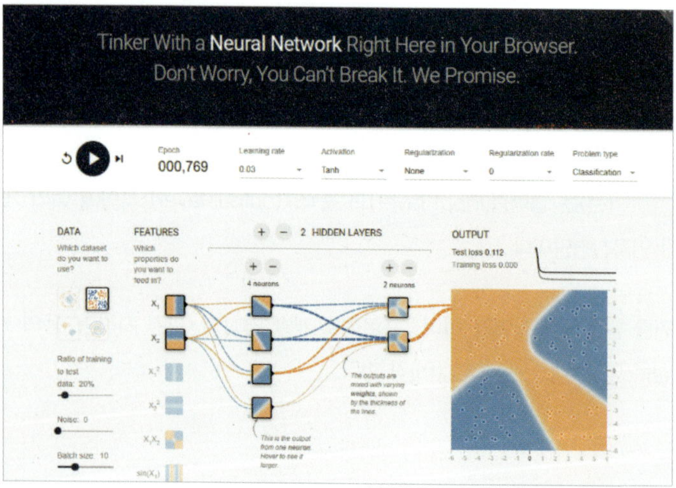

07. Fashion MNIST 데이터에 대해 설명하시오.

08. 다음 파이토치 홈페이지에 접속해 'Run in Google Colab'을 눌러 구글 코랩(colab)에서 프로그램을 실행하시오.

https://pytorch.org/tutorials/beginner/basics/quickstart_tutorial.html

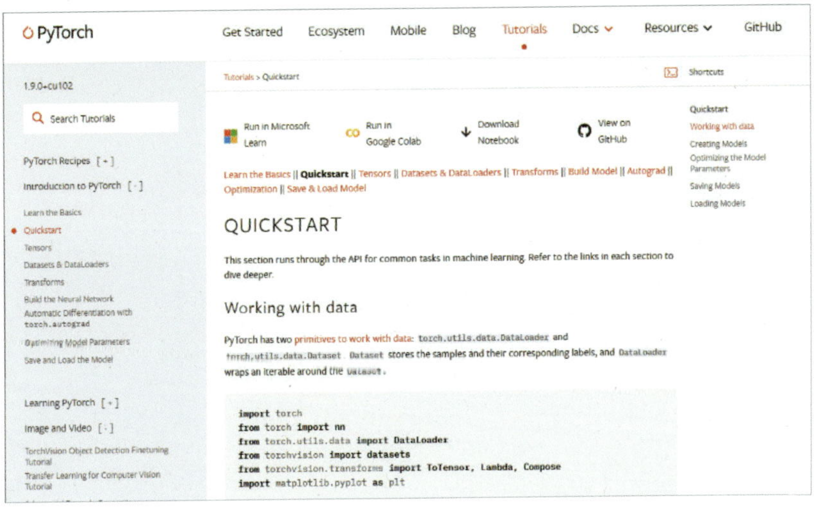

09. MNIST 손글씨 데이터에 대해 설명하시오.

10. 다음 텐서플로 홈페이지에 접속해 왼쪽 코드의 '지금 코드 실행'을 눌러 구글 코랩(colab)에서 프로그램을 실행하시오.

https://www.tensorflow.org/overview/?hl=ko

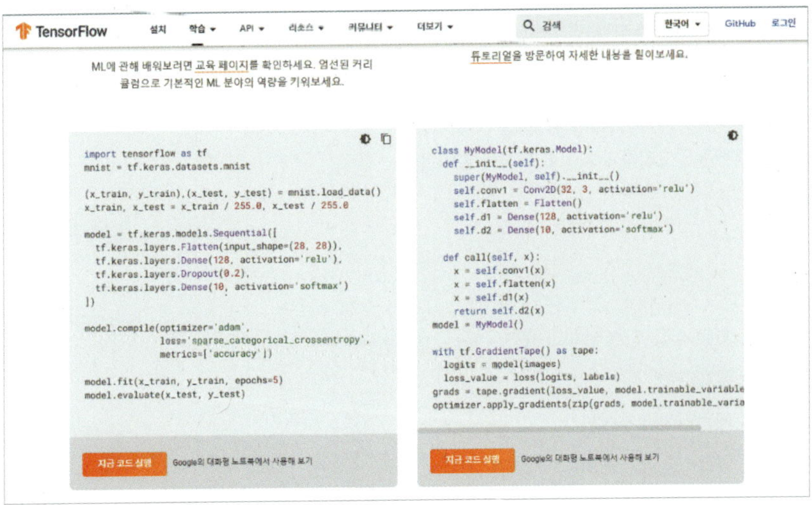

Introduction to COMPUTERS

07

컴퓨팅 사고력과 문제해결

단원 목표

- 컴퓨팅 사고력의 정의와 필요성, 구성요소와 특징을 알아본다.
- 컴퓨팅 사고력의 준비 단계인 자료 수집, 자료분석과 표현을 알아본다.
- 컴퓨팅 사고력의 시작 단계인 문제 분해를 이해하고 다양한 분해 방법을 알아본다.
- 컴퓨팅 사고력의 핵심 단계인 패턴 인식과 추상화를 알아본다.
- 컴퓨팅 사고력의 구현 단계인 알고리즘과 자동화 과정을 알아본다.

단원 목차

7.1 컴퓨팅 사고력 개요

인간이 세상을 살아가기 위해 어릴 때부터 글을 읽고, 쓰고, 더하기, 빼기 등의 간단한 셈을 하는 것과 같이 컴퓨팅 사고력도 필요하다고 한다. 즉 컴퓨팅 사고력은 이제 전 세계적으로 우리 인간이 세상을 살아가기 위해 기본적으로 가져야 할 역량 중의 하나가 되었다.

1. 컴퓨팅 사고력의 정의와 필요성

컴퓨팅 사고력이란?

컴퓨팅 사고력(CT: Computational Thinking)은 1980년 미국 MIT 대학의 시무어 페퍼트(Seymour Papert) 교수가 처음으로 언급하였다. 2006년 카네기 멜론 대학의 자넷 윙(Jeannette Wing) 교수는 컴퓨터 분야의 학술지인 「ACM(Association for Computing Machinery)」에 실린 'Computational Thinking' 기고문에서 "컴퓨팅 사고력은 컴퓨터 과학자 뿐만 아니라 누구나 배워서 활용할 수 있는 보편적인 사고이자 기술"이라고 제시하고 있다. 이 논문에서 자넷 윙은 컴퓨터 사고의 기술이 단지 컴퓨터 과학자에만 국한되지 않고 모든 사람에게 필요한 읽기, 쓰기, 셈하기와 같은 근본적인 기술이 되어야 한다고 말한다. 이후 컴퓨터가 우리 사회에 없어서는 안 될 중요한 기기가 되면서 컴퓨팅 사고력은 더욱 관심을 받게 되었으며 컴퓨팅 사고력은 일반인도 배워야 할 기술로 인식되기 시작했다.

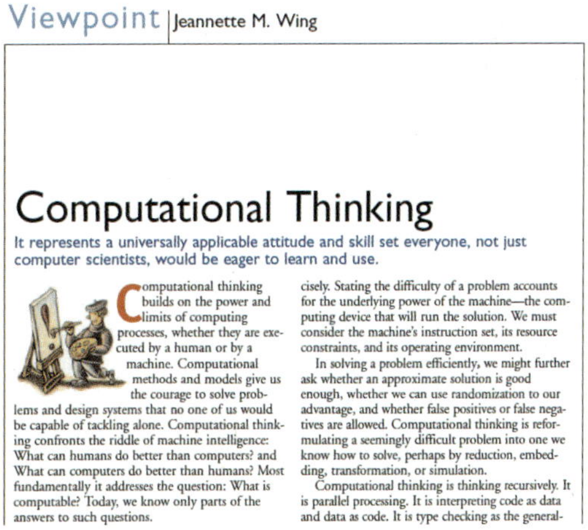
Viewpoint | Jeannette M. Wing

Computational Thinking

It represents a universally applicable attitude and skill set everyone, not just computer scientists, would be eager to learn and use.

Computational thinking builds on the power and limits of computing processes, whether they are executed by a human or by a machine. Computational methods and models give us the courage to solve problems and design systems that no one of us would be capable of tackling alone. Computational thinking confronts the riddle of machine intelligence: What can humans do better than computers? and What can computers do better than humans? Most fundamentally it addresses the question: What is computable? Today, we know only parts of the answers to such questions.

... cisely. Stating the difficulty of a problem accounts for the underlying power of the machine—the computing device that will run the solution. We must consider the machine's instruction set, its resource constraints, and its operating environment.

In solving a problem efficiently, we might further ask whether an approximate solution is good enough, whether we can use randomization to our advantage, and whether false positives or false negatives are allowed. Computational thinking is reformulating a seemingly difficult problem into one we know how to solve, perhaps by reduction, embedding, transformation, or simulation.

Computational thinking is thinking recursively. It is parallel processing. It is interpreting code as data and data as code. It is type checking as the general-

그림 7.1 ▸ 자넷 윙과 논문

컴퓨터에서 작동하는 프로그램을 작성하려면 컴퓨터의 기본 개념과 원리를 이해한 후, 목적하는 프로그램의 요구사항을 파악하여 분석하고 일정한 형식에 맞는 구문으로 작성하여 실행한다. 이러한 컴퓨터 프로그래밍 해결 과정이 일상 생활에서 부딪히는 다양한 문제를 해결하는 데에도 효율적인 사고 능력으로 입증되고 있다. 다음은 다양한 컴퓨팅 사고력의 정의이다.

표 7.1 컴퓨팅 사고력의 다양한 정의

출처	컴퓨팅 사고력 정의
천재학습백과	컴퓨터가 문제를 해결하는 방식처럼 복잡한 문제를 단순화하고 이를 논리적, 효율적으로 해결하는 능력으로 컴퓨터 과학적 사고를 기르면 우리가 실생활에서 겪는 여러 문제를 컴퓨터가 일을 처리하는 것처럼 논리적으로 해결 가능
한경 경제 용어사전 (네이버)	소프트웨어 개발에 적절한 사고 방식으로, 문제 상황의 핵심 원리를 찾아내 이를 재구성하고 순서도를 만들어 해결하는 방식임. 데이터를 모으고 조작하기, 큰 문제를 작은 문제들로 쪼개기, 문제를 구조화하고 추상화하기, 순서에 따라 문제 해결을 자동화하기 등이 포함됨. 이 과정에서 디지털시대에 필요한 사고력과 문제 해결 능력, 창의력 등을 기를 수 있음.
위키백과	컴퓨터(사람이나 기계)가 효과적으로 문제를 수행할 수 있도록 문제를 정의하고 그에 대한 답을 기술하는 것이 포함된 사고 과정 일체를 말하며, 전체 의사결정 과정을 분해하고, 연관된 변수와 모든 가능한 해법을 고려해서, 이를 상응하는 모수와 문제 한계를 고려하여 올바른 의사결정을 내림.
소프트웨어야 놀자	컴퓨터를 움직이는 원리로 실생활의 문제를 해결하려는 접근 방법으로 말함. 주어진 정보를 문제를 다각도로 분석하고 해결하는 역량과 논리적, 비판적, 창의적 사고를 포함하는 개념으로 통용됨.

즉 컴퓨팅 사고력이란 컴퓨터 프로그래밍에 대한 지식이 없는 일반인이 다양한 모든 분야의 문제해결에 적용될 수 있도록 컴퓨터의 프로그래밍을 구현하는 과정의 사고에서 도출된 절차와 역량을 말한다. 이러한 컴퓨팅 사고력은 일반 문제 해결의 방법에도 효율적으로 적용될 수 있다.

한국의 소프트웨어 교원을 위한 소프트웨어교원연수 자료에서는 컴퓨팅 사고력을 "컴퓨터 과학의 기본 개념과 원리 및 컴퓨팅 시스템을 활용하여 실생활 및 다양한 학문 분야의 문제를 이해하고 창의적 해법을 구현하여 적용할 수 있는 능력"으로 정의하고 있다.

컴퓨팅 사고력

컴퓨터 과학의 기본 개념과 원리 및 컴퓨팅 시스템을 활용하여
실생활 및 다양한 학문 분야의 문제를 이해하고
창의적 해법을 구현하여 적용할 수 있는 능력

그림 7.2 ▸ 한국 소프트웨어교원연수 자료의 컴퓨팅 사고력

컴퓨팅 사고력의 필요성

컴퓨팅 사고력은 컴퓨터 분야의 문제 해결은 물론, 일상생활의 일반적인 문제 해결에 효율적으로 사용될 수 있는 방법을 제공할 뿐만 아니라 창의성을 높이는 데에도 기여하는 역량으로 입증되고 있다.

그림 7.3 ▸ 컴퓨팅 사고력 개념

이러한 컴퓨팅 사고력을 키워 여러 문제에 적용한다면 창의·문제해결·융합 사고 능력도 함께 키울 수 있기 때문에 컴퓨팅 사고력은 우리에게 매우 중요하다. 컴퓨터 기술을 근간으로 여러 산업이 융합하여 새로운 문제를 해결하는 제4차 산업혁명 시대의 도래에 따라 대부분의 해결해야 할 문제는 컴퓨터와 관련된 것이고, 이를 해결하기 위해서는 컴퓨팅 사고력을 활용해야 한다. 그러므로 이 시대에서 컴퓨팅 사고력은 모든 사람들이 갖추어야 하는 기본 역량으로 자리잡고 있다. 이러한 컴퓨팅 사고력은 반드시 '프로그래밍 언어의 명령문을 사용하여 프로그램을 작성하는 과정'인 코딩 능력을 말하는 것이 아니다. 앞서 설명한 것처럼 컴퓨팅 사고 능력을 키워 일반적인 문제에 적용·활용하는 것이 중요하다.

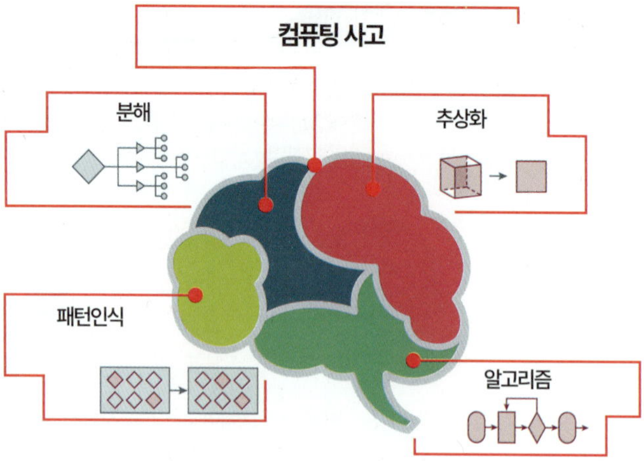

그림 7.4 ▸ 창의 융합 사고에 적합한 컴퓨팅 사고력 역량

2. 컴퓨팅 사고력 구성 요소와 특징

컴퓨팅 사고력 구성 요소

컴퓨팅 사고력의 내용을 살펴보자. 먼저 자넷 윙은 컴퓨팅 사고력의 주요 구성 요소로 재귀적 사고, 병렬처리, 추상화, 분해 등의 요소를 제시하며, 추상화(abstraction) 과정과 자동화(automation) 과정을 제안하고 있다.

표 7.2 자넷 윙의 컴퓨팅 사고력 구성 요소

요소	내용
재귀적 사고	문제의 일반화를 위해 여러 번 반복하여 고민하는 과정
추상화	복잡한 문제를 접근하기 쉽도록 그것을 적절하게 묘사하거나 관련 있는 특징들을 모델링 가능하도록, 시스템의 동작을 간결하고 선언적으로 서술하며, 수많은 다양한 사용자를 고려해 모듈화를 하는 것
분해	크고 복잡한 문제를 작은 문제로 분리해내는 능력

미국의 컴퓨터과학 교사협의회(CSTA: Computer Science Teachers Association)에서 제안하는 컴퓨팅 사고력은 아홉 가지의 세부 요소로 구성된다. 교사협의회의 컴퓨팅 사고력은 데이터 수집(data collection), 데이터 분석(data analysis), 데이터 표현(data representation), 문제 분할(problem decomposition), 추상화(abstraction), 알고리즘 및 프로시져(algorithm & procedures), 자동화(automation), 시뮬레이션(simulation), 병렬화(parallelization) 등의 9가지이다. 컴퓨팅 사고력의 9가지의 내용은 다음과 같다.

표 7.3 미국 컴퓨터과학 교사협의회의 컴퓨팅 사고력 구성 요소

컴퓨팅 사고력	정의
자료 수집	해결해야 하는 문제와 관련된 알맞은 자료를 모으는 과정
자료 분석	자료를 이해하고 패턴을 찾아 결론을 도출
자료 표현	적절한 그래프, 차트, 글, 그림 등으로 자료 정리
문제 분해	문제를 해결가능한 수준의 작은 문제로 나누기
추상화	문제 해결을 위해 반드시 필요한 핵심 요소를 파악하고 복잡함을 단순화
알고리즘과 절차	문제를 해결하거나 어떤 목표를 달성하기 위해 수행되는 일련의 단계
자동화	컴퓨팅 시스템이 수행할 수 있는 형태로 해결책 나타내기
시뮬레이션	자동화의 결과이며, 문제를 해결하기 위하여 만든 모델을 실행시켜 결과 파악하기
병렬화	목표를 달성하기 위한 작업을 동시에 수행하도록 자원을 구성

영국의 컴퓨팅 교육(www.bbc.com/bitesize)에서는 컴퓨팅 사고력을 분해, 패턴 인식, 추상화, 알고리즘 설계 등 4가지를 그 구성 요소로 제안하고 있다.

- **분해**: 데이터, 프로세스 또는 문제를 작고 관리 가능한 부분으로 나눔
- **패턴 인식**: 데이터의 패턴, 추세 및 정규성 관찰
- **추상화**: 이러한 패턴을 생성하는 일반 원칙을 규정
- **알고리즘 설계**: 이 문제와 유사한 문제 해결을 위한 단계별 지침을 개발

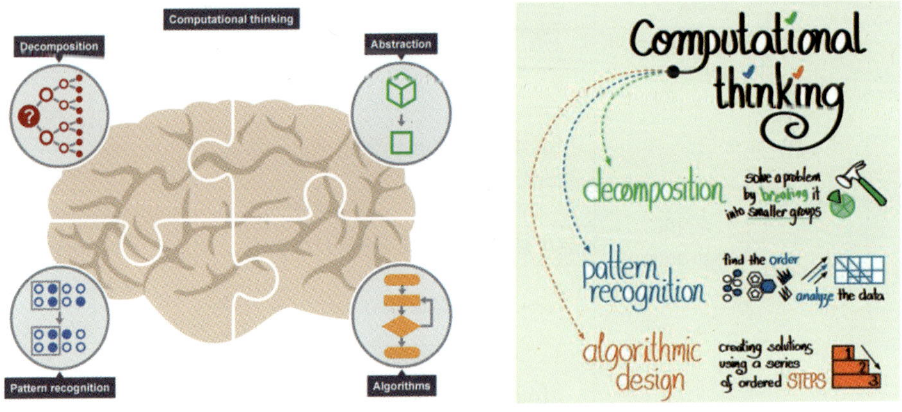

그림 7.5 ▸ 영국 컴퓨팅 교육의(key stage 3 Computer science) 컴퓨팅 사고력

국내의 초중등생의 소프트웨어 교육을 위한 소프트웨어 교육 연수 자료에 의하면 컴퓨팅 사고력을 실생활 문제를 해결하기 위해 추상화와 자동화를 사용한 창의융합적 문제해결로 도식화하고 있다.

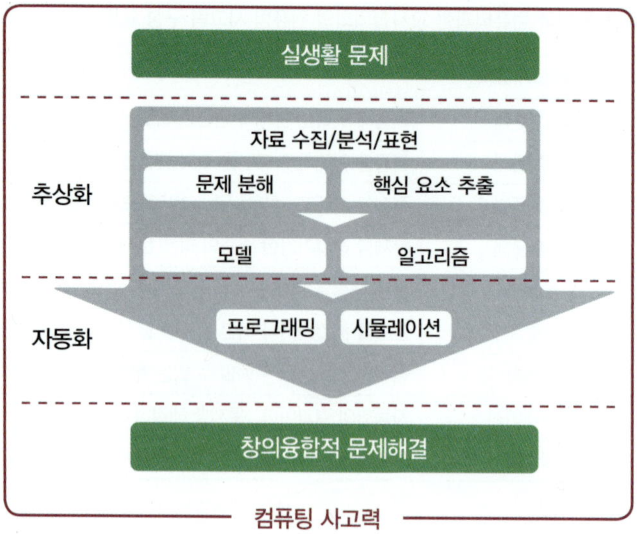

그림 7.6 ▸ 소프트웨어 교육에서의 컴퓨팅 사고력에 관한 도식화: 2016 소프트웨어교원연수 자료 참조

컴퓨팅 사고력 구성 요소 비교

지금까지 알아 본 컴퓨팅 사고력의 내용을 파악하여 자넷윙 교수와 미국의 컴퓨터과학 교사협의회(CSTA), 그리고 구글이 제시하는 컴퓨팅 사고력의 절차를 정리하면 다음과 같다.

표 7.4 컴퓨팅 사고력 구성 요소 비교

<table>
<tr><th>Wing(2008)</th><th>CSTA & ISTE(2011)</th><th>Google for Education(2015)</th></tr>
<tr><td rowspan="8">추상화
(Abstraction)</td><td colspan="2">자료 수집(Data Collection)</td></tr>
<tr><td rowspan="2">자료 분석(Data Analysis)</td><td>자료 분석(Data Analysis)</td></tr>
<tr><td>패턴 인식(Pattern Recognition)</td></tr>
<tr><td colspan="2">자료 제시(Data Representation)</td></tr>
<tr><td>문제 분해(Problem Decomposition)</td><td>분해(Decomposition)</td></tr>
<tr><td rowspan="2">추상화(Abstraction)</td><td>추상화(Abstraction)</td></tr>
<tr><td>패턴 일반화(Pattern Generalization)</td></tr>
<tr><td>알고리즘 및 절차
(Algorithm and Procedures)</td><td>알고리즘 디자인
(Algorithm Design)</td></tr>
<tr><td rowspan="3">자동화
(Automation)</td><td colspan="2">자동화(Automation)</td></tr>
<tr><td colspan="2">병렬화(Parallelization)</td></tr>
<tr><td colspan="2">시뮬레이션(Simulation)</td></tr>
</table>

컴퓨팅 사고력 특징

자넷 윙은 컴퓨팅 사고력이란 우리 인간들이 컴퓨터처럼 생각하는 것이 아니라, 일반적인 문제를 해결하는 하나의 방법으로 인식하고 있다. 또한 우리 인간의 무한한 상상력에 컴퓨터 기기를 활용한다면 전에는 엄두도 못 낼 여러 어려운 문제를 해결할 수 있을 것으로 보고 있다. 다음은 자넷 윙의 논문에서 제시한 컴퓨팅 사고력의 특징이다.

- 컴퓨팅 사고력의 핵심은 프로그래밍이 아닌 개념화에 있다.
- 컴퓨팅 사고력은 단순 반복적인 기술이 아닌 모든 사람이 갖춰야 하는 핵심 역량이다.
- 컴퓨팅 사고력은 컴퓨터가 아닌 인간의 사고방법이다.
- 컴퓨팅 사고력은 수학적 사고와 공학적 사고를 보완하고 결합한다.
- 컴퓨팅 사고력은 인공물이 아닌 아이디어이다.
- 컴퓨팅 사고력은 우리 모두를 위한 것이다.

미국의 컴퓨터과학 교사협의회(CSTA: Computer Science Teachers Association)에서 제시하는 컴퓨팅 사고력의 특징은 다음과 같다.

- 문제를 해결하는 데 도움을 주는 다른 도구들과 컴퓨터를 사용하게 하는 방식으로 문제를 형성해가는 것
- 논리적으로 조직화하고 데이터를 분석하는 것
- 모델과 시뮬레이션 같은 추상화를 통해서 데이터를 표현하는 것
- 알고리즘적 사고(일련의 단계적 순서)를 통해서 해결책을 자동화하는 것
- 식별하고 분석하고 가장 효율적이고 효과적인 단계와 자원을 조합하여 목표달성과 함께 가능한 해결책을 실행하는 것
- 이 문제 해결과정을 다양한 문제들에 일반화하고 전이하는 것

또한 컴퓨팅 사고력을 통하여 다음과 같은 성향이나 태도에 향상을 가져올 수 있다고 보고 있다.

- 복잡한 문제를 다루는 자신감
- 어려운 문제에 대한 지속적인 대처 능력
- 모호성에 대한 내성(Tolerance for ambiguity)
- 다양한 해결책이 있는 문제(open-ended problems)의 처리 능력
- 공통의 목표 또는 해결책을 달성하기 위해 다른 사람과 의사소통하고 협력하는 능력

3. 컴퓨팅 사고력과 코딩

컴퓨팅 사고력은 간단히 컴퓨팅의 기본 개념과 원리를 기반으로 문제를 효율적으로 해결하는 사고능력을 말한다. 이러한 컴퓨팅 사고력을 키우는 방법 중의 하나는 직접 프로그래밍을 하는 코딩(coding) 교육이다. 특히 초·중등 학생을 위한 코딩 교육은 전문적으로 컴퓨터 프로그래머(programmer)가 되기 위한 교육이 아니라 문제해결능력과 창의력, 의사소통 및 협업 능력을 향상시키기 위한 교육에 그 중요성이 커지고 있다.

코딩이란?

컴퓨터 프로그램은 해결하고자 하는 다양한 문제를 해결할 목적으로 프로그래밍하여 컴퓨터에서 작동하는 문제의 해결책이다. 즉 컴퓨터 프로그램을 만드는 것은 해결책을 찾고 있는 문제를 분석하여 이해하고, 문제를 해결하는 순서를 잘 구성하여 직접 프로그래밍 언어로 작성하는 과정이다. 전문적인 컴퓨터 프로그래머(programmer)가 되기 위해서가 아니라, 논리적인 사고력과 창의력, 문제해결 능력 등을 포함하는 컴퓨팅 사고력(computational thinking)을 향상시킬 수 있는 방법이 코딩이다.

코딩(coding)은 해결하고자 하는 문제를 주어진 절차와 방법으로 표현하는 것이다. 이러한 코딩 교육을 위한 방법으로는 엔트리(entry)와 같은 교육용 프로그래밍 언어(EPL: Educational Programming Language)나 이와 유사한 개발 도구를 활용하는 방법이 일반적이다. 다른 코딩 교육 방법인 피지컬 컴퓨팅(physical computing)은 학생들이 직접 손으로 만질 수 있는 로봇이나 블록 또는 회로를 통해 배우는 코딩 학습이다. 또 다른 코딩 교육 방법인 언플러그드(unplugged) 교육은 뉴질랜드의 팀 벨(Tim Bell) 교수가 개발한 교육방법으로 특별한 프로그래밍 언어나 개발도구가 설치된 컴퓨터나 태블릿 없이 학생들이 직접 연필과 종이, 퍼즐이나 카드 게임, 보드 게임과 같은 다양한 도구 및 활동 방식을 통해 논리적으로 사고할 수 있는 방법을 학습하는 방식이다. 직접 코딩을 하든지 아니면 피지컬 컴퓨팅이나 언플러그드 방식으로 다양한 문제에 대한 해결 방안을 모색하면서 자연스럽게 창의력, 사고력, 문제해결력을 키우게 된다.

코딩 교육을 위한 인터넷 사이트로는 우리나라의 네이버에서 공익목적 교육사업을 위해 설립한 비영리기관인 커넥트 재단에서 운영하는 '소프트웨어야 놀자'와 미국의 code.org가 대표적이다. code.org는 학생에게 컴퓨터 과학 학습을 독려하기 위해서 만들어진 비영리 조직에서 제공하는 서비스이며, 코딩 수업과 코딩 교육 관련 커리큘럼을 제공한다.

그림 7.7 ▸ 소프트웨어야 놀자 www.playsw.or.kr

소프트웨어 중심사회에 대한 정보와 소통의 채널인 'SW중심사회' 포털은 정보기술과 소프트웨어 부문으로 진출하고 싶은 학생들을 위해 국가의 정책이나 진로 가이드 정보를 제공하는 사이트이다. 또한 SW중심사회는 초등, 중등, 고등, 교사/학습용 지도서, 일반 등으로 구분해 방문자의 상황에 맞춰 꼭 필요한 교재를 제공한다.

그림 7.8 ▸ 소프트웨어 중심사회 사이트 www.software.kr

다양한 코딩 언어

컴퓨팅 사고력을 키우기 위한 코딩 교육에서 활용되는 교육용 언어나 도구로는 MIT의 스크래치(scratch)와 구글의 블록리(blockly), 그리고 우리나라 네이버의 엔트리(entry) 등이 있다. 이러한 교육용 언어는 실제 활용될 소프트웨어를 작성하는데 사용되기 보다는 학생들이 코딩을 이해할 수 있는 개념적인 방식으로 활용된다.

그림 7.9 ▸ 네이버의 엔트리 playentry.org

스마트폰에서 실행되는 앱(app)을 개발하는 교육용 개발도구로는 앱 인벤터(App Inventor)가 있다. 앱 인벤터는 구글과 MIT의 미디어랩이 산학 협동으로 개발하여 운영하는 안드로이드 스마트폰 앱을 쉽게 개발할 수 있는 비주얼 프로그래밍 개발 도구이다. 처음, 구글에서는 전문 프로그래머가 될 필요가 없는 일반인을 위해 자신만의 스마트폰을 특화할 수 있는 개인적인 용도의 앱을 개발하여 사용할 수 있도록 하자는 의미에서 MIT의 미디어랩과 손잡고 앱 인벤터를 개발하기 시작했다. 구글은 2010년 10월부터 MIT와 함께 앱 인벤터 서비스를 무료로 시작하였으나 2011년 12월 말에 서비스를 종료했으며, 현재는 MIT 대학의 모바일 학습 센터에서 'MIT 앱 인벤터'라는 이름으로 계속 서비스하고 있다. 앱 인벤터를 처음 접하면 단순히 블록 장난감처럼 보일 수 있으나, 사진, 오디오, 비디오 등의 멀티미디어 분야, 그래픽과 애니메이션, 음성, 전자메일, SMS, 웹 서비스 등의 통신 분야, 방향, 가속도, GPS등의 센서 관련 분야까지 다양하고 복잡한 앱을 쉽게 개발할 수 있다. 현재, 앱 인벤터의 공식 홈페이지는 appinventor.mit.edu이다. [그림 7.10]은 다음은 앱 인벤터의 홈페이지에서 직접 개발할 수 있는 앱 인벤터 개발 화면이다.

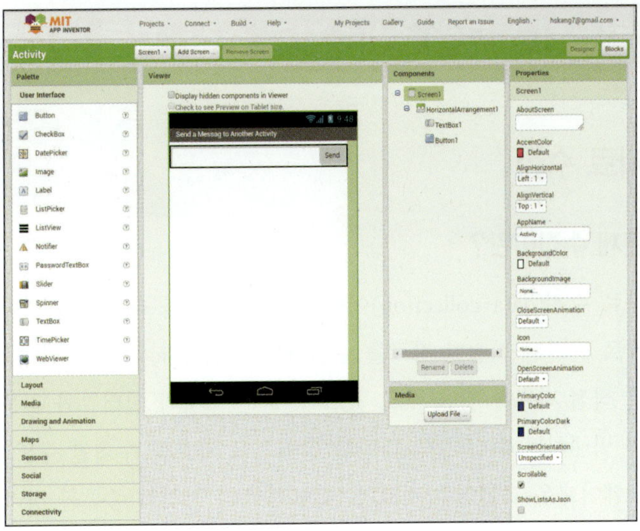

그림 7.10 ▸ 앱인벤터 appinventor.mit.edu

앱 인벤터의 장점은 화면 디자이너에서 앱 구성 화면을 간단히 설계한 후 다음, 블록 편집기에서 정해진 기능을 수행하는 블록을 퍼즐조각처럼 끼워 맞추어 누구나가 매우 쉽게 앱을 개발할 수 있다는 것이다. 다음은 '그림 그리기' 앱을 앱 인벤터로 간단히 구현한 화면으로 오른쪽은 '화면 디자인' 화면이며, 왼쪽은 블록 프로그램 내용이다.

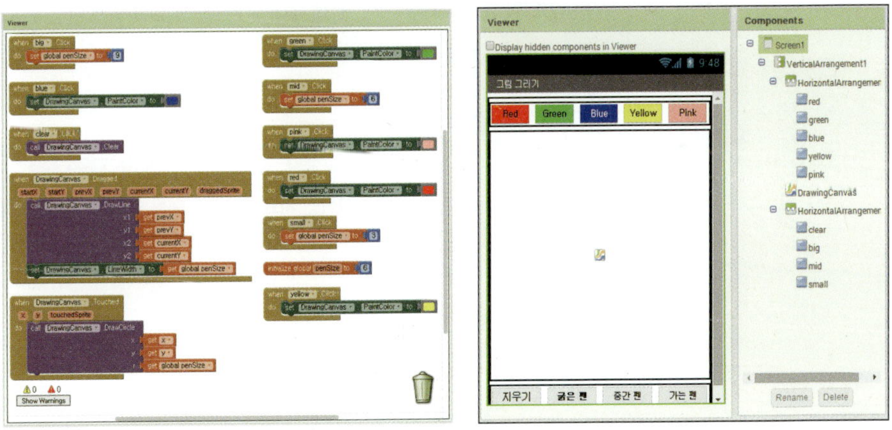

그림 7.11 ▸ '그림 그리기' 앱의 인벤터 개발 화면

7.2 컴퓨팅 사고력 준비: 자료 수집, 자료 분석과 표현

1. 자료 수집

문제 수집이란?

자료 수집(data collection)이란 당면한 문제를 해결하기 위한 해답을 찾기 위해 말 그대로 관련된 적절한 자료를 수집하는 과정이다. 자료 수집 방법을 살펴보면 인터넷상에서 직접 자료를 찾을 수도 있으며, 설문 조사와 인터뷰와 같은 의견청취, 공공데이터 또는 빅데이터 수집 등의 다양한 방법으로 자료를 수집할 수도 있다. 다음은 2018년 소프트웨어교육 교원연수 자료에 있는 자료의 정의와 종류를 정리한 것이다.

표 7.5 자료의 정의와 종류 : 2018년 소프트웨어교육 교원연수 자료 참조

자료	내용
자료의 정의	사람, 동물, 물건, 기계 등이 만들어 낸 사실이나, 뜻, 관측 결과 등을 숫자, 문자, 기호 등으로 표현한 것
자료의 종류	양적인 자료(값을 표현하는 자료)
	개수, 관측값 등으로 표현할 수 있는 양적인 자료로, 보통 실험이나 관찰, 설문 조사의 객관식 문제나 응답이 짧은 주관식 문제, 검색 등의 방법으로 수집할 수 있다. • 실험 자료의 관찰 및 기록 • 설문 조사를 통한 응답 결과 • 데이터베이스 검색
	질적인 자료(생각, 느낌 등을 표현하는 자료)
	글, 그림, 응답 등으로 표현되는 질적인 자료가 있다. 예를 들면, 인터뷰를 할 때 그 내용을 '녹음한 음성'이나, '그 내용을 기록한 글', '설문의 서술형 응답' 등과 같이 개인의 느낌이나 생각 등을 자유롭게 표현한 형태의 자료를 말한다. • 인터뷰 시 녹음한 음성이나 기록한 글 등 • 설문 조사의 서술형 응답

2. 자료 분석과 표현

자료 분석

수집된 자료는 자료 분석을 통하여 자료의 특징을 파악해야 한다. 자료 분석(data analysis)은 자료의 의미를 이해하고, 자료에서 특징을 찾아 일반화하거나, 자료가 가진 패턴을 찾아 자료의 흐름이나 동향을 파악하는 과정이다. 일반적으로 자료 분석을 위해

자료의 다양한 통계처리를 통한 분석이나 빅데이터 분석 등 전문적인 지식을 필요로 하는 경우가 많다. 그러므로 컴퓨팅 사고력의 문제 해결에서는 적절한 자료 분석을 선택하여 수행하는 것도 중요하다.

그림 7.12 ▸ 자료분석

자료 표현

자료 표현(data representation)은 자료가 자지고 있는 서로의 관계나 특성을 파악하여 적절한 표현 방법으로 도식화하고 시각화하는 과정이다. 자료 표현을 조직화하는 방법으로는 글, 차트, 그림 등으로 표현하는 것에서부터 표와 테이블, 계층 구조, 트리 구조, 그래프 다이어그램까지 다양하다. 우리나라에서 애용하는 자료 표현 방법 중의 하나가 표로, 표(table)는 여러 개의 자료를 행과 열의 형태로 표현하는 방법이다. 표를 이용한 자료 표현은 행과 열을 통해 알고자 하는 내용 편리하고 빠르게 찾는 장점이 있다.

표 7.6 문제 해결 과정과 컴퓨팅 사고력 : 2018년 소프트웨어교육 교원연수 자료 참조

<table>
<tr><th>문제 해결 과정</th><th colspan="2">컴퓨팅 사고력</th></tr>
<tr><td rowspan="3">문제 이해</td><td>자료수집/분석/표현</td><td rowspan="4">추상화</td></tr>
<tr><td>문제 분해</td></tr>
<tr><td>추상화(핵심 요소의 추출)</td></tr>
<tr><td>해결 방안 탐색</td><td>알고리즘</td></tr>
<tr><td>문제 해결 수행</td><td>자동화(프로그래밍)</td><td rowspan="2">자동화</td></tr>
<tr><td>결과 분석 및 평가</td><td>시뮬레이션, 병렬화</td></tr>
</table>

표와 자료값이 있는 경우, [그림 7.13]처럼 그래프를 활용하면 더욱 효과적으로 자료를 시각화할 수 있다. 엑셀과 막대 그래프와 이를 응용한 다양한 그래프를 지원하는 도구를 활용하면 작업이 간편해진다.

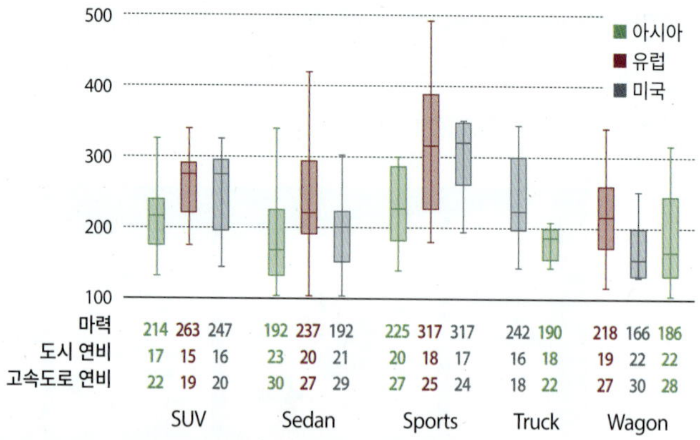

그림 7.13 ▸ 표와 자료의 그래프

회사나 학교의 기구표나 조직을 표현할 때 많이 사용하는 방법이 계층구조이다. 또한 자료의 정리나 메뉴 구성에도 다음과 같은 계층구조는 유용하다.

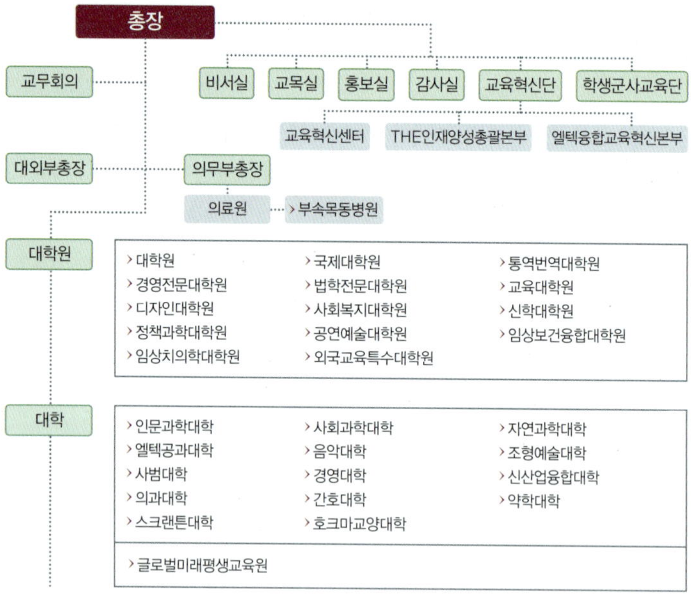

그림 7.14 ▸ 대학의 조직을 표현하는 계층구조: 이화여자대학교 조직도 참조

뿌리에서 줄기가 자라고 다시 여러 개의 가지(branch)가 생겨나는 나무 모양을 형상화한 트리 구조는 자료 표현으로 자주 사용한다. 트리 구조는 주로 상단에 하나의 뿌리를 두고 아래로 내려갈수록 하부 개념을 확장하는 표현으로 계층 구조를 표시하며 노드 간의 관계나 수를 제한하여 이진 트리, 순서 트리, 균형 트리 등 다양한 구조로 표현할 수 있다.

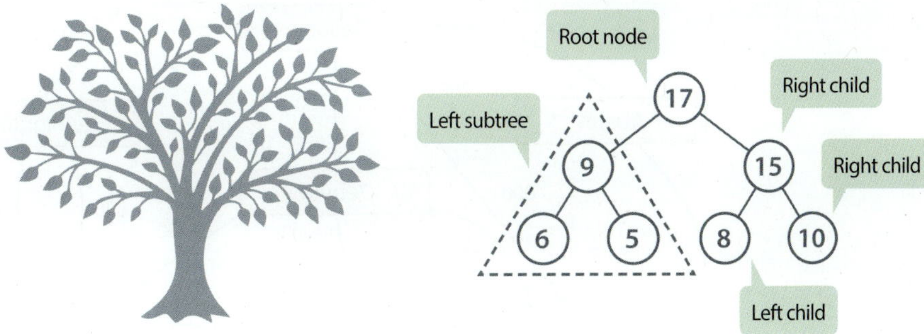

그림 7.15 ▸ 나무를 형상화한 트리 구조와 그래프

[그림 7.16]은 무척추 동물의 분류에 사용한 트리 구조의 좋은 활용 사례이다. '시작'루트에서 '예'와 '아니오'의 두 가지 분류로 무척추 동물인 달팽이와 여러 곤충을 분류하는 방법을 하위 가지가 두 개인 트리 구조로 표현한 그림이다.

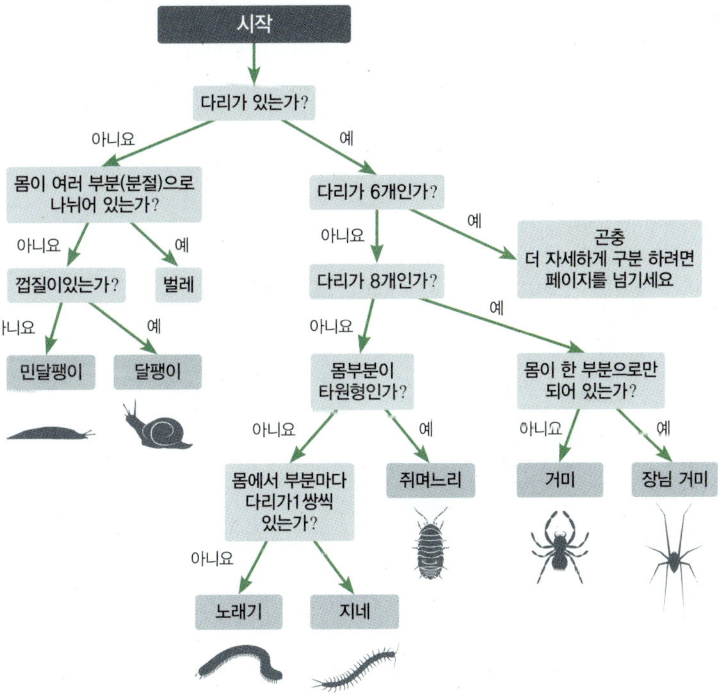

그림 7.16 ▸ 트리 구조 (중등 소프트웨어 교육, 컴퓨팅 사고력 키우기2 참조)

트리 구조에서 상위와 하위 개념을 제거하고 노드와 노드 사이의 관계만을 유지하는 방법이 그래프(graph)이다. 여기서 소개하는 그래프는 일반 수학이나 위에서 설명한 그래프와 용어는 동일하나, 노드와 노드를 연결한 선인 엣지(edge)로 구성되는 다른 의미의 도식화 방법이다.

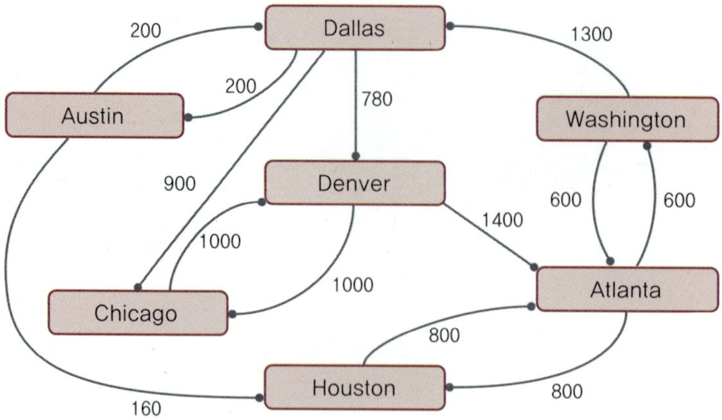

그림 7.17 ▸ 그래프

자료를 표현하는 방법은 다양하다. 여러 종류의 다이어그램(diagram)과 그림을 활용할 수 있다. [그림 7.18]의 우측 그림은 '생명 나무(tree of life)'로 지구상의 230만 개의 다양한 생명의 관계를 트리 구조로 분류하여 원 안에 그려 넣은 그림이다.

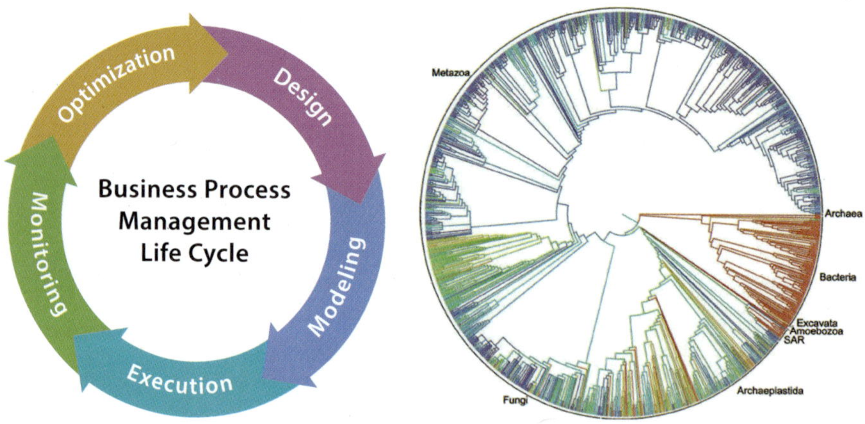

그림 7.18 ▸ 원 모양과 다양한 다이어그램

방대한 양의 빅데이터 등도 다양한 다이어그램(diagram)으로 표현하여 정보를 제공할 수 있다. [그림 7.19]는 작은 원으로 표현되는 각각의 노드(node)를 서로 관련이 있는 노드와 연결한 방대한 크기의 그래프를 표현한 다이어그램이다.

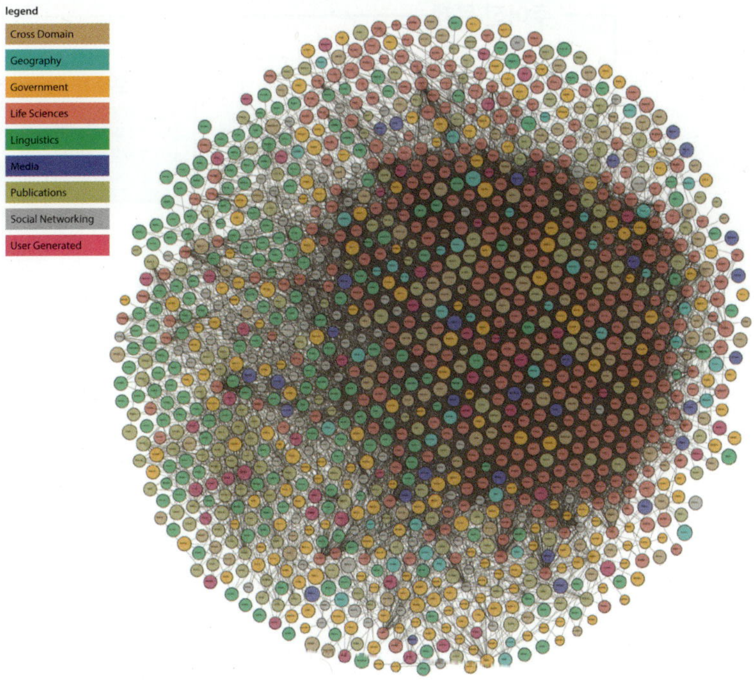

그림 7.19 ▸ 빅데이터를 처리한 다양한 연결 그래프: lod-cloud.net 참조

7.3 컴퓨팅 사고력 시작: 문제 분해

1. 문제 분해 개요

문제 분해란?

컴퓨팅 사고력에서의 문제 분해(problem decomposition)란 문제를 작은 부분으로 나누고, 나눠진 부분은 필요하다면 다시 해결 가능한 부분으로 잘게 나누는 과정이다. 즉 하나의 복잡한 문제를 잘게 쪼개어 문제를 이해하고 해결하면 훨씬 문제가 쉬워진다. 일반적으로 큰 문제는 해결하기 어렵고 부담스럽지만 작은 부분은 훨씬 쉽게 처리할 수 있다.

분해된 작은 문제가 관리 가능하고 해결 가능하다면 문제 분해는 성공한 것이다. 만일 분해된 문제가 해결 가능하다고 판단되지 않으면 다시 그 부분을 좀 더 작게 나눈다. 팀을 구성하는 개개인이 이렇게 나눠진 작업을 맡아 일을 처리한다면 빠르게 문제를 처리할 수 있다.

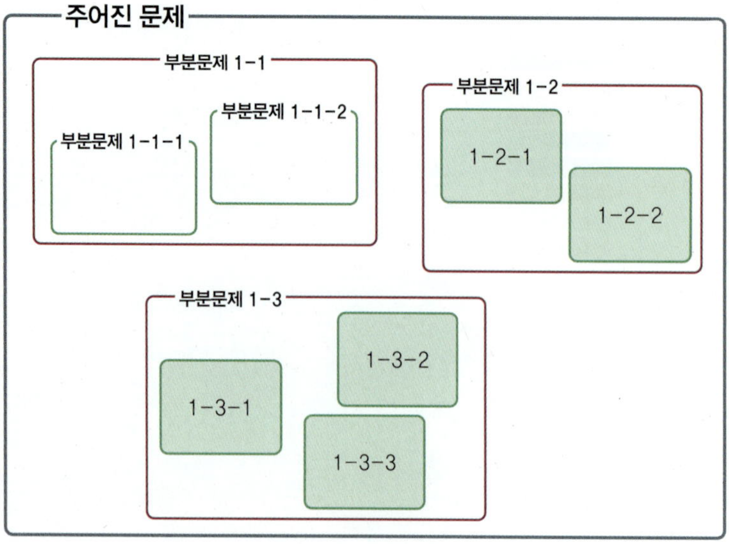

그림 7.20 ▸ 문제 분해 개념

문제 분해의 하나의 예를 들자면 여행계획을 세울 때 다음과 같은 기준으로 나누어 계획하면 계획이 훨씬 수월해진다. 또한 여행을 함께할 일원이 다음의 각각을 나누어 계획을 세운다면 일을 보다 빠르게 마칠 수 있다.

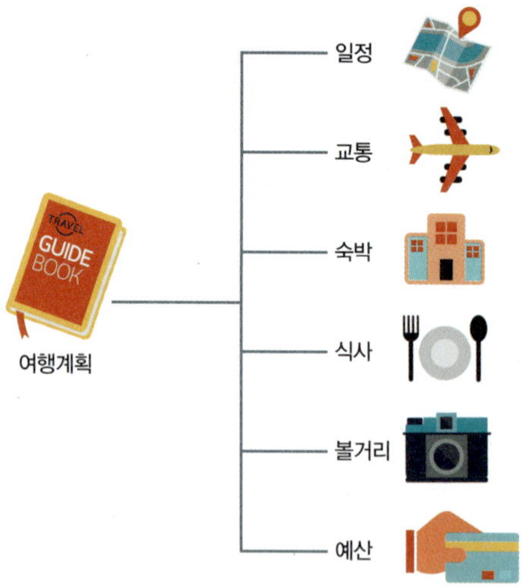

그림 7.21 ▸ 여행계획의 문제 분해

다른 예로 간단한 토스트를 준비하는 아침을 생각해보자. 토스트와 함께 마실 차도 준비한다고 가정하자. 이 과정을 분해해 토스트 준비를 위한 과정으로 햄이나 계란과 같은 토스트 내용물, 빵 굽기, 버터, 잼 등을 준비한다. 마찬가지로 차 준비를 위한 과정으로 물 끓이기, 차 내용물 준비, 우유 추가 등의 과정을 생각할 수 있다. 이와 같이 해야 할 일을 차근차근 나누어 보면 무엇을 해야 할지 명확해지고 수월해진다.

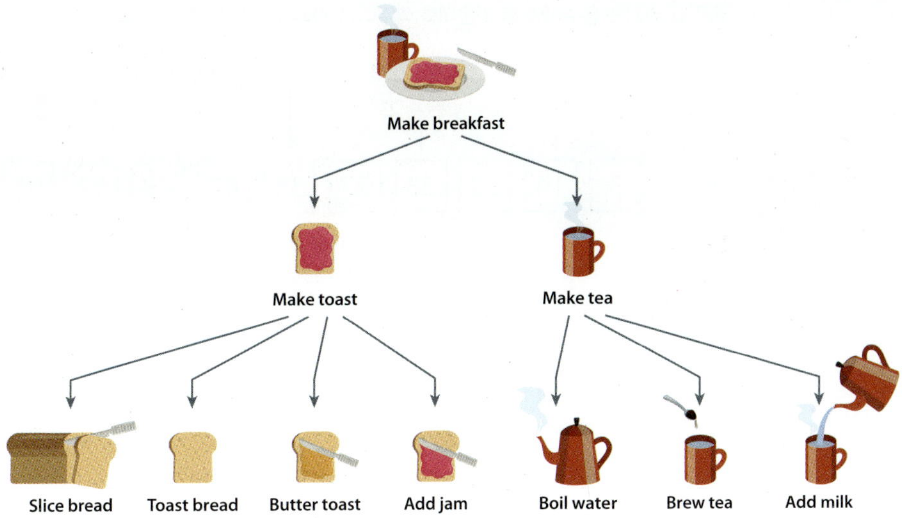

그림 7.22 ▸ 아침 식사를 만드는 작업을 분해

분할과 정복

컴퓨터 프로그래밍 방법 중 하나로 분할과 정복(divide and conquer)이 있다. 이 방법도 문제 분할 개념과 같다. 분할과 정복은 하나의 문제를 유형이 비슷한 하위 문제로 조금씩 나눠가면서 용이하게 풀 수 있는 문제 단위로 나눈(divide) 다음, 이를 해결(conquer)하고, 다시 이를 합쳐서(combine) 해결하자는 개념이다. 그러므로 이 과정을 다음과 같이 분할과 정복 그리고 통합 단계가 필요하다.

❶ **분할**(divide): 분할 가능한 2개 이상의 작은 문제로 나눔

❷ **정복**(conquer): 나뉜 문제를 다시 작은 문제로 나누던지 아니면 문제를 해결함

❸ **합치기, 통합**(combine): 해결한 작은 문제를 통합함

분할과 정복의 예를 이진검색(binary search)에서 알아보자. 이진검색을 하려면 우선 정렬(sorted)된 자료에서 검색을 시작한다. [그림 7.23]과 같이 11개의 정렬된 수가 있는 상황에서 분할과 정복에 23을 찾는 과정을 살펴보자.

- 항상 중앙에 위치한 값과 찾는 값을 비교한다. 만일 그 값이 찾는 값이면 검색을 종료된다. 그러나 찾는 값이 아니라면 다음과 같이 왼쪽 그룹 또는 오른쪽 그룹으로 이동하여 다시 이진검색을 실시한다.

```
if (찾는값 == 중앙값) 중앙값이 찾는 값
else if (찾는값 < 중앙값) 왼쪽 그룹으로 다시 이진검색
else 오른쪽 그룹으로 다시 이진검색
```

▪ 중앙의 위치는 홀수이면 한 가운데를 짝수이면 왼쪽의 가장 큰 수를 선택

그림 7.23 ▸ 분할과 정복에 의한 이진검색

2. 주변의 다양한 분해 방법

책의 구성

작업의 수행 과정에서 이와 같이 큰 부분(위)에서부터 작은 부분(아래)으로 처리하는 방식을 하향식(톱다운, Top-down) 방식이라고 한다. 이러한 하향식 방식도 하나의 문제 분할 방법이다.

어느 주제에 관한 책을 쓴다고 가정하자. 책의 목차를 구성하는 것에서부터 저술을 시작한다고 볼 수 있다. 만일 책을 구성하는 큰 단원이 결정되었다면 그 다음은 각각의 단원을 구성하는 하부의 절을 구성한다. 그리고 각 절에 해당하는 세부 테마를 정한 후 각 세부 테마에 적절한 내용을 구상하고 집필한다. 이러한 책의 저술 과정이 바로 하향식 방식의 문제 분할 방식이라고 할 수 있다. 다음은 C 프로그래밍 언어에 관한 책의 간단한 목차이다. 이러한 하향식 방식은 일상 생활의 여러 문제를 적용할 수 있는 방식일 것이다.

목차

Chapter 01 프로그래밍언어 개요
1.1 프로그램이란 무엇일까
1.2 언어의 계층과 번역
1.3 왜 C 언어를 배워야 할까?
1.4 프로그래밍 자료 표현
1.5 소프트웨어 개발
1.6 다양한 프로그래밍 언어
프로그래밍 연습

Chapter 02 C 프로그래밍 첫걸음
2.1 프로그램 구현과정과 통합개발환경
2.2 비주얼 스튜디오 설치와 C 프로그램의 첫개발
2.3 C 프로그램의 이해와 디버깅 과정
프로그래밍 연습

그림 7.24 ▸ 분해의 한 사례: 책의 목차

마인드 맵

마인드 맵(mind map)도 넓은 의미에서 하나의 문제 분할 방법이다. 마인드 맵은 개념이나 주제를 파악하기 위해 연관된 내용을 선과 같은 간단한 기호나 문자와 그림으로 표현하는 방법이다. 마인드 맵은 브레인스토밍(brain storming)과 같이 새로운 아이디어를 구상하여 정리하거나 하나의 주어진 주제에 대하여 탑 다운 방식의 계층으로 표시하는 방법이다. 마인드 맵은 다음과 같은 특징을 갖는다.

- 핵심 단어와 그와 연관된 키워드의 나열로 직관적인 표현이 가능
- 가장 중요한 내용을 정 중앙에 위치하게 하고 나뭇가지 형태의 방사형으로 뻗어 나가면서 관련 소주제의 키워드로 정리
- 주제를 하향식 방식으로 계층적으로 풀어가면서 정리
- 주제나 키워드를 형상화하는 재미있는 이미지를 첨가하면 시각적으로 더욱 효과적

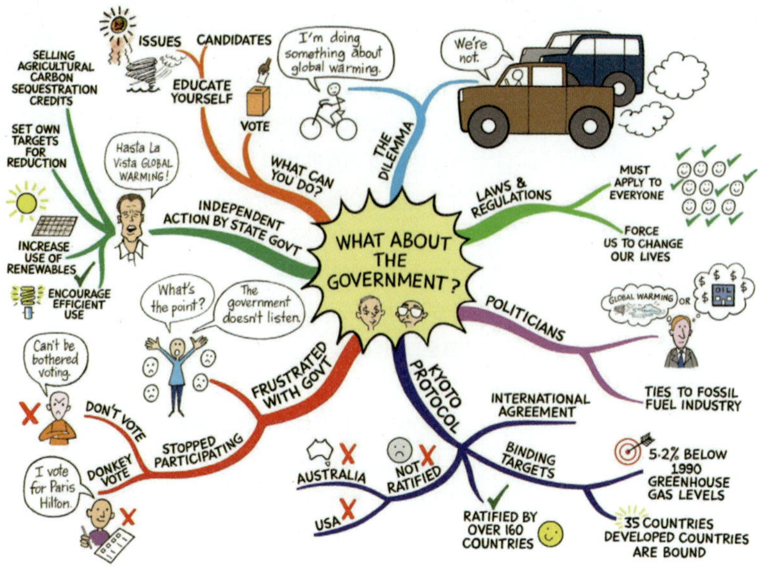

그림 7.25 ▸ 마인드 맵 표현

인간은 두뇌를 갖고 있으며, 뇌는 우뇌와 좌뇌로 구성된다. 좌뇌는 이성적인 기능을 담당하여 논리력, 계산력, 수학능력, 언어능력 등을 관장한다. 우뇌는 감성적인 기능을 담당하여 청각·공간감각, 예술감각, 연상능력 등을 관장한다. 마인드맵을 표현할 때에는 좌뇌와 우뇌의 기능을 모두 사용하도록 하며, 우리 뇌의 사고 방식을 그대로 옮겨 놓은 방식이다. 마인드맵을 사용하여 자주 표현하면 생각하는 시야가 넓어지고 두뇌의 사고를 키워주므로 학습 능력에도 도움에 되고, 두뇌 개발에도 효과가 있다고 하니 자주 활용해보자.

IT Story

마인드 맵을 위한 프로그램

마인드 맵은 손으로 그리는 맛과 장점도 있지만 프로그램을 활용하면 좀 더 쉽고 편하게 마인드 맵을 그릴 수 있다. 마인드 맵을 위한 프로그램은 매우 다양하며, 대부분 무료와 유료 버전을 함께 제공한다. 다음은 주로 무료로 사용할 수 있는 마인드 맵을 위한 프로그램이다.

- xMind(www.xmindkorea.net): 무료와 유료
- freeMind(freemind.ko.softonic.com): 무료
- ThinkWise(www.thinkwise.co.kr): 무료와 유료
- 알마인드(www.altools.co.kr): 무료와 유료

프로그램을 활용한 마인드 맵의 작성은 기존의 있는 마인드 맵을 활용하거나 수정 등의 작업이 간편하다. 손으로 그린다면 잘못된 키워드나 가지를 지우거나 다시 그려야 하는 번거로움이 있으나 마인드 맵 프로그램으로 활용하면 은 가지나 키워드의 복사 · 수정 · 삭제 · 이동 등이 매우 수월하다. 또한 그린 마인드 맵을 PDF나 다른 피일 형태로 저장이 가능하며, 다른 사람들과 공유도 편해 업무 생산성이 높아진다. 특히 씽크와이즈와 같은 국내 제품은 다양한 폰트의 한글을 지원하는 장점도 있다. 하나의 주제를 정한 후, 적당한 프로그램을 설치하여 직접 마인드 맵을 그려보도록 하자.

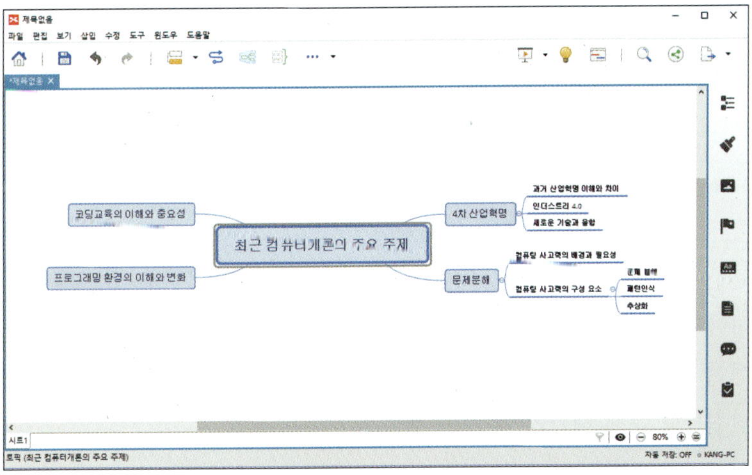

그림 7.26 ▸ 마인드 맵 프로그램 xMind 활용

7.4 컴퓨팅 사고력 핵심: 패턴인식과 추상화

1. 패턴 인식

패턴 인식이란?

복잡한 문제를 분해하는 경우, 분해된 작은 문제들 사이에서 일정한 패턴을 발견할 수 있다. 패턴이란 문제에서 나타나는 일정한 경향이나 반복적 규칙 또는 공유하는 유사점 또는 공통된 특성으로 볼 수 있다.

패턴 인식(pattern recognition)은 복잡한 문제를 효율적으로 해결하는 데 도움이 될 수 있도록 작게 분해된 문제들 사이의 유사성 또는 패턴을 탐색하는 과정이다.

패턴 인식은 다음 단계를 포함하는 과정이다. 그러므로 패턴 인식을 잘 하려면 다음 과정을 잘 살펴야 한다.

- 문제에서 공통적인 요소나 기능을 식별
- 프로세스 또는 문제 사이에서 발생하는 공통적인 차이를 식별해서 해석
- 문제 내의 개별 요소를 식별
- 식별된 패턴을 설명하거나 기술
- 확인된 패턴을 기반으로 예측

패턴은 복잡한 문제를 더 단순하게 만들 수 있으므로 패턴을 찾는 패턴 인식을 매우 중요하다. 주어진 문제는 그 안에서 패턴이 인식될 때 쉽게 해결될 수 있다. 만일 문제에 패턴이 존재한다면 문제의 해결책이 있기 때문이다. 문제에서 패턴을 더 많이 찾을수록 일반적으로 문제 해결이 더 쉽고 빠르게 진행된다.

2. 추상화

추상화란?

'추상'의 한자를 살펴보면 뽑을 '추(抽)'에 꼴·모양·형상 '상(象)'이 사용되는 것을 알 수 있다. 이는 간단히 '형상을 뽑아낸다'라는 의미이다. 컴퓨터 사고력에서의 추상화를 알아보기 전에 사전적 의미의 '추상'을 찾아보면 다음과 같다.

- 추상(抽象): 여러 가지 사물이나 개념에서 공통되는 특성이나 속성 따위를 추출하여 파악하는 작용
- 추상(抽象)의 한자사전: 일정(一定)한 인식(認識) 목표(目標)를 추구(追求)하기 위(爲)하여 여러 가지 표상(表象)이나 개념(槪念)에서 특정(特定)한 특성(特性)이나 속성(屬性)을 빼냄. 또는, 그 빼낸 것을 사고(思考)의 대상(對象)으로 하는 정신(精神) 작용(作用)

또한 그림에서의 추상화도 원어의 의미와 비슷한 관점에서 불필요한 부분을 제거하고 본질만을 드러내는 그림 작업이다.

- 미술(美術)에서, 사물(事物)의 사실적(寫實的) 재현(再現)이 아니고 순수(純粹)한 점 · 선 · 면 · 색채(色彩)에 의(依)한 표현(表現)을 목표(目標)로 한 그림
- 가시적 형상을 모방해서 재현하는 방식을 벗어나 점, 선, 면, 색채의 순수조형 요소로 구성한 그림.
- 추상화는 현실에서 출발하지만, 불필요한 부분을 도려내가며 본진을 드러나게 하는 과정

그림 7.27 ▸ 그림에서의 추상화 개념

컴퓨터 사고력에서의 추상화(abstraction)는 문제를 단순화시켜 불필요한 부분은 제거하고 핵심적인 요소와 개념 또는 기능을 간추려 내어 일반화된 모델(generalized model)을 만드는 과정을 말한다. 여기서 문제를 단순화시킨다는 것은 문제의 해결에 집중하기 위해 문제의 본질을 벗어나 필요하지 않은 패턴이나 특징 등의 세부적인 사항을 없애고 핵심적인 요소만을 남겨 문제 해결을 위해 간결하고 이해하기 쉽게 만드는 과정을 말한다.

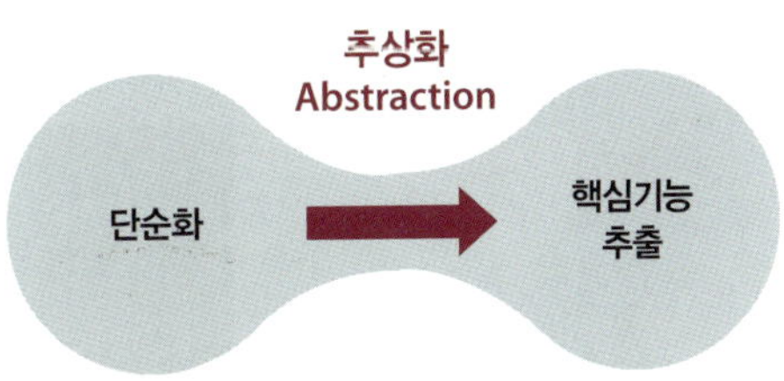

그림 7.28 ▸ 컴퓨팅 사고력에서의 추상화 개념

[표 7.7]은 다양한 추상화 정의와 내용을 정리한 것이다.

표 7.7 추상화의 이해

출처	추상화 정의와 이해
천재학습백과	필요한 부분, 중요한 부분을 통합하여 하나로 만드는 것
	나열되어 있는 사각형의 세 가지 요소들을 일일이 언급하지 않고, '사각형'이라고 부르는 것이 추상화의 한 예라고 할 수 있습니다. 그림을 그릴 때에도 완전히 동일하게 그리지 않고 중요한 특징들만 모아서 표현하는 것 역시 추상화라고 할 수 있죠. 스마트폰의 애플리케이션 아이콘 역시 그 특징을 잡아 추상화해서 만든 것이랍니다. 이처럼 추상화는 여러 가지 요소들을 하나로 통합하는 방향성을 가지고 있습니다. 한 가지 문제를 여러 가지로 쪼개서 나눠보는 '문제 분할'과 반대의 개념이지요. 추상화를 이용하여 핵심적인 것만을 남겨 표현하게 되면, 복잡한 내용도 한 눈에 알아볼 수 있어 이해하기 쉽다는 장점이 있습니다.
네이버지식백과 (소프트웨어 어휘다지기)	문제 해결에 필요한 부분만 취하고 불필요한 부분은 제거하여 간결하고 이해하기 쉽게 만드는 것
	예를 들어, 세 변과 세 각을 가진 도형의 모든 경우를 이야기하지 않고 삼각형이라고 부르거나 3이나 5의 제곱을 구하는 것을 프로그램을 매번 작성하지 않고 제곱을 구하는 함수를 만들어 사용하는 것을 말합니다.
컴퓨터인터넷 IT용어대사전	필요한 부분만을 표현할 수 있고 불필요한 부분을 제거하여 간결하고 이해하기 쉽게 만드는 작업
	복잡한 문제나 시스템을 이해하는 데 중요한 요소

추상화 사례: 지도

지도도 하나의 추상화 사례로 볼 수 있다. 지도는 실제의 지형 모습은 아니나 도로나 건물을 찾기 위해 실제 지형 모습보다 간결화한 그림이다.

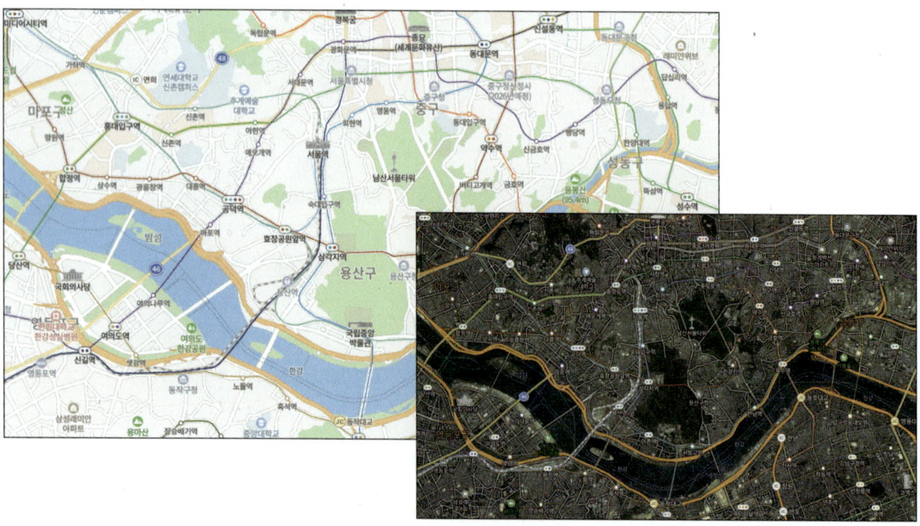

그림 7.29 ▸ 서울의 지도

지하철 노선도는 추상화의 더 좋은 예다. 지하철 노선도는 본질적인 문제인 지하철 노선 정보를 표현하기 위해 지역의 구체적인 도로나 거리, 건물 등의 정보는 제거하고 여러 역과 역을 연결한 선으로만 정보를 표현한 추상화 방법이다. [그림 7.30]은 서울의 지하철 노선도이다.

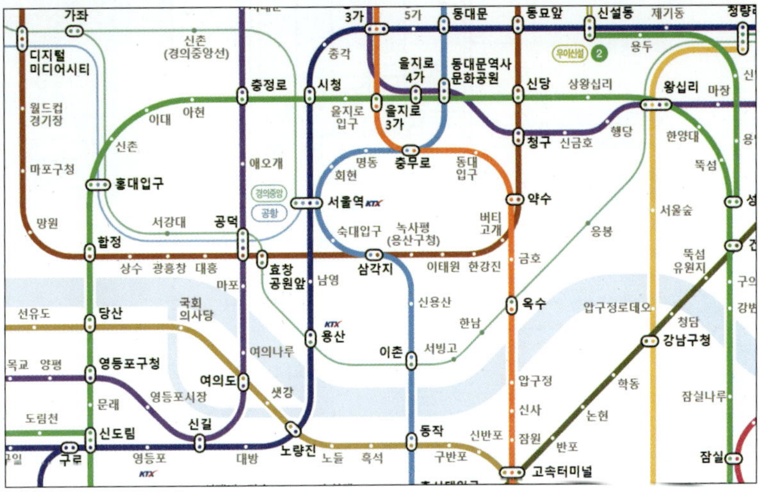

그림 7.30 ▸ 서울의 지하철 노선도

추상화 사례: 커피 머신

자동판매기나 커피 머신의 경우를 살펴보자. 자동판매기나 커피 머신의 내부는 많은 기계장치와 전자회로의 기판으로 구성되어 있다. 이러한 기계장치를 설계·제작하는 사람은 대부분 기계의 복잡한 내부를 이해하고 있을 것이다. 하지만 이러한 기계 장치를 한 사람이 만드는 것이 아니기 때문에 전문가라 할지라도 특별한 사람을 제외하고는 자신이 제작하는 부분만을 자세히 이해할 수도 있다.

그림 7.31 ▸ 실제 커피 머신

그러나 커피 머신 사용자 입장에서는 커피 머신의 내부장치에 대해서는 알 필요가 없다. 사용자는 단지 커피 머신의 외부 버튼 기능을 알고 커피를 내리는 기능만 필요하다. 따라서 [그림 7.32]의 오른쪽 그림과 같은 외부 안내도만 필요할 것이다.

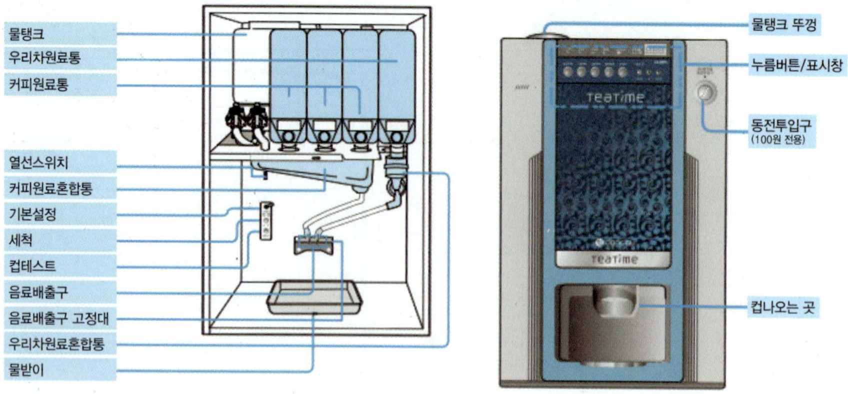

그림 7.32 ▸ 커피 머신을 위한 추상화 과정

일반 사용자 입장에서는 오른쪽 그림이 이 커피 머신을 추상화한 것이다. 그러나 커피 머신을 관리해야 하는 입장에서는 커피 머신의 내부 구조의 일부를 이해하고 있어야 한다. 그러므로 커피 머신 관리자는 커피와 물을 보충하고, 청결을 유지하고, 커피 머신을 관리하려면 왼쪽 그림과 같은 내부 구조도가 필요하다. 따라서 커피 머신 관리자는 왼쪽 그림이 추상화 과정의 결과일 것이다.

이와 같이 추상화는 동일한 문제라도 문제를 보는 관점에서 서로 상이한 과정과 결과가 나타날 수 있다. 즉 추상화 과정에서 문제를 단순화시켜 남겨지는 핵심적인 요소가 바라보는 관점에 따라 다를 수 있기 때문이다.

7.5 컴퓨팅 사고력 구현: 알고리즘과 자동화

1. 알고리즘이란?

알고리즘이란?

알고리즘(algorithm)은 문제를 해결하기 위해 추상화된 핵심 원리를 일련의 절차로 표현하는 과정이다. 즉 문제 해결을 위한 일련의 단계별 지침인 계획으로 이해하면 쉽다. 여기서 일련의 절차는 순차적(sequence) 표현, 반복적(repetition) 표현, 조건(condition) 표현 등의 작업 수행과정을 그림으로 표현할 수도 있으며, 글로 적절히 기술할 수도 있다. 만일 코딩으로 알고리즘을 표현한다면 공식화한 형태의 일련의 절차인 프로그래밍 언어로 표현할 수도 있다. 공식화한 일련의 절차 표현 방법으로는 순서도(flow chart), 의사코드(pseudo code), 자연언어(natural language), 프로그래밍 언어(programming language) 등 다양한 방법이 있다.

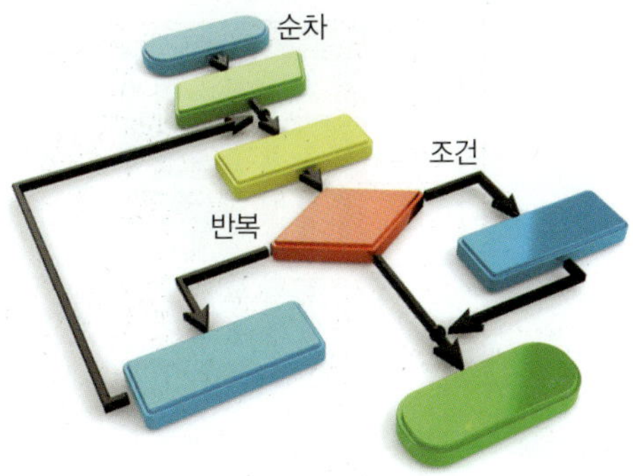

그림 7.33 ▸ 알고리즘 개요

컴퓨터 전공자들은 3학년 정도에 알고리즘을 하나의 교과목으로 배운다. 그런데 학생들에게는 이 알고리즘이 가장 어려운 과목 중의 하나로 알려져 있다. 그러나 컴퓨팅 사고력에서의 알고리즘은 어려워할 게 아니라 일상 생활에서 접하는 문제 상황을 헤쳐 나가는 방법으로 쉽게 이해하자. 한 번이라도 라면을 끓여 먹어본 적이 있다면 이미 알고리즘을 이해하고 활용했던 것이다.

라면 봉지에 있는 '조리방법'이 바로 알고리즘의 쉬운 예이다. 사람마다 약간의 차이는 있겠지만 일반적으로 라면 봉지에 적힌 조리방법을 참고하여 다음 세 가지의 일련의 절차에 의해 끓이면 '라면 끓이기' 작업을 수행할 수 있다.

그림 7.34 ▸ 알고리즘의 쉬운 사례: 라면 봉지의 라면 끓이는 방법

또한 우리 주변에 있는 많은 자동판매기를 이용했다면 알고리즘을 이해하고 이미 활용했던 것이다. 자동판매기를 이용하는 절차를 표현해 보면 다음과 같으며 자동판매기 전면 그림과 함께 절차를 기술하면 알고리즘인 이용 방법을 이해하기 훨씬 쉽다.

❶ 동전이나 지폐를 투입한다.

❷ 상품을 고른 후, 원하는 상품의 버튼을 누른다.

❸ 상품을 꺼낸다.

❹ 거스름 돈을 있으면 돈을 꺼내 가진다.

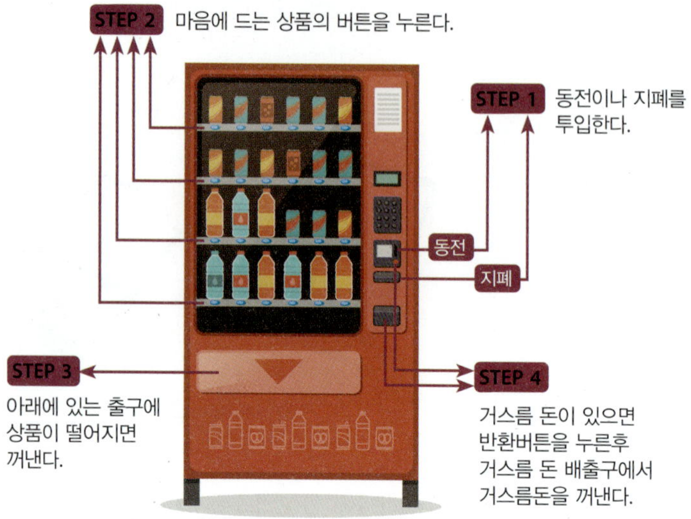

그림 7.35 ▸ 알고리즘의 쉬운 사례: 자동판매기 사용 방법

IT Story

알고리즘은 어디서 유래되었을까?

오늘날 우리가 사용하는 0, 1, 2, … 등을 아라비아 숫자하고 한다. 이러한 아라비아 숫자의 초기 형태는 인도에서 이미 기원전 3세기에 사용되고 있었으며, 인도 학자들은 이러한 간단한 숫자로 자신들의 수학 지식을 전했다고 한다. 이후 인도의 숫자는 아라비아에 소개되었고, 12세기에 아라비아 사람들에 의해 유럽으로 전해지면서 아라비아 숫자라는 이름으로 불리기 시작했다. 그 당시 유럽 사람들은 지금도 목차에서 가끔 사용하는 Ⅰ, Ⅱ, Ⅲ, Ⅳ, Ⅴ 등과 같은 로마 숫자를 사용하였는데, 쉽고 간결한 아라비아 숫자가 전해지면서 점차 로마 숫자는 사용하지 않게 되었다고 한다. 9세기 페르시아의 무함마드 이븐무사 알 콰리즈미(Mohammed ibn Musa al Khowarizimi)는 수학과 지리학, 천문학에 능통한 당대 최고의 과학자였다. 780년경에 현재의 우즈베키스탄에서 출생한 알 콰리즈미는 페르시아 최초의 수학책을 만들었으며, 인도에서 도입된 아라비아 숫자를 이용하여 최초로 사칙연산(덧셈, 뺄셈, 곱셈, 나눗셈)을 만들고 0과 위치 값을 사용한 수학자로서, '대수학의 아버지'로, '아라비아 수학의 위대한 영웅'으로 불리기도 한다.

그림 7.36 ▸ 알 콰리즈미의 초상화와 동상

알 콰리즈미는 십진법을 실생활에서 사용하는 법에 관해 글을 썼으며, 「복원과 대비에 관한 책(The Book of Restoring and Balancing)」에서 수학상의 특정한 문제들을 해결하는 방법을 밝혀내고 설명하고 있다. 알 콰리즈미의 저서인 《Calculation With Indian Numerals(인도 수학에 의한 계산법)》은 아라비아 숫자인 십진법을 활용 · 연구하여 한층 더 발전시켰으며, 아라비아 숫자를 아라비아와 유럽에 전파하는 중요한 역할을 하였다. 그는 우리가 잘 알고 있는 산수와 대수를 발명했으며, 우리가 알고 있는 산술(Arithmetics)에 대한 책을 집필하였다. 또한 일차방정식을 푸는 방법으로 천칭인 양팔 저울에서 영감을 얻어 한 쪽의 항을 다른 쪽으로 옮기는 이항법을 이용하여 소개하였다. 바로 알고리즘이라는 용어는 이 수학의 영웅인 '알 콰리지미' 이름에서 유래되었다. 또한 대수학을 뜻하는 '알지브라(복원)'이라는 말도 그의 저서 《The Book of Restoring and Balancing》의 원어 '알자브르 왈 무카발라'에서 생겨나게 된 것이다. 지금의 '알고리즘'은 수학과 컴퓨터 용어로 사용되고 있으며, 컴퓨팅 사고의 한 구성요소로 사용되고 있다.

2. 알고리즘 사례와 표현 방법

다양한 알고리즘 사례

실생활에서 알고리즘을 찾고 활용하는 사례는 매우 많다. 처음 가는 길을 찾는 경우, 스마트폰의 앱을 사용해 대중 교통으로 출발지에서 목적지로 가는 방법을 찾았다면 바로 알고리즘을 적용한 예다.

그림 7.37 ▸ 대중교통을 이용하여 출발지에서 도착지에 가는 알고리즘

또 다른 예를 들어 멋진 외국인 친구가 오늘 인천공항에 도착한다고 하자. 이 외국인 친구는 공항에서 우리 집까지 무사히 잘 찾아오는 일이 무엇보다 중요하다. 이 친구에게 집까지 오는 길을 설명하는 데는 네 가지 방법이 있다. 이 예와 같이 문제를 해결하는 알고리즘은 다양하다.

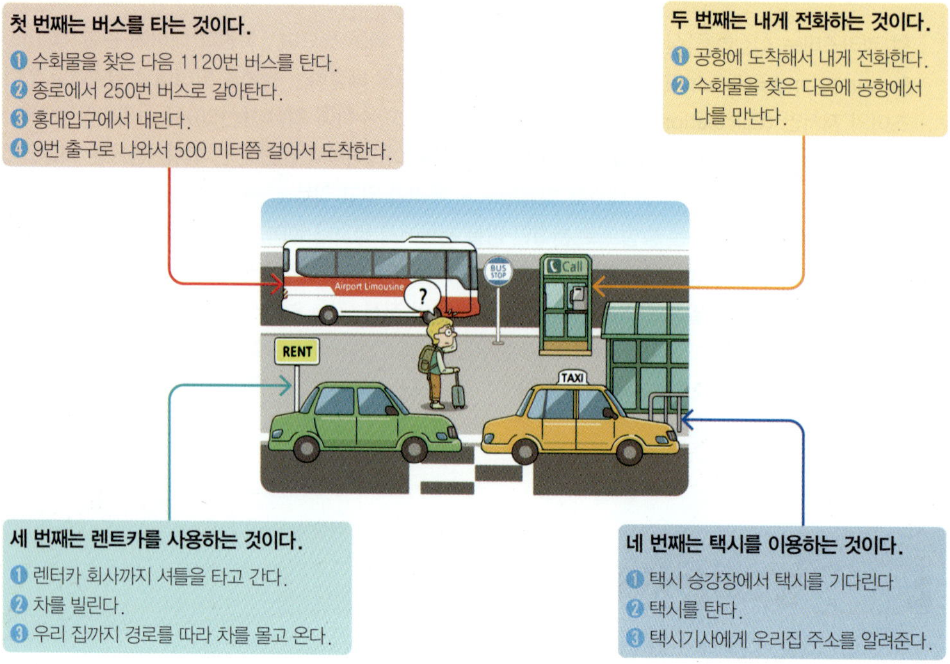

그림 7.38 ▸ 문제를 해결하는 다양한 알고리즘

[그림 7.38]의 네 가지 알고리즘은 '우리집'에 온다는 결과는 같지만, 과정은 모두 다르다. 각각의 알고리즘은 서로 다른 비용과 시간이 든다. 예를 들어 택시를 타면 가장 빠르겠지만 반면에 가장 많은 비용이 든다. 버스를 타면 가장 싸겠지만 가장 느릴 것이다. 이렇듯 '알고리즘'이란 각각의 상황에 맞는 가장 효율적인 것을 선택하는 것이다. 컴퓨터 프로그램에서는 주어진 작업을 수행하기 위해 각기 다른 수많은 방법, 즉 알고리즘이 존재할 수 있다. 이 알고리즘은 각기 다른 상황에 따라 장점도 있고 단점도 있다. 따라서 주어진 상황에 맞는 가장 적절한 알고리즘을 구상하는 것이 무엇보다 중요하다.

의사코드

의사코드는 슈도코드(pseudo code)라고도 하는데, 우리가 사용하는 언어로 간결하게 알고리즘의 절차를 기술하는 방법이다. '의사(疑似)'란 '흉내를 낸다'는 뜻으로 알고리즘을 코드(code)인 특정한 프로그래밍 언어를 흉내 내어 자유롭게 기술한다는 의미이다. 의사코드는 다양한 스타일의 흐름을 이해하기 쉽게 표현하기 위한 방법으로, 다양한 프로그래밍 언어를 간결하게 사용하거나 일반 자연 언어를 사용할 수도 있다.

의사코드에서는 무엇보다도 다른 사람이 알고리즘의 절차를 쉽게 이해할 수 있는 형식을 사용하는 것이 중요하다. 그렇다고 반드시 따라야 하는 규칙이 있는 것은 아니다. 다만 알고리즘의 절차에서 기술한 내용이 무엇인지 쉽게 이해할 수 있도록 기술한다.

[그림 7.39]는 특정한 프로그래밍 언어를 간결하게 활용하는 다양한 의사코드를 나타내고 있다.

포트란 스타일 의사코드

```
program fizzbuzz
Do i = 1 to 100
    set print_number to true
    If i is divisible by 3
        print "Fizz"
        set print_number to
false
    If i is divisible by 5
        print "Buzz"
        set print_number to
false
    If print_number, print i
    print a newline
end do
```

파스칼 스타일 의사코드

```
procedure fizzbuzz
For i := 1 to 100 do
    set print_number to true;
    If i is divisible by 3
then
        print "Fizz";
        set print_number to
false;
    If i is divisible by 5
then
        print "Buzz";
        set print_number to
false;
    If print_number, print i;
    print a newline;
end
```

C 스타일 의사코드

```
void function fizzbuzz
For (i = 1; i<=100; i++) {
    set print_number to true;
    If i is divisible by 3
        print "Fizz";
        set print_number to
false;
    If i is divisible by 5
        print "Buzz";
        set print_number to
false;
    If print_number, print i;
    print a newline;
}
```

그림 7.39 ▸ 다양한 형태의 의사코드: 위키백과 참조

라면을 끓이는 방법을 다음과 같이 간략히 기술한다면 이것도 한국어로 기술된 의사코드의 한 방법이라고 할 수 있다.

1. 물을 끓인다.
2. 면과 분말스프, 야채건더기를 한꺼번에 넣고 5분간 더 끓인다.
3. 불을 끄고, 야채볶음 풍미유를 넣는다.

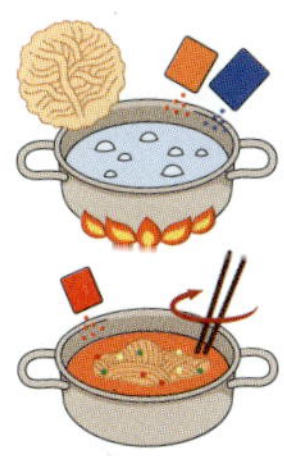

① 냄비에 물 500ml를 끓인 후, 면과 맛내기스프, 해물야채건더기를 넣고 5분간 더 끓입니다.

② 불을 끄고, 야채볶음풍미유를 넣고 잘 저은후 그릇에 담아서 드십시오.
(야채볶음풍미유는 꼭 조리 마지막에 넣으셔야 진한 짬뽕의 풍미를 느끼실 수 있습니다.)

*면에 다시마 분말이 들어있어 옅은 녹색을 띄며, 작은 점이 보일 수 있습니다.

그림 7.40 ▸ 한글로 기술한 의사코드

순서도

순서도(flow chart)는 알고리즘을 표준화된 기호 및 도형으로 도식화하여 데이터의 흐름과 수행되는 절차들의 순서를 표현하는 방법이다. 순서도는 흐름도라고도 부르며, 원어 그대로 플로차트라고도 부른다.

순서도에서 사용하는 기호는 [그림 7.41]과 같이 사각형, 원, 타원, 마름모 등의 절차와 화살표의 흐름을 표시하는 다양한 기호로 구성되어 있다.

그림 7.41 ▸ 순서도와 순서도를 그리는 틀

순서도에서 논리적 절차와 흐름, 처리방법 등의 주요 표식 기호에 대한 내용은 다음과 같다. 기호는 기하학적 도형이며, 시작과 종료는 양 옆이 둥근 직사각형인 터미널, 처리는 직사각형, 판단은 마름모꼴, 입출력은 평행사변형 등이 사용된다. 만일 시간을 체크해서 7시 이전이면 버스를 타고, 아니면 지하철을 이용해 학교에 가는 과정을 순서도로 표현하면 다음과 같다.

기호	기능	기호	기능
	터미널 순서도의 시작과 끝을 표시		**처리** 각종 연산, 데이터 이동 등을 처리
	판단 여러 가지 경로 중 하나의 경로 선택을 표시		**입 · 출력** 데이터의 입력 및 출력 표시
	흐름선 처리간의 연결 기능을 표시		**연결자** 흐름이 다른 곳과 연결되는 입출구를 나타냄
	서류 서류를 매체로 하는 입출력 표시		**준비** 기억장소, 초기값 등 작업의 준비 과정을 나타냄
	수동입력 콘솔에 의한 입력		**천공카드** 천공카드의 입출력

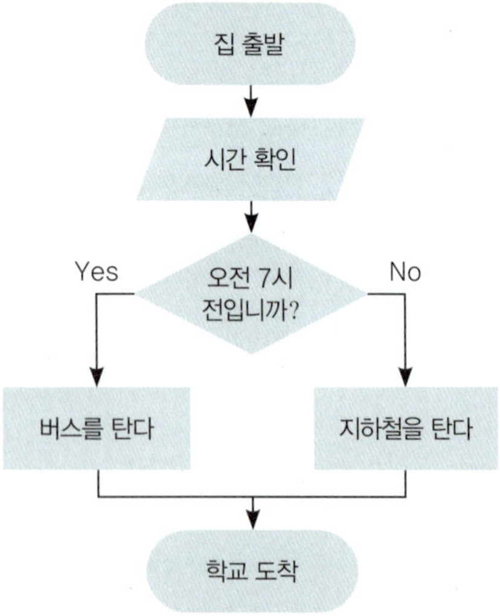

그림 7.42 ▸ 순서도의 다양한 기호와 교통수단을 선택하는 순서도 예

[그림 7.43]은 순서도의 간단한 예로 '인터넷에서 기차표를 예매하고 출력'하는 과정을 한글로 기술하고 순서로로 그린 예이다.

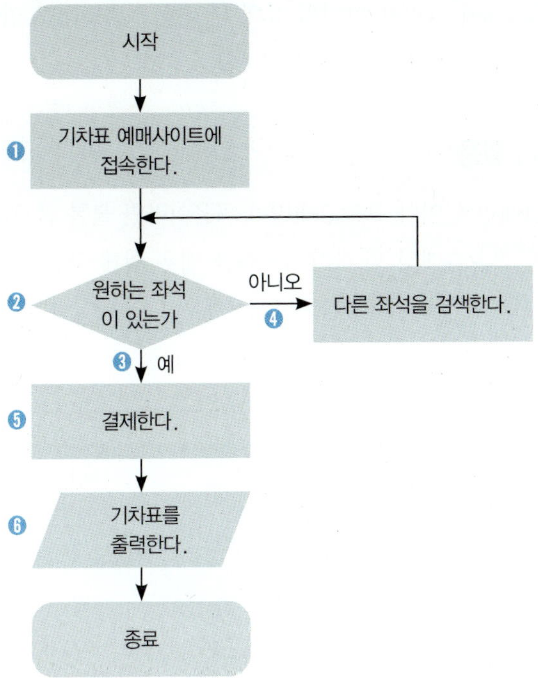

그림 7.43 ▸ '인터넷에서 기차표를 예매하고 출력'하는 과정의 순서도 표현

3. 자동화와 컴퓨팅 사고력 사례

자동화란?

자동화(automation)는 프로그래밍 도구나 자동화 도구, 또는 모의실험(simulation)을 이용해 알고리즘에서 찾은 일련의 과정을 수행하여 문제해결의 결과를 확인하는 과정이다. 알고리즘은 컴퓨터 프로그램을 만들기 위한 초기 단계로, 알고리즘 단계에서 각 지시 내용은 생성되고 실행 순서도 계획되도록 한다. 결국 자동화는 알고리즘을 구현하는 프로그래밍 단계라고 볼 수 있다.

만일 컴퓨터를 활용하여 이전 단계에서 작성한 알고리즘을 적절한 프로그래밍 언어로 표현하여 문제해결 과정과 결과를 확인할 수 있다면 적정한 프로그래밍 언어를 선택하여 자동화를 구현하도록 한다. 그러나 컴퓨터를 활용한 프로그래밍 언어로 자동화 과정이 어렵다면 프레젠테이션이나 모의실험 등을 활용할 수 있다.

컴퓨터 프로그래밍을 활용한 자동화 과정에서 활용되는 프로그래밍 도구로는 스크래치(scratch), 엔트리(entry), 블록리(blockly), 앱인벤터(AppInventor) 등의 다양한 교육용 블록 프로그래밍 언어나 최근 실무에서도 많은 인기를 얻고 있는 고급 프로그래밍 언어인 파이썬(python) 등이 활용될 수 있다. 앱인벤터와 엔트리는 이 단원에서 소개하였고, 스크래치 그리고 파이썬 등의 다양한 프로그래밍 언어는 7장에서 설명할 예정이며, 여기서는 블록리를 간단히 살펴보자.

블록리 활용

프로그래밍 언어와 프로그래밍이 처음이라면 블록 프로그래밍 언어를 활용해보자. 이는 교육용 프로그래밍 언어로 자동화를 매우 쉽게 구현할 수 있다. 블록 프로그래밍 언어도 엔트리와 스크래치, 블록리 등 매우 다양하다. 다음은 구글의 블록리(blockly) 홈페이지이다.

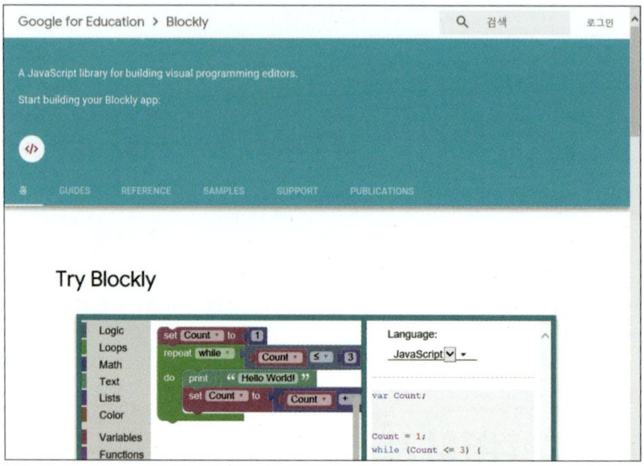

그림 7.44 ▸ 블록리 홈페이지 developers.google.com/blockly

블록리는 웹 응용 프로그램에 쉽게 설치할 수 있도록 설계되었다. 사용자가 블록을 드래그하고 블록리 코드를 생성하면 오른쪽 창에 특정 프로그래밍 언어로 작성된 응용 프로그램이 표시되며, ▶ 버튼을 누르면 프로그램이 실행된다. 블록리가 지원하는 프로그래밍 언어는 JavaScript, Python, PHP, Lua, Dart 등이다. [그림 7.45]는 'Hello World!'라는 인사말을 3번 반복하여 수행하는 프로그램이다.

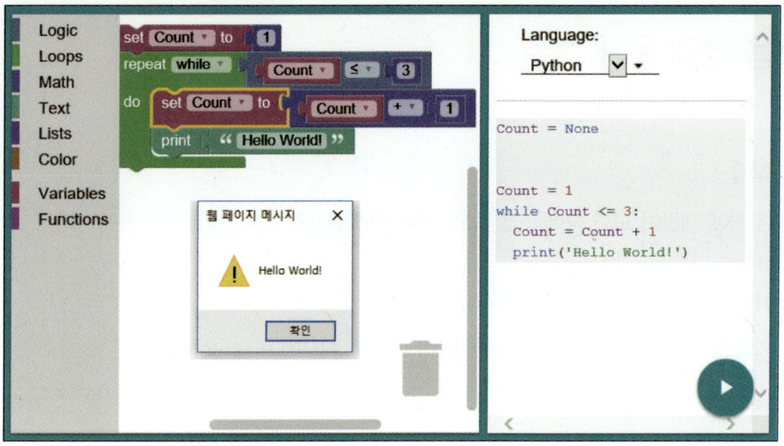

그림 7.45 ▸ 인사말 'Hello World!'를 세 번 수행하는 프로그램 구현

[그림 7.46]은 1부터 10까지 더한 결과를 출력하는 블록리 프로그램과 실행 결과이다.

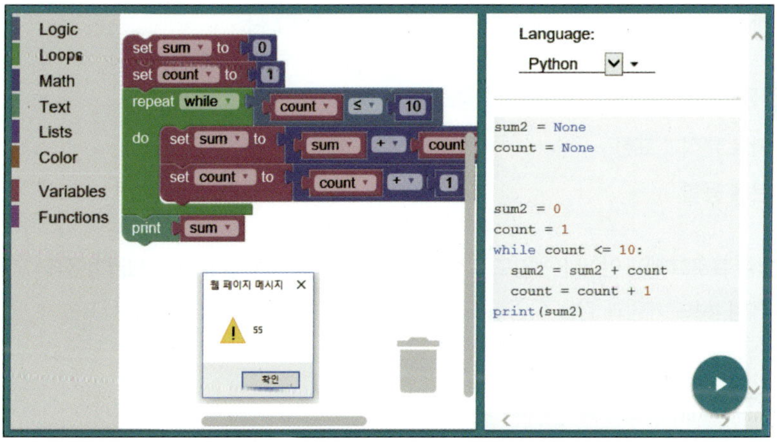

그림 7.46 ▸ 숫자 1에서부터 10까지 더한 결과를 출력하는 프로그램 구현

내용 점검 문제

[객관식]

다음 각 문항에 대하여 보기 중에서 알맞은 것을 선택하시오.

01 컴퓨팅 사고력에 대한 설명으로 옳지 않은 것은?

A. 컴퓨팅 사고력은 컴퓨터 과학자들이 배워야 할 전문적인 내용이다.

B. 컴퓨팅 사고력은 효율적으로 해결하는 능력으로 컴퓨터 과학적 사고를 기르면 우리가 실생활에서 겪는 여러 문제를 컴퓨터가 일을 처리하는 것처럼 논리적으로 해결 가능하다.

C. 컴퓨팅 사고력은 정보 시대에 컴퓨터를 활용하여 문제를 효과적으로 해결하기 위하여 절차적으로 사고하는 것으로 문제 해결 과정에서 컴퓨팅 시스템의 능력과 컴퓨터 과학의 개념과 원리를 활용한다.

D. 컴퓨팅 사고력은 데이터를 모으고 조작하기, 큰 문제를 작은 문제들로 쪼개기, 문제를 구조화하고 추상화하기, 순서에 따라 문제 해결을 자동화하기 등이 포함된다.

02 컴퓨팅 사고력의 구성 요소가 아닌 것은?

A. 자료 분석과 표현
B. 자동화
C. 문제 융합
D. 알고리즘

03 특별한 프로그래밍 언어나 개발도구가 설치된 컴퓨터나 태블릿 없이 학생들이 직접 연필과 종이, 퍼즐이나 카드 게임, 보드 게임과 같은 다양한 도구 및 활동 방식을 통해 논리적으로 사고할 수 있는 방법을 학습하는 방식?

A. 언플러그드(unplugged) 교육
B. 피지컬 교육
C. 교육용 프로그래밍 언어를 통한 코딩 교육
D. 전문 프로그래밍 언어를 통한 코딩 교육

04 컴퓨팅 사고력의 구성 요소에 대한 설명으로 옳지 않은 것은?

A. 문제 분할: 문제를 해결 가능한 수준의 작은 문제로 나누기
B. 자동화: 컴퓨팅 시스템이 수행할 수 있는 형태로 해결책 나타내기
C. 알고리즘: 문제 해결을 위한 핵심 요소를 파악하고 복잡함을 단순화시키는 과정
D. 자료 표현: 적절한 그래프, 차트, 글, 그림 등으로 자료 정리

05 학생들이 직접 손으로 만질 수 있는 로봇이나 블록 또는 회로를 통해 배우는 코딩 학습은 무엇인가?

A. 피지컬 컴퓨팅
B. 언플러그드 교육
C. EPL
D. 일반 코딩 교육

06 추상화에 대한 설명으로 옳지 않은 것은?

A. 문제를 단순화시켜 불필요한 부분은 제거하고 핵심적인 요소와 개념 또는 기능을 간추려 내는 과정

B. 문제의 내용을 파악하기 위해 문제를 구체화하는 과정

C. 핵심적인 요소만을 남겨 문제 해결을 위해 간결하고 이해하기 쉽게 만드는 과정

D. 문제의 해결에 집중하기 위해 문제의 본질을 벗어나 필요하지 않은 패턴이나 특징 등의 세부적인 사항을 없애는 과정

07 알고리즘에 대한 설명으로 옳지 않은 것은?

A. 알고리즘은 문제를 해결하기 위한 일련의 단계별 지침인 계획이다.

B. 알고리즘은 문제를 해결하기 위해 추상화된 핵심 원리를 일련의 절차로 표현하는 과정이다.

C. 알고리즘은 프로그래밍 언어와 유사한 의사코드만으로 기술해야 한다.

D. 일련의 절차는 순차적(sequence) 표현, 반복적(repetition) 표현, 조건(condition) 표현 등의 작업 수행과정을 그림으로 표현할 수도 있으며, 글로 적절히 기술할 수도 있다.

08 의사코드와 순서도는 컴퓨팅 사고력의 어느 구성 요소에서 사용되는가?

A. 문제 분할　　B. 자료 표현

C. 자료 수집　　D. 알고리즘

09 알고리즘을 표준화된 기호 및 도형으로 도식화하여 데이터의 흐름과 수행되는 절차들의 순서를 표현하는 방법은?

A. 순서도　　B. 의사 코드

C. 슈도 코드　　D. 자연 언어

10 스마트폰에서 실행되는 앱(app)을 개발하는 교육용 개발도구는?

A. 스크래치　　B. 엔트리

C. 앱 인벤터　　D. 블록리

11 컴퓨팅 사고력에 대한 설명으로 옳지 않은 것은?

A. 미국 MIT 대학의 시무어 페퍼트 교수가 처음 언급하였다.

B. 카네기 멜론 대학 자넷 윙 교수는 컴퓨팅 사고력은 컴퓨터 과학자뿐만이 아니라 모든 사람 누구나 배워서 활용할 수 있는 보편적인 사고이자 기술로 보았다.

C. 컴퓨터가 우리 사회에 없어서는 안될 중요한 기기가 되면서 컴퓨팅 사고력은 더욱 관심을 받게 되었으며 컴퓨팅 사고력은 일반인도 배워야 할 기술로 인식되기 시작했다.

D. 우리 나라에서는 아직 초등학생들은 컴퓨팅 사고력을 배우지 않는다.

12 자료 표현에 대한 설명으로 옳지 않은 것은?

A. 자료 표현은 자료가 자지고 있는 서로의 관계나 특성을 파악하여 적절한 표현 방법으로 도식화하고 시각화하는 과정이다.

B. 표(table)는 여러 개의 자료를 행과 열의 형태로 표현하는 방법이다.

C. 회사나 학교의 기구표나 조직을 표현할 때 많이 사용하는 방법이 계층구조이다.

D. 그래프는 뿌리에서 주 줄기기 나고 다시 여러 가지가 생겨나는 나무 모양을 형상화한 구조이다.

13 마인드 맵에 대한 설명으로 옳지 않은 것은?

A. 마인드 맵은 개념이나 주제를 파악하기 위해 연관된 내용을 선과 같은 간단한 기호나 문자와 그림으로 표현하는 방법이다.

B. 마인드 맵은 주제를 상향식 방식으로 계층적으로 풀어가면서 정리한다.

C. 마인드 맵은 브레인스토밍과 같이 새로운 아이디어를 구상하여 정리하거나 하나의 주어진 주제에 대하여 탑 다운 방식의 계층으로 표시하는 방법이다.

D. 마인드 맵은 주제나 키워드를 형상화하는 재미있는 이미지를 첨가하면 시각적으로 더욱 효과적이다.

14 지하철 노선도는 컴퓨팅 사고력에서 무슨 요소를 가장 잘 표현하고 있는가?

A. 패턴 인식
B. 추상화
C. 문제 분할
D. 알고리즘

15 컴퓨팅 사고력의 필요성에 대한 설명으로 옳지 않은 것은?

A. 컴퓨팅 사고력은 컴퓨터 분야의 문제 해결은 물론, 우리에게 일상생활의 일반적인 문제 해결에 효율적으로 사용될 수 있는 방법이다.

B. 컴퓨팅 사고력은 창의성을 높이는 데에도 기여하는 역량으로 입증되고 있다.

C. 컴퓨팅 사고력은 '프로그래밍 언어의 명령문을 사용하여 프로그램을 작성하는 과정'인 코딩 능력만을 말한다.

D. 4차 산업혁명 시대의 도래에 따라 대부분의 해결해야 할 문제는 컴퓨터와 관련된 것이고, 이를 해결하기 위해서는 컴퓨팅 사고력을 활용해야 한다.

16 문제에서 나타나는 일정한 경향이나 반복적 규칙 또는 공유하는 유사점 또는 공통된 특성은?

A. 패턴
B. 추상화
C. 알고리즘
D. 자동화

17 컴퓨팅 사고력의 특징에 대한 설명으로 옳지 않은 것은?

A. 컴퓨팅적 사고의 핵심은 프로그래밍이 아닌 개념화에 있다.

B. 컴퓨팅 사고력은 컴퓨터의 사고방법이다.

C. 컴퓨팅적 사고는 수학적 사고와 공학적 사고를 보완하고 결합한다.

D. 컴퓨팅 사고력은 인공물이 아닌 아이디어이다.

18 주로 상단에 하나의 뿌리를 두고 아래로 가지처럼 하부 개념을 확장하는 표현으로 계층 구조를 표현하는 자료 표현 방법은?

A. 표
B. 막대 그래프
C. 그래프
D. 트리

19 사각형이 가져야 할 세 가지 요소들을 일일이 언급하지 않고, '사각형'이라고 부르는 것은 컴퓨팅 사고력에서 어느 구성 요소를 설명하고 있는가?

A. 자료 분석
B. 추상화
C. 문제 분할
D. 알고리즘

20 알고리즘의 표현 방법에서 다른 표현 방법은?

A. 의사코드
B. 순서도
C. 흐름도
D. 플로차트

[괄호 채우기]

다음 각 문항에 대하여 빈칸에 적절한 단어를 채우시오.

01 ____________(이)란 컴퓨터 프로그래밍에 대한 지식이 없는 일반인이 다양한 모든 분야의 문제해결에 적용될 수 있도록 컴퓨터의 프로그래밍을 구현하는 과정의 사고에서 도출된 절차와 역량을 말한다.

02 컴퓨팅 사고력에서의 ____________(은)는 자료의 의미를 이해하고, 자료에서 특징을 찾아 일반화하거나, 자료가 가지는 패턴을 찾아 자료의 흐름이나 동향을 파악하는 과정이다.

03 컴퓨팅 사고력에서의 ____________(은)는 문제를 작은 부분으로 나누고, 나눠진 부분은 필요하다면 다시 해결 가능한 부분으로 잘게 나누는 과정이다.

04 컴퓨터 사고력에서의 ____________(은)는 문제를 단순화시켜 불필요한 부분은 제거하고 핵심적인 요소와 개념 또는 기능을 간추려 내어 일반화된 모델(generalized model)을 만드는 과정을 말한다.

05 컴퓨팅 사고력에서의 ____________(은)는 문제를 해결하기 위해 추상화된 핵심 원리를 일련의 절차로 표현하는 과정이다.

06 컴퓨팅 사고력에서의 ____________(은)는 프로그래밍 도구나 자동화 도구, 또는 모의실험(simulation)를 이용하여 알고리즘에서 찾은 일련의 과정을 수행하여 문제해결의 결과를 확인하는 과정이다.

07 컴퓨팅 사고력에서의 ____________(은)는 복잡한 문제를 효율적으로 해결하는 데 도움이 될 수 있도록 작게 분해된 문제들 사이의 유사성 또는 일정한 경향이나 반복적 규칙 또는 공통된 특성 등을 탐색하는 과정이다.

08 __________(은)는 하나의 문제를 유형이 비슷한 하위 문제로 조금씩 나눠가면서 용이하게 풀 수 있는 문제 단위로 나눈 다음 이를 해결하고, 다시 이를 합쳐서 해결하자는 개념이다.

09 문제 분해의 한 방법인 __________의 표현 방법은 좌뇌와 우뇌의 기능을 모두 사용하도록 하며, 우리 뇌의 사고 방식을 그대로 옮겨놓은 방식이다.

10 구글의 블록 프로그램인 __________(은)는 사용자가 블록을 드래그하고 블록을 생성하면 오른쪽 창에 JavaScript, Python, PHP, Lua, Dart 등의 프로그래밍 언어로 작성된 응용 프로그램이 표시된다.

【 주관식 】

01 컴퓨팅 사고력에서 문제 분해, 패턴 인식, 추상화, 알고리즘을 설명하시오.

02 컴퓨팅 사고력의 추상화의 다양한 정의를 찾아 열거하시오.

03 김밥 싸는 과정을 문제 분할하시오.

04 '소프트웨어야 놀자' 사이트 www.playsw.or.kr에 들어가서 인공지능에 관한 동영상을 시청하시오.

05 컴퓨팅 사고력에서 문제 분해, 패턴인식, 추상화, 알고리즘을 설명하는 마인드 맵을 그려보시오.

06 다음은 특정 알고리즘을 블록으로 표현한 그림이다. 이 알고리즘을 설명하시오.

07 다음은 특정 알고리즘을 의사코드로 작성한 내용이다. 이 알고리즘를 설명하시오.

```
Begin
INPUT hours, rate
IF hours ≤ 40
THEN
    pay = hours + rate
ELSE
    pay = 40 * rate + (hours - 40) * rate * 1.5
OUTPUT pay
END
```

08 다음 트리(이진 검색 트리)에서 노드 15를 찾아 가는 방법을 설명하고, 이진 검색 트리에서 하나의 임의 노드를 찾는 알고리즘을 기술하시오.

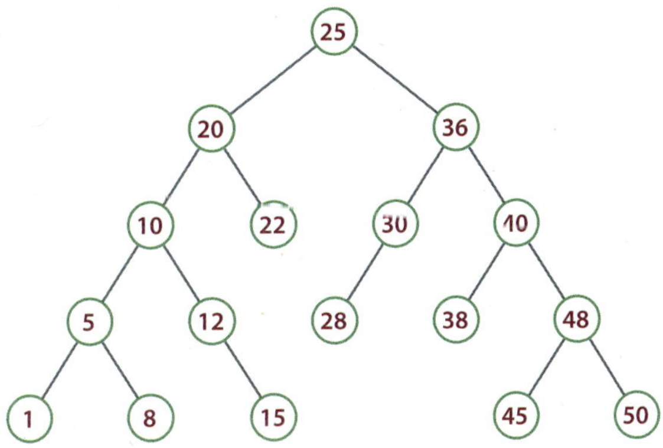

09 분할과 정복 방식인 병합 정렬을 설명하시오.

10 국제운전면허증을 발급받는 과정에서 적절히 문제 분할하시오.

Introduction to COMPUTERS

08

프로그래밍 언어

단원 목표

- 프로그래밍 언어의 필요성과 저급 언어와 고급 언어를 이해한다.
- 프로그램을 개발하기 위한 개발환경을 이해한다.
- 소스 작성에서 프로그램 실행까지의 프로그램 구현과정을 이해한다.
- 컴파일러와 인터프리터의 역할과 특징을 알아본다.
- 포트란, 코볼, 베이직, 파스칼, C, C++ 등 고급 언어의 특징을 알아본다.
- 객체지향의 개념과 객체지향 언어의 특징을 알아본다.
- 객체지향 언어인 자바와 C#의 특징을 이해한다.
- 객체지향 언어인 파이썬과 알(R), 그리고 고(GO), 코틀린(KOTLIN), 스위프트(SWIFT)를 이해한다.

단원 목차

8.1 프로그래밍 언어 개요

1. 프로그래밍 언어

프로그래밍 언어의 필요성

사람과 사람이 의사교환을 하려면 한국어나 영어와 같은 일반 언어를 이용한다. 마찬가지로 사람과 컴퓨터가 서로 의사교환을 하기 위한 것이 프로그램 언어이다. 프로그램 언어는 사람이 컴퓨터에게 지시할 명령어를 기술하기 위하여 만들어진 언어이다.

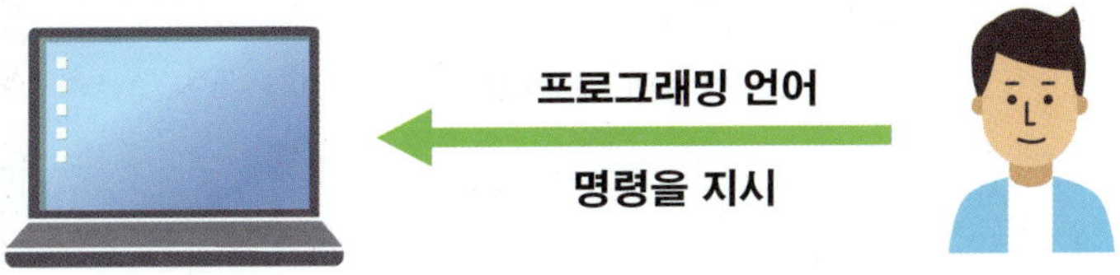

그림 8.1 ▸ 프로그래밍 언어

2. 저급 언어와 고급 언어

기계어

초기의 프로그래밍 과정은 프로그래머가 컴퓨터에게 지시할 명령을 기계어(machine language)로 직접 표현하는 방식이었다. 기계어란 0과 1로 표현되는 프로그래밍 언어로서 컴퓨터가 직접 이해할 수 있는 유일한 언어이다. 기계어는 연산 코드(operation code)와 피연산자(operand)로 구성된다. 연산 코드는 메모리나 레지스터에 데이터를 저장하거나 산술연산 등을 수행하는 연산자에 해당하는 코드이다. 피연산자는 메모리 주소나 레지스터 번호 등을 나타낸다. 기계어는 컴퓨터 하드웨어에 대한 강력한 통제가 가능하다는 장점이 있다. 그러나 0과 1로만 구성된 기계 중심의 언어이기 때문에 전문가라 하더라도 프로그래밍하기가 매우 어렵다는 단점이 있다.

어셈블리어

이후 복잡한 기계어를 간략하게 기호화(symbolize)한 어셈블리어를 사용하게 되었으며, 시간이 흐름에 따라 컴퓨터의 상업적 이용이 늘어나게 되었고 그 결과 코볼, 파스칼, 포트란, C 등의 고급 언어가 등장하게 되었다.

어셈블리어는 기계어의 연산 코드와 피연산자를 프로그래머가 좀 더 이해하기 쉬운 기호 형태로 일대일 대응시킨 프로그래밍 언어이다. 연산 코드를 기호화한 것을 니모

닉(mnemonic)이라고 부르며, 연산 코드의 예로 LDA(LoaD Address), ADD(ADD), STA(STore Address) 등이 사용된다. 기계어에 비하여 프로그래밍이 간소화되었으며, 연산 코드와 니모닉이 일대일 대응되기 때문에 기계어의 장점인 중앙처리장치와 같은 하드웨어 장치에 대한 강력한 통제 역시 가능하다는 장점이 있다. 그러나 어셈블리어도 사용자보다는 컴퓨터를 고려한 언어이므로 기계어보다는 이해가 쉬우나 사람에게는 여전히 어려운 언어이다.

[표 8.1]은 4장에서도 살펴보았던 간단한 연산식 C=A+B를 처리하는 프로그램을 기계어와 어셈블리어로 나타낸 것이다. 어셈블리어는 기호화가 되어있어 기계어보다 이해하기 쉬운 것을 알 수 있다.

표 8.1 두 정수의 합을 위한 명령어 집합

순서	기계어	어셈블리어	의미
명령어1	0101000000000100	LDA A	메모리 A의 내용을 누산 레지스터(AC)에 저장
명령어2	0111000000000110	ADD B	메모리 B의 내용과 누산 레지스터(AC)의 값을 더하여 누산 레지스터(AC)에 다시 저장
명령어3	0100000000000111	STA C	누산 레지스터(AC)의 값을 메모리 C에 저장
명령어4	0011000000000000	HLT	프로그램 종료

그러나 어셈블리어도 CPU마다 명령어가 다르고 레지스터의 종류와 이용 방법 등도 이해해야 프로그래밍이 가능하므로 사람에게 친숙한 언어는 아니다. 이렇듯 컴퓨터에게 친근한 언어라는 의미에서 기계어와 어셈블리어를 저급 언어(low level language)라 한다.

고급 언어

프로그래밍 언어를 분류하는 기준의 하나로서 컴퓨터와 인간의 친밀성에 따른 분류를 들 수 있다. 컴퓨터가 이해하기 쉬운 언어를 저급 언어라 하고 인간이 이해하기 쉽고 친근한 언어를 고급 언어라 한다.

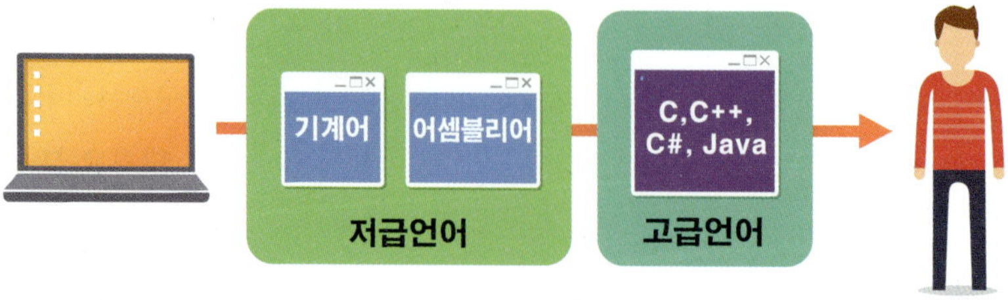

그림 8.2 ▸ 저급 언어와 고급 언어

저급 언어는 컴퓨터의 주기억장치, 레지스터, 마이크로프로세서, 입출력 포트 등의 하드웨어를 직접 통제할 수 있다. 그러나 저급 언어를 사용하기 위해서는 하드웨어에 대한 충분한 지식이 요구되므로 초보자가 작업하기에는 쉽지 않으며, 고급 언어(high level language)에 비하여 언어 자체가 어렵기 때문에 전문가라 하더라도 프로그래밍 생산성이 낮다.

1950년 이전까지 저급 언어인 어셈블리어를 이용하여 프로그램을 작성하였으며, 1950년 중반부터는 인간의 자연 언어와 비슷한 포트란, 코볼, 베이직 등의 고급 언어가 개발되어 프로그램 개발에 사용되었다. 이러한 고급 언어의 이용으로 프로그램의 생산성이 이전보다 상당히 높아졌다.

3. 세대별 분류

세대 분류

사람이 사용하는 자연 언어가 무수히 많듯이 프로그램을 만들기 위한 프로그래밍 언어도 상당히 많다. [표 8.2]는 1945년경에 기계어가 만들어진 이후 어셈블리어를 거쳐 고급 언어에 이르기까지 프로그래밍 언어의 발달을 세대별로 구분하여 특징을 정리한 것이다.

표 8.2 프로그램 언어의 세대별 분류

세대	시기	기능
1세대	1945년	컴퓨터가 이해하는 유일한 언어인 기계어만을 이용한 세대이며 현재에도 기계어는 이용됨
2세대	1950년 중반	어셈블리어와 어셈블러가 개발되어 프로그램 개발의 생산성이 높아진 세대이나 시스템마다 어셈블리어는 다르므로 시스템 호환 문제가 계속 남아 있었던 세대임
3세대	1960년 초반	포트란, 알골, 베이직, 파스칼 같은 고급 언어와 컴파일러가 개발되었고 시스템에 독립적인 프로그램을 개발하여 프로그램 개발의 생산성이 매우 높아진 세대임
4세대	1970년 초반 이후	비절차 중심의 언어로 보고서 생성기와 데이터베이스 질의 언어(query language) 또는 비주얼 베이직과 같은 비주얼 프로그래밍 언어임
5세대	현재와 미래	영어, 한국어와 같은 진정한 의미의 자연 언어는 없으며, 컴퓨터에 대한 기초지식이 없는 일반인도 코드 없이 프로그램을 만들 수 있는 블록 비주얼 프로그래밍 언어가 소개되어 교육용 프로그래밍 언어로 많이 활용되고 있음

4세대와 5세대 언어

1세대부터 3세대 언어까지는 그 구분이 명확하다. 그러나 그 이후는 구분이 명확하지 않다. 3세대 언어가 절차적 중심의 언어라면 4세대 언어는 비절차적 중심의 언어이다. 비절차적 중심 언어의 대표적인 예는 데이터베이스 질의 언어(query language)이다. 비절차적 중심 언어란 프로그래머가 원하는 결과를 얻기 위해서 하나 하나의 절차를 따를 필요가 없다는 것이다. 그러나 데이터베이스 질의 언어도 모든 절차가 필요 없는 완전한 비절차적 언어라고 볼 수 없다.

비주얼 베이직(Visual Basic)은 베이직 언어를 기반으로 이벤트 프로그래밍과 그래픽 사용자 인터페이스를 이용하여 프로그래밍을 하는 새로운 개념인 비주얼 프로그래밍 환경이며 언어이다. 이러한 프로그래밍 언어를 4세대 언어라고 하는 경우도 있다. 4세대 프로그래밍 언어로는 파스칼을 기반으로 한 오브젝트 파스칼 언어를 채택한 델파이(Delphi)라는 비주얼 프로그래밍 환경을 예로 들 수 있다. 델파이 컴파일러의 최신 버전은 2017년에 발표한 엠바카데로 델파이 10.2 도쿄(Embarcadero® Delphi 10.2 Tokyo)이다. 사이트(www.embarcadero.com/products/delphi/starter)에서 커뮤니티 버전을 무료로 내려 받을 수 있다.

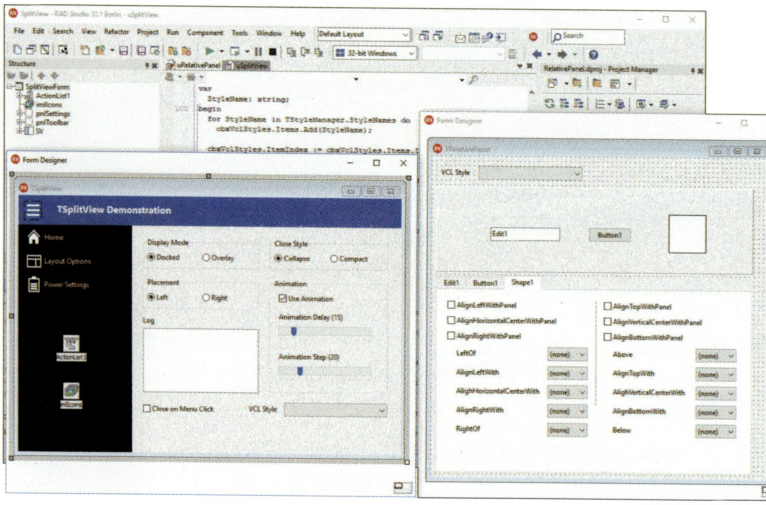

그림 8.3 ▸ 비주얼 프로그래밍 환경인 엠바카데로 델파이 10.2 ▸ 도쿄

이러한 비주얼 프로그래밍 방식은 코드 없이 정해진 블록으로만 코딩할 수 있는 블록 방식으로 발전하고 있다. 대표적인 블록 방식의 비주얼 프로그래밍 언어는 MIT 대학에서 개발한 스크래치이다. 스크래치는 퍼즐 조각 맞추기와 같이 정해진 그래픽 기반의 블록을 모아 원하는 프로그램을 제작하는 방식으로 그래픽 기반의 멀티미디어 게임 제작에 적합한 언어이다.

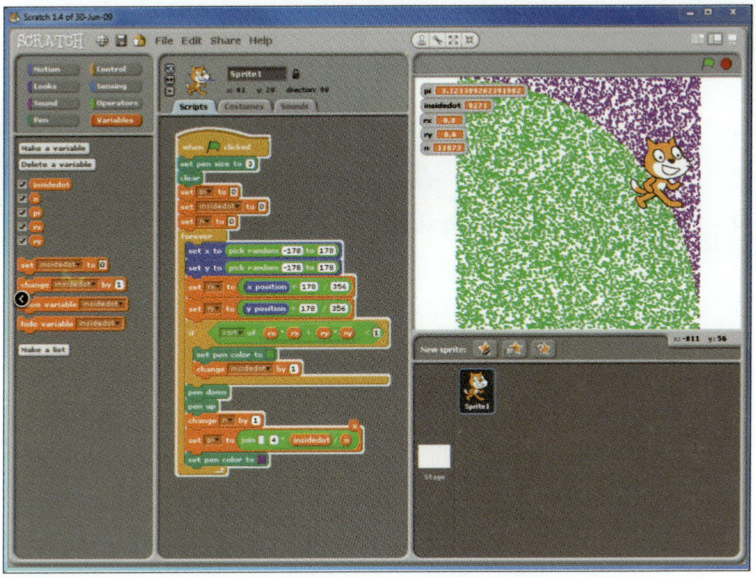

그림 8.4 ▸ 블록 비주얼 프로그래밍 방식인 스크래치 언어

결국 현재에 널리 이용되는 언어는 여전히 3세대와 4세대 언어이다. 안전한 의미의 5세대 언어인 자연 언어는 현재 연구 개발 중인 차세대 언어라고 볼 수 있다.

8.2 프로그램 구현

1. 프로그래밍 개요

계산기, 아래한글과 같이 컴퓨터에서 특정 목적의 작업을 수행하기 위해 관련된 명령어와 자료를 모아 놓은 것을 프로그램(program)이라 한다. 즉 프로그램은 컴퓨터에게 지시할 일련의 처리 작업 내용을 담고 있고, 프로그램 사용자의 조작에 따라 적절한 명령이 컴퓨터에게 지시를 내려 프로그램이 실행된다. 또한 컴퓨터에서 특정 목적의 일을 수행하는 프로그램을 만드는 과정을 "프로그래밍한다"라고 표현한다. 이러한 프로그램을 만드는 사람을 프로그래머(programmer)라 하고, 넓은 의미로 개발에 참여하는 사람을 개발자(developer)라 할 수 있다.

그림 8.5 ▸ 프로그램과 프로그래머

프로그램을 개발하기 위해서는 가장 먼저 프로그램 개발에 사용할 프로그래밍 언어를 선정해야 한다. 대부분 개발에 이용하는 프로그래밍 언어는 고급 언어 중의 하나가 될 것이고, 프로그램에 따라 어셈블리어를 이용할 수도 있다. 그 다음에는 선정한 언어를 이용하여 프로그램을 개발하기 위한 환경인 개발 도구(development tools)가 필요하다. 물론 프로그램 언어와 개발 환경은 밀접한 관련성이 있으므로 함께 선정하는 것이 일반적이다.

2. 프로그램 개발 환경

개발 도구

해외 여행 시 가장 먼저 필요한 것은 항공예약이다. 그 다음으로 현지에서의 교통이용, 관광지, 숙박 등 알아봐야 할 내용이 많다. 마찬가지로 프로그램을 개발하려면 프로그램 언어로 만들어진 프로그램 소스를 실행 파일로 만들어주는 개발 도구가 필요하다. 개발 도구에서 가장 먼저 필요한 것은 프로그램 명령어인 프로그래밍 언어의 내용을 편집하는 편집기(editor)이다. 즉 편집기는 텍스트 문서, 프로그램, 데이터 파일 등을 작성할 때 사용하는 기본적인 프로그램이다. 또한 개발 도구에서 가장 중요한 것은 작성한 고급 프로그래밍 언어를 컴퓨터가 이해할 수 있는 기계어로 변환해주는 컴파일러(compiler)이다. 이러한 컴파일러 뿐만 아니라 작성된 프로그램에서 발생하는 프로그램 오류를 쉽게 찾아 수정할 수 있도록 도와주는 디버거(debugger), 여러 목적 파일을 하나의 실행 파일로 만들어주는 링커(linker) 등 여러 기능을 담당하는 개발 관련 프로그램이 필요하다.

통합개발환경

여행을 예로 들자면 여행사의 패키지 상품을 이용한다면 해외여행에 필요한 각종 예약 및 정보를 일일이 알아볼 필요가 없다. 이처럼 프로그램 개발에서는 기본적으로 편집기(editor), 컴파일러, 링커, 디버거 등이 필요한데, 이를 하나의 '패키지'로 생각할 수 있다. 프로그램 개발에 필요한 편집기, 컴파일러, 링커, 디버거 등을 통합하여 편리하고 효율적으로 제공하는 개발환경을 통합개발환경, 영문 약자로는 IDE라 한다.

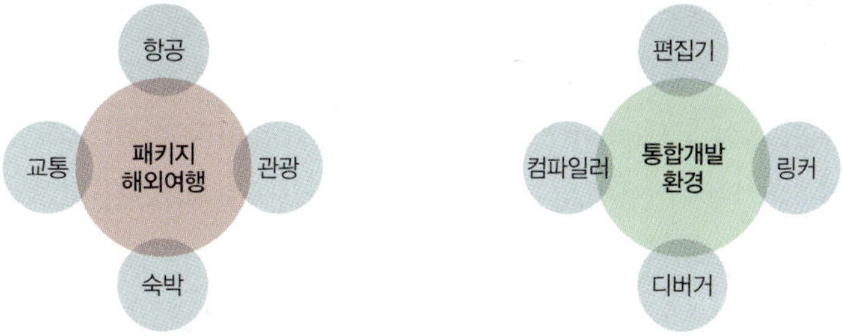

그림 8.6 ▸ 통합개발환경의 이해

소프트웨어를 개발함에 있어서 적절한 프로그래밍 언어 및 개발 환경의 선택은 중요하다. 적당한 프로그래밍 언어와 이에 적합한 통합개발환경을 사용하면 코딩과 검사, 유지보수가 쉬워진다. 현재 고급 언어 C와 C++를 이용하여 개인용 컴퓨터의 윈도우 기반에서 실행되는 프로그램을 개발하기 위해 가장 많이 이용하는 통합개발환경은 마이크로소프트사의 비주얼 스튜디오(Visual Studio)이다. 즉 비주얼 스튜디오 프로그램 언어 C와 C++ 등을 이용하여 응용 프로그램을 개발할 수 있는 통합개발환경으로, 윈도우 운영체제에서 이용할 수 있다. 비주얼 스튜디오 제품 중에서 비주얼 스튜디오 커뮤니티(Microsoft Visual Studio Community) 버전은 무료로 사용할 수 있다.

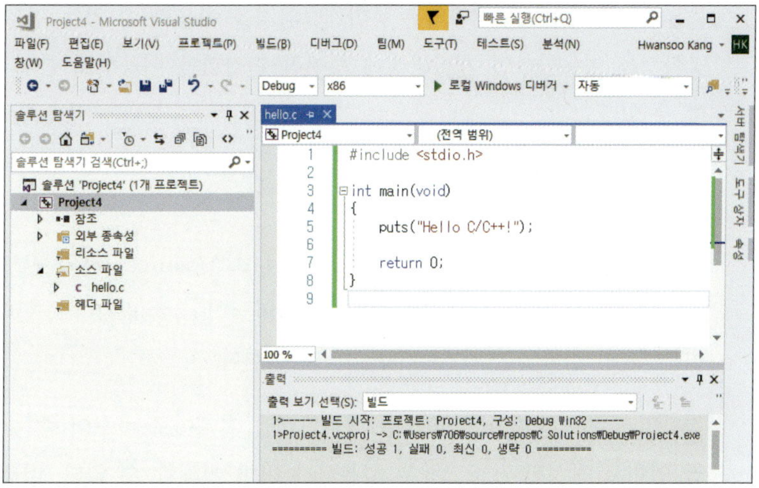

그림 8.7 ▸ 마이크로소프트 사의 비주얼 스튜디오 커뮤니티의 작업 화면

3. 프로그램 구현 과정

프로그래밍 언어를 이용하여 프로그램을 구현하는 과정을 알아보자. 프로그램 개발에 이용할 고급 언어는 선정되었다고 가정하자.

소스 작성

프로그램을 구현하기 위해서 가장 먼저 할 일은 선정한 고급 언어를 이용하여 프로그램을 작성하는 것이다. 편집기는 텍스트 문서, 프로그램, 데이터 파일 등을 작성할 때 사용하는 기본적인 프로그램이다. 프로그램 언어를 이용하여 원하는 작업을 기술한 내용을 소스 코드(source code) 또는 코드(code)라 한다. 윈도우 운영체제에서 코드를 작성하기 위해 이용하는 기본적인 편집기로 메모장(notepad)이 있다. [그림 8.8]은 메모장에서 C 언어 프로그램을 작성한 예이다.

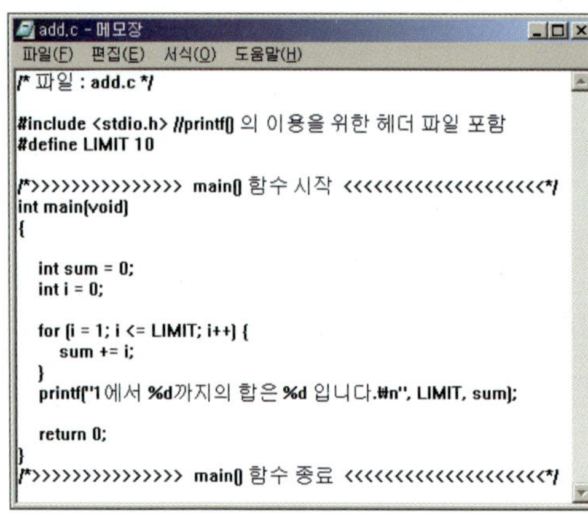

그림 8.8 ▸ 메모장으로 작성한 프로그램 소스

물론 이러한 텍스트 에디터는 통합개발환경을 이용할 수 없는 경우에 사용한다. 통합개발환경을 이용한다면 개발환경에 주어진 편집기를 이용하여 좀더 편하게 소스를 작성할 수 있다.

컴파일

프로그램 언어로 만들어진 코드가 저장된 소스(source) 파일(원시 파일)을 목적 파일(object file)로 만들어주는 프로그램을 컴파일러(compiler)라고 한다. 이를 컴파일 과정이라 하며, '컴파일한다'(compiling)라고도 한다.

컴파일러는 고급 언어로 작성된 프로그램을 기계어로 바꾸어 주는 프로그램이다. 즉 고급 언어로 작성한 프로그램은 컴퓨터가 직접 이해할 수 없다. 따라서 컴퓨터가 이해할 수 있는 언어인 기계어로 바꾸어 주어야 하는데, 컴파일러가 이를 수행하는 것이다. 이

것은 마치 한국어를 모르는 외국인이 한국어를 이해하지 못하는 것과 같다. 따라서 통역사가 한국어를 외국인이 아는 영어로 번역하는 것처럼 컴퓨터가 이해할 수 있는 언어인 기계어로 바꾸어 주어야 하는데, 이 역할을 컴파일러가 수행하는 것이다. 컴파일러에 의해 처리되기 전의 프로그램을 원시 코드라 하고, 컴파일러에 의해 기계어로 번역된 프로그램을 목적 코드(object code)라 한다. 이러한 원시 코드와 목적 코드가 저장된 파일을 각각 소스 파일, 목적 파일이라 한다.

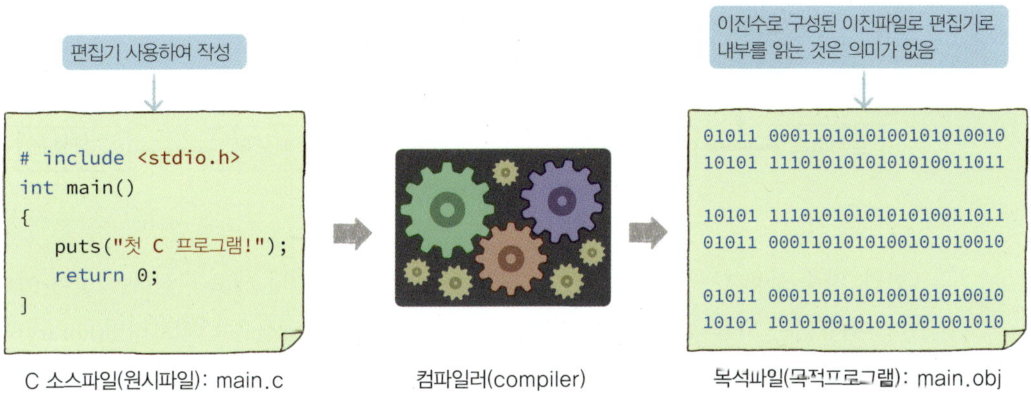

그림 8.9 ▸ 컴파일러의 역할

만일 프로그램을 고급 언어가 아닌 어셈블러로 작성했다면 컴파일러와 같은 역할을 수행하는 어셈블러가 필요하다. 어셈블러(assembler)는 어셈블리 언어로 작성된 프로그램을 기계어로 바꿔주는 프로그램이다. 어셈블러는 기계어를 제외한 다른 모든 고급 언어보다 프로그램의 실행 속도가 빠르고 하드웨어에 대한 정교한 통제가 가능하다. 주로 시스템 소프트웨어를 작성하거나 하드웨어 장치를 처리하는 프로그램 작성에 사용한다.

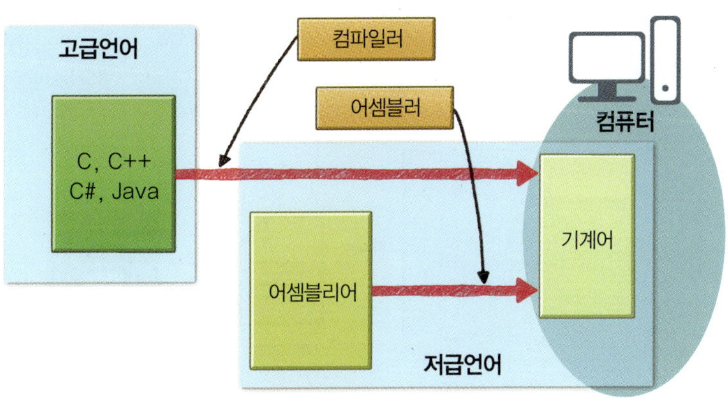

그림 8.10 ▸ 컴파일러와 어셈블러

목적 파일을 실행 가능한 실행 파일(execute file)로 만들어 주는 프로그램을 링커라 하고, 이 과정을 링킹(linking) 과정이라 한다. 프로그램을 개발할 때 프로그램의 크기가 너무 커서 여러 명이 나누어 작업하는 경우가 일반적이다. 이 여러 개의 프로그램 각각을 컴파일하여 목적 파일을 만들게 되는데, 링커는 이러한 여러 개의 목적 파일들을 라이브러리 함수와 연결해서 하나의 파일로 합치는 작업을 수행한다. 링킹 작업 결과 생성되는 프로그램을 실행 프로그램(executable program) 또는 실행 파일이라고 부른다. 파일에서 우리가 흔히 접하는 .exe나 .com의 확장자 파일들이 실행 파일이다.

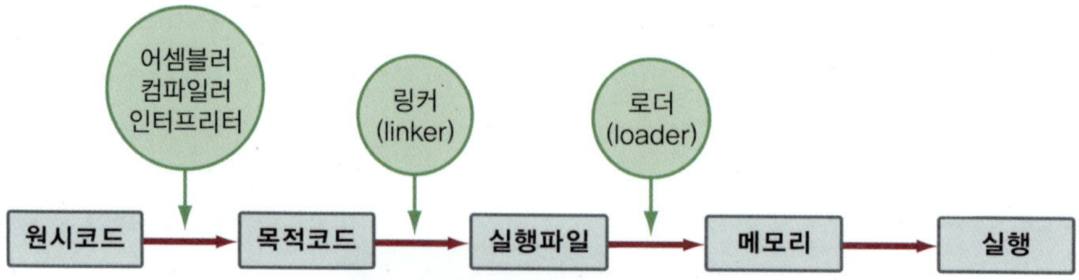

그림 8.11 ▸ 원시코드에서 실행파일이 변환되어 실행되는 과정

한편, 자주 사용하는 프로그램들은 프로그램을 작성할 때마다 새로 작성하는 것이 아니라 미리 만든 다음 컴파일하여 저장해 놓는데, 이러한 파일들을 라이브러리(library)라고 한다. 로더(loader)는 작성된 프로그램을 컴퓨터의 주기억장치에 로드(load)함으로써 프로그램을 실행 가능하게 하는 역할을 수행한다. 결국 고급 언어로 작성된 원시코드는 컴파일과 링킹 과정을 거쳐 실행 파일이 되고 로더의 도움을 받아 실행된다.

디버깅

디버거(debugger)는 프로그램의 명령을 수행함에 있어 컴퓨터의 상태를 보여주거나 오류(또는 에러) 발생시 오류를 쉽게 찾을 수 있도록 도와주는 프로그램이다.

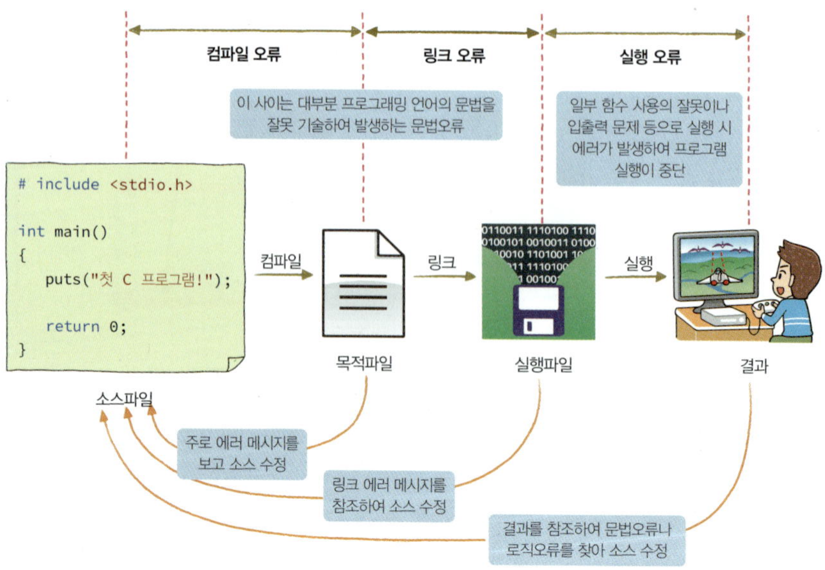

그림 8.12 ▸ 디버깅 과정

프로그램 과정에서 나타나는 문제를 일반적으로 에러(error) 또는 오류라고 한다. 오류는 크게 컴파일 시간에 발생하는 오류, 링크 시간에 발생하는 오류, 그리고 실행 시간에 발생하는 오류로 구분할 수 있다. 이를 각각 컴파일 (시간) 오류, 링크 (시간) 오류, 실행 (시간) 오류라 한다.

이러한 다양한 오류를 수정하는 과정을 디버깅(debugging)이라 한다. 디버깅이란 버그를 잡는다는 의미로 여기서 버그란 바로 오류를 의미한다. 실제 응용 프로그램 개발에서 처음부터 오류가 없는 프로그램을 작성하기란 거의 불가능하다고 볼 수 있다. 그러므로 디버깅 과정은 매우 중요한 일이다. 이 디버깅 과정에서는 많은 경험으로 오류를 쉽게 찾아 수정할 수 있다.

IT Story

디버깅의 유래

그림 8.13 ▶ 컴퓨터 내부의 벌레를 발견한 그레이스 호퍼

"아, 여기에 벌레(bug)가 있었네!"

1947년 9월 9일. 하버드대에서 근무하던 한 여성 프로그래머가 컴퓨터가 멈춘 원인을 찾던 도중 컴퓨터 패널의 릴레이 사이에 끼어 있는 나방을 발견했다. 그녀는 미 군함 계산식 프로젝트를 맡아 하버드대에서 마크II 컴퓨터를 담당하던 그레이스 호퍼(Grace Hopper) 중위였다.

당시 최고 성능의 최신식 디지털 컴퓨터였던 마크II는 그녀의 상관인 해군 예비역 중령 하워드 에이킨(Howard Aiken)이 만든 것이었다. 하버드대 물리학과 출신으로 까탈스런 성격의 소유자인 에이킨은 IBM과 함께 마크컴퓨터 시리즈를 개발한 인물이다. 호퍼 중위는 릴레이 사이에서 벌레가 발견된 전후 정황을 컴퓨터 로그기록 노트에 자세하게 적었다.

"08:00, 작동시작, 10:00, 작동 멈춤, 릴레이를 교환하다. 11:00, 코사인테이프 시작. 15:25, 멀티 덧셈기 테스트하다. 15:45, 70번 패널 릴레이에서 실제 벌레(버그)가 낀 것을 처음 발견하다."

그녀는 곧바로 그 나방을 테이프로 노트에 붙여 놓았다. 지금과 달리 당시 컴퓨터는 기계식이었고 자전거 체인과 같은 릴레이로 된 방식이 대부분이었다. 이러한 작동부분이 몇 군데나 되었기 때문에 당시에는 나방이나 각종 벌레, 심지어 쥐가 기계를 고장내는 일이 다반사였다. 1940년대 당시에도 버그라는 용어는 어느 정도 사용되었지만, 진짜 '버그'가 컴퓨터 오작동의 원인이 된 것은 호퍼의 사례가 처음이었다고 한다.

이러한 일에서 유래되어 프로그램이 잘못 작동하면 '버그가 있다'라고 말하기 시작했고, 버그를 없애는 일은 '디버그한다(debug, 벌레 잡는 일)'라고 하기 시작했다고 한다. 호퍼가 나방을 붙여 작성한 노트는 미 해군에 여러 해 동안 보관되다가 스미스소니언 박물관에 보관되어 있다고 한다.

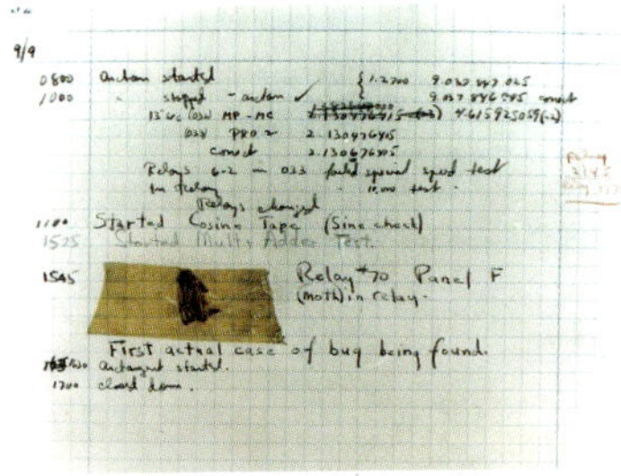

그림 8.14 ▶ 벌레 발견 정황을 자세하게 기록한 로드 노트

4. 컴파일러와 인터프리터

대부분의 고급 언어는 컴파일 과정을 거쳐 실행 파일이 만들어지고 이 실행파일을 실행하는 개념으로 프로그램 구현 과정을 거친다. 이러한 컴파일 방식과 다르게 프로그램을 구현하는 방식을 인터프리터 방식이라 한다.

인터프리터

인터프리터(interpreter)는 컴파일러처럼 고급 언어를 기계어로 번역해주는 역할을 수행한다. 단, 컴파일러는 원시 코드 전체를 읽은 다음 이를 기계어로 번역해주는 데 비하여, 인터프리터는 원시 코드를 한 줄씩 읽어 들여 바로 실행한다. 프로그램 언어 베이직(BASIC)이 인터프리터를 사용하는 대표적인 프로그램이다. 따라서 인터프리터는 컴파일러에 비해 번역 속도가 느릴 수밖에 없지만, 프로그램을 작성할 때는 보다 융통성을 가질 수 있다. [표 8.3]은 컴파일러 방식과 인터프리터 방식을 비교한 표이다.

표 8.3 컴파일러와 인터프리터의 특징

특징 \ 방식	컴파일러	인터프리터
번역 방법	프로그램 전체 번역	실행되는 줄(라인) 단위 번역
장점	한 번 컴파일한 후에는 매번 빠른 시간 내에 전체 실행 가능	번역 과정이 비교적 간단하고 대화형 언어에 편리함
단점	프로그램의 일부를 수정하는 경우에도 전체 프로그램을 다시 컴파일해야 함	실행할 때마다 매번 기계어로 바꾸는 과정을 다시 수행해야 하므로 항상 인터프리터가 필요함
출력물	목적 코드	즉시 실행
언어 종류	FORTRAN, COBOL, C 등	Basic, Python 등

컴파일러는 한 번 컴파일한 후에는 수정이 없다면 매번 컴파일 할 필요 없이 빠른 시간 내에 프로그램 실행이 가능하다. 그러나 프로그램의 일부분이 수정되더라도 전체를 다시 컴파일해야 하는 번거로움이 있다. 이와는 다르게 인터프리터는 실행할 때마다 매번 기계어로 바꾸는 과정을 다시 수행해야 하므로 실행 속도가 느리다. 그러나 인터프리터 방식은 번역 과정이 비교적 간단하고 대화형 언어에 편리한 장점이 있다.

컴파일러와 인터프리터 중간 방식

최근에 개발되는 언어는 컴파일러와 인터프리터의 특징을 모두 갖는 방식의 언어가 많다. 그 대표적인 예가 자바 언어와 C# 언어이다. 이들 언어는 컴파일러가 존재하여 컴파일 과정이 필요하다. 그러나 컴파일된 실행 파일을 실행할 때는 인터프리터 방식과 같이 인터프리터가 필요하다. 이 언어들이 이러한 인터프리터 방식을 도입한 이유는 모든 시스템에서 독립적인 프로그램 언어를 개발하기 위해서다.

[그림 8.15]는 자바 언어를 예로 들어 인터프리터 방식을 도입하여 한 시스템에서 개발된 실행 파일인 바이트 코드는 다른 시스템에서도 컴파일을 다시 하지 않고 실행될 수 있음을 보이고 있다. 이러한 개념을 '프로그램 언어가 시스템에 독립적이다'라고 한다.

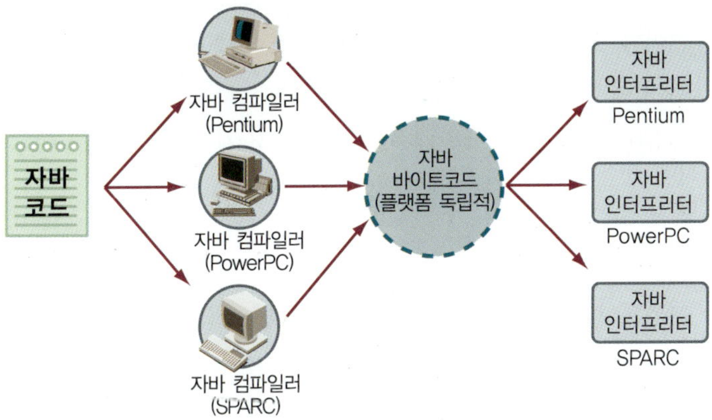

그림 8.15 ▸ 시스템에 독립적인 자바 프로그램의 실행

즉 [그림 8.15]와 같이 하나의 시스템에서 구현된 실행 파일은 인터프리터의 도움을 받아 다른 시스템에서도 실행이 가능하다.

8.3 고급 프로그래밍 언어 종류

베이직, 파스칼, C, C++, 자바와 같은 고급 수준 언어의 종류와 각 언어의 특징을 알아보자.

1. 포트란(FORTRAN)

포트란(FORTRAN)은 FORmula TRANslating system(수식 번역 시스템)의 약자로 과학과 공학 및 수학적 문제들을 해결하기 위해 1957년에 IBM 704 컴퓨터 시스템에 이용할 목적으로 IBM의 존 배커스(John Backus)가 고안한 제3세대 프로그래밍 언어이다. 기본적인 수리 자료 처리와 계산을 위주로 만들어졌기 때문에 매우 단순하고 간결하여 배우기가 용이하다. 반면, 문법이 엄격하다는 애로 사항이 있다. [그림 8.16]은 문자열 "Hello, Fortran!"을 출력하는 FORTRAN-90 프로그램 소스이다.

```
program HelloWorldF90
   write(*,*) "Hello, Fortran!"
end program HelloWorldF90
```

그림 8.16 ▸ 문자열을 출력하는 포트란 90 프로그램 소스

포트란도 발전에 따라 그 버전이 여러 개인데 가장 유명한 버전은 포트란 IV와 포트란 77이다. 포트란 IV는 1966년에 USASI 표준으로 승인되었으며, 포트란 77은 1978년에 ANSI에 의해 승인된 버전이다. 포트란은 가장 오래된 언어 중의 하나이지만 언어 구조가 단순해 지금도 기술 계산 분야 등에서 사용되고 있다.

2. 코볼(COBOL)

코볼은 포트란에 이어 두 번째로 개발된 고급언어이며 미국 국방부를 중심으로 결성된 그룹 CODASYL(Conference on Data System Language)에 의해 1960년 처음으로 개발되었다. 코볼(COBOL: Common Business Oriented Language)은 기업의 사무처리에 적합한 프로그래밍 언어로 개발되었다. 기업에서 다루는 데이터의 특성상 일정한 형식이 존재하므로 이러한 형식을 지원함으로써 대량의 데이터를 효율적으로 입력, 출력 및 처리할 수 있다.

```
000100 IDENTIFICATION DIVISION.
000200 PROGRAM-ID. HELLOWORLD.
000300
000400*
000500 ENVIRONMENT DIVISION.
000600 CONFIGURATION SECTION.
000700 SOURCE-COMPUTER. RM-COBOL.
000800 OBJECT-COMPUTER. RM-COBOL.
000900
001000 DATA DIVISION.
001100 FILE SECTION.
001200
100000 PROCEDURE DIVISION.
100100
100200 MAIN-LOGIC SECTION.
100300 BEGIN.
100400     DISPLAY " " LINE 1 POSITION 1 ERASE EOS.
100500     DISPLAY "Hello COBOL!" LINE 15 POSITION 10.
100600     STOP RUN.
100700 MAIN-LOGIC-EXIT.
100800     EXIT.
```

그림 8.17 ▸ 영어 구문과 비슷한 문장 구조를 갖는 코볼 프로그램 소스

코볼은 컴퓨터의 내부적인 특성에 독립적으로 설계되었다. 코볼 컴파일러만 있으면 어떠한 컴퓨터 기종이라도 코볼 프로그램을 작성하여 실행할 수 있다. 코볼은 사무처리에 목적이 있으므로 다른 프로그래밍 언어에 비하여 파일의 순차적인 처리 등이 효율적이다. 영어 구문과 비슷한 문장구조를 갖고 있으므로 쉽게 이해할 수 있는 프로그램의 작성이 가능하다. [그림 8.17]은 문자열 "Hello, COBOL!"을 출력하는 코볼 소스이다.

3. 베이직(BASIC)

1963년에 개발된 베이직(BASIC)은 Beginner's All-purpose Symbolic Instruction Code의 약어로 초보자도 쉽게 배울 수 있도록 만들어진 대화형 프로그래밍 언어이다. 대화형의 영어 단어를 바탕으로 약 200여 개의 명령어들로 구성된 가장 쉬운 대화형 프로그래밍 언어이다. 베이직은 문장의 종류가 많지 않고 문법이 간단하며, 배우고 쓰기가 간단하고 쉽다. 인터프리터를 사용하므로 프로그램 작성 시 프로그램상의 문제점을 쉽게 파악할 수 있다. 그러나 인터프리터를 거쳐야 하므로 실행속도가 느리다는 단점이 있다. 다음은 문자열 "Hello World!" 를 출력하는 베이직 소스이다.

```
10  PRINT "Hello World!"
```

그림 8.18 ▸ 베이직 프로그램 소스

1980년대에 개인용 컴퓨터의 출현과 함께 베이직은 기본 개발 언어로 탑재되어 범용적인 언어로 널리 사용되었으며, 마이크로소프트는 이 베이직을 기본으로 비주얼 베이직(Visual Basic)이라는 프로그램 언어를 개발하였다. 비주얼 베이직은 표준 베이직에 객체지향 특성과 그래픽 사용자 인터페이스를 추가한 프로그램 언어이자 통합개발환경이다.

4. 파스칼(PASCAL)

파스칼은 프랑스의 수학자인 파스칼(Pascal)의 이름에서 따온 프로그래밍 언어이다. 프로그램을 작성하는 방법인 알고리즘 학습에 적합하도록 1971년 스위스의 니클라우스 워스(Nicholas Wirth) 교수에 의해 개발되었다.

파스칼은 교육용으로 제작되었기 때문에 알고리즘의 실험이나 프로그램을 연습할 수 있는 모든 명령어를 갖추고 있다. 또한 비교적 자유로운 구조를 가질 수 있는 다른 프로그래밍 언어와는 달리 구조적인 프로그래밍(structured programming)이 가능하도록 설계되어 있다. 다음은 문자열 "Hello World!"를 출력하는 파스칼 소스이다.

```
program HelloWorld;
begin
   writeln('Hello World!');
end.
```

그림 8.19 ▸ 파스칼 소스

1980년에서 1990년대까지 대부분의 대학에서 프로그래밍 언어의 교과과정으로 파스칼을 채택하였다. 1980년대에는 볼랜드사에서 파스칼을 발전시켜 터보 파스칼(Turbo Pascal)이라는 제품으로 상용화하여 널리 사용되었다. 볼랜드사는 1990년 중반에 마이크로소프트사의 비주얼 베이직과 유사한 파스칼 언어를 기반으로 하는 그래픽 사용자 인터페이스를 적용한 윈도우 환경의 RAD(Rapid Application Development) 통합개발 환경인 델파이(Delphi)를 출시하여 현재까지도 널리 이용되고 있다.

5. C

C 언어는 켄 톰슨(Ken Tompson)이 개발한 B 언어에서 발전된 언어이다. C 언어는 1972년경, 시스템 PDP-11에서 운용되는 운영체제 유닉스(Unix)를 개발하기 위한 시스템 프로그래밍 언어로 미국 전신 전화국인 AT&T의 벨 연구소의 데니스 리치(Dennis Ritchie)가 개발하였다. ANSI C는 미표준화위원회(American National Standards Institute)에서 공인한 표준 C를 지칭한다.

C 언어는 프로그램을 기계어 명령에 가까운 형태로 작성할 수 있으므로 다른 고급 언어에 비하여 하드웨어에 대한 보다 확실한 통제가 가능하다. 특정 컴퓨터 기종에 의존하지 않으므로 프로그램의 이식성(portability)이 높다. 또한 풍부한 연산자와 데이터 형(data type)을 갖고 있기 때문에 범용 프로그래밍 언어로서 널리 보급되었으며, 응용 소프트웨어의 개발에 널리 이용되고 있다. 현재 이용되고 있는 운영체제, 컴파일러, 통합개발환경 등이 대부분 C 언어로 개발되었다.

[그림 8.20]은 가로와 세로의 길이를 입력 받아 삼각형과 사각형의 면적을 구하여 화면에 출력하는 간단한 예제이다.

```c
/* area.c */

#include <stdio.h>

double triangle(double w, double h);
double rectangle(double w, double h);

int main(void)
{
    double width, height;

    printf("면적을 구할 다각형의 가로와 세로를 입력하세요.\n");
    scanf("%lf%lf", &width, &height);
    printf("\n입력하신 가로와 세로는");
    printf("\n각각 %lf와 %lf입니다.\n", width, height);

    printf("이 삼각형의 면적은 %.2lf입니다.\n", triangle(width, height));
    printf("이 사각형의 면적은 %.2lf입니다.\n", rectangle(width, height));
    return 0;
}

double triangle(double w, double h)
{
    return w * h / 2;
}

double rectangle(double w, double h)
{
    return w * h;
}
```

그림 8.20 ▸ C 소스

6. C++

1972년에 개발된 C 언어는 1983년에 프로그램 언어 C++로 발전하였다. C++은 객체 지향 프로그래밍(OOP: Object Oriented Programming)을 지원하기 위해 C 언어가 가진 장점을 그대로 계승하면서 객체의 상속성(inheritance) 등의 개념을 추가한 효과적인 언어이다. C++는 C 언어의 확장이라고 볼 수 있으므로 기존의 C 언어로 개발된 모든 프로그램들을 수정 없이 그대로 사용할 수 있다. 다른 프로그래밍 언어와는 달리 C 언어에 익숙한 프로그래머에게는 상당히 친숙한 언어이다.

```
#include <iostream.h>

class GoodMorning
{
   public:
   void printme(void)
   {
      cout << "Good Morning" << endl;
}
};

int main(int argc, char* argv[])
{
   GoodMorning GM;
   GM.printme();

   return 0;
}
```

그림 8.21 ▸ C++ 소스

[그림 8.21]은 "Good Morning"을 화면에 출력하는 간단한 예제이다. C++ 언어는 C와 함께 현재에도 가장 많이 이용하는 프로그래밍 언어 중의 하나이다.

7. 스크래치(Scratch)

스크래치(scratch)는 2007년 MIT 대학의 미디어랩(Media Lab)에서 개발한 비주얼 프로그램(visual programming) 개발 도구이다. 스크래치는 브라우저에서 직접 개발하는 환경으로 커뮤니티 기반 웹 인터페이스로 구성되어 있다. 즉 컴퓨터에 대한 지식이 전혀 없는 일반인과 청소년 또는 프로그래밍 입문자를 대상으로 컴퓨터 프로그래밍의 개념을 이해할 수 있도록 도와주는 교육용 프로그래밍 언어(educational programming language)이다. 스크래치는 다양한 이미지나 사운드를 제공하여 쉽게 사용할 수 있으며, 코딩에 의한 프로그램 방식이 아닌 직관적으로 누구나 쉽게 이해할 수 있는 블록을 끼워 맞춰 프로그램을 작성하도록 한다.

스크래치 웹사이트(scratch.mit.edu)가 개설된 2007년 이후 전 세계의 다양한 연령대가 사용하고 있으며, 공유되는 프로젝트도 5백만 개가 넘어서고 있다. 특히 한국어로 개발환경이 서비스되고 있는 스크래치는 국내에서도 대학보다는 초등학생을 중심으로 활발히 스크래치를 활용한 교육과정 발굴이나 창의성 계발에 관한 연구가 이루어지고 있다. 초등학교부터 프로그래밍 교육을 강화하려는 요즘, 스크래치와 같은 비주얼 프로그래밍 언어를 활용하면 좋은 성과가 기대된다.

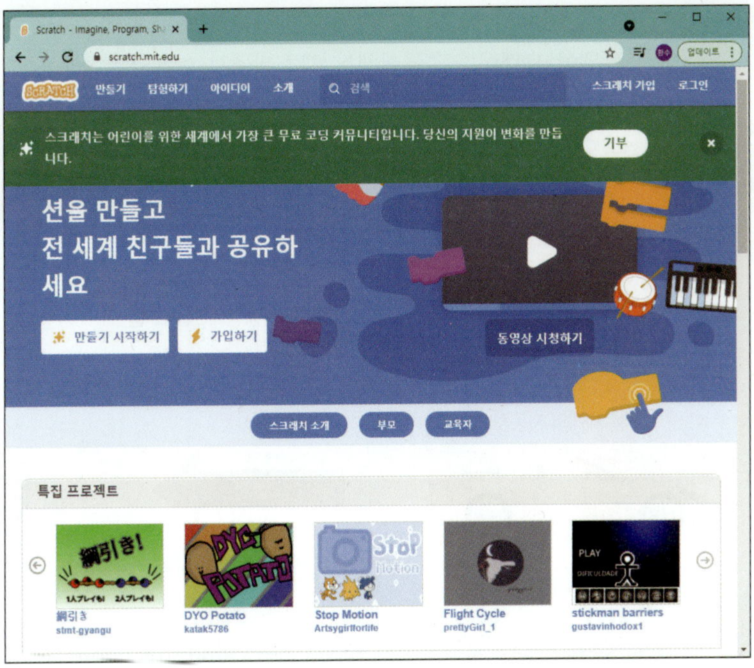

그림 8.22 ▸ 스크래치 홈페이지(scratch.mit.edu)

8.4 객체지향 프로그래밍

1. 객체지향 개요

현재 객체지향(object oriented)이라는 말은 일반 사용자에게도 낯설지 않을 정도로 널리 언급되고 있다. 특히 컴퓨터의 주요한 소프트웨어 기술 분야에서는 객체지향을 적용한 기술이 각광을 받고 있는 실정이다. 이 객체지향은 1960년대 말에 시뮬라(SIMUAL)라는 프로그램 언어에서 처음 소개되었다. 그 당시 시뮬라 언어는 실제 세계의 모의 실험(simulation)을 목적으로 개발된 언어이다. 이 시뮬라 언어는 모의 실험의 대상인 실제 세계의 사물의 성질과 특성을 시스템에 적용하려는 목적으로 객체지향 이론을 소개했다고 한다. 객체지향은 70, 80년을 거치면서 프로그램 언어 분야 뿐만 아니라 소프트웨어 개발 방법론 분야, 데이터베이스 분야 등 많은 분야에서 발전하고 있다.

객체

전산화의 목적은 일상 생활의 어려운 일이나 부가가치를 창출할 수 있는 업무를 시스템을 이용하여 쉽게 하자는 것이다. 객체(object)란 현실 세계의 사물이나 개념을 시스템에서 이용하기 위해 현실 세계를 자연스럽게 표현하여 손쉽게 이용할 수 있도록 만든 소프트웨어 모델이다. 이 객체는 시스템에서 이용되는 공학적인 규칙을 가질 수 있으나 그 규칙은 일상 생활의 모델링에서 나온 규칙이므로 누구나 손쉽게 이해할 수 있는 요소를 갖는다. 즉 객체를 중심으로 한 시스템에서는 객체의 특성을 조금만 이해한다면 일반 사용자도 시스템에 이용되는 객체를 이해하는데 어려움이 없을 것이다.

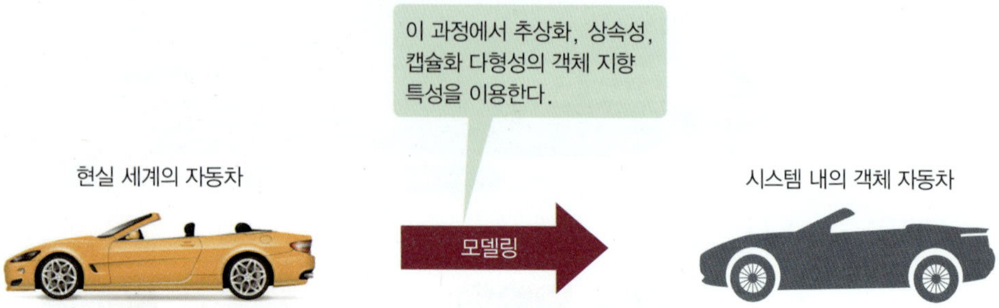

그림 8.23 ▸ 현실 세계의 사물과 객체

이 모델링 과정에서 객체지향의 특징인 추상화(abstraction), 상속성(inheritance), 캡슐화(encapsulation), 다형성(polymorphism)을 이용할 수 있다.

속성과 행동

객체는 속성(attributes, properties)과 행동(messages, behaviors)으로 구성된다. 속성은 객체의 특성을 표현하는 정적인 성질이며, 행동은 객체 내부의 일을 처리하거나 객체들 간의 서로 영향을 주고 받는 동적인 일을 처리하는 단위이다. 이러한 객체의 속성과 행동은 실제 세계의 사물에서 유추한 성질이다.

현실 세계의 자동차를 생각해 보자. 자동차의 특성을 나타내는 속성으로는 색상, 차종, 제조년월일, 변속장치 등이 있고, 자동차의 동적인 행위를 나타내는 메시지로는 시동걸기, 기어변속하기, 정지하기, 속도증가 또는 감소하기 등을 생각할 수 있다. 이러한 자동차의 실세계의 특성을 그대로 시스템에서 이용할 수 있는 객체 자동차로 모델링할 수 있다.

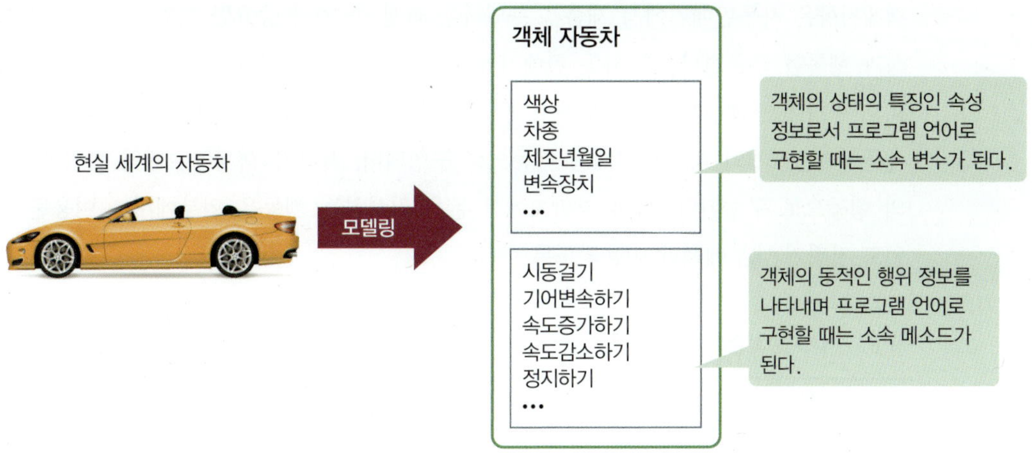

그림 8.24 ▸ 객체 자동차의 모델링

2. 절차지향과 객체지향

고급 언어 중에서 프로그램 방식으로 언어를 분류하면 주로 절차지향(procedural) 언어와 객체지향(object oriented) 언어로 나뉜다. 절차지향이 동사 중심이라면 객체지향은 명사 중심의 프로그래밍 방식이다. 절차지향 언어는 문제를 여러 개의 작은 함수로 나누어 그 문제를 해결한다. 반면에 객체지향 언어는 문제를 구성하는 객체를 만들어 이 객체들 간의 메시지 교환으로 그 문제를 해결한다.

고객의 자동판매기 사용을 모의 실험하는 프로그램을 절차지향과 객체지향으로 생각해 보자. 절차지향은 자동판매기에서 제품을 구입하는 과정을 시간의 순서에 따라 그 과정을 작게 나누어 처리하는 과정이다. 절차지향에서 전체 과정을 나누어 처리하는 단위를 함수(function)라 한다.

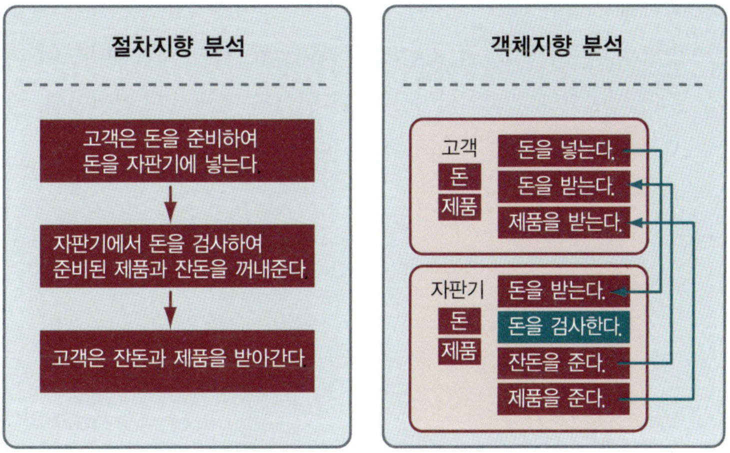

그림 8.25 ▸ 절차지향과 객체지향

객체지향은 자동판매기에서 제품을 구입하는 과정 중 가장 중요한 자료를 중심으로 속성과 행동을 추출한다. 즉 자동 판매기에서 가장 중요한 자료인 고객과 자판기를 객체로 간주하여 구매 과정에서 필요한 내용을 속성과 행동으로 나눈다. 고객 객체는 돈과 제품이라는 2개의 속성과 3개의 행동으로 구성되며, 자판기 객체는 2개의 속성과 4개의 행동으로 구성된다. 특히 자판기에서 돈을 검사하는 행동은 외부에서는 이용될 수 없고 자판기 내부에서만 이용되도록 한다.

표 8.4 객체지향과 절차지향의 특징

구분	절차지향	객체지향
프로그래밍 방식	동사	명사
모듈단위	함수 또는 프러시저	속성과 행동을 표현한 객체
언어	FORTRAN, BASIC, COBOL, Pascal, C 등	Object Pascal, Visual Basic, C#, C++, JAVA 등

함수는 일련의 명령을 모아 놓은 해야 할 업무를 처리하는 동사 중심의 프로그램 단위이다. 반면, 객체는 자료와 일련의 처리 명령을 하나로 묶어 놓은 메소드로 구성되는 프로그램 단위로 함수보다 높은 수준의 모듈화 방법이라 할 수 있다. [표 8.4]는 절차지향 언어와 객체지향 프로그래밍 언어의 특징을 요약한 것이다.

3. 객체지향 언어

프로그래밍 언어 분야에서 객체지향 언어는 시뮬라에서 시작되어 스몰톡(Smalltalk), 이펠(Eiffel) 등 순수 객체지향 언어로 발전해 왔다. 그러나 이러한 순수 객체지향 언어는 범용적인 언어로는 널리 활용되고 있지 않으며, C 언어를 기반으로 객체지향 개념을 도입하여 개발된 C++ 언어와 자바 언어가 객체지향 언어로는 범용적으로 이용되고 있다. 윈도우 응용 프로그램 기반의 클라이언트 서버 개발 환경으로 널리 이용되고 있는 비주얼 베이직과 델파이의 프로그램 언어도 객체지향 언어인데, 각각 베이직과 파스칼에서 객체지향 개념을 도입하여 발전된 객체지향 언어이다.

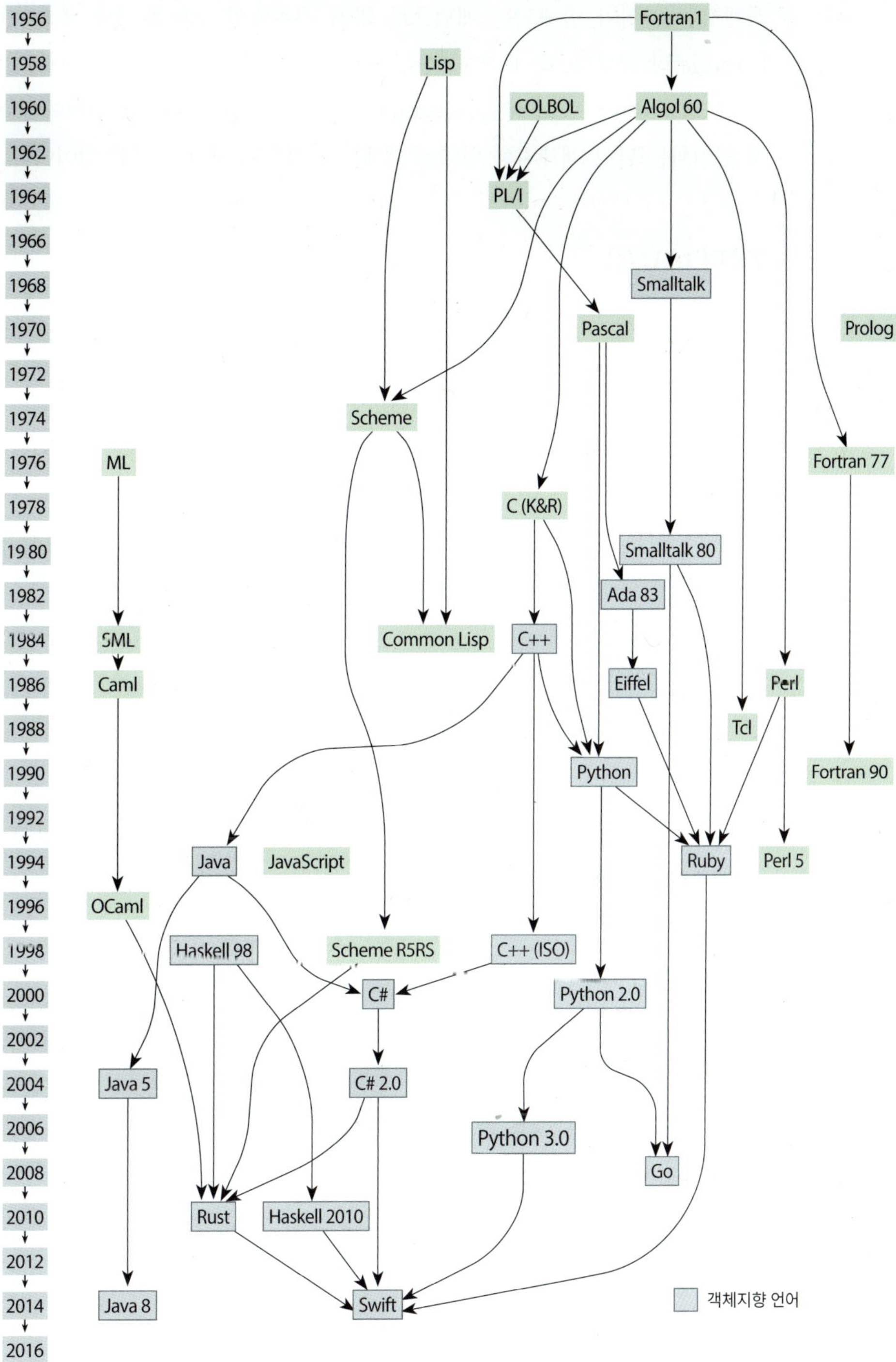

그림 8.26 ▸ 절차지향 및 객체지향 언어의 역사(참조: rigaux.org/language-study/diagram.html)

객체지향 언어와 반대되는 개념으로 과거 전통적인 언어를 절차적 언어(procedural language)라 부른다. 즉 C, COBOL, FORTRAN 등이 대표적인 절차적 언어이며 이는 함수(function)나 프로시저(procedure)를 중심으로 한 프로그램 언어이다. 이러한 절차적 언어와는 달리 객체지향 언어는 객체를 중심으로 한 프로그램 언어이다.

4. 자바(JAVA)

자바 언어

자바(JAVA)의 시초는 1992년 미국의 썬마이크로시스템(Sun Microsystems) 사에서 가전제품들을 제어하기 위해 고안한 언어에서부터 비롯되었다. 자바 언어는 가전제품들을 대상으로 하였으므로 작은 메모리와 느린 CPU와는 상관없이 효율적으로 작동하여야 했고 그 결과 운영체제나 CPU와는 독립적으로 실행 가능한 프로그래밍 언어가 개발되었다. 자바는 1995년에 공식 발표되었으며 프로그래밍 언어 C++를 기반으로 한 객체지향 프로그래밍 언어이다.

썬사는 1990년 양방향 TV를 만드는 제어박스의 개발을 위한 그린 프로젝트(Green Project)를 시작한다. 이 프로젝트가 진행되면서 모든 하드웨어에서 작동할 수 있는 시스템 소프트웨어의 개발이 중요한 관건이었고, 이를 개발하기 위하여 초기에는 객체지향 언어로 광범위하게 이용되고 있는 C++ 언어를 이용하게 된다. 그러나 이 C++ 언어의 이용에서 다양한 하드웨어를 지원하는 분산 네트워크 시스템 개발에 부족함을 느낀 개발팀은 C++ 언어를 기반으로 오크(Oak, 떡갈나무)라는 언어를 직접 개발하게 된다.

이 개발의 책임자인 제임스 고슬링(James Gosling)은 이 오크라는 언어를 발전시켜 자바라는 범용적인 프로그래밍 언어를 개발한다. 썬 마이크로시스템사는 자바를 개발하면서 1990년 초부터 세계적으로 그 이용 범위가 폭발적으로 늘어나는 월드 와이드 웹(World Wide Web) 이용에도 적합하도록 자바를 발전시키게 된다. 썬사는 1995년 5월에 SunWorld 95에서 자바를 공식 발표한다. 썬사는 이 전시회를 통하여 범용적인 프로그래밍 언어 자바의 개발도구인 JDK(Java Development Kit)를 발표한다. 현재 썬 마이크로시스템사는 오라클(oracle) 사에 합병되어 현재 자바는 오라클 기술이 되었으며, 자바개발환경인 JDK는 현재까지 계속 발표되고 있다.

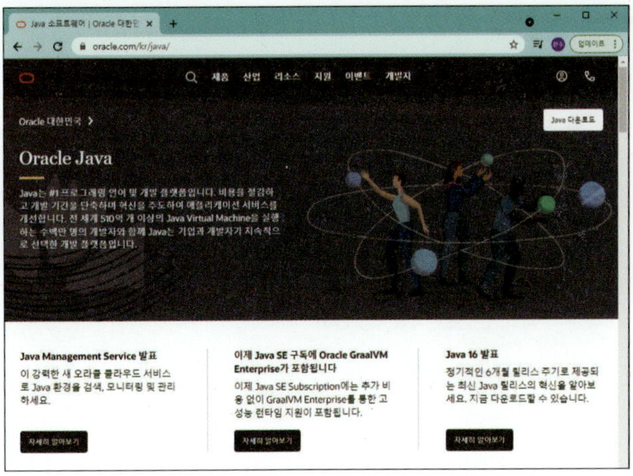

그림 8.27 ▸ 자바 홈페이지(www.oracle.com/kr/java/)

자바 가상 기계

자바 프로그램의 실행은 운영체제의 가상 머신(Virtual Machine) 위에서 인터프리터 방식으로 작동하므로 프로그램의 속도가 떨어진다는 단점도 지적된다. 이러한 단점은 자바를 시스템에 독립적인 언어로 만들기 위해 감수해야 할 비용이다.

자바는 시스템에 독립적(system independence)이다. 즉 자바 언어는 시스템의 호환성을 갖는다. 단순히 문법상의 호환이 아니라 하나의 플랫폼에서 만든 자바 프로그램은 다른 플랫폼에서 어떤 작업 없이 수행이 가능하다. 마이크로소프트의 윈도우 플랫폼에서 개발된 자바 프로그램 역시 리눅스(Linux)나 서버 계열의 유닉스(Unix) 시스템에서도 아무 수정 없이 수행이 가능하다. 바로 이것이 'Write Once, Run Anywhere'라는 자바의 철학이다. 즉 '한 번 작성한 프로그램은 어디서든 실행된다'라는 것은 기존의 프로그래밍 방식을 전환하는 획기적인 새로운 프로그래밍 패러다임인 것이다.

시스템에 독립적인 특징을 가능하게 하는 요소가 자바 가상 기계(Java Virtual Machine)와 자바 바이트코드(Java Bytecode) 개념이다. 하나의 플랫폼에서 자바 언어를 이용한 원시 파일인 자바 소스를 컴파일하면 바이트코드 파일이 생성된다. 즉 바이트코드는 다양한 하드웨어 및 소프트웨어 플랫폼에서 효율적으로 실행하기 위해 설계된 구조 중립적인(architecture neutral) 중간 형태의 이진 파일이다.

하나의 플랫폼에서 만들어진 이 자바 바이트코드가 모든 플랫폼에서 실행될 수 있도록 하는 것이 자바 가상 기계(Java Virtual Machine)이다. 이 자바 가상 기계가 각종 플랫폼에 소프트웨어나 하드웨어로 존재하여 그 플랫폼에서 바이트코드가 실행될 수 있도록 하는 역할을 담당한다. 즉 자바 가상 기계는 바이트코드가 실행될 수 있도록 돕는 가상적인 컴퓨터이다.

자바의 성공과 특징

자바는 인터넷 시대를 위한 새로운 패러다임을 제시한 프로그래밍 언어이다. 인터넷을 기반으로 하는 정보시스템의 개발도구 및 기반 기술로 발전한 자바의 성공 원인을 다음 세 가지로 요약할 수 있다.

- 인터넷 응용을 위한 이상적인 프로그램 언어
- 배우기 쉽고, 간편한 객체지향 언어
- 플랫폼에 독립적인 언어

자바는 C++ 언어를 기반으로 만들어진 배우기 쉽고, 이용하기 간편한 객체지향 언어이다. 또한 자바는 객체지향 언어로서 유지보수와 재활용성이 높다. 마지막으로 자바는 플랫폼에 독립적(platform Independency)인 프로그램을 개발할 수 있는 언어이다. 즉 Windows 환경에서 자바로 개발한 프로그램은 다시 컴파일 하거나 다른 수정 없이 그대로 Unix나 다른 플랫폼에서 실행될 수 있다. 이에 대한 더 자세한 사항은 다음 자바의 특징에서 살펴보자.

자바는 현재 범용 프로그래밍 언어로서 인터넷 소프트웨어의 중요한 역할을 담당하여, 기업의 전사적인 시스템에서부터 핸드폰이나 PDA와 같은 개인용 소형기기에 이용되는 여러 범주의 시스템 개발 및 운영환경으로 이용되며, 네트워크 및 다양한 시스템 소프트웨어의 개발언어로 널리 이용되고 있다. 1995년에 발표되어 20여 년이 지난 지금까지 자바가 세계적으로 널리 이용되는 이유는 다음과 같은 특징을 갖기 때문이다.

- 간편하다.
- 객체지향 언어이다.
- 시스템에 독립적이다.
- 번역 언어이다.
- 분산처리 언어이다.
- 강인하다.
- 다중 스레드를 지원한다.
- 역동적이다.
- 이식성이 높다.
- 보안이 뛰어나다.

자바는 위와 같은 많은 특징을 가지며, 주요 특징만을 기술한다면 "자바는 간편한 객체지향 프로그램 언어로 시스템에 독립적인 번역 언어이다"라고 간단히 표현할 수 있다.

자바 프로그램

자바의 소스는 클래스로 구성된다. 클래스 내부는 소속변수와 메소드로 구성된다. 다음은 명령행 인자의 모든 정수를 더한 총합과 평균을 구하는 자바 프로그래밍 예제이다.

```
/*
* 작성된 날짜: 2005. 1. 5
*
* 명령행 인자 합 예제 프로그램 CommandLineSum
*/

/**
* @author 강 환수
*/

public class CommandLineSum {
    public static void main(String[] args) {

        int sum = 0;

        System.out.println("main 함수에서 더할 수는 모두 " + args.length + "개 입니다.");

        // 입력 수를 더하는 루틴
        for (int i = 0; i < args.length; i++) {
            System.out.println("매개변수 " + (i+1) + ": args[ " + i + "] = " + args[i]);
            sum += Integer.parseInt(args[i]);

        }
        System.out.println();

        // 합과 평균을 출력
        if (args.length > 0) {
            System.out.println("매개변수의 합은 " + sum + " 입니다.");
            System.out.println("매개변수의 평균은 " + (float)sum / args.length + " 입니다.");
        }
    }
}
```

그림 8.28 ▸ 자바 소스

5. 닷넷과 C#

마이크로소프트의 닷넷

2002년 3월 마이크로소프트사는 차세대 인터넷 인프라 구조인 닷넷 플랫폼을 정식으로 발표한다. 닷넷은 '언제 어디서나 컴퓨터 또는 핸드폰과 같은 다양한 기기를 통해서 XML 웹 서비스를 요청하고 응답'하려는 목적의 플랫폼(platform)이다. 또한 닷넷 플랫폼에서 운영되는 프로그램을 구축하는 마이크로소프트 닷넷 전략의 핵심 통합개발환경인 비주얼 스튜디오 닷넷(Visual Studio .Net)도 발표된다. 넓은 의미에서 닷넷은 마이크로소프트사가 주창하는 개발자 및 최종 사용자, 정보기술 기관에 중대한 영향을 미칠 또 하나의 새로운 소프트웨어 전략이다. 닷넷은 XML 기반의 웹 서비스를 위한 마이크로소프트의 새로운 플랫폼으로서 기존의 개발 기술을 이용할 수도 있으며, 닷넷의 주력 언어인 C#을 이용할 수도 있다.

닷넷 플랫폼은 다음과 같이 다섯 개의 요소로 구성된다. 닷넷 구조의 가장 상위에는 기존 개발도구인 비주얼 스튜디오의 닷넷 버전인 비주얼 스튜디오 닷넷이 위치한다. 비주얼 스튜디오 닷넷은 응용 프로그램과 웹 응용 서비스를 쉽고 빠르게 개발할 수 있는 개발 도구로 새로운 언어인 C# 등 다양한 언어를 지원하고, XML 스키마 편집기 등의 기능을 지원하는 통합개발환경(Integrated Development Environment)이다. 닷넷 플랫폼에서 가장 중요한 요소인 닷넷 프레임워크(.Net Framework)는 새로운 개발 환경의 하부 구조로서 다양한 닷넷 언어로 개발한 시스템을 실행할 수 있는 공통 언어 실행 환경(Common Language Runtime)과 클래스 라이브러리를 갖는다.

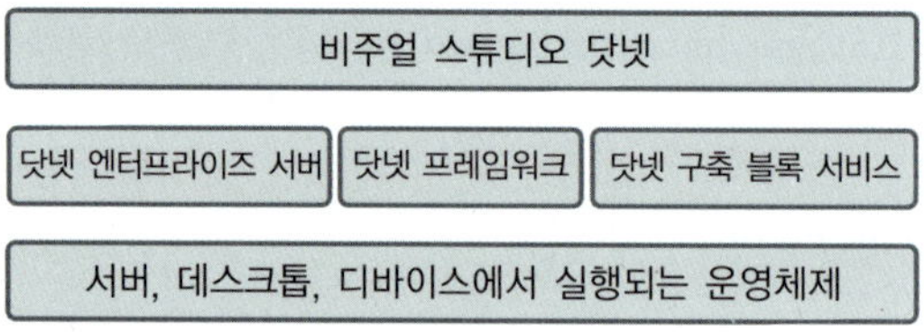

그림 8.29 ▸ 닷넷 플랫폼

C#

C#(씨샵)은 2000년 마이크로소프트의 차세대 플랫폼인 닷넷 프레임워크에서 주력 프로그래밍 방법으로 개발된 언어이다. C#은 모든 것을 객체로 취급하는 컴포넌트 프로그래밍 언어이다. 또한 자바와 C++에 기본을 둔 언어로 자바와 매우 비슷하다. 따라서 자바와 C++ 등의 장점을 지니나 다소 복잡한 느낌도 든다. C#은 C++의 객체지향성, 자바의 분산환경처리에 적합한 다중성 등을 모두 지니는 컴포넌트 기반의 소프트웨어 개발 패러다임을 반영한다. 또한 C#은 비주얼 베이직과 같은 비주얼 프로그래밍 요소를 포함하고 있어 높은 생산성이 보장되며 응용 프로그램의 작성과 유지가 용이하다.

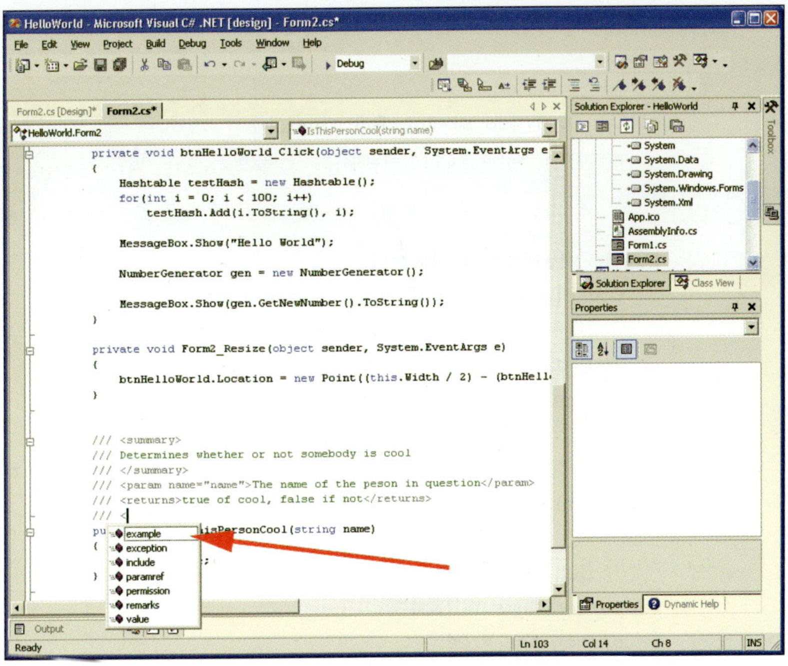

그림 8.30 ▸ 비주얼 스튜디오 닷넷에서의 C#

C#으로 작성한 코드가 컴파일되면 중간 언어인 MSIL(MicroSoft Intermediate Language)이 된다. 이 중간 언어가 인터프리터인 CLR(Common Language Runtime)에 의해 실행되므로 C#은 시스템에 독립적인 프로그램 개발이 가능하다. 이것은 자바가 자바가상기계의 사용으로 시스템에 독립적인 프로그램 개발이 가능한 것과 같은 의미이다. 다음은 C#의 예제 소스이다.

```
using System;
class Person {
   private string myName ="N/A";
   private int myAge = 0;

   // Declare a Name property of type string:
   public string Name {
      get { return myName; }
      set { myName = value; }
   }

   // Declare an Age property of type int:
   public int Age {
      get { return myAge; }
      set { myAge = value; }
```

```
    }

    public override string ToString() {
        return "Name = " + Name + ", Age = " + Age;
    }

    public static void Main() {
        Console.WriteLine("Simple Properties");

        // Create a new Person object:
        Person person = new Person();

        // Print out the name and the age associated with the person:
        Console.WriteLine("Person details - {0}", person);

        // Set some values on the person object:
        person.Name = "Joe";
        person.Age = 99;
        Console.WriteLine("Person details - {0}", person);

        // Increment the Age property:
        person.Age += 1;
        Console.WriteLine("Person details - {0}", person);
    }
}
```

그림 8.31 ▸ C# 소스

6. 4차 산업혁명 시대에 각광받는 언어 파이썬(python)

인공지능과 빅데이터 분석에 알맞은 언어, 파이썬

파이썬(python) 언어는 현재 미국과 우리나라의 대학에서 컴퓨터 기초과목으로 가장 많이 가르치는 프로그래밍 중 하나이다. 특히 파이썬 언어는 4차 산업혁명 시대의 핵심기술인 인공지능의 구현과 빅데이터 분석 처리에 뛰어나기 때문에 각광을 받고 있다. 파이썬이 인공지능의 머신러닝과 딥러닝 빅데이터 처리를 위한 통계 및 분석 방법의 라이브러리를 풍부히 제공하기 때문이다. [그림 8.32]에서 보듯이 2021년 기준, 분석 및 데이터 과학 분야와 머신러닝 분야에서 파이썬은 76% 사용되고 있다. 이제 파이썬은 분석 및 데이터 과학 분야와 머신러닝 분야에서 최고의 플랫폼이 되었다.

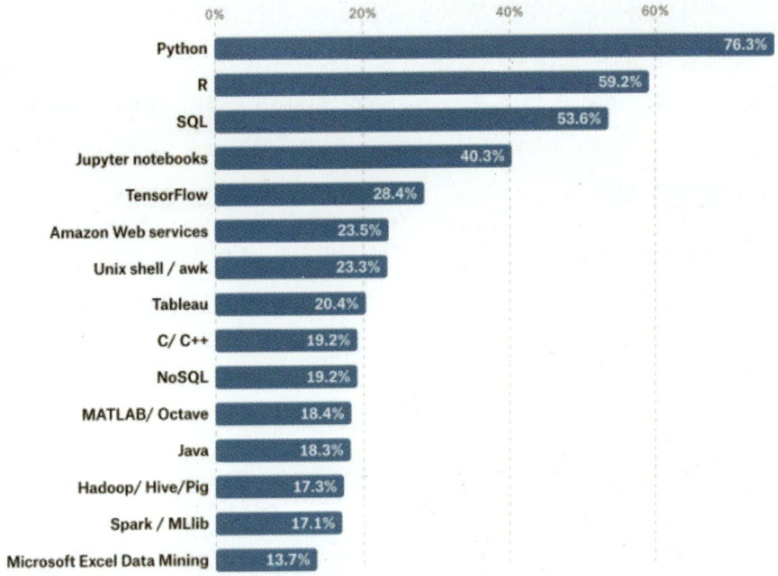

그림 8.32 ▸ 분석 및 데이터 과학 분야와 머신러닝 분야의 사용 플랫폼(2021)

파이썬은 1991년 네덜란드의 귀도 반 로섬(Guido van Rossum)이 개발한 객체지향 프로그래밍언어로 계속 버전이 향상되어 파이썬 3.10까지 사용되고 있다. 파이썬은 비영리의 파이썬 소프트웨어 재단이 관리하는 개방형, 공동체 기반 개발 모델을 가지고 있다. 파이썬은 C#으로 구현된 닷넷프레임워크 위에서 동작하는 아이언파이썬(IronPython), 자바로 구현되어 자바가상기계(JVM)에서 돌아가는 Jython, 파이썬 자체로 구현된 PyPy 등 다양한 언어로 만들어진 버전이 있으며, C 언어로 구현된 C 파이썬(cpython) 구현이 사실상의 표준이다.

파이썬 특징

프로그래밍 언어 파이썬이 대학의 컴퓨터기초 교육에 많이 활용되는 이유는 간단하면서 효과적으로 객체지향을 적용할 수 있는 강력한 프로그래밍 언어이기 때문이다. 파이썬은 다음과 같은 이유로 다른 언어에 비해 매우 간결하고 읽기 쉽게 프로그램을 작성할 수 있다.

- 고수준의 자료형 때문에 복잡한 연산을 한 문장으로 표현 가능하다.
- 문장의 묶음은 괄호 대신에 들여쓰기로 한다.
- 변수나 인자의 선언이 필요 없다.

또한 파이썬은 인터프리터 언어로 간단한 문법구조를 가진 대화형 언어이며, 동적 자료형(dynamic typing)을 제공한다. 변수를 선언하지 않고 사용할 수 있으며, 여러 플랫폼에서 사용되는 다양한 영역에 활용될 수 있는 프로그램을 쉽고 빠르게 개발할 수 있는 장점이 있다. 또한 파이썬은 확장 가능하다. C로 만든 응용 프로그램에 파이썬 인터프리터를 연결하여 그 응용 프로그램의 확장이나 명령 언어로 사용할 수 있다.

설치와 실행

파이썬은 무료이므로 간단히 인터프리터를 내려 받아 설치할 수 있다. 파이썬 재단 페이지(www.python.org)에 접속하여 내려 받기(www.python.org/download)에 연결하면, 인터프리터를 내려 받아 설치 가능하다.

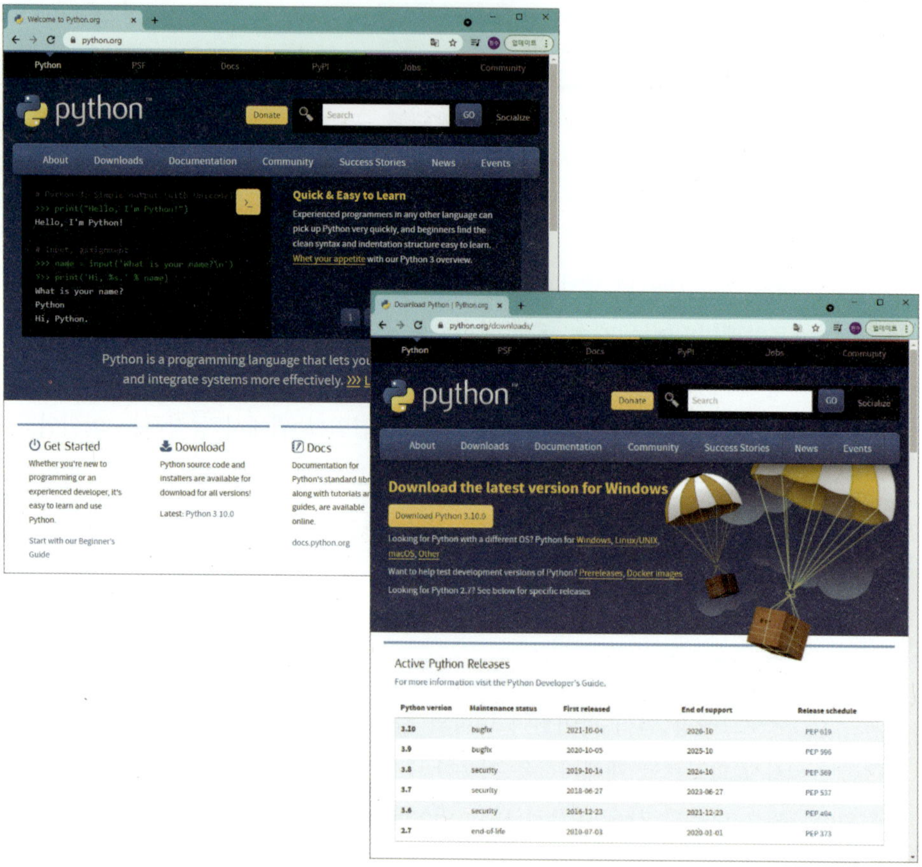

그림 8.33 ▸ 파이썬 공식 페이지(www.python.org)와 인터프리터 내려 받기(www.python.org/download)

설치된 파이썬에서 도스창 형식의 인터프리터를 열어 프롬프트(prompt)인 >>> 다음에 명령어를 입력하면 바로 새로운 줄에 다음 명령어를 입력하도록 프롬프트 >>>가 표시되는 상호 대화형 방식으로 코딩이 가능하다. 또한 파이썬 IDLE 쉘(Integrated Development Learning Environment Shell)을 실행하여 인터프리터를 사용하는 방법도 제공한다. [그림 8.34]와 같이 계산기처럼 간단히 직관적인 수식 연산을 쉽게 처리할 수 있으며, 선언 없이 변수에 수식이나 문자열의 저장이 가능하며, 출력문 없이 연산이나 변수의 출력이 가능하고, 간단히 print(data)와 같이 저장된 내용을 출력할 수 있다. 또한 메모리만 허용한다면 무한대에 가까운 아무리 큰 정수도 지원이 가능하다.

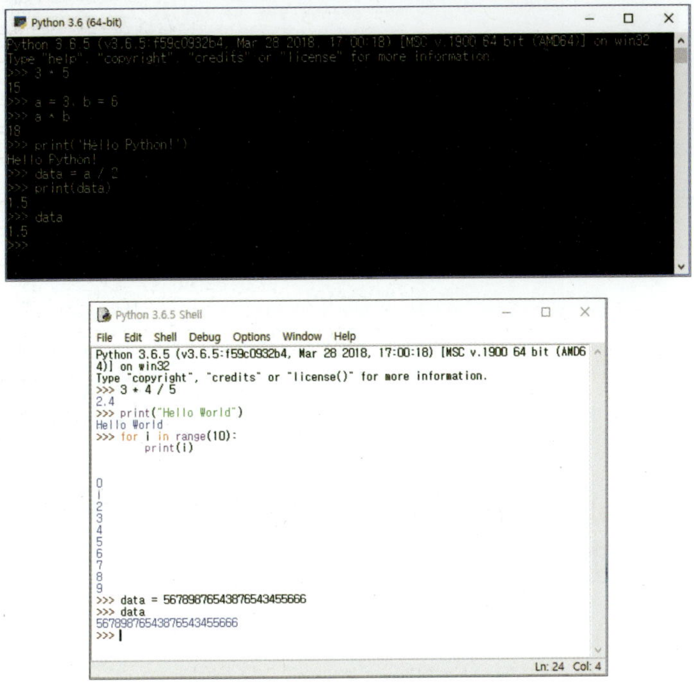

그림 8.34 ▸ 도스창과 IDLE 쉘 방식의 파이썬 인터프리터 실행 방법

다음은 문자열 "Hello World!"를 출력하는 파이썬의 소스이다. 이 소스만 보더라도 파이썬이 얼마나 간결한지 알 수 있다.

```
>>> print("Hello World!")
Hello World!
>>>
```

그림 8.35 ▸ 파이썬의 문자열 출력 소스

파이썬에 대해 좀 더 알고 싶다면 공식 튜토리얼(docs.python.org/3/tutorial)을 접속해 보거나 한글 튜토리얼 사이트(docs.python.org/ko/3/tutorial)를 접속하여 궁금증을 풀기 바란다.

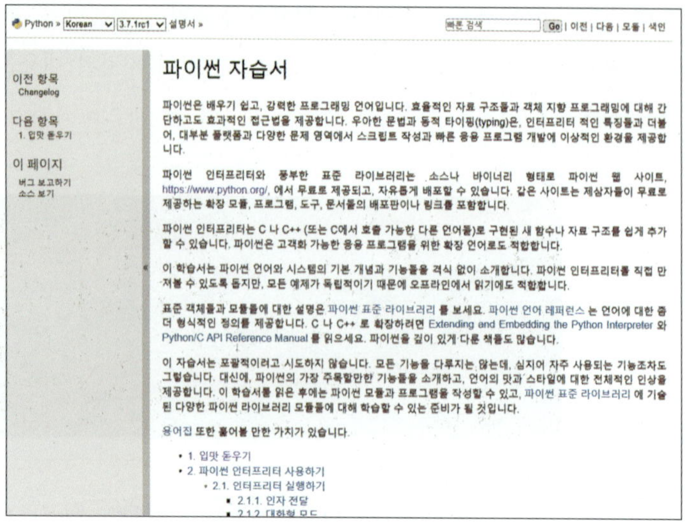

그림 8.36 ▸ 파이썬 튜토리얼(docs.python.org/ko/3/tutorial)

7. 고(Go), 코틀린(Kotlin), 스위프트(Swift), 알(R) 등 최근 주목 받는 다양한 언어

고(Go)

Go는 2009년에 구글의 로버트 그리즈머(Robert Griesemer), 롭 파이크(Rob Pike), 켄 톰슨(Ken Thompson) 3인에 의해 고안된 컴파일 언어로서 간결하고, 안전하고, 효율적인 언어이다. 키워드가 25개밖에 되지 않아 언어가 매우 간결하며 실용성을 지향하고 있다. Go는 멀티쓰레딩, 병렬 컴퓨팅에 적합한 동시성(concurrency) 프로그램을 쉽게 만들 수 있다. 2009년 11월에 리눅스와 맥OS(macOS) X 플랫폼을 대상으로 공식 발표되었다.

Go 언어 홈페이지 golang.org에서 개발도구를 내려 받을 수 있으며, 통합개발환경(IDE)으로는 제트브레인스(JetBrains)사의 Go랜드(GoLand), 이클립스(eclipse) 또는 라이트 IDE(LiteIDE) 등이 있다. 또한 제트브레인스사의 통합개발환경인 인텔리제이 아이디어(IntelliJ IDEA)에서 Go 플러그인(plugin)을 추가해 사용할 수도 있다. [그림 8.37]은 Go 언어 홈페이지에서 볼 수 있는 소스인데, C 언어와 자바, 그리고 파스칼 언어의 모습이 섞여 보인다.

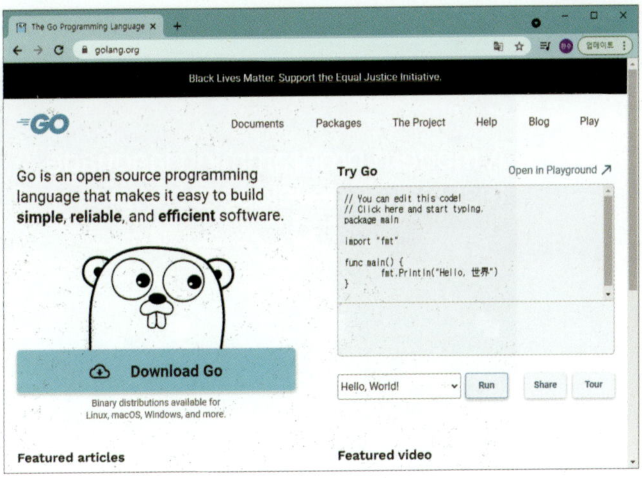

그림 8.37 ▸ Go 언어 홈페이지 golang.org

코틀린(Kotlin)

코틀린(Kotlin)은 자바 통합개발환경인 인텔리제이 아이디어(IntelliJ IDEA)를 만든 개발 회사인 제트브레인스(JetBrains)에서 자바가상기계(JVM)와 안드로이드(android)를 위해 2011년에 공개한 객체지향 프로그래밍 언어이다. 구글은 2017년, 안드로이드 앱 개발 공식 언어로 코틀린을 채택하였다. 이는 아마도 오라클과의 자바 언어에 대한 분쟁의 결과가 아닌가 한다.

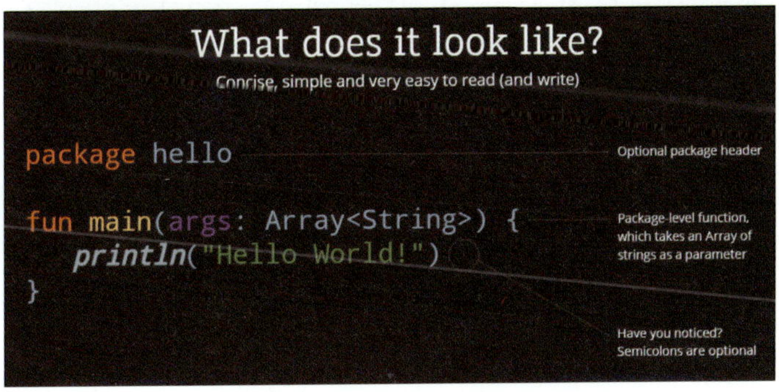

그림 8.38 ▸ 코틀린 언어 문법의 특징

코틀린의 문법은 코딩하거나 읽기 쉽도록 매우 간결하고 간편하다. 문장의 세미콜론은 옵션이며, 간단한 메소드는 한 줄 구현이 가능하고, new 키워드 없이 객체를 생성하며, 자바 언어와의 상호 운용이 100% 지원된다. 코틀린은 자바가상기계(JVM) 기반에서 자바 바이트코드를 생성해 실행되는 것이 기본이지만, 자체 컴파일러를 사용하여 기계어로 컴파일해 직접 실행도 가능하다.

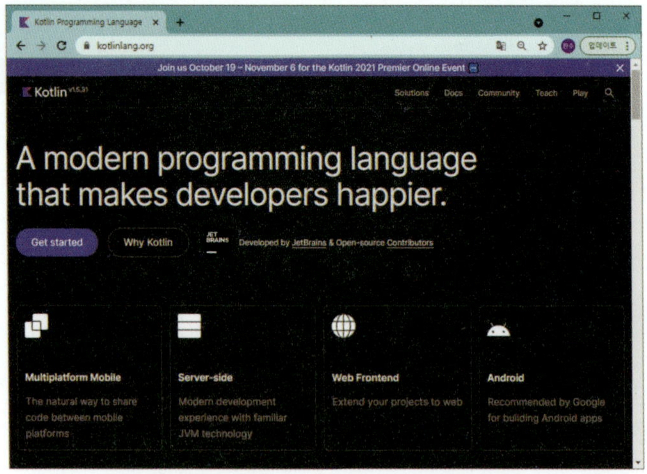

그림 8.39 ▸ 코틀린 홈페이지 kotlinlang.org

스위프트 언어

스위프트(Swift)는 애플의 iOS, 맥OS, 애플 TV(Apple TV) 그리고 애플 워치(Apple Watch) 앱 개발용으로 애플이 직접 2014년에 개발한 언어이다. iOS와 맥OS 주력 언어인 기존의 오브젝티브C(Objective−C) 언어의 단점을 개선하고 제네릭스(generics), 타입 인터페이스 등 현대 프로그래밍 언어의 기능을 포함시켰다.

스위프트는 이름 그대로 매우 빠르고 민첩하며, 안전하고, 주어진 문제가 쉽던 어렵던 관계없이 매우 쉽게 코딩이 가능한 언어를 추구하고 있다. 스위프트는 자바·C#과 C/C++·오브젝티브C(Objective−C)의 장점을 결합한 언어라는 평가를 받고 있으나 아직은 애플을 위한 언어로 윈도 플랫폼 개발 환경이 없는 상태이다.

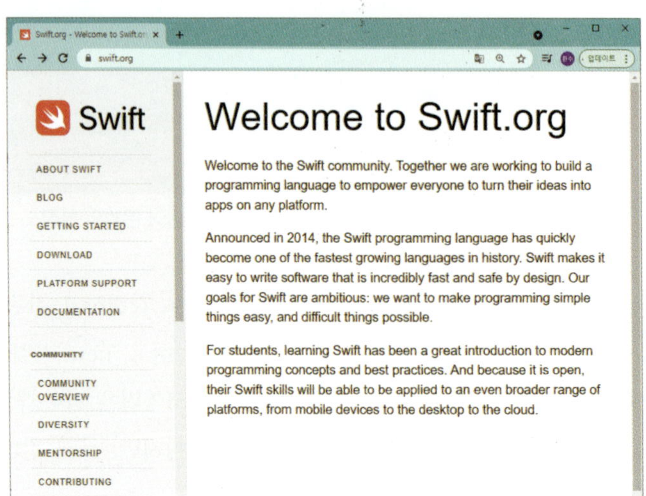

그림 8.40 ▸ 스위프트 홈페이지 swift.org

R 언어

R은 통계 분석 및 그래픽 작업을 위한 인터프리터 프로그래밍 언어이자 무료 소프트웨어 환경으로, 1993년 뉴질랜드의 오클랜드 대학교에서 개발되었다. 현재 R은 SPSS(Statistical Package for the Social Science), STATA(Software for Statistics and Data Science), SAS(Statistical Analysis Software) 등의 통계 전문 소프트웨어와 같이 통계 처리를 위한 라이브러리를 활용해 통계 소프트웨어 개발과 자료 분석에 널리 사용되고 있다. 즉 R은 파이썬과 함께 제4차 산업혁명 시대의 핵심 프로그래밍 언어로 각광받고 있는데, 그 이유는 R이 데이터 마이닝, 빅데이터 처리, 머신러닝 분야에 매우 적합하기 때문이다.

R의 인기에는 풍부한 통계분석 패키지 제공과 함께 분석한 데이터를 완성도 높은 그래프로 바로 시각화할 수 있다는 장점이 있기 때문이다. R에는 4천 개가 넘는 통계분석 패키지가 있으며, 공개 소프트웨어로 세계 여러 개발 기여자들이 최신의 분석기법을 위한 패키지를 계속 공급하고 있다.

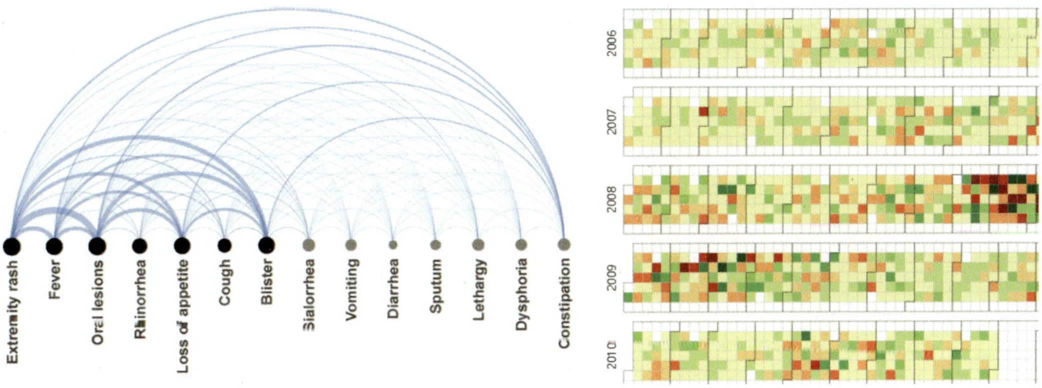

그림 8.41 ▸ 알을 이용한 다양한 그래프

R은 유닉스(UNIX), 윈도우 및 맥OS(macOS) 등 다양한 플랫폼에서 컴파일과 실행이 가능하다. R은 홈페이지에서 연결된 CRAN(Comprehensive R Archive Network)에서 내려 받을 수 있으며, 통합개발환경으로 R스튜디오(RStudio: www.rstudio.com)를 주로 사용한다.

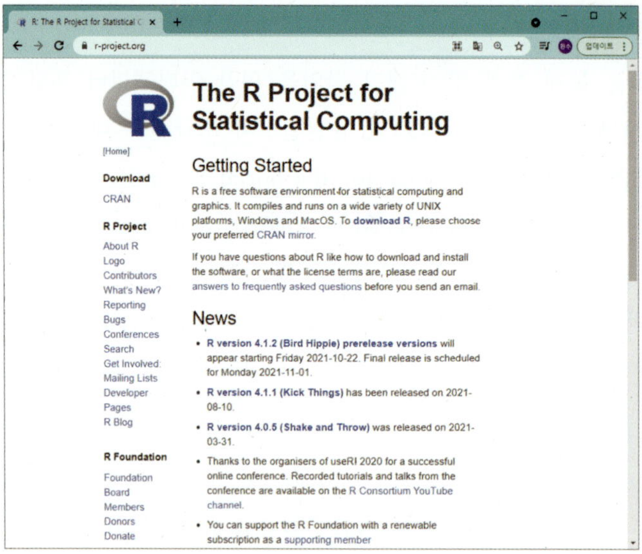

그림 8.42 ▸ 알 공식 홈페이지 www.r-project.org

내용 점검 문제

[객관식]

다음 각 문항에 대하여 보기 중에서 알맞은 것을 선택하시오.

01 프로그래밍 언어에 대한 설명으로 옳지 않은 것은?

A. 사람과 컴퓨터가 서로 의사교환을 하기 위한 것이 프로그램 언어이다.

B. 어셈블리 언어란 0과 1로 표현되는 프로그래밍 언어로서 컴퓨터가 직접 이해할 수 있는 유일한 언어이다.

C. 컴퓨터가 이해하기 쉬운 언어를 저급 언어라 하고 인간이 이해하기 쉽고 친근한 언어를 고급 언어라 한다.

D. 1950년 중반부터는 인간의 자연 언어와 비슷한 포트란, 코볼, 베이직 등의 고급 언어가 개발되어 프로그램 개발에 사용되었다.

02 고급 언어로 볼 수 없는 것은?

A. 코볼

B. 어셈블리어

C. 파스칼

D. C

03 C언어의 특징에 대한 설명으로 옳지 않은 것은?

A. 다른 고급 언어와 비교하여 하드웨어를 보다 확실하게 통제할 수 있다.

B. 프로그램의 이식성이 높다.

C. 다른 고급 언어와 비교해 기계어 명령에 가까운 형태의 언어가 아니다.

D. 풍부한 연산자와 데이터 형을 갖고 있다.

04 다음 중 고급언어에 관한 설명으로 옳은 것은?

A. 고급 언어는 저급 언어와는 달리 사람이 이해하기 쉬운 언어이다.

B. 기계어, 어셈블리어가 고급 언어의 대표적인 언어이다.

C. ADD, STA, LDA 등은 고급 언어인 어셈블리어에서 사용한다.

D. 레지스터의 종류와 이용 방법 등을 이해해야만 사용할 수 있다.

05 프로그램 개발 환경에 대한 설명으로 옳지 않은 것은?

A. 프로그램을 개발하려면 개발 도구가 필요하다.

B. 컴파일러는 텍스트 문서, 프로그램, 데이터 파일 등을 작성할 때 사용하는 기본적인 프로그램이다.

C. 디버거란 프로그램 오류를 쉽게 찾아 수정할 수 있도록 도와주는 프로그램이다.

D. 링커는 여러 목적 파일을 하나의 실행 파일로 만들어준다.

06 프로그램을 개발하기 위해 해야 할 일을 설명한 것이다. 옳지 않은 것은?

A. 프로그램에서 가장 중요한 부분은 기계어로 작성한다.

B. 프로그래밍 언어를 선정하는 일이 개발도구를 결정하는 일에 앞서 수행되어야 한다.

C. 어떤 프로그래밍 언어를 사용하느냐에 따라 개발도구가 결정된다.

D. 고급언어를 이용하여 개발할 수도 있고, 필요에 따라 어셈블리어를 사용하기도 한다.

07 소스와 컴파일에 대한 설명으로 옳지 않은 것은?

A. 프로그램 언어를 이용하여 원하는 작업을 기술한 내용을 소스 코드(source code) 또는 코드(code)라 한다.

B. 통합개발환경을 이용한다면 개발환경에 주어진 편집기를 이용하여 좀더 편하게 소스를 작성할 수 있다.

C. 컴파일러는 고급 언어로 작성된 프로그램을 기계어로 바꾸어 주는 프로그램이다.

D. 컴파일러에 의해 처리되기 전의 프로그램을 목적 코드라 한다.

08 컴파일러와 인터프리터에 관한 설명으로 옳지 않은 것은?

A. 컴파일러는 프로그램의 전체를 한꺼번에 번역한다.

B. 인터프리터를 사용하는 대표적인 언어로는 BASIC이 있다.

C. C 언어는 인터프리터와 컴파일러의 중간 방식을 사용하는 언어이다.

D. 한 번 컴파일한 후에는 매번 빠른 시간 내에 전체 실행이 가능하다.

09 절차지향 언어와 객체지향 언어에 대한 설명으로 옳지 않은 것은?

A. 절차지향 언어의 프로그래밍 방식은 동사, 객체지향 언어의 프로그래밍 방식은 명사 중심이다.

B. 절차지향 언어는 문제를 여러 개의 작은 함수로 나누어 그 문제를 해결한다.

C. 객체지향 언어에는 일반적으로 FORTRAN, BASIC, COBOL, PASCAL, C 등이 있다.

D. 객체지향 언어는 문제를 구성하는 객체를 만들어 이 객체들 간의 메시지 교환으로 그 문제를 해결한다.

10 언어와 언어의 특징이 잘못 연결된 것은?

A. 포트란 – 수학적 문제들을 해결하기 위해 고안

B. 코볼 – 기업의 사무처리에 적합한 프로그래밍 언어

C. 베이직 – 알고리즘 학습에 적합하도록 고안

D. C – B 언어에서 발전된 언어

11 저급 언어에 대한 설명으로 옳지 않은 것은?

A. 저급 언어는 사람보다 컴퓨터에 친숙한 언어로 기계어와 어셈블리어가 저급 언어에 해당한다.

B. 컴퓨터 하드웨어에 대한 강력한 통제가 가능하다.

C. 0과 1로만 구성된 기계중심의 언어이기 때문에 프로그래밍하기가 쉽다.

D. 어셈블리어는 기계어의 연산코드와 피연산자를 프로그래머가 좀 더 이해하기 쉬운 기호 형태로 일대일 대응시킨 프로그래밍 언어이다.

12 인터프리터 언어로만 구성된 것은?

A. C, 파스칼
B. 베이직, C
C. C++, 자바
D. 베이직, 파이썬

13 빈칸에 들어가기에 적합한 것은?

> 프로그램을 개발하는데 필요한 컴파일러, 디버거, 링커, 에디터 등을 통합적으로 그래픽 환경을 제공하는 개발 환경을 ________이라 한다.

A. 통합개발환경
B. 개발 도구
C. 인터프리터
D. 비주얼 베이직

14 고급 언어에 대한 설명으로 옳지 않은 것은?

A. 포트란(FORTRAN)은 과학과 공학 및 수학적 문제들을 해결하기 위해 존 배커스(John Backus)가 고안한 언어이다.
B. 코볼은 기업의 사무처리에 적합한 프로그래밍 언어이다.
C. 1980년대에 개인용 컴퓨터의 출현과 함께 파스칼은 기본 개발 언어로 탑재되어 범용적인 언어로 널리 사용되었다.
D. C 언어는 1972년경, 시스템 PDP-11에서 운용되는 운영체제 유닉스(Unix)를 개발하기 위한 프로그래밍 언어이다.

15 프로그래밍 언어 개발 순서가 옳지 않은 것은?

A. 포트란 → 코볼 → 파스칼 → C
B. C++ → 파이썬 → 자바 → 스위프트
C. 코볼 → C → C++ → C#
D. C → 파이썬 → 스위프트 → C#

16 객체에 대한 설명으로 옳지 않은 것은?

A. 객체는 현실 세계의 사물이나 개념을 시스템에서 이용하기 위해 현실 세계를 자연스럽게 표현하여 손쉽게 이용할 수 있도록 만든 소프트웨어 모델이다.
B. 객체의 특성을 표현하는 정적인 성질을 행동이라 한다.
C. 자료와 일련의 처리 명령을 하나로 묶어 놓은 메소드로 구성되는 프로그램 단위이다.
D. 객체 중심의 시스템에서는 객체의 특성을 조금만 이해한다면 일반 사용자도 시스템에 이용되는 객체를 이해하는데 어려움이 없다.

17 보기에서 객체지향 언어를 모두 고른다면?

ㄱ. Python	ㄴ. PASCAL
ㄷ. Basic	ㄹ. JAVA

A. ㄴ

B. ㄹ

C. ㄹ

D. ㄴ, ㄹ

18 JAVA 언어에 관한 설명으로 옳지 않은 것은?

A. C++에서 발전한 언어이다.

B. 전형적인 절차지향 언어이다.

C. 자바의 기본 개발환경을 JDK라 한다.

D. 미국의 SUN사에서 가전제품들을 제어하기 위해 고안한 언어에서 시작되었다.

19 빈칸에 들어갈 말로 가장 적합한 것은?

> 자바는 시스템에서 독립적(system independence)이다. 즉, 자바 언어는 시스템의 호환성을 갖는다. 하나의 플랫폼에서 만들어진 자바 바이트코드가 모든 플랫폼에서 실행될 수 있도록 하는 것이 ________이다.

A. 자바가상기계

B. 인터프리터

C. 컴파일러

D. 로더

20 Python과 R에 대한 설명으로 옳지 않은 것은?

A. Python은 인터프리터 언어로 대화형 방식으로 코딩한다.

B. R은 풍부한 통계분석 패키지를 제공하나 데이터를 완성도 높은 그래프로 시각화하려면 다른 전문 소프트웨어를 사용해야 한다.

C. Python은 객체지향 언어이다.

D. Python은 변수를 선언하지 않고 바로 값을 대입할 수 있다.

【 괄호 채우기 】

다음 각 문항에 대하여 빈칸에 적절한 단어를 채우시오.

01 소스 파일을 목적 파일로 만들어주는 프로그램을 ________라고 한다.

02 프로그램을 개발하는데 필요한 컴파일러, 디버거, 링커, 에디터 등을 통합적으로 제공하는 개발 환경을 ________(이)라 한다.

03 목적 파일을 실행 가능한 실행 파일로 만들어 주는 프로그램이 ________(이)다.

04 ____________(이)란 버그를 잡는다는 의미로 즉 오류를 찾는 것을 말한다.

05 ____________(은)는 프랑스의 수학자의 이름에서 따온 언어로 프로그램을 작성하는 방법인 알고리즘 학습에 적합하도록 개발된 프로그래밍 언어이다.

06 ____________(은)는 2007년 MIT 대학의 미디어랩에서 개발한 비주얼 프로그램 개발 도구이다.

07 자바의 ____________는 다양한 하드웨어 및 소프트웨어 플랫폼에서 효율적으로 실행하기 위해 설계된 구조 중립적인 중간 형태의 이진 파일이다.

08 ____________(은)는 통계 분석 및 그래픽 작업을 위한 인터프리터 프로그래밍 언어이자 무료 소프트웨어 환경으로, 1993년 뉴질랜드의 오클랜드 대학교에서 개발되었다.

09 ____________ 언어는 문제를 여러 개의 작은 함수로 나누어 그 문제를 해결한다. 반면에 ____________ 언어는 문제를 구성하는 객체를 만들어 이 객체들 간의 메시지 교환으로 그 문제를 해결한다.

10 ____________은 네덜란드의 귀도 반로섬(Guido van Rossum)이 개발한 객체지향 프로그래밍언어로 간단한 문법구조를 가진 대화형 언어이다.

【 주관식 】

01 프로그래밍 언어에서 고급 언어와 저급 언어의 기준과 종류를 설명하시오.

02 컴파일러와 어셈블러의 역할을 설명하시오.

03 컴파일러와 인터프리터의 역할과 특징을 설명하시오.

04 여러분이 사용했거나 앞으로 사용할 통합개발환경에 대하여 간단히 설명하시오.

05 1세대부터 3세대까지의 언어의 특징을 설명하시오.

06 다양한 언어를 실행해 볼 수 있는 사이트 ideone.com를 접속해 하나의 프로그래밍 언어를 선정해 실행하시오.

07 온라인 통합개발환경과 에디터를 소개해 주는 사이트 geekflare.com/online-code-editors에서 2개의 온라인 통합개발환경 사이트를 소개하시오.

08 자바 언어의 특징을 설명하시오.

09 코틀린 언어를 위한 개발환경을 설치하여 간단한 프로그램을 작성해 결과를 확인하시오.

10 절차지향과 객체지향의 프로그래밍 방식을 설명하시오.

Introduction to COMPUTERS

09

데이터베이스

단원 목표

- 데이터베이스와 데이터베이스 관리시스템을 이해하고 그 차이를 알아본다.
- 데이터베이스를 구성하는 물리적 구조와 추상화 과정을 이해한다.
- 데이터베이스 모델의 종류를 알아본다.
- 데이터베이스의 관계형 모델의 구조와 구성요소, 관계 연산에 대하여 알아본다.
- 데이터베이스 관리시스템의 정의와 구성을 알아본다.
- DBMS 종류인 MySQL, 오라클, MS SQL 서버 2014에 대하여 알아본다 .
- 임베디드 데이터베이스 엔진인 SQLite를 살펴보고 간단히 명령어 쉘의 실행 방법을 알아본다.
- MS SQL 서버 2014의 쿼리편집기의 간단한 사용법을 알아본다.

단원 목차

9.1 데이터베이스 개요

1. 데이터와 정보

데이터(data)는 단순한 사실에 불과한 아직 처리되지 않은 값이다. 이 데이터가 사람에게 유용한 의미로 쓰여질 수 있도록 처리되면 정보(information)가 된다. 즉 정보는 의사결정을 위해 조직화되고 체계화된 데이터로서 의사 결정권자에게 의미를 제공해야 한다. 그러므로 단순한 자료인 데이터를 정보로 사용할 수 있도록 체계적으로 저장하는 방법이 필요할 것이다.

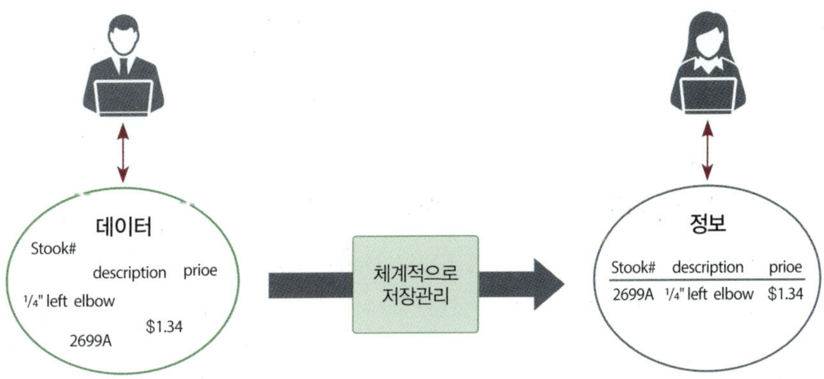

그림 9.1 ▸ 데이터에서 정보로 활용하기 위한 체계적 저장 관리

2. 데이터베이스

데이터베이스 정의

데이터베이스는 간단히 '관련 있는 데이터의 저장소'라고 볼 수 있다. 좀 더 자세히 살펴보면 데이터베이스는 여러 사람이나 응용시스템에 의해 참조 가능하도록 서로 논리적으로 연관되어 통합 관리되는 데이터의 모임이다. 데이터베이스에 저장된 자료는 데이터를 추가하고, 공유하고, 찾고, 정렬하고, 분류하고, 요약하고, 출력하는 등의 여러 조작을 통하여 정보로서 활용될 수 있다.

데이터베이스 특징

데이터베이스는 통합된(integrated) 관련(related) 있는 데이터이며, 중복(redundancy)을 최소화하여 보조기억장치에 저장되고, 무결성(integrity), 동시 접근(concurrent access), 보안(security) 유지, 장애 회복(recovery) 기능이 있어야 한다.

표 9.1 데이터베이스의 특징

데이터베이스 특징	내용
통합된 데이터	데이터의 특성, 실체 상호 간의 의미 관계와 형식 관계를 기술한 개념적인 구조에 따라서 편성된 데이터의 집합
관련 있는 데이터	동시에 복수의 적용 업무나 응용 시스템에 대한 데이터의 공급 기지로서 공유할 필요가 있는 데이터를 보관, 관리
중복의 최소화	동일한 내용의 데이터가 중복되어 있지 않아야 하고, 다양한 접근 방식이 마련되어 있어야 하며, 검색이나 갱신이 효율적으로 이루어질 수 있도록 중복을 최소화
보조기억장치에 저장	자기 디스크나 자기 테이프 등 컴퓨터에서 사용할 수 있는 보조 기억 장치에 저장
무결성	데이터가 정확성을 항상 유지
동시 접근	여러 사람이 동시에 자료에 접근하더라도 문제없이 작업을 수행
보안 유지	데이터베이스 관리 및 접근을 효율적으로 관리하여 보안 유지
장애 회복	문제가 발생하더라도 이전 상태로 복구 가능

3. 데이터베이스 관리시스템

데이터베이스 관리시스템(DBMS: DataBase Management System)은 사용자가 데이터베이스를 만들고, 유지·관리할 수 있도록 돕는 프로그램을 말한다. 즉 데이터와 응용 프로그램 사이에서 중재자 역할로서 모든 프로그램들이 데이터베이스를 유용하게 활용할 수 있도록 관리해 주는 소프트웨어이다.

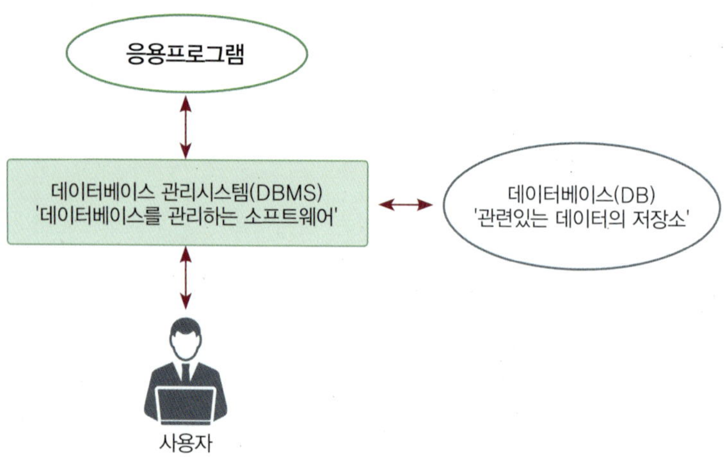

그림 9.2 ▸ 데이터베이스 관리시스템(DBMS)

데이터베이스는 '관련 있는 데이터의 저장소'이고, 데이터베이스 관리시스템은 '데이터베이스를 관리하는 소프트웨어'이다. 이 두 용어의 차이를 이해하도록 하자.

9.2 데이터베이스 구조

1. 데이터베이스 물리적 구조

필드와 레코드

자료의 가장 작은 단위는 비트(bit)이다. 비트가 8개 모이면 바이트(byte)가 되고, 한두 개의 바이트가 모이면 하나의 문자(character)를 표현할 수 있다. 문자가 모여 하나의 의미를 나타내는 문자열(string)을 표현할 수 있다. 문자뿐만 아니라 정수나 실수도 몇 개의 바이트로 표현할 수 있다. 특정한 종류의 데이터를 저장하기 위한 영역을 필드(fields)라 한다. 여기서 특정한 종류란 그 필드에 저장될 수 있는 데이터의 종류를 말하고 이를 데이터 유형(data types)이라 한다. 다음과 같이 사람에 대한 이름, 학번, 생년월일, 주소가 있다고 가정하자.

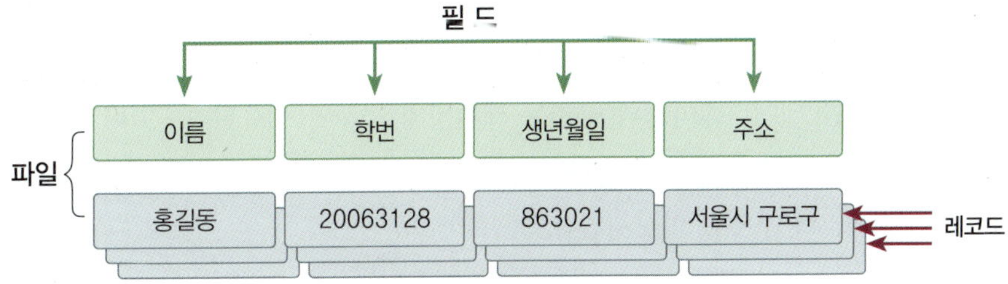

그림 9.3 ▸ 필드와 레코드, 파일

이름, 학번, 생년월일, 주소와 같이 논리적인 의미 있는 자료의 단위가 필드이다. 이름 필드에는 문자열이 저장되어야 하므로 이름 필드의 자료 유형은 문자열 유형이며, 학번은 정수를 자료 유형이라 할 수 있다. 이러한 필드에는 실제 자료 값이 저장되며 이러한 필드가 여러 개 모이면 하나의 레코드(record)가 된다. 레코드가 여러 개 모이면 하나의 파일이 된다.

파일과 데이터베이스

여러 개의 레코드가 모여 하나의 파일이 구성된다. 이러한 파일을 여러 개 모아 논리적으로 연결해서 필요한 정보를 적절히 활용할 수 있도록 서로 관련 있는 데이터들로 통합된 파일의 집합을 데이터베이스(database)라 한다.

다음은 필드가 학번, 이름, 학과, 주소인 학생에 대한 정보를 저장하는 파일1과 또 다른 정보를 저장하는 여러 파일이 모여서 만들어진 데이터베이스를 표현한 그림이다. 데이터베이스를 구성하는 하나의 파일인 파일1은 학번, 이름, 학과, 주소와 같이 동일한 형태의 필드 집합을 가지며 파일n과 같은 다른 파일은 그 파일의 고유한 다른 형태의 필드 집합을 갖는다.

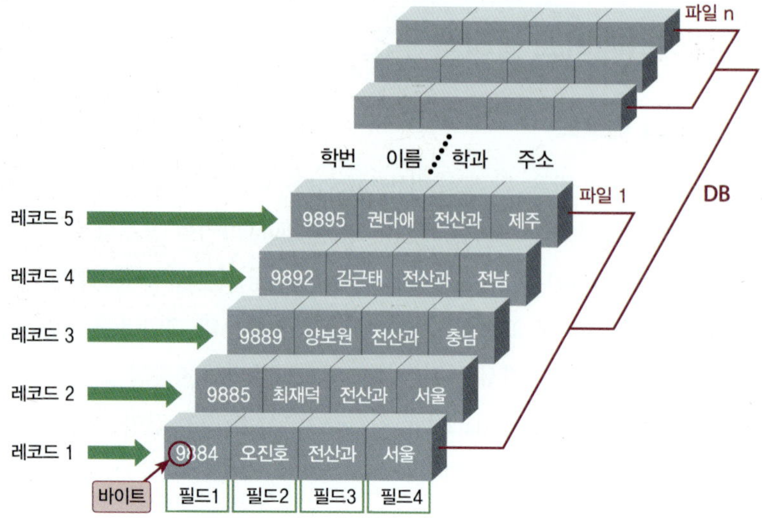

그림 9.4 ▸ 파일과 데이터베이스

이러한 데이터베이스의 구조는 캐비닛의 구조와 비유할 수 있다. 잘 정리된 항목의 레코드를 파일로 담아 논 캐비닛의 구조는 '관련 있는 통합된 데이터의 저장소'인 데이터베이스와 구조를 연상시킨다.

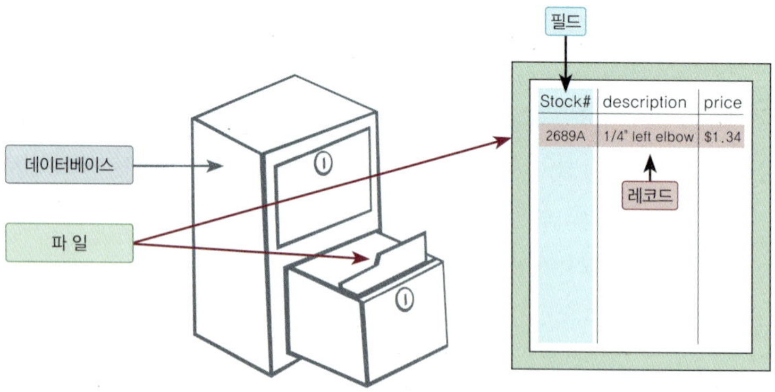

그림 9.5 ▸ 캐비닛과 데이터베이스의 구조

2. 데이터베이스 추상화

데이터베이스의 내부 구조는 상당히 복잡하다. 이런 복잡한 내부 구조는 일반 사용자에게 가능한 한 감추어져 있어야 한다. 이를 위하여 데이터베이스를 보는 관점인 뷰(view)를 세 단계로 추상화(abstraction)시켜 가능한 각 수준을 바라보는 뷰만을 인지하도록 한다. 데이터베이스 추상화의 세 가지 단계는 물리적 단계(physical level), 논리적 단계(logical level), 뷰 단계(view level)이다.

스키마

데이터베이스의 전체적인 설계를 스키마(schema)라 한다. 즉 스키마란 데이터베이스를 구성하는 정보의 종류와 구조 그리고 이들 간의 관계를 정의하는 구체적인 기술(description)과 명세(specification)이다. 데이터베이스에 스키마는 여러 개 존재하는데, 스키마는 데이터베이스 추상화의 세 가지 단계인 물리적 단계, 논리적 단계, 뷰 단계에 대응된다. 즉 물리적 단계에는 하나의 물리 스키마(physical schema), 논리적 단계에는 하나의 논리 스키마(logical schema), 뷰 단계에는 여러 개의 서브 스키마(subschema)가 각각 대응된다. 자동차에 비유한다면 자동차 내부 구조를 물리 스키마라 할 수 있고, 자동차에 대한 전반적인 명세를 논리 스키마, 마지막으로 자동차를 사용하거나 수리하는 사용자에 따라 관심 있는 자동차 구성 요소인 타이어, 핸들, 엔진 등을 뷰 스카마에 비유할 수 있다.

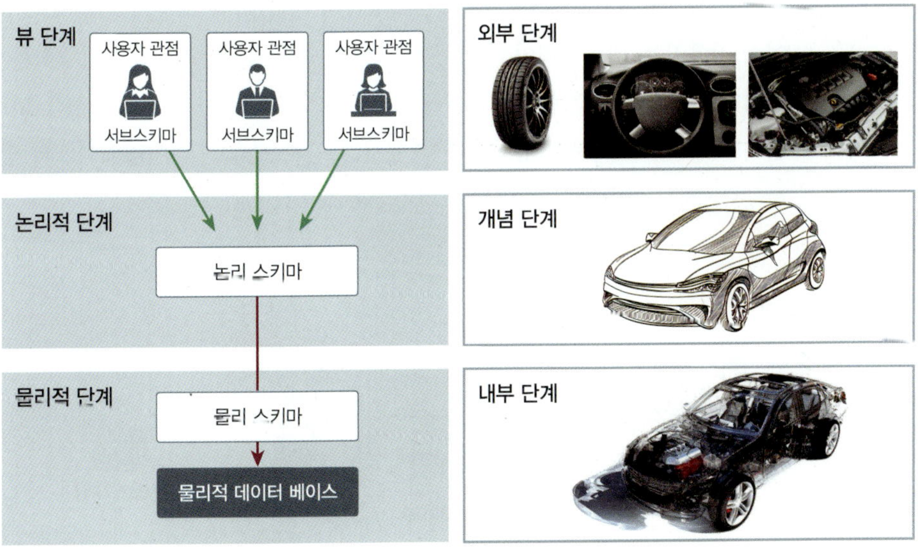

그림 9.6 ▸ 데이터베이스 추상화 3단계와 데이터베이스 스키마

물리적 단계

물리적 단계에서는 저장 장치의 내부에 실질적으로 데이터가 저장될 구조와 위치를 결정한다. 물리적 단계는 내부 단계(internal level)라고도 한다. 이 단계에서는 하위 수준의 접근 방식을 다루고 바이트들이 어떻게 저장 장치로부터 변환이 되는지 다룬다. 즉 내부 단계에서는 하드웨어와 직접적인 상호작용을 다룬다. 물리적 단계에서 이루어지는

물리 스키마는 하드웨어에 저장되는 데이터베이스의 물리적 구조를 기술한 것으로 하위 데이터 모델을 통해 표현된다. 물리 스키마는 내부 스키마(internal schema)라고도 한다.

논리적 단계

논리적 단계에서는 데이터베이스에 저장될 데이터의 종류와 데이터 간의 관계를 기술한다. 논리적 단계에서 구성하는 논리 스키마는 복잡한 데이터베이스의 내부 구조는 알 필요 없이 비교적 간단한 데이터 구조로써 전체 데이터베이스를 기술한다. 논리적 단계는 개념 단계(conceptual level)라고도 하며, 논리 스키마는 개념 스키마(conceptual schema)라고도 한다.

뷰 단계

뷰 단계는 추상화의 최상위 단계로, 사용자와 직접적인 상호작용을 하는 단계이다. 뷰 단계는 외부 단계(external level)라고도 한다. 뷰 단계에서는 논리적 단계에서 나온 데이터를 사용자에게 친숙한 형태의 뷰(view)로 변환하여 사용자에게 제공한다. 데이터베이스 사용자는 데이터베이스 전체에 관심이 있기 보다는 본인이 담당하는 작업인 전체 데이터베이스의 일부분만을 관심을 갖는다. 그러므로 사용자마다 각각 서로 다른 뷰를 정의할 수 있다. 사용자마다 다른 뷰에서 본인의 관심인 데이터베이스의 일부분을 정의한 것을 서브스키마 또는 외부 스키마(external schema)라 한다.

3. 데이터의 독립성

데이터베이스의 추상화 과정에서 상위 수준의 스키마 정의에 영향을 주지 않고 해당 스키마 정의를 수정할 수 있는 능력을 데이터 독립성(data independence)이라 한다. 데이터의 독립성에는 논리적 데이터 독립성(logical data independence)과 물리적 데이터 독립성(physical data independence)이 있다.

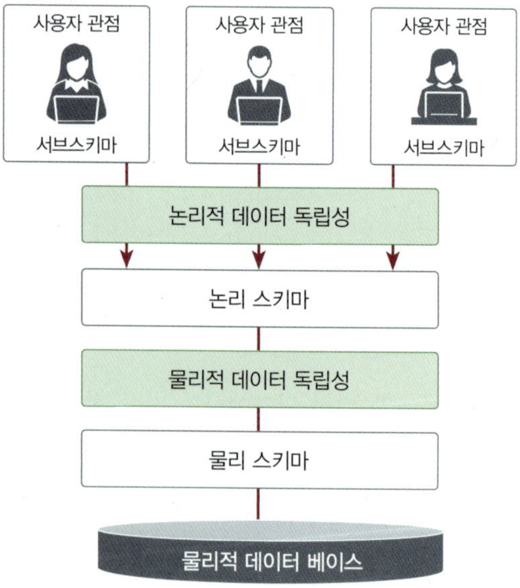

그림 9.7 ▸ 데이터베이스의 데이터 독립성

논리적 데이터 독립성

논리적 데이터의 독립성은 사용자의 응용프로그램 자체에 영향을 주지 않고 논리적 단계에서의 논리 스키마를 수정할 수 있는 능력을 말한다.

물리적 데이터 독립성

물리적 데이터의 독립성은 사용자의 응용프로그램 자체나 데이터베이스의 논리 스키마에 영향을 주지 않고 데이터의 물리적 스키마를 수정할 수 있는 능력을 말한다.

9.3 데이터베이스 모델

데이터베이스 모델은 데이터의 논리적 설계와 그들 간의 관계를 표현한다. 데이터베이스 모델은 계층적 모델(hierarchical model), 네트워크 모델(network model), 관계형 모델(relational model) 등으로 구분할 수 있다.

1. 계층 모델

계층적 모델에서 데이터는 위에서 아래로 트리 형태로 구성된다. 각 엔터티(entity)는 하나의 부모만을 가지며, 한 부모는 여러 자식을 가질 수 있다. 계층적 모델은 링크(link)를 사용한다는 점에서는 네트워크 모델과 유사하지만 레코드 들이 트리 형태로 계층을 갖는다는 점에서 네트워크 모델과 다르다.

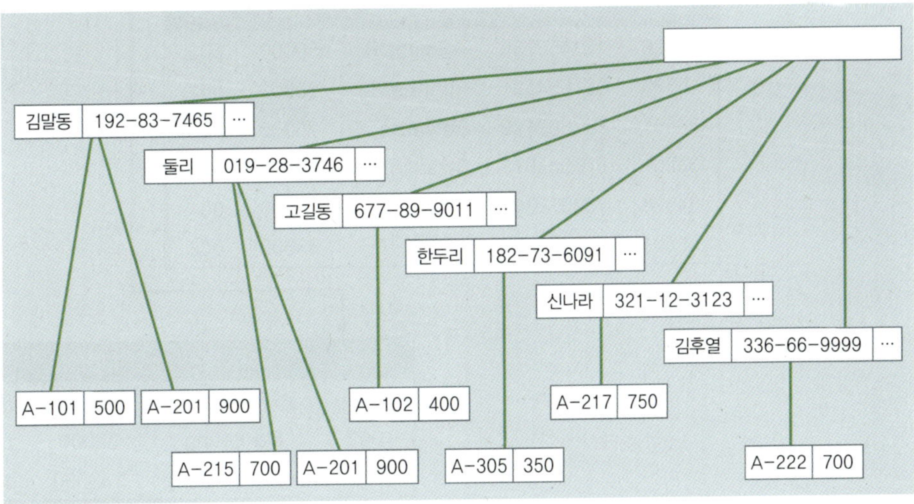

그림 9.8 ▸ 계층 모델

2. 네트워크 모델

네트워크 모델은 레코드와 레코드 간의 관계를 서로 연결되는 그래프를 사용한 모델이다. 데이터 간의 관계는 링크(link)로 표현된다.

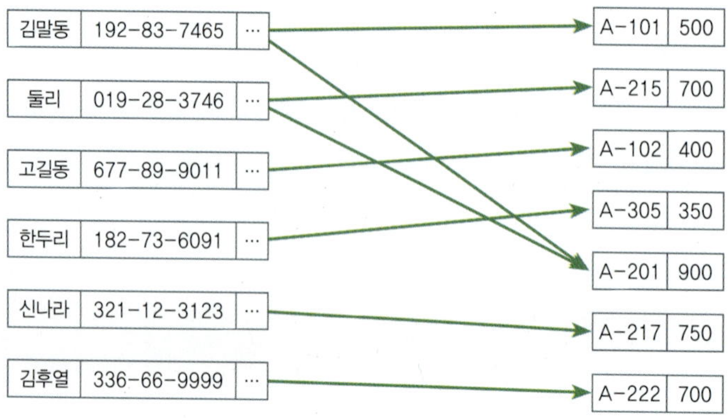

그림 9.9 ▸ 네트워크 모델

3. 관계형 모델

관계형 모델은 데이터를 행과 열로 구성된 이차원 테이블의 집합으로 표현한 모델이다. 관계형 모델에서는 포인터가 존재하지 않고 테이블을 구성하는 동일한 열로 데이터의 관계를 표현한다. 관계형 모델은 수학적 기초에 기본을 두고 있으며 현재 가장 널리 활용되는 관계형 데이터베이스(relational database)의 데이터 모델로 사용된다.

〈직원〉

직원#	사회보장#	직원이름	급여	부서
13726	123456789	Smith, R	50000	003
15783	987654321	Jones, L	23000	001
26941	567890123	Edwards, C	75000	003
33261	876549871	Swanson, T	30000	003
34526	789012345	Anderson, T	14000	001
59831	493827198	Neff, R	43000	002

〈부서〉

부서#	부서이름	예산	관리자
001	Sales	100000	34526
002	Marketing	32000	59831
003	Manufacturing	243000	13726

그림 9.10 ▸ 관계형 모델

9.4 관계형 모델

1. 관계의 구조

관계형 모델은 모든 데이터를 이차원의 테이블(table)로 표현한 모델이다. 이 테이블을 관계(relation)라 한다. 관계형 모델은 테이블 내의 필드 중에서 일부를 다른 테이블의 필드와 중복함으로써 여러 테이블 간의 상관 관계를 정의한다. 일반적으로 관계는 관계 스키마(relation schema)와 관계 사례(relation instance)로 구성된다. 관계 스키마는 관계의 구조를 정의하는 것이고 관계 사례는 관계 스키마에 삽입되는 실제 데이터 값을 말한다.

학생

학번	이름	학과	주소	지도교수
2000001	오진호	001	서울	0001
2000002	권다애	002	경기도	0015
2000003	김근태	001	인천	0002
2000004	양보원	003	대전	0022
2000005	김태수	001	서울	0003

관계 스키마

관계 사례

그림 9.11 ▸ 관계 스키마와 관계 사례

[그림 9.11]에서 관계 이름인 학생과 관계에 대한 속성 구성인 [학생(학번, 이름, 학과, 주소, 지도교수)]가 관계 스키마이며, 실제로 관계 내부에 삽입된 하나의 자료인 '(2000003, 김근태, 001, 인천, 0002)'은 관계 사례이다. 관계 스키마는 관계 이름과 속성 이름이 처음에 한번 결정되면 시간의 흐름과 관계없이 동일한 내용이 계속 유지되는 정적인 특성을 갖는다. 반면에 관계 사례는 시간이 변함에 따라 실제 사례값이 변하는 동적인 특성이 있다.

2. 관계의 구성요소

속성

관계에서 각 열을 속성(attribute)이라 하며 [그림 9.12]와 같이 테이블이 열을 대표하는 제목 부분을 말한다. 한 테이블에서 속성 이름은 유일한 이름이어야 하며, 한 관계의 총 속성의 수를 관계의 차수(degree)라 한다. 관계의 각 속성은 각 열에 저장되는 자료 의미를 나타낸다. 속성은 실제 데이터베이스에서는 필드라 말하고 데이터베이스 관리시스템(DBMS)에서는 열(column)이라고 표현한다.

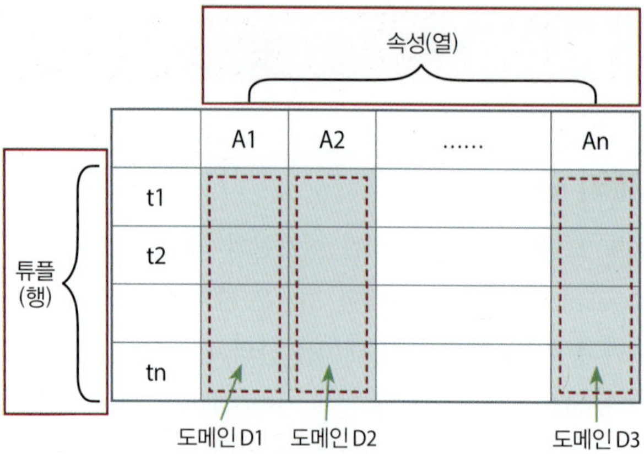

그림 9.12 ▸ 관계의 구성요소

튜플

하나의 관계에서 각 행을 튜플(tuple)이라 한다. 즉 튜플은 관계에서 정의된 모든 속성 값들의 집합이다. 튜플은 실제 데이터베이스에서는 레코드라 말하고 DBMS에서는 행(row)이라고 표현한다. 도메인은 하나의 속성이 취할 수 있는 모든 값의 범위를 의미한다.

관계의 특징

관계에서 중복된 튜플은 삽입될 수 없으며, 튜플 내의 모든 값은 더 이상 나눌 수 없는 값이어야 하는데, 이 나눌 수 없는 값을 원자 값(atomic value)이라 한다. 다음은 이러한 관계에서의 특징을 정리한 표이다.

표 9.2 관계의 특징

특징	내용
속성 이름의 유일성	한 관계에서 속성 이름은 유일해야 한다.
원자값	튜플 내의 모든 값은 더 이상 나눌 수 없는 원자값(atomic value)이어야 한다.
튜플 간은 무순서	관계에서 튜플 간의 순서는 무의미하다.
속성 간의 무순서	한 관계에서 속성 간의 순서는 무의미하다.
중복 불허	한 관계에서 두 튜플의 속성값이 모두 같은 것은 불허한다.

키

키(key)는 관계에서 튜플들을 유일(uniqueness)하게 구별할 수 있는 하나 이상의 속성의 집합을 말한다. 한 테이블에 삽입될 수 있는 튜플은 반드시 키 값이 달라야 한다. 키의 종류에는 후보키(candidate key), 주키(primary key), 외래키(foreign key) 등이 있다.

하나의 관계에서 유일성과 최소성(minimality)을 만족하는 키가 후보키이다. 최소성이란 관계 내의 각 튜플을 유일하게 구별하기 위하여 최소한으로 필요한 속성들의 집합을 말한다. 한 관계에서 후보키는 여러 개 일 수 있다. 후보키 중에서 가장 적합한 식별자로 선정된 키가 주키이다. 주키는 관계에서 여러 튜플 중에서 하나의 튜플을 식별하는 역할을 수행한다. 외래키는 어느 관계의 속성들 중에서 일부가 다른 관계의 주키가 될 때, 이 키를 외래키라 한다. 이 외래키를 이용하여 관계와 관계를 서로 연결할 수 있다.

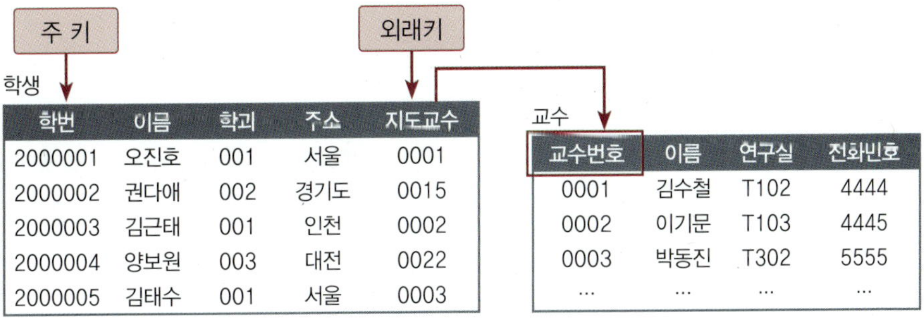

학생

학번	이름	학과	주소	지도교수
2000001	오진호	001	서울	0001
2000002	권다애	002	경기도	0015
2000003	김근태	001	인천	0002
2000004	양보원	003	대전	0022
2000005	김태수	001	서울	0003

교수

교수번호	이름	연구실	전화번호
0001	김수철	T102	4444
0002	이기문	T103	4445
0003	박동진	T302	5555
...	...	...	...

그림 9.13 ▸ 관계의 구성요소

[그림 9.13]과 같이 학생과 교수의 두 관계를 생각해보자. 학생 관계에서 학생 튜플을 식별하는 주키는 학번 속성이고, 교수 관계에서 주키는 교수번호 속성이 된다. 학생의 지도교수 속성이 교수번호의 주키가 되므로 학생 관계에서 외래키에 해당한다.

3. 관계에 대한 연산

관계형 모델의 자료인 이차원 테이블에 대한 연산에 대하여 알아보자. 관계에 대한 연산 중에서 간단한 연산인 삽입(insert), 삭제(delete), 수정(update), 조회(select) 연산에 대하여 알아보자.

삽입(INSERT)

삽입 연산은 관계에 하나의 튜플을 삽입하는 연산이다. 관계에서는 튜플의 순서는 의미가 없으므로 삽입되는 튜플의 순서는 상관하지 않는다. 다음은 주어진 학생 관계에 튜플 (20153007, 김 남훈, 19961018, 010−5948−2875)을 삽입한 결과를 보이고 있다.

학생 관계

학번	이름	생년월일	핸드폰번호
20153001	이 종만	19970427	011-7384-0000
20153002	오 상조	19960717	010-6594-0001
20153003	남 승현	19960506	016-7285-0002
20153004	조 진형	19961110	011-3454-0003

삽입 (insert)

학생 관계

학번	이름	생년월일	핸드폰번호
20153001	이 종만	19970427	011-7384-0000
20153002	오 상조	19960717	010-6594-0001
20153003	남 승현	19960506	016-7285-0002
20153004	조 진형	19961110	011-3454-0003
20153007	김 남훈	19961018	010-5948-1234

그림 9.14 ▸ 삽입 연산 결과

삭제(DELETE)

삭제 연산은 관계에서 관련된 튜플을 삭제하는 연산이다. 주어진 학생 관계에서 핸드폰 번호가 011으로 시작하는 튜플을 삭제하는 연산을 실행해 보자. 다음은 이 삭제 연산의 결과로 두 개의 튜플이 삭제되는 것을 알 수 있다.

학생 관계

학번	이름	생년월일	핸드폰번호
20153001	이 종만	19970427	011-7384-0000
20153002	오 상조	19960717	010-6594-0001
20153003	남 승현	19960506	016-7285-0002
20153004	조 진형	19961110	011-3454-0003

삭제 (delete)

학생 관계

학번	이름	생년월일	핸드폰번호
20153002	오 상조	19960717	010-6594-0001
20153003	남 승현	19960506	016-7285-0002

그림 9.15 ▸ 삭제 연산 결과

수정(UPDATE)

수정 연산은 관계에서 관련된 속성 값을 수정하는 연산이다. 주어진 학생 관계에서 학번이 20153004인 학생에 대한 생년월일을 19961010으로 수정하는 연산을 실행해 보자. 다음은 이 수정 연산의 결과이다.

학생 관계

학번	이름	생년월일	핸드폰번호
20153001	이 종만	19970427	011-7384-0000
20153002	오 상조	19960717	010-6594-0001
20153003	남 승현	19960506	016-7285-0002
20153004	조 진형	19961110	011-3454-0003

수정
(update)

학생 관계

학번	이름	생년월일	핸드폰번호
20153001	이 종만	19970427	011-7384-0000
20153002	오 상조	19960717	010-6594-0001
20153003	남 승현	19960506	016-7285-0002
20153004	조 진형	19891010	011-3454-0003

그림 9.16 ▸ 수정 연산 결과

조회(SELECT)

조회 연산은 관계에서 관련된 튜플에서 부분 집합의 튜플과 속성으로 구성된 새로운 관계를 생성하는 연산이다. 조회 연산은 주어진 관계에서 튜플을 선택하기 위하여 관계의 특정 속성만을 지정할 수 있다. 주어진 학생 관계에서 태어난 연도가 1996년인 학생의 학번, 이름, 생년월일을 조회하는 연산을 실행해 보자. 다음은 이 조회 연산의 결과이다.

학생 관계

학번	이름	생년월일	핸드폰번호
20153001	이 종만	19970427	011-7384-0000
20153002	오 상조	19960717	010-6594-0001
20153003	남 승현	19960506	016-7285-0002
20153004	조 진형	19961110	011-3454-0003

조회
(select)

조회된 새로운 관계

학번	이름	생년월일
20153002	오 상조	19960717
20153003	남 승현	19960506
20153004	조 진형	19961110

그림 9.17 ▸ 조회 연산 결과

9.5 데이터베이스 관리시스템

1. DBMS 정의

데이터베이스 관리시스템(DBMS: DataBase Management System)은 데이터베이스를 정의하고, 데이터베이스를 구축하고, 데이터베이스를 조작하고, 데이터베이스를 제어하여 데이터베이스에서 정보를 쉽게 활용할 수 있도록 만든 프로그램이자 소프트웨어이다.

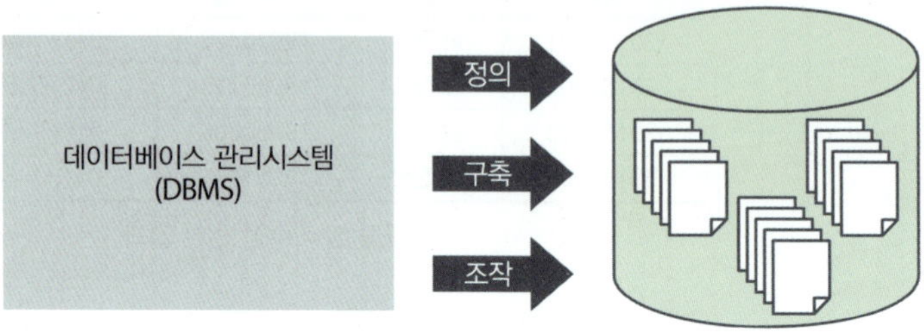

그림 9.18 ▸ 데이터베이스 관리시스템의 정의

2. DBMS 구성

DBMS의 구성 요소는 DBMS가 제공해야 하는 여러 기능을 수행하는 단위 프로그램으로 저장 관리자(Storage Manager), 질의 처리기(Query Processor), DBMS 인터페이스 도구(DBMS Interface Tool) 등으로 구성되어 있다. DBMS에 응용프로그램과 실제 데이터를 합치면 데이터베이스 시스템이 된다. 즉 데이터베이스 시스템이란 특정한 목적을 위하여 DBMS와 데이터베이스 그리고 이를 사용하는 응용프로그램이 통합된 시스템을 말한다.

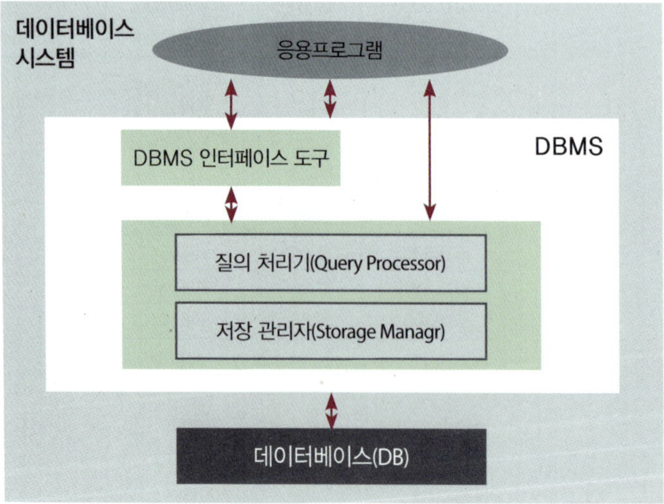

그림 9.19 ▸ 데이터베이스의 구성요소와 데이터베이스 시스템

DBMS 인터페이스 도구는 사용자가 DB의 자료와 DB의 모든 장치에 쉽게 접근할 수 있는 수단을 제공하는 프로그램이다. 예전에는 DBMS 인터페이스 도구가 도스와 같이 명령행 인터페이스 방법을 이용하여 DB에 접근하도록 하였으나 요즘에는 대부분 GUI 방식의 인터페이스를 제공한다. 질의 처리기는 사용자와 응용프로그램이 요청하는 질의문을 해석하여 최적의 결과를 도출하는 구성요소이다. 저장 관리자는 데이터베이스 구조를 결정하고 최적의 데이터베이스를 구축하기 위하여 실제 저장장치에 자료를 저장하는 구성요소이다.

3. DBMS 종류

DBMS의 종류를 살펴보면 Oracle, DB2, Sybase, Ingres, Postgres, mSQL, MySql, SQLite, MariaDB, SQL Server 등 매우 다양하다. 여기에서 기업용 DBMS로 가장 널리 활용되는 Oracle, 공개 DBMS인 MySql, 그리고 중소 규모에서 널리 활용되는 마이크로소프트의 MS SQL Server에 대하여 간략히 알아보자.

MySQL

MySQL은 대표적인 오픈 소스 DBMS 제품으로 데이터베이스 시스템을 공부하는 학생들에게 인기가 좋다. 현재는 오라클사에 합병되어 상용 DBMS로도 널리 사용되는 제품이다. MySQL은 기존의 mSQL이라는 DBMS를 기반으로 하여 개발된 DBMS로, 여러 버전 중에서 MySQL 커뮤니티 에디션(MySQL Community Edition)은 GNU 공용허가(GPL)이므로 다음 홈페이지 사이트에서 무료로 내려 받아 이용할 수 있다.

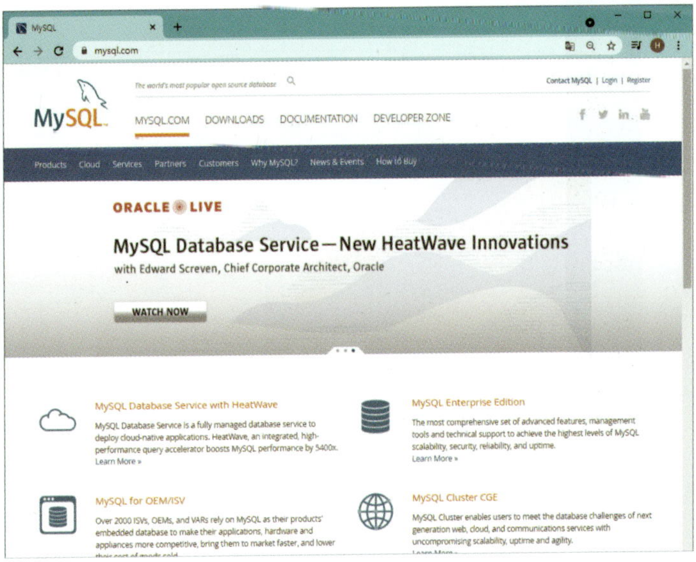

그림 9.20 ▸ MySQL 홈페이지(www.mysql.com)

MySQL은 다음과 같은 특징을 갖는 DBMS이다.

내부 구성 및 이식성

- C 및 C++ 으로 기술되고 있다.
- 다양한 플랫폼에서 동작한다.

보안

- 매우 유연하고 안전한 특권 및 패스워드 시스템. 호스트 베이스의 검증이 가능하다. 서버에 접속할 때에 모든 패스워드 트래픽이 암호화되므로 암호는 안전하다.

확장성과 범위

- 대규모 데이타베이스를 처리한다.
- 각 테이블로 최고 32 개의 인덱스가 사용 가능하다.

접속성

- 클라이언트는 모든 플랫폼에서 TCP/IP 소켓을 사용해 MySQL 서버에 접속할 수 있다.
- Connector/ODBC 인터페이스에 의해 ODBC(Open DataBase Connectivity) 접속을 사용하는 클라이언트 프로그램에 MySQL 서포트가 제공된다.

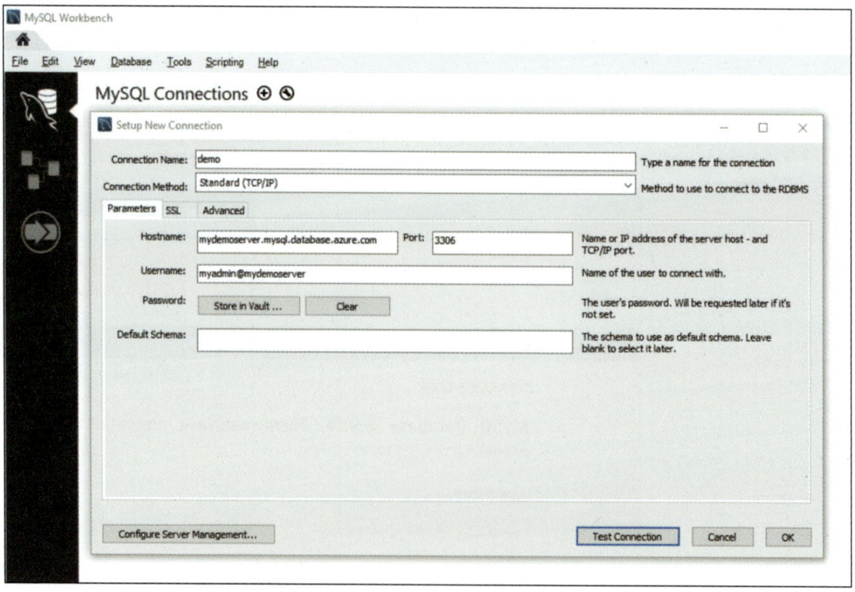

그림 9.21 ▸ MySQL의 GUI 방식의 관리자 프로그램 MySQL 워크벤치(workbench)

MySQL과 형제인 MariaDB

마리아디비(MariaDB)는 MySQL의 핵심 개발자인 몬티 와이드니어스(Monty Widenius)가 MySQL이 오라클에 인수되자 회사를 나와 몬티프로그램AB(Monty Program AB) 사를 설립하고 다시 개발하여 발표한 한 오픈 소스의 관계형 데이터베이스 관리시스템이다. 이러한 이유로 마리아디비는 MySQL과 소스코드를 같이하고 있으며, 사용방법과 구조가 MySQL과 매우 비슷하다고 한다. 이러한 태생적 관계로 오라클과 마리아디비는 경쟁하지 않을 수 없는 관계인 것이다.

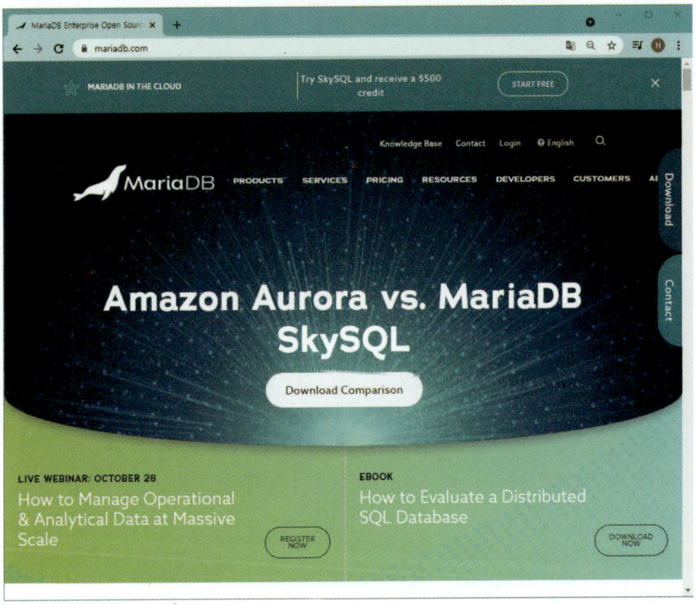

그림 9.22 ▸ 마리아디비 홈페이지 mariadb.com

오라클

1977년 설립된 오라클(Oracle) 사가 개발한 오라클은 세계적으로 가장 성공한 DBMS의 한 제품이다. 운영체제가 마이크로소프트라면 DBMS는 단연 오라클이라 말할 수 있을 정도로 오라클은 인터넷의 성장과 함께 기업용 대규모 데이터베이스 시스템의 DBMS로 자리잡았다.

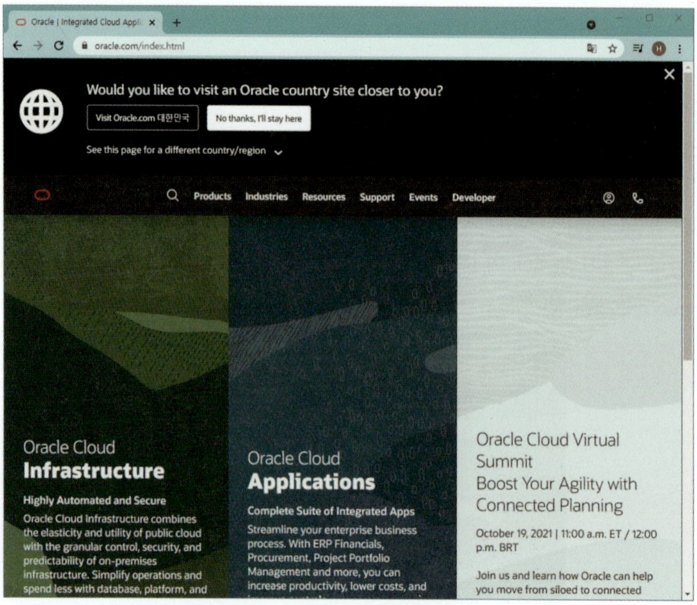

그림 9.23 ▸ 오라클 홈페이지(www.oracle.com)

현재 오라클 DBMS의 버전은 Oracle DBMS 18c로 다음과 같이 데이터베이스 시스템의 규모에 따라 기업용과 표준용(Enterprise Edition, Standard Edition)이 제공되기 때문에 주로 대기업과 중소기업의 데이터베이스 시스템 구축에 많이 이용된다. 또한 오라클은 누구나 무료로 내려 받아 이용할 수 있는 오라클 데이터베이스 XE(익스프레스 에디션, Oracle Database Express Edition)를 제공한다.

SQL 서버

마이크로소프트 사의 SQL 서버(SQL Server)는 인텔 기반의 서버용 컴퓨터에서 널리 사용되는 DBMS이다. SQL 서버는 원래 사이베이스(Sybase) 사의 DBMS 엔진을 윈도우 NT에 탑재하면서 시작되어, 버전 4.2까지 사이베이스와 공동 개발을 하였다. 마이크로소프트 사는 사이베이스의 제품을 완전히 사들여 독자적으로 DBMS의 내부 커널을 재설계하여 SQL 서버 6.0을 발표하였다. SQL 서버는 계속 버전 향상이 되어 1998년 SQL 서버 7.0이 발표되었고, 현재 버전은 마이크로소프트 SQL Server 2019가 발표되었다.

SQL Server 2019 Developer는 비 프로덕션 환경에서 개발 및 테스트 데이터베이스로 사용하도록 라이선스가 제공되며 모든 기능을 갖춘 무료 버전이며, SQL Server 2019 Express는 데스크톱, 웹 및 소형 서버 애플리케이션의 개발 및 제작에 적합한 무료 SQL Server 버전이다.

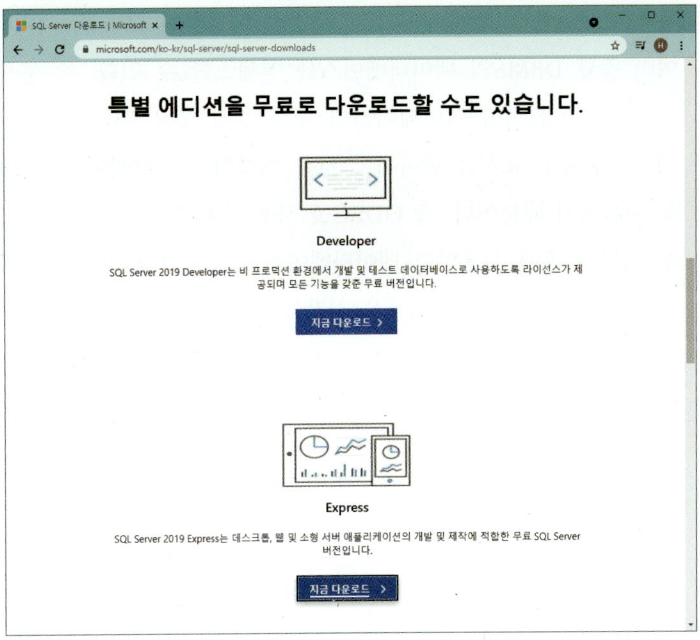

그림 9.24 ▸ 마이크로소프트의 SQL 서버 다운로드(www.microsoft.com/ko-kr/sql-server/sql-server-downloads)

마이크로소프트는 DBMS를 위한 미들웨어(ODBC)인 ODBC(Open Database Connectivity) API(Application Programming Interface)등을 제공하여 데이터베이스 개발을 더욱 쉽게 가능하게 하여 SQL 서버의 성장에 많은 도움을 주었다. ODBC는 데이터베이스를 사용하기 위한 표준 개방형 응용 프로그램으로 DBMS의 종류에 관계없이 어떤 응용 프로그램에서나 모두 접근하여 사용할 수 있도록 하기 위하여 마이크로소프트에서 개발한 데이터베이스 표준 접근 방법이다. 응용 프로그램과 DBMS 중간에 데이터베이스 처리 프로그램인 ODBC와 각 DBMS의 드라이버를 이용하여 이를 가능하게 한다.

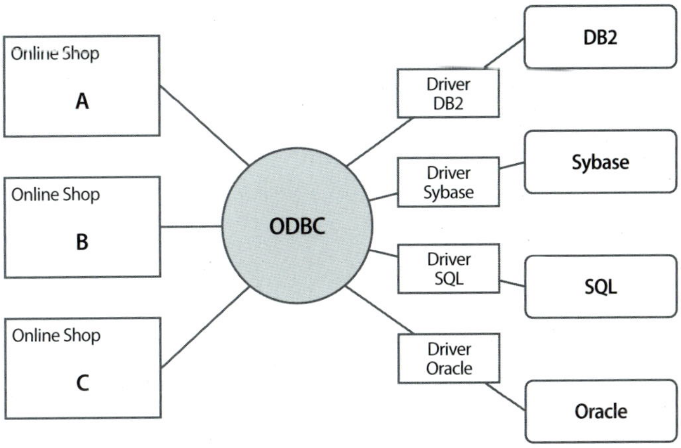

그림 9.25 ▸ ODBC 개념도

응용 프로그램 내부에서 ODBC 문장을 사용하면 오라클, 사이베이스, DB2, MySql 등 여러 종류 DBMS의 데이터베이스를 액세스할 수 있다. 즉 응용 프로그램들이 데이터베이스의 독점적인 인터페이스에 대해 알지 못하더라도 데이터베이스 접근이 가능하게 한다. SQL 요청을 받아서 그것을 개개의 데이터베이스 시스템들이 이해할 수 있도록 변환하기 때문이다. 즉 ODBC를 사용하면 여러 종류의 데이터베이스를 함께 사용할 수 있고 기존에 사용하던 데이터베이스를 교체한다 하더라도 응용 시스템을 계속해서 그대로 사용할 수 있어 비용을 절감할 수 있는 등의 장점이 있다. 초기에는 마이크로소프트가 윈도우용 ODBC 제품을 공급했지만, 이제는 유닉스, OS/2, 매킨토시 등을 위한 버전도 다양하게 제공하고 있다.

4. 임베디드 DBMS

스마트폰과 태블릿과 같은 다양한 모바일 기기의 보급에 따라 모바일 기기에 기본적으로 탑재되는 작지만 빠른 개인용 임베디드 데이터베이스 엔진이 많이 활용되고 있다. 그 대표적인 데이터베이스 엔진이 SQLite이다.

SQLite

SQLite는 데이터베이스 엔진을 위한 소프트웨어 라이브러리로 소스도 공개되어 있고 무료로 사용할 수 있다. 즉 SQLite 코드는 공개 도메인에 있으므로 상업용 또는 개인적인 목적으로 자유롭게 사용할 수 있다. SQLite는 원래 리차드 힙(Richard Hipp)이 2000년에 DBMS를 사용하지 않고 활용할 수 있는 데이터베이스 엔진(database engine)으로 개발하였으며, C로 구현되어 용량이 작고 가벼우면서도 안정적이며, 서버가 따로 필요하지 않아 시스템의 임베디드(embedded) 데이터베이스로 많이 활용되고 있다. SQLite는 대부분의 다른 SQL 데이터베이스와 달리 SQLite는 별도의 서버 프로세스가 없다. 또한 SQLite는 일반 디스크 파일을 직접 읽고 쓴다. 즉 SQLite는 세계에서 가장 널리 배포된 SQL 데이터베이스 엔진으로, iOS와 안드로이드 등 모바일 환경에 많이 내장되어 사용되고 있다.

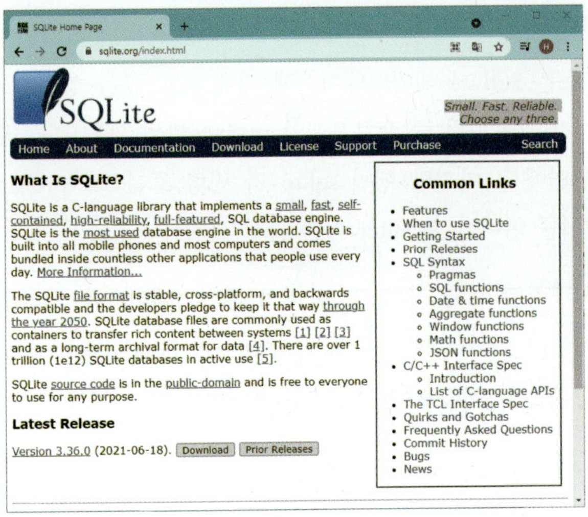

그림 9.26 ▸ SQLite 홈페이지 www.sqlite.org

SQLite의 설치와 사용

SQLite를 간단히 사용해 보기 위해 SQLite 홈페이지의 다운로드에서 윈도우용 파일 중, 각종 도구가 압축되어 있는 압축파일(sqlite-tools-win32-x86-0000000.zip)을 내려 받자. 내려 받은 압축파일에서 명령어 쉘인 sqlite3.exe를 실행하자.

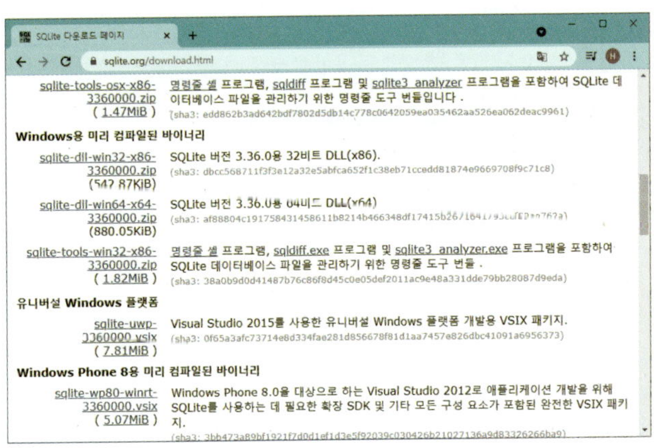

그림 9.27 ▸ 명령어 쉘 등이 있는 압축파일(sqlite-tools-win32-x86-0000000.zip) 내려 받기

바로 실행 파일 sqlite3.exe를 실행하면 다음과 같이 도스창에서 명령어를 입력할 수 있는 명령어 쉘이 실행된다. SQLite는 서버의 실행 없이 작동하는 독립적인 데이터베이스 관리 시스템으로, 바로 명령어 쉘을 실행하여 데이터베이스 작업이 가능하다.

SQLite 명령행 쉘의 사용

SQLite는 SQLite 데이터베이스에 대해 SQL 문을 입력하고 실행할 수 있는 sqlite3.exe 라는 간단한 명령 줄 프로그램인 명령행 쉘을 제공한다. 명령행 쉘인 sqlite3.exe를 실행한 화면에서, 마지막 행인 sqlite>가 명령 프롬프트(prompt)라 하며 그 이후에 원하는 명령어를 입력한 후 enter 키를 눌러 실행한다.

처음 명령행 쉘이 실행되면서 따로 데이터베이스를 불러오지 않으면 저장되지 않은 중간 메모리 데이터베이스(transient in−memory database)로 열린다. 만일 데이터베이스를 열려면 '.open 파일명(데이터베이스)'로 데이터베이스를 가져올 수 있다.

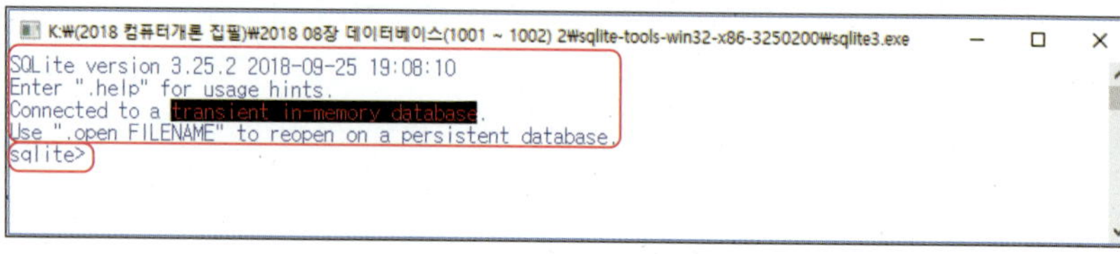

그림 9.28 ▸ SQLite 명령어 쉘

가장 먼저 여러 학과의 정보를 저장할 수 있는 department 테이블을 만들어보자. SQL 명령어 'create table department'에 문제가 없으면 아무 메시지가 표시되지 않으며, 명령어 .table로 생성된 테이블을 확인할 수 있다.

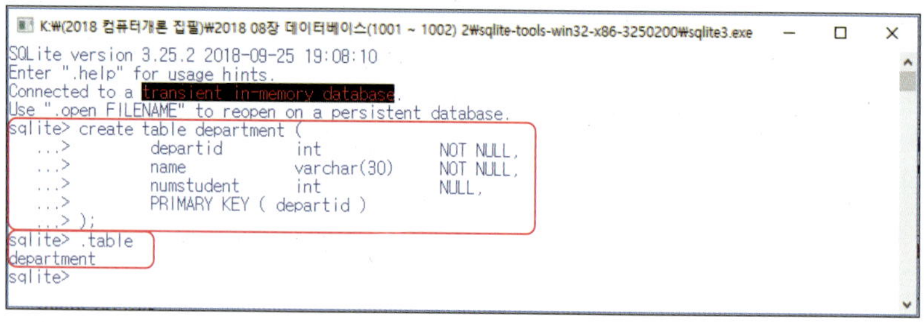

그림 9.29 ▸ create table 명령어 실행

이제 생성된 department 테이블에 하나의 레코드를 삽입하자. 레코드 삽입명령어 'insert into department values'에 문제가 없으면 아무 메시지가 표시되지 않으며, 만일 명령어에 문제가 명령어에 문제가 있으면 오류 원인이 표시된다. 생성된 테이블의 조회 명령어 select로 생성된 레코드를 확인할 수 있다.

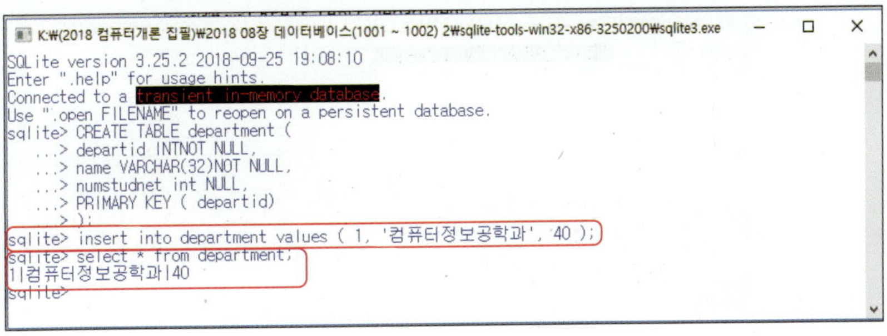

그림 9.30 ▸ insert into table 명령어 실행

다음은 테이블 department에 레코드를 2개 더 넣고 select로 조회하는 명령어이다. 명령어 select의 결과로 3개의 레코드가 표시되는 것을 확인할 수 있다. 중간에 주 키인 departid가 이전에 이미 입력한 1로 다시 사용한 경우, 'Error: UNIQUE constraint failed: department.departid'인 오류가 표시되는 것을 확인할 수 있다.

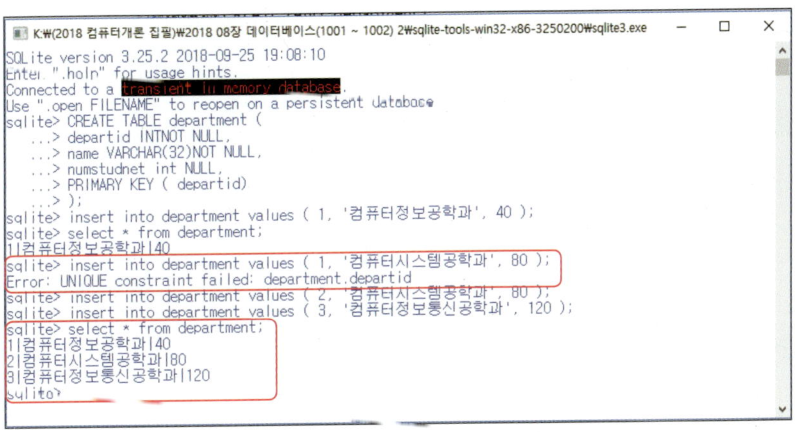

그림 9.31 ▸ 여러 insert into table 명령어와 select 실행

SQLite 데이터베이스 저장과 활용

SQLite는 특별히 데이터베이스 파일을 지정하지 않으면 sqlite3 프로그램이 종료될 때 임시 데이터베이스가 만들어지고 삭제되므로, 작업한 내용이 사라지게 된다. 작업한 내용을 새 데이터베이스 파일에 저장하려면 다음과 같이 쉘 명령어 '.save 데이터베이스파일명'으로 실행한다. 저장된 데이터베이스를 다시 가져오려면 쉘 명령어 '.open 데이터베이스파일명'을 실행한다.

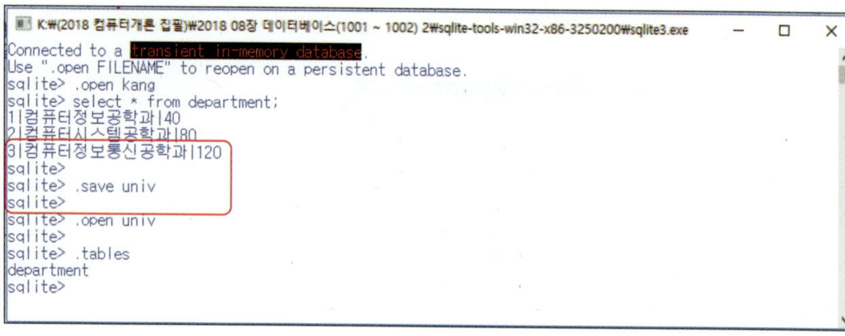

그림 9.32 ▸ 데이터베이스 저장과 열기

명령행 쉘 SQLite3의 다양한 명령어를 살펴보려면 다음과 같이 .help로 명령어 목록을 볼 수 있다. 명령어 .quit으로 쉘을 종료한다.

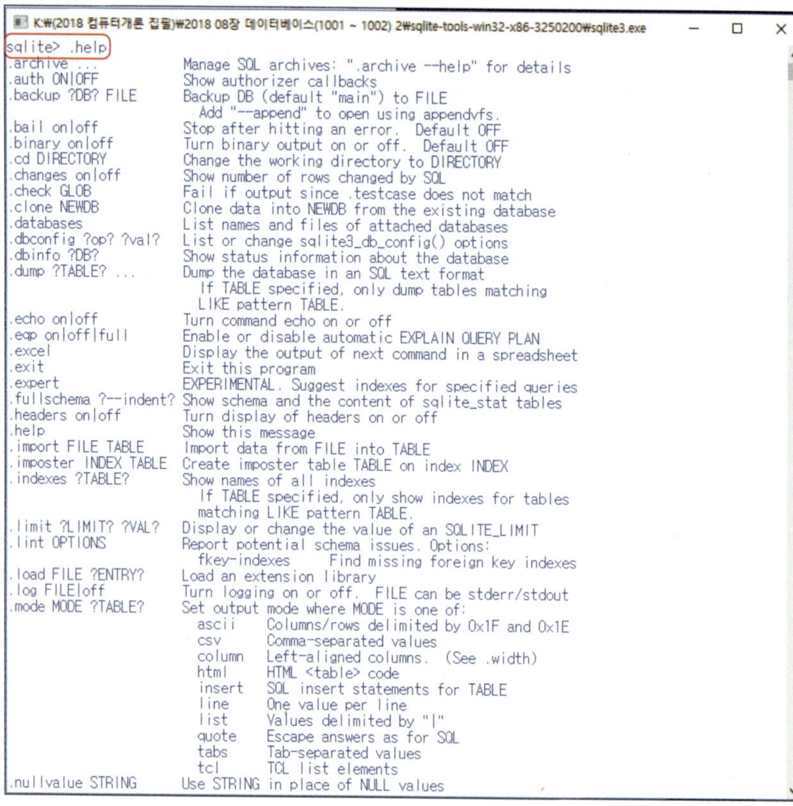

그림 9.33 ▸ 쉘 명령어 .help 로 다양한 명령어 목록 확인

SQL(STRUCTURED QUERY LANGUAGE)

SQL(Structured Query Language)은 관계형 데이터베이스를 구축하고 데이터베이스의 특정한 자료를 삽입하고 삭제 또는 선택하여 복잡한 보고서를 작성하기 위해 데이터베이스와 소통하는 언어다. 관계형 DBMS는 다음의 표준 SQL문장을 제공한다. 자세한 SQL 문장은 SQL cheat sheet으로 검색해 살펴보면 그리 어렵지 않다.

표 9.3 SQL 문장 부류와 종류

명령어 분류	명령어	내용
DDL 데이터 정의어 (Data Definition Language)	create	테이블 등의 객체 생성
	alter	객체 변경
	drop	객체 삭제
	rename	객체 이름 변경
DML 데이터 질의어 (Data Query Language)	select	데이터 조회
DML 데이터 조작어 (Data Manipulation Language)	insert	데이터 입력
	update	데이터 수정
	delete	데이터 삭제
TCL 트랜잭션 처리어 Transaction Control Language	commit	트랜젝션 정상적인 처리
	rollback	트랜젝션 취소
DCL 데이터 제어어 Data Control Language	grant	데이터베이스의 권한 부여
	revoke	데이터베이스의 권한 취소

온라인에서 SQL을 테스트해 볼 수 있는 다음 사이트 등을 접속해 SQL을 체험하자. 사이트를 접속해 우측 상단의 데이터베이스를 mysql로 선택하고 화면 하단의 [Execute SQL]을 실행하면 하단에 결과가 표시된다.

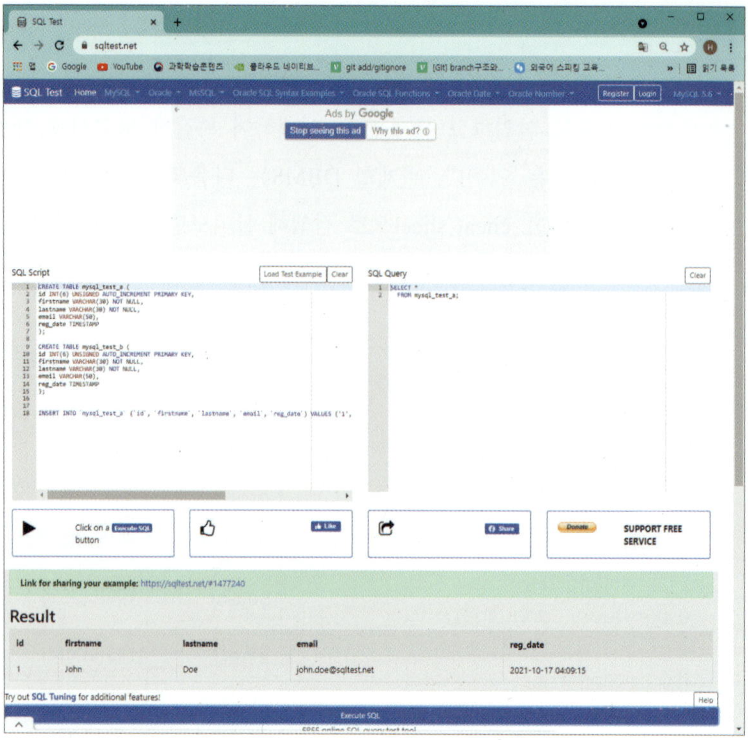

그림 9.34 ▸ 온라인 SQL 문장 테스트 사이트(sqltest.net)

9.6 데이터 마이닝과 문서데이터베이스

1. 데이터 마이닝

데이터 마이닝 개요

데이터 마이닝(data mining)은 대규모로 저장된 데이터 안에서 체계적이고 자동적으로 통계적 규칙이나 패턴을 분석하여 가치 있는 정보를 추출하는 기법이다. 마이닝이 광산에서 광석을 채굴한다는 의미이듯 데이터베이스 내부에서 유용한 정보를 캐내는 것(KDD: knowledge-discovery in databases)을 말한다. 요즘 말하는 빅데이터 분석의 한 방법으로 데이터 마이닝이 활용되고 있다고 볼 수 있다.

그림 9.35 ▸ 데이터 마이닝 개요

데이터 사이언스(data science) 분야의 하나인 데이터 마이닝은 데이터 분석 방법으로 인공지능의 머신러닝 기법과 인공신경망의 딥러닝 등을 활용하는 빅데이터 분석의 한 연구 분야라고 볼 수 있다.

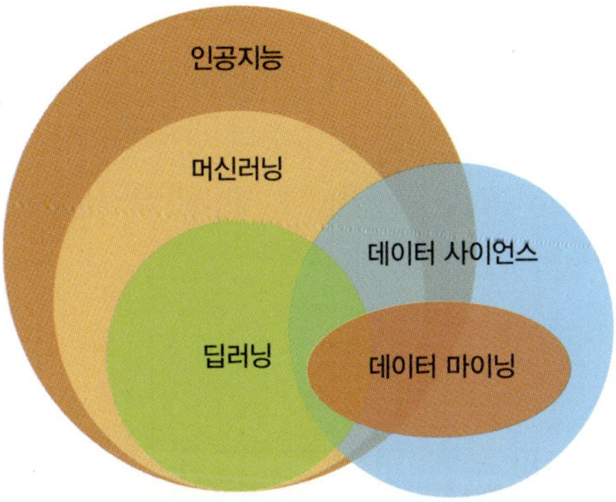

그림 9.36 ▸ 인공지능과 데이터 마이닝

데이터 마이닝 기법과 절차

데이터 마이닝의 기법은 일반적으로 연관 규칙과 연속성 규칙, 분류, 군집, 등으로 나뉜다.

표 9.4 데이터 마이닝 기법

적용 기법	내용	사례
연관 규칙 (Association rules)	· 관련성이 강한 데이터의 조합을 통해 패턴을 발견 · 제품 간의 관계를 찾아내는 장바구니 분석에 주로 사용	넥타이를 구매하는 고객이 셔츠를 50%이상 구매하고 정장과 벨트를 구매하는 고객은 코트를 구매할 확률이 40% 이상
연속성 규칙 (Sequence rules)	트랜잭션 이력 데이터를 시계열로 분석하여 트랜잭션의 향후 발생 가능성을 예측	A 품목을 구입한 회원이 향후 H 품목을 구입할 가능성은 75%
분류 규칙 (Classification rules)	이미 알려진 특정 그룹의 특징을 부여하고 정의된 분류에 맞게 구분	은행 대출을 위한 고객 신용도 구분

적용 기법	내용	사례
군집 규칙 (Clustering rules)	상호 유사한 특성을 지닌 데이터를 그룹화하여 패턴을 분석	A~D의 데이터를 집단화하는 과정에서 고객 군집별 특성을 파악함
일반화 규칙 (Generalization rules)	일반화는 예측모델이 새로운 자료에 얼마나 잘 적용되도록 하는 것인가를 의미	
특성화 규칙 (Characterization rules)	데이터 집합의 일반적인 특성을 분석하는 것으로 데이터의 요약 과정을 통해 특정 규칙을 발견	

데이터 마이닝의 절차를 살펴보자. 첫 단계는 프로젝트 목표 또는 비즈니스 요구 정의부터 시작된다. 다음은 필요한 데이터를 얻어 준비하는 단계이다. 다음으로 데이터에 대한 깊은 이해를 위해 데이터를 탐색한다. 데이터는 분석을 위해 적합한 형식으로 변환될 수 있다. 그런 다음 프로젝트 목표에 답하기 위해 모델링 단계에서 패턴 및 종속성에 대해 데이터를 분석한다. 다양한 방법과 알고리즘이 테스트되고 결과는 변수 선택, 모델 선택, 모델 적응 및 검증의 반복적인 프로세스를 통해 검증된다. 마지막으로 의사결정에 도움이 될 수 있도록 데이터 분석을 도식화하고 결과에 대한 의견 교환으로 통찰력(insight)을 얻어낸다.

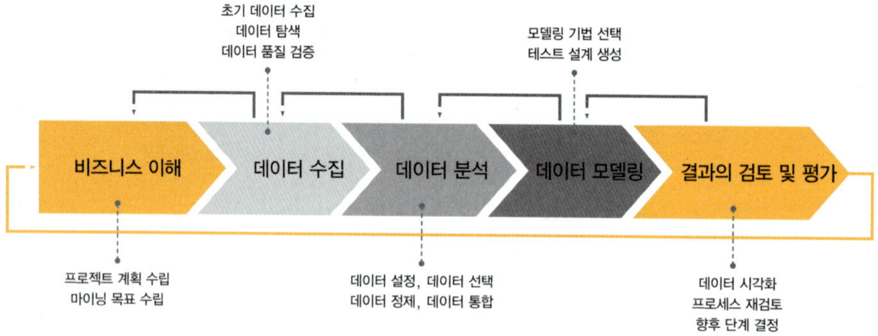

그림 9.37 ▸ 데이터 마이닝 절차

2. 문서데이터베이스

문서데이터베이스 개요

최근 전통적인 RDBMS인 관계형 데이터베이스에서 벗어난 문서 중심의 데이터베이스인 NoSQL(Not Only SQL)이 각광받고 있다. 문서 데이터베이스는 JSON 유사 형식의 문서로 데이터를 저장 및 쿼리하도록 설계된 비관계형 데이터베이스다. NoSQL은 이미지와 텍스트, 동영상 등 다양하고 용량이 큰 비정형 데이터를 현재 사용하는 하드웨어에서도 원활하게 처리할 수 있는 가볍고 빠른 데이터베이스다. 즉 데이터 기반 의사 결정을 위한 대용량 데이터 분석 및 처리, 그리고 클라우드에서 빠르게 데이터를 수집, 관리하는데 NoSQL이 용이하다.

문서 데이터베이스를 사용하면 개발자들이 자신의 애플리케이션 코드에서 사용하는 것과 동일한 문서 모델 형식을 사용해 보다 손쉽게 데이터를 저장하고 질의할 수 있다. 즉 애플리케이션 코드와 문서 데이터 저장소 간의 상호작용이 더 자연스럽게 느껴진다. NoSQL은 문서 데이터베이스, 키-값 데이터베이스, 와이드 컬럼 스토어, 그리고 그래프 데이터베이스 4가지 유형의 데이터베이스가 있다.

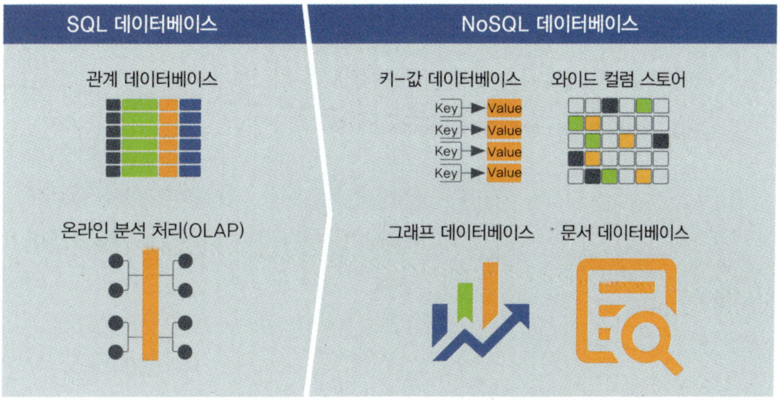

그림 9.38 ▸ NoSQL과 관계형 데이터베이스

몽고DB

몽고 DB(Mongo DB)는 2007년에 개발되어 현재는 공개 소프트웨어로 NoSQL 중에 가장 인기있는 문서 지향 데이터베이스다. 몽고 DB에서 mongo는 humongous를 줄인 말로 '매우 거대한 DB'라는 뜻이다.

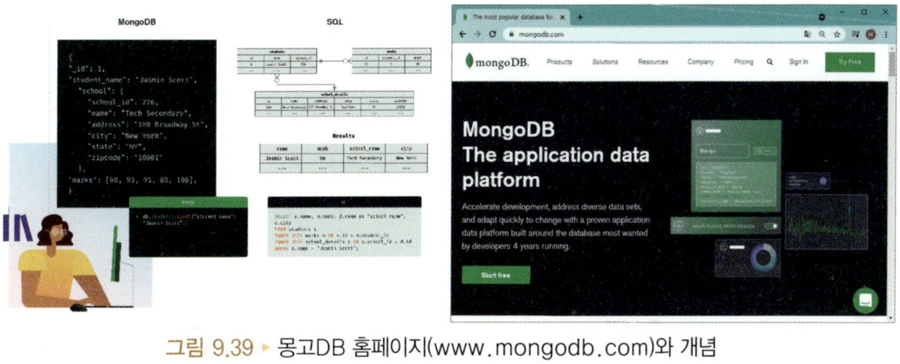

그림 9.39 ▸ 몽고DB 홈페이지(www.mongodb.com)와 개념

문서 데이터베이스에서 문서는 주로 JSON 또는 BSON(Binary JSON)에 데이터를 저장한다. 문서 내의 데이터는 필드와 값의 쌍이 포함된 형태로 저장된다.

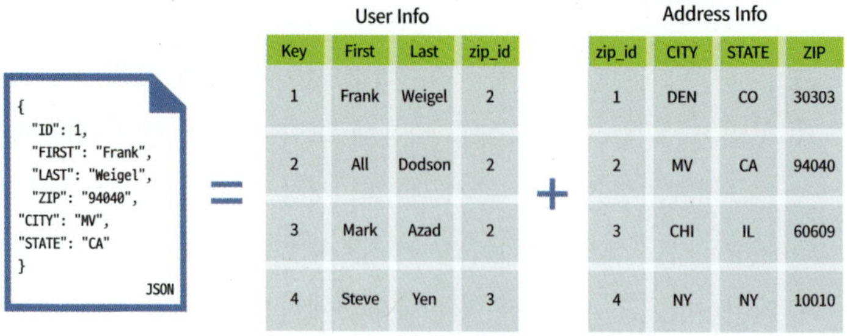

그림 9.40 ▸ JSON 형식 문서

관계형 데이터베이스에서의 테이블, 행 및 열은 NoSQL에서 각각 필드(fields), 다큐먼트(documents), 콜렉션(collections)에 대응된다.

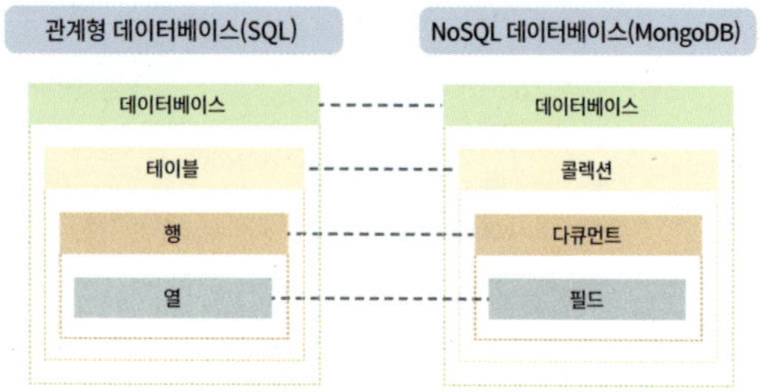

그림 9.41 ▸ 관계형 DB와 NoSQL 용어

내용 점검 문제

[객관식]

다음 각 문항에 대하여 보기 중에서 알맞은 것을 선택하시오.

01 데이터베이스 물리적 구조와 그의 관련된 사항으로 옳지 않은 것은?

A. 필드 – 특정한 종류의 데이터를 저장하기 위한 영역이다.
B. 레코드 – 필드의 데이터 종류를 말한다.
C. 파일 – 여러 개의 레코드가 모여 하나의 파일이 구성된다.
D. 데이터베이스 – 파일을 여러 개 모아 관련 있는 데이터들로 통합한 파일의 집합이다.

02 데이터베이스의 특징으로 옳지 않는 것은?

A. 통합된 데이터
B. 관련 있는 데이터
C. 동시 접근, 무결성
D. 중복된 데이터

03 출신학교 코드가 입력되어야 할 필드에 고객 주소가 입력되었다면 데이터베이스가 가지고 있어야 할 기능 중 어느 것을 위반한 것인가?

A. 데이터의 유지
B. 데이터의 장애 회복
C. 데이터의 중복
D. 데이터의 무결성

04 오라클의 소유이며, 대표적인 오픈 소스 DBMS로 인기가 좋은 데이터베이스 관리 시스템은?

A. MySQL
B. ORACLE
C. SQL Server
D. PowerBuilder

05 데이터베이스 추상화의 물리적 단계에 대한 설명으로 옳지 않은 것은?

A. 실질적으로 데이터가 저장될 구조와 위치를 결정함.
B. 저장될 데이터의 종류와 데이터 간의 관계를 기술함.
C. 내부 단계라고도 함.
D. 하드웨어와의 직접적인 상호작용을 처리함.

06 관계연산의 연결이 옳지 않은 것은?

A. 관계에 하나의 튜플을 삽입하는 연산 – Insert
B. 관계에 관련된 튜플을 삭제하는 연산 – Delete
C. 관계에 관련된 속성 값을 수정하는 연산 – Update
D. 관계를 구성하는 관련된 튜플에서 부분 집합의 튜플과 속성으로 구성된 새로운 관계를 생성하는 연산 – Search

07 데이터베이스 모델에 대한 설명으로 옳지 않은 것은?

A. 계층 모델 - 엔터티는 하나의 부모를 갖고 하나의 자식을 갖음.

B. 네트워크 모델 - 레코드와 레코드 간의 관계를 서로 연결.

C. 관계형 모델 - 포인터가 존재하지 않음.

D. 네트워크 모델 - 데이터간의 관계는 링크로 표현.

08 오라클과 SQLite에 대한 설명으로 옳지 않은 것은?

A. 1977년 설립된 오라클(Oracle) 사는 오라클을 개발하였다.

B. 오라클 DBMS는 주로 대기업과 중소기업의 데이터베이스 시스템 구축에 많이 이용된다.

C. SQLite는 데이터베이스 엔진을 위한 소프트웨어 라이브러리로 소스는 공개되어 있고 무료로 사용할 수 있다.

D. 오라클은 iOS와 안드로이드 등 모바일 환경에 많이 내장되어 사용되고 있다.

09 관계의 특징으로 옳지 않은 것은?

A. 한 관계에서 속성이름은 유일해야 한다.

B. 튜플 내의 모든 값은 원자 값이어야 한다.

C. 튜플과 속성의 순서는 입력 순이다.

D. 한 관계에서 두 튜플의 속성 값이 모두 같은 것은 허락하지 않는다.

10 키(key)에 관한 설명으로 옳지 않은 것은?

A. 키 - 관계에서 튜플들을 유일하게 구별할 수 있는 하나 이상의 속성의 집합

B. 후보키 - 유일성과 최소성을 만족하는 키로, 한 관계에 여러 개 일 수 있다.

C. 주키 - 식별자로 가장 적합하여 선정된 키

D. 외래키 - 여러 개의 후보키가 모여 복합적으로 사용되는 키

11 관계에 대한 연산에 해당하지 않는 것은?

A. insert

B. delete

C. merge

D. select

12 관계형 데이터베이스에 대한 설명으로 옳지 않은 것은?

A. 필드에는 실제 자료 값이 저장되며 이러한 필드가 여러 개 모이면 하나의 레코드가 된다.

B. 레코드가 여러 개 모이면 하나의 데이터베이스가 된다.

C. 파일을 여러 개 모아 저장된 파일들을 논리적으로 연결하여 서로 관련 있는 데이터들로 통합한 파일의 집합이 데이터베이스이다.

13 레코드 생성과 관련된 관계 연산은?

A. insert
B. delete
C. merge
D. select

14 응용 프로그램에서 데이터베이스의 독점적인 인터페이스를 알지 못하더라도 다양한 데이터베이스에 접근을 가능하게 만든 데이터베이스 표준 개방 접근 방식을 무엇이라 하는가?

A. DBMS
B. SQL
C. ODBC
D. KEY

15 SQLite에 관련된 사항으로 옳지 않은 것은?

A. SQLite는 원래 리차드 힙이 2000년에 DBMS를 사용하지 않고 활용할 수 있는 데이터베이스 엔진으로 개발되었다.
B. SQLite는 C로 구현되어 용량이 작고 가벼우면서도 안정적이며, 서버가 따로 필요하지 않아 시스템의 임베디드 데이터베이스로 많이 활용되고 있다.
C. SQLite는 iOS와 안드로이드 등 모바일 환경에 많이 내장되어 사용되고 있다.
D. SQLite는 임베디드 데이터베이스로 윈도우에서는 사용할 수 없다.

16 데이터 마이닝 절차에서 가장 빠른 단계는?

A. 비즈니스 요구 정의
B. 데이터 준비
C. 데이터 탐색
D. 데이터 모델링

17 문서 지향 데이터베이스에 관련된 사항으로 옳지 않은 것은?

A. 전통적인 RDBMS인 관계형 데이터베이스다.
B. NoSQL(Not Only SQL)이라고도 한다.
C. 문서 데이터베이스는 JSON 유사 형식의 문서로 데이터를 저장 및 쿼리하도록 설계된 비관계형 데이터베이스다.
D. 데이터 기반 의사 결정을 위한 대용량 데이터 분석 및 처리, 그리고 클라우드에서 빠르게 데이터를 수집, 관리하는데 NoSQL이 용이하다.

18 데이터베이스의 부류가 다른 것은?

A. 오라클
B. 몽고 DB
C. mySQL
D. mariaDB

19 몽고 DB 문서 형식은?

A. HTML
B. SGML
C. XML
D. JSON

20 관계형 DB와 NoSQL 용어의 대응이 옳지 않은 것은?

A. 테이블(tables) – 콜렉션(collections)
B. 로우(rows) – 문서(documents)
C. 데이터베이스(DB) – BSON
D. 컬럼(columns) – 필드(fields)

[괄호 채우기]

다음 각 문항에 대하여 빈칸에 적절한 단어를 채우시오.

01 ___________(은)는 단순한 사실에 불과한 아직 처리되지 않은 값이다.

02 관련 있는 데이터의 저장소를 ___________(이)라 한다.

03 논리적인 의미 있는 자료의 단위를 ___________(이)라 한다.

04 ___________(이)란 데이터베이스를 구성하는 정보의 종류와 관계의 구체적인 기술이다.

05 데이터베이스 추상화의 최상위 단계로, 사용자와 직접적인 상호작용을 하는 단계는 ___________(이)다.

06 관계 스키마에 삽입되는 실제 데이터 값을 ___________(이)라고 부른다.

07 관계에서 각 열을 ___________이라 하며, 각 행을 ___________(이)라 한다.

08 ___________(은)는 대규모로 저장된 데이터 안에서 체계적이고 자동적으로 통계적 규칙이나 패턴을 분석하여 가치 있는 정보를 추출하는 기법이다.

09 ___________(은)는 JSON 유사 형식의 문서로 데이터를 저장 및 쿼리하도록 설계된 비관계형 데이터베이스다.

10 SQL문장에서 ' select * from 학생 ' 학생테이블에서 모든 내용을 ___________하는 문장이다.

【 주관식 】

01 데이터베이스의 특징을 기술하시오.

02 데이터베이스와 데이터베이스 관리시스템(DBMS)의 차이를 기술하시오.

03 데이터베이스의 추상화 3 단계를 설명하시오.

04 데이터베이스 스키마를 정의하고 데이터베이스의 데이터독립성에 관하여 설명하시오.

05 데이터베이스 모델 3가지를 열거하고 각각의 특징을 설명하시오.

06 관계형 모델에서 구성요소를 설명하시오.

07 관계형 모델의 관계에서 주키, 후보키, 외래키에 대하여 설명하시오.

08 이 단원의 관계형 모델에서 제시한 연산 이외의 다른 연산에 대하여 설명하시오.

09 SQLite를 설치하여 테이블 2개 이상을 갖는 데이터베이스 dbtest를 만들어 각 테이블을 조회하시오.

10 ODBC는 무엇이며, 이 미들웨어 사용의 장점을 설명하시오.

Introduction to COMPUTERS

10

컴퓨터 네트워크와 월드와이드웹

단원 목표

- 컴퓨터 네트워크가 무엇인지 알아본다.
- 데이터를 전송하는 전송 매체의 종류와 성질을 알아본다.
- 네트워크의 접속장치로 사용되는 장치들에 대해 알아본다.
- 회선교환 방식과 패킷교환 방식의 차이를 알아본다.
- 인터넷의 역사를 알아보고 인터넷의 정의를 이해한다.
- 인터넷에서 이용되는 응용 서비스의 종류를 알아본다.
- 인터넷 프로토콜 TCP/IP를 이해한다.
- 인터넷의 IP주소를 이해하고 IPv6의 의미를 알아본다.
- 인터넷의 도메인 이름 체계를 알아본다.
- 인터넷의 DNS 서버의 기능과 작동 방법을 이해한다 .
- WWW의 역사와 작동 원리를 알아본다.
- 웹 브라우저와 웹 서버에 대하여 알아본다.
- 인터넷 프로그래밍 관련 기술과 함께 웹 2.0과 웹 3.0에 대하여 알아본다.

단원 목차

10.1 네트워크 개요

컴퓨터 네트워크(computer network)는 전송 매체(케이블, 무선)를 통하여 연결되어 진 컴퓨터들이 상호 간에 정보를 교환하는 시스템을 말한다. 즉 네트워크는 여러 종류의 통신 회선을 통해 원격으로 다른 시스템에 데이터를 전송한다. 이러한 컴퓨터 네트워크는 데이터를 송신하는 송신자와 수신하는 수신자 그리고 그 사이의 전송매체로 이루어진다. 이들 송신자와 수신자의 데이터 전송은 그들 간의 전송 절차인 프로토콜에 따라 이루어진다. 프로토콜(protocol)은 통신을 하는 두 개체 간에 데이터를 전송할 때 무엇을 어떻게 어떠한 방식으로 교신할 것인가를 정한 절차 또는 규약이다. 여기에는 메시지의 형식, 전달 방법, 교환 절차, 에러 시의 처리 방법 등이 포함된다. 이러한 프로토콜에는 TCP, IP, UDP, HTTP 등과 같이 여러 종류의 네트워크 프로토콜이 있다.

1. 네트워크 역사

전화 통신망

근대시대 최초의 전기 통신은 1837년 새뮤얼 모스(Samuel Morse)가 발명한 모스(Morse) 부호이다. 이는 아주 단순한 원리로서 멀리 떨어져 있는 수신자에게 전기 신호를 짧게 또는 길게 보냄으로써 알파벳이나 숫자와 같은 메시지를 전달하는 것이다. 1876년에 알렉산더 벨(Bell)이 전화를 발명하였다. 초기에는 몇 대의 전화가 중간에 교환기 없이 일대일로 직접 연결되었다. 그러나, 전화기의 수가 증가함에 따라 이러한 일대일 구조 연결의 문제점이 드러났다. 회선의 수가 많이 필요하게 되어 비용이 기하급수적으로 늘어났고 이는 비효율적인 결과로 나타났다. 그리하여, 1878년 처음으로 교환기가 등장하게 된다. 그 후 1960년대 디지털 전송기술이 개발되었다. [그림 10.1]은 교환기에 연결된 전화망이다. 실제로는 이러한 교환기가 시내교환기, 시외교환기, 중계교환기 등 여러 단계에 걸쳐서 전화를 교환한다.

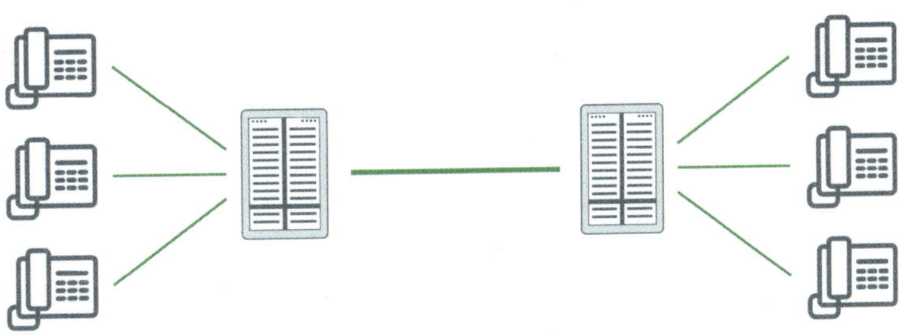

그림 10.1 ▸ 전화망

컴퓨터 네트워크

컴퓨터를 이용하여 네트워크를 구성한 역사는 그렇게 길지 않다. 1960년대에는 하나의 컴퓨터에 여러 개의 터미널을 연결한 초보적인 방식이 사용되었다. 1969년 미국 국방성에서는 미국 내 여러 곳에 분산되어 있는 프로젝트의 자원을 공유하고 전송할 수 있는 ARPANET(Advanced Research Projects Agency Network)을 만들었다. 이 네트워크는 국방성 프로젝트를 수행하는 미국 내의 여러 대학과 연구소들을 연결하였다. 그 후 1972년 IBM은 SNA(System Network Architecture)를 만들었고, 1974년에 제록스(Xerox)가 이더넷(Ethernet)을 개발하였다. 1986년에는 NSF(National Science Foundation)가 그들의 네트워크인 NSFNET을 ARPANET에 연결하였다. 그러나, 이때까지도 컴퓨터 네트워크는 일부의 연구소와 기업, 대학들만을 연결하여 제한된 용도로만 사용하였지 일반 사람들이 접근하기는 쉽지 않았다.

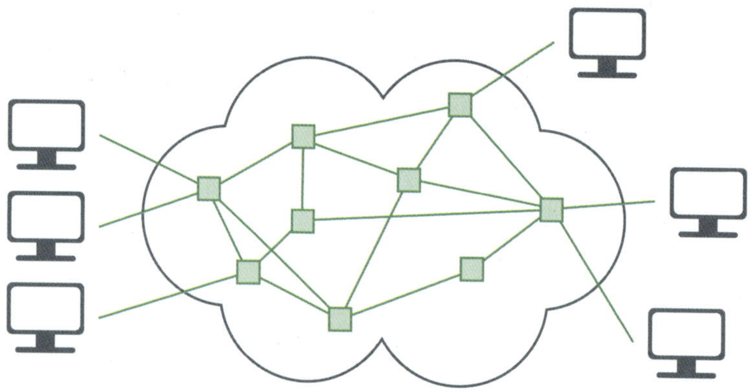

그림 10.2 ▸ 컴퓨터 네트워크

1982년 인터넷 프로토콜로 사용되는 TCP/IP가 만들어졌고 1990년에는 인터넷의 급격한 확산을 가져온 WWW(World Wide Web)가 개발되어 사용되면서 네트워크는 이제 우리 생활에 항상 존재하고 누구나 쉽게 접근할 수 있게 되었다.

2. OSI 모델

전 세계의 수많은 컴퓨터나 네트워크 장비들을 연결하여 통신을 하려면 서로 간의 구조, 통신 회선, 프로토콜 등이 다르기 때문에 어려움이 있다. 1978년에 국제표준화기구인 ISO(International Organization for Standardization)에서는 서로 다른 두 가지 시스템이 하위 구조에 상관없이 통신을 할 수 있도록 국제 표준인 OSI(Open Systems Interconnect) 모델을 만들었다.

OSI는 물리(1계층), 데이터링크(2계층), 네트워크(3계층), 전송(4계층), 세션(5계층), 표현(6계층), 응용(7계층)의 모두 7개 계층으로 구성된 모델이다. 7개 계층은 서로 간에 독립적이므로 어느 한 계층의 변경이 다른 계층에 영향을 미치지 않는다. 네트워크를 하려는 네트워크 장치들은 기능에 따라 7개의 계층 중 필요한 몇 계층의 표준화에 따르면 정상적인 통신을 할 수 있다.

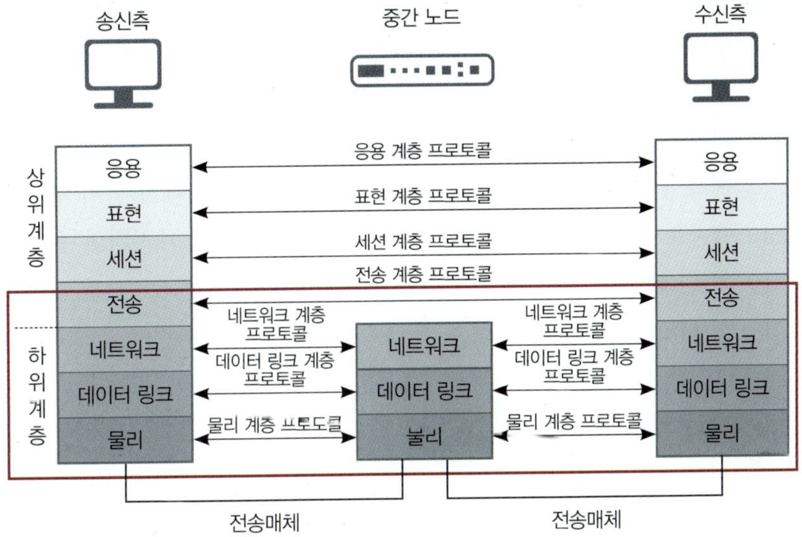

그림 10.3 ▸ OSI 7계층 모델

물리 계층

물리 계층(physical layer)은 전송매체로 비트들을 전송하는 기능을 한다. 네트워크 장치들의 기계적이고 물리적인 사양은 이 물리계층에 의해 결정된다.

데이터링크 계층

데이터링크 계층(data link layer)은 비트들을 프레임(frame)이라는 논리적인 단위로 구성한다. 전송하려는 데이터에 인접하는 노드의 주소가 더해진다. 이는 최종 목적지의 주소가 아니라 인접하는 다음 노드의 주소가 된다. 또한 물리 계층에서 발생할 수 있는 오류를 검출하고 복구하는 오류 제어 기능을 한다. 흐름 제어(flow control)도 이 계층에서 한다. 한번에 과도한 양의 데이터가 전송되지 않도록 데이터의 양을 조절한다.

네트워크 계층

데이터링크 계층이 인접하는 두 개의 노드 간의 전송을 책임지는 반면에 네트워크 계층(network layer)은 데이터의 발신지와 목적지 간의 패킷이 전송되는 경로를 책임진다. 즉, 발신지에서 목적지까지의 경로를 책임진다. 이 계층에서는 논리 주소인 IP 주소를 헤더에 포함하여 전송한다. 논리 주소는 발신지에서 목적지까지 변경되지 않고 유지된다.

전송 계층

전송 계층(transport layer)은 메시지가 발신지에서 목적지까지 실제 전송되는 것을 책임진다. 네트워크 계층에서는 각 패킷의 전송을 책임지는 반면에 전송계층에서는 전송하려는 전체 메시지의 전달을 책임진다. 전송계층은 전송하려는 메시지를 여러 개의 패킷으로 나누어서 네트워크 계층에 보낸다. 네트워크 계층은 이 패킷을 하나씩 전송하는 역할을 한다. 전송되는 패킷들은 각각 독립적으로 전송되기에 송신되는 순서와 목적지에서 수신되는 순서가 서로 다를 수 있다. 전송 계층에서는 이 전체 메시지가 목적지로 올바르게 전송되도록 보장하는 역할을 한다. 수신한 메시지의 순서를 재설정하고 오류가 난 패킷을 재전송하도록 요구한다. 즉 송신하려는 데이터를 패킷으로 분할하고 수신한 패킷을 재구성한다.

세션 계층

세션 계층(session layer)은 전송하는 두 종단의 프로세스(process) 간의 접속(session)을 설정하고, 유지하고 종료 시키는 역할을 한다. 세션계층은 사용자와 전송계층 간의 인터페이스 하며, 세션을 연결하고 관리하고 동기화를 한다. 즉 데이터의 단위를 전송계층으로 전송하기 위한 순서를 결정하고 데이터에 대한 점검 및 복구를 위한 동기를 위한 위치를 제공한다. 세션을 종료할 필요가 있을 때에는 적절한 시간을 수신자에 알려주어 세션을 끊는 기능도 한다.

표현 계층

표현 계층(presentation layer)은 전송하는 정보의 표현 방식을 관리하고 암호화하거나 데이터를 압축하는 역할을 한다. 즉 전송하려는 메시지를 수신자가 이해할 수 있도록 정의된 형식으로 변환한다. 또한 네트워크상의 보안을 위하여 송신자가 이를 암호화하고 수신자가 받아서 복호화한다. 전송률을 높이기 위하여 데이터를 압축하는 기능도 한다.

응용 계층

응용 계층(application layer)은 7개의 계층 중 가장 상위의 계층으로 최종 사용자에게 가장 가까운 계층으로 통신의 최종 목적지에 해당한다. FTP, 텔넷과 구글 크롬, 파이어폭스 등의 웹 브라우저와 스카이프(Skype), 아웃룩 등의 응용 프로그램을 말한다.

3. 전송매체

모든 네트워크에서는 송신자와 수신자를 서로 연결해 주는 전송매체가 필요하다. 각각의 전송매체는 대역폭, 전송 지연 등과 같은 고유한 특성을 지닌다. 대역폭(bandwidth)은 전송매체를 지나는 신호의 최대 주파수와 최저 주파수의 차이를 말하는데 대역폭이 높을수록 단위 시간당 더 많은 데이터를 전송할 수 있다. 전송매체에는 꼬임선, 동축케이블, 광케이블이 주로 사용된다.

꼬임선

꼬임선(twisted pair)은 플라스틱으로 덮여진 두 가닥의 구리선을 나선형으로 꼬아서 만들어진다. 이는 꼬임선이 집에서 TV나 비디오와 같은 전자 제품 옆을 지나갈 때, 간섭으로부터 두 선이 일정한 거리를 두어 비슷하게 왜곡되게 하여 오류를 줄이기 위함이다. 플라스틱으로 덮여진 코팅 이외에 아무런 외부로부터의 차단이 없이 만든 것을 UTP(Unshielded Twisted Pair)라고 하고, 은박지 같은 금속형 물질로 한 번 더 싼 것을 STP(Shielded Twisted Pair)라고 한다. STP는 UTP에 비해 외부의 간섭과 잡음을 더 많이 차단할 수 있으므로 UTP보다는 비용이 비싸고 작업하기도 좀 더 어렵다. [그림 10.4]는 꼬임선을 보여준다. 왼쪽은 UTP이고 오른쪽은 STP이다. STP는 은박지로 싸여진 부분을 볼 수 있다.

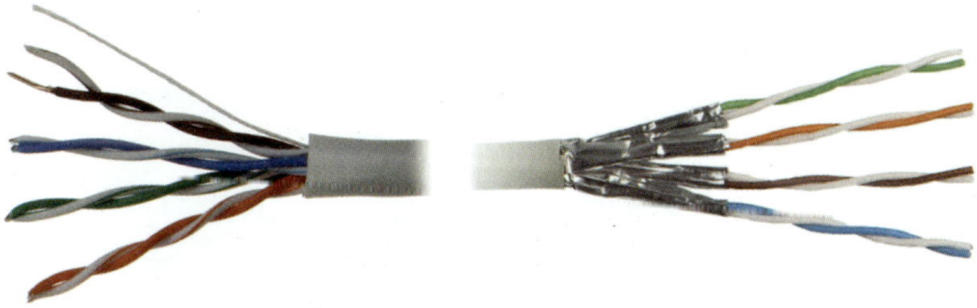

그림 10.4 ▸ 꼬임선

보통 실내에서 사용하는 전화선에 예전부터 꼬임선을 사용하였다. 꼬임선은 만들기가 쉽고 비용이 저렴하기에 초기의 전송매체에 많이 사용하였다. 꼬임선은 오랫동안 많이 사용하여 왔지만 낮은 대역폭과 신호의 간섭이 많아 최근에는 동축케이블이나 광섬유과 같은 다른 전송 매체로 대체되어 간다.

동축케이블

동축케이블(coaxial cable)은 두 개의 전도체가 있다. 가운데의 전도체와 이를 감싸고 있는 절연체 밖에 또 하나의 전도체가 있다. 동축케이블은 꼬임선보다 우수한 주파수

특성을 가지고 있기 때문에 높은 대역폭과 빠른 데이터 전송을 할 수 있으나 비용이 다소 비싸다. 외부 신호에 대한 차단이 우수하고, 전자기파를 차단하는 특성도 좋다. 동축케이블은 유선 방송, CATV, 근거리 통신망 등에서 널리 사용된다. [그림 10.5]는 여러 종류의 동축케이블과 내부구조를 보여준다.

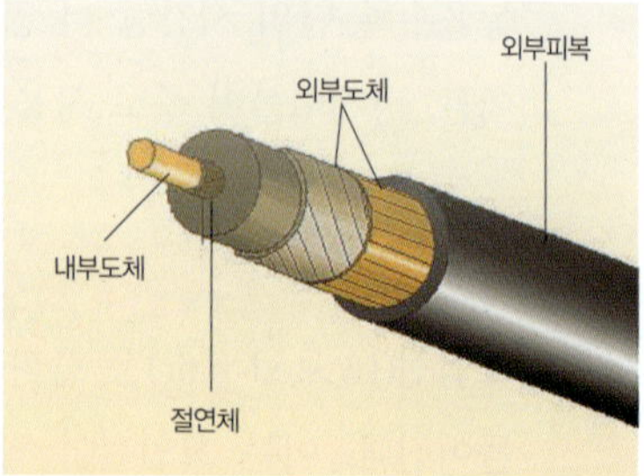

그림 10.5 ▸ 동축케이블

광섬유

광섬유(optical fiber)는 꼬임선처럼 구리선에 전기를 통해 데이터를 전송하는 것이 아니라 머리카락 보다 가는 유리섬유를 통해 광선을 전송한다. 광선은 전기 신호보다 훨씬 고속으로 전송되므로, 광섬유를 전송매체로 사용하면 데이터를 아주 고속으로 전송할 수 있어 10Gbps 이상의 속도도 낼 수 있다.

그림 10.6 ▸ 광섬유

광섬유는 구리선을 전송매체로 이용했을 때의 가장 큰 문제점이었던 전자기파의 간섭을 거의 받지 않고 대역폭도 아주 크다. 신호의 감쇄율이 아주 적어서 100Km의 거리도 리피터(repeater) 없이 전송이 가능하다. 또한, 다른 통신 장치로 인한 신호 간섭이 없어서 보안성에서도 다른 전송매체에 비해 우수하다. 즉, 전송 속도가 아주 빠를 뿐 아니라 대역폭이 아주 크고, 보안 능력도 우수하다. 그래서 광섬유는 빠른 전송속도를 요구하거나 많은 데이터를 전송해야 하는 곳에 사용된다. 그러나, 광섬유는 기존의 방식에 비해서 비용이 많이 들고 설치 작업이 용이하지 않다. 가는 유리섬유를 전송매체로 사용하기 때문에 케이블을 자르거나 분기점을 만들려면 특수한 장비가 필요하다.

위성

위성(satellite)을 이용한 통신은 하늘에 커다란 초단파 중계기가 떠있는 것과 같이 생각할 수 있다. 위성에 트랜스폰더(transponder)가 탑재되어 있어서 두 개의 지상국 사이의 신호를 전달해 주는 중계소 역할을 한다. 한 쪽의 지상국이 신호를 보내고 위성의 트랜스폰더는 이를 받아서 증폭하고 주파수를 변경시킨 다음 다른 지상국으로 전송한다.

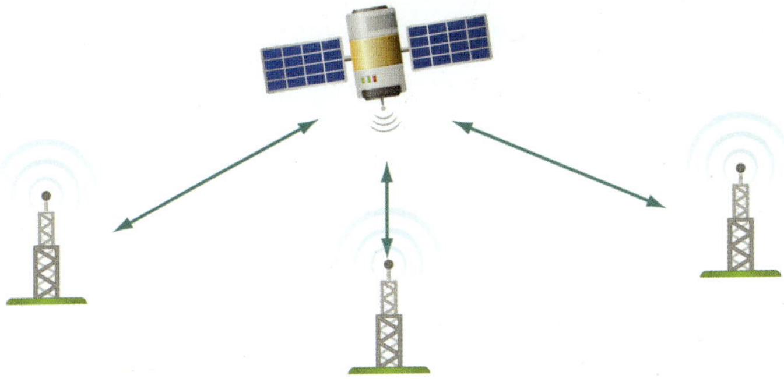

그림 10.7 ▸ 위성

통신위성은 지상으로부터 36000Km 높이의 동일한 지섬에 머무르는 정지위성이다. 위성의 회전 주기는 24시간으로 지구의 자전주기와 같다. 일반적으로 위성을 이용하지 않은 장거리 통신의 경우에, 지상으로의 통신은 통신구간의 거리에 비례하여 비용이 늘어나게 된다. 위성통신의 경우 통신위성이 발사되고 지상에 지구국이 설치되고 난 이후에는 통신구간의 거리는 비용에 거의 영향을 미치지 못한다. 즉 우리나라에서 일본과의 통신이나 미국과의 통신은 거의 비용이 같다. 위성통신의 단점은 점대점 네트워크만 구성이 가능하고, 지상과 위성 산의 36,000Km의 거리를 왕복해야 하므로 전송지연이 생겨 대략 250ms에 이른다. 그 외에 주파수가 높아질수록 기후상내에 따라 신호의 감쇄가 많이 발생할 수도 있다. 우리나라에서는 1995년 무궁화 1호를 시작으로 2015년 아리랑 3A호까지 순차적으로 발사하여 방송과 통신용으로 사용하고 있다.

10.2 네트워크 장치와 교환 방식

1. 네트워크 장치

모뎀

모뎀(Modem)은 디지털 신호를 아날로그 신호로, 아날로그 신호를 디지털 신호로 변환시켜 주는 장비이다. 컴퓨터로 통신을 하는 초기에는 기존에 깔려 있는 전화망을 사용하여 컴퓨터 통신을 하였다. 전화망은 음성과 같은 아날로그를 전송하기 때문에 전화망으로 컴퓨터 통신을 하기 위해서는 아날로그 신호를 디지털 신호로 변환하는 과정이 필요하다.

모뎀은 컴퓨터의 디지털 신호를 아날로그로 변환하는 변조(modulation)와 수신한 아날로그 신호를 디지털 신호로 복원해 주는 복조(demodulation) 기능을 한다. 최근에는 디지털로 전송하는 초고속망의 등장으로 거의 사용하지 않는다.

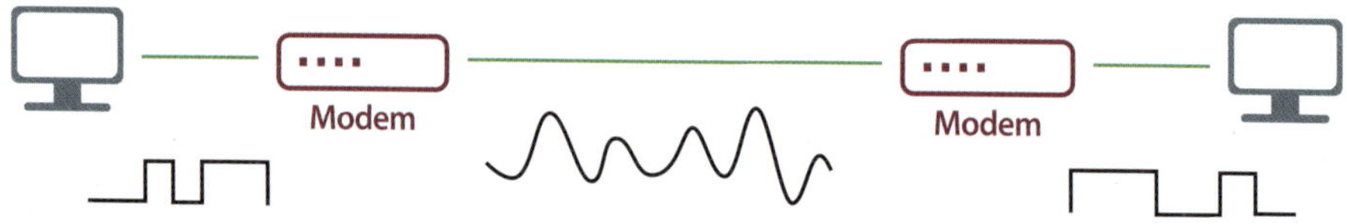

그림 10.8 ▸ 모뎀

네트워크 인터페이스 카드

네트워크 인터페이스 카드(Network Interface Card : NIC)는 흔히 랜(LAN)카드, 이더넷(ethernet)카드라고 부르는데 컴퓨터와 외부의 네트워크를 연결해 주는 장치다. 앞의 모뎀과 유사하게 컴퓨터 내의 슬롯에 꽂아 사용하나 모뎀이 아날로그 신호를 전송하는 전화선을 연결하는 것과는 달리 디지털 신호를 직접 전송하고 받는다. 네트워크 인터페이스 카드는 IEEE의 802.3에 표준이 정의되어 있으며 10 Mbps, 100 Mbps, 1000 Mbps의 속도를 낼 수 있다.

그림 10.9 ▸ 네트워크 인터페이스 카드

허브

자전거 바퀴의 중앙 부분과 같은 모양으로 여러 곳으로부터 들어온 데이터를 그대로 다른 여러 곳으로 보내는 역할을 한다. 허브에는 더미허브(dummy hub)와 스위칭허브(switching hub)가 있다. 더미허브는 단순히 들어온 데이터를 네트워크에 있는 다른 컴퓨터로 전달하는 것으로, 전체 대역폭을 각 호스트가 분할하여 사용하기 때문에 호스트가 증가하면 속도 저하가 있다. 즉 연결되는 호스트가 적은 소규모 네트워크 환경에서 사용된다. 스위칭허브 단순히 전달하는 기능을 넘어 목적지 주소로 스위칭 하는 기능을 가지고 있고, 더미허브처럼 대역폭을 분할하지 않고 점대점으로 접속시키기 때문에 네트워크의 효율이 훨씬 높아지지만 가격이 비싸다.

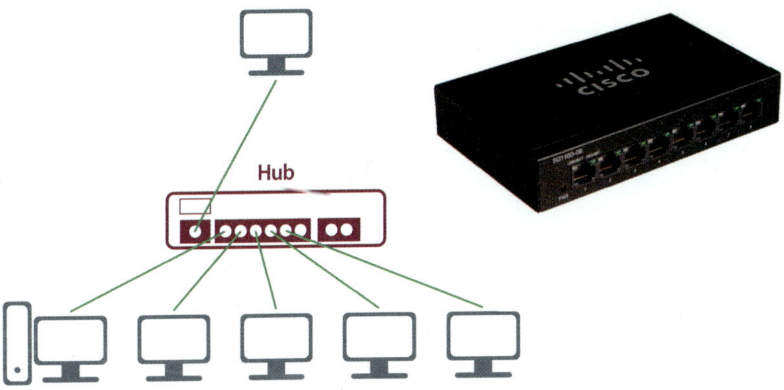

그림 10.10 ▸ 허브

리피터

리피터(repeater)는 네트워크의 전송 거리를 연장하기 위해 사용되는 장치이다. 먼 거리를 전송하게 되면 신호가 약해지거나 잡음 등의 영향으로, 수신할 때는 신호가 에러로 판단될 수 있다. 리피터는 전송 도중 약해진 신호를 재생성 하여 전송해 준다. [그림 10.11]은 네트워크상에서 리피터를 나타내준다.

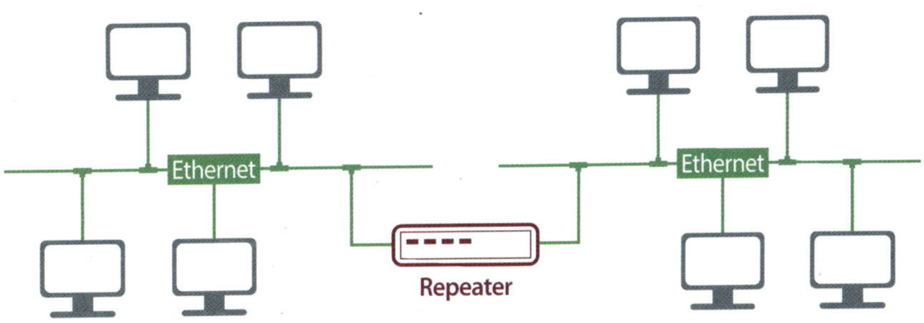

그림 10.11 ▸ 리피터

브리지

브리지(bridge)는 두 개 이상의 LAN을 서로 연결하여 하나의 네트워크로 만들어준다. 네트워크에 흐르는 프레임 주소를 보고 같은 LAN에 포함되어 있는 주소의 프레임은 받아들이고, 연결되어 있는 다른 LAN으로 보내야 할 것들은 브리지를 통해 해당하는 LAN으로 보내진다. 브리지는 이러한 주소 필터링 기능을 통하여 불필요한 데이터의 브로드캐스팅을 방지하여 전체 네트워크의 트래픽을 줄여준다. [그림 10.12]는 브리지로 연결된 두 개의 LAN을 보여준다.

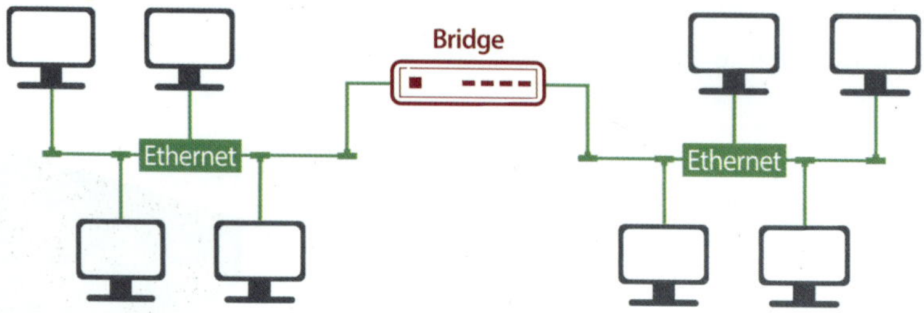

그림 10.12 ▸ 브리지

라우터

라우터(router)는 LAN, MAN, WAN과 같은 네트워크를 서로 연결하여 주는 장비이다. 브리지가 프레임의 물리(physical)주소를 필터링하는 반면에 라우터는 패킷의 논리주소(IP주소)에 따라 패킷을 라우팅해 준다. 브리지는 동일한 기관의 하나 또는 두 개의 LAN의 분할된 세그먼트를 연결하는 반면에 라우터는 LAN과 MAN, LAN과 WAN과 같이 두 개의 독립적인 네트워크를 연결한다.

인터넷은 네트워크의 네트워크이다. 즉 여러 네트워크들이 서로 연결되어 있다. 이러한 네트워크의 연결하는 기능을 라우터가 담당한다. 라우터는 라우터로 수신되는 패킷의 목적지 인터넷 주소를 보고 다음 경로를 결정하게 된다. 이렇게 경로를 정하는 것을 라우팅(routing)한다고 한다. 이러한 라우팅은 라우터가 가지고 있는 라우팅 테이블에 의해 결정된다. 라우팅 테이블은 인터넷상에서 목적지의 주소를 토대로 경로상의 다음 주소를 결정하게 된다. 라우팅 테이블은 라우터 간의 정보 교환으로 동적으로 변경될 수 있다. [그림 10.13]은 라우터가 서로 다른 네트워크들을 연결하고 있는 모습이다.

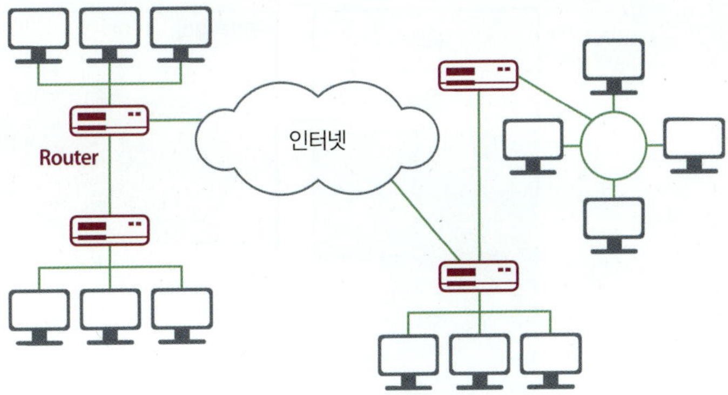

그림 10.13 ▸ 라우터

게이트웨이

게이트웨이(gateway)는 다른 네트워크로 들어가는 입구 역할을 하거나, 나가는 출구 역할을 하는 네트워크의 연결점이다. 게이트웨이는 보통 필요한 소프트웨어를 설치한 컴퓨터가 된다. 또한 게이트웨이는 프로토콜 변환기의 역할도 한다. 즉 서로 다른 프로토콜의 두 개의 네트워크를 서로 연결해 준다. 현대에는 게이트웨이와 라우터를 서로 혼용하여 사용하기도 한다.

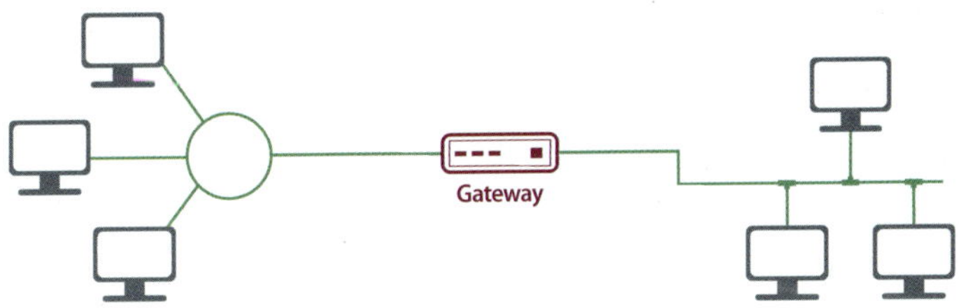

그림 10.14 ▸ 게이트웨이

OSI 모델과 접속장치

[그림 10.15]는 위에 설명한 네트워크 접속장치들이 OSI 7계층에서 어느 부분에 해당하는가를 나타낸 것이다.

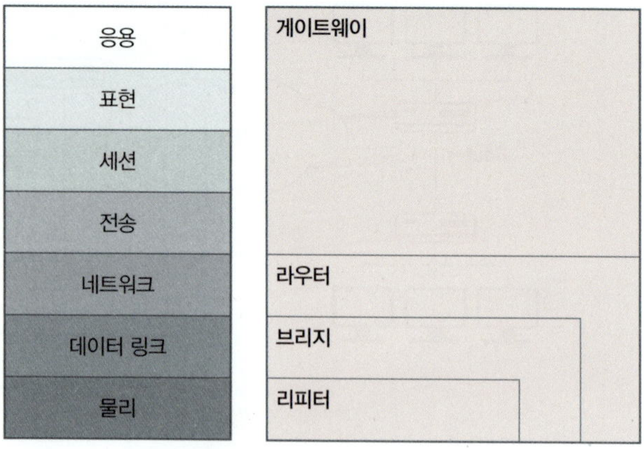

그림 10.15 ▸ OSI 모델과 접속장치

2. 회선교환 방식

회선교환(circuit switching)의 대표적인 예는 전화망이다. 회선교환 방식에서는 송신자와 수신자가 결정되면 그 사이의 여러 통신회선 중에서 적당한 경로를 설정한다. 이렇게 설정된 경로의 집합을 회선이라고 한다. 즉 회선교환 방식에서는 목적지로 전송을 하기 전에 먼저 회선을 설정한다. 일단 회선이 설정되면 그 정해진 경로인 회선을 통해서만 데이터를 통신한다. 이 회선은 독점적으로 사용한다. 데이터 전송이 끝나서 회선이 해제될 때까지 다른 컴퓨터들이 이 회선을 사용할 수 없다. 그러나 회선이 설정되어 해제되기 전까지 데이터를 전송하지 않을 때에도 다른 컴퓨터들이 이 회선을 이용할 수 없으므로 회선의 이용률 측면에서는 불리하다.

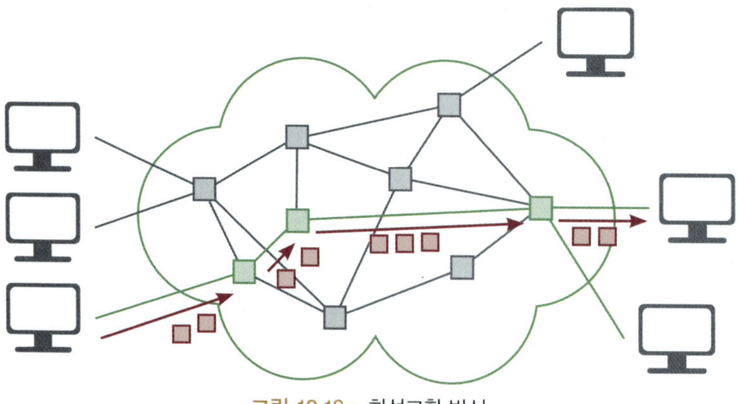

그림 10.16 ▸ 회선교환 방식

전화망에서 전화를 걸면 상대방 전화에 신호가 갈 때까지 약간의 시간이 지체된다. 즉 회선을 설정하는 시간이 필요하다. 그러나, 일단 경로가 설정되면 전용선과 같이 독점적으로 사용된다. 독점적으로 사용되기 때문에 주변 통신회선의 트래픽이 많다고 회선이 끊어지는 등의 장애가 없다. 회선교환 방식에서는 한 번 설정되어 전송을 시작하면 다시 경로를 찾기 위한 노력이 필요 없으므로 음성과 같은 실시간 데이터를 전송하는 데 적합하다. 또한 독점해서 사용하기 때문에 대량의 데이터를 고속으로 전송할 수 있다.

3. 패킷교환 방식

패킷교환(packet switching) 방식은 회선교환과 달리 고정된 경로가 미리 설정되지 않는다. 전송은 패킷 단위로 독립적으로 이루어진다. 패킷교환 방식의 대표적인 경우가 인터넷이다. 패킷(packet)이란 네트워크에서 사용하는 전송의 기본 단위다. 일정한 크기를 가지며 전송하는 데이터와 목적지의 주소, 패킷의 순서, 제어정보 등이 담겨있다.

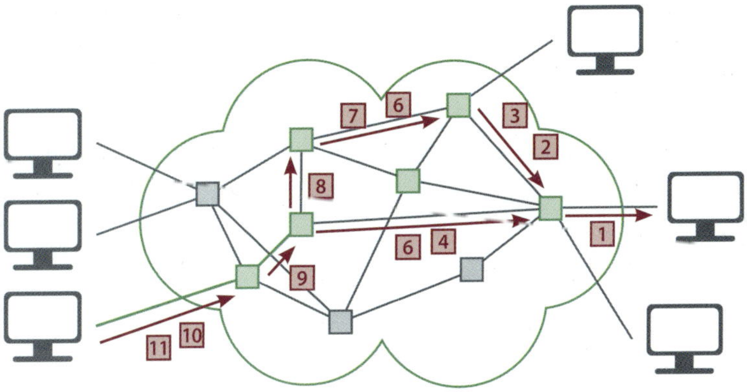

그림 10.17 ▸ 패킷교환 방식

패킷교환 방식은 전송하려는 데이터를 패킷으로 분할하여 각각의 패킷을 목적지로 전송한다. 이때 전송되는 패킷들은 각각 독립적으로 전송된다. 각 패킷들은 네트워크의 트래픽 상태 등에 따라 각기 다른 전송 경로를 가질 수 있다. 전송되는 패킷들은 그들이 전송된 경로의 상태에 따라 보낸 순서와 다르게 목적지에 도착하기도 한다. 이러한 패킷들은 목적지에서 다시 순서에 맞게 재결합되어야 한다. 즉 패킷교환에서는 전송될 때의 네트워크 상황에 따라 패킷의 경로가 달라지고 순서도 변경될 수 있다. 회선교환 방식에서는 한 번 설정된 경로를 독점적으로 사용하지만 패킷 교환 방식은 고정된 경로를 설정하지 않으므로 동일한 경로를 다른 목적지로 가는 여러 패킷들이 공유한다. 따라서 통신회선을 보다 효율적으로 사용할 수 있다.

10.3 네트워크의 분류

1. LAN

LAN(Local Area Network)은 비교적 근거리, 즉 좁은 지역에 설치되어 있는 컴퓨터, 프린터, 기타 네트워크 장비들을 연결하여 구성한 네트워크다. 비교적 가까운 거리지만 개념적으로 하나의 조직이 관리하는 지역을 말한다. 한 회사의 건물이나 공장, 반경이 수백 미터 또는 수 킬로미터가 되는 대학의 캠퍼스 등에 설치된 네트워크이다. 단 두세 대의 컴퓨터만을 연결하여 하나의 LAN을 구성할 수도 있고 큰 대학이나 회사와 같이 수백, 수천 대의 컴퓨터와 네트워크 장비를 연결하여 하나의 LAN을 구성할 수도 있다.

컴퓨터를 사용한 초기에는 대형컴퓨터와 같은 큰 컴퓨터를 특수한 목적을 위하여 일부의 집단에서만 사용했다. 그러나 컴퓨터 성능이 향상되고 가격이 싸지고 소형화 되면서, 저렴하고 작은 여러 대의 컴퓨터를 이용하여 많은 사람들이 협력하여 작업을 하게 되었다. 이러한 컴퓨터들이 서로 정보를 교환내지는 공유하면서 작업을 할 필요성이 생기게 되고, 이 컴퓨터들을 LAN으로 연결하여 서로 간에 통신을 하게 되면서 이것들이 가능해졌다.

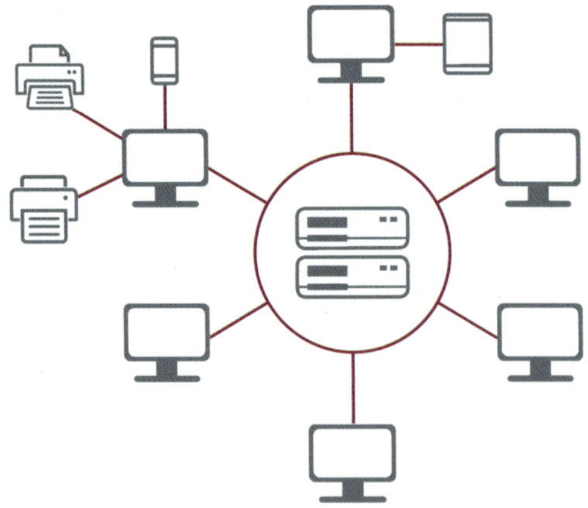

그림 10.18 ▸ LAN

LAN은 이러한 컴퓨터와 네트워크 장치들 간의 하드웨어, 소프트웨어, 데이터베이스 등과 같은 자원의 공유가 가능하게 해준다. LAN은 초기에는 주로 10~100Mbps의 이더넷(ethernet)을 사용하였으나 최근에는 보다 빠른 전송의 필요성에 따라 기가비트 이더넷, ATM, FDDI, 무선랜과 같은 다양한 네트워크가 사용된다.

LAN의 특징

LAN은 비교적 좁은 구간에서의 네트워크이기 때문에 전송지연 시간이 적고, 좋은 품질의 통신회선을 사용하고 관리하므로 비교적 통신 품질이 우수하다. 즉 전송 시의 오류가 아주 낮다. 이더넷에서 기가비트 이더넷이나 FDDI 등을 사용하므로 전송 속도도 빠른 편이다. LAN에서는 컴퓨터뿐만 아니라 프린터 등과 같은 장치들을 쉽게 연결하여 사용할 수 있고 확장도 용이하다.

LAN의 표준

이더넷(ethernet)

1976년 Xerox사에서 개발하여, DEC, 인텔과 함께 표준화 하였다. IEEE에서 802.3의 표준안으로 채택되었다. 10 Mbps의 속도를 내고, CSMA/CD 알고리즘을 사용한다. 이더넷은 10 BASE−2, 10 BASE−T 등이 있다.

고속 이더넷(fsast ethernet)

1990년대 기존의 이더넷을 더욱 확장하여 개발한 것으로, 100Mbps의 속도를 가진다. 100BASE−T 라고도 하는데 기존의 표준 이더넷에서 네트워크 인터페이스 카드 등이 개선되었다.

기가비트 이더넷(gigabit ethernet)

1Gbps의 속도를 가진다. 고속 이더넷에 비해 2~3배의 비용으로 10배의 속도를 낼 수 있다. 기존의 이더넷 방식을 그대로 사용할 수 있어서 호환성이 좋다.

FDDI(Fiber Distributed Data Interface)

FDDI는 미국표준 협회(ANSI)와 ITU−T에 의해 표준화 되었다. 보통 전송매체로 광섬유(optical fiber)를 사용하여 고속의 LAN을 구현할 수 있다. 많은 대역폭과 빠른 전송이 필요한 백본망(backbone network)에 많이 사용된다.

2. MAN

MAN(Metropolitan Area Network)은 LAN보다 좀 더 넓은 범위의 네트워크이다. LAN이 확장되거나 연결되어서 하나의 마을이나 도시의 네트워크이다. LAN이 한 회사나 학교와 같은 단일한 조직에서 관리하는 네트워크인 반면 MAN은 넓은 영역을 포함해야 하므로 통신사업자가 이를 제공하고 관리한다. 전화 사업자들은 SMDS(Switched Multimegabit Data Services)라는 MAN 서비스를 제공한다.

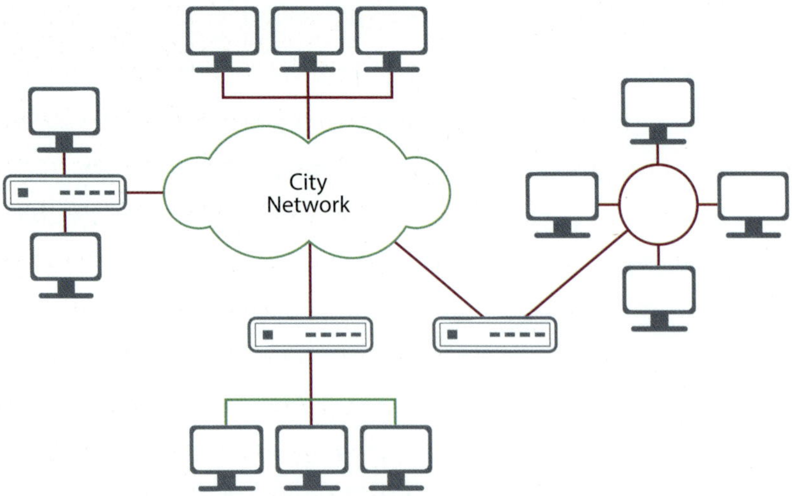

그림 10.19 ▸ MAN

3. WAN

WAN(Wide Area Network) 아주 넓은 범위의 네트워크이다. 하나의 국가나 국가와 국가 간을 연결한다. 수백~수천Km 이상을 연결하는 네트워크이며, 가장 대표적인 WAN이 전 세계를 연결하는 인터넷이다. LAN이 연결 가능한 범위가 제한되어 있는데 반하여 WAN은 광섬유, 전용선, 위성 등을 통하여 전 세계적으로 연결 가능하다. MAN과 마찬가지로 통신사업자가 서비스를 제공하고 이를 이용하는데 일정한 비용을 지불한다. 일반적으로 WAN은 LAN에 비해 상대적으로 먼 거리를 연결하기 때문에 네트워크를 구축하는데 비용이 많이 든다. 속도는 LAN에 비해 느리다.

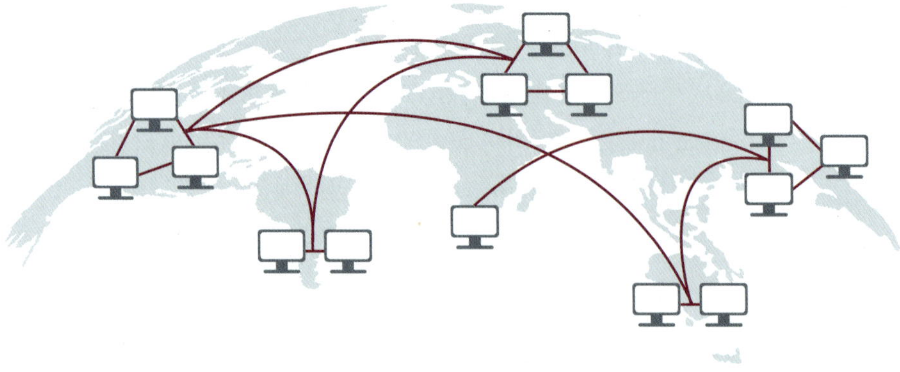

그림 10.20 ▸ WAN

10.4 네트워크의 활용 및 이해

1. 회사에서 네트워크 설정

제목을 회사에서 네트워크 설정, 가정에서 네트워크 설정이라고 했지만 엄격하게 말하면 고정 IP 주소(static IP address), 유동 IP 주소(dynamic IP address)이다. 회사에서 인터넷에 연결하여 사용하는 컴퓨터의 [제어판] – [네크워크 상태 및 작업 보기] – [이더넷] – [속성]의 '이더넷 속성' 중에서 "인터넷 프로토콜 버전 4(TCP/IPv4)"의 속성을 보면 [그림 10.21]과 같이 되어 있다. TCP/IP는 인터넷에서 사용하는 프로토콜로 인터넷을 연결하여 사용하려면 TCP/IP 프로토콜을 사용해야 한다. TCP/IP 설정에는 그림과 같이 IP 주소, 서브넷 마스크, 기본 게이트웨이, 기본 설정 DNS 서버 등을 설정해야 한다.

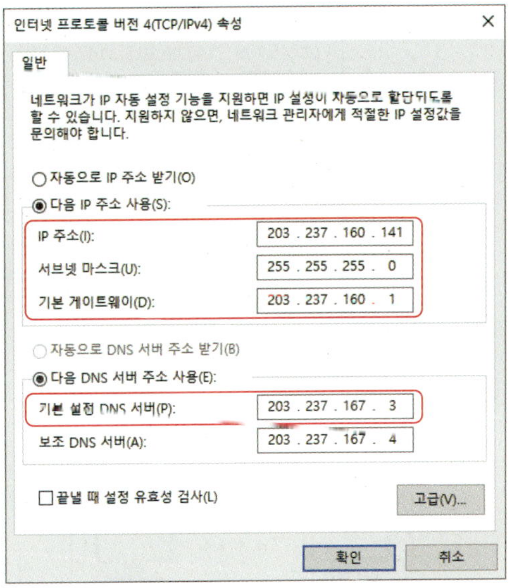

그림 10.21 ▸ TCP/IPv4 네트워크 설정

IP 주소

인터넷으로 연결된 모든 컴퓨터 및 네트워크 장치들은 유일한 IP 주소를 가져야 한다. 여기서 '유일한 IP 주소'란 것은 인터넷에 연결된 다른 컴퓨터는 어떤 상황에서도 동일한 IP 주소를 가져서는 안 된다는 뜻이다. 즉 우리가 주민등록 번호나 여권 번호 같은 것이 두 사람이 동일한 것을 가질 수 없는 것과 같다. [그림 10.21]에서는 이 컴퓨터의 IP 주소를 203.237.160.141이라고 했다. 회사에서는 이와 같이 거의 대부분 고정 IP 를 사용한다. 즉 특별히 설정을 바꾸기 전까지는 203.237.160.141로 설정되고 외부의 컴퓨터들도 이 IP 주소로 접근하면 내 컴퓨터로 연결할 수 있다.

서브넷 마스크

IP 주소는 컴퓨터를 식별하는 네 자리의 수로 모두 8 × 4 = 32bit이다. 이 네 자리의 수 중에서 앞의 두 자리 또는 세 자리는 네트워크의 주소를 나타내고, 뒤의 나머지 수는 그 네트워크 내의 컴퓨터의 주소를 나타낸다.

인터넷은 수 많은 네트워크들이 연결되어 하나의 큰 네트워크를 이룬다. 네트워크 주소라고 하는 것은 그 네트워크를 식별하는 것으로 147.46.X.X는 네트워크 주소가 147.46.0.0으로 그 네트워크 안에 모두 약 216개의 컴퓨터를 가질 수 있고, 어떤 회사의 주소가 203.246.245.X라고 하면 그 회사를 구성하는 네트워크 주소가 203.246.245.0 이고 그 네트워크 안에 약 28개의 컴퓨터를 수용할 수 있다.

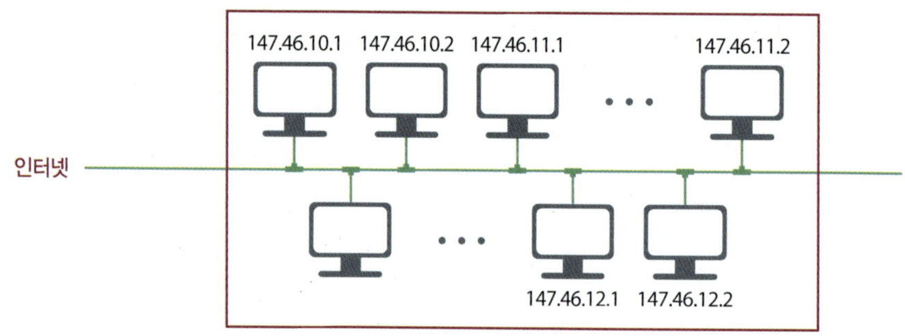

그림 10.22 ▸ 하나의 네트워크로 구성

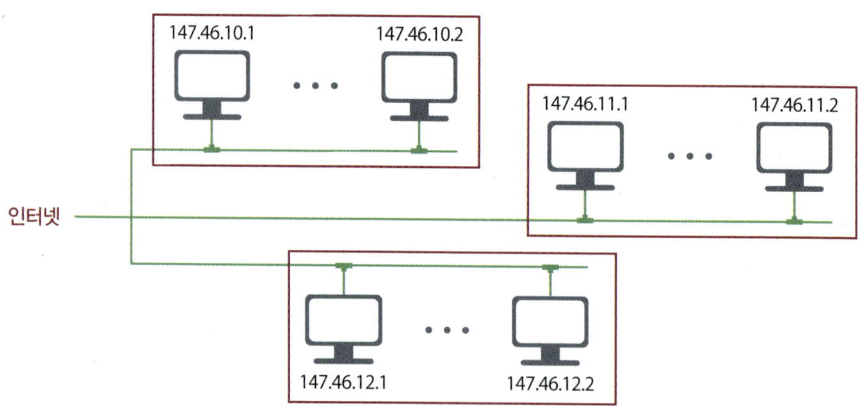

그림 10.23 ▸ 여러 개의 서브넷으로 구성

하나의 회사 안에도 여러 개의 부서가 있고, 하나의 대학 안에도 여러 개 단과 대학이나 학과가 있듯이 147.46.X.X 라는 네트워크를 147.46.10.X, 147.46.11.X …… 와 같이 여러 개의 작은 네트워크로 나눌 수 있다. 이를 서브넷(subnet)이라고 한다. 서브넷은 건물 단위나 일정 지역으로 나눌 수 있다. [그림 10.22]는 하나의 네트워크 안에 모든 컴퓨터를 구성한 경우를 보여주고, [그림 10.23]은 네트워크를 여러 개의 서브넷으로 나누어 구성한 모양을 보여준다. 서브넷 마스크(subnet mask)를 255.255.255.0으로 설정하는 것은 111111111 11111111 11111111 00000000으로 패킷이 네트워크 안으로 들어올 때 1로 되어 있는 부분만을 보고 라우팅하면 자신의 서브넷으로 들어오게 된다.

기본 게이트웨이

기본 게이트웨이(default gateway)는 내 컴퓨터의 패킷이 외부 네트워크로 나가거나 외부 네트워크의 패킷이 내 네트워크나 서브넷으로 들어올 때 꼭 거쳐야 하는 연결점이다. 회사나 학교 같은 데서는 현재 컴퓨터의 위치에 따라서 게이트웨이 주소가 달라질 수 있다.

DNS 서버

일반적으로 웹브라우저를 이용하는 등의 인터넷을 이용할 때 앞에서 설명한 IP 주소를 잘 사용하지 않는다. 대신 www.naver.com과 같은 알파벳으로 이루어진 이름을 사용한다. 숫자로 이루어진 IP 주소는 외우기나 사용하기가 번거롭기 때문이다. 그러나 앞에서 설명한 것과 같이 인터넷에서는 결국은 IP 주소를 가지고 네트워킹을 하게 된다. 이렇듯 www.naver.com 과 같은 도메인 네임을 IP 주소로 변환 시켜주는 것이 DNS 서버이다. 자신의 네트워크가 자체의 DNS 서버를 운영할 수도 있고, 통신사업자에서 제공하는 DNS 서버를 사용할 수도 있다.

2. 가정에서 네트워크 설정

가정에서의 네트워크 설정은 앞 절에서 설명한 회사에서 고정 IP를 사용하는 경우보다 훨씬 간편하다. 거의 대부분의 가정에서는 고정 IP 대신에 유동 IP를 사용하기 때문이다. [그림 10.24]와 같이 IP 주소와 DNS 서버의 주소를 직접 설정하는 것이 아니라 '자동으로 IP 주소 받기'로 설정하면 끝이다.

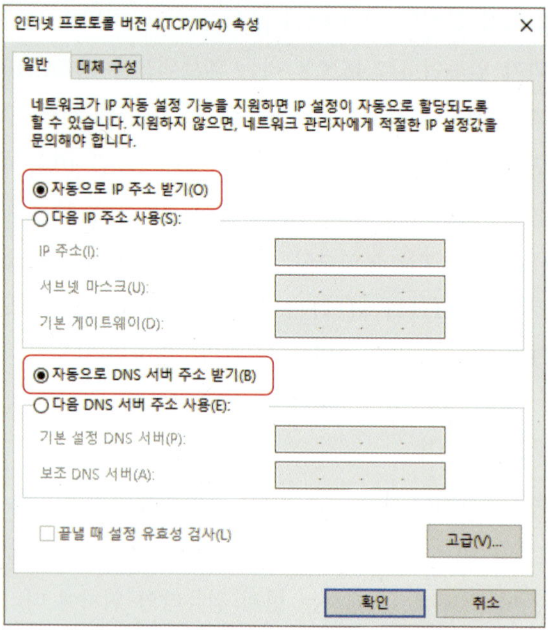

그림 10.24 ▸ 가정에서의 네트워크 설정

자기 집에서 가입한 KT와 같은 통신망 회사의 서버가 자동으로 DNS 서버와 IP 주소를 할당해 준다. 집에서는 컴퓨터를 켤 때마다 서버에서 할당해 주는 IP 주소가 달라질 수 있다. 그래서 유동(dynamic) IP 주소라고 한다.

3. 명령어를 이용한 네트워크 상태 확인

앞에서 설명한 네트워크에 대한 개념들 중에서 자신의 컴퓨터에서 쉽게 확인 할 수 있는 것을 몇 가지 설명한다. [시작]–[실행]에서 "cmd"를 치면 창이 열리고 ipconfig, nslookup, tracert 등의 명령어로 여러 가지 상태 및 설정을 확인할 수 있다. 유닉스나 리눅스에서는 ifconfig, nslookup, tracerotue의 명령어로 똑같은 일을 할 수 있다.

IPCONFIG

[그림 10.25]는 ipconfig /all로 보여지는 현재 네트워크의 연결 상태를 보여준다. 이더넷 어댑터 vEthernet는 앞 절에서 설명한 네트워크 인터페이스 카드(NIC), 랜카드, 이더넷 카드를 말한다.

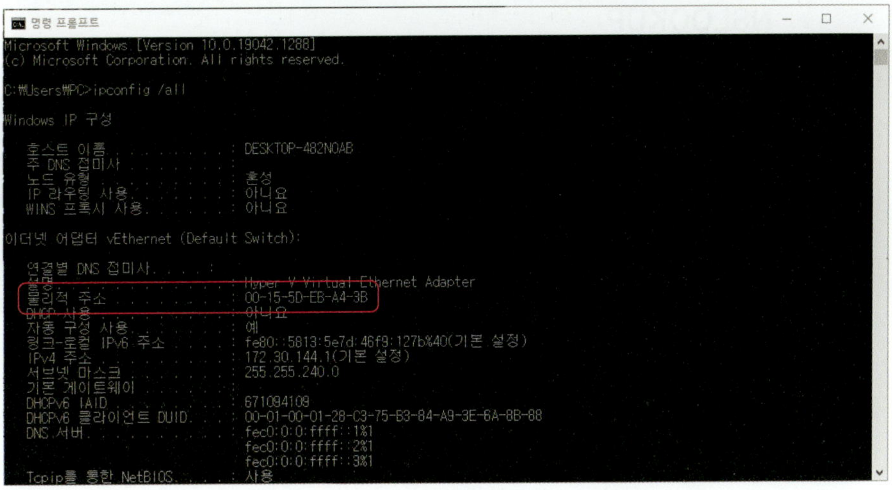

그림 10.25 ▸ ipconfig로 네트워크 설정 보기

물리 주소(physical address)는 랜카드마다 가지는 8비트 6자리 48비트의 고유한 주소이다. [그림 10.25]에서는 16진수로 00−15−5D−EB−A4−3B로 표시되어 있다. 인터넷에서 사용하는 IP 주소는 자신의 네트워크 안의 컴퓨터에, 상황에 따라 설정을 다르게 할 수 있다. 그러나 랜카드에 설정된 물리 주소는 랜카드마다 가지고 있는 고유한 주소로 랜카드를 바꾸지 않는 이상 값이 바뀌지 않는다.

DHCP(Dynamic Host Configuration Protocol)는 어떤 네트워크 내의 컴퓨터 IP 주소를 DHCP 서버가 할당하고 관리해 준다. IP 주소는 32비트로 그 개수가 전 세계적으로 한정되어 있다. 그러나 인터넷으로 연결하려고 하는 컴퓨터는 기하급수적으로 늘어나서 IP 주소가 많이 모자라게 된다. 그래서 몇 개의 IP 주소로 그보다 더 많은 컴퓨터에게 주소를 할당할 수 있도록 한다. 예를 들면, 10개의 IP 주소로 아파트 30 가구의 컴퓨터에 주소를 할당해 준다. 한 집에서 컴퓨터를 켜면 10개의 IP 주소 중 사용하지 않는 주소 하나를 임대(lease) 준다. 보통 컴퓨터를 하루 종일 사용하지는 않기 때문에 반납된 IP 주소는 다른 컴퓨터에 임대해 줄 수 있다. 임대기간이 너무 짧으면 자주 임대해 주고 임대기간을 연장해 주어야 하니까 DHCP 서버의 부하가 많아지 고, 너무 긴 경우 사용하지 않을 때도 임대되어 있으니 IP 주소가 낭비된다. 그 외에 IP 주소, 서브넷 마스트, 게이트웨이, DHCP 서버 등에 관한 정보도 보여준다.

NSLOOKUP

그림 10.26 ▸ nslookup으로 IP 주소 보기

nslookup은 알파벳으로 된 도메인 네임(domain name)을 IP 주소로 변환시켜 준다. [그림 10.26]은 www.naver.com의 IP 주소를 보기 위해 nslookup 한 결과를 보여준다. 네이버는 223.130.200.104의 IP 주소가 할당되어 사용함을 알 수 있다. 이 사례 네트워크에서는 IP 주소가 203.237.167.3인 DNS 서버로 이 명령을 받아서 변환 작업을 해준다.

TRACERT

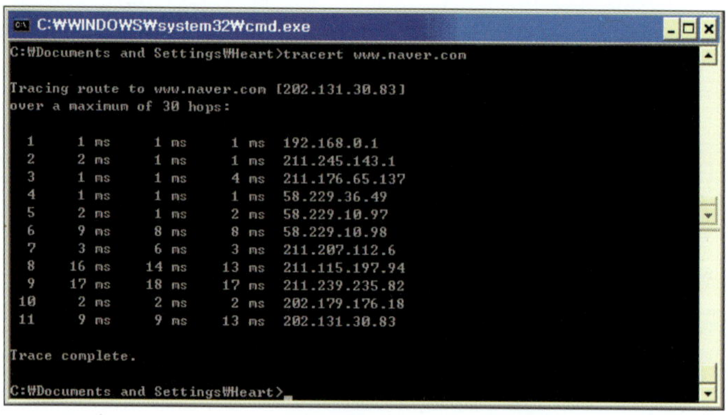

그림 10.27 ▸ tracert로 네트워크 경로 보기

[그림 10.27]은 tracert 명령어를 이용하여 목적지www.naver.com까지의 경로를 보여준다. 현재의 네트워크에서 www.naver.com까지는 여러 개의 네트워크를 거쳐야 한다. 제일 먼저 게이트웨이 192.168.0.1을 빠져나가서 여러 단계의 라우터 등을 거쳐서 202.131.30.83까지 도달하는 경로와 시간을 보여준다. 현재 8, 9번째 경로에서 시간이 많이 걸리는 것을 볼 수 있다. 요즘은 보안상의 이유로 자신의 네트워크에 이러한 추적을 막아 놓는 경우도 많아 경로가 끝까지 나오지 않을 수도 있다.

10.5 인터넷 개요

1. 인터넷 역사

아파넷

1957년 러시아의 인공위성 스푸트닉(sputnik)의 발사 성공은 미국이 국방성에 고등 연구계획국인 아르파(ARPA: Advanced Research Projects Agency)와 같은 연구소를 창설하게 되는 계기가 되었다. 아르파 연구소는 구 소련과의 경쟁에서 우위를 점하기 위하여 전국에 흩어져 있는 고급 기술을 통합하는 역할을 담당하게 되었다. 인터넷의 시초는 1968년에 아르파에서 구축한 아파넷(ARPANet)으로 시작되며, 아파넷은 캘리포니아 주립대학(UCLA)을 중심으로 캘리포니아 산타바바라 주립대학(UCSB), 스탠퍼드 연구소(SRI), 유타 대학(UTAH) 사이에 전화선을 통한 하나의 네트워크를 말한다. 아파넷은 미국 각지에 분산되어 있는 연구소와 대학교의 컴퓨터를 연결하여 방대한 자원을 공유·활용할 목적으로 설립한 대규모 패킷(packet) 교환망이다. 실제로 인터넷은 구 소련과 미국의 냉전체제에서 나온 산물로서, 인터넷의 출발점은 핵전쟁과 같은 위기 상황에서도 미국 정부와 군 사이의 의사 소통을 가능하게 유지할 수 있는 수단으로 마련한 전략적인 기획에서 출발하였다.

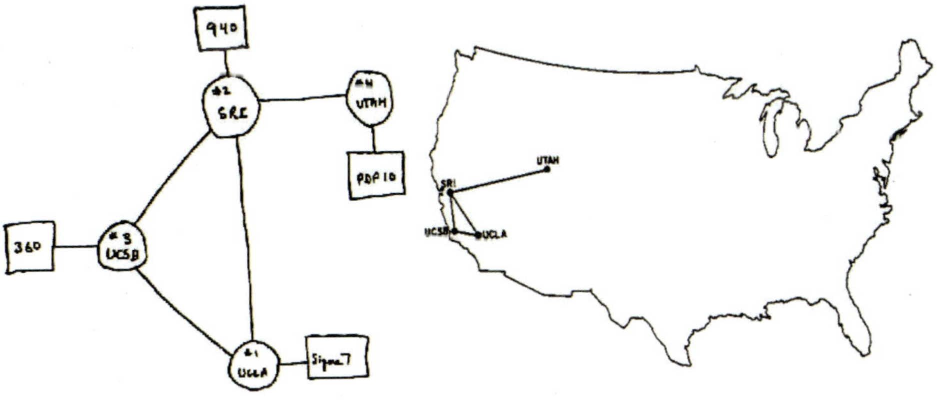

그림 10.28 ▸ 아파넷의 탄생(1968)

1971년에는 아파넷에 미국 전역의 23개의 호스트 컴퓨터가 연결되었으며, 1972년에는 이 아파넷을 이용한 응용 프로그램인 전자메일(email)이 개발되어 사용되었으며 이후 텔넷(telnet), FTP(File Transfer Protocol) 등의 응용 프로그램이 개발되었다.

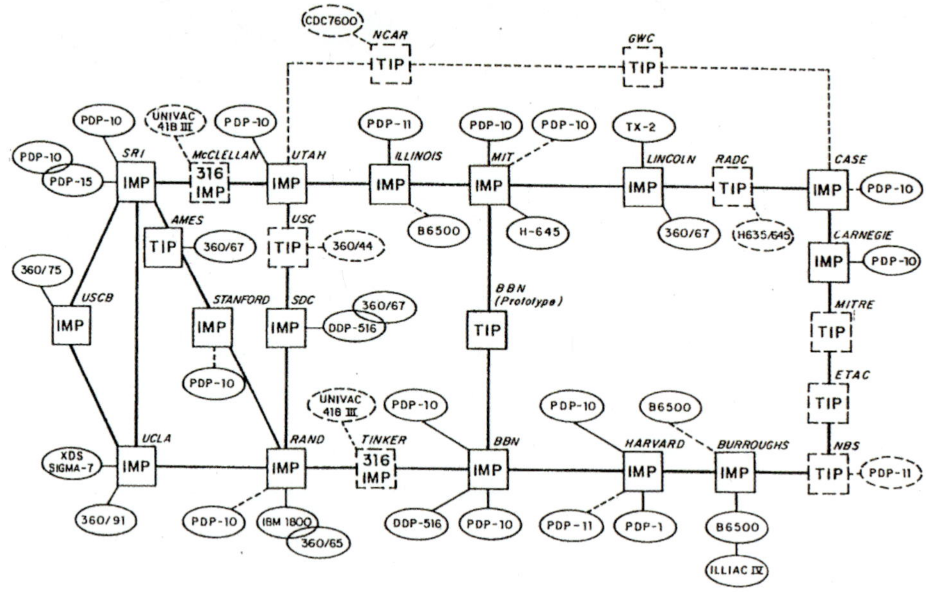

그림 10.29 ▸ 아파넷의 발전(1971)

1972년 미국 워싱턴에서 열린 국제 통신 학회에서 아르파 네트워크가 처음으로 일반에게 공개되었으며, 1973년에는 아파넷이 영국과 노르웨이에 연결되어 처음으로 국제적인 통신망이 형성되었다. 1977년까지 111개의 컴퓨터 시스템이 아파넷에 연결되었다. 아파넷의 사용이 증가함에 따라 1983년 아파넷은 군사용 네트워크인 MILNET과 민간용인 ARPANET으로 구분되어 사용하게 되었다. 민간용 네트워크가 추가되면서 인터넷은 세계적인 네트워크로 더욱 발전하게 되었다. 1980년대 들어와서 ARPANET 상의 모든 네트워크들은 TCP/IP 프로토콜로 완전히 교체하고 미국과학연구기금(NSF: National Science Foundation)이 정부와 대학연구기관의 연구를 목적으로 미국 전역에 걸쳐 4대의 수퍼 컴퓨터 센터를 중심으로 NSFNET를 구축하였다. 이 NSFNET는 TCP/IP를 프로토콜로 채용하게 되며 이때부터 인터넷은 더욱 큰 네트워크로 성장하게 된다.

인터넷

인터넷은 지구 전역에서 서로 다른 기종의 컴퓨터들이 통일된 프로토콜을 사용해 자유롭게 통신을 주고 받을 수 있는 세계 최대의 통신망을 말한다. 위에서 살펴보았듯이 인터넷은 1969년 미국 국방부에서 시작된 아파넷이 모체로서 인터넷은 네트워크를 서로 접속하는 기술과 그 기술에 의해 접속된 네트워크를 가리킨다. 즉 인터넷은 네트워크의 네트워크인 셈이다. 네트워크가 전 세계에 보급되면서, 현재는 인터넷 프로토콜을 통한 네트워크를 가리키는 고유명사로 쓰이게 되었다.

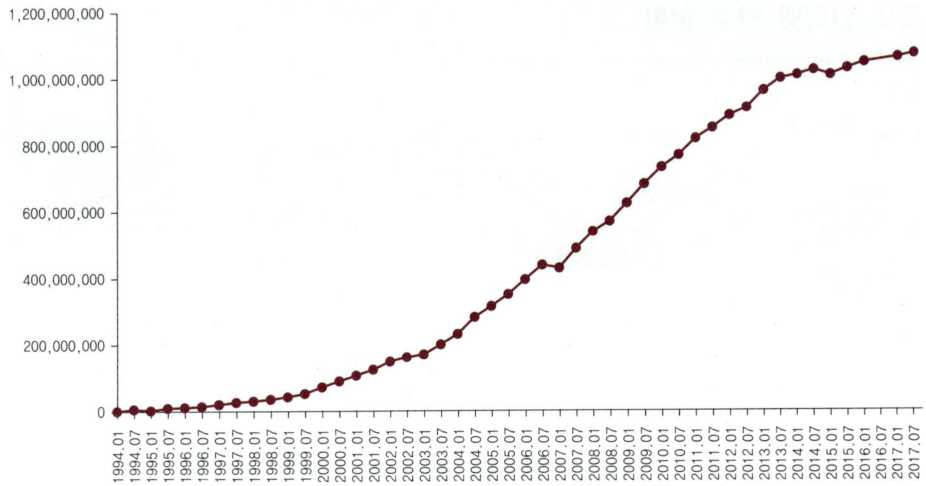

그림 10.30 ▸ 인터넷에 연결된 호스트 수

1980년 이후 전 세계의 호스트 컴퓨터가 인터넷에 연결되면서 인터넷에 연결된 호스트 컴퓨터의 수는 해마다 증가하였으며, 1990년 개발된 WWW로 인해 1990년 이후의 인터넷에 연결된 호스트 컴퓨터의 수는 연 400% 이상 급증하고 있다.

국내의 인터넷 역사

우리나라의 인터넷은 1982년 서울대학교와 한국전자기술연구소(KIET: Korea Institute of Electronics Technology(한국전자통신연구원(ETRI)의 전신)) 사이에 1200bps 모뎀을 사용하여 시스템 개발 네트워크(SDN: System Development Network)가 연결된 것이 그 시초이다. 이후 1983년 미국과 유럽에 UUCP(USENet, CSNet)를 연결하여 사용하였고, 1987년에는 교육전산망(KREN)을 구성했으며, 1990년에는 한국과학기술원(KAIST)을 중심으로 대학과 연구소가 공동으로 설치한 하나망(HANA/SDN)이 전용회선으로 인터넷에 연결되었다.

국내 상용 인터넷으로는 1994년 한국통신에서 KORNet 서비스를 시작한 이후에 데이콤, 아이네트, 넥스텔, 한국PC통신 등에서 상용 서비스를 시작하면서 국내 인터넷 서비스가 대중화 되었다. [그림 10.36]은 인터넷 사용 초창기인 1995년의 국내 인터넷 연결 현황을 나타낸 것이다.

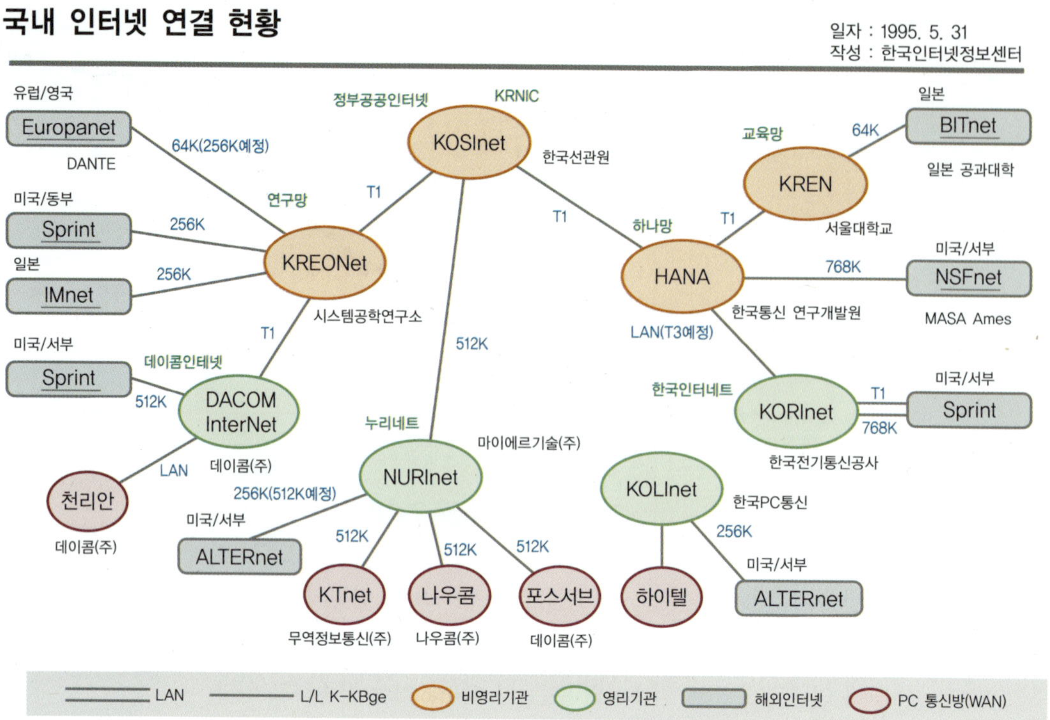

그림 10.31 ▸ 국내 인터넷 연결 현황(1995)

IT Story

대한민국 인터넷의 아버지 전길남

우리나라가 현재 인터넷 강국이 되기까지 초석을 다진 분이 전길남 교수이다. 전길남 교수는 미국에서 박사학위를 하고 1979년 전자기술연구소에서 네트워크 연구를 수행하였다. 1982년, 전길남 교수는 서울대 교수 재직 시절에 우리나라 최초의 전산망인 서울대와 구미전자기술연구소 간의 SDN(System Development Network)의 연결에 성공했다. 그 당시 국내에서의 전산망 구축은 실제 미국을 제외하고 세계에서 두 번째로 구축한 인터넷망으로 전길남 교수의 네트워크 연구 결과의 산물이다. 또한 미국과 소련의 냉전체제인 그 당시만 하더라도 전산 네트워크 구축에 필요한 장비인 라우터(router)가 공개되어 있지 않은 상황에서 전길남 교수는 자체 개발한 소프트웨어로 한국의 전산망을 미국과 연결하는데 성공한다. 전길남 교수에 의한 한국의 네트워크 기술 발전은 폐쇄적이던 인터넷 망을 세계에 공개하는 계기를 마련하였으며, 우리나라는 이웃 아시아 국가들에게 인터넷 망 구축에 대한 기술을 전수하였다. 전길남 교수는 국제적으로 인터넷 세계화 공로를 인정받아 인터넷을 국제적으로 대표하며 관련 표준을 정하는 ISOC(인터넷 소사이어티)로부터 인터넷 '명예의 전당'에 헌당되었다.

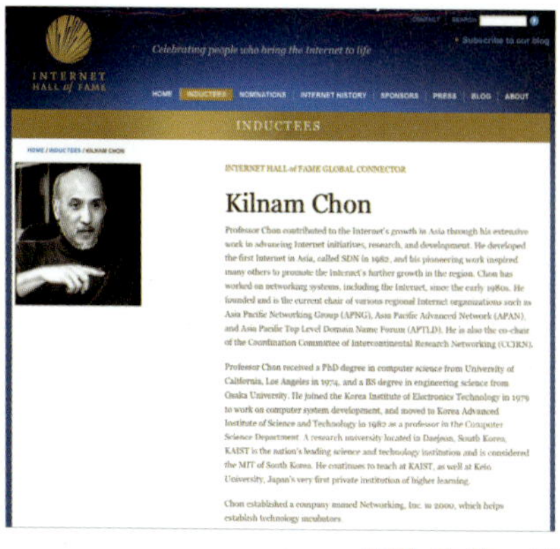

그림 10.32 ▸ 강연 중인 전길남 교수

해저 동축 케이블

세계를 하나로 연결하는 네트워크는 어떻게 연결되었을까? 바로 바다 밑 해저에 동축 케이블이 전 세계를 연결하고 있는 것이다. 즉 우리가 브라우저에서 미국 사이트를 클릭하면 그 짧은 순간에 태평양 해저에 연결된 동축 케이블을 타고 이동하여 자료를 가져온다. 바다 밑 해저에 케이블을 연결하는 방법을 살펴보면, 수심이 낮은 곳은 해안가는 직접 잠수부가 설치하며, 수심이 깊으면 무인 로봇이 설치하고, 태평양과 같이 수심이 수 천 미터가 되는 곳은 케이블을 부표(buoy)로 바다에 띄우다가 나중에 부표를 끊어서 케이블을 해저에 가라 앉히는 방법을 이용한다. 다음은 2012년에 완공된 진도와 제주간의 해저 케이블 공사 개요이다.

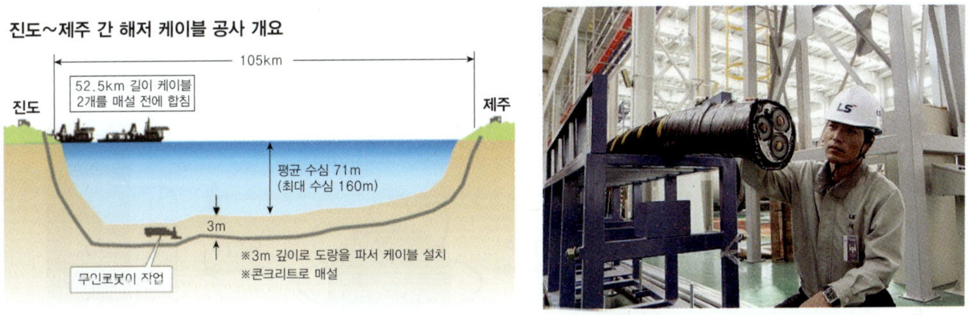

그림 10.33 ▸ 진도와 제주 간의 해저 케이블 공사 개요

우리나라 최초의 해저 케이블은 1980년 부산 송정에서 일본 하마다 간의 설치된 케이블이다. 우리나라는 태안반도의 신두리와 경남 거제도, 그리고 부산 송정에서 외국으로 나가는 해저 케이블이 연결되어 있다. 다음 그림은 전 세계의 해저 케이블 지도를 살펴볼 수 있는 사이트(www.submarinecablemap.com)이다.

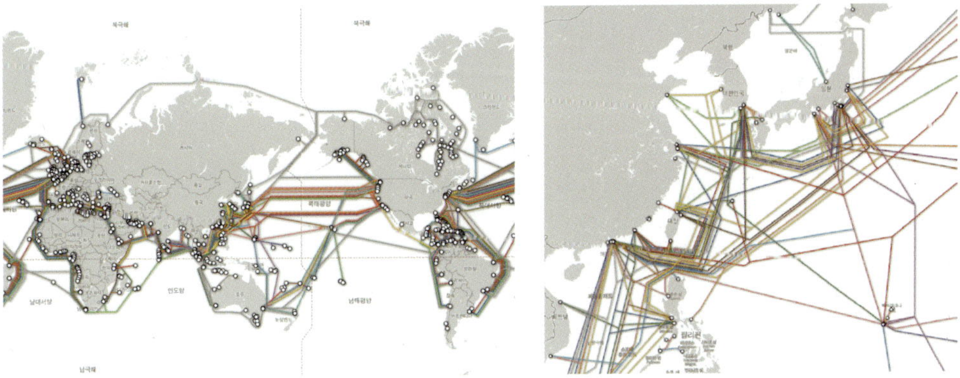

그림 10.34 ▸ 해저 동축 케이블(www.submarinecablemap.com 참조)

해저 케이블은 전송 지연이 없으며, 보안성이 뛰어나고 기상에도 거의 영향을 받지 않으므로 세계를 이어주는 매우 효율적인 통신 수단으로 각광받고 있다. 최근에는 국제 통신이나 인터넷 이외에도 방송 등에서도 해저 케이블의 활용도가 높아지고 있다.

2. 인터넷 응용 서비스

WWW

월드와이드웹(WWW: World Wide Web, W3)은 하이퍼텍스트(Hypertext) 기반의 하이퍼미디어(Hypermedia) 정보를 인터넷의 HTTP(Hyper Text Transfer Protocol) 규약을 이용하여 저장 공유하는 기술이다. WWW는 클라이언트/서버(Client/Server) 구조 방식으로 웹 서버가 실행되는 서버에 각종 정보와 이를 참조할 수 있는 프로그램을 저장한 후, 이러한 서버의 정보를 요청하는 클라이언트에게 정보를 제공하는 방식이다. 정보를 검색하는 클라이언트는 웹 브라우저(web browser)라는 클라이언트 프로그램을 이용한다.

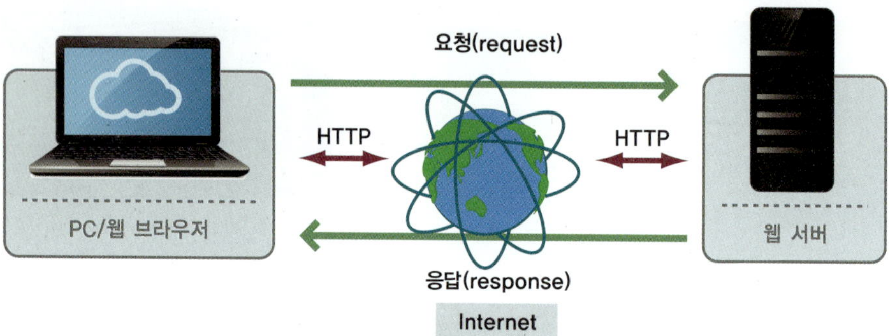

그림 10.35 ▸ 웹의 클라이언트/서버 구조

1993년부터 본격적으로 서비스가 시작된 웹은 그 사용이 쉽고 인터넷의 발전과 맞물려 전 세계적으로 폭발적인 사용 증가를 가져왔으며 기존의 모든 인터넷 서비스가 WWW 환경으로 통합되는 계기가 되었다. 웹의 자세한 내용은 다음 절(인터넷 동작원리)에서 살펴보자.

전자우편

전자메일은 인터넷을 이용하는 가장 활성화된 응용 프로그램 중의 하나이다. 전자메일은 문자 중심의 메시지에 첨부하여 여러 멀티미디어 파일의 전송이 가능한 기능으로 SMTP(Simple Mail Transfer Protocol)라는 통신 규약을 사용한다. SMTP는 전자우편 교환을 위한 서버 간의 프로토콜이며 전자메일 서버를 SMTP 서버라고도 부른다.

전자우편을 주고 받으려면 우선 전자우편 서버와 계정이 있어야 한다. 전자우편 서버에서 수신된 전자우편을 서버에 직접 접속하여 보지 않고 자신의 컴퓨터에 내려 받아 우편을 보려면 POP(Post Office Protocol) 서버를 지정해야 한다. POP은 사용자가 전자우편 계정이 있는 호스트에 직접 접속하여 메일을 읽지 않고 자신의 PC에서 마이크로소프트의 아웃룩 익스프레스(Outlook Express)와 같은 우편 검색기를 이용하여 자신의 전자우편을 내려 받아 보여주는 규약을 정의한 프로토콜이다. 일반적으로 POP서버와 SMTP 서버는 같은 서버로 지정한다.

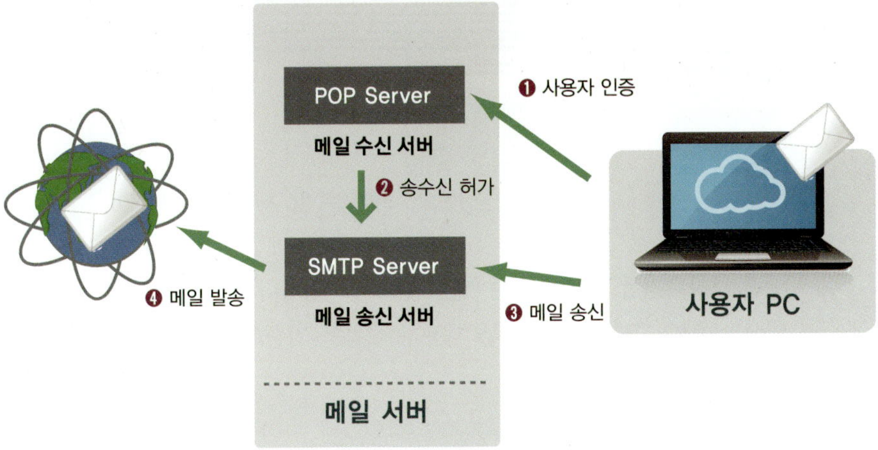

그림 10.36 ▸ SMTP와 POP 서버

전자우편을 위한 사용자 계정은 사용자 이름과 암호로 구성되며 주어진 사용자 이름과 서버의 도메인 이름을 'at' 마크인 @로 붙여 전자우편 주소로 사용한다. 즉 사용자 이름이 kdhong이고 전자우편 계정을 제공하는 도메인 이름이 korea.com이면 전자우편 주소는 kdhong@korea.com이 된다.

kdhong@korea.com: id@domain_name

FTP

FTP(File Transfer Protocol)는 파일을 인터넷상에서 주고 받는 서비스에 이용하는 프로토콜이다. 서버에서 FTP 서버를 실행시키고 클라이언트에서 FTP를 사용하려면 웹 브라우저를 이용하거나 FTP 전용 클라이언트 프로그램을 이용한다. FTP 전용 클라이언트 프로그램으로는 WS_FTP, CUTE_FTP 등이 있다. FTP 서버에 접속하는 방법은 익명(anonymous) 접속과 계정(account) 접속이 있다. 익명 접속은 개방된 FTP 서버에 누구나 접속할 수 있는 방법이다. 계정 접속은 등록되어 권한이 있는 사용자만 접근 가능한 FTP 서버에 접속하는 방법이다. [그림 10.37]는 마이크로소프트사의 FTP 서버를 웹 브라우저를 이용하여 접속하는 화면이다. 웹 브라우저의 주소창에 'ftp://ftp.kaist.ac.kr'을 기술하여 접속할 수 있다.

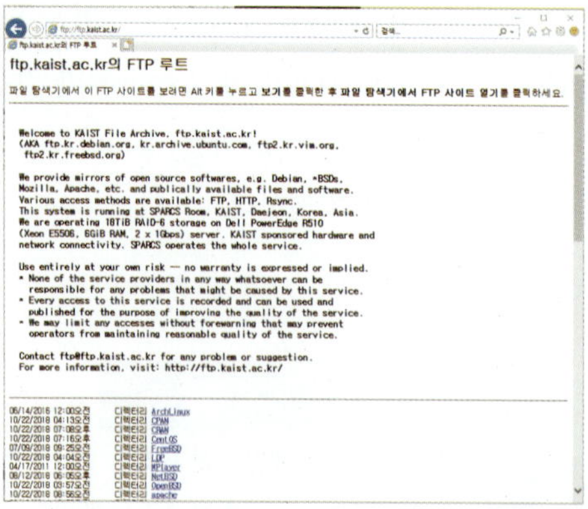

그림 10.37 ▸ 카이스트 ftp 서버에 접속한 화면

웹 브라우저를 이용하여 등록된 계정으로 접속하려면 브라우저의 주소 창에 다음과 같이 사용자 이름과 암호 또는 사용자 이름을 기술하여 접속할 수 있다.

- ftp://사용자 이름:암호@ftp.kaist.ac.kr/
- ftp://사용자 이름@ftp.kaist.ac.kr/

10.6 인터넷 동작원리

1. TCP/IP 프로토콜

TCP/IP 특징

TCP/IP(Transmission Control Protocol/Internet Protocol)는 서로 다른 통신망, 서로 다른 통신 프로토콜을 이용하더라도 서로 통신할 수 있도록 개발된 통신 프로토콜이다. TCP/IP는 운영체제 유닉스에서 기본 프로토콜로 사용되었으며 개인용 컴퓨터도 윈도우 95 이후부터 기본 프로토콜로 사용하게 되었다. TCP/IP가 통신 프로토콜 중에서 가장 많이 이용하게 된 계기는 WWW의 등장일 것이다. WWW 뿐만 아니라 인터넷 서비스인 전자메일, 텔넷, FTP 등도 대부분 TCP/IP 기반에서 만들어진 통신 응용프로그램이다.

TCP/IP의 특징을 살펴보면 첫째, 개방된 프로토콜 표준으로 누구나 표준안을 얻을 수 있고 또한 누구나 표준화 과정에 참여할 수 있다. 둘째, 컴퓨터 하드웨어 또는 소프트웨어 그리고 네트워크망의 종류에 관계없이 이용이 가능하다는 것이다. 셋째, 인터넷 주소를 유일하게 보장하여 인터넷상에서 언제 어디서나 쉽게 통신할 수 있다는 것이다. 이러한 장점으로 인해 유닉스 운영체제의 컴퓨터 뿐만 아니라 대부분의 컴퓨터는 TCP/IP를 통신 프로토콜로 이용한다.

TCP/IP의 계층구조

TCP/IP의 계층구조는 네트워크 계층(Network Interface Layer), 인터넷 계층(Internet Layer), 전송 계층(Transport Layer), 응용 계층(Application Layer)으로 구분된다. 응용 계층은 인터넷을 사용하는 FTP, Telnet, SMTP 등과 같은 응용프로그램 이루어지는 계층이며, 전송 계층은 이름에서 알 수 있듯이, 데이터를 목적지까지 전송하기 위한 작업을 처리하는 계층으로 각각의 시스템을 연결하고, TCP 프로토콜을 이용하여 데이터를 전송한다. 인터넷 계층은 데이터를 정의하고 데이터의 경로를 배정하는 일인 라우팅(routing) 업무를 담당한다. 데이터를 정확히 라우팅하기 위해서는 IP 프로토콜을 사용한다. 네트워크 계층은 물리적 계층, 즉 이더넷 카드(Ethernet card)와 같은 하드웨어를 말한다. OSI(Open System Interconnection)의 7계층 구조와 같이 TCP/IP도 이러한 계층구조를 갖는 이유는 계층 간의 독립성을 유지하기 위해서이다.

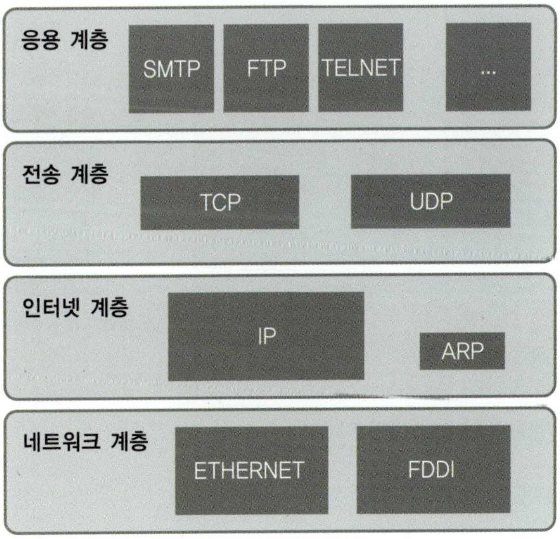

그림 10.38 ▸ TCP/IP 계층

전송 계층은 TCP(Transmission Control Protocol)와 UDP(User Datagram Protocol)라는 프로토콜로 구성된다. 이 TCP와 UDP는 모두 데이터를 전송하는데 필요한 규약이다. TCP는 연결형이며, 자체적으로 오류를 처리하고, 네트워크 전송 중 순서가 뒤바뀐 메시지를 교정하는 기능을 가지고 있다. 여기서 연결형이란 말은 전송을 하기 전에 항상 상대방이 데이터를 받을 수 있는지 우선 확인한 후, 데이터를 전송하는 측과 데이터를 수신하는 측에서 전용의 데이터 전송 선로(Session)를 만든다는 의미이다. 그러므로 TCP는 데이터의 신뢰도가 중요하다고 판단되는 응용 프로그램에서 주로 사용된다. 반대로 UDP는 비연결형이며, 오류를 처리하거나 순서를 재조합 시켜 주는 기능이 없다. 단순히 데이터를 전송하거나, 수신하는 기능이 있는 프로토콜이다. 그러므로 UDP는 전송 중간에 패킷이 분실되더라도 큰 문제가 없는 응용 프로그램에 적합하다.

TCP/IP의 계층구조를 OSI 7층 계층구조와 대응시켜보면 TCP/IP의 응용 계층은 OSI의 응용 계층과 표현 계층, 그리고 세션 계층과 대응되고, TCP/IP의 전송 계층은 OSI의 전송 계층과 대응되며, TCP/IP의 인터넷 계층은 OSI의 네트워크 계층과 대응되며, TCP/IP의 네트워크 계층은 OSI의 데이터 링크 계층과 물리 계층에 대응된다.

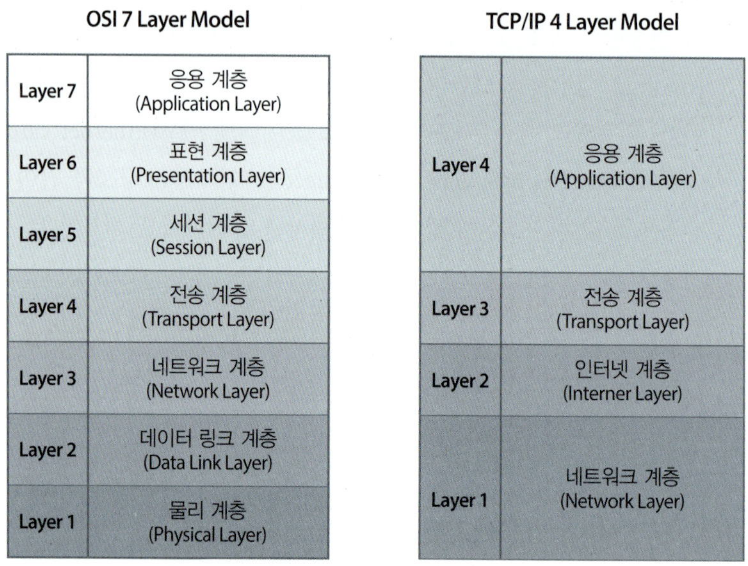

그림 10.39 ▸ TCP/IP 계층을 OSI 7계층과 비교

TCP/IP에서 데이터 전송

TCP/IP에서 메시지를 전송할 때 일단 메시지를 일정한 길이로 나누어 전송을 하는데, 이를 패킷(packet)이라 한다. 패킷을 전송하는 역할을 TCP가 담당한다면, TCP는 패킷에 패킷 번호와 수신 측의 주소, 그리고 에러 검출용 코드를 추가한다. 패킷으로 쪼개진 메시지는 IP에 의해서 수신 컴퓨터로 전송된다. 인터넷 계층의 IP 주소가 실제 네트워크 계층에서는 MAC(Media Access Control) 주소라 부르는 물리적 네트워크 주소로 바뀌어 이용되며 이에 사용되는 프로토콜이 ARP(Address Resolution Protocol)이다. 즉 ARP는 IP 네트워크상에서 IP 주소를 물리적 네트워크 주소로 대응시키기 위해 사용되는 프로토콜이다. 여기서 물리적 네트워크 주소라 함은 이더넷 또는 토큰링의

48bits 네트워크 카드 주소를 의미하며, 모든 네트워크 인터페이스 카드는 00-D0-59-0B-3A-7B와 같은 값으로 유일한 MAC 주소를 갖는다. 예를 들어, IP 호스트 A가 IP 호스트 B에게 IP 패킷을 전송하고자 할 때 IP 호스트 B의 물리적 네트워크 주소를 모르는 경우, ARP 프로토콜을 사용하여 목적지 IP 주소 B를 이용하여 ARP 패킷을 네트워크상에 전송한다. IP 호스트 B는 자신의 IP 주소가 목적지에 있는 ARP 패킷을 수신하면 자신의 물리적 네트워크 주소를 A에게 응답한다. 이와 같은 방식으로 수집된 IP 주소와 이에 해당하는 물리적 네트워크 주소 정보는 각 IP 호스트의 ARP 캐시라 불리는 메모리에 테이블 형태로 저장된 후 다음 패킷 전송 시에 다시 사용된다. ARP와는 역으로, IP 호스트가 자신의 물리 네트워크 주소는 알지만 IP 주소를 모르는 경우, 서버로부터 IP 주소를 요청하기 위해서는 RARP(Reverse Address Resolution Protocol)를 사용한다.

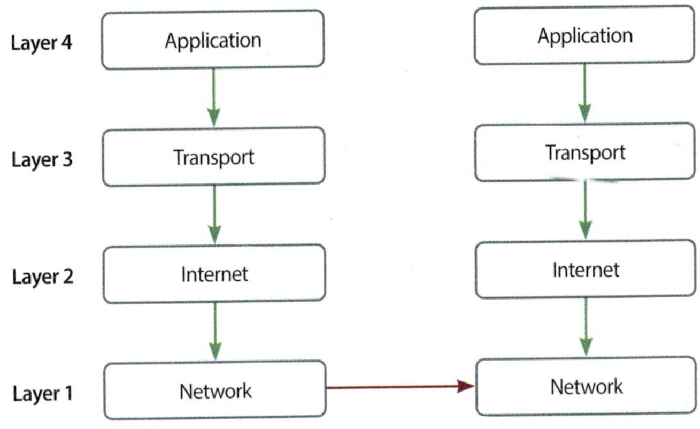

그림 10.40 ▸ TCP/IP 기반의 응용프로그램에서 데이터 전송 과정

수신 측의 TCP는 에러 유무를 검사하고 에러가 발견되면 재전송을 요구하게 된다. 즉 TCP는 전송 데이터의 흐름을 관리하며 데이터의 에러 유무를 검사하고, IP는 데이터 패킷을 전송한다.

2. IP 주소

IP 주소와 IPv6

TCP/IP 기반 하에서 인터넷에 연결된 전 세계의 모든 컴퓨터를 식별하게 하는 것이 인터넷 프로토콜 주소(Internet Protocol Address: 줄여서 IP 주소)이다. 인터넷 주소는 네 부분으로 나뉘어 각각 0에서 255 사이의 값을 갖는다. 예를 들어 IP 주소는 203.237.160.218의 형태가 된다. 실제로 IP 주소는 32비트로 구성되므로 전 세계의 모든 IP 주소 수는 최대 2^{32}개보다 적은 유한 개이다.

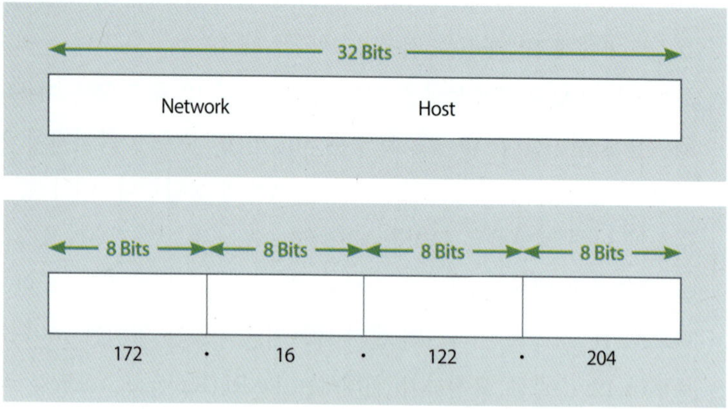

그림 10.41 ▸ IP 주소 체계

이러한 32비트의 IP 주소는 버전4로 IPv4라 한다. 그러므로 32비트로 이뤄진 IPv4는 최대 약 40억 개의 주소를 부여할 수 있다. 그러나 기하급수적으로 늘어나는 사용자 수요를 감안할 때, 현재 사용되고 있는 IPv4 체계로는 계속해서 요구되는 인터넷 어드레스 수요를 충족시킬 수 없으며 약 IPv4의 주소는 거의 모두 소진된 상태이다. 늘어나는 IP 주소를 대비하여 1995년 인터넷 엔지니어링 태스크 포스(IETF: Internet Engineering Task Force)에서는 차세대 IP라 하여 IPng(IP next generation)를 개발하였다. 즉 IPv4의 대안으로 나온 IP 주소인 IPng를 IPv6라 한다. IPv6은 인터넷 프로토콜 버전 6(internet protocol version 6)라는 의미이다.

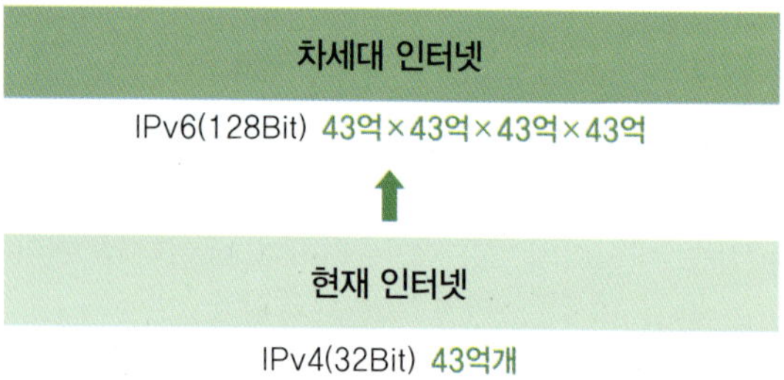

그림 10.42 ▸ IPv4와 IPv6의 비교

IPv6는 폭발적으로 늘어나는 인터넷 사용에 대비하기 위한 것으로 128비트 주소 체계로 최대 1조 개 이상의 주소를 제공할 수 있는 점이 가장 큰 특징이다. IPv6가 쓰이면 장차 일상생활에 사용하는 모든 전자제품, 자동차 등의 다양한 사물, 작게는 전자 제품의 일부 회로가 서로 다른 IP 주소를 갖게 된다. 또한 IPv6는 서비스에 따라 각기 다른 대역폭을 확보할 수 있도록 지원하고 있으며, 일정한 수준의 서비스 품질(QoS)을 요구하는 실시간 서비스를 더욱 쉽게 제공할 수 있고 인증, 데이터 무결성, 데이터 기밀성을 지원하도록 보안 기능을 강화한 특징을 갖는다.

IPv6의 이용 현황

도메인 이름 시스템 관리 및 IP주소 할당 등의 업무를 수행하는 국제 인터넷 주소관리 기구인 ICANN((Internet Corporation for Assigned Names and Numbers)은 2011년 2월 IPv4 주소 고갈 및 최종 할당 정책을 선언 하는 등 주요 선진국들은 공공 및 민간 부분에서 IPv6 전환이 급속히 이루어지고 있는(스위스 12.5%, 독일 7.22%, 일본 6.81%, 중국 0.01%) 반면, 우리나라는 2013년 12월 기준 0.01%로 IPv6 기반 서비스 이용은 저조한 상황이다. 2021년 9월 기준, 전 세계 국가별 IPv6의 보유 현황은 16위이다.

국내에서도 지속적으로 IPv6의 빠른 도입을 위해 노력하고 있으며, 그 결과로 차세대인터넷 가입자망 6KANet(IPv6 Korea Advanced Network)은 국내 공공기관 및 연구기관 등에 IPv6를 이용한 인터넷 서비스를 제공하고 있다. 6KANet 은 IPv6 주소를 도서관, 관공서, 방송국 등의 공공기관 및 일반 기업에 할당하여 IPv6 서비스를 제공하고 있다. 현재 6KANet 가입 기관들은 IPv6 응용 서비스들을 IPv6 포탈사이트(www.krnic.or.kr) 등을 통하여 이용할 수 있다.

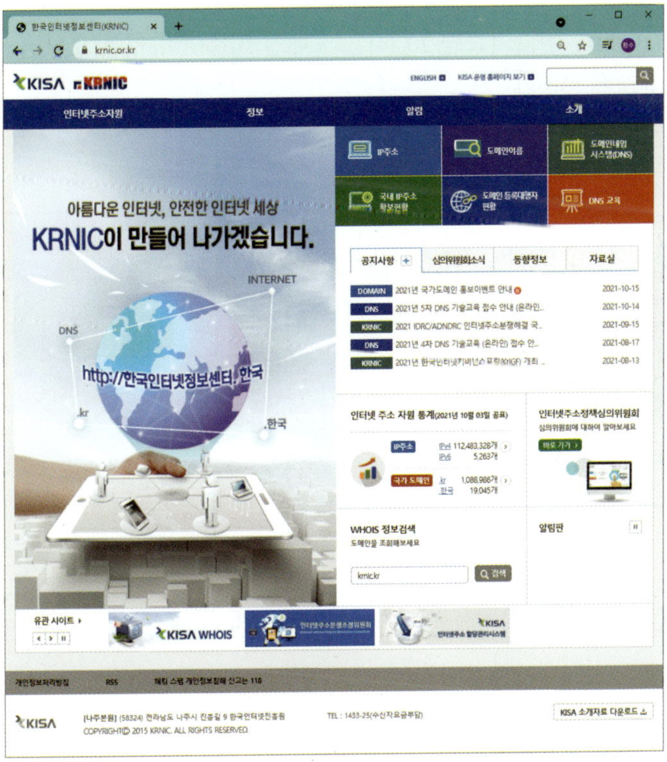

그림 10.43 ▸ IPv6 종합 지원센터(krnic.or.kr)

3. 도메인 주소

도메인 이름

사람들은 숫자로 된 IP 주소를 기억하기 어렵고 사용하기도 불편하기 때문에 그에 대응하는 단어로 된 주소인 도메인 이름(Domain Name)을 더 많이 사용한다. 예를 들어, IP Address가 211.218.150.250인 컴퓨터의 도메인 이름은 www.naver.com이다. 즉 도메인 이름은 2개 또는 그 이상의 단어로 각각 컴퓨터 이름(www), 기관 이름(naver), 도메인 이름(com)으로 구성된다. 즉 도메인 이름은 왼쪽부터 오른쪽으로 작은 범주에서 큰 범주로 기술되며 마지막의 도메인 이름은 미국과 그 외 지역으로 구분하여 하나 또는 두 개의 이름을 기술한다. 즉 도메인 이름이 www.infinitebook.co.kr인 경우 마지막 도메인 이름은 기관의 성격을 표시하는 부속 도메인 co와 한국을 의미하는 최상위 도메인 kr로 나뉜다.

미국에서 만드는 도메인 이름은 마지막 단어가 도메인 기관의 유형을 나타낸다. 미국 이외의 국가에서의 도메인 이름 중 마지막 단어는 그 나라를 의미하는 단어가 나오며 그 이전 단어가 도메인 기관의 유형을 나타낸다. 도메인의 마지막 단어를 최상위 도메인(Top−level domain)이라 하며 다음은 두 번째 도메인(Second−level domain), 세 번째 도메인(Third−level domain), 그리고 마지막은 컴퓨터 이름을 나타내는 호스트(Host)라 한다. [그림 10.44]은 도메인 이름의 규약인 도메인 이름 체계를 각 수준으로 표현한 것이다.

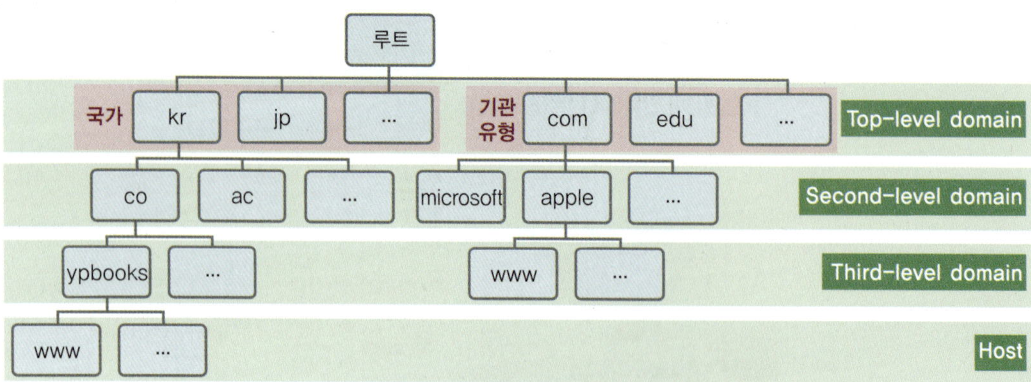

그림 10.44 ▸ 도메인 이름 체계

도메인 이름 시스템 주소에서 마지막에 나오는 최상위 도메인 이름을 보면 그 기관의 성격이나 국가를 알 수 있다. 미국에서 이용하는 주요 인터넷 도메인 이름을 살펴보면 다음과 같다.

표 10.1 미국의 인터넷 도메인

도메인	기관의 유형	사례
.com	사업(상업)	apple.com(애플컴퓨터)
.edu	교육 기관	mit.edu(MIT 공대)
.gov	정부기관	whitehouse.gov(백악관)
.mil	군대	navy.mil(해군)
.net	인터넷 공급 업체	sprint.net(스프린트)
.org	비영리 기관	w3.org(www 컨소시엄)

우리 나라의 도메인 이름을 살펴보면 기관의 유형을 나타내는 부속 도메인과 최상위 도메인은 한국을 의미하는 kr로 구성된다. 다음은 한국의 대표적인 도메인 이름과 사례이다.

표 10.2 한국의 인터넷 도메인

도메인	기관의 유형	사례
.co.kr	사업(상업)	ypbooks.co.kr(영풍문고)
.ac.kr	교육 기관	snu.ac.kr(서울대)
.go.kr	정부기관	mic.go.kr(정통부)
.re.kr	연구소, 재단	kosef.re.kr(한국과학재단)
.or.kr	비영리 기관	i-museum.or.kr(인터넷역사박물관)
.pe.kr	개인	okjsp.pe.kr(자바(JSP) 프로그래밍)

DNS

DNS는 도메인 이름 시스템(Domain Name System) 또는 도메인 이름 서비스(Domain Name Service)의 약자이다. 도메인 이름 시스템은 도메인 이름의 체계 또는 도메인 이름을 실제의 IP의 주소로 바꾸는 시스템을 말한다. 마찬가지로 도메인 이름 서비스는 도메인 이름을 실제의 IP의 주소로 바꾸는 서비스를 말한다. 인터넷에서 도메인 이름을 사용하더라도 실제로는 모두 IP 주소로 바꾸어 그 컴퓨터를 연결한다. 컴퓨터(호스트)에 할당된 도메인 이름을 IP 주소로 변환시키는 역할을 수행하는 컴퓨터(호스트)를 DNS 서버라고 한다. 인터넷을 이용하여 도메인 이름 서비스를 받으려면 컴퓨터는 DNS 서버를 지정해야 한다.

웹브라우저를 이용하여 인터넷을 이용하려면 인터넷 서비스를 원하는 프로토콜과 도메인 이름을 URL(Uniform Resource Locator)에 기술한다. URL은 서비스 프로토콜, 도메인 이름, 호스트 내부 위치로 구성되며 일반적으로 도메인 이름은 대소문자를 구분하지 않으나 호스트 내부 위치는 호스트의 종류에 따라 대소문자를 구분하기도 한다.

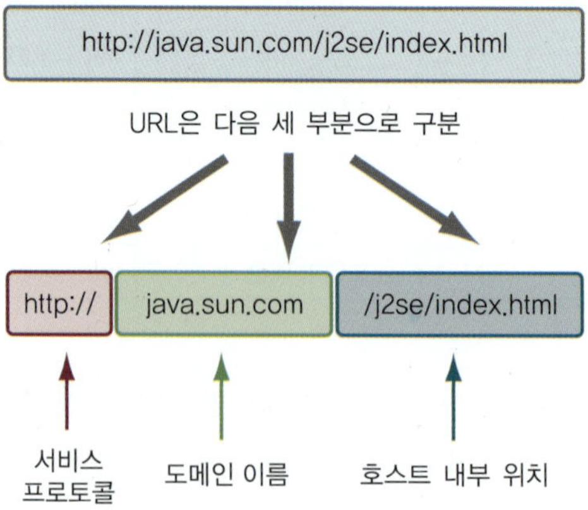

그림 10.45 ▸ URL의 해석

웹 브라우저에서 다른 컴퓨터의 웹 페이지를 요청하면 도메인 이름을 IP 주소로 변환하기 위해 가장 먼저 지정된 DNS 서버를 접속하여 IP주소를 알아낸다. 알아낸 IP주소를 이용하여 실제 웹 서비스를 이용하려는 웹 서버에 접속하여 요청한 웹 페이지를 받아 브라우저를 이용하여 화면에 표시한다.

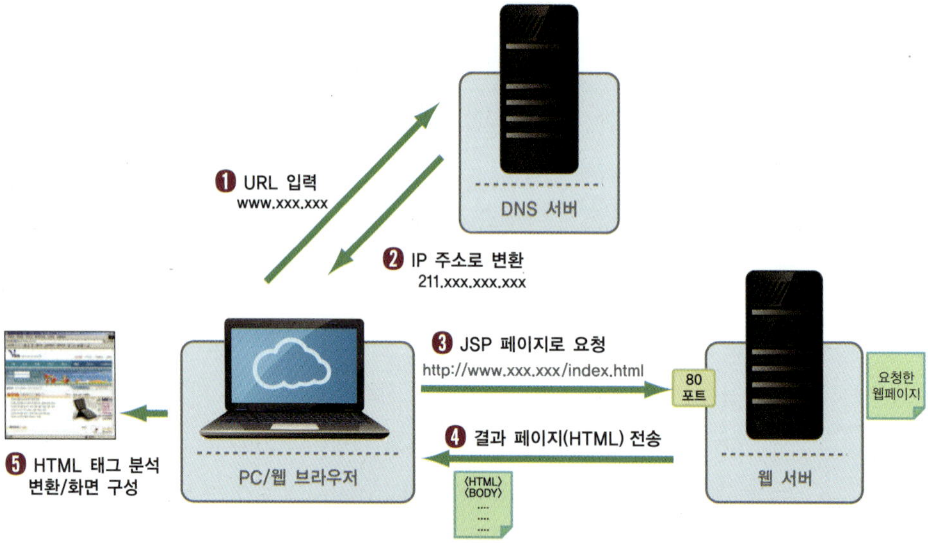

그림 10.46 ▸ 도메인 서버를 이용하여 웹 서비스 과정

현재 컴퓨터에 지정된 DNS 서버에 세계의 모든 도메인에 대한 IP 주소 정보가 저장된 것은 아니다. 그러나 DNS 서버는 DNS를 요청하는 컴퓨터에게 여러 DNS 서버에 계층적 이름 구조를 갖는 분산형 데이터 베이스로 구성된 자료를 이용하여 요청한 도메인

이름의 IP 주소를 알아낸다. 즉 처음 요청을 받은 지역 DNS 서버는 루트 도메인 서버에게 이 요청을 전달한다. 루트 서버는 전 세계에 십여 대가 가동 중이며 루트 서버는 이 요청을 받으면 그 도메인의 IP주소 대신, IP 주소를 찾기 위한 그 다음 단계의 DNS 서버 주소를 알려준다. 응답을 받은 지역 DNS 서버는 받은 정보를 이용하여 다시 그 다음 단계 DNS 서버에게 IP 주소를 다시 물어본다. 이러한 과정을 몇 번 거치면 처음 요청한 도메인의 IP 주소를 찾을 수 있다.

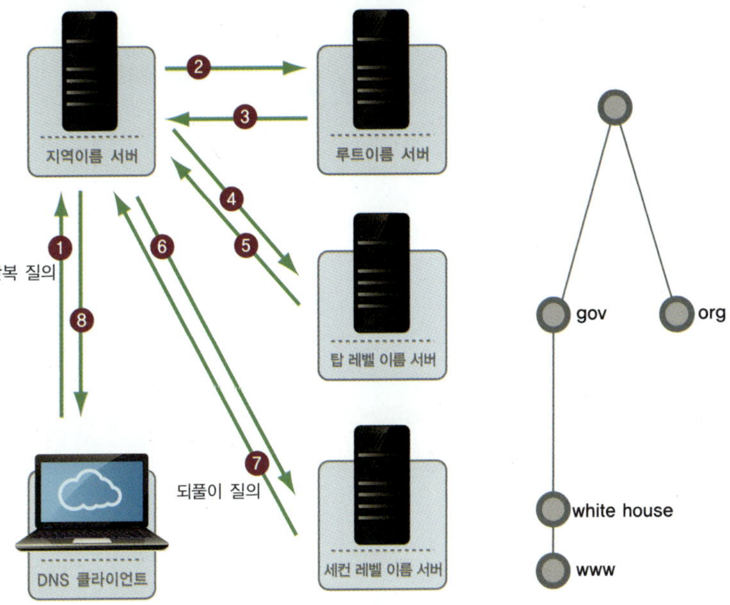

그림 10.47 ▸ 여러 계층적 DNS 서버를 이용한 IP 주소 찾기

이러한 과정에서 얻어진 정보는 일정 기간 각 DNS 서버에 캐쉬 형태로 보관되어 다음의 계속적인 요청에 위의 과정을 거치지 않고 바로 응답을 해 줄 수 있다. 이러한 도메인 이름의 최상위 도메인 이름은 국제기구인 InterNIC에서 관리하며 그 하부 도메인 이름은 각 국가에서 관리한다. 우리 나라는 NIDA인 한국인터넷진흥원에서 관리한다. 도메인 이름의 마지막 단계인 호스트는 그 호스트를 관리하는 각 기관에서 관리한다.

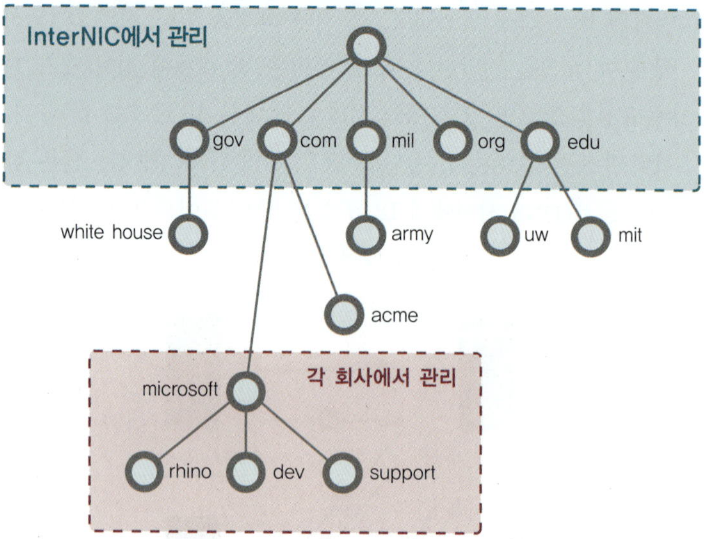

그림 10.48 ▸ 도메인 체계와 관리

10.7 월드와이드웹(WWW)

1. 웹 개요

WWW 역사

월드와이드웹(World Wide Web)의 약자인 WWW는 유럽입자물리연구소(CERN: Conseil Européen pour la Recherche Nucléaire)의 연구원인 팀 버너스 리(Tim Berners Lee)가 1989년에 제안하여 개발된 정보 공유 방안이다. WWW는 전 세계의 연결된 인터넷 기반에서 하이퍼텍스트(hypertext) 기반의 정보를 구축하여 누구나가 쉽게 공유할 수 있는 정보 구축 방법으로 하이퍼텍스트 자료들은 HTML이라는 언어를 통해 표현되며, 이러한 문서들은 HTTP라는 통신 프로토콜을 사용하여 전송된다.

그림 10.49 ▸ WWW의 창시자 팀 버너스 리

하이퍼텍스트는 정보를 서로 연결하는 하이퍼링크에 의하여 구성된 정보를 말한다. 하이퍼텍스트를 구성하는 정보는 문자, 그림, 동영상, 음악, 파일 등의 멀티미디어 정보로 구성될 수 있으며, 이 멀티미디어 정보를 강조한 용어가 하이퍼미디어(hypermedia)다. 이러한 하이퍼텍스트의 무한한 정보의 연결 방안과 인터넷이라는 지역성의 파괴의 결합인 WWW는 웹 브라우저의 개발과 함께 전 세계의 사람을 정보의 바다로 항해하게 만들었다.

WWW는 그 말이 표현하듯이 전 세계를 연결한 거미줄과 같은 인터넷 망에서의 정보의 공유를 뜻한다. WWW는 편리하고 사용이 쉬운 장점 때문에 소수 전문가들의 전유물로 알려졌던 인터넷을 누구라도 접근하기 쉬운 것으로 변화시키면서 현재와 같이 인터넷의 사용이 일상 생활이 되었다.

클라이언트 서버 구조와 HTTP 통신 규약

웹은 클라이언트·서버 구조로서 웹 브라우저가 있는 클라이언트가 자료를 요청(request)하면, 웹 서버가 있는 서버는 요청에 응답(response)하여 클라이언트의 웹 브라우저에 정보가 검색되는 구조를 갖는다. 웹은 HTTP(Hypertext Transfer Protocol) 프로토콜을 이용한다. HTTP는 인터넷상에서 웹 서버와 클라이언트 브라우저 간의 하이퍼텍스트(hypertext) 문서를 전송하기 위해 사용되는 통신 규약이다.

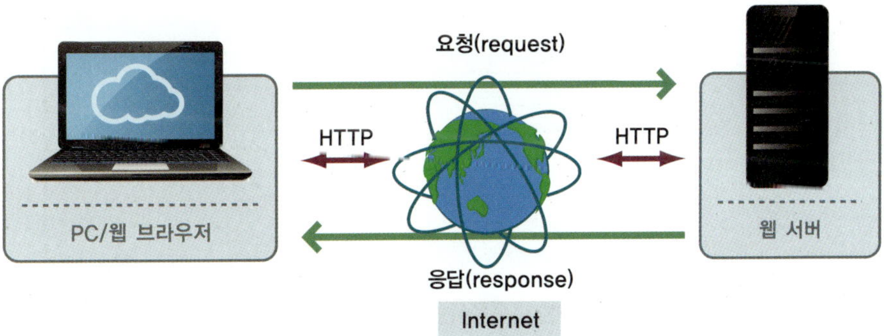

그림 10.50 ▸ 웹의 클라이언트 서버 구조

2. 웹 브라우저

웹 브라우저 개요

웹 브라우저(Web Brower)는 웹의 정보를 쉽게 참조할 수 있도록 고안된 응용프로그램을 말한다. 웹 브라우저라는 용어를 살펴보면 브라우저는 이전에도 '탐색기'라는 용어로 사용되던 말로서 여기에 웹을 붙여 웹 정보를 탐색하는 프로그램을 의미하는 용어이다.

일반적으로 웹 브라우저의 기능을 요약하면 다음과 같다.

- 웹 페이지 열기
- 최근 방문한 인터넷 주소(URL)의 목록 제공
- 자주 방문하는 인터넷 주소의 기억과 관리
- 웹 페이지의 저장 및 인쇄
- 전자우편이나 뉴스그룹을 이용할 수 있는 프로그램 제공

모자이크

1993년 처음으로 공용 웹 브라우저인 모자이크(Msaic)가 개발되었다. 모자이크는 미국 일리노이 대학의 연구소인 NCSA(National Center for Supercomputer Applications) 연구소의 마크 앤더슨(Marc Andersen)과 에릭 비나(Eric Bina)가 개발하여 공개한 최초의 웹 브라우저이다.

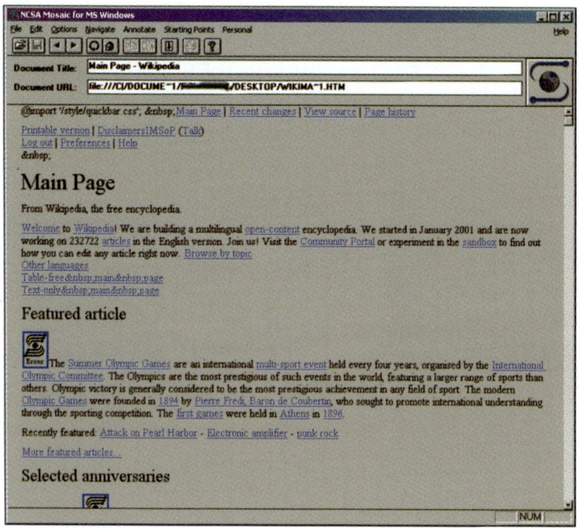

그림 10.51 ▸ 최초의 웹 브라우저인 모자이크 1.0(1993)

넷스케이프사의 내비게이터

1994년 2월, 모자이크를 개발한 앤더슨과 NCSA의 그의 동료들, 그리고 스탠포드 대학의 교수겸 실리콘 그래픽스사의 설립자였던 짐 클라크(Jim Clark)는 넷스케이프 커뮤니케이션즈(Netscape Communications)라는 회사를 설립한다. 이 넷스케이프 커뮤니케이션즈사는 1994년 12월에 기존에 널리 사용하고 있던 모자이크 브라우저보다 더 성능이 우수한 웹 브라우저인 내비게이터(Navigator) 1.0을 개발하여 일반인들에게 배포하

기 시작한다. 내비게이터 1.0은 모질라(Mozilla)라는 이름으로도 알려져 있다. 넷스케이프사의 내비게이터는 계속 발전하여 1997년 4.0이 출시되면서 웹 브라우저 시장을 주도하였다. 그러나 1998년 이후 내비게이터는 마이크로소프트사의 웹 브라우저인 익스플로러에 눌려 시장 점유율이 급격히 떨어졌으며 넷스케이프 커뮤니케이션즈사는 1999년에 아메리칸 온라인 회사에 인수되고 웹 브라우저 시장에서 물러나게 된다.

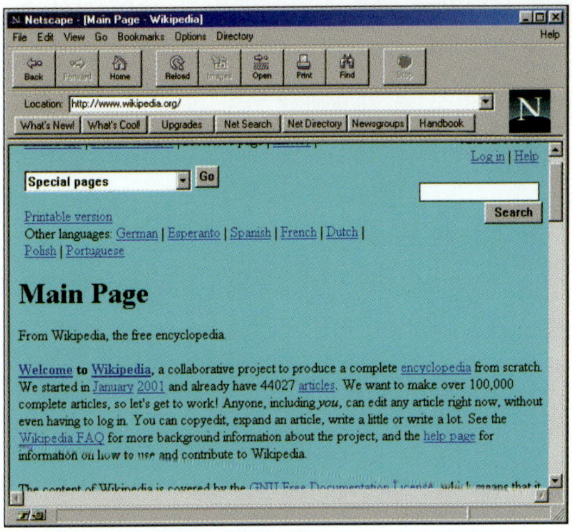

그림 10.52 ▸ 넷스케이프사의 웹 브라우저 내비게이터

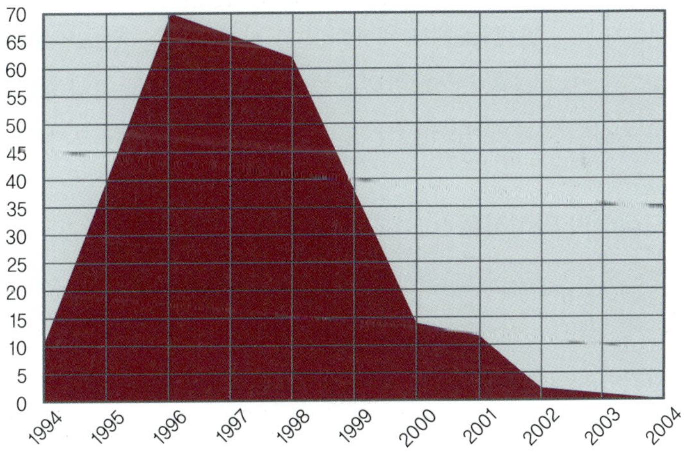

그림 10.53 ▸ 넷스케이프 내비게이터의 시장 점유율 변화

마이크로소프트의 인터넷 익스플로러와 엣지

마이크로소프트사의 인터넷 익스플로러(IE: Internet Explorer)는 1995년 8월에 버전 1.0이 발표되었다. 웹 브라우저 시장에서 독주하는 넷스케이프사에 불안을 느낀 마이크로소프트사는 NCSA의 모자이크의 소스를 사들여 뒤늦게 웹 브라우저 시장에 뛰어들

어 인터넷 익스플로러라는 제품으로 발표하였다. 초기에는 넷스케이프사의 내비게이터에게 밀려 웹 브라우저 시장에서 미약한 존재였지만 1996년부터 마이크로소프트의 운영체제인 윈도우즈에 기본 내장되어 보급되기 시작하였고 버전 3.0에서는 HTML 3.2 및 액티브X 콘트롤과 자바 애플릿의 실행 환경을 갖추는 등 기능이 향상되어 내비게이터를 따라잡기 시작하였다. 이후 1997년 8월에 발표된 버전 4.0부터는 컴퓨터를 기본적으로 통합 관리하는 사용자 인터페이스로 활용되기 시작하였으며 1998년 발표된 버전 5.0은 안정된 서비스로 넷스케이프사의 내비게이터를 위협하기 시작하였다. 이후 계속 점유율이 상승하여 전 세계에서 가장 많이 사용하는 웹 브라우저였으며, 한 때 전 세계 시장 점유율 90%를 넘어서기도 했으나 2012년 이후 구글 크롬에 의해 선두자리를 내줬다.

인터넷 익스플로러의 또 다른 특징이 바로 액티브X(Active X)다. 액티브X는 쉽게 말해 PC의 EXE 파일을 인터넷 익스플로러상에서 실행하는 기술이다. 액티브X는 인터넷 익스플로러에서만 사용할 수 있는데, 유독 우리나라의 은행 홈페이지나 관공서 홈페이지에 널리 사용된다. 이러한 액티브X의 애용으로, 나름 사용자는 버전 문제 등 여러 문제점에도 불구하고 우리나라에서는 아직도 인터넷 익스플로러의 사용이 다른 나라에 비해 많은 편이다.

마이크로소프트사는 HTML5의 지원과 액티브X의 문제 해결책으로 2015년에 새로운 브라우저인 엣지(edge)를 발표하였다. 현재 엣지는 윈도우 10의 기본 브라우저로 제공되고 있으나 사용자들의 반응은 좋지 않아 점유율이 그리 높지는 않다. 마이크로소프트사는 향후 인터넷 익스플로러를 대체하여 엣지를 주력 브라우저로 가져갈 계획이다.

모질라의 파이어폭스

파이어폭스(firefox)는 모질라(Mozilla)가 네티즌과 함께 개발하여 2004년 11월 버전 1.0을 발표한 웹 브라우저이다. 모질라는 원래 넷스케이프 사를 인수 합병한 AOL-타임워너가 2003년 6월에 설립한 비영리재단이다. 모질라는 현재 웹의 힘을 사람들이 활용할 수 있도록 하기 위해 노력하며 다양한 웹 관련 소프트웨어를 개발하고 있다.

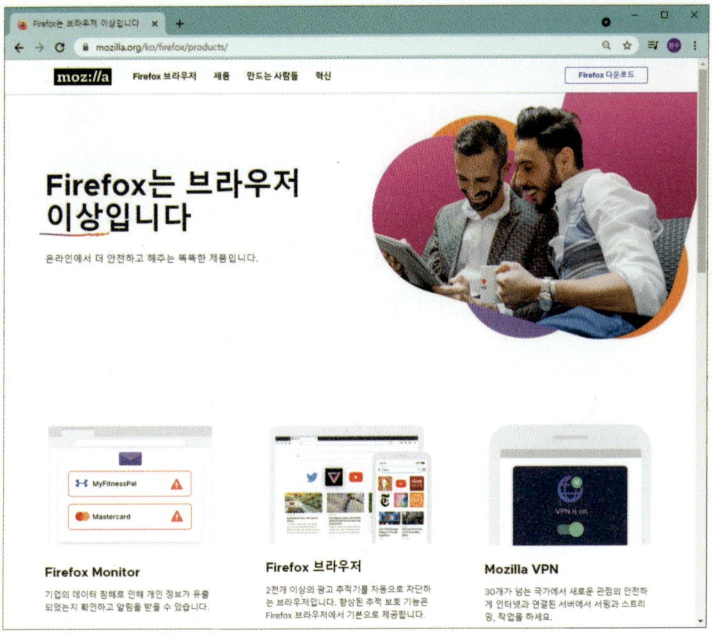

그림 10.54 ▸ 모질라 홈 페이지(www.mozilla.org/ko/firefox/products)

파이어폭스는 인터넷 익스플로러가 점유율이 높을 당시 경쟁자로 성공하였으며, 아직도 사용자 많은 편으로 발전 가능성이 많은 브라우저로 알려져 있다. 파이어폭스 설치는 간단하며, 모질라에 접속하여 설치한다.

IT Story

모질라와 파이어폭스

'모질라(Mozilla)'라는 말은 일리노이대학 슈퍼컴퓨팅연구소(NCSA)에서 처음 탄생한 그래픽 브라우저인 모자익(Mosaic)에서 나왔다. 모자익을 만든 개발자들이 넷스케이프 개발에 참여하면서 모자익보다 더 좋은 브라우저(Mosaic Killer)를 만들겠다는 뜻에서, 넷스케이프의 소스코드 코드명을 '모질라'라고 명명했다(모질라에는 공룡이라는 뜻도 있기 때문에 초록색 공룡 마스코트로 통하기도 한다).

많은 사람들이 파이어폭스와 모질라의 관계를 궁금해 한다. 실제로 파이어폭스와 모질라는 따로 이야기할 수 없다. 파이어폭스의 주요 소스코드와 개발 프레임워크가 모두 모질라의 그것과 동일하기 때문이다. 파이어폭스는 모질라의 렌더링 엔진과 주요 API, 사용자 인터페이스를 확장해 개발한 브라우저다. 모질라는 파이어폭스 외에도 그놈(Gnome) 데스크탑용 브라우저인 카멜레온(Kameleon), 매킨토시용 카미노(Camino), 무선 웹 브라우저인 미니모(Minimo) 그리고 넷스케이프 7 버전에 이르기까지 다양한 브라우저의 기반 플랫폼이다. 모질라를 이해하는 것은 파이어폭스를 비롯해 오픈 소스 브라우저 전반을 이해하는데 필수적이다.

그림 10.55 ▸ 모질라 로고

크롬(chrome)은 2008년 구글이 개발한 웹 브라우저이다. 크롬은 과거 애플 주도로 개발된 웹 브라우저 엔진 웹킷(Webkit)을 사용했으나 현재는 구글이 자체 제작한 블링크(Blink) 엔진을 사용하여 개발되고 있다. 오픈 소스 프로젝트인 크로미엄은 크로미엄과 크로미엄 운영체제를 개발하는 단체이며, 크로미엄은 블링크 등 웹 브라우저 엔진을 개발하고 있다. 크롬은 윈도우와 OS X, 두 가지 운영체제를 모두 지원한다. 검색엔진으로 유명한 구글이 모바일 운영체제인 안드로이드의 성공으로 크롬은 2012년 5월 이후 인터넷 익스플로러를 제치고 현재 전 세계에서 가장 많이 사용되는 웹 브라우저가 되었다.

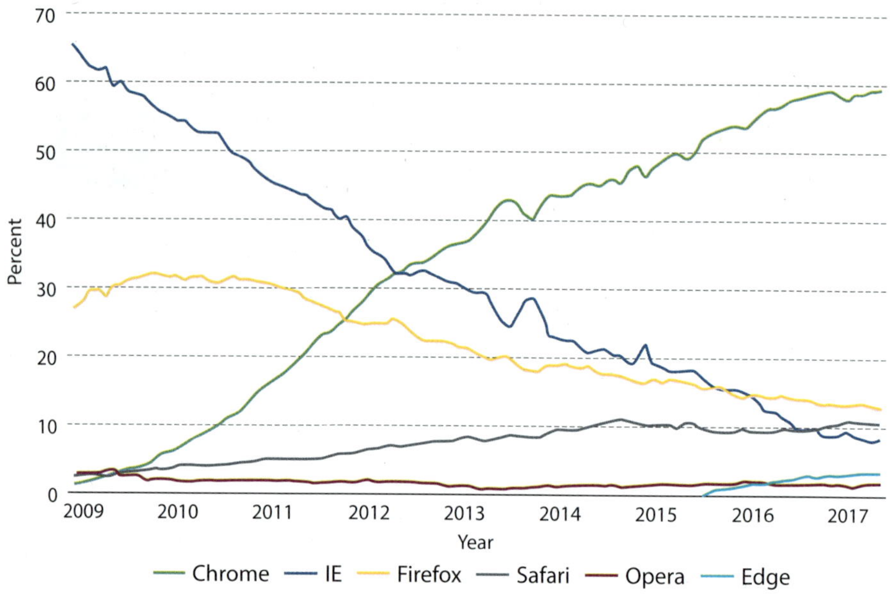

그림 10.56 ▸ 웹 브라우저의 시장 점유율

애플의 사파리

사파리(safari)는 애플이 2004년에 공개한 웹 브라우저이다. 사파리도 애플이 주도하는 공개 프로젝트인 웹키트(WebKit) 엔진을 사용하여 웹페이지 렌더링 및 자바스크립트 실행에 활용한다. 사파리는 애플의 맥, 아이폰과 아이패드의 기본 웹 브라우저로 사용되고 있으며, 한 때 윈도우 버전도 있었으나 애플의 운영체제인 OS X에서 최고의 성능을 발휘한다.

3. 웹 서버

웹 서버 정의

웹 서버는 웹의 HTTP를 사용하여 클라이언트의 요청에 응답을 하는 프로그램이다. 이 웹 서버는 서버의 역할을 수행하기 위해 항상 실행되어 있어야 하며 클라이언트가 요청한 페이지 또는 프로그램을 실행하여 파일이나 그 결과를 사용자들에게 제공한다. 웹 서버도 그 종류가 매우 많은데 일반적인 웹 서버들로는 윈도우와 유닉스 기반의 운영체계에서 모두 쓸 수 있는 아파치(Apache)와 윈도우 서버에서 주로 이용하는 IIS(Internet Information Server)를 예로 들 수 있다.

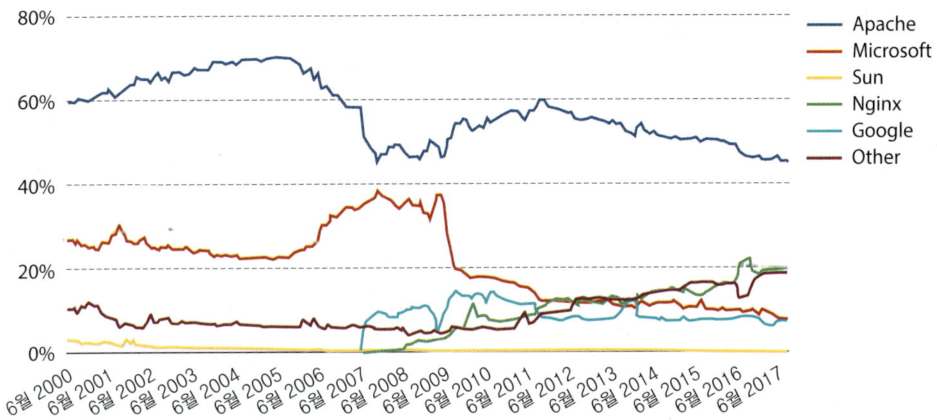

그림 10.57 ▸ 웹 서버의 시장 점유율

아파치

아파치(Apache) 웹 서버는 아파치 소프트웨어 파운데이션(Apache Software Foundation)에서 열린 소스(Open Source)로 개발되고 있는 공개 프로젝트인 아파치 HTTP 서버(Apache HTTP Server)에서 개발하는 웹 서버이다. 아파치는 리눅스와 같이 누구나 자유롭게 이용할 수 있다는 장점과 함께 그 성능도 뛰어나 현재 인기있는 웹 서버 중 하나이다.

아파치는 NCSA(National Center for Supercomputing Applications : 미국국립수퍼컴퓨터활용센터) 소속 개발자들이 개발하여 1995년 처음 발표된 웹 서버인 NCSA httpd 프로그램을 수정 발전시킨 웹 서버이다. 아파치(a + patch)는 NCSA httpd 1.3 서버에 패치(patch) 파일을 제공했던 개발자들이 'A PAtCH server'라는 용어에서 아파치라는 이름을 따왔다고 한다. 현재 아파치는 유닉스 계열 버전과 윈도우 버전이 제공되고 있다.

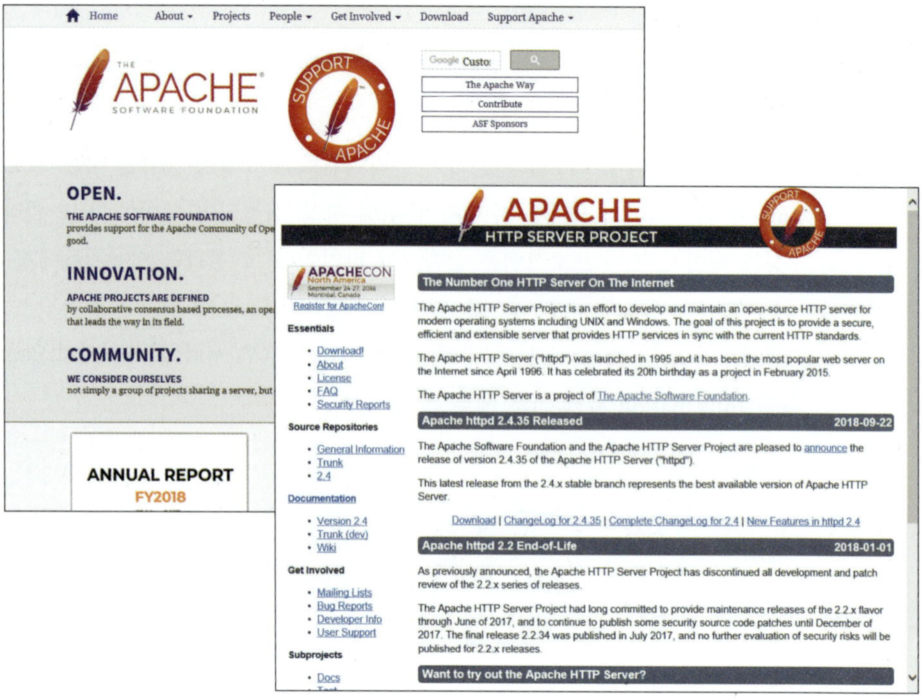

그림 10.58 ▸ 아파치 소프트웨어 파운데이션과 HTTP 서버 프로젝트 홈페이지

NGINX

엔진 엑스(Nginx)는 러시아의 소프트웨어 엔지니어인 이고르 시셰프(Igor Sysoev) 개발한 오픈소스 웹서버다. 엔진 엑스는 적은 메모리 사용으로도 성능이 좋고 동시처리 능력이 뛰어나 현재 웹서버 시장 점유율 1위인 웹서버다. 현재 Nginx는 페이스북, 넷플릭스, 깃허브, 네이버 등에서 사용된다.

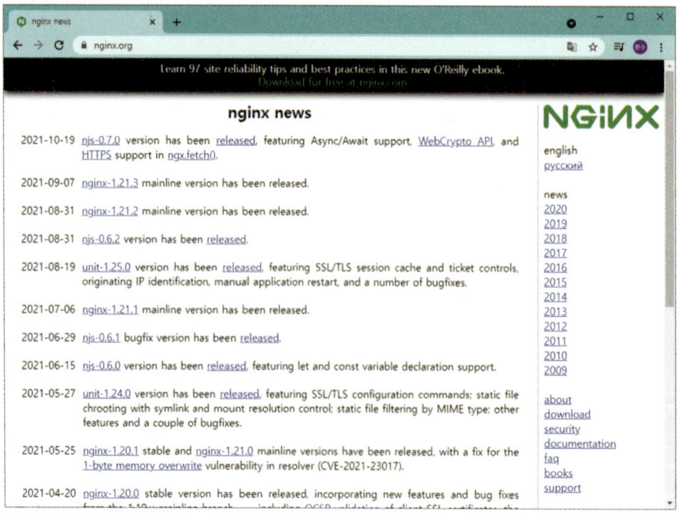

그림 10.59 ▸ 엔진 엑스 홈페이지(nginx.org)

10.8 웹 프로그래밍

1. 웹 프로그래밍 개요

HTML과 HTML5

HTML(Hypertext Markup Language)는 웹을 통하여 정보를 전달하기 위한 문서를 작성하는 표준 언어이다. HTML은 하이퍼미디어를 생성하고 문서 요소를 묘사하는 태그로 구성된 언어로 이전의 표준 범용 마크 언어인 SGML(Standard Generalized Markup Language)을 기반으로 정의되었다. HTML은 문서의 구성 요소를 태그를 이용하여 표현한다. 현재의 HTML의 버전은 2017년 12월에 확정된 HTML5.2이다. 2014년에 발표된 HTML5는 HTML 4.01, XHTML 1.0의 차기 버전으로 비디오, 오디오 등 다양한 부가기능과 최신 멀티미디어 콘텐츠를 액티브X 없이 브라우저에서 쉽게 볼 수 있게 하기 위한 목적으로 발표되었다.

태그는 일반적으로 <HTML>와 같은 시작 태그와 </HTML>와 같은 종료 태그로 구성된다. 다음은 많이 사용되는 HTML 편집기인 비주얼스튜디오코드(visual studio code)로 편집한 HTML5의 문서를 보여주고 있다. 첫 문장인 <!DOCTYPE html>은 이 문서가 HTML5 문서임을 나타내고 있다.

```
<!DOCTYPE html>
<html lang="ko">
    <head>
        <title>컴퓨터 개론</title>
    </head>
    <body>
        소프트웨어 중심사회
    </body>
</html>
```

그림 10.60 ▸ HTML5의 간단한 예

HTML은 태그를 이용하여 문서의 글자 크기, 글자 색, 글자 모양, 그래픽, 하이퍼링크 등을 정의할 수 있으며 아스키 문자의 텍스트로 구성된다. HTML은 문서의 표현을 더욱 확장하기 위해 DHTML(Dynamic HTML), XML(eXtensible Markup Language), CSS(Cascading Style Sheets) 등과 통합이 가능하다.

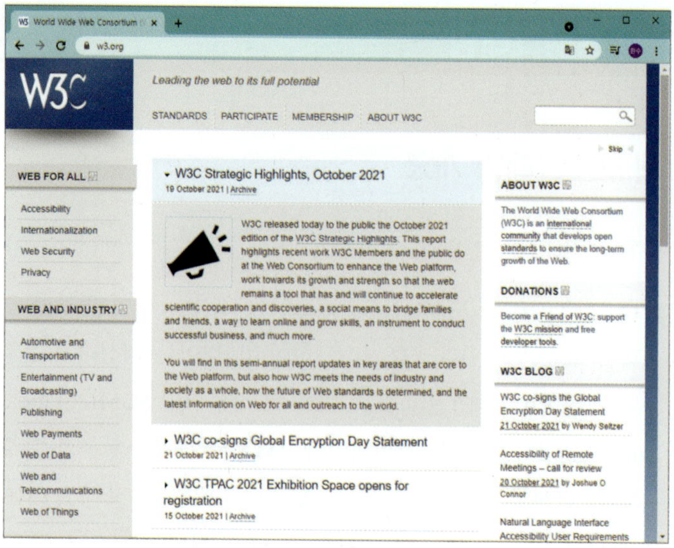

그림 10.61 ▸ WWW 컨소시엄 홈페이지(www.w3.org)

HTML5 태그

웹 문서인 HTML을 구성하는 여러 종류의 태그와 그 사용법을 간단히 알아보자. HTML 태그는 대부분 시작 태그인 <tagname>로 시작하고 내용이 기술되며 종료 태그인 </tagname>로 종료된다. <hr> 태그와 같이 시작 태그만 있고 종료 태그는 없는 태그도 있다. 태그 <html> 내부는 크게 <head> 태그와 <body> 태그로 구성되며 <body> 태그는 <title> 태그로 구성된다. HTML 문서의 몸체를 구성하는 <body> 태그 내부에는 제목을 기술하는 <h1> 태그를 비롯해서 한 단락을 표현하는 <p> 태그 등의 다양한 종류의 태그를 구성할 수 있다.

표 10.3 HTML 기본 태그

태그	종료태그	의미
〈html〉	〈/html〉	HTML 본문 구성
〈title〉	〈/title〉	웹 페이지의 캡션에 나타나는 제목
〈head〉	〈/head〉	웹 페이지의 머리에 해당하는
〈body〉	〈/body〉	웹 페이지의 몸체로 본문 구성하는 부분
〈h1〉	〈/h1〉	제목(헤드라인) 태그
〈center〉	〈/center〉	횡으로 가운데 정렬
〈p〉		단락(paragraph) 태그
〈br〉		한 줄 띄기(break)
〈hr〉		가로 선(Horizontal Ruler) 긋기

다음은 위의 기본 태그를 이용하여 파일 index.html을 작성하여 실행한 결과이다. 이러한 html 파일은 텍스트 편집기나 전용편집기를 이용하며 일반적으로 확장자를 html 또는 htm로 지정한다.

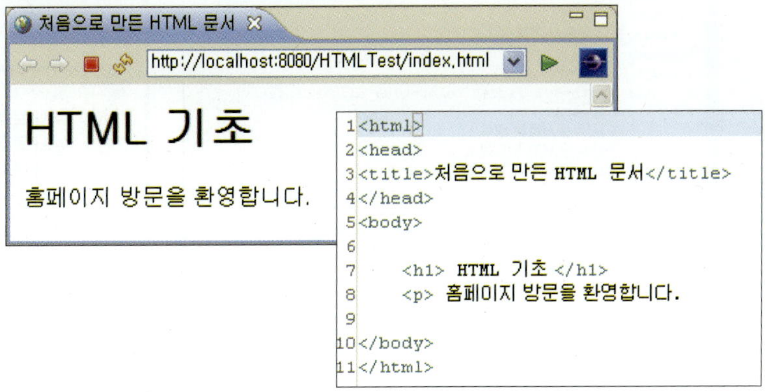

그림 10.62 ▸ HTML 문서의 작성과 결과

HTML에는 글자체의 표현을 다양하게 하는 여러 태그가 있으며 각 태그마다 고유의 속성을 지정할 수 있나. 태그는 필요에 따라 속성을 가지며 그 값을 propertyname = value 형식으로 지정한다.

표 10.4 폰트 관련 HTML 태그

태그	종료태그	주요 속성	의미
〈h2〉	〈/h2〉	align = "left"	제목을 기술하는 태그로 h1에서 h6까지 사용 가능하며 숫자가 클수록 글자가 작아짐.
〈p〉		align = "left"	단락의 정렬 방향을 left, right, center 중에 하나 지정 가능함.
〈font〉	〈/font〉	size="3" face = "고딕체" color="blue"	font의 크기는 1에서 7까지 가능하며, 글자체와 색상 지정이 가능함.
〈b〉	〈/b〉		글자체를 진하게
〈i〉	〈/i〉		글자체를 이탤릭체로
〈u〉	〈/u〉		밑줄이 있는 글자체로
〈blink〉	〈/blink〉		글자체를 깜박거리게
〈sub〉	〈/sub〉		아래 첨자로 보이게
〈sup〉	〈/sup〉		위 첨자로 보이게

목록을 표현하는 태그로는 번호를 붙이는 순서목록인 <ol> 태그와 번호를 붙이지 않는 무순서목록인 <ul> 태그가 있다. 태그 <ol>와 <ul>의 내부에 각각의 항목은 태그 <li>

을 이용하여 표현한다. 가로선을 긋는 태그인 <hr> 태그는 가로 길이 속성인 width, 정렬 속성인 align, 색상 속성인 color, 그리고 선의 굵기 속성인 size를 제공한다.

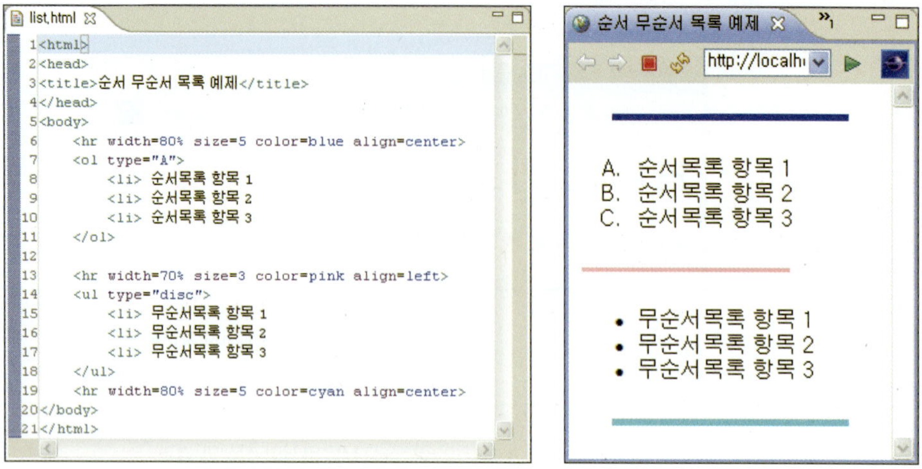

그림 10.63 ▸ 목록을 위한 html 파일과 그 결과

표 10.5 목록을 표현하기 위한 관련 HTML 태그

태그	종료태그	주요 속성	의미
〈ol〉	〈/ol〉	type = "A"	순서목록(Ordered List) 태그라 하며 속성 type은 A, a, I, i 중의 하나가 가능함.
〈ul〉	〈/ul〉	type = "disc"	무순서목록(unordered List) 태그라 하며 속성 type은 disc, circle, square 등이 가능함.
〈li〉			순서목록과 무순서목록 내부에서 각각의 항목에 이용되는 태그
〈hr〉		width = "50%" align = "center" color = "pink" size = "5"	가로선 긋기 태그에서 width 속성은 백분율 또는 정수 값 지정이 가능하며, align, color 그리고 선의 굵기를 지정하는 size가 가능함.

XML

HTML은 SGML에서 정의된 하나의 태그 집합에 불과하다. HTML은 인터넷에서 적합하게 표현되도록 문서 내용 구조와 표현 스타일이 가지고 있으나 새로운 태그를 정의할 수 없으므로 그 확장성에 문제가 있다. 이러한 문제를 해결한 것이 XML(eXtensible Markup Language)이다. XML은 1996년 W3C(World Wide Web Consortium)의 후원으로 형성된 XML Working Group에 의해 개발된 것으로 HTML의 단점을 보완하고 SGML의 장점을 결합시킨 마크 업 언어로, XML 1.0이 1998년 2월에 발표되었다.

HTML은 하이퍼텍스트와 멀티미디어 처리가 가능한 정보를 표현하기 위해 하나의 고정된 문서형식정의(DTD: Data Type Definition)를 지원한다. 나모와 같은 개발도구에서 HTML 문서를 자동으로 생성하면 <!DOCTYPE …> 태그를 본 적을 있을 것이다. 여기에서 기술된 마지막 파일 이름인 loose.dtd가 HTML에서 이용할 수 있는 태그를 정의한 문서형식정의인 DTD 파일이다. HTML의 DTD는 HTML 태그를 구성하는 DTD의 구성요소(element)가 정의된 파일이며, 각 웹 브라우저는 표준화된 HTML DTD와 스타일 정보를 내장하여 HTML 문서를 사용자에게 적절히 해석하여 보여주게 된다.

dtd.html

```
<!DOCTYPE html PUBLIC "-//W3C//DTD HTML 4.01 Transitional//EN" "http://www.w3.org/TR/html4/loose.dtd">
<html>
<head>
<meta http-equiv="Content-Type" content="text/html; charset=EUC-KR">
<title>Insert title here</title>
</head>
<body>

</body>
</html>
```

그림 10.64 ▸ HTML에서 볼 수 있는 HTML 태그의 DTD 파일

XML은 이러한 DTD를 사용자가 직접 정의하여 사용할 수 있는 마크업 언어로 사용자가 원하는 태그를 무한히 확장하여 이용할 수 있다. XML 문서의 가장 큰 장점은 원하는 문서 내용을 태그로 정의하여 이용할 수 있을 뿐 아니라 그 내용과 디자인이 완전히 분리할 수 있다는 것이다. 즉, XML은 문서의 구조와 프리젠테이션을 분리하여 구현할 수 있다. 문서의 구조는 XML문서를 통하여 트리 구조의 구조적인 형태로 나타내며, 출력과 스타일은 XSL(XML Stylesheet Language) 문서로 나타낼 수 있다. 이 XSL은 CSS(Cascading Stylesheet)와 더불어 XML 문서의 스타일을 정의하기 위한 언어이다.

VBScript와 JavaScript

VBScript와 JavaScript는 모두 컴파일 없이 웹 브라우저 상에서 직접 수행이 가능한 스크립트 언어로 HTML문서에서 태그로 표현할 수 없는 로직 처리를 담당하기 위해 개발된 언어이다. JavaScript는 선마이크로시스템즈 사와 넷스케이프 커뮤니케이션스사가 공동 개발한 스크립트 언어로 1996년 2월에 발매한 웹 브라우저인 넷스케이프 내비게이터 2.0에서부터 사용할 수 있었다. 반면에 VBScript는 JavaScript에 대항하여 마이크로소프트사가 비주얼베이직(Vusual Basic) 언어를 기초로 만든 스크립트 언어이다. 이 스크립트 언어는 태그 <script>를 이용해 HTML 문서에서 이용 가능하다.

```
<SCRIPT language="VBScript">
…
</SCRIPT>
```

```
<SCRIPT language="JavaScript">
…
</SCRIPT>
```

그림 10.65 ▸ HTML에서 스크립트 언어의 이용

[그림 10.66]은 버튼 [여기를 누르세요]를 누르면 대화상자 [확인]이 나타나는 VBScript가 내장된 HTML 파일과 이를 브라우저에서 실행한 결과이다. 태그 <head> 내부를 살펴보면 VBScript가 코딩되어 있는 것을 알 수 있다.

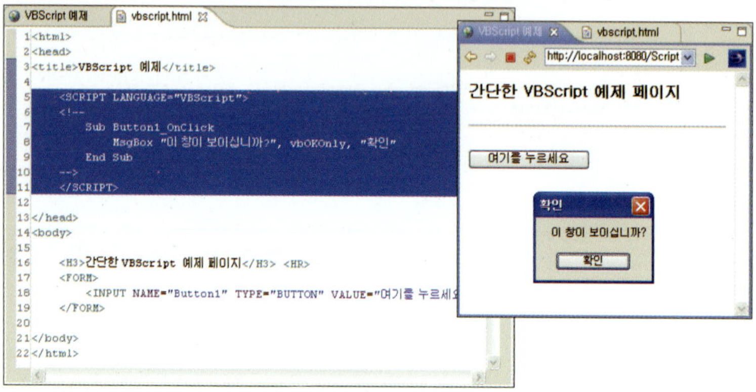

그림 10.66 ▸ HTML에서 VBScript의 예제와 결과

웹 표준

웹 표준(web standards)은 웹 서버가 서비스하는 정보가 다양한 브라우저와 정보 기기에 관련 없이 사람들에게 동일한 정보를 전달 할 수 있게 하는 여러 공식 기관에서 권고하는 구조화된 웹 기술 지침이다. 즉 웹 서버의 웹 페이지가 웹 표준을 지키려면 W3C와 같은 공식 기관의 가이드에 따라 올바른 HTML, CSS(Cascading Style Sheets), 자바스크립트와 웹 접근성(WCAG: Web Contents Accessibility Guidelines)를 사용해야 한다. 웹 접근성은 W3C가 1999년에 장애인 등의 웹 접근성을 고려하여 제정한 국제 지침 표준이다. 웹 구축 관련 다양한 기술이 발전함에 따라 웹 접근성에 대한 지침을 준수하게 하기 위해 2008년 12월에 WCAG 2.0으로 수정하였다. [그림 10.67]은 웹 표준의 발전 과정을 보이고 있다.

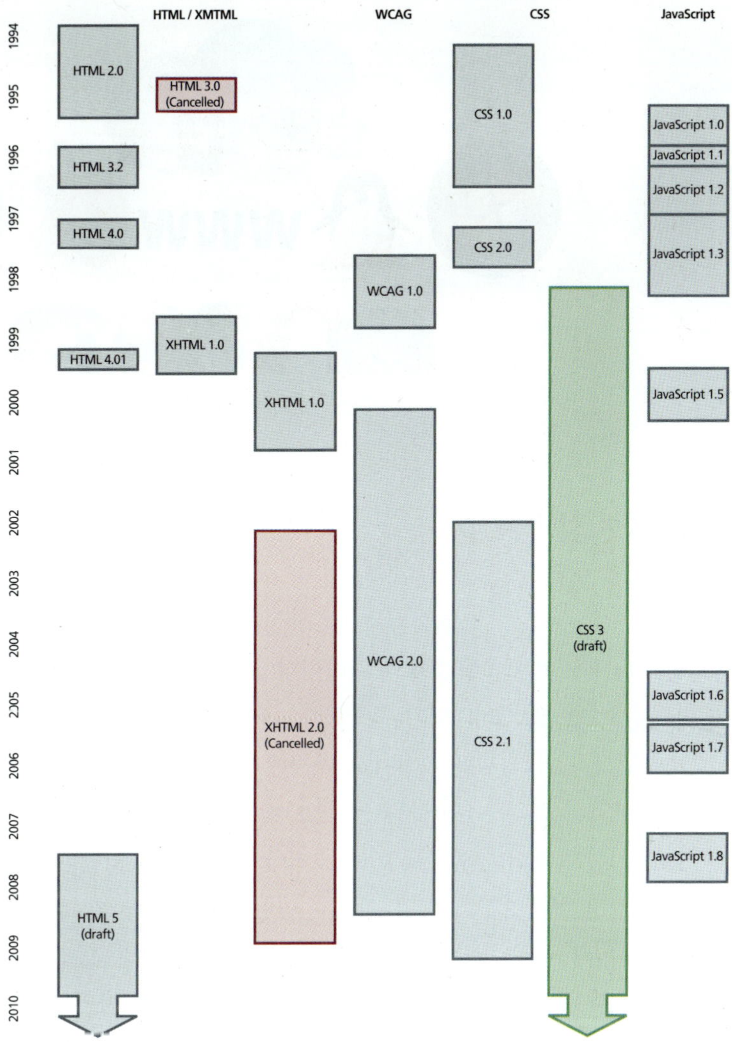

그림 10.67 ▸ 웹 표준 발전

우리나라의 경우 마이크로소프트 사의 인터넷 익스플로러의 사용이 현저히 많은 이유로 액티브 X 등 웹 정보도 인터넷 익스플로러에 특화된 기술을 사용하는 경향이 있다. 이런 경우 다양한 모바일 기기와 브라우저에서 특화된 기술의 정보가 제한될 수 있는 단점이 있다. 만일 웹 사이트가 웹 표준을 따른다면, 사용자가 인터넷 익스플로러를 사용하던 크롬을 사용하던 문제 없이 동일한 정보를 획득할 수 있을 것이다. 바로 이러한 점이 웹 표준을 지켜야 하는 이유다.

그림 10.68 ▸ 웹 표준 개념

2. 인터넷 검색 포털

네이버

네이버(Naver)는 삼성 SDS의 글라이더(glider)라는 내부 기업으로 시작해 2009년 6월에 검색 포털로 서비스되기 시작했다. 1997년 출범한 미국 검색 엔진인 야후 코리아는 2000년까지 검색 포털 대명사로 자리매김하고 있었다. 2001년에는 국내 검색 포털인 다음이 국내 점유율 1위에 등극하였으며, 국내 업체인 엠파스도 상당히 인기를 끌고 있었고 여전히 해외 기업으로 야후 코리아와 라이코스 코리아 등이 있어, 네이버는 출범 이후 그리 쉽지 않은 시기를 지내고 있었다. 네이버는 자회사인 한게임을 합병하고 지식인 서비스가 상당히 인기를 끌면서 2004년에는 국내 검색 포탈 1위 자리에 등극하게 된다. 네이버는 단순히 검색 서비스 뿐만 아니라 블로그, 카페, 게임 등의 다양하고 재미있는 서비스를 제공함으로써 세계적인 검색엔진인 구글을 제치고 당당히 검색 포탈 1위 자리를 굳건히 지키고 있다. 네이버는 외국과는 달리 국내에서는 독보적인 인기를 끌고 있으나 검색 이외에도 광고 등의 부가 기능으로 속도와 검색 결과에 만족하지 못하는 사용자도 있다.

구글

구글(Google)은 1998년에 창업하여 현재 전 세계 검색 시장의 약 69% 의 점유율을 보이는 대표적인 검색 엔진 서비스이다. 구글은 검색 뿐 아니라 전 세계 곳곳을 실감나게 볼 수 있는 구글 어스(Google Earth)로 주목을 받았으며, 웹에서도 전 세계 지도 서비스를 차별화하여 인기를 끌고 있다. 그럼에도 불구하고 국내에서는 2% 정도가 사용할 정도로 점유율이 낮으나 많은 사용자는 영어나 전문 검색에 구글을 활용하고 있다.

검색 엔진의 검색 원리를 알아 보면, 스파이더(spider 또는 크롤러: crawler)라는 검색 로봇 모듈은 전 세계 웹 사이트의 링크(link)를 따라 웹 페이지를 방문하여 정보를 수집하는 과정인 크롤링(crawling)을 수행한다. 크롤링 단계에서 수집된 정보는 빠른 검색에 적합하게 의미 있는 단어를 빼내 데이터베이스로 저장되는데, 이를 인덱싱(indexing) 과정이라 한다. 사용자가 검색엔진에 접속하여 키워드 검색을 요청하면 인덱싱된 데이터베이스에서 적절한 검색 알고리즘으로 검색하여 적합도와 중요도 등을 고려하여 그 결과를 보여준다.

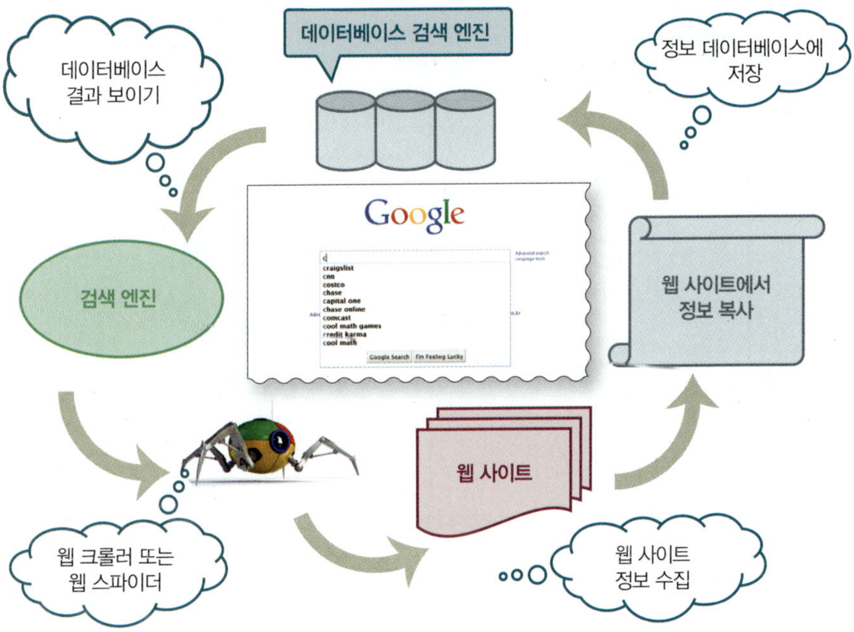

그림 10.69 ▸ 검색 원리

3. 인터넷 기술 변화

웹 2.0

웹 2.0(Web 2.0)은 웹이 출현한 이후 21세기에 대한 인터넷 또는 웹에 대한 방향성을 제시한 일종의 패러다임이었다. 웹2.0은 정보의 개방성, 이동성, 연결성 등과 관련된 개념이라고 할 수 있으며, 이를 위한 표준화 작업이었다. 웹 2.0의 기술 표준을 살펴보면 수정되는 웹사이트 정보를 쉽게 확인할 수 있도록 만들어진 기술 표준인 RSS(Really Simple Syndication 또는 Rich Site Summary), 개인화된 정보를 공유하는 블로그(blog)인 웹로그(Weblog), 기존의 게시판을 대체하면서 어떤 주제에 대한 집단지성을 가능하게 해주는 위키피디아(Wikipedia), 효율적인 대화식 웹 페이지의 개발을 위한 Ajax-(Asynchronous Javascript And XML) 등을 들 수 있다.

웹 2.0에서의 웹이란 모든 사람이 이미 제공되는 데이터를 활용하여 다양한 신규 서비스를 생산해 낼 수 있는 플랫폼으로서의 웹 환경을 의미하며 사용자 중심의 커뮤니티에 의존하는 동적인 열린 공간으로서의 웹을 말한다. 이미 웹이 우리 사회의 일부이지만 앞으로는 더욱 가속화되어 컴퓨터라는 기기에 의존하지 않고도 웹이라는 매체를 통해서 생활의 모든 것을 하게 될 것으로 보인다. 즉 웹 서핑, 영화 및 음악 감상, 문서 작성, 그래픽 작업 등 모든 것이 웹으로 통하는 것이 웹 2.0이다.

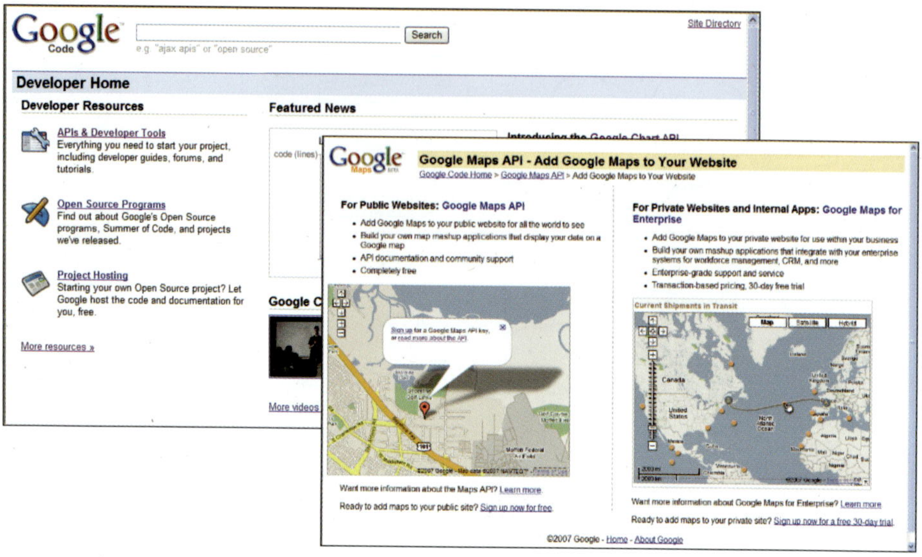

그림 10.70 ▸ 구글을 이용한 다양한 개발 자료(code.google.com)와 구글 맵 API 사이트

2000년대 많은 기업들이 웹 2.0의 패러다임을 추구하였으며, 이를 적절히 구현한 대표적인 기업이 구글이다. 구글은 달력을 만들거나 차트를 그리는 등 여러 작업을 웹에서 가능하도록 다양한 응용 프로그램 인터페이스(API: Application Programming Interface)를 제공한다. 한 예로, 구글이 제공하는 구글 맵 API를 이용하면 개인의 홈 페이지에서 구글 맵을 활용하여 부동산 사업이나 여행 안내 사업을 할 수 있다.

웹 3.0

웹 3.0(Web 3.0)은 웹 2.0 이후의 2010년대의 웹의 패러다임으로 개인 중심의 서비스로 창의성이 최대한 발휘될 수 있는 웹을 말한다. 웹 3.0은 시맨틱 웹 기술에 의한 지능화된 웹 환경을 구축하여 컴퓨터가 정보자원의 의미까지 이해하고 이를 바탕으로 논리적 추론까지 함으로써 이용자의 패턴을 추론해 사용자가 요청하는 적절한 서비스를 제공하는 지능형 웹을 말한다. 웹을 창시한 팀 버너스 리는 시맨틱 웹은 전혀 다른 새로운 웹이 아니라 현재의 웹의 확장으로 컴퓨터와 사람이 협력작업을 할 수 있도록 의미가 잘 정의된 웹이라 정의한다.

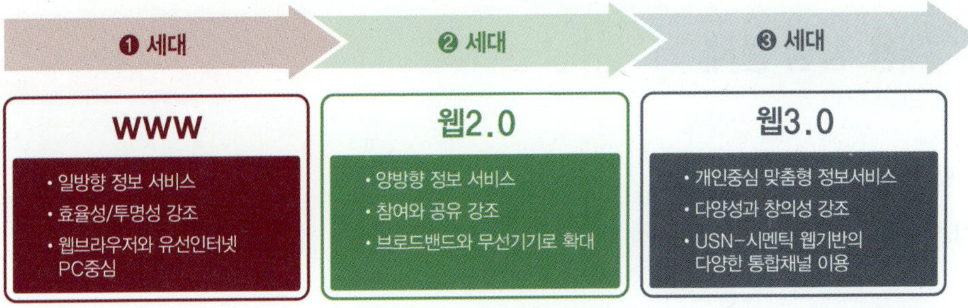

그림 10.71 ▸ 웹의 진화 3세대

1990년 웹이 만들어진 후 콘텐츠 포탈 중심의 웹이 웹 1.0이라면 2000년부터 10년간은 참여, 공유, 개방 중심의 웹 2.0이라고 할 수 있다. 2010년부터 2020년까지는 시맨틱 웹 구축으로 지능형 검색 중심의 웹 3.0이다.

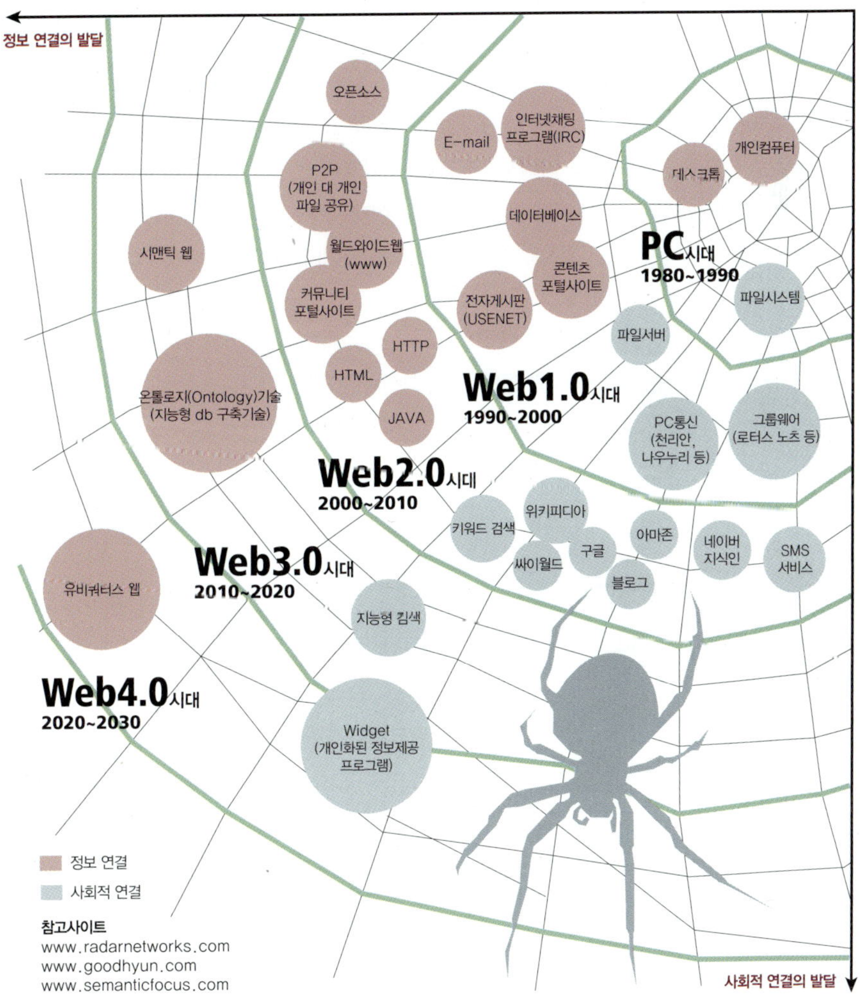

그림 10.72 ▸ 웹 진화 개념도

내용 점검 문제

[객관식]

다음 각 문항에 대하여 보기 중에서 알맞은 것을 선택하시오.

01 네트워크 개요에 대한 설명으로 옳지 않은 것은?

A. 네트워크는 전송 매체를 통하여 연결되어 진 컴퓨터들이 상호 간에 정보를 교환하는 시스템이다.

B. 네트워크는 여러 종류의 통신 회선을 통해 원격으로 동일 시스템에만 데이터를 전송한다.

C. 컴퓨터 네트워크는 데이터를 송신하는 송신자와 수신하는 수신자 그리고 그 사이의 전송매체로 이루어 진다.

D. 송신자와 수신자의 데이터 전송은 그들 간의 전송 절차인 프로토콜에 따라 이루어진다.

02 OSI 모델의 계층에 대한 설명으로 옳지 않은 것은?

A. 물리계층 – 기계적이고 물리적인 사양이 결정된다.

B. 네트워크 계층 – 발신지와 목적지 간의 패킷이 전송되는 경로를 책임진다.

C. 세션계층 – 메시지가 발신지에서 목적지까지 실제 전송되는 것을 책임진다.

D. 표현계층 – 정보의 표현 방식을 관리하고 암호화하거나 데이터를 압축하는 역할을 한다.

03 광섬유의 대한 설명으로 옳지 않은 것은?

A. 머리카락 보다 가는 유리섬유를 통해 광선을 전송한다.

B. 전자기파의 간섭을 거의 받지 않는다.

C. 대역폭이 아주 작다.

D. 빠른 전송속도를 요구하는 곳에 쓰인다.

04 네트워크 분류에 대한 설명으로 옳지 않은 것은?

A. LAN은 비교적 근거리에 설치되어 있는 컴퓨터, 프린터, 기타 네트워크 장비들을 연결하여 구성한 네트워크다.

B. MAN은 LAN보다 좀 더 넓은 범위의 네트워크여서 통신사업자가 이를 제공하고 관리한다.

C. WAN은 아주 넓은 범위의 네트워크이다. 하나의 국가나 국가와 국가 간을 연결한다. 대표적인 WAN은 인터넷이다.

D. MAN의 표준으로 이더넷, 고속 이더넷, 기가비트 이더넷, FDDI가 있다.

05 라우터(router)에 대한 설명으로 옳지 않은 것은?

A. 패킷의 다음 경로를 결정한다.

B. 패킷의 IP 주소를 보고, 패킷을 어디로 보낼 것인지를 결정한다.

C. 동일한 기관의 하나 또는 두 개의 LAN의 분할된 세그먼트를 연결한다.

D. LAN과 MAN, LAN과 WAN과 같이 두 개의 독립적인 네트워크를 연결한다.

06 두 개 이상의 LAN을 서로 연결하여 하나의 네트워크로 만들어주는 것은?

A. 라우터

B. 게이트웨이

C. 브리지

D. 허브

07 원어의 연결이 옳지 않은 것은?

A. WWW – World Wide Web

B. HTTP – Hyper Text Transfer Protocol

C. SMTP – Simple Mail Transfer Protocol

D. FTP – Folder Transfer Protocol

08 인터넷에 대한 설명으로 옳지 않은 것은?

A. 1957년 러시아의 인공위성 스푸트닉(sputnik)의 발사 성공은 미국이 국방성에 고등연구계획국인 알파(ARPA: Advanced Research Projects Agency)와 같은 고급 기술을 연구하는 연구소를 창설하게 하는 계기가 되었다.

B. 인터넷의 시초는 1968년에 알파에서 구축한 미국과학연금기금넷(NSFNET)으로 캘리포니아 주립대학(UCLA)을 중심으로 캘리포니아 산타바바라 주립대학(UCSB), 스탠퍼드 연구소(SRI), 유타 대학(UTAH) 사이에 전화선을 통한 하나의 네트워크 탄생이다.

C. 인터넷은 지구 전역에서 서로 다른 기종의 컴퓨터들이 통일된 프로토콜을 사용해 자유롭게 통신을 주고받을 수 있는 세계 최대의 통신망을 말한다.

D. 인터넷은 1969년 미국 국방부에서 시작된 ARPANET이 모체로서 인터넷은 네트워크를 서로 접속하는 기술과 그 기술에 의해 접속된 네트워크를 가리킨다.

09 TCP/IP 계층구조에 대한 설명으로 옳지 않은 것은?

A. TCP/IP의 계층구조는 네트워크 계층, 인터넷 계층, 전송 계층, 응용 계층으로 구분된다.

B. 응용 계층은 인터넷을 사용하는 FTP, Telnet, SMTP 등과 같은 응용프로그램 이루어지는 계층이다.

C. TCP/IP가 계층구조를 갖는 이유는 계층 간의 의존성을 유지하기 위해서이다.

D. 인터넷 계층은 데이터를 정의하고 데이터의 경로를 배 정하는 일인 라우팅(routing) 업무를 담당한다.

10 OSI 7개 계층 중 전송하는 정보의 표현 방식을 관리하고 암호화하거나 데이터를 압축하는 역할을 하는 계층은?

A. 표현

B. 응용

C. 세션

D. 네트워크

11 TCP/IP의 설명으로 옳지 않은 것은?

A. 개방된 프로토콜 표준으로 누구나 표준화 과정에 참여 할 수 있다.

B. 전자메일, 텔넷, FTP의 등장 이후 단점을 보완하여 개발한 프로토콜이다.

C. 하드웨어, 소프트웨어, 네트워크 망의 종류와 관계없이 이용이 가능하다.

D. 인터넷 주소를 유일하게 보장하여 인터넷 상에서 언제 어디서나 쉽게 통신할 수 있다.

12 원어의 연결이 옳지 않은 것은?

A. HTML – HyperText Markup Language

B. SGML – Standard Generalized Markup Language

C. XML – eXtreme Markup Language

D. CSS – Cascading Style Sheets

13 OSI 7계층을 TCP/IP 계층에 대응(OSI 7계층 – TCI/IP계층구조)시킨 것이다. 옳지 않은 것은?

A. 표현계층 – 응용계층

B. 세션계층 – 네트워크계층

C. 전송계층 – 전송계층

D. 응용계층 – 응용계층

14 도메인 주소에 관한 설명으로 옳지 않은 것은?

A. www.daum.net 의 주소 중 daum은 기관이름을 말한다.

B. 왼쪽부터 오른쪽으로 작은 범주에서 큰 범주로 기술된다.

C. www.dongyang.ac.kr에서 kr의 의미는 kernel(핵심)의 약자로 여러 홈페이지와 연결된 중심을 의미한다.

D. 도메인 이름 중 .com 사업(상업)을 하는 기관에 붙여지는 이름이다.

15 도메인에 대한 설명으로 옳지 않은 것은?

A. DNS는 도메인 이름 시스템(Domain Name System) 또는 도메인 이름 서비스(Domain Name Service)의 약자이다.

B. 도메인 이름 시스템은 도메인 이름의 체계 또는 도메인 이름을 실제의 IP의 주소로 바꾸는 시스템을 말한다.

C. 도메인 이름 서비스는 도메인 이름을 실제의 IP의 주소로 바꾸는 서비스를 말한다. 인터넷에서 도메인 이름을 사용하더라도 실제로는 모두 IP의 주소로 바꾸어 그 컴퓨터를 연결한다.

D. 컴퓨터(호스트)에 할당된 도메인 이름을 IP 주소로 변환시키는 역할을 수행하는 컴퓨터(호스트)를 웹 서버라고 한다.

16 WWW에 대한 설명으로 옳지 않은 것은?

A. 하이퍼텍스트 기반의 정보를 구축한다.

B. 문자, 그림, 음악의 정보를 반영할 수 있으나 동영상, 기타 파일은 제공되지 않는다.

C. 전 세계를 연결한 거미줄과 같은 인터넷 망에서의 정보의 공유를 뜻한다.

D. 편리하고 사용이 쉬운 장점으로 인터넷의 사용이 일상 생활이 되도록 하였다.

17 일반적으로 숫자로 된 IP 주소를 기억하기 어렵고 사용하기도 불편하기 때문에 그에 대응하는 단어로 된 주소를 선호한다. 이를 무엇이라 하는가?

A. 도메인 이름(Domain Name)

B. IPng

C. 최상위 도메인

D. IPv6

18 웹 브라우저의 기능으로 옳지 않은 것은?

A. 웹 페이지 열기 및 저장

B. 전자우편, 뉴스그룹을 이용할 수 있는 프로그램 제공

C. 자주 방문하는 인터넷 주소의 기억과 관리

D. ASP 언어를 해독하여 HTML언어로 전환

19 OSI 모델의 계층 중 인접하는 두 개의 노드 간의 전송을 책임지는 계층은?

A. 데이터 링크

B. 세션

C. 표현

D. 응용

20 빈칸에 알맞은 것은?

> 전자메일은 인터넷을 이용하는 가장 활성화된 응용 프로그램 중의 하나이다. 전자메일은 문자 중심의 메시지에 첨부하여 여러 멀티미디어 파일의 전송이 가능한 기능으로 ___________(이)라는 통신 규약을 사용한다.

A. SMTP

B. FTP

C. Telnet

D. Usenet

【 괄호 채우기 】

다음 각 문항에 대하여 빈칸에 적절한 단어를 채우시오.

01 통신을 하는 두 개체간에 데이터를 전송할 때 무엇을 어떻게 어떠한 방식으로 교신할 것인가 하는 것을 정한 절차를 ___________(이)라 한다.

02 웹브라우저를 이용하여 인터넷을 이용하려면 인터넷 서비스를 원하는 프로토콜과 도메인 이름을 ___________에 기술한다.

03 WWW는 하이퍼텍스트(Hypertext) 기반의 하이퍼미디어(Hypermedia) 정보를 인터넷의 ___________ 통신 규약을 이용하여 저장 공유하는 기술이다.

04 지구 전역에서 서로 다른 기종의 컴퓨터들이 통일된 프로토콜을 사용해 자유롭게 통신을 주고 받을 수 있는 세계 최대의 통신망을 ___________(이)라 한다.

05 ___________(은)는 데이터를 정의하고 데이터의 경로를 배정하는 일인 라우팅(routing) 업무를 담당하는 TCP/IP의 계층구조 중 하나이다.

06 TCP/IP 기반 하에서 인터넷에 연결된 전 세계의 모든 컴퓨터를 식별하는 것이 ___________(이)다.

07 TCP/IP에서 메시지를 전송할 때 일단 메시지를 일정한 길이로 나누어 전송을 하는데 이를 ___________(이)라 한다.

08 ___________(은)는 폭발적으로 늘어나는 인터넷 사용에 대비하기 위한 것으로 128비트 주소 체계로 최대 1조개 이상의 주소를 제공할 수 있으며, 보안 기능을 강화한 인터넷 프로토콜 주소이다.

09 도메인 이름을 실제의 IP의 주소로 바꾸는 시스템의 약자는 ___________(이)다.

10 ___________(은)는 웹의 HTTP 를 사용하여 클라이언트의 요청에 응답을 하는 프로그램이다.

【 주관식 】

01 OSI 7개 계층이 무엇이고, 왜 필요한지를 설명하시오.

02 네트워크의 접속장치 중 게이트웨이, 라우터의 역할이 무엇인지 설명해 보시오.

03 인터넷에서 이용할 수 있는 응용 서비스를 열거하시고 간단히 설명하시오.

04 TCP/IP을 구성하는 4계층을 열거하고, 인터넷 계층에 대하여 설명하시오.

05 TCP/IP을 구성하는 4계층 중에서 전송 계층을 구성하는 2개의 프로토콜을 열거하고 설명하시오.

06 차세대 IP 주소는 무엇이며 개발된 가장 중요한 이유가 무엇인지 설명하시오.

07 IP 주소는 여러 클래스로 나뉜다. IP 주소의 클래스는 무엇인지 설명하시오.

08 IPv6의 주소 형태를 설명하시오.

09 URL의 내용을 분석하시오.

10 현재 이용되는 아파치 웹 서버 버전을 알아보고 자신의 컴퓨터에 설치하여 홈페이지를 운영하시오.

Introduction to COMPUTERS

11

제4차 산업혁명과 첨단기술

단원 목표

- 과거의 산업혁명을 이해하고 제4차 산업혁명을 알아본다.
- 제4차 산업혁명을 이끌 요소 기술과 필요한 인재상을 알아본다.
- 초연결 사회의 특징을 알아본다.
- 모바일 컴퓨팅과 클라우드 컴퓨팅을 알아본다.
- 지능형 사회를 이해하고 로봇을 알아본다.
- 빅데이터처리 기술과 블록체인에 대해 알아본다.

단원 목차

11.1 제4차 산업혁명시대 고찰

일반적으로 산업혁명(industrial revolution)이란 말 그대로 산업에서의 근본적인 변화를 가져온 시기나 일련의 과정이라 할 수 있다. 제4차 산업혁명을 이해하기 위해 먼저 이전의 산업혁명을 알아 본 후, 인더스트리 4.0과 제4차 산업혁명을 알아보자. 또한 제4차 산업혁명을 이끄는 요소기술과 인재상을 알아보자.

1. 1차, 2차, 3차, 4차 산업혁명

제1차 산업혁명

제1차 산업혁명은 1769년 영국의 제임스 와트(James Watt)가 발명한 증기기관(steam engine)으로 시작되었다. 당시 활발했던 방직공장에서 동력기계인 증기기관을 이용하면서 적은 노동력으로 생산량이 증가하는 기계화 혁명이 일어난 것이다. 증기기관이 설치된 공장은 이전과 다르게 생산성이 크게 향상되었고, 이는 1차 산업혁명을 이끄는 동력이 되었다. 제1차 산업혁명 시기에 많은 사람들이 농촌을 떠나 도시로 몰려 들었으며, 농업중심의 사회에서 공업중심의 사회로 바뀌게 되었다. 영국은 세계 최초로 산업혁명을 일으켜 이후 미국의 2차 산업혁명 전까지 세계패권을 쥐게 되었다.

- 제1차 산업혁명은 증기기관의 기계화 혁명이다.

그림 11.1 ▸ 제1차 산업혁명, 방직공장의 기계화

제임스 와트의 증기기관

제임스 와트는 토마스 뉴커만(Thomas Newcomen)의 증기기관에서 영감을 얻어 효율이 향상된 증기기관을 발명하였다고 한다. 최초의 증기기관은 토마스 뉴커만의 증기기관으로 1705년 발명 · 이용되었다. 하지만 효율이 떨어져 석탄을 채굴하거나 농촌의 방앗간에서 사용되었다. 와트는 비효율적인 석탄 소비와 유지비가 많았던 뉴커만의 증기기관에서 응축기를 부착하는 등 단점을 개선하여 열효율이 높은 증기기관을 개발하였다. 1775년 동업자 볼턴과 볼턴앤드와트를 설립하여 1776년 상품화에 성공하였다. 와트의 증기기관은 인류 최초의 산업혁명에 중요한 역할을 담당했다.

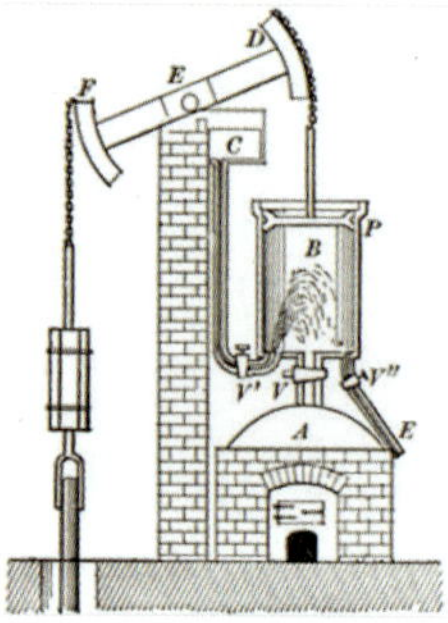

그림 11.2 ▸ 뉴커만과 와트의 증기기관

제2차 산업혁명

제1차 산업혁명 이후 전기에너지의 대중화와 더불어 석유와 화학 및 철강 분야의 기술 혁신이 이루어졌다. 또한 공장의 생산조립 라인인 컨베이어 벨트(conveyor belt)가 도입되어 대량 생산(mass production)이 되면서 제2차 산업혁명시대가 오게 된다.

1870년부터 1910년 초까지의 제2차 산업혁명시대에는 내연기관과 대량 생산, 그리고 자동차가 발명되었다. 또한 비행기와 잠수함도 개발된 시기이지만, 제1차 세계대전이라는 아픔도 있어, 여러 가지로 인류에게 많은 변화가 있었던 시대이다.

제2차 산업혁명을 이끄는 주요 산업으로는 철강과 제철산업의 부흥, 전기의 개발과 상업화, 석유채굴과 석유화학 산업 발달, 석유동력 내연기관과 자동차 발명, 영화, 라디오와 축음기, 전화의 발명 등 지금도 대부분의 산업과 오락산업의 근간이 되고 있는 대부분의 산업기술이 이 시기에 탄생했다. 미국은 제2차 산업혁명을 거치면서 세계 제일의 강국으로 떠오르게 된다. 그러나 대량생산을 위한 공장 조립라인의 자동화는 노동자를 하나의 기계 부품으로 만들었으며, 실업자도 증가하고 임금도 낮아지는 부작용도 있었다.

그림 11.3 ▸ 포드 자동차 조립라인

제3차 산업혁명

1946년 처음으로 전자식 컴퓨터인 에니악이 개발되고, 이후 집적회로와 메인프레임 컴퓨터의 개발, 마이크로 프로세서의 개발로 이어진 개인용 컴퓨터의 개발과 발전, 반도체의 개발 등 전자산업의 발달, 인터넷에 연결된 컴퓨터와 정보의 바다인 웹의 대중화, 그리고 정보와 동신기술의 발달로 가져온 디지털 혁명과 정보화 혁명이 일어난 시기를 제3차 산업혁명이라 한다.

그림 11.4 ▸ 디지털 혁명, 정보화 혁명 시대인 제3차 산업혁명

제4차 산업혁명

디지털 혁명의 시기인 제3차 산업혁명 이후, 계속된 스마트폰의 개발과 인공지능(AI), 사물인터넷(IoT), 빅데이터 처리 등의 발전은 우리의 생활과 업무 방식을 변화시키고 있다. 《제4차 산업혁명》의 저자인 클라우스 슈밥은 "21세기의 이러한 새로운 시대는 기술적 돌파의 속도(the speed of technological breakthroughs), 범위의 확산정도(the pervasiveness of scope), 그리고 새로운 시스템의 엄청난 영향(the tremendous impact of new systems)에 의해 제3차 산업혁명과 구별되어야 하며, 바로 제4차 산업 혁명"이라고 주장한다.

4차 산업혁명은 독일의 정책인 인더스트리 4.0의 스마트팩토리에 배경을 두고 있으며, 스마트팩토리의 본질은 사물인터넷과 센서, 인공지능과 빅데이터 등의 첨단 기술을 기존의 산업에 융합하여 생산성을 높이는데 있다. 4차 산업혁명시대는 인터넷에 연결된 스마트기기 기술과 모든 사물이 인터넷에 연결된 사물인터넷 IoT 기술의 발달로 가능하다. 이와 같이 모든 사물이 연결되어 정보가 생성, 수집되고 다시 재가공, 공유, 활용되는 사회를 초연결 사회(hyper connected society)라 한다.

- 제4차 산업혁명이란 '모든 사물이 연결된 초연결 사회에서 생산되는 빅데이터를 기존 산업에 융합하여 인공지능, 클라우드 등의 첨단 기술로 처리하는 정보 · 지능화 혁명 시대'라고 할 수 있다.

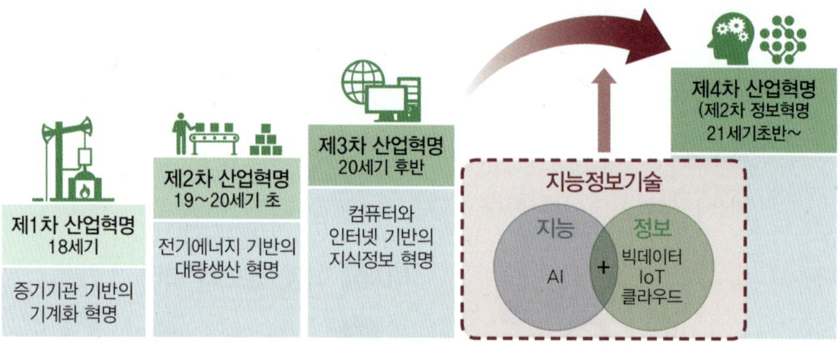

그림 11.5 ▸ 제4차 산업혁명, 다보스포럼 자료

[표 11.1]은 지금까지 살펴본 인류의 산업혁명을 비교한 표이다.

표 11.1 제4차 산업혁명과 이전 산업혁명과의 비교

구분	시기	키워드	특징
제1차 산업혁명	18세기 중반~ 19세기 중반	증기기관 · 기계화	• 증기기관에 의한 기계화 • 기계식 생산설비에 의한 섬유산업의 발달
제2차 산업혁명	19세기 후반~ 20세기 초반	전기 · 내연기관 · 대량생산	• 전기의 대중화 및 내연기관의 개발 • 컨베이어 벨트(생산조립라인) 및 기술의 발전으로 대량생산
제3차 산업혁명	20세기 중반~ 21세기 초반	전자 · 컴퓨터 · 인터넷	• 반도체 마이크로프로세서 등 전자산업의 발달 • 인터넷 · 컴퓨터의 개발과 대중화 정보통신의 발달
제4차 산업혁명	21세기 초반 (2010)부터~	IoT · 빅데이터 · 인공지능	• 초연결 · 초지능화 사회 • 사이버 물리시스템에 의한 스마트팩토리 • 융합 기술의 발달

2. 인더스트리 4.0의 스마트 팩토리

인더스트리 4.0이란?

4차 산업혁명의 배경이 되는 인더스트리 4.0은 독일의 제조업 경쟁력을 높이기 위한 독일의 경제정책으로 '인간의 개입 없이 제조 산업을 완전히 전산화하려는 계획'이다. 독일 총리 앙겔라 메르켈(Angela Merkel)은 2015년, 다보스 세계경제포럼에서 인더스트리 4.0을 '실세계의 산업 생산 세계와 온라인 세계의 융합을 신속하게 처리하는 방식'이라고 소개했다. 즉 인더스트리 4.0은 사물인터넷과 인공지능 등 첨단의 기술을 전통적인 제조업에 융합시켜, 스마트하고 지능적인 공장을 만들자는 정책이다.

그림 11.6 ▸ 인더스트리 4.0

인더스트리 4.0은 생산에서의 모든 사물을 인터넷에 연결하여 생산성을 향상시킨다. 즉 스마트 공장은 기계, 제품, 인력 및 시스템을 연결하여 자동화된 프로세스를 가능하게 한다. 제조 공장의 모든 사물은 IoT에 연결되어 자율적으로 데이터를 연결, 수집, 분석하고, 이를 기반으로 능동적 의사결정이 실시간으로 진행된다. 그러므로 기업은 보다 효율적이고 유연한 스마트 공장에서 다품종 소량·복합생산이 가능하며, 빠르고 저렴하게 제품을 생산할 수 있다.

스마트 팩토리

독일의 제조업 지능화 전략인 스마트 팩토리의 사례로 아디다스(adidas)의 신발 자동생산 공장인 스피드팩토리(SpeedFactory)를 살펴보자.

아디다스의 스피드 팩토리는 2015년 독일의 안스바흐(Ansbach)에 설립한 신발 생산 공장으로 로봇과 3D 프린터가 스스로 직접 운동화를 생산한다. 2016년 9월에는 세계 최초로 고객 맞춤형 운동화인 퓨처크래프트 M.G.F(Futurecraft Made for Germany) 생산하여 상업화 가동을 시작했다. 일반적으로 운동화 상품을 기획하고 디자인 한 뒤 완제품으로 나오기까지 약 18개월이 소요되며, 실제 신발 제작에는 약 30일이 소요된다고 한다. 그러나 스피드 팩토리는 밑창과 신발 윗부분을 다른 생산라인에서 만든 뒤 결합해 운동화 하나를 완성하는데 약 5시간이 걸린다고 한다. 이러한 스피드 팩토리 3D 프린터를 사용하여 소수를 위한 고급 맞춤형 운동화를 만들기도 한다. 스피드 팩토리는 기존의 운동화 제조 방법과 시간 등에 있어서, 빠른 속도와 정밀한 개인맞춤 요구에 부응하여 운동화 제조의 미래를 여는 혁신적인 공장이다. 이러한 스피드 팩토리가 활성화되고, 더 진전한다면 앞으로 소비자가 스마트폰으로 개인이 원하는 운동화를 주문하면, 소비자가 원하는 매장에서 주문한 신발을 하루 이틀 만에 배송 받는 날이 올 것이다.

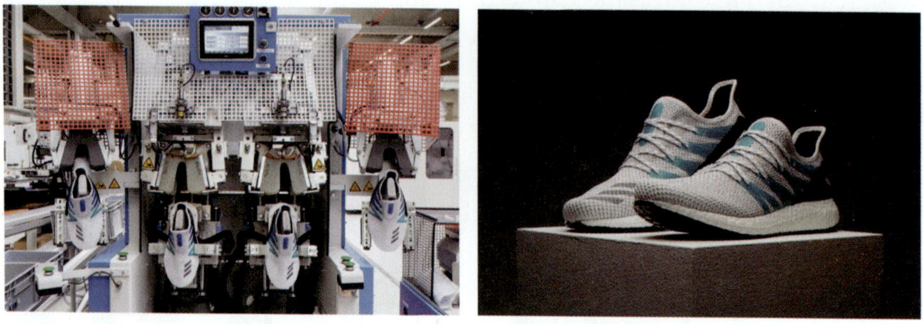

그림 11.7 ▸ 아디다스 스피드 공장과 생산된 제품

3. 4차 산업혁명을 이끄는 요소 기술

클라우스 슈밥의 요소 기술

클라우스 슈밥이 제시한 제4차 산업혁명을 이끌 주요 요소 기술을 살펴보면 [표 11.2]와 같다.

물리학 기술로 무인수송수단, 3D프린팅, 첨단로봇공학, 신소재 기술을 제시하며, 디지털 기술로는 IoT, 원격 모니터링, 블록체인·비트코인, 공유경제·온디맨드 경제를 제시하였고, 생물학 기술로는 유전공학, 합성 생물학, 바이오 프린팅 등을 제시하였다.

표 11.2 제4차 산업혁명을 이끄는 주요 기술 (슈밥의 제4차산업혁명 참조)

분야	요소 기술	기술 내용
물리학	무인수송수단	트럭, 드론, 항공기, 보트 등 다양한 무인수송수단 등장, 센서와 인공지능의 발달로 자율 체계화된 모든 기계의 능력이 빠른 속도로 향상
	3D 프린팅	모델링 원료를 층층이 겹쳐 3차원의 물체를 만드는 맞춤 생산이 가능
	첨단 로봇공학	광범위한 업무를 처리할 만큼 활용도 높음, 차세대 로봇은 그 중요성이 강조되는 인간과 기계의 협업을 중점으로 개발
	신소재	전반적으로 더욱 가볍고 강하며 재생 가능하고 적응성이 뛰어난 소재 개발, 재활용을 꾀하는 순환경제 가능

분야	요소 기술	기술 내용
디지털	사물인터넷	실생활과 가상 네트워크를 연결해 주는 센서와 여러 장비가 개발되며, 더 작고 저렴하며 스마트해진 센서들은 제조 공정뿐 아니라 집, 의류, 액세서리, 도시, 운송망과 에너지 네트워크 분야까지 내장되어 활용
	원격 모니터링	기업은 모든 상자와 화물운반대, 컨테이너에 센스와 송신기 혹은 전자태그를 부착시켜 공급망에 따라 이동할 때마다 위치 및 상태를 추적 가능하고, 소비자 역시 물품이나 소리의 배송상황을 거의 실시간으로 확인 가능
디지털	블록체인과 비트코인	분산된 방식으로 거래를 기록해 신뢰성을 높이기 위한 분산원장 방식인 블록체인은 거래기록과 승인이 이루어지기 전에 컴퓨터 네트워크상에서 검증을 받아야 하는 보안 프로토콜이며, 서로 모르는 사용자들이 중립적 중앙당국의 개입 없이 공동으로 만들 수 있는 기술
	공유경제	온디맨드(주문형) 경제가 실현되어, 우버, 페이스북, 에어비앤비 등의 기업 등장, 접근 가능한 수준에서 공급과 수요를 성사시키고 소비자에게 다양한 상품을 제공하여 공급과 수요 양측이 교류하고 피드백하여 서로 신뢰를 줌
생물학	유전공학	기술발달로 유전자 염기서열분석의 비용은 줄고 절차는 더 간소해졌으며, 유전자 활성화 및 편집 기술까지 가능하며, 개인 맞춤 헬스케어로 발달
	합성 생물학	DNA 데이터를 기록하여 유기체 제작 가능하며, 농업과 바이오 연료 생산에도 해법 제시 가능
	바이오 프린팅	3D 제조업과 조직 복구와 재생을 위한 생체조직을 만들어 내기 위해 유전자 편집기술과 결합한 기술로, 피부와 뼈, 심장과 혈관 조직을 만들며, 향후 3D 프린터로 출력한 간세포를 여러 층으로 쌓아 올려 이식용 장기를 만들 수도 있음

4. 제4차 산업혁명에 필요한 인재상과 교육

세계경제포럼은 2016년 1월에 발표한 '일자리의 미래' 보고서에서 2020년까지 710만 개의 일자리가 사라지고 210만 개가 창출되어, 약 500만여 개의 일자리가 감소할 것이라고 전망했다. 또한 전 세계 7세(초등 2학년) 이하 아이들의 65%는 현재 존재하지 않는 직업을 가질 것으로 전망했다. 이러한 제4차 산업혁명시대의 변화에 적응하고 미래를 준비하려면 미래의 주역을 키울 교육이 무엇보다도 중요하다. 그렇다면 제4차 산업혁명을 이끌 인재상과 핵심역량은 무엇일까?

제4차 산업혁명을 이끌 인재가 갖추어야 할 덕목으로 첫 번째는 자기주도와 컴퓨팅사고 기반의 문제해결 능력이 필요하며, 두 번째는 창의·융합 사고 능력, 마지막으로 의사소통 능력과 협업 능력을 꼽을 수 있다.

자기주도와 컴퓨팅 사고 기반의 문제해결 능력

자기주도 학습은 학습하는 하나의 방법으로 학습자 스스로 학습할 내용을 선생님과 같은 조력자나 도서나 인터넷 자료 등의 다양한 학습 자료를 참고로 학습하는 방법이다. 자기주도 학습과 같이 모든 문제를 해결하는 방식에 적극적인 자기주도 방식이 요구된다.

제4차 산업혁명시대의 중심에는 스마트기기 기반의 컴퓨터가 있다. 컴퓨터의 문제해결 방법인 컴퓨팅 사고(computational thinking)는 주어진 문제를 효율적으로 해결하는 방식을 제공한다. 미래의 인재는 이러한 컴퓨팅 사고 기반의 문제해결 능력이 필요하다. 컴퓨팅 사고는 네 가지로 요약되는데,

- 첫 번째로 주어진 문제를 해결 가능한 작은 문제로 나누는 분해(decomposition)이고,
- 두 번째는 여러 문제들 사이의 유사점을 찾는 패턴인식(pattern recognition)이 필요하며,
- 세 번째는 중요하지 않은 정보는 무시하고 중요한 정보에만 초점을 맞추는 추상화(abstraction) 과정이며,
- 마지막으로 문제에 대한 단계별 해결책을 개발하거나 문제 해결을 위해 따라야 할 규칙을 나열하는 알고리즘(algorithm)이 필요하다.

이러한 컴퓨팅 사고는 반드시 '프로그래밍 언어의 명령문을 사용하여 프로그램을 작성하는 과정'인 코딩 능력을 말하는 것은 아니며, 위에서의 컴퓨팅 사고 능력을 키워 일반적인 문제에 해결 능력으로 활용하는 것이 중요하다.

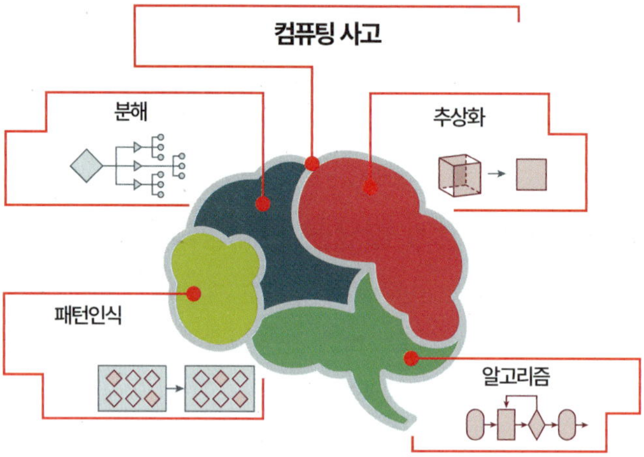

그림 11.8 ▸ 컴퓨팅 사고

창의 · 융합 사고 능력

교육심리학 용어 사전에 의하면 창의성은 '새롭고, 독창적이고, 유용한 것을 만들어 내는 능력' 또는 '전통적인 사고방식을 벗어나서 새로운 관계를 창출하거나, 비일상적인 아이디어를 산출하는 능력'을 말한다. 그런데 이러한 창의성은 의식적 사고, 노력 뿐만 아니라 무의식적인 사고와 노력의 영향을 받아 일어난다고도 한다. 창의성은 다양한 모든 사고 유형이 총체적으로 결합되어 나타나는 가장 고차적인 사고능력으로 간주된다고 한다. 그러므로 창의성이란 단번에 어떤 기발한 아이디어를 내는 것이 아니라, 개인과 더불어 여러 사람들이 모여서 다양한 문제들을 해결해 나가는 탐구 활동이라고 볼 수 있다.

미국 교육심리학자 엘리스 폴 토랜스(E. Paul Torrance)는 창의성의 과정을 네 가지로 요약하는데,

- 첫 번째는 어떤 어려움, 문제나 결함이 있는 정보, 빠진 요소를 감지하는 것이며,
- 두 번째는 이러한 부족한 점이나 빠진 요소에 대하여 추측해 보거나 가설을 세우는 단계이고,
- 세 번째는 추측이나 가설을 검증하거나 수정한 다음에 다시 검증하고,
- 마지막 네 번째로 그 결과를 다른 사람에게 전달하는 과정이라고 설명한다.

스티브 잡스(Steve Jobs)의 아이폰에서 보듯이 제4차 산업혁명에서 창의 능력은 새로운 산업이나 서비스, 가치를 만드는데 매우 중요하다. 그러므로 제4차 산업혁명시대의 인재에게 창의성 요구는 필수이다.

융합은 대체로 학제 간 결합 또는 연결의 의미로 사용되는 것이 일반적이며,제4차 산업혁명에서 융합은 첨단 정보기술을 중심으로 서로 상이한 두 분야를 관련 짓고 연결하여 새로운 가치를 창출해낸다는 점에서 그 중요성이 점차 커지고 있다.

제4차 산업혁명시대에는 서로 다른 두 분야의 결합, 즉 제조업과 ICT 첨단기술, 혹은 생물학과 빅데이터 처리기술 등이 융합되어 새로운 제3의 분야가 탄생하게 되는데, 이러한 융합에 적절히 능력을 발휘할 수 있는 인재상이 주목 받고 있다. 즉 제4차 산업혁명시대에는 두 개 이상의 학문이나 산업이 융합된 분야의 연구나 결과가 요구된다. 그러므로 제4차 산업혁명의 인재는 한 분야의 전문성을 바탕으로 다른 분야의 기술적인 연계성을 치밀하게 설계하는 역량인 융합 능력이 필요하다.

그림 11.9 ▸ 창의 · 융합 사고능력

의사소통 능력과 협업 능력

제4차 산업혁명시대의 인재는 지속적인 성장을 위해서 자신의 역량은 물론이고 의사소통과 협업 능력을 갖추어 사회 및 조직 구성원들과 함께 나아가야 한다.

의사소통 능력이란 자신이 가지고 있는 생각이나 뜻을 타인에게 교환하는 경우, 상호간에 전달하고자 하는 의미를 정확하게 이해하고 전달하는 능력을 의미한다. 국가직무표준인 NCS에 따르면 의사소통 능력에는 문서이해능력, 문서작성능력, 경청능력, 의사표현능력 및 기초외국어능력 등이 요구된다.

표 11.3 의사소통 능력을 위한 하위능력: NCS 직업기초능력 자료 참조

하위 능력	내용
문서이해능력	필요한 문서를 확인하고, 문서를 읽고, 내용을 이해하고, 요점을 파악하는 능력
문서작성능력	목적과 상황에 적합한 아이디어와 정보를 전달할 수 있는 문서를 작성하는 능력
경청능력	다른 사람의 말을 주의 깊게 들으며, 공감하는 능력
의사표현능력	목적과 상황에 맞는 말과 비언어적 행동을 통해서 아이디어와 정보를 효과적으로 전달하는 능력
기초외국어능력	외국어로 된 간단한 자료를 이해하거나, 간단한 외국인의 의사표현을 이해하는 능력

협업(collaboration)의 사전적인 정의는 '무언가를 생산하기 위해 누군가와 협력을 하는 행위'라고 한다. 기업 입장에서의 협업이란 '소통과 협력을 통해 성과를 창출하는 행위'로 정의할 수 있다. 즉, 협업능력이란 조직이나 팀에서 구성원들과 함께 주어진 성과를 창출하기 위해 서로 협력하여 문제를 찾고 토론하며 수행하는 능력을 말한다. 협업을 구성하는 내용으로는 조직의 구성원이 역할을 분담해 함께 문제를 해결하는 과정에서의 배려심이나 리더십, 타인과의 관계 이해 및 소통, 팀워크 등이 포함된다.

그림 11.10 ▸ 의사소통과 협업

단기교육과 코딩 교육의 급부상

미래학자인 토마스 프레이(Thomas Frey) 다빈치미래연구소 소장은 2030년까지 지금 대학 절반이 사라질 것이라고 예측하고 있다. 최근 특정 직업의 능력을 발휘할 수 있는 훈련을 집중으로 하는 고등교육 형태인 마이크로 칼리지(Micro College)나 나노디그리 등의 교육과정이 급부상하고 있다. 토마스 프레이가 설립한 마이크로 칼리지는 데이터 분석, 게임 전문가, 웹 디자인 등 직업과 연계된 12주 학위과정을 교육한다. 이 교육과정을 이수한 졸업생의 75%가 취업에 성공한다고 한다. 이와 비슷한 온라인 교육형태로 나노디그리는 구글과 아마존, IBM, 벤츠, 엔비디아 등의 세계적 기업과 연계하여 수강생이 수료하면 취업과 연계되는 전문교육 프로그램이다.

제4차산업혁명시대에서 산업의 수요에 맞추려면 장기교육보다는 3개월에서 6개월 정도의 집중적인 단기교육의 중요성이 커지고 있으며, 마이크로 칼리지 나 나노디그리 모두 현장실무 교육을 통해 산업체의 취업을 연계한 교육과정이다. 이러한 취업연계 단기교육과정은 대부분 명확한 직업의 취업을 목적으로 컴퓨터 프로그래밍과 관련 특정 기술 교육을 기반으로 하고 있다.

취업 뿐만 아니라 창업을 위한 단기교육 과정을 운영하는 대표 사례로 싱귤래러티대학(Singularity University)을 들 수 있다. 싱귤래러티대학은 미래학자인 레이 커즈와일(Ray Kurzweil)이 설립한 법인으로, 매해 6월부터 8월까지 미래를 위한 글로벌 리더와 조직의 준비를 위한 10주간의 집중 교육 코스를 제공한다. 싱귤래리티 대학은 폭발적 성장이 기대되는 미래기술(exponential technologies)을 적용해 문제를 풀 수 있도록 리더들을 교육하고, 영감을 주고, 힘을 실어주기 위해 창립한 학교로 알려져 있다.

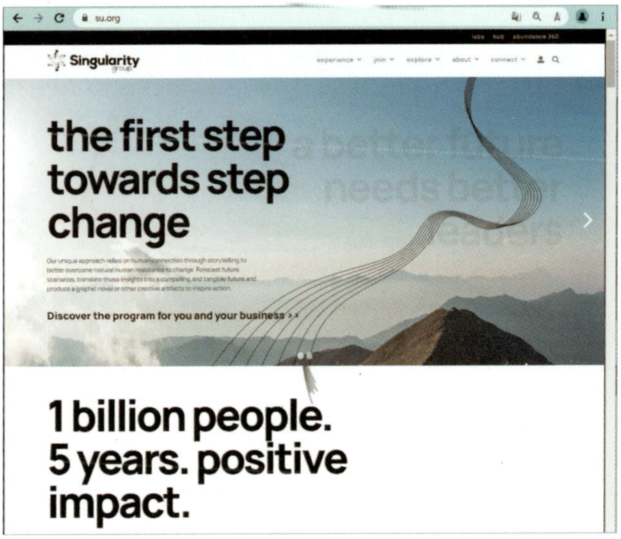

그림 11.11 ▸ 싱귤래러티 대학 su.org

11.2 초연결 사회의 모바일과 클라우드 컴퓨팅

제4차 산업혁명시대는 정보통신기술을 비롯한 인공지능과 사물인터넷, 빅데이터 등이 다양한 산업들과 결합하며 초연결 사회가 된다. 이러한 초연결 사회가 무엇이며, 초연결 사회를 이끄는 사물인터넷과 모바일 컴퓨팅, 그리고 클라우드 컴퓨팅을 알아보자.

1. 사물인터넷으로 연결된 초연결 사회

사물인터넷 IoT

사물인터넷(Internet of Things), 간단히 IoT는 기계 및 물체, 전자 제품, 또는 동물 등의 모든 사물이 네트워크에 연결되어 유일하게 식별될 수 있으며, 스스로 데이터를 전송할 수 있는 체계적인 장치로 연결하여 인간과 컴퓨터의 상호작용이 되도록 하는 시스템이다. 다음은 다양한 사물인터넷의 정의다.

표 11.4 사물인터넷의 정의

구분	사물인터넷 정의
위키백과	각종 사물에 센서와 통신 기능을 내장하여 인터넷에 연결하는 기술. 즉, 무선 통신을 통해 각종 사물을 연결하는 기술을 의미하며, 인터넷으로 연결된 사물들이 데이터를 주고받아 스스로 분석하고 학습한 정보를 사용자에게 제공하거나 사용자가 이를 원격 조정할 수 있는 인공지능 기술
과학기술정보통신부	정보통신기술 기반으로 모든 사물을 연결해 사람과 사물, 사물과 사물 간에 정보를 교류하고 상호 소통하는 지능형 인프라 및 서비스 기술
한국전자통신연구원	사람 · 사물 · 공간 · 데이터 등 모든 것이 인터넷으로 서로 연결되어, 정보가 생성 · 수집 · 공유 · 활용되는 네트워크 기술
텍사스 인스트루먼트	IoT는 감지 가능하고 프로그래밍 가능한, 지능적이며 보이지 않는 네트워크를 구성하며, IoT 제품들은 서로 간에, 혹은 인터넷과 직접적, 혹은 간접적으로 통신할 수 있는 임베디드기술을 사용

사물인터넷은 사물에 IP 주소를 부여하고 사람의 개입 없이 사물이 스스로 데이터를 생성하여 네트워크에 연결된 사람이나 서버에 통신을 이끌어내는 기술이 핵심이다. 또한 서로 연결된 사물들이 생성한 데이터의 공유·활용을 통한 정보 융합으로 인간에게 지식이나 새로운 서비스를 창출하는 것이 중요하다.

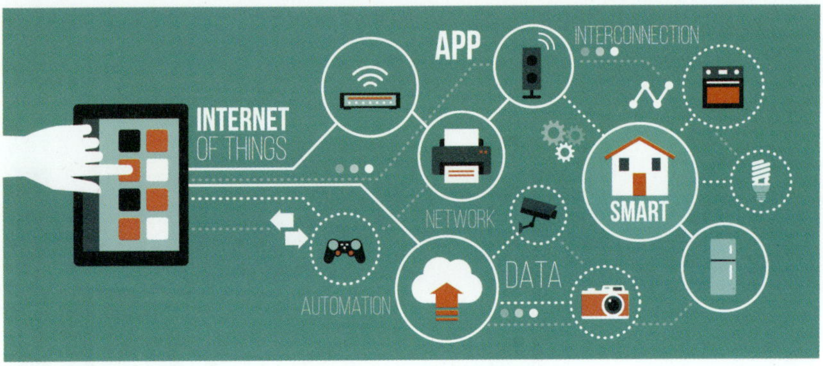

그림 11.12 ▸ 사물인터넷 개념

초연결 사회

초연결(hyper connectivity)은 캐나다 사회과학자인 아나벨 퀴안–하세(Anabel Quan–Hasse)와 베리 웰만(Barry Wellman)이 처음 정의한 용어로, 네트워크로 연결된 조직과 사회에서 이메일, 메신저, 휴대폰 등 다양한 방법을 통해 인간과 인간의 상호 소통이 다차원적으로 확장되는 현상을 설명한 용어이다. 제4차 산업혁명의 주된 특징 중 하나는 초연결이며, 사람뿐 아니라 모든 무생물을 포함한 만물이 IoT를 기반으로 인터넷에 서로 연결되어 생성되는 자료를 통하여 의미 있는 가치 창출이 가능한 사회를 초연결 사회(Hyper Connected Society)라 할 수 있다. [표 11.5]를 통하여 다양한 초연결사회의 정의를 살펴보자.

표 11.5 초연결 사회의 정의

구분	초연결 사회 정의
시스코(2011)	네트워크에 연결된 사물이 2008년, 2009년 사이에 세계 인구를 이미 초과하여 초연결 시대로 진입 강조
돈 탭스콧 (Don Tapscott) (2013)	사람이나 사물 간의 연결이 폭발적으로 증가하는 초연결 시대에는 정부나 기업을 포함한 어떤 주체도 독자적인 생존이 어렵기 때문에 협업, 투명성, 지식공유, 권한 분산 등을 통한 개방에 의해서만 경쟁력 제고
클라우스 슈밥 (2016)	초연결 사회가 구축할 높은 상호연결성은 사람들이 더욱 긴밀히 협력하고 소통할 수 있게 함으로써 시대의 변화를 공유하고 나은 미래를 만드는 데 기여

초연결 사회란 사람·기계·공간에서 애완동물 등의 생물이 포함된 모든 사물이 인터넷으로 서로 연결되어, 모든 것에 대한 정보가 생성·수집되고 공유·활용되는 사회를 말한다. 모든 사물과 공간에 새로운 생명이 부여되고 이들의 소통으로 새로운 사회가 열리는 것이다. 즉, 초연결 사회에서는 인간 대 인간은 물론, 기기와 사물 같은 무생물 사이에도 네트워크를 바탕으로 상호 유기적인 소통이 가능해진다.

인터넷과 연결된 사물의 수는 2020년 300억 개에서 2025년 700억 개 이상이 될 것으로 예측된다.

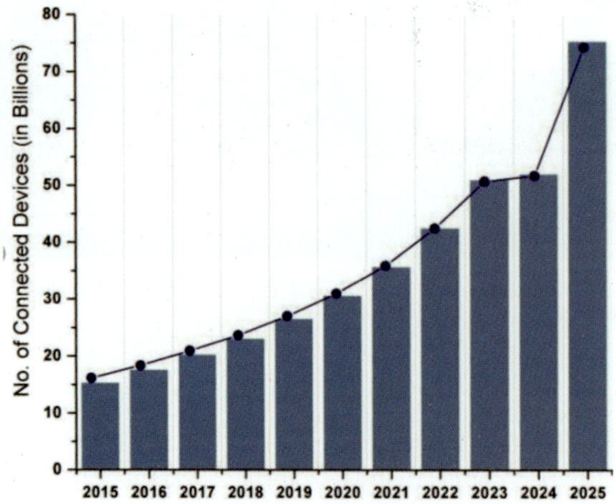

그림 11.13 ▸ IoT 사물 수 추세

2. 모바일 컴퓨팅의 탄생과 진화

출퇴근 길에 스마트폰으로 TV를 보거나 웹서핑을 하는 모습이 일상이 된 지 오래되었다. 이제 현실이 된 4차 산업혁명 시대를 촉발시켰던 기술이 모바일 컴퓨팅 기술이다. 2000년대 모바일 기술을 선도한 기업은 애플이다. 이전의 애플이 단지 컴퓨터 회사라면 2000년에 들어와 애플은 시대를 선도하는 다양한 기기를 개발하며 미래를 혁신하는 회사로 거듭났다. 2007년에 발표된 애플의 아이폰은 진정한 의미의 스마트폰이었고 모바일 시대를 여는 계기가 되었다.

초기 스마트폰

초기의 스마트폰은 단순히 전화기에 몇 가지 추가 기능이 있는 정도였다. 손 안의 컴퓨터라 발전된 현재의 스마트폰은 단순한 커뮤니케이션 도구의 역할을 넘어 가속센서, 자이로센서, GPS 등 다양한 센서가 부착된 이동성 컴퓨터이다. 스마트폰의 뛰어난 이동성과 접근성은 사람들의 생활방식을 변화시키고 있다. 2010년에 출시된 애플의 아이패드(iPad)는 PC의 시대가 끝나가고 본격적인 모바일 시대가 이미 왔음을 알리는 신호였다.

2000년 초반에는 개인 정보 단말기인 PDA(Personal Digital Assistant)가 소형 컴퓨터로 사용되었으나 대중화에는 성공하지 못했다. PDA는 전자 펜인 스타일러스 펜과 터치스크린을 주 입력장치로 사용하였으며, 개인의 일정관리와 검색, 주소록 관리 등으로 사용되었다. PDA가 발전하면서 여러 프로그램이 내장되어 출시되기도 하였으나, 여러 기기와의 호환 부족 문제와 다양한 프로그램의 부족, 그리고 지속적인 프로그램의 추가와 삭제가 쉽지 않아 결국 크게 성공하지 못하였다.

이러한 시기에 스마트폰(smartphone)이 등장했는데, 스마트폰은 PDA 기기에 무선 인터넷과 음성통화 기능이 결합된 제품이다. 스마트폰은 무선 인터넷과 브라우저를 이용하여 인터넷에 직접 접속이 가능하고, 초기에는 부족하지만 특정 애플리케이션을 설치하거나 제거가 가능하였다. 이후 발전된 스마트폰은 GPS(Global Positioning System)가 내장되어 위치 기반 서비스가 가능하며, 가속센서와 같은 다양한 센서 기기와 결합되어 다양한 기능을 제공할 수 있는 기기로 발전되었다.

휴대전화를 양산하던 삼성전자는 2007년, 2009년에 윈도 모바일을 기반으로 한 옴니아, 옴니아 2를 출시하였으나 세계적으로 성공하지는 못했다. 유럽에서는 노키아(Nokia)가 북미에서는 RIM(Research In Motion) 사가 초기 스마트폰 시장을 선점하였다.

그림 11.14 ▸ 삼성의 초창기 스마트폰 옴니아와 옴니아2

아이폰의 등장

2007년 1월, 샌프란시스코 맥월드 엑스포에서 발표된 애플의 아이폰은 우리의 모습을 변화시킨 혁신적인 제품으로, 우리가 살고 있는 21세기 시대를 모바일 시대로 바꾸었다. 우리나라에는 약 3년이 지난 2009년 11월, 아이폰 3GS 모델과 함께 정식 출시되었다. 아이폰은 대한민국을 비롯해 전 세계적으로 선풍적인 인기를 끌었다. 아이폰이 처음 출시될 당시 프로그램인 앱(App)을 사고 파는 애플의 앱 스토어(App Store)도 없었고, 지금처럼 사용자가 개발한 애플리케이션을 자유자재로 설치할 수도 없었다. 그럼에도 불구하고 아이폰은 이전의 다른 스마트폰과는 비교가 되지 않을 정도로 뛰어났다. 아이폰의 버튼은 손가락 누름에 의해 빠르게 반응하였고, 스크롤은 부드럽고도 자연스럽게 이동되었다. 아이폰에 설치된 다양한 애플리케이션은 실행 시, 화면 전환도 자연스러웠고, 두 손가락으로 확대할 수 있는 '멀티 터치' 기능은 사용자에겐 전에 없던 새로운 경험이었다. 아이폰의 반응은 전 세계적으로 폭발적이었다.

아이폰은 전화기라기보다 손안의 컴퓨터였다. 아이폰은 손 안에 부드럽게 잡히는 작은 컴퓨터에 무선 및 와이파이(wifi) 통신 기능을 강화하고, 전화 기능을 추가한 제품이다. 사실 기능이 좀 떨어지는 비슷한 제품은 이전에도 있었으나 아이폰은 훌륭한 디자인과 멀티 터치 기능과 같은 차별화된 기능으로 아이폰 매니아가 생겨날 정도로 성공을 거두었다.

그림 11.15 ▸ 2007년에 출시된 애플의 아이폰(iPhone)

IT Story

애플과 스티브 잡스

애플은 2000년대 초기 음악 재생기인 아이팟(iPod)의 인기로 과거의 명성을 되찾기 시작한다. 애플을 단지 폐쇄적인 컴퓨터 제조업체로 알고 있는 사람들에게 애플의 이러한 변화는 세계를 놀라게 했다. 이러한 애플의 혁신에는 바로 스티브 잡스(Steve Jobs)가 있었다. 스티브 잡스는 2007년 1월 컴퓨터도 전화기도 아닌, 새로운 혁신제품인 아이폰을 발표한다. 아이폰은 우리 사회를 진정한 초연결 사회로 만드는 초석이 되었다. 잡스가 제4차 산업혁명을 촉발시킨 스마트폰을 만들었다면, 그는 제3차 산업혁명의 주요 산업인 개인용 컴퓨터를 개발하여 1976년 애플을 창업한 인물이기도 하다. 잡스는 1986년 애플을 나와 새로운 개념의 컴퓨터 회사인 넥스트(NeXT)를 창업했으며, 우리에게 친숙한 애니메이션 영화인 '인크레더블'과 '토이 스토리' 등을 제작한 픽사를 인수하여 CEO도 역임한 최대주주이기도 했다. 잡스는 2011년 57세의 나이로 사망했지만 제4차 산업혁명의 초석을 다진 이 시대의 상징적인 인물이 되었다. 또한 잡스의 기업인 애플은 잡스의 서거에도 불구하고 계속 발전하여 현재는 세계 시가총액 1위 기업이 되었다.

그림 11.16 ▸ 2007년 1월 맥월드에서 아이폰을 발표하는 스티브 잡스

애플은 2008년 아이폰용 운영체제인 iOS용 애플케이션을 개발할 수 있는 개발 키츠인 SDK(Software Development Kits)를 발표한다. 애플의 앱스토어는 2008년 7월 500개의 애플리케이션으로 시작해서 오픈 한 지 1년 만에 10억 회의 다운로드를 기록할 만큼 선풍적인 인기를 끌었다. 앱스토어는 애플이 만든 소프트웨어 시장으로 '애플의 응용 소프트웨어 가게(Apple Application Software Store)'란 의미를 담고 있다. 아이폰이 진정한 의미의 스마트폰으로 대중화에 성공한 요인 중의 하나는 앱스토어의 활성화이다. 앱스토어는 계정만 있으면 누구나가 애플케이션을 만들어 올리고, 내려 받을 수 있는 아이폰 앱 서비스 생태계 공간이기 때문이다.

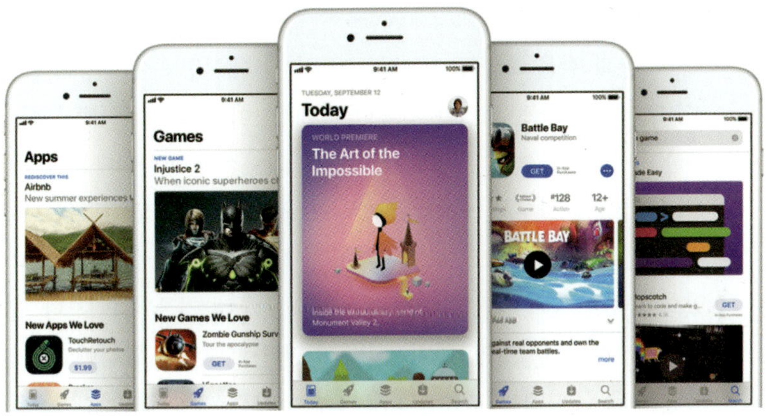

그림 11.17 ▸ 애플의 앱스토어

삼성 갤럭시의 성공과 혁신

기존 피처폰(feature phone)에서 기술력을 인정받은 삼성은 스마트폰 진입이 늦었다. 삼성은 애플보다 2년 뒤인 2009년 4월, 삼성 갤럭시(Samsung Galaxy)라는 이름으로 안드로이드 기반의 스마트폰을 출시한다. 삼성 갤럭시는 세계적으로 크게 성공하지는 못했지만, 모바일 운영체제의 신생아인 구글의 안드로이드 운영체제(Android OS)를 탑재하여 아이폰의 iOS와 다른 운영체제가 탑재된 스마트폰을 출시했다는 의미로 만족해야 했다.

스마트폰 분야에서도 자신감을 얻은 삼성은 아이폰의 경쟁 제품으로 2010년 갤럭시 S를 출시한다. 2010년 6월에 출시된 갤럭시 S는 3.9인치 크기의 화면에 성능이 향상된 안드로이드 2.1 이클레어를 탑재하여 전 세계적으로 큰 인기를 모았다. 삼성이 연이어 출시한 갤럭시 S 시리즈인 갤럭시 S2, S3, S4도 아이폰의 판매량을 뛰어넘는 실적을 올렸다. 2019년, 스마트폰 출시 10년을 맞아 삼성은 접히는 디스플레이를 탑재한 갤럭시 폴드를 발표한다. 향후 몇 년 내에 삼성은 수납식 슬라이드 디스플레이를 갖춘 슬라이드 형태의 스마트폰을 출시할 계획이다.

그림 11.18 ▸ 갤럭시 폴드와 z플립, 슬라이드 스마트폰

모바일 보안

스마트폰과 같은 스마트 기기에는 특성 상 개인정보가 상당히 많이 저장될 수 밖에 없다. 그러나 스마트 기기는 간편한 휴대성, 이동성으로 인해 도난, 분실로 인한 정보의 유출 등 다양한 보안 위험에 노출되어 있는 것이 현실이다. 또한 스마트 기기는 무선통신, 와이파이, 블루투스 등 다양한 네트워크에 항시 접속해 있으므로 악성코드 및 유해 어플리케이션이 자신도 모르는 사이에 침투하여 과금을 하거나 다양한 피해를 입힐 수 있으며, 한번 침투되면 다양한 네트워크를 통해 기존의 PC보다 훨씬 빠르게 확산될 수 있는 위험이 있다. 또한 스마트폰에서 인터넷 뱅킹이 활성화되고 앞으로 메신저를 통해 다양한 금융 거래가 허용된다면 피해는 점점 커질 것으로 예상된다. 그러므로 모바일 환경에서 보안은 선택이 아니라 필수이다.

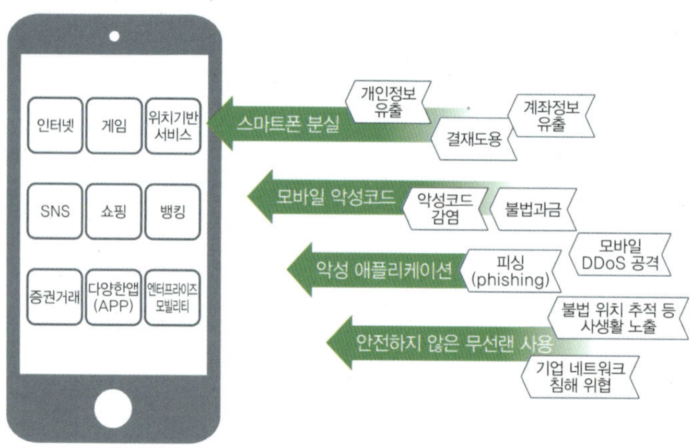

그림 11.19 ▸ 스마트폰 위험 요인(안랩 홈페이지 참조)

스마트폰의 보안 위험은 운영체제나 기기의 문제라기보다 사용자의 보안에 대한 의식이 없는 것이 더 문제일 수 있다. 다음과 같은 스마트폰 사용 지침을 통해 일상 생활에서 스마트폰이 보안 위험에 노출되는 경우를 최소화하도록 하자.

① PC로부터 파일을 전송 받을 경우 악성코드 여부 확인하기
② 게임 등 애플리케이션을 다운로드 시 사용자 평판 정보를 먼저 확인하기
③ 브라우저나 애플리케이션으로 인터넷에 연결 시 이메일이나 문자메시지에 있는 URL은 신중하게 클릭하기
④ 애플리케이션을 설치하거나 이상한 파일을 다운로드한 경우에는 반드시 악성코드 검사 실시하기
⑤ 스마트폰용 보안SW를 설치하고 엔진을 항상 최신으로 유지하기
⑥ 스마트폰의 잠금 기능(암호 설정)을 이용하고 잠금 비밀번호를 수시로 변경하기
⑦ 블루투스 기능을 켜 놓으면 악성코드에 감염될 가능성이 높으므로 필요할 때만 켜 놓기
⑧ ID, 패스워드 등을 스마트폰에 저장하지 않기
⑨ 백업을 주기적으로 받아서 분실 시 정보의 공백이 생기지 않도록 하기
⑩ 임의로 개조하거나 복사방지 등을 풀어서 사용하지 않기

그림 11.20 ▸ 안랩에서 제시한 스마트폰 보안 십계명

안드로이드와 iOS 모두 모바일 운영체제로서 데스크탑 운영체제보다 보안을 더 강화하고 있다. 운영체제의 특성 상 리눅스를 기반으로 하는 안드로이드는 기본적으로 오픈소스이며, 어플리케이션 개발 시 사용자의 위치정보와 전화번호부 참조, 문자의 읽기와 쓰기 등의 권한을 줄 수 있다. 그러므로 의도적으로 만든 악성 앱을 아무 의심 없이 설치하면 자신도 모르는 순식간에 피해자로 전락할 수 밖에 없는 위험성을 내포하고 있는 것이 사실이다. 마찬가지로 iOS는 GPS 등 일부 자원에 대해서 사용 체크를 하긴 하지만 근본적으로는 이런 권한 체계를 갖추고 있지 않다. 또한 iOS는 샌드박스(sandbox) 규정을 강화하고 있다. 샌드박스는 원래 자바가 제시한 보안규정으로 외부 프로그램은 보호된 영역에서 동작하도록 하며, 자유로운 시스템 자원의 참조를 제한하고, 시스템이 부정하게 조작되는 것을 막는 보안 형태이다. iOS의 샌드박스 강화는 보안을 강화시키는 장점도 있으나 개발자로 하여금 아이폰의 속속들이 내부를 파악하고 제어하는 앱을 만들 수 없도록 제한하기도 한다.

스마트폰의 보안 위험은 이러한 운영체제 자체의 문제보다 사용자의 부주의로 악성 앱이 자연스럽게 시장에서 유포되는 경우가 많다. 또한 앱 유통 시장인 앱 스토어와 구글 플레이에도 조금 차이가 있다. 애플 스토어는 유료 정책과 앱의 엄격한 심사로 악성 앱의 유포를 어느 정도 차단시킬 수 있으나 구글 플레이는 별 제약 없이 앱을 올릴 수 있으므로 악성 앱이 유포될 가능성이 있는 게 사실이다. 그러나 iOS의 샌드박스의 강화나 앱 스토어의 검열과 같은 앱의 심사는 탈옥이라는 부작용을 낳기도 한다. 탈옥(Jailbreak)은 아이폰에서 허가 받지 않은 앱을 스마트폰에 설치하거나 스마트폰 플랫폼 구조를 사용자 임의로 변경하는 것을 말한다.

탈옥, 애플사의 독재에 대한 항거인가 불법인가?

애플 아이폰의 폐쇄적인 구조와 앱 유통 정책은 사용자로 하여금 허가 받지 않은 앱의 유포나 다양한 사용자 요구에 맞도록 애플이 제한하는 시스템의 기능을 구현하는 '탈옥'이라는 일탈로 이어지고 있다. 또한 일부 사용자는 크랙 앱(crack app)을 무료로 다운 받을 수 있는 등의 이점을 노리고 탈옥을 감행하거나, 무제한적인 플랫폼 구조의 변경으로 보안기능이 저하되어 보안 위협에까지 이르기도 한다. 특히 크랙된 불법 앱을 사용하는 탈옥은 불법이며, 탈옥한 아이폰은 공식적인 iOS 업그레이드를 받을 수 없고, 탈옥하는 과정에서 아이폰 기기에 손상이 오는 경우라도 애플의 공식 서비스를 받을 수도 없기 때문에 사용자의 주의가 필요하다

아이폰 앱의 암시장 중 대표적인 곳은 시디아 스토어(Cydia store)이다. 허가 받지 않은 앱스토어인 시디아 스토어에는 무료 앱, 앱 등록을 거부당한 앱이 유통되고 있다.

그림 11.21 ▸ 탈옥

3. 클라우드 컴퓨팅과 웨어러블 인터넷

클라우드 컴퓨팅 개요

언제 어디서나 유무선 인터넷의 활용이 쉬워지면서 가능한 최소한의 정보기술 자원을 직접 가지고 다니고, 가능한 많은 자원은 서버인 클라우드에 두어 사용자는 언제 어디서나 손쉽게 정보기술 서비스에 접근하여 사용할 수 있다. 즉 클라우드 컴퓨팅(cloud computing)이란 일반적으로 서버인 클라우드에 하드웨어와 소프트웨어, 그리고 개발 플랫폼 등을 두고 인터넷을 통해 필요에 따라 접속하여 필요한 자원을 사용하는 서비스라 말할 수 있다.

클라우드 컴퓨팅이 다양해지면서 정보기술 자원을 구매하지 않고 필요한 자원을 사용한 만큼 비용을 지불하는 방식으로 변하고 있다. 즉 기존 정보기술 자원의 활용 방식이

'소유'에서 '임대'로 변화하게 된다. 결국 클라우드 컴퓨팅을 사용하게 되면 정보의 입출력을 위한 키보드, 모니터 등 최소한의 인터페이스만 남기고 CPU, 스토리지, 애플리케이션 등 나머지 모든 정보기술 자원은 클라우드에 둘 수 있어 사용자가 구매, 운영 및 유지보수를 걱정할 필요가 없고, 언제 어디서나 저렴한 가격으로 접근하여 사용할 수 있다.

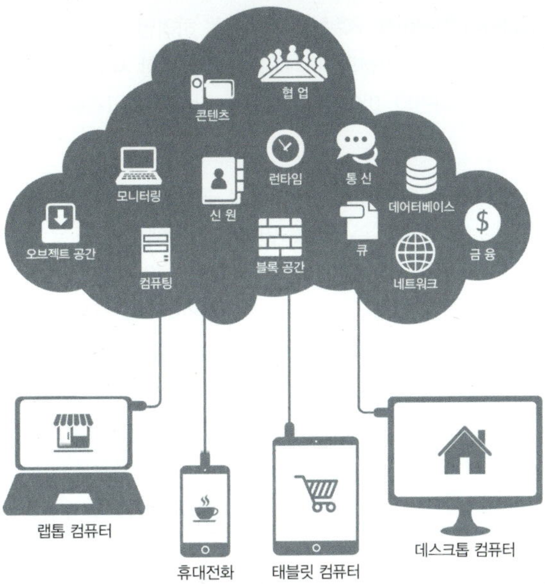

그림 11.22 ▸ 클라우드 컴퓨팅 개요

클라우드 컴퓨팅은 서비스되는 제품의 분류에 따라 다음 3가지로 나눌 수 있다.

- Iaas(Infra As A Service): 서버, 저장장치 등의 인프라를 서비스
- Paas(Platform As A Service): 자신의 개발에 필요한 개발도구, 테스트 등의 컴퓨터 플랫폼을 서비스
- SaaS(Software As A Service): 웹 기반 전자메일이나 워드와 같은 문서작성 도구와 일정관리 등의 소프트웨어를 서비스

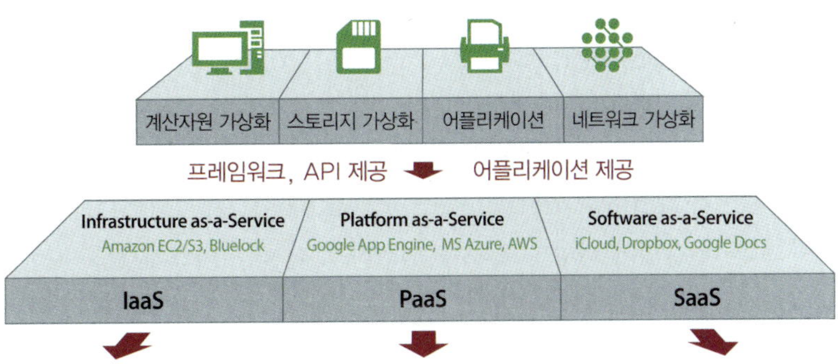

그림 11.23 ▸ 클라우스 컴퓨팅 분류(참조: 한국인터넷진흥원 자료)

아마존웹서비스 AWS

클라우드 컴퓨팅 부문의 선도 기업은 아마존이다. 아마존은 아마존웹서비스 AWS(Amazon Web Service)라는 이름으로 컴퓨팅 파워, 스토리지 옵션, 네트워킹 및 데이터베이스 등 다양한 인프라를 클라우드로 서비스하고 있다.

만일 회사를 하나 설립하여 웹서버를 구축하고 서비스를 하려면 서버에서부터 개발도구 등 준비해야 할 일이 많다. 아마존웹서비스는 웹 애플리케이션의 개발과 운영에 필요한 서버, 개발도구, 데이터베이스 등을 제공해 주고 그에 대한 대가로 요금을 받아간다. 아마존웹서비스는 필요한 서비스를 필요한 만큼만 제공하고 일반적으로 종량 과금제를 적용한다.

아마존 EC2(Amazon Elastic Compute Cloud)는 클라우드에서 필요에 따라 용량 조정이 가능한 컴퓨팅 파워, 서버를 제공하는 서비스이다. 즉 필요하면 몇 분 만에 EC2의 용량을 늘리거나 줄일 수 있다. 아마존 EFS(Amazon Elastic File System)는 EC2 서버에 사용할 수 있는 간단하고 확장 가능한 파일 저장장치이다. 이와 같이 아마존웹서비스는 어느 곳에서든지 용량에 관계없이 데이터를 저장하고 검색할 수 있는 저장장치인 아마존 S3(Amazon Simple Storage Service), MySQL, 오라클 등과 같은 데이터베이스를 클라우드 서비스를 제공하고 있다.

그림 11.24 ▸ 아마존웹서비스 AWS

웨어러블 인터넷

웨어러블 디바이스는 말 그대로 사용자가 이동 또는 활동 중에도 자유롭게 사용할 수 있도록 사람의 신체에 착용할 수 있는 컴퓨터 기기를 말하며, 웨어러블 컴퓨터라고도 부른다. 웨어러블 인터넷이라는 표현은 웨어러블 디바이스가 다양한 센서와 사물인터넷과 연결되어 다양한 정보를 생성하고 이를 서비스에 활용되는 어플리케이션까지 포함한 모든 것에 초점을 맞춘 용어라고 할 수 있다. 웨어러블 인터넷 기기의 유형으로는 스마트 콘텐트 렌즈와 같은 신체부착형, 스마트 셔츠와 같은 의류일체형, 시계와 밴드 등의 손목·팔 착용형, 안경 등의 머리 착용형, 스마트 약 등의 생체이식·복용형 등으로 나눌 수 있다.

2010년대에는 스마트폰과 태블릿 PC 등 스마트 기기의 발전 뿐만 아니라 무선통신 인프라의 구축과 배터리 수명 향상 등 기술적 한계들이 극복되면서 일상생활에서도 사용이 가능한 수준에 이르렀다. 또한 웨어러블 디바이스에서 수집된 정보를 스마트폰과 같은 전자기기로 통신하는 M2M(Machine to Machine: 사물통신) 방식을 통해 실시간 상호 전송·교환해 서로 연동하는 방식으로 이용되고 있다.

웨어러블 인터넷 기기로는 시계, 밴드, 이어폰, 안경, 반지, 신발, 벨트, 셔츠 등이 대표적이다. 애플의 애플 워치(Apple Watch)로 대표되는 스마트 시계는 애플과 삼성 등에 의해 발전되고 있으나 배터리 문제와 가격에 비하여 기능이 스마트폰의 보완재 역할만 하고 있어 소비자의 욕구를 충족시키지 못하고 있다. 구글의 구글 글래스로 대표되는 스마트 안경은 의료용· 방범용· 군사용 목적으로 주로 쓰이고 있으나, 차별화된 기능이 미약하고 사생활 및 저작권 침해논란 문제 등으로 시장이 확대되지 못하고 있다. 하지만 향후 가상현실과 증강현실 기술과 연계하여 발전하리라고 예측된다.

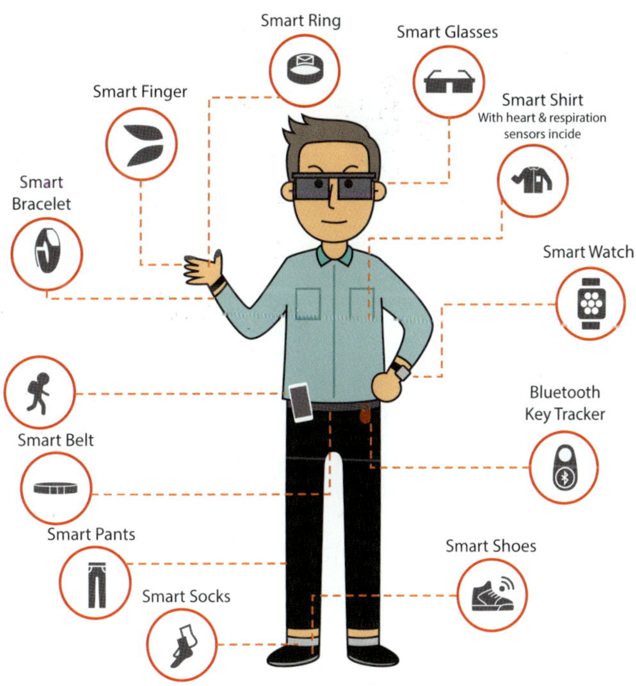

그림 11.25 ▸ 웨어러블 인터넷 기기 (www.electronicdesign.com/iot/develop-wearable-devices-iot-cutting-edge 참조)

스마트 밴드 시장은 적정한 가격과 헬스케어 관심으로 지속적으로 확대되고 있다. 특히 중국 기업 샤오미의 미밴드는 저렴한 가격과 적정한 기능이 장점이다. 스마트 밴드의 주 기능은 전화 알림, 메신저 알림, 알람, 수면패턴, 섭취· 소모 칼로리 양, 걸음 수 측정, 수면 분석 등이 있다. 이러한 웨어러블 기기의 센서를 통하여 심박수나 체지방, 혈압, 혈당 등의 헬스케어 정보를 저장·전송하여 개인의 건강증진에 활용될 수 있다. 헬스케어 기기 분야에서 신체의 건강 상태를 측정할 수 있는 센서의 적용과 24시간 상시 측정을 통해 데이터 수집하여 이를 예방이나 치료에 활용할 수 있다. 스마트 이어폰은 가정용 스피커와 함께 최근 주목을 받고 있는 웨어러블 기기이다. 스마트 이어폰이 각광받는 이유는 인공지능 기술의 발달로 음성인식과 함께 실시간 음성번역이 가능하기 때문이다. 구글의 무선 이어폰인 픽셀 버드(Pixel Buds)는 본체에 마이크를 내장하고 있어, 구글 번역과 연동해 실시간 번역이 가능하다.

구글의 스마트폰 픽셀과 연동하면 실시간으로 입력 받은 말을 다른 언어로 번역한 다음 스마트폰 스피커를 통해 재생해준다. 또한 픽셀 버드는 구글의 인공지능 비서인 구글 어시스턴트(assistant)도 내장하고 있으며, 터치 센서도 있어 손가락의 움직임으로 호출이나 알림, 메시지를 읽는 등 다양한 작업도 할 수 있다. 이러한 스마트 이어폰으로는 삼성의 갤럭시 버즈(birds)와 아마존의 인공지능 알렉사를 지원하는 온보컬, 아마존의 인공지능 왓슨을 지원하는 대시 등이 있다.

그림 11.26 ▸ 스마트 이어폰

현재 대부분의 사용자는 웨어러블 기기에서 헬스케어 부문에 가장 관심이 많으며, 향후에는 스마트 시계가 헬스케어와 발전적으로 연계되면서 전망이 밝을 것으로 예상된다. 모든 사물인터넷과 연결된 웨어러블 디바이스는 다른 사물인터넷 제품을 제어하는 역할을 수행할 것으로 보인다. 이 방향이 웨어러블 디바이스가 발전해 나갈 방향이라고 예측한다.

11.3 지능형 로봇과 첨단기술

1. 인공지능이 탑재된 로봇

로봇 개요와 물류 로봇

과거 로봇(robot)하면 떠오르는 것이 사람이 하기 어려운 공정을 해주는, 노동 대체 수단인 산업용 로봇이다. 이에 반하여 사람과 유사한 모습을 가지고 있으며, 사람과 같이 두발로 걷는 것을 수 있는 등의 기능을 수행하는 휴머노이드 로봇(humanoid robot)에도 많은 연구가 진행되었다. 최근에는 인간과 같은 공간에서 인간 또는 다른 로봇과 상호작용하며, 인공지능 기술이 적용되어 외부환경을 인식하고 스스로 상황을 판단하는 기능을 가진 로봇인 지능형 로봇(intelligent robot)에 대한 연구가 활발히 진행되고 있다.

로봇을 만들기 위한 기술은 크게 지각(sensing), 처리(processing), 행동(acting) 기술로 분류할 수 있다. 또한 지능형 로봇을 구현하기 위해서는 인공지능, 휴먼인터페이스, 유비쿼터스 네트워크, 신경회로망, 음성·영상인식, 센서, 프로세서, 구동기 기술 등 다양한 분야의 기술 뿐 아니라 자율 에이전트, 사용자 모델링, 인지사회성, 행동기반 로봇, 적응진화, 모방학습 기술 등 복잡한 알고리즘 기술들이 필요하다.

최근 산업용 로봇의 사용은 자동차 및 기계 산업과 전자 산업 등에서 꾸준히 증가하고 있으며, 기업의 생산성과 경쟁력을 향상시키는 데 기여하고 있는 것으로 평가되고 있다. 특히 최근에는 산업용 로봇 중에서 물류로봇의 관심이 커지고 있다. 구글과 아마존은 물류창고 내에서 물류의 이동 및 보관에 사용되는 물류로봇에 많은 힘을 쏟고 있다. 아마존은 세계 각국의 상품 주문에 대응하기 위해 수많은 물류센터를 운영하고 있다. 물류센터에서 상품을 정확하게 선택하여 배송 준비까지 빠른 시간에 처리하는 것이 무엇보다도 중요하다. 아마존의 자회사인 아마존 로보틱스(Amazon Robotics)는 키바 시스템스(Kiva Systems) 기업을 인수했다. 키바 시스템스의 기술을 활용해 아마존 로보틱스는 필요한 상품이 적재된 선반을 자동으로 직원에게 옮겨 주는 창고 로봇인 키바(Kiva)를 개발해 물류센터에 배치했다. 아마존의 물류센터에 키바를 3만 대 가량 배치하여 운영비용을 20%나 절감하는 효과를 보았다고 한다.

그림 11.27 ▸ 아마존의 물류로봇 키바

지능형 로봇

휴머노이드(humanoid)는 휴먼(human)과 안드로이드(android)의 합성어로 인간의 신체와 유사한 모습을 갖춘 것들을 가리킨다. 즉 휴머노이드 로봇은 인간의 신체와 유사한 모습을 갖춘 로봇을 말한다.

휴머노이드(humanoid) 로봇으로 많이 알려진 로봇은 아시모(Asimo)일 것이다. 아시모는 혼다(Honda)가 2000년부터 개발한 인간형 로봇이다. 아시모는 매우 자연스럽게 두 발로 걷고 뛸 수 있으며 간단한 대화도 가능한 인간형 로봇으로 주목을 모았다.

소피아(sophia)는 홍콩의 핸슨 로보틱스(Hanson Robotics)가 개발한 휴머노이드 인공지능 로봇이다. 나노기술 소재의 프러버(frubber)로 제작된 피부는 인간과 매우 흡사하다. 소피아는 상반신만 있으며, 하반신은 국내 연구진과 함께 개발하고 있는 중이다. 특히 소피아 로렌을 모델로 형상화한 얼굴은 다양한 표정을 지을 수 있으며, 영어로 대화가 가능하다. 2017년 사우디아라비아에서 로봇 최초로 시민권을 받았고, 패션잡지의 표지를 장식하기도 했다. 2018년 1월, 한국을 방문하기도 했다. 전문가에 따라 자연어 대화는 초기 수준이라는 지적도 있으나 상황에 따른 얼굴 표정은 매우 자연스럽다.

그림 11.28 ▸ 아시모와 소피아

현대자동차의 보스톤 다이나믹스 로봇

카네기 멜런 대학교와MIT에서 교수로 재직한 바 있는 마크 레이버트(Marc Raibert)가 창립한 보스톤 다이나믹스(Boston Dynamics)는 보행 로봇 개발에 주력하는 기업이다. 보스톤 다이나믹스는 미국 국방부의 방위 고등 연구 계획국(DARPA: Defense Advanced Research Projects Agency)의 지원을 받아 군사용 목적의 로봇개발에 주력했으며, 구글에 인수되었다가 2017년 소프트뱅크에서 인수했다. 2020년 12월, 현대자동차는 보스톤 다이나믹스를 인수했다. 현대차는 미래사업 경쟁력 강화, 기업가치 제고, 신성장 동력 마련을 위해 로보틱스 사업을 본격화하고 있다. 현대차가 보스턴 다이나믹스로 로봇 상용화에 성공하기를 기대한다.

그림 11.29 ▸ 현대자동차가 인수한 보스톤 다이나믹스

보스톤 다이나믹스의 아틀라스(Atlas)는 175㎝에 81.6㎏인 휴머노이드 로봇으로 사람의 외형에 비슷하다. 아틀라스는 몸체와 다리 부분에 갖가지 센서를 부착하고, 머리에는 라이더(Lidar)와 스테레오 센서를 탑재, 장애물을 능숙하게 피할 수 있다. 직접 문을 열고 나와 눈 덮인 울퉁불퉁한 산길을 빠르게 걷지만 좀처럼 균형을 잃지 않는다. 높아 보이는 곳으로 점프를 해 착지하기도 하고 공중제비를 돌기도 한다. 보스톤 다이나믹스는 개처럼 4족으로 계단을 비롯해 사물이 피해 보행할 수 있는 로봇 스팟(Spot)을 2019년부터 시판하고 있다. 스팟은 사무실이나 물류 센터에서 물건을 집어 들고 이동하거나 기어가기가 가능하다. 스팟은 물건 운반 같은 간단한 심부름 등의 용도로 활용될 수 있다.

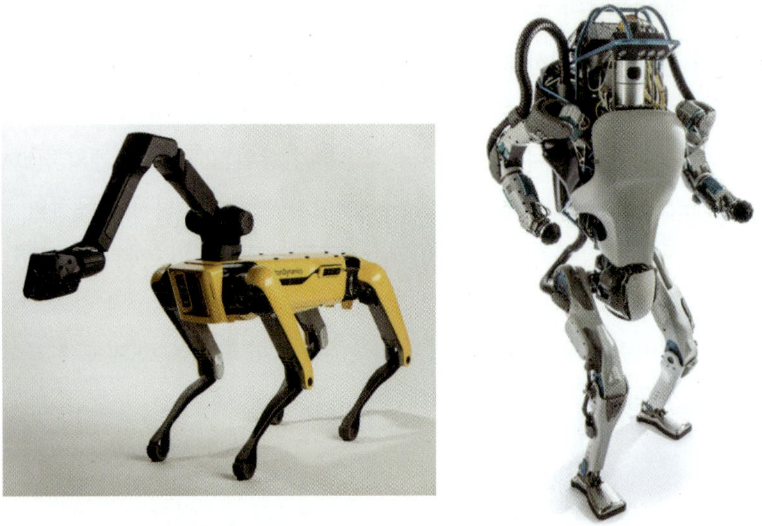

그림 11.30 ▸ 보스톤 다이나믹스의 4족 보행 로봇 스팟과 휴머노이드 로봇 아틀라스

2. 빅데이터 처리

빅데이터 개요

현재 자신이 생성하는 데이터를 생각해보자. 자신의 PC에 저장된 자료의 크기 뿐만 아니라, 교통카드의 실적 데이터, 금융사이트에서의 입출금과 이체 데이터, 쇼핑몰에서의 로그자료, 카톡이나 SNS에서의 메시지 등, 자신이 생성하는 데이터의 양이 적지 않다. 향후 모든 사물이 인터넷과 연결되면 훨씬 많은 데이터가 생성될 것이다. 수천 명에서 수만 명, 아니 수억 명의 고객으로부터 나오는 데이터를 처리하는 기업은 그야말로 엄청난 데이터가 생성된다. 즉 제4차 산업혁명시대에 즈음하여 소셜미디어 상호작용, 스마트폰 등 인터넷 연결기기의 폭증, 그리고 유튜브와 페이스북 등에 동영상이나 이미지 파일을 업로드하는 등 멀티미디어 콘텐츠 활용 증대로 인해 빅데이터 시대를 맞이하게 되었다.

빅데이터는 일반적인 데이터베이스로는 처리하기 어려운 정도의 큰 규모의 데이터를 말한다. 현재로는 테라(Tera: 10^{12}) 바이트를 넘어 페타(Peta: 10^{15}) 정도의 크기를 말하며, 때로는 수 엑사(Exa: 10^{18}) 바이트 정도 크기의 대용량 데이터를 의미한다. 데이터의 종류로는 정수나 실수의 정형적인 데이터는 물론, 텍스트와 음성, 그리고 이미지와 동영상과 같은 비정형 데이터도 있다. 이제 빅데이터는 이러한 데이터를 생성·수집하고 분석하여, 저렴한 비용으로 가치를 추출하고 결과를 표현하는 기술까지 포함하는 용어가 되었다. IDC(Industrial Development Corporation)는 빅데이터를 '다양한 데이터로 구성된 방대한 볼륨의 데이터로부터 고속 캡처, 데이터 탐색 및 분석을 통해 경제적으로 필요한 가치를 추출할 수 있도록 디자인된 차세대 기술과 아키텍처'라고 정의하고 있다.

시장 조사기관 IDC(International Data Corporation) 자료에 의하면 2025년에는 전세계 데이터 규모가 지금보다 10배 늘어난 163ZB(Zetta Byte: 10^{21})가 될 것으로 전망하고 있다.

Yotta Byte(YB)	10^{24}
Zetta Byte(ZB)	10^{21}
Exa Byte(EB)	10^{18}
Peta Byte(PB)	10^{15}
Tera Byte(TB)	10^{12}
Giga Byte(GB)	10^{9}

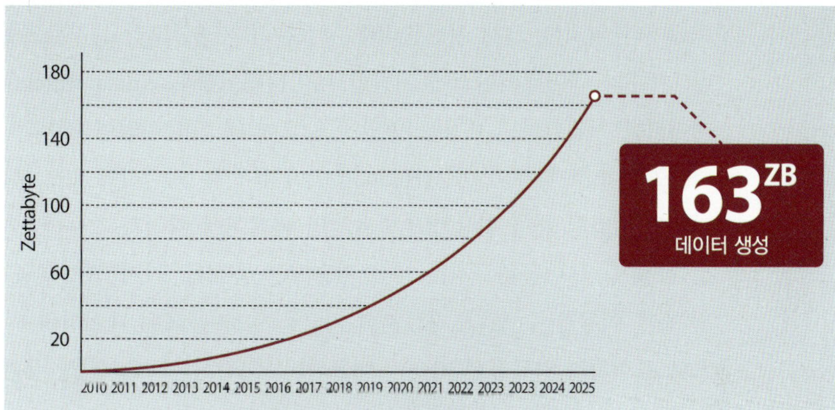

그림 11.31 ▸ 세계 빅데이터 증가 추이

빅데이터의 특징으로 데이터의 양(Volume), 데이터 생성 속도(Velocity), 형태의 다양성(Variety)으로 3V로 요약하고 있다. 즉 빅데이터는 일반적으로 처리하기에는 너무 크면서, 데이터의 생성주기도 짧아 그 생성 속도도 엄청나므로 계산이 가능한 수치와 달리 음성, 동영상 등의 비정형적인 성격을 가진다는 것이다.

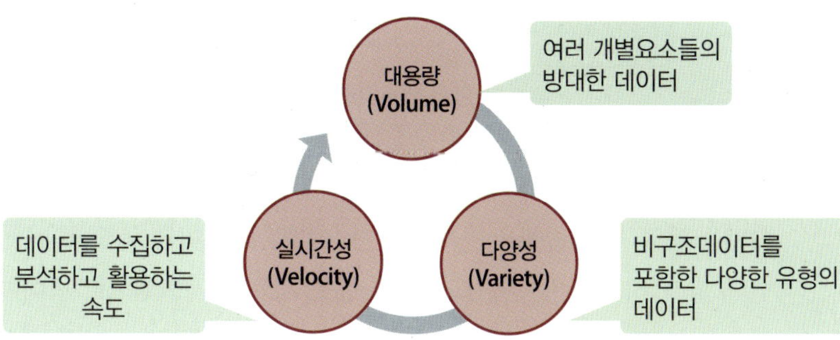

그림 11.32 ▸ 빅데이터의 3대 특징

제4차 산업혁명에서 빅데이터는 2차 산업혁명의 '원유'라 불릴 정도로 그 잠재력이 무궁무진하다. 즉 빅데이터의 가치는 이전에는 관리되지 않던 새로운 데이터를 수집·분석함으로써 새로운 가치를 창출하는 것이다. 고객의 다양한 로그 등 빅데이터 분석을 통하여 의미 있는 정보를 실시간으로 도출해서 이상 현상 감지, 트렌드 파악, 가까운 미래 예측, 마케팅, 의사결정 등 다양한 분야에서 활용이 증가되었다. 이러한 다양한 빅데이터의 활용으로 우리는 조금 더 편리한 생활을 하고 있는 것이다. 이러한 빅데이터는 사물인터넷, 인공지능, 핀테크 기술 등과 접목하여 더 나은 우리 생활을 위해 사용될 것이다.

빅데이터 처리와 사례

빅데이터 처리는 크게 자료관리와 자료분석 기술, 그리고 자료표현 기술 등이 필요하다. 기존의 데이터베이스에 기반한 데이터웨어하우스(data warehouse)를 구축하여 빅데이터를 처리한다면 비용도 만만치 않으며 다양한 비정형 데이터 처리에 어려움이 있다. 오픈 소스 형태의 하둡(Hadoop)이나 분석용 패키지인 R과 분산병렬 처리기술, 클라우드 컴퓨팅 등을 활용하면 효율적인 빅데이터 처리가 가능하다. 즉 자료관리 기술로는 하둡 등을 이용하고 자료분석 기술에는 통계학, 기계학습, 인공신경망, 데이터 마이닝 등을 이용할 수 있다. 자료분석 기술을 통해 분석된 데이터의 의미와 가치를 시각적으로 표현하는 자료표현 기술의 대표적인 것으로는 프로그래밍 통계 도구 R 등이 있다.

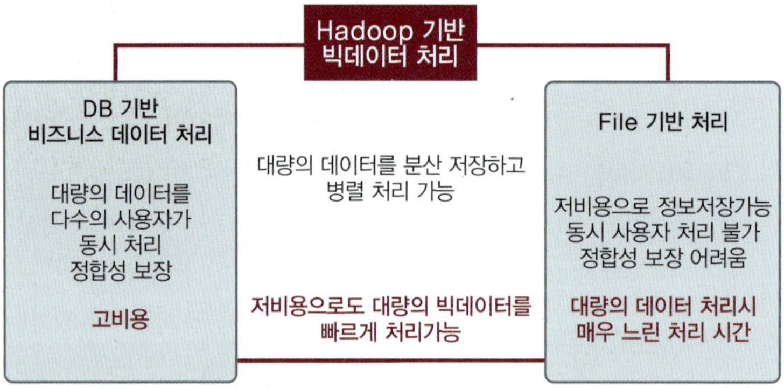

그림 11.33 ▸ 하둡 기반 빅데이터 처리(참조: 오라클 자료)

빅데이터의 수집과 처리로 다양한 분야에서 과거에 불가능했던 일을 객관적 데이터에 기반을 두고 그 해결책을 찾게 되었다. 예를 들어, 미국 국세청의 '통합형 탈세 및 사기 범죄 방지 시스템'은 하둡(Hadoop) 등을 적용해 시스템으로 방대한 데이터에서 이상 징후를 찾아냈다. 또한 예측모델링을 통해 과거 행동 정보를 분석해 사기 패턴과 유사한 행동을 파악하여, 소셜 네트워크 분석에 기반한 범죄 네트워크 분석 기능을 통해 고의 세금 체납자를 찾아냈다. 이를 통해 미국 국세청은 연간 3,450억 달러(약 388조 원)에 달하는 세금 누락을 막았다고 한다.

또한 다품종 소량생산으로 유명한 스페인의 패션의류 유통업체인 자라(ZARA)는 실시간으로 수집한 전 세계 매장의 판매 및 재고 데이터를 분석하여 최대 매출이 가능한 재고 최적 분배 시스템을 개발했다. 이 시스템을 사용해 불필요한 재고를 감소시키고 실시간으로 전달된 고객의 요구가 반영된 제품을 생산하여 판매를 늘리고 있다.

국내에는 공공데이터를 활용하여 시민의 생활에 편의를 가져온 심야버스 '올빼미 버스' 사례가 있다. 서울시는 심야버스의 노선 결정을 위해 개방된 공공데이터를 적극 활용했다. 시민들이 이용한 심야택시 승·하차 데이터 500만 건과 KT의 심야 유동인구의 통화량 데이터 30억 건을 결합해 지도상 유동인구 패턴을 시각화하였다. 이를 통해 검토 중인 노선안과 배차, 정류장을 최종 확정하였다고 한다. 서울시는 심야버스의 도입으로 시민의 야간활동을 지원하고 만족도 향상에 기여했을 뿐만 아니라 교통사고 사망률을 1/6 이하로 줄이는 효과를 가져왔다.

3. 3차원 사물의 입력과 출력

3D 스캐너

3D 스캐너란 실물을 스캔, 3차원인 형상과 치수를 측정하여 3D 모델링(modeling) 데이터를 생성하는 기기를 말한다. 3차원 스캐너를 이용하면 볼트와 너트를 비롯한 초소형 대상물을 비롯해 항공기, 선박 심지어는 빌딩이나 다리 혹은 지형 같은 초대형 대상물의 형상정보를 손쉽게 얻을 수 있다.

3D 스캐너는 접촉식과 비접촉식으로 구분할 수 있다. 접촉식 3D 스캐너는 3차원 측정기인 CMM(Coordinate Measuring Machine)을 이용, 탐촉자로 불리는 프루브(Probe)로 물체에 직접 빛을 쏘게 해서 측정을 하는 방식이다. 접촉식 3D 스캐너 방식은 대부분의 제조업에서 오래 전부터 활용된 방식으로 정확도가 우수하다. 비접촉식 방식은 레이저나 백색광을 물체 표면에 비쳐 그 빛이 돌아오는 시간을 측정해서, 물체와 측정원점 사이의 거리를 구하는 방식이다.

최근에는 크기가 작고 사용하기가 편리한 핸드헬드(hand held) 스캐너가 사용되고 있다. 핸드헬드 스캐너는 3D 이미지를 얻기 위해 광 삼각법 방식을 주로 이용한다. 점(dot) 또는 선(line) 타입의 레이저를 피사체에 투사하는 레이저 발송자와 반사된 빛을 받는 수신 장치, 그리고 내부 좌표계를 기준 좌표계와 연결하기 위한 시스템으로 구성되어 있다.

그림 11.34 ▸ 접촉식과 비접촉식 3D 스캐너와 핸드헬드 3D 스캐너

3D 스캐너는 제조업 분야가 주류를 이루며, 맞춤 의료기구 제작, 가상 수술 및 인공심장 개발에도 적용되는 의료 분야, 문화재 원형 복원 분야 및 컴퓨터 그래픽스 분야 등에 사용된다. 특히 의류나 신발의 맞춤 제작을 위해 인체 전용 3D 스캐너를 사용하기도 한다.

그림 11.35 ▸ 인체전용 3D 스캐너

3D 프린터

제4차 산업혁명의 제조업 분야에서 핵심기술로 떠오르는 분야가 3D프린터이다. <이코노미스트(Economist)>는 "3D 프린팅 기술이 새로운 혁신적인 산업용 제조 기술의 시대를 열고 있다"라고 진단하고 있으며, <홀러스 리포트(Wohlers Report) 2017>도 "21세기 제조산업의 핵심은 3D 프린팅 기술"이라고 강조하고 있다.

3D 프린터의 전신은 매우 고가의 장비로 RP(Rapid Prototyping)라고 하여 기계분야의 모형을 제작하는 데 주로 사용되었다. 약 30년 전인 1984년에 미국의 찰스 훌 (Charles W. Hull)이 설립한 3D 시스템즈사는 3차원 모형을 만드는 기술을 발명한 이후, 건축, 항공 및 자동차 산업에서 시제품을 만드는 용도로 산업용 RP를 사용해 오고 있었다. RP는 주로 절삭가공(SM: Subtractive Manufacturing) 방식으로 조각하듯이 큰 물체를 깎아 원하는 입체 모형을 만드는 방식이다.

3D 프린터란 적층가공(AM: Additive Manufacturing)이라고도 불리며 3차원 디지털 디자인 모델링 데이터를 이용하여 다양한 소재를 쌓아 3차원 물체를 제조하는 기기이다. 절삭가공의 반대인 적층가공이란 말 그대로 프린터의 잉크에 해당하는 다양한 재료를 층층이 쌓아 입체 모형을 만드는 방식이다. 프린터의 잉크에 해당하는 3D 프린터의 출력 소재는 주로 합성수지(플라스틱)를 사용하지만 티타늄, 알루미늄, 금속성 가루, 목재, 고무, 음식, 바이오 재료 및 고분자 물질 등의 다양한 소재가 사용되기도 한다. 또한 프린팅 결과물의 강도 개선 등의 성능향상을 위하여 유리섬유, 탄소섬유, 그라파이트 등을 합친 다양한 소재의 개발이 진행되고 있다.

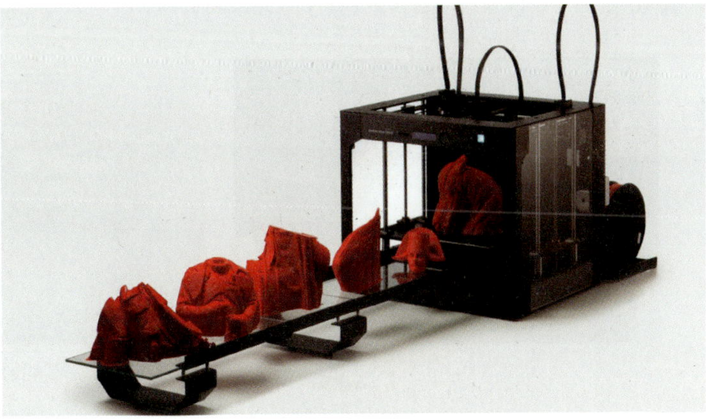

그림 11.36 ▸ 상상을 출력하는 다양한 3D 프린터

3D 프린팅 과정을 알아보자. 가장 먼저 ① 구현하고자 하는 물체를 3차원 디지털 모델링을 통해 가상의 물체로 디지털화한다. ② 만일 출력 소재가 다양하다면 출력 소재를

선택하고, ③ 출력하면, 프린터는 매우 얇은 단면(약 0.015~0.10mm)을 한 층씩 형상을 쌓아 결과물을 만들어 낸다. ④ 이제 프린터의 결과물의 면을 말끔히 처리하면 3차원의 결과물을 얻을 수 있다.

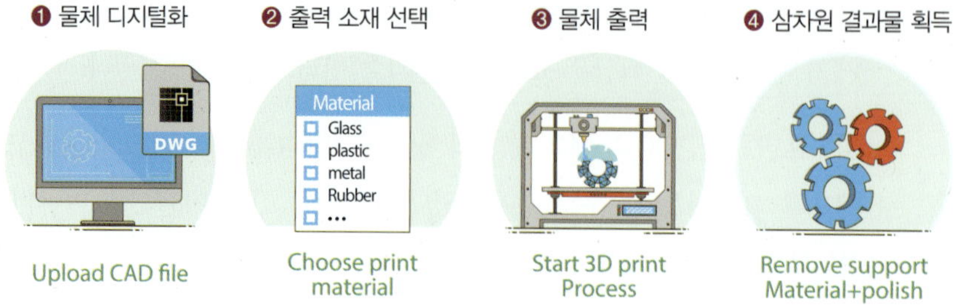

그림 11.37 ▸ 3D 프린팅 과정

일반 제조공정에서는 복잡한 과정을 거쳐야 생산이 가능한 모형이나 내부에 공간이 있는 구조 등의 제품을 3D 프린터를 사용하며 한 번에 생산할 수 있다. 만일 3D 프린터의 재료가 원래 만들려는 물체의 재료라면 3D 프린팅 결과가 모형이 아니라 바로 실제 제품이 될 수 있다. 특히 의료분야에서는 사람에게 사용될 다양한 의료 보조기기를 3D 프린터로 만들어 바로 사용하는 등 그 발전 가능성이 크다고 하겠다.

미국의 신생기업 디버전트 마이크로팩토리스(Divergent Microfactories)는 3D프린팅으로 제작한 차체의 프레임을 기반으로 한 분산형 소량생산 방식으로 성능이 뛰어난 스포츠카 시제품 블레이드(Blade)를 개발했다. 또한 유럽 항공기 제조업체 에어버스는 토르(THOR)라는 이름의 세계 첫 3D 프린터로 만든 미니 무인 비행기를 공개해 화제를 모았다.

그림 11.38 ▸ 3D 프린터로 제작한 슈퍼카와 무인 비행기

3D 프린터가 활용되는 분야는 제조업에서부터 취미와 오락, 음식 및 예술에까지 매우 다양하다. 3D 프린터는 일반적으로 CAD 또는 3차원 모델링 소프트웨어를 이용하여 3차원 도면을 완성해야 입체 모형을 출력할 수 있다. 또한 3D 스캐너를 사용해 실제 물체를 스캔하여 3차원 도면을 만들면 바로 모형을 출력할 수도 있다. 최근에는 3D 프린

터에 아예 3D 스캐너가 장착되어 나오는 제품도 출시되고 있어, 일반 사용자가 쉽게 3차원 도면을 만들어 바로 모형을 출력할 수 있는 시대가 되었다. 이러한 3D 프린터는 기존의 제조 방식에 혁명을 가져올 기술로 각광을 받고 있다.

표 11.6 3D 프린터의 활용 사례

분야	사례
제조업	자전거, 자동차, 항공기, 카메라 등의 부품 또는 완제품, 각종 기계 및 전자 부품 등
생활용품	신발, 구두, 의류, 보석, 액세서리, 완구, 조명, 칫솔, 패션소품, 스마트폰 케이스, 사진받침대, 탁자장식, 장난감 등
의학	인공 뼈, 인공 귀, 인공관절, 인공치아, 인공 의족, 치과보형물, 임플란트, 의료용 로봇팔, 보청기, 이식 가능한 의수 및 의족 등 의료용 생체조직
건축	구조가 매우 복잡한 사무실이나 건물의 건축모형 및 건축자재 등
취미와 오락	피규어, 영화용 캐릭터, 애니메이션용 툴 등
음식과 예술	파자, 쿠키 등의 음식, 문화제 복원, 예술작품, 회화 등의 복제품

4. 블록체인과 가상화폐

블록체인과 비트코인 관계는 인터넷과 WWW의 관계와 일부 유사하다. 즉 블록체인이 비트코인 개발의 바탕이 되는 기술방식이라면, 비트코인은 블록체인 기술방식을 적용한 최초의 결과물인 가상화폐이다. 다만 이들의 차이점은 블록체인 기술은 비트코인 개발 이전에 있던 기존 기술이 아니라 비트코인과 함께 처음 개발되었다는 점이다. 향후 블록체인은 WWW과 같이 모든 산업의 플랫폼이 될 것이라는 전망이 지배적이다.

미래학자인 돈 탭스콧(Don Tapscott)은 그의 저서 '블록체인의 혁명'에서 '블록 체인은 금융 거래 뿐 아니라 가치 있는 거의 모든 것을 기록하도록 프로그래밍 할 수 있으며, 누구도 조작할 수 없는(incorruptible) 경제 거래 디지털 장부(ledger)'라고 정의하고 있다.

블록체인

블록체인(blockchain)이란 데이터 거래 발생 시, 거래에 참여하는 모두가 인증한 거래 정보 묶음인 '블록'을 분산·저장하여 모두에게 이 거래 내용을 공개하는 디지털 분산·공개 장부라고 할 수 있다.

만일 내가 송금 거래를 한다면 은행의 중앙시스템에 이 송금 정보, 하나가 저장될 것이다. 즉 실제 은행은 거래장부를 중앙 서버에 저장해 놓고, 고객의 입·출금 업무를 금고속 거래장부와 확인한 뒤에 진행한다.

- 블록체인 기술을 활용하면 송금 거래에 대한 블록 자료를 네트워크에 연결된 참여자에게 모두 인증을 받아 이 자료를 기존의 블록에 추가하여 다시 모든 참여자에게 저장하는 방식으로 송금 거래가 이루어진다.

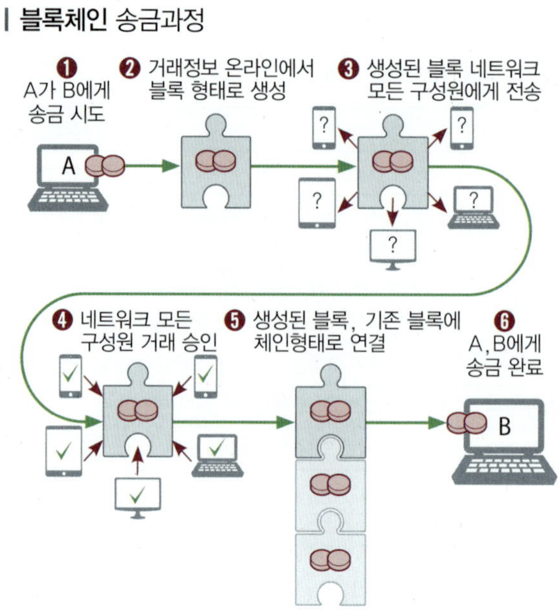

그림 11.39 ▸ 블록체인의 이해

즉 블록체인은 거래가 발생할 때마다 거래와 관련된 데이터를 이전의 장부에 추가로 기록·저장하며, 각 참여자의 장부와 일치하는지 수시로 대조 및 확인한다. 그러므로 현재의 대부분의 거래 정보 저장이 중앙 집중형(centralized) 서버 시스템에 저장된다면 블록체인은 모든 참여자의 컴퓨터에 분산되어 저장되는 분산형(distributed) 시스템이다.

블록체인은 모든 구성원들이 동일한 거래기록을 보관하고, 데이터 대조 및 확인이 모든 참여자를 대상으로 지속적으로 진행되므로 해킹 및 위조·변조가 거의 불가능하다. 그러므로 블록체인은 기존 중앙 집중형 시스템에 비해 효율성, 안정성, 신뢰성, 보안성, 투명성에서 뛰어난 장점을 갖고 있어 제4차 산업혁명의 핵심 기술로 대두되고 있다.

- 블록체인은 거래 자료의 저장관리를 맡는 중앙 기관이 필요 없는, 탈중앙화(decentralized)된 최초의 분산·공개 원장의 소프트웨어 기술이다.

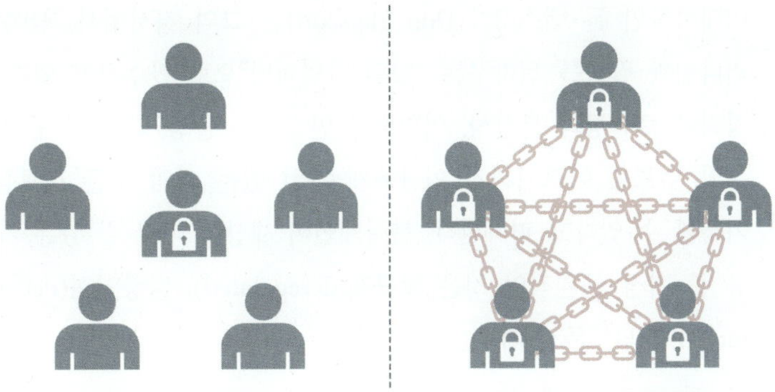

〈 현재 〉 중앙집중식		〈 미래 〉 블록체인
거래 시 개인정보 필수	익명성	거래 시 개인정보 불필요
거래 정보 미공개	투명성	허가 대상에 거래 정보 공개
한 곳에 데이터가 집중돼 해킹 위험 존재	보안성	동일 데이터가 분산돼 있어 해킹에 안전, 위 · 변조불가
데이터 수정, 삭제 가능	가역성	데이터 수정, 삭제 불가능

그림 11.40 ▸ 블록체인 분산공개 원장의 장점

블록체인은 데이터의 보안성 및 신뢰성, 안정성이 필수적인 가상화폐, 개인인증, 보험 등의 금융 분야를 중심으로 활용도가 증가되는 상황이며, 유통·물류, 의료, 예술, 농업, 공공 분야 등 다양한 분야로 기술 확장이 진행 중이다. 창조경제연구회(KCERN)는 블록체인의 활용분야를 가상화폐 분야, 공공·보안 분야, 산업응용 분야, 거래·결제 분야의 4개 분야로 나누어 소개하고 있다.

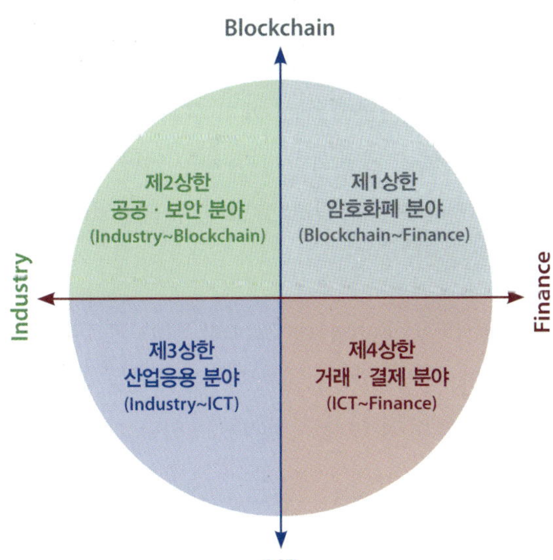

그림 11.41 ▸ 블록체인 활용분야: 창조경제연구회(KCERN) 자료 참조

미래학자인 돈 탭스코트(Don Tapscott)는 그의 저서에서 "블록체인 기술은 기존의 패러다임과 질서를 뒤바꾸는 제2의 산업혁명"으로 간주하고 있다. 그는 블록체인이 지닌 강력한 보안성과 분산성, 익명성과 안정성은 출생 및 사망 증명서 발급부터 보험금 청구와 투표에 이르기까지 인간에게 가치 있는 거의 모든 정보를 안전하고도 완벽하게 기록할 수 있다고 평가한다. 블록체인이 세상을 바꿀 수 있는 기술이라고 평가 받는 이유 중 가장 근원적인 것은 탈규제(deregulated), 탈중앙화(decentralized), 익명(anonymous)이라는 특징 때문이다.

세계경제포럼은 전 세계 은행 가운데 80퍼센트가 블록체인 기술을 도입할 것이라는 전망을 내놓았으며, 2025년에는 블록체인 기술이 전 세계 국내총생산의 10퍼센트를 차지하리라 전망하고 있다.

가상화폐와 암호화폐

디지털화폐(digital currency, money) 또는 전자화폐(electronic currency, money)라고 부르는 가상화폐(virtual currency, money)는 네트워크로 연결된 온라인 공간에서 실체가 없이 전자적 형태로 사용되는 화폐를 말한다. 즉 가상화폐는 카카오 페이나 네이버 페이 등 가상 공간에서 결제할 수 있는 온라인 지급 결제 수단을 모두 포함한다. 또한 국내의 교통에 이용되는 티머니(T-momey)도 가상화폐의 일종이다. 우리가 듣던 비트코인은 암호화폐로 하나의 가상화폐 종류로 볼 수 있다. 그러나 우리나라에 서는 주로 암호화폐(cryptocurrency)를 가상화폐로 부르고 있다.

일상생활에서 사용하는 실제 화폐는 국가의 중앙은행이 법과 정책에 따라 발행한다. 반면 암호화폐는 공인기관이 아닌 개인이나 기업이 개발하는데, 최초 화폐를 개발한 주체가 정한 규칙에 따라 발행되며, 블록체인 기반의 공개·분산 원장을 이용하며 금전적 가치가 전자적 형태로 저장되고, 수요와 공급에 따라 화폐의 가치가 결정되고 유통되는 전자화폐의 일종이다.

유럽중앙은행(ECB: European Central Bank)은 암호화폐를 "개발자에 의하여 발행되고 통상 관리되며, 특정한 가상 커뮤니티의 회원들 간에 사용되고 수령되는 규제되지 않은 디지털화폐의 한 유형"이라고 정의하고 있다.

표 11.7 암호화폐와 현금 및 전자화폐의 비교

구분	현금	전자화폐	암호화폐
발행기관	중앙은행	금융기관, 전자금융업자	없음
발행규모	중앙은행 재량	법정통화와 1:1 교환	알고리즘에 의해 사전 결정
거래기록 및 승인	불필요	발행기관 및 정산소	분산원장 이용 P2P 네트워크
화폐단위	법정통화	법정통화와 동일	독자적인 화폐 단위
법정통화와 교환 여부	-	발행기관이 교환을 보장	가능하나 보장되지 않음
법정통화와의 교환가격	-	고정	수요-공급에 따라 변동
사용처	모든 거래	가맹점	참가자

온라인 상에서 암호화폐를 얻는 수 있는 방법을 세 가지로 요약할 수 있다.

- 컴퓨터를 이용하여 직접 암호화폐를 생산하는 방법으로 채굴(mining)한다는 표현을 사용
- 암호화폐 거래소에서 직접 현금을 주고 구매하는 방법
- 상품이나 서비스를 제공하고 결제 대금으로 암호화폐를 받는 방법

암호화폐 채굴

암호화폐를 생성하는 것을 흔히 '채굴(mining)한다'고 표현한다. 암호화폐는 정부가 화폐를 발행하는 것이 아니라, 마치 금을 캐듯 컴퓨터를 사용하여 암호화폐를 만들어 내기 때문이다. 채굴은 블록체인에 거래 내용을 기록하고 기존의 체인에 연결하는 과정으로 정의할 수 있다. 이러한 채굴 과정은 의도적으로 매일 채굴자들이 발견한 모든 블록들이 안정적으로 유지되도록 하기 위해, 어려운 연산 과정으로 CPU와 같은 자원이 집중적으로 사용되도록 고안되었다.

실제 암호화폐를 채굴하는 방법은 네트워크에 연결된 채굴용 컴퓨터와 소프트웨어를 활용하여 개인 또는 공동으로 채굴할 수 있다. 기존의 블록체인에 연결할 블록의 정보와 연결 정보를 얻는 수학 계산으로 연산량이 많은 계산을 수행한다. 즉 채굴이란 블록의 넌스(nonce)라는 값을 구해서 최종적으로 SHA-256이라는 암호화 해시 함수(SHA: Secure Hash Algorithm)를 사용하여 블록 해쉬값을 구하고, 이 블록 해쉬값을 식별자로 가지는 유효한 블록을 만들어내는 작업 증명(proof of work)이라는 연산을 말한다. 좀 더 쉽게 이해하자면 채굴은 컴퓨터 하드웨어가 비트코인 네트워크의 거래 승인 및 보안 강화를 위한 수학적 계산을 하도록 하는 처리과정이라고 할 수 있다. 채굴에 성

공하면 거래 정보인 블록이 생성되고, 기존 체인에 연결되는데, 이 과정에서 채굴 참여자에게 보상으로 비트코인과 함께 거래의 수수료가 제공된다. 채굴에 필요한 소프트웨어는 어디서나 무료로 구할 수 있으나 채굴에 적합한 컴퓨터는 CPU와 GPU(Graphic Processing Units)와 같은 고급 처리장치가 많아야 하므로, 현재 일반 컴퓨터로 채굴한다는 것은 거의 불가능하다고 볼 수 있다.

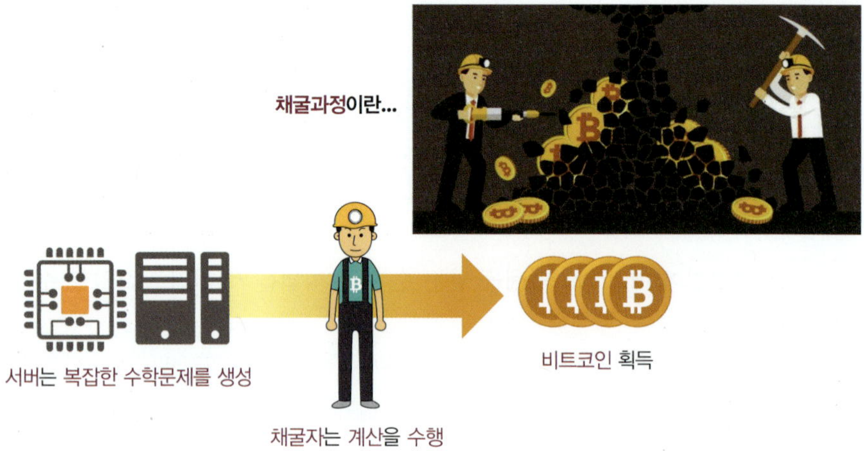

그림 11.42 ▸ 암호화폐 채굴

비트코인

비트코인은 2009년에 만들어진 최초의 암호화폐로, 현재 가장 가치가 높은 암호화폐다. 일반적으로 아직 신원이 밝혀지지 않은 나카모토 사토시(Satoshi Nakamoto)가 개발한 것으로 알려져 있으며, 그가 2008년 작성한 논문 「비트코인: P2P(Peer To Peer) 전자화폐 시스템(Bitcoin: A Peer-to-Peer Electronic Cash System)」의 기술을 기반으로 2009년 1월 비트코인이라는 암호화폐를 탄생시켰다. 이 논문은 비트코인 홈페이지(bitcoin.org/bitcoin.pdf)에서 살펴볼 수 있다. 또한 홈페이지(bitcoin.org/ko)에서는 비트코인을 "혁신적인 결제 네트워크이자 신종 화폐"로 소개하고 있다. 다음은 홈페이지에 있는 비트코인 설명이다.

> 비트코인은 중앙권한이나 은행이 없는 운영을 위해 피어투피어 기술을 사용합니다. 거래의 관리와 비트코인의 발행은 네트워크에 의해 공동으로 이루어집니다. 비트코인은 오픈소스입니다. 공개적으로 개발되었으며 그 누구도 비트코인을 소유하거나 조종하지 않습니다. 또한 누구나 비트코인을 사용하고 비트코인에 참여할 수 있습니다. 독특한 기능들을 통해 비트코인은 그 어떤 결제시스템도 하지못한 일들을 가능하게 합니다.

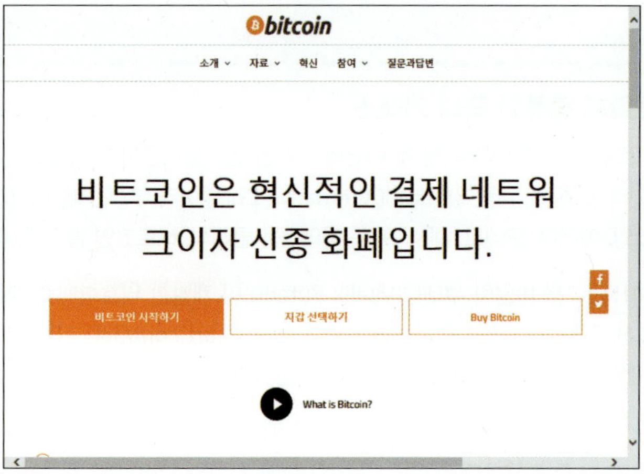

그림 11.43 ▸ 비트코인 홈페이지 bitcoin.org/ko

비트코인은 무한한 것이 아니며, 2100만 개의 비트코인이 생성되도록 수학적으로 설계되었다. 2018년 5월 기준, 채굴량은 17,015,587 개이다. 비트코인 채굴량이 많아질수록 블록체인 문제의 난이도도 올라가게 설계되어 있어, 2009년 처음의 난이도가 1이라면, 2017년 4월의 난이도가 42억 4천만이라고 한다. 그러니 지금 채굴을 시작하면, 비트코인 하나를 구하기 위해 많은 시간과 자원이 필요하다. 전문가가 아니라면 채굴 비용이 채굴되는 비트코인보다 비싸게 든다고 한다.

비트코인은 처음 만들어진 2009년 1월부터 지금까지 이뤄진 모든 거래 내역을 블록체인에 사용자들이 공유하고 있다. 블록체인 기술은 10분마다 비트코인 사용자들의 거래 장부를 검사하고 오류가 발생한 장부는 즉시 정상 장부로 대체한다. 블록체인의 강력한 보안 덕에 비트코인의 해킹은 불가능한 것으로 알려져 있다.

현재 비트코인 1개를 1BTC(BiTCoin)라 하는데, 지금은 워낙 고가라 빗썸과 같은 우리나라 거래소에서의 거래 단위는 0.0001 BTC이다. 또한 비트코인은 개발자의 이름을 따온 사토시(satoshi)라는 단위가 있다. 1사토시는 0.00000001BTC로 소수점 이하 8자리이다. 즉 1BTC는 1억 사토시이다.

다양한 암호화폐 종류와 국내 거래소

암호화폐인 비트코인의 성공 이후 천 개 이상의 유사한 암호화폐들이 생겨났고, 거래되는 암호화폐만 600여개에 달한다고 한다. 이들 모두를 '알트코인(Alternative Coin)'이라 부르는데, 이더리움, 리플, 비트코인 캐시, 이오스, 라이트코인, 에이다, 모네로, 대시, 드론, 이더리움 클래식, 비트코인 골드 등 다양하다.

이더리움은 2015년 7월 비탈릭 부테린(Vitalik Buterin)이 개발한 암호화폐로 블록체인 기술을 기반으로 추가적으로 성능개선, 익명성 추가, 저장기능과 스마트 계약(smart contract) 기능이 구현되는 분산 컴퓨팅 플렛폼으로 SNS, 이메일, 전자투표 등 다양한 정보를 기록할 수 있다.

리플(ripple)은 전 세계 여러 은행들이 실시간으로 자금을 송금하기 위해 사용하는 프로토콜이자 암호화폐이다. 리플코인(Ripple Coin)이라고도 하는 리플의 화폐 단위는 XRP이다. 리플은 코인을 환전할 때 자체적으로 최적의 환율을 찾아서 환전이 진행되므로 수수료가 낮아 외환 거래에 장점이 있다.

국내 기업인 블록체인OS는 2017년, 개발 자금을 클라우스 펀딩으로 모금하는 ICO(Initial Coin Offering)를 통해 보스코인을 개발 출시했다. 블록체인OS는 보스코인 플랫폼 위에서 주요 산업군 별로 블록체인 기술을 접목하여 새로운 혁신적인 사업 모델을 추진하고 있다.

표 11.8 주요 가상화폐 종류

분야	개발연도	특징
비트코인	2009	최초의 분산원장 기반의 가상화폐이며, 블록들을 일렬로 엮은 폐쇄적인 구조를 통해 거래 장부로만 사용이 가능하며 10분의 거래시간이 소요
이더리움	2015	비트코인의 폐쇄적인 블록체인 구조를 유기적인 형태로 개선하여 가상화폐 기능 외에도 스마트 계약, 서비스 등 다양한 플랫폼으로 확장이 가능하며 거래시간도 10초로 단축
리플	2009	개발 초기 은행 간 이체서비스를 중점을 두고 개발하였으며, 저렴한 결제 서비스를 제공하며 즉시 정산 체결 시스템으로 위험도가 낮음
라이트코인	2011	기술적인 측면은 비트코인과 거의 흡사하나, 비트 코인의 단점인 느린 전산 속도를 보완하여 최대 채굴량과 거래 속도를 약 4배 가량 개선

국내에서는 빗썸(bithumb), 코빗(KORBIT), 코인원(coinone), 코인제스트(conzest), 업비트(upbit) 등 여러 곳의 암호화폐 거래소에서 비트코인 거래가 이뤄지고 있다.

업비트는 북미시장 암호화폐 1위 거래소인 비트렉스(Bittrex)와 독점 제휴를 맺고 있으며, 국내에서 가장 많은 종류의 암호화폐를 취급하고 있다. 카카오톡 계정으로 연동 가능하며 24시간 카카오톡 상담 서비스를 시행하는 등 사용 편의성이 뛰어나다는 평가다.

거래소 코인제스트는 자체 토큰인 코즈(COZ)를 발행하고 있으며 코인제스트에서 거래를 할 때마다 코즈 채굴이 가능하게 만들었다. 코즈 코인을 보유한 사용자에게 비트코인, 이더리움 같은 코인으로 수익을 공유하거나, 주식의 무상증자와 같은 에어드랍(air drop)을 통해 코인을 분배하는 등 코즈 코인 보유자에게 다양한 혜택을 제공하고 있다.

내용 점검 문제

[객관식]

다음 각 문항에 대하여 보기 중에서 알맞은 것을 선택하시오.

01 산업혁명에 대한 설명으로 옳지 않은 것은?

A. 제1차 산업혁명은 증기기관의 기계화 혁명이다.

B. 제조업 공장의 생산조립 라인인 컨베이어 벨트(conveyor belt)에 의해 대량 생산이 되면서 제2차 산업혁명 시대가 오게 된다.

C. 내연기관의 개발로 가져온 디지털 혁명과 정보화 혁명이 일어난 시기를 제3차 산업혁명이라 한다.

D. 4차 산업혁명 시대는 개인을 인터넷에 연결한 스마트기기 기술과 모든 사물을 인터넷에 연결할 사물인터넷 IoT 기술의 발달로 가능하다.

02 사물이 연결되어 정보가 생성, 수집되고 다시 재가공, 공유, 활용되는 사회는?

A. 기계화 사회
B. 초현실 사회
C. 익명 사회
D. 초연결 사회

03 산업혁명의 주요 키워드로 옳지 않은 것은?

A. 1차 산업혁명: 증기기관

B. 2차 산업혁명: 내연기관

C. 3차 산업혁명: 초지능

D. 4차 산업혁명: 빅데이터

04 컴퓨팅사고의 4가지는?

A. 융합, 분해, 추상화, 알고리즘

B. 분해, 패턴인식, 추상화, 알고리즘

C. 분해, 패턴인식, 구체화, 알고리즘

D. 융합, 패턴인식, 구체화, 알고리즘

05 기계 및 물체, 전자 제품, 또는 동물 등의 모든 사물이 네트워크에 연결되어 유일하게 식별될 수 있으며, 스스로 데이터를 전송할 수 있는 체계적인 장치로 연결하여 인간과 컴퓨터의 상호작용이 되도록 하는 시스템은?

A. 빅데이터
B. IoT
C. 인공지능
D. 핀테크

06 클라우드 컴퓨팅의 서비스되는 제품의 분류로 옳지 않은 것은?

A. Iaas B. Paas

C. Aaas D. Saas

07 빅데이터의 3대 특징은?

A. Volume, Velocity, Value

B. Volume, Veracity, Variety

C. Value, Velocity, Variety

D. Volume, Velocity, Variety

08 발전 순서가 맞는 것은?

A. 증기기간 〉 내연기관 〉 인터넷 〉 초연결사회

B. 내연기관 〉 증기기간 〉 인터넷 〉 초연결사회

C. 내연기관 〉 증기기간 〉 스마트폰 〉 인터넷

D. 컨베이어 벨트 〉 증기기간 〉 인터넷 〉 스마트폰

09 블록체인의 특징이나 설명이 아닌 것은?

A. 중앙화 B. 분산화

C. 거래정보 묶음 D. 디지털 장부

10 2차 산업혁명에 대한 설명으로 옳지 않은 것은?

A. 제1차 산업혁명 이후 전기에너지의 대중화와 더불어 석유와 화학 및 철강 분야의 기술혁신이 이루어졌다.

B. 공장의 생산조립 라인인 컨베이어 벨트가 도입되어 대량 생산이 되면서 제2차 산업혁명시대가 오게 된다.

C. 내연기관과 대량 생산, 그리고 자동차가 발명되었다.

D. 대량 생산으로 실업자도 없어지고 임금도 높은 효과가 있었다.

11 가상화폐에 대한 설명으로 옳지 않은 것은?

A. 우리나라에서는 주로 암호화폐(cryptocurrency)를 가상화폐로 부르고 있다.

B. 암호화폐는 블록체인 기반의 공개·분산 원장을 이용하며 금전적 가치가 전자적 형태로 저장되고, 수요와 공급에 따라 화폐의 가치가 결정되고 유통되는 전자화폐의 일종이다.

C. 유럽중앙은행(ECB: European Central Bank)은 암호화폐를 '개발자에 의하여 발행되고 통상 관리되며, 특정한 가상 커뮤니티의 회원들 간에 사용되고 수령되는 규제되지 않은 디지털화폐의 한 유형'이라고 정의하고 있다.

D. 블록체인은 2009년에 만들어진 최초의 암호화폐이다.

12 비트코인에 대한 설명으로 옳지 않은 것은?

A. 비트코인은 2009년에 만들어진 최초의 암호화폐로, 현재 가장 가치가 높은 암호화폐다.

B. 일반적으로 아직 신원이 밝혀지지 않은 나카모토 사토시(Nakamoto Satoshi)가 개발한 것으로 알려져 있다.

C. 비트코인은 처음 만들어진 이후 지금까지 이뤄진 모든 거래 내역을 블록체인에 사용자들이 공유하고 있다.

D. 비트코인은 무한하다.

13 암호화폐가 아닌 것은?

A. 리플
B. 블록체인
C. 이더리움
D. 라이트코인

14 4차 산업혁명에 대한 설명으로 옳지 않은 것은?

A. 4차 산업혁명은 독일의 정책인 인더스트리4.0의 스마트팩토리에 배경을 두고 있다.

B. 개인용 컴퓨터의 개발과 발전, 반도체의 개발 등 전자산업의 발달, 인터넷에 연결된 컴퓨터와 정보의 바다인 웹의 대중화, 그리고 정보와 통신기술의 발달로 가져온 디지털 혁명과 정보화 혁명이 일어난 시기이다.

C. 4차 산업혁명 시대는 개인을 인터넷에 연결한 스마트기기 기술과 모든 사물을 인터넷에 연결할 사물인터넷 IoT 기술의 발달로 가능하다.

D. 4차 산업혁명이란 모든 사물이 연결된 초연결 사회에서 생산되는 빅데이터를 기존 산업에 융합하여 인공지능, 클라우드 등의 첨단 기술로 처리하는 정보·지능화 혁명 시대이다.

15 창의와 융합 사고 능력에 대한 설명으로 가장 적합하지 않은 것은?

A. 창의성은 다양한 모든 사고 유형이 총체적으로 결합되어 나타나는 가장 고차적인 사고능력으로 간주된다.

B. 창의성이란 단번에 어떤 기발한 아이디어를 내는 것이 아니라, 개인과 더불어 여러 사람들이 모여서 다양한 문제들을 해결해 나가는 탐구 활동이라고 볼 수 있다.

C. 창의성은 어려운 것이므로 제4차 산업혁명시대의 인재에게 창의성 요구는 선택이다.

D. 융합은 서로 상이한 두 분야를 관련 짓고 연결하여 새로운 가치를 창출해내는 것이다.

16 2차 산업혁명의 특징이나 키워드로 옳지 않은 것은?

A. 자동차
B. 원유
C. 컴퓨터
D. 컨베이어 벨트

17 원래 자바가 제시한 보안규정으로 외부 프로그램은 보호된 영역에서 동작하도록 하며, 자유로운 시스템 자원을 참조를 제한하고, 시스템이 부정하게 조작되는 것을 막는 보안 형태는 무엇인가?

A. 샌드박스
B. 탈옥
C. 크랙
D. 타이젠

18 아이폰에서 허가 받지 않은 앱을 스마트폰에 설치하거나 스마트폰 플랫폼 구조를 사용자 임의로 변경하는 것을 무엇이라 하는가?

A. 샌드박스

B. 시디아

C. 탈옥

D. 크랙

19 제4차 산업혁명에 필요한 인재상과 교육에 대한 설명으로 옳지 않은 것은?

A. 모든 문제를 해결하는 방식에 적극적인 자기주도 방식이 요구된다.

B. 컴퓨팅 사고 기반의 문제해결 능력이 필요하다.

C. 컴퓨팅 사고는 코딩 능력만을 말한다.

D. 자신의 역량은 물론이고 의사소통과 협업 능력을 갖추어 사회 및 조직 구성원들과 함께 나아가야 한다.

20 서울시의 심야버스에서 사용된 주요 기술은?

A. 빅데이터 처리

B. 사물인터넷

C. 지능형로봇

D. 클라우드

【 괄호 채우기 】

다음 각 문항에 대하여 빈칸에 적절한 단어를 채우시오.

01 ____________(은)는 토마스 뉴커먼(Thomas Newcomen)의 증기기관에서 영감을 얻어 효율이 향상된 증기기관을 발명하였다고 한다.

02 전기에너지가 대중화되고 더불어 석유와 화학 및 철강 분야의 기술혁신과 제조업 공장의 생산조립 라인인 컨베이어 벨트에 의해 대량 생산이 되면서 제____________차 산업혁명 시대가 오게 된다.

03 ____________(은)는 캐나다 사회과학자인 아나벨 퀴안-하세(Anabel Quan-Hasse)와 베리 웰만(Barry Wellman)이 처음 정의한 용어로, 네트워크로 연결된 조직과 사회에서 이메일, 메신저, 휴대폰 등 다양한 방법을 통해 인간과 인간의 상호 소통이 다차원적으로 확장되는 현상을 설명한 용어이다.

04 ____________(이)란 일반적으로 서버인 클라우드에 하드웨어와 소프트웨어, 그리고 개발 플랫폼 등을 두고 인터넷을 통해 필요에 따라 접속하여 필요한 자원을 사용하는 서비스라 말할 수 있다.

05 ____________(은)는 사용자가 이동 또는 활동 중에도 자유롭게 사용할 수 있도록 사람의 신체에 착용할 수

있는 컴퓨터 기기를 말한다.

06 2007년 1월, 샌프란시스코 맥월드 엑스포에서 발표된 애플의 ___________은(는) 우리의 모습을 변화시킨 혁신적인 제품으로, 우리가 살고 있는 21세기 시대를 모바일 시대로 바꾸었다.

07 ___________(이)란 데이터 거래 발생 시, 거래에 참여하는 모두가 인증한 거래정보 묶음인 '블록'을 분산·저장하여 모두에게 이 거래 내용을 공개하는 디지털 분산·공개 장부라고 할 수 있다.

08 ___________ 처리는 크게 자료관리와 자료분석 기술, 그리고 자료표현 기술 등이 필요하다.

09 ___________(은)는 '새롭고, 독창적이고, 유용한 것을 만들어 내는 능력' 또는 '전통적인 사고방식을 벗어나서 새로운 관계를 창출하거나, 비일상적인 아이디어를 산출하는 능력'을 말한다.

10 ___________ 능력이란 조직이나 팀에서 구성원들과 함께 주어진 성과를 창출하기 위해 서로 협력하여 문제를 찾고 토론하며 수행하는 능력을 말한다.

[주관식]

01 3차 산업혁명과 4차 산업혁명을 구별하여 정리하시오.

02 국내의 스마트 팩토리 사례를 알아보시오.

03 컴퓨팅사고의 4가지 절차를 열거하시오.

04 4차 산업혁명에 필요한 인재상을 열거하시오.

05 자신이 사용해 본 경험이 있는 클라우드 컴퓨팅을 알아보시오.

06 빅데이터 처리에 알맞은 프로그래밍 언어를 열거하시오.

07 보스톤 다이나믹스의 스팟 등 다양한 지능형 로봇에 대한 동영상을 찾아 시청하시오.

08 국내의 휴머노이드 로봇이나 지능형 로봇에 대하여 알아보시오.

09 국내의 공공 빅데이터 제공 사이트를 찾아 소개하시오.

10 국민청원 데이터 시각화 사이트 voiceofpeople.kr에 접속해서 시각화의 내용을 알아보시오.

Introduction to COMPUTERS

12

멀티미디어 개론

단원 목표

- 멀티미디어의 정의와 발전을 이해한다.
- 각종 멀티미디어의 파일형식과 특성을 이해한다.
- 멀티미디어 시스템의 하드웨어와 소프트웨어의 기능을 이해한다.
- 멀티미디어를 운용하는 각종 플레이어의 기능을 이해한다.
- 데이터 압축의 방식과 특징을 이해한다.
- 멀티미디어의 활용으로 각종 최근의 장비를 이해한다.
- 멀티미디어 보안에 관하여 설명하며 워터마킹과 핑거프린팅에 관하여 이해한다.

단원 목차

12.1 멀티미디어 개요

1. 멀티미디어의 개요

멀티미디어 정의

미디어는 미디엄(medium)의 복수를 표현하는 단어로 사람의 의견이나 사물의 관련 내용을 표현하는 전달매체를 의미한다. 흔히 매스미디어는 TV, 영화와 라디오를 뜻한다. 멀티미디어는 음향(Audio), 정지영상, 동영상 및 문서를 포함하는 다중 전달매체를 의미한다. 예를 들어 웹페이지를 보면 문서가 있고, 포함된 동영상에 따라 음악 혹은 음향도 포함할 수 있다.

멀티미디어의 특징은 대화(interactive) 형이라는 점이다. 마우스를 이용하여 소리의 크기, 영상의 크기 혹은 문서의 글자 크기를 조절할 수 있는 기능이 있어 기존의 영화나 음악 CD와는 차이가 있다.

집적도의 발전

멀티미디어는 반도체의 집적도 증가로 발전하고 있다. 멀티미디어 기기의 크기가 점점 작아지고 있으며 성능이 개선되고 있다. 2002년 황창규 삼성전자 사장은 '황의 법칙'을 발표하면서, 반도체 집적도는 1년에 2배씩 증가하며 이를 주도하는 것은 개인 컴퓨터가 아니라 모바일 기기나 디지털 가전 등 비개인 컴퓨터 분야가 될 것이라고 예견하였다. 삼성전자는 2002년에 2기가 비트(Giga bit)의 메모리를 개발하였고, 2007년에는 64기가 비트 메모리를 세계 최초로 개발하여 황의 법칙을 증명하였다. 64기가 비트 메모리를 16개를 모으면 128기가 바이트(Giga Byte)의 메모리 제작이 가능하며 이는 DVD급 화질의 영화 80편(124시간)을 메모리 카드 하나에 저장할 수 있고 장서 44만 권의 내용을 저장할 수 있는 메모리 용량이다. 2008년에 삼성이 128GB짜리 낸드플래시(NAND flash) 메모리를 발표하지 않음에 따라 법칙이 깨졌다. 2013년 삼성전자는 세계 최초로 반도체 미세화 기술의 한계를 극복한 신개념 3차원 수직구조 128GB의 용량을 갖는 낸드플래시 메모리의 양산을 시작했다.

2. 멀티미디어 데이터

텍스트

컴퓨터와 통신기기에 사용할 표준 문자 부호화로 ASCII 코드(American Standard Code for Information Interchange: 미국 정보 교환 표준 부호)가 있다. 각각의 영문자에는 대응하는 코드가 있는데, 예전부터 사용되던 아스키(ASCII) 코드가 대표적이다. 아스키 코드로는 제한된 문자만을 표현할 수밖에 없기 때문에 유니코드를 이용하여 전 세계의 가능한 한 모든 문자를 표현하고 있다.

사운드

사운드를 나타내는 형식에는 WAV(Wave Form)와 AV(Audio Video) 파일, MIDI (Musical Instrument Digital Interface) 파일 등이 존재하며 8비트, 16비트, 24비트와 32비트로 데이터를 만든다. AV 파일은 부호화할 때 선형 또는 뮤(mu) 법칙을 이용할 수 있다. 뮤 법칙은 진폭이 작은 구간과 진폭이 큰 구간에 따라 다른 양자화 값을 설정하는 것이다. WAV 파일은 소리를 파형으로 저장한다. MIDI 파일은 악기, 신디싸이저(Synthesizer) 및 컴퓨터 간의 음악 정보를 교환하는 표준형식이다. MP3(MPEG-1 Audio Layer 3)는 독일의 Fraunhofer Institute에서 개발한 MPEG-1의 Audio Layer 3 코덱(codec: coder + decoder)을 이용하여 압축한 소리 파일 양식이다. 높은 압축률을 가지고 있으며 CD 수준의 좋은 음질을 제공하고 현재 오디오 압축 에서 가장 많이 사용되고 있다.

이미지

컬러이미지는 R(Red), G(Green), B(blue) 세 종류의 2차원 데이터로 표현할 수 있고 흑백영상인 경우는 한 종류의 2차원 데이터로 표현한다. JPEG 파일은 압축파일이면서 영상의 질을 보존하는 영상파일로서 영상의 질을 제어하는 변수를 갖고 있다. PNG 파일은 헤드에 여러 가지 정보를 삽입할 수 있다. BMP 파일은 비압축영상 파일이다. 이미지파일의 각종 양식에는 TIF(Tag Image File), PNG(Portable Network Graphics), JPEG(Joint Photographic Experts Group)와 GIF(Graphic Interchange Format)가 있으며 사진 영상으로 가장 좋은 질은 TIF나 PNG 파일 양식이고, 크기가 가장 작은 것은 JPEG 파일 양식이다. 그래픽 도안 영상인 경우 TIF, PNG, GIF가 좋으며 JPEG 파일 양식은 질이 좋지 않다.

애니메이션

애니메이션이란 여러 장의 그림을 연속 촬영, 조작하여 움직이도록 보이게 만든 영화의 일종이다. 인공적으로 만들어 연속적으로 보여주는 컴퓨터그래픽도 애니메이션의 일종인데, 이 경우에는 컴퓨터 애니메이션이라는 용어를 사용한다. 이 경우 스톱모션을 이용한 것으로 촬영대상을 연속으로 촬영하는 대신 움직임을 한 프레임씩 변화를 주면서 촬영한 후 이미지를 연속적으로 영사하여 움직임을 만들어 내는 애니메이션 기법이다.

현재는 그림과 실사가 혼재된 애니메이션이 나오고 있으며 컴퓨터를 사용하여 다양한 기법을 이용한다. 그 중에서 입자시스템은 입자의 속도와 충돌 시 탄성계수를 수학적으로 계산하여 표현하는 기법이다. 이 방법은 여인이 걸어갈 때 움직이는 치마의 모양을 사실적으로 표현할 수 있다. 컴퓨터 애니메이션 영화로는 디즈니 최초의 동양인 캐릭터가 등장하는 포카혼타스가 있으며, 1967년에는 우리나라 최초의 애니메이션 영화 홍길동이 개봉되었다.

그림 12.1 ▸ 우리나라 최초의 애니메이션 영화 홍길동

영상

동영상은 NTSC(National Television System Committee)와 PAL(Phase Alternation Line system) 방식이 있다. 일초당 프레임 수가 NTSC인 경우 29.97프레임이고, PAL방식에서는 25프레임이다. NTSC 방식은 대역압축을 위해 복잡한 회로를 내장하고 있다.

3. 다양한 동영상 데이터 종류

비디오 파일형식에는 AVI(Audio Video Interleaved)가 있으며 AVI형식은 비디오와 오디오를 섞어서 동영상을 구성한다는 말에서 유래하였다. 표준 동영상 형식으로 널리 사용되는 이 파일형식은 압축하지 않은 상태이며 마이크로소프트사에서 개발하였다. 또한 다음과 같은 비디오 파일 형식이 있다. AVI 파일은 제작자에 따라 서로 다른 프로그램을 사용해 압축을 한다. 따라서 이 파일을 재생하려면 반드시 압축 해제용 프로그램인 코덱(codec)이 필요하다. 화질은 뛰어나지만 용량이 크기 때문에 인터넷 사용자들이 많이 사용하는 실시간 동영상에는 적합하지 않다.

MOV(QUICKTIME)

퀵타임은 애플사에서 개발한 비디오 파일 형식이다. 윈도우 사용자는 퀵타임(QuickTime For Windows)을 설치해야 볼 수 있다.

MPEG(MOVING PICTURE EXPERTS GROUP)

MPEG(Moving Picture Experts Group)는 동영상압축을 위한 표준 형식을 말한다. MPEG-1은 CD-ROM에 저장하고 재생할 수 있는 데이터 전송률을 1.5 Mbits/sec로 하여 동영상을 부호화하는 방식이다. MPEG-2는 HDTV까지 확장할 수 있고, 재생 할 수 있는 데이터 전송률을 5~10 Mbits/sec로 하여 동영상을 부호화하는 방식이다. MPEG-4는 휴대폰, PDA 및 개인 휴대 단말기에 맞는 낮은 데이터 전송률을 지원하는 코딩이다. 즉 데이터 전송률이 64 Kbits/sec 이하인 경우의 코딩 표준화도 정하였다. 파일 형식은 MPG 혹은 MPEG의 파일확장자가 사용된다. MPEG-4 기술은 일반 PC뿐 아니라 매킨토시, PMP, 휴대용 게임기, 디지털카메라 등 다양한 컴퓨팅 기기에 대응이 가능하도록 여러 종류의 세부 규정을 제시했다. 또한 동영상 및 음성 압축 기술은 물론, 저작권 보호나 편집 등에 관련된 다양한 가이드라인을 포함하고 있다.

FLASH VIDEO

이 파일 형식은 어도비 시스템즈(adobe systems)가 개발하고 있는 동영상 파일 포맷이다. 이 포맷 파일의 확장자는 .flv, .f4v, f4p, f4a, f4b이다. 특징은 플래시 비디오를 다른 미디어 종류와 같게 취급할 수 있다.

MOV VIDEO

이 파일 형식은 애플 컴퓨터사가 개발한 압축 알고리즘을 이용하여 영화나 비디오 파일들을 저장하는 비디오 형식으로 윈도우 및 매킨토시 플랫폼에서 사용 가능하다.

WMV(WINDOWS MEDIA VIDEO)

윈도우 미디어 비디오(WMV)는 마이크로소프트사에 의해 개발된 비디오 압축알고리즘으로 비디오에 사용된다. 인터넷 스트리밍 애플리케이션을 위해 개발되었다. WMV 파일 형식은 Windows Media 비디오 코덱을 사용하여 압축하는 형식이며 윈도우 미디어로 재생할 수 있다.

RM(REALMEDIA)

RM(Real Media)은 인터넷에서 비디오와 오디오를 비롯한 멀티미디어 데이터의 스트리밍 서비스를 제공하는 미국 리얼 네트워크사(Real Networks)가 개발한 솔루션이다. 구성 파일 형식의 확장자는 .rm이다. 리얼오디오와 자주 연동하며, 인터넷상의 스트리밍 콘텐츠로 잘 알려져 있다. 이 스트림은 일반적으로 CBR(Constant Bit rate)이다. 최근에 리얼 네트워크사는 VBR(Variable Bitrate) 스트림을 위한 새로운 컨테이너를 개발하였으며, 그 이름은 RMVB(Real Media Variable Bitrate)이다.

MKV(MATROSKA MULTIMEDIA CONTAINER FOR VIDEO)

마트료시카 멀티미디어 컨테이너(Matroska Multimedia Container)는 오픈 표준 자유 컨테이너 포맷으로 마트료시카 인형 속에 인형이 계속 들어 있는 점에서 착안하여 이러한 이름을 붙였다. 비디오 및 오디오 데이터를 담는 컨테이너이므로 마트료시카 인형에 비유한 것이다. 마트료시카가 개발한 개방형 컴퓨터 파일 포맷은 다른 코덱에서 사용하는 바이너리 포맷 대신에 EBML(Extensible Binary Meta Language)을 사용하고, 확장자는 비디오에 . mkv, 오디오에는 .mka를 각각 사용한다. MKV 파일은 자막을 별도 파일로 지원하는 AVI 등 기존 파일과 달리 화질 저하 없이 다양한 영상과 음성, 자막 파일을 한데 묶을 수 있는 파일 형식이다.

그림 12.2 ▸ 마트료시카 비디오 포맷과 인형

12.2 멀티미디어 시스템

1. 하드웨어

멀티미디어 시스템을 구성하기 위해서는 여러 가지 하드웨어적인 장치가 필요하다. 간단한 예로 컴퓨터의 멀티미디어 하드웨어의 구성을 보면 [그림 12.3]과 같다.

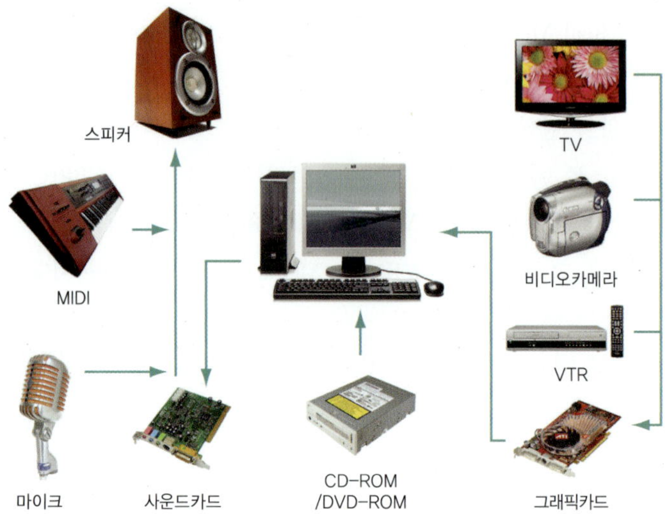

그림 12.3 ▸ 멀티미디어 하드웨어 구성

멀티미디어 시스템의 하드웨어 구성을 보면 입력장치, 인터페이스 카드, 저장장치 및 장치드라이버와 출력장치로 이루어진다. 멀티미디어 컴퓨터에는 멀티미디어 PC(MPC: Multimedia PC)와 그래픽 워크스테이션(Graphic Workstation)이 있다. MPC는 Microsoft, Fujitsu, Philips 등 세계 유수의 PC 관련업체들이 제정하였으며 멀티미디어 정보의 재생을 위해 요구되는 PC 성능에 대한 기준으로 MPC Level 1 은 1990년에, Level 3은 1996년에 발표하였다. MCP Level 3에는 DAC(Digital to Analog Converter) 카드가 내장된 16비트 사운드카드, 4배속 이상의 CD-ROM, 540MB 이상의 하드디스크, 75MHz 이상의 펜티엄 PC, MPEG 지원 등의 내용이 포함되어 있다.

그래픽 워크스테이션에는 텍스처 매핑(Texture Mapping), 쉐이딩(shading), 랜더링(Rendering) 등의 그래픽 처리 전용 하드웨어가 장착되고 인터페이스 카드를 장착하여 멀티미디어 워크스테이션으로 사용한다. 미디어 처리 장치에는 사운드카드와 그래픽가속보드, 그래픽카드 등이 있다. 사운드카드는 CD-ROM 드라이브를 오디오 CD 플레이어처럼 사용하는 데 필요하고, 사운드의 입출력을 지원한다.

그림 12.4 ▸ 사운드 카드

그래픽 가속보드는 3차원 그래픽과 같은 고품질의 해상도를 얻거나 랜더링 속도를 향상시키는 데 사용되며 PC에서 3D 그래픽을 구현하는 데 사용된다. 고속의 랜더링을 요구하는 게임의 경우 특히 많이 사용되며 3Dfx사의 부두(VooDoo), 밴시(Banshee) 칩, 인텔의 i740 및 앤비디아의 리바 TNT2 등이 대표적이다.

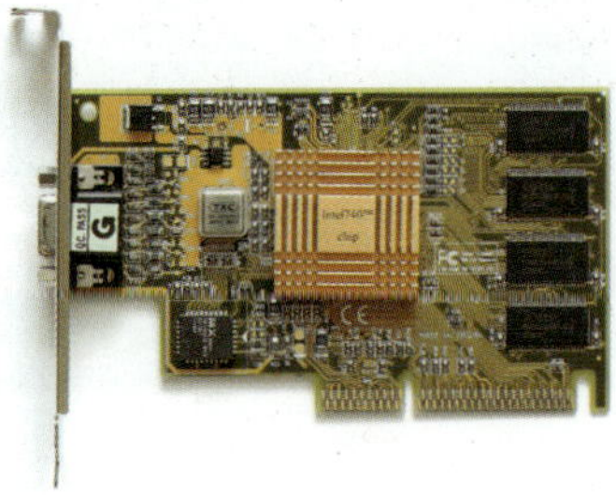

그림 12.5 ▸ 그래픽 가속보드

그래픽카드는 비디오 데이터를 고속으로 압축·복원하여 모니터상에 재생한다. 그 종류에는 프레임 그래버 보드(Frame Grabber Board)와 비디오 오버레이 보드(Video Overlay Board) 등이 있다. 프레임 그래버 보드는 카메라로 촬영한 실세계의 아날로그 영상을 디지털영상으로 변환하여 저장하고, 비디오 오버레이 보드는 컴퓨터 내에서 생성된 영상정보를 TV와 같은 외부 영상정보와 중첩하여 표현한다.

그림 12.6 ▸ 그래픽 카드

2. 소프트웨어

멀티미디어 소프트웨어는 컴퓨터상의 다양한 멀티미디어 자료 등을 재생 및 제작하기 위한 프로그램으로, 재생을 위한 프로그램에는 마이크로소프트 윈도우에서 제공하는 윈도우 미디어 플레이어(Window media player)와 곰 플레이어(Gom player) 등이 있다. 윈도우 미디어 플레이어는 다양한 형식의 동영상 파일과 오디오 등을 재생할 수 있으며 최근에는 인터넷 방송에도 많이 이용된다. 곰 플레이어는 기본적으로 .wma, .avi 등의 파일을 재생하기 위한 것으로 실시간 인터넷 영상을 재생하는 데 이용된다.

그림 12.7 ▸ 곰 플레이어

멀티미디어 제작을 위한 소프트웨어에는 비디오, 오디오 및 백업 등의 작업을 위한 Nero사의 Nero Burning Rom 시리즈와 3D 그래픽을 위한 3D Max 등 다양한 소프트웨어가 있다.

그림 12.8 ▸ Nero사의 Nero Burning Rom 시리즈

12.3 데이터 처리

1. 텍스트와 사운드

텍스트

텍스트는 보통 영상 위에 자막으로 삽입하게 된다. 텍스트의 효과는 포토샵(photoshop)을 이용하여 나타낸다. [그림 12.9]는 Rasterize라는 명령어를 사용하여 텍스트 SPLAT를 점이 들어간 텍스트 SPLAT로 바꾼 것이다.

그림 12.9 ▸ 점이 들어간 텍스트

사운드

소리를 재생하기 위해 MP3 오디오 플레이어가 가장 많이 사용된다. 오디오 CD와 거의 같은 음질을 갖고 있고 크기는 0.1배로 높은 압축률을 나타낸다. 음악 파일을 MP3로 부호화하기 위해 dBpoweramp:MP3(Lame)를 사용할 수 있다. 다음은 MP3 부호화(encoder) 홈페이지이다.

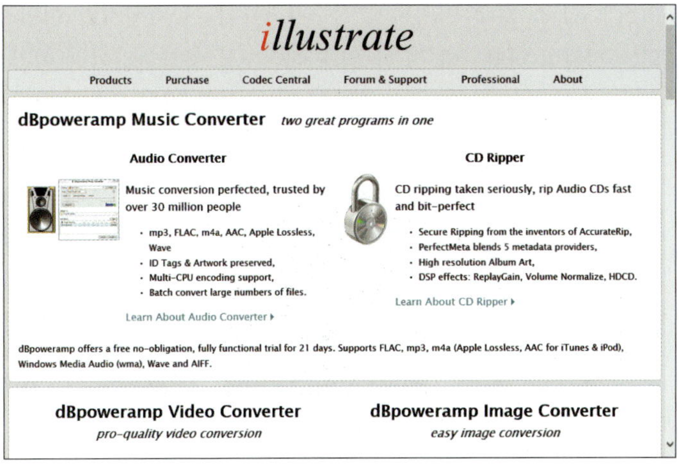

그림 12.10 ▸ MP3 엔코더 dBpoweramp:MP3(Lame) www.dbpoweramp.com

MP3 부호화의 유료화에 반대하여 1998년에 개발된 오그보비스(Ogg Vorbis)형식의 음악파일을 개발하였으며 그 결과 음악을 부호화(encoding)와 복호화(decoding)하는 것은 무료가 되었다. 음악을 오그보비스 파일로 부호화하면 용량이 MP3파일 용량보다 작아지며 음질은 MP3보다 더 우수하다. 애플 아이튠즈(Apple itunes)는 MP3로 부호화되어 있는 파일을 재생시킬 수 있는 플레이어이다.

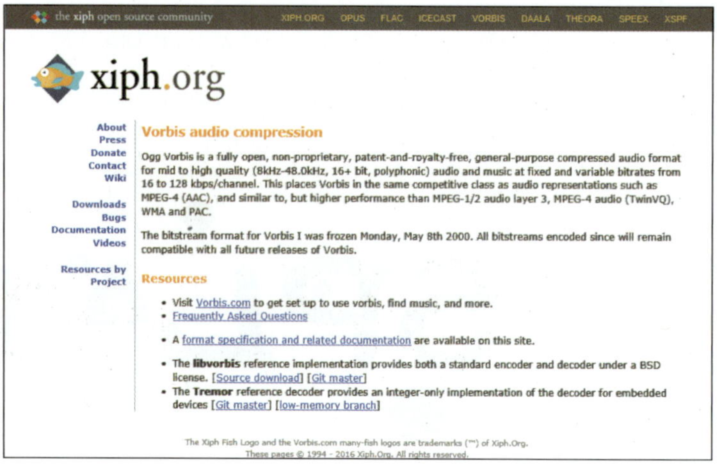

그림 12.11 ▸ 오그보비스 파일 부호화 홈페이지 xiph.org/vorbis

2. 이미지와 애니메이션

이미지

일반적인 프로그램 언어인 C언어,자바 혹은 매트랩(Matlab) 등을 이용하여 이미지를 처리할 수 있다. 이미지의 모서리 부분만을 보이게 할 수도 있는데, 이를 에지(edge) 이미지라 한다. 원래 이미지에 저주파 필터를 통과시키면 이미지의 세세한 부분이 제거되는 현상이 나타난다. 또한 원래 이미지를 양각화하여 보여질 수 있다. [그림 12.12]는 원래 이미지, 에지 이미지, 저주파 통과 이미지 및 양각화 이미지를 나타낸다.

원래 이미지 에지(edge) 이미지 저주파 통과 이미지 양각화 이미지

그림 12.12 ▸ 이미지의 여러가지 처리 방법

애니메이션

컴퓨터를 이용한 애니메이션 제작방식은 재래식의 셀 제작보다 채색 시간을 단축하고 어려운 부분인 수정작업에서 월등한 능력을 가지며 발전해 왔다. 이러한 컴퓨터 애니메이션 제작툴은 크게 2D와 3D 도구로 나눌 수 있는데, 2D 작업툴은 Toonz(제작사: Digital Video S.p.a.)와 Motion(제작사: Apple Inc.), Adobe After Effects(제작사: Adobe Systems), Adobe Flash Professional(제작사: Adobe Systems) 등이 있다. 어도비 애프터 이펙트(Adobe After Effects)는 어도비 시스템즈가 개발한 디지털 모션 그래픽 및 합성 소프트웨어이다. 영화의 비선형 영상 편집이나 광고제작, TV, 게임, 애니메이션, 웹 등의 콘텐츠 제작에 쓰인다. 현재는 어도비 크리에이티브 클라우드에서 무료로 다운로드하여 사용할 수 있다.

3D 툴로는 MAYA(제작사: Autodesk), Softimage, LightWave 3D 등이 있다. Maya는 마야(MAYA) 알리아스(Alias Wavefront)에서 개발된 3D 그래픽 소프트웨어 패키지로 스타워즈 에피소드 I, 매트릭스, 스튜어트 리틀, 할로우맨, 퍼팩트 스톰, 파이널 판타지, 슈렉, 반지의 제왕 등 지금까지 셀 수 없이 많은 대작 영화에 사용되어 왔다. 모델링, 텍스처링, 라이팅, 애니메이팅, 랜더링 도구가 하나의 일관된 사용자 인터페이스로 통합되어 있고 윈도우, 맥OS, 리눅스용 버전이 있다.

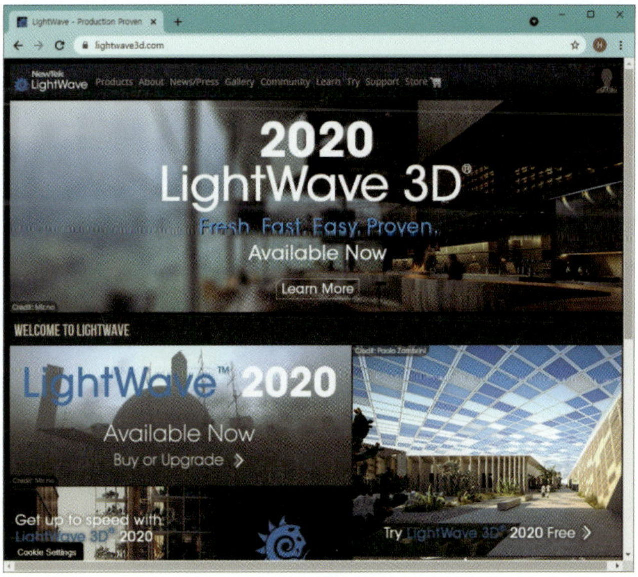

그림 12.13 ▸ LightWave 3D 홈페이지 www.lightwave3d.com

3. 비디오

비디오 저작도구에는 프리미어 프로(Premier Pro)가 있고 비디오 재생기에는 곰 플레이어(Gom player)가 있다. 다음은 프리미어 프로의 홈페이지이다.

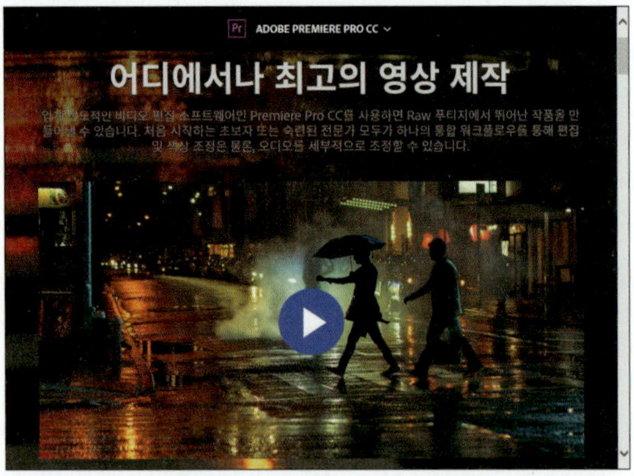

그림 12.14 ▸ 프레미어프로 홈페이지

12.4 압축

1. 무손실과 손실 압축

무손실 압축

무손실 압축은 압축한 후 다시 원래 데이터로 복원이 가능한 방법이며 문서데이터의 압축에 이용된다. 다행히 많은 데이터들이 같은 패턴을 반복적으로 많이 나타내므로 이것을 이용하여 압축을 하면서도 원래 데이터의 복원이 가능하다. 런-길이 코딩(Run-Length Coding)은 반복해서 나타나는 데이터를 반복 횟수와 반복되는 데이터를 기록하는 것이다. 예를 들어 데이터가 'paaaabbbbcddddd'이라면 p!4a!4bc!5d으로 기록하는 것이다. 여기서 !표는 반복하는 문자의 반복횟수가 나온다는 표시이다. 허프만 코딩(Huffman Coding)은 발생 빈도가 높은 문자를 작은 비트로 표시하는 방식이다. 예를 들어 데이터가 addddddddddbddcc라고 가정하자. a가 1번, b가 1번, c가 2번 및 d가 12번 발생한다. [그림 12.15]에 의해 데이터는 a는 000로, b는 001로, c는 01로, d는 1로 각각 부호화된다.

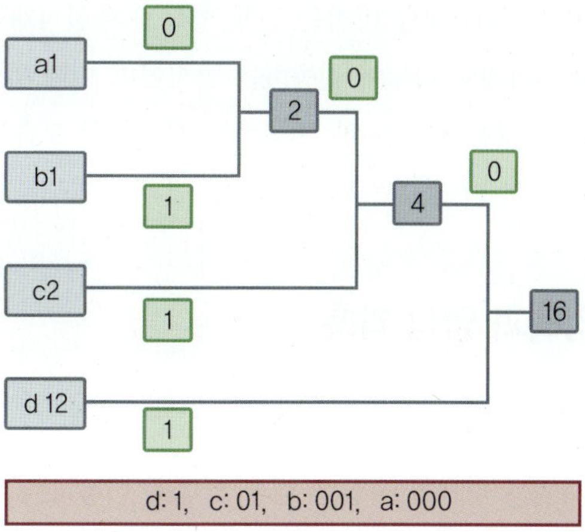

그림 12.15 ▸ 허프만 코딩

손실 압축

손실 압축은 원래 데이터에서 적합한 부분과 부적합한 부분을 나누어 부적합한 부분을 제거한 후 압축하는 방법이다. 오디오에서 MP3 파일은 인간의 청각 특성을 이용하여 인간이 감지하지 못하는 영역의 데이터를 제거하여 압축하는 방식이다. 이 방법에는 변환코딩 등이 존재한다.

손실 압축은 이산 코사인 변환을 이용하여 데이터 압축에 이용하고 있다. 다음 그림에서 모든 값들이 100에서 140까지 분포되어 있는 8×8데이터에 이산 코사인 변환을 취하면 거의 모든 값들이 작은 값을 갖게 된다. 따라서 위쪽 그리고 왼쪽의 7×7블럭만 그 값을 취하고 다른 값들은 0을 취하며 이를 다시 역 이산 변환하여 그림을 보면 원래 그림과 거의 같음을 알 수 있다.

그림 12.16 ▸ 이산 코사인 변환: 원래 영상(왼쪽)과 손실 압축영상(오른쪽)

웨이브릿(wavelet) 코딩 방법은 전체 영상을 우선 4개로 나누어 변환하고 오른쪽 위쪽 화면을 다시 4개로 나누어 전송하는 방식이며 이때 웨이브릿 변환을 이용한다. 이 방식은 사람이 물체를 바라볼 때 처음에는 전체적인 모습을 보고 이후에 자세히 본다는 점을 이용하였다. 이 방법은 이산 코사인 변환 방법보다 성능이 더 우수하다.

2. 혼합 압축과 영상 압축

혼합 압축

혼합 압축에는 허프만 코딩과 변환 코딩을 이용하는 JPEG압축이 있다.영상을 색 요소로 3개의 영상으로 나눈 후 다시 각각의 영상을 8×8블록으로 분할하여 이산 코사인 변환(DCT: Discrete cosine transformation)한다. 다시 그 데이터를 양자화하여 허프만 코딩을 이용한다. 양자화란 모든 값을 저장하는 것이 아니고 대표적인 값으로 변환하여 저장하는 방법이다. 이 경우 변환 코딩은 손실 압축이고 허프만 코딩은 무손실 압축이다.

JPEG 압축

JPEG은 표준 영상 압축 방식이며 Joint Photographic Experts Group의 약어이다. JPEG은 인간 시각에게 둔감한 부분을 압축하는 방법을 택한 것이다. 즉 인간 시각이 밝기의 변화보다 색의 변화에 더 둔감하다는 성질을 이용한다. 영상의 색깔을 RGB에서 YCbCr로 바꾼다. Y는 색의 밝기를 의미하며 휘도라 하고 Cb와 Cr은 각각 파랑색과 빨간색의 색차(chroma)라고 한다. 다음 그림은 레나영상 및 레나영상을 YCbCr로 변환한 후의 Y영상, Cb영상 및 Cr 영상을 나타낸다. 3개의 성분 영상을 각각 8×8로 나누어 블록을 만든다. 각 블록에 대하여 이산 코사인 변환을 취하면 그 값들이 양자화된다. 마지막으로 허프만 코딩을 이용하여 압축한다.

lena image　　Y component　　Cb component　　Cr component

그림 12.17 ▸ 원래 영상과 3성분 영상

MPEG 압축

MPEG는 동영상과 오디오의 표준 코딩을 위한 국제적인 단체인 MPEG(Moving Picture Experts Group)에서 정한 표준이다. 현재 MPEG 1,2,4,7,21까지 표준화한 안이 나와있다. MPEG-21은 미래의 표준으로 멀티미디어 프레임워크라고 표현한다. 이후 MPEG A에서 E까지의 표준화 작업이 진행 중이다.

MPEG-1의 공간적 압축은 JPEG 압축 방식과 동일하다. 시간적 압축을 위한 영상들의 집합을 GOP(Group of Pictures)라고 하고 전체 동영상은 시퀀스(sequence)라고 하며 GOP의 집합으로 구성되어 있다. 각 GOP에는 하나 이상의 I-프레임(Intra-Frame)을 포함하고 있으며 그 프레임 정보로만 부호화되어 있어 복호화(재생) 시 다른 프레임의 영향을 받지 않는다. P-프레임(Predictive-Frame)은 GOP내에 있는 과거의 프레임 정보에서 재생되며 B-프레임(Bidirectional-Frame)은 과거의 프레임과 미래의 프레임 정보로부터 재생된다. GOP 앞에는 시퀀스 헤더(sequence header)가 존재하며 임의 접근(random access)을 위한 진입점으로 사용한다.

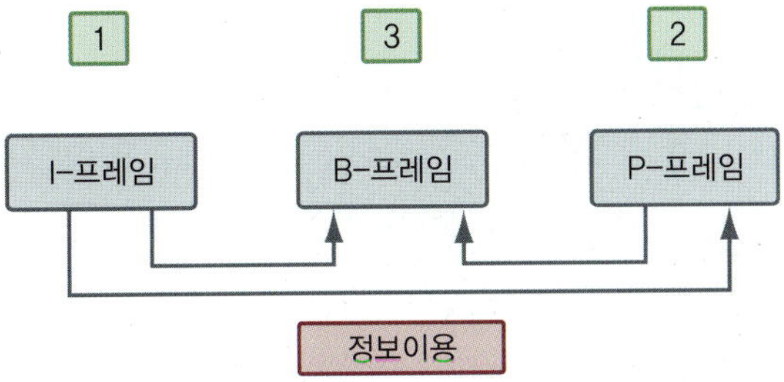

그림 12.18 ▸ 부호화 순서 및 정보의 이용

각 프레임의 16×16 픽셀(pixel: Picture cell) 블록을 매크로 블록(MB : Macro Block)이라고 하고 매크로 블록은 8×8 픽셀 단위로 나뉘어 이산 코사인 변환과 양자화 과정을 거친다.

MPEG-7은 압축에 관한 표준이 아니라 멀티미디어의 내용 기술에 관한 내용이다. MPEG-21은 멀티미디어 콘텐츠에 관한 지적 재산권 문제를 취급한다. 멀티미디어의 사용을 위한 기본적인 체계의 표준을 정하는 것이다.

JPEG2000압축

JPEG2000방식은 웨이브릿(wavelet) 변환의 정지 영상 압축 방식으로 JPEG 압축보다 영상품질이 우수하다. 우선 컬러 영상을 YCbCr로 변환한 후 각 영상을 웨이브릿 변환한다. 그 다음 8개의 비트 평면을 부호화하는 과정을 거친다.

그림 12.19 ▸ 그림의 원래 영상 및 웨이브릿 변환 영상

MPEG-2

MPEG-2는 뛰어난 성능과 유연성을 가진 특성으로 인해 멀티미디어 스트리밍에 중요한 부분을 차지하고 있다. 또한, MPEG-2는 자체에 오디오와 비디오의 계층화, 부호화 및 복호화지연, 저장 및 전송 시의 잡음에 의한 에러 대책, MPEG-1 및 H.261 표준과의 순방향 호환성(Forward Compatibility), 랜덤 억세스 및 채널 변경(Channel Hopping), 앞·뒤로 가기·정지·빨리 가기 등 특수효과, 서라운드 오디오를 위한 다채널 음향 및 다국어 음성수용, 여러 프로그램의 다중화, 암호화, 편집기능, ATM전송과 같은 가변 데이터율 처리 등을 지원하기 때문에 복잡한 구조이지만 스트리밍에 있어 중요한 부분을 차지하고 있는 압축 기술이다.

MPEG-4

MPEG-4는 MPEG-1과 MPEG-2에서 취급하지 않는 휴대폰 및 PDA와 같은 낮은 전송률 환경(4Mbps(Mbits/sec) 이하)에 관한 동영상 표준을 정하였다. MPEG-4는 자연현상 및 오디오 이외에 컴퓨터 그래픽 영상과 인조 합성 음향 신호도 처리한다. MPEG-4에서 한 프레임에 나타나는 영상을 시간에 따라 변화하는 것과 배경 정보로 나눌 수 있다. 시간에 따라 변화하는 것은 비디오 객체라 표현하고 배경정보는 정지 텍스처 객체라 한다. 모든 객체들을 특별한 부호화 방법을 이용하여 전송하면 정보를 수신하는 쪽에서 객체들을 복호화하고 결합시켜 화면을 완성할 수 있다. 또한 특별한 객체를 검색하여 그 객체가 들어간 프레임(frame)을 찾을 수 있다. [그림 12.20]은 MPEG-4의 부호화와 복호화 과정을 나타낸다.

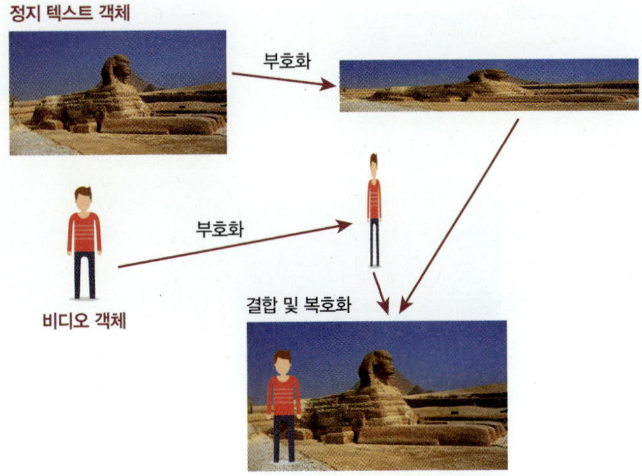

그림 12.20 ▸ MPEG-4의 부호화와 복호화 과정

3. FLAC 음원과 4K, 8K UHD

FLAC 음원

FLAC(Free Lossless Audio Codec)은 디지털 오디오의 무손실의 압축을 위한 오디오 코딩 형식이며 관련 코딩 및 디코딩의 구현도 지칭한다. FLAC알고리즘에 의하면 압축된 디지털 오디오는 원래 메모리 크기의 50~60%까지 줄일 수 있고 원래 오디오 데이터로 복원이 가능하다. FLAC은 저작권 사용료(royalty)가 없는 자유롭게 사용 가능한 무료 소프트웨어이다. FLAC은 2000년에 조시 코알슨(Josh Coalson)에 의해 개발되었다. 2003년 1월에 씨프(Xiph.org) 기관과 FLAC 프로그램을 공동으로 개발하였다. FLAC 파일에서 주파수가 높은 데이터를 삭제한 것이 MP3파일이다.

4K UHD와 8K UHD

4K 해상도(4K Ultra High Definition; 4K Ultra HD; 4K UHD)는 풀 HD (1,920×1,080)의 약 4배 화소 수(가로: 4000전후, 세로: 2000전후)로 차세대 고화질 해상도를 지칭하는 용어이며, 일반적으로 3840×2160 해상도 정도이다. 마찬가지로 8K 해상도는 4K 해상도의 2배로 7680×4320 해상도를 지원한다. 지원하는 영상의 가로 해상도 크기에 따라 4K와 8K라는 이름을 사용하게 되었다. 2021년, 수도권에선 UHD 방송이 가능하고 2023년에는 전국 대부분의 지역에서 UHD 방송이 가능할 것으로 보인다.

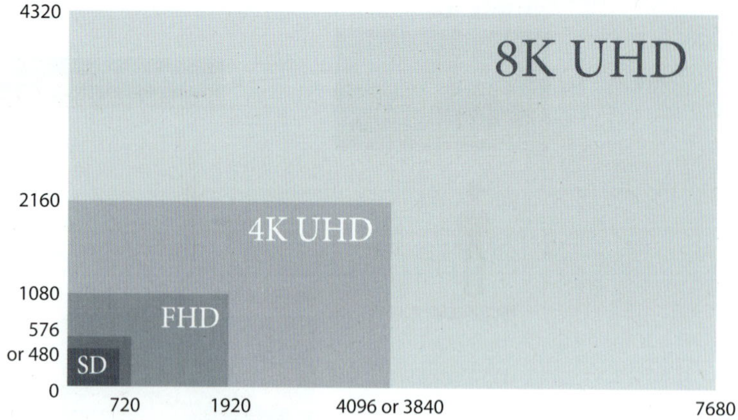

그림 12.21 ▸ 해상도별 개념도

4. 3D 및 4D

3차원 디스플레이(3D display)는 사용자에게 3차원 화상을 제시하는 디스플레이 장치이다. 종류는 몇 가지 있지만 기본적으로는 사람의 두 눈에 대해서 각각 다른 화상을 제시하고 양안 시차에 의해 영상을 입체로 보이게 한다. 스테레오스코피(stereoscopy)는 안경을 이용한 3차원 디스플레이를 말한다. 안경타입의 3차원 디스플레이는 적청 안경, 액정 셔터 안경, 편광 안경 등으로서 두 눈에 서로 다른 화면을 보여 준다. 이때 양안 시차가 나게 되어 관측자는 영상물에서 입체감을 느끼게 된다. 오토스테레오스코피(Autostereoscopy)는 안경을 이용하지 않는 3차원 디스플레이를 말하며 여러 종류가 있다.

시차 장벽을 이용한 디스플레이

시차 장벽을 이용한 무안경식 3차원 디스플레이는 안경식 3차원 디스플레이와 마찬가지로 인간이 입체감을 느끼는 요소인 양안 시차를 이용한다. 하지만 이 경우에서는 영상물 앞에 특수한 슬릿을 설치함으로써 좌안과 우안이 볼 수 있는 픽셀을 다르게 하여 받아들이는 영상을 다르게 한다. 관찰자는 이때 안경을 쓰지 않고도 양안 시차에 의해 입체감을 느끼게 되며, 원통형 렌즈를 나열하여 빛을 굴절시키는 방법으로 좌안과 우안이 서로 다른 픽셀을 보게 하는 렌티큘라 렌즈를 이용해도 같은 효과를 얻는다. 닌텐도 3DS에서 채택되고 있는 방법이다. [그림 12.22]는 특수한 슬릿을 이용한 3D 영상과 원통형렌즈를 이용한 3D 영상의 대략적인 모식도를 보여준다.

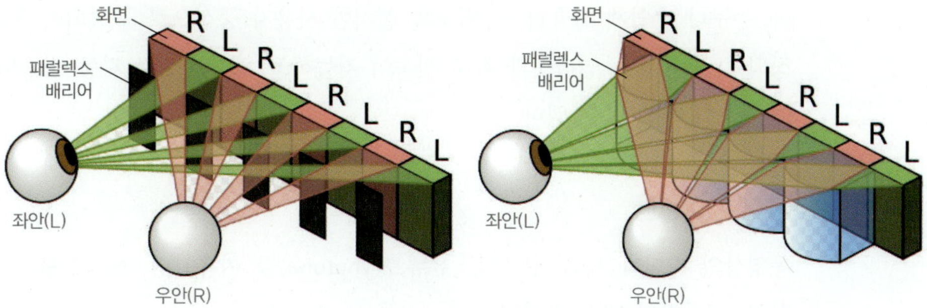

그림 12.22 ▸ 시차장벽을 이용한 무안경식 3차원 디스플레이 (대략적인 모식도)

4차원 디스플레이

4차원 디스플레이는 시각효과 외에 추가적인 효과를 주는 것으로 주로 영화에 이용되고 있으며, 4차원 영화(4D 영화, 4-D 영화)는 영화를 볼 때 영상에서 효과가 발생했을 경우, 기계 장비 등을 통해 그 물리적인 효과를 주는 영화이다.

4차원 영화는 일반적으로 테마파크와 같은 곳에서 수분 길이의 짧은 영상물과 함께 간단한 의자 움직임과 물 분사 등의 형태가 많았지만, 오늘날에는 CJ CGV의 4DX와 롯데시네마 등 대형 멀티플렉스 영화관에서 4D 상영관을 개관하여 운영하고 있다. 멀티플렉스의 4D 상영관에서 상영되는 4D 영화는 영화사 및 배급사에서 4D 포맷으로 배급한 것이 아니라 대형 멀티플렉스의 4D영화 개발팀에서 일반 극영화에 4D 효과를 추가한 것으로, 기존 테마파크의 의자 움직임과 물 분사뿐만 아니라 바람, 안개, 비눗방울, 레이저, 조명, 향기 등과 같은 특수효과가 동반된다.

12.5 멀티미디어 활용

1. CD-ROM 타이틀과 디지털 영상물

CD-ROM 타이틀

텍스트, 이미지, 영상, 음향, 영화, 애니메이션 등의 효과적인 전달 체제를 구축함과 동시에 방대한 양의 정보를 수록함으로써 최적의 방법으로 기업 홍보, 상품 소개, 교육 자료 및 개인의 기념앨범에까지 활용되고 있다. 우수한 디자인과 독창적인 구성으로 이미지, 문자, 동영상, 사운드 등 모든 요소들을 통합 응용한 기술이다. 이 기술은 다양한 애니메이션 기법과 사운드 편집 등을 통해 재미와 흥미를 끌어 홍보 효과를 극대화시킨다. 누구나 손쉽게 사용할 수 있도록 철저한 사용자 중심으로 구성되며 통신 환경이 설정되어 있는 경우 인터넷과 바로 접속이 가능하고, 홈페이지로 자동 접속되도록 하여 2차 홍보를 기대할 수 있다.

디지털 영상물

동영상의 바다라고 할 수 있는 유튜브(youtube)를 이용하면, 동영상을 제작하여 올려 받기(upload)와 내려 받기(download)를 할 수 있다.

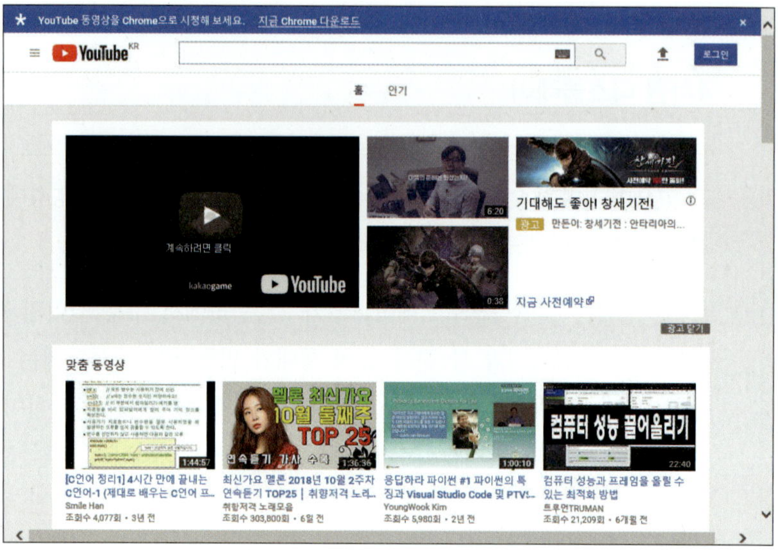

그림 12.23 ▸ 유튜브 홈페이지

2. 뮤직비디오 방송

최초의 뮤직비디오 방송은 미국의 엠티비(MTV)가 1981년 8월 1일 시험방송으로 내보낸 그룹 버글스의 "비디오가 라디오 스타를 죽였다(Video Killed The Radio Star)"로 뮤직비디오 방영은 시청자들로부터 큰 호응을 얻었다.

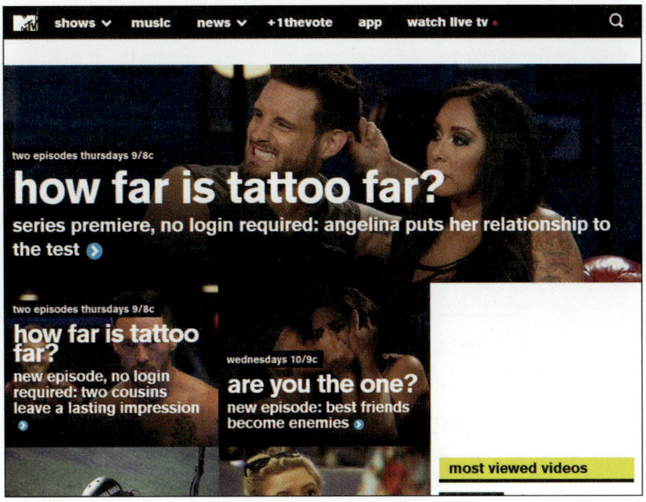

그림 12.24 ▸ MTV 홈페이지

3. 웹페이지와 VOD

웹페이지

대부분의 홈페이지는 멀티미디어를 포함하고 있다. 즉 오디오를 청취할 수 있고 동영상을 볼 수 있으며 마우스를 이용하여 각 멀티미디어를 제어할 수 있고 자신의 의견을 올릴 수 있도록 되어 있다.

VOD

VOD는 'Video On Demand'의 머리글자를 딴 것으로 주문형 비디오라고도 한다. 개인이 가지고 있는 VOD 단말기를 가입자 선로를 통해 각 전화국으로 연결하고 여기서 다시 인공위성으로 연결함으로써 수신이 가능하다. TV나 케이블TV(유선방송)처럼 일방적으로 송출되는 프로그램만을 보는 것이 아니라 원하는 때에 원하는 프로그램을 선택할 수 있다는 점에서 대화형 TV의 원형으로도 볼 수 있다. 또 프로그램을 시청하는 도중에 일시 정지시키거나 느린 속도로, 혹은 반복해서 볼 수도 있다. VOD 시스템을 갖추려면 영상의 방대한 데이터베이스와 광대역, 고속의 전송망이 필요하다.

구성 요소는 비디오 서버(video server)와 접속망을 연결하는 고속 기간망, 고속 기간망과 셋탑박스를 연결하는 접속망, 셋탑박스, 멀티미디어 DBMS 등이다. 고속 기간망은 FDDI, ATM, DQDB, 고속 LAN 등을 사용하여 구성하고 대용량 데이터를 전송한다. 접속망은 전화선을 이용한 ADSL(Asymmetric Digital Subscribe Line), 케이블 TV 망을 이용할 수 있다.

4. VoIP와 원격진료

VOIP

VoIP(Voice over Internet Protocol)는 인터넷 전화로 불린다. 인터넷 전화는 인터넷 전송 기본 단위인 패킷에 음성정보를 삽입하여 보내는 기술이다. 이 기술을 이용하면 PC와 일반 전화 간, 혹은 PC와 PC간 쌍방향 서비스가 가능하다.

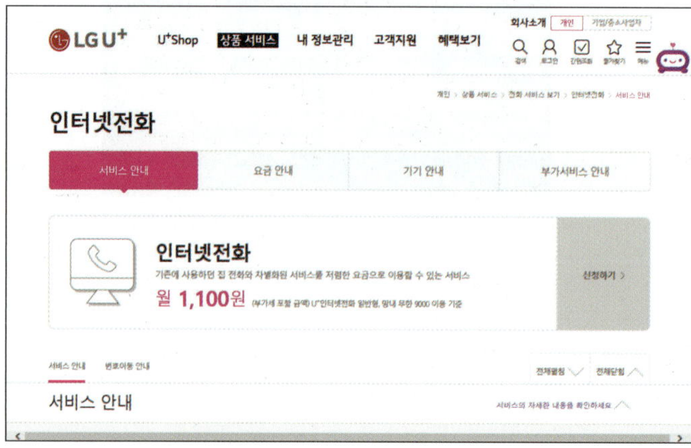

그림 12.25 ▸ VoIP사업자 홈페이지

원격진료

환자들이 대기시간, 검사와 수납, 투약 등을 위해 집과 병원을 왕복하는 불편함을 없애고 편안한 장소에서 전문의를 만나 병원에 직접 가서 받는 진료에 못지 않는 고품질의 서비스를 받을 수 있다.

그림 12.26 ▸ 서울대학교병원 원격진료 홈페이지

5. 컴퓨터 게임

최근 들어 컴퓨터 게임이 현대인의 생활에 미치는 영향력이 점점 증대되고 있다. 특히 컴퓨터와 인터넷에 익숙한 청소년층에게 컴퓨터 게임은 단순한 오락의 의미를 넘어 하나의 문화이자 생활의 요소가 되고 있다. 불과 10여 년 전만 하더라도 사회적으로 컴퓨터 게임이란 불량청소년이나 철이 덜 든 아이들이나 하는 것이라는 사고방식이 지배적이었다는 점을 생각해보면 이러한 인식의 변화는 놀랍게 느껴지기까지 한다. 특히 1998년 당시 IMF로 인한 일자리 창출의 사회적인 요구, 그를 통한 전국적인 네트워크망 구축, 새로운 놀이문화에 대한 대중들의 욕구 등이 '스타크래프트'라는 컴퓨터 게임과 맞물려 사회적인 붐을 일으키면서 국내 컴퓨터 게임시장은 유례 없는 성장과 대중들의 인식 변화를 이끌어내게 되었다. 컴퓨터 게임의 방송 중계와 게임대회 개최, 온라인 게임시장의 폭발적인 성장, 플레이스테이션2, 게임큐브, X박스 등 해외 유명 비디오 게임기의 정식 국내 발매는 전반적인 국내 게임시장의 확대와 게임문화의 확산에 가속도를 붙이는 역할을 하였다.

그림 12.27 ▸ PUBG 사의 '배틀그라운드' 게임 화면

12.6 멀티미디어 보안

1. 핑거프린팅

음악 CD의 불법 복제를 방지하기 위해 생산자가 소비자에게 판매할 때 각 CD에 수요자 고유의 코드를 삽입하는 방법을 핑거프린팅 기술이라 한다. 이는 구매자가 음악을 내려 받아 불법으로 배포했을 때, 추적할 수 있는 기능을 수행한다. 핑거프린팅 기술을

이용하여 각 음악마다 고유의 정보를 음악 파형 안에 삽입하되 음악의 성능은 그대로 유지할 수 있다.

2. 워터마킹

인터넷에 유포되고 있는 멀티미디어 콘텐츠(contents)에 고유한 정보를 삽입하여 불법 복제될 경우 고유정보를 추출하여 불법 복제자를 찾아내는 기술이다. 예를 들면 극장에서 소형 캠코더(camcorder)를 이용하여 불법적으로 영화를 찍어서 배포할 수 있다. 이 경우 어느 극장에서 불법적인 행위가 발생했는가를 알아낼 수 있는 기술이 워터마킹 기술이다. 소형캠코더에 찍인 영상의 프레임에는 극장 코드가 찍혀 있어 불법이 발생한 장소를 알려준다. 이 기술은 비디오 워터마킹 기술의 응용분야로서 비디오의 성능을 유지한 채 고유한 정보를 삽입하는 경우이다.

3. 디지털 저작권 관리

영화 혹은 음원의 아날로그 디지털 변환이 자유로운 오늘날, 각종 디지털 미디어에 관한 권리에 대한 저작권에 관한 내용을 디지털 저작권 관리(digital rights management)라고 한다. 불법적인 방법에 의한 디지털 미디어의 복제는 특히 영화 혹은 음반제작자들에게는 중대한 관심사항이다. DRM은 디지털미디어 접근 제어 기술의 집합이라고 할 수 있다. DRM 기술은 복사 또는 접근의 제한 등으로 불법적인 디지털 콘텐츠의 사용을 제한하고 있다. DRM은 디지털 콘텐츠의 보호를 할 수 있어야 한다. 또한 안전한 배포가 가능하여야 한다. 표준 DRM 구조 및 구입 프로세스는 다음 그림에 보이며 세부 내용은 다음과 같다.

① 콘텐츠 공급자는 콘텐츠 제작자로부터 콘텐츠를 획득한다.

② 사용자는 콘텐츠 공급자의 콘텐츠 목록에서 원하는 콘텐츠를 찾아 사용자 단말에 다운로드한다.

③ 사용자는 콘텐츠를 사용하기 위해 콘텐츠 복호화를 할 수 있는 사용권한을 권한 발행자로부터 구입한다

④ 권한 발행자와 콘텐츠 제작자 간 콘텐츠 비용 정산이 이루어진다.

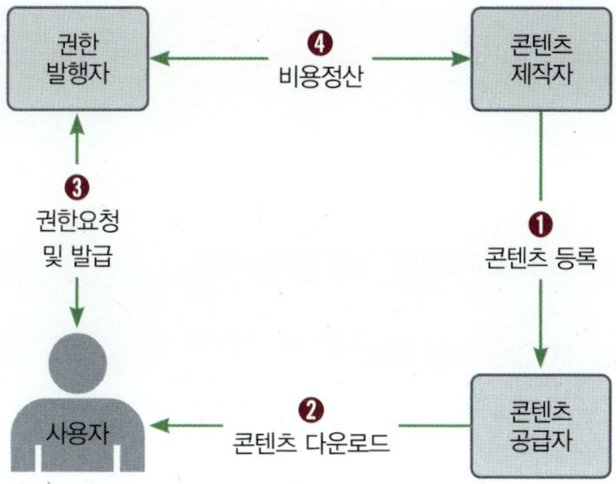

그림 12.28 ▸ 표준 DRM 구조

모바일 DRM은 휴대단말기의 시장의 확대로 다양한 콘텐츠의 등장으로 인하여 시장 규모가 확대될 것이다. 국제 무선인터넷 표준기구 중에 하나인 OMA(Open Mobile Alliance)에서 무선 DRM 표준규격을 제정하지 않으면 DRM 간의 상호호환이 어려워지므로 2006년 OMA DRM V. 2.0을 정식으로 발표하였다. OMA DRM에서는 무선 모바일 환경에서 사용되는 콘텐츠의 안전한 유통과 콘텐츠 사용에 대한 상호 운용성을 부여할 수 있는 DRM 시스템에 대한 규격을 정의한다.

최근에 HTML5에 관한 디지털저작권 관리에 관한 내용을 표준화하여 도입하는 문제에 대한 반론도 제기되고 있다. 도입 반대론자들은 인터넷 자유를 해친다고 주장하고 있으나 도입찬성론자들은 별다른 영향이 없을 것이라고 주장한다.

내용 점검 문제

[객관식]

다음 각 문항에 대하여 보기 중에서 알맞은 것을 선택하시오.

01 그래픽 도안에 적당하지 않은 파일 형식은?

A. JPG B. TIF
C. PNG D. GIF

02 컬러 영상에서 JPEG 생성시 필요하지 않은 색 요소는?

A. Y B. B
C. Cb D. Cr

03 MPEG 표준에서 다른 것과 구별되는 표준내용을 갖는 것은?

A. MPEG-1 B. MPEG-2
C. MPEG-4 D. MPEG-7

04 JPEG과 관련이 없는 것은?

A. 무손실압축 B. 반복길이코딩
C. 이산 코사인 변환 D. 혼합압축

05 JPEG2000과 관련이 없는 것은 무엇인가?

A. 웨이브릿 변환 B. 이산 코사인 변환
C. 압축 D. 부호화

06 파일 형식에서 나머지 3개와 다른 것은?

A. WMV B. MOV
C. JPG D. MPG

07 오디오 파일만으로 이루어진 것은?

A. 오그보비스-MPG B. MPG-JPG
C. WAV-AV D. MP3-JPG

08 DCT 변환 기법과 웨이브릿 변환 기법의 같은 점이 아닌 것은?

A. 압축 B. 영상
C. 손실압축 D. 매크로 블록

09 PAL 방식의 일초당 프레임 수는?

A. 29　　B. 28

C. 27　　D. 25

10 다음이 내용이 설명하는 것은?

> 일초당 프레임수가 29.97프레임이고 대역압축을 위해 복잡한 회로를 내장하고 있다.

A. PAL　　B. NTSC

C. JPEG2000　　D. MPEG

11 JPEG2000에 대한 설명으로 옳지 않은 것은?

A. 웨이브릿 변환을 이용한다.

B. 블록으로 나누어 압축하기 때문에 성능이 떨어진다.

C. 부호화 과정을 거친다.

D. 정지영상압축에 이용한다.

12 용어의 원어 설명으로 옳지 않은 것은 무엇인가?

A. DCT – Discrete Cosine Transform

B. JPEG – Joint Picture Experts Group

C. VoIP – Voice over Internet Protocol

D. MPEG – Motion Picture Experts Group

13 이산 코사인 변환에 대한 설명으로 옳지 않은 것은?

A. 이산 코사인 변환의 입력은 실수데이터이며 출력은 진폭과 위상이다.

B. 이산 코사인 변환은 JPEG에서 사용된다.

C. 이산 코사인 변환은 MPEG에서 사용된다.

D. 이산 코사인 변환을 실수데이터에 수행하면 데이터가 특정한 부분에만 값이 크게 나타나는 경향이 있다.

14 다음에서 나머지 셋과 다른 하나는?

A. AV　　B. 뮤 법칙

C. 양자화　　D. WMV

15 멀티미디어에 대한 설명으로 옳지 않은 것은?

A. 멀티미디어는 소형화·고성능화하고 있다.

B. 대량으로 많은 수요자에게 정보를 단방향으로 전달한다.

C. 반도체의 집적도가 증가함에 따라 소형화된 기기들이 출현하였다.

D. 마우스를 사용하여 멀티미디어를 제어하는 방식도 존재한다.

16 MPEG-21에 대한 설명으로 옳은 것은?

A. mp3의 형식에 관한 내용을 포함한다.
B. 영상압축에 관한 내용도 포함한다.
C. 멀티미디어의 지적 재산권 문제도 다룬다.
D. 웨이브릿 변환을 이용하여 압축하는 내용을 다룬다.

17 MP3 에 대한 설명으로 옳은 것은?

A. MPEG-1 의 세 번째 층을 말한다.
B. MPEG-2 의 세 번째 층을 말한다.
C. MPEG-4 의 세 번째 층을 말한다.
D. MPEG-7 의 세 번째 층을 말한다.

18 HDTV 표준화를 다룬 MPEG는?

A. MPEG-1
B. MPEG-2
C. MPEG-4
D. MPEG-7

19 다양한 휴대폰 기기 및 PDA에 적용하는 내용을 포함한 MPEG는?

A. MPEG-1
B. MPEG-2
C. MPEG-4
D. MPEG-7

20 전 세계의 가능한 모든 문자를 표현하고자 마련한 코드는?

A. ASCII
B. Extended ASCII
C. KSC
D. 유니코드

【 괄호 채우기 】

다음 각 문항에 대하여 빈칸에 적절한 단어를 채우시오.

01 ____________(은)는 독일의 Fraunhofer Institute에서 개발한 방식으로 압축한 소리 파일 양식이다. 높은 압축률을 가지고 있으며 CD수준의 높은 품질을 제공하고 현재 오디오 압축에서 가장 많이 사용되고 있다.

02 삼성전자는 2002년에 2기가 비트(Giga bit)의 메모리를 개발하였다. 2007년에는 ____________기가 비트 메모리를 세계 최초로 개발하여 황의 법칙을 증명하였다.

03 혼합압축에는 허프만 코딩과 ____________(을)를 이용하는 JPEG압축이 있다.영상을 색 요소로 3개의 영상으로 나눈 후 다시 각각의 영상을 8×8블록으로 분할하여 이산 코사인 변환(DCT : Discrete cosine transformation)한다. 다시 그 데이터를 양자화하여 허프만 코딩을 이용한다.

04 영상의 색깔을 RGB에서 YCbCr로 바꾼다. Y는 색의 밝기를 의미하며 ____________(이)라 하고 Cb와 Cr은 각각 파랑색과 빨간색의 색차(chroma)라고 한다.

05 ____________(이)란 가장 빈도수가 높은 값을 가장 적은 비트수로 표현하는 무손실압축을 의미한다.

06 MPEG-1구현시 각 프레임은 16×16 픽셀(pixel : Picture cell) 블록을 ___________(이)라고 말하고 매크로 블록은 8×8 픽셀 단위로 나뉘어 이산 코사인변환과 양자화 과정을 거친다.

07 ___________(은)는 인터넷 전화로 불린다. 인터넷 전화는 인터넷 전송 기본 단위인 패킷에 음성정보를 삽입하여 보내는 기술이다. 이 기술을 이용하면 전화 혹은 PC에서 전화 혹은 PC로 쌍방향 서비스가 가능하다.

08 MP3 엔코딩 유료화에 반대하여 1998년 개발된 ___________형식의 음악파일을 개발하였으며 그 결과 음악을 부호화(encoding)와 복호화(decoding)하는 것은 무료가 되었다.

09 ___________(은)는 웨이브릿(wavelet)변환의 정지 영상 압축 방식으로 JPEG압축보다 영상품질이 우수하다. 우선 칼라영상을 YCbCr 변환하고 각 영상을 웨이브릿 변환을 한 후 8개의 비트 평면을 부호화하는 과정을 거친다.

10 ___________(은)는 전체 영상을 우선 4개로 나누어 변환하고 다시 오른쪽 위쪽 화면을 다시 4개로 나누어 전송하는 방식이다. 이 방식은 사람이 물체를 바라 볼 때 처음에는 전체적인 모습을 보고 이 후에 자세히 본다는 점을 이용하였다. 이산 코사인 변환 방법보다 성능이 더 우수하다.

[주관식]

01 애니메이션 기법에 있는 입자시스템에 대하여 설명하시오.

02 이산 코사인 변환 압축방식에 관해 설명하시오.

03 NTSC 및 PAL 방식에 대하여 설명하시오.

04 JPEG에 관해 설명하시오.

05 유니코드에 대하여 설명하시오.

06 워터마킹을 설명하시오.

07 핑거프린팅의 응용 예를 설명하시오.

08 I-Frame, B-Frame, P-Frame을 비교 설명하시오.

09 오그보비스 파일의 특징에 대해 설명하시오.

10 YCbCr 변환에 관하여 설명해 보시오.

Introduction to COMPUTERS

13

정보보안

단원 목표

- 정보보안의 중요성과 목표를 이해한다.
- 정보보안의 생활화를 위한 정보보호 수칙을 알아본다.
- 컴퓨터 바이러스를 이해하고 예방과 제거 방법을 알아본다.
- 악성 프로그램의 종류와 해킹에 대하여 알아본다.
- 암호화 기술의 개념을 이해한다.
- 암호화 기법 중, 비밀키 암호화와 공개키 암호화를 알아보고 차이점을 이해한다.
- 암호화 기법을 이용한 인증과 전자서명을 알아본다 .
- 인터넷 이용 시 필요한 보안 기술을 알아본다.

단원 목차

13.1 정보보안 개념

1. 정보보안 개요

정보보안 정의

정보보안은 유형, 무형의 정보 생성과 가공, 유통, 배포 그리고 정보를 사용하는 과정에서 발생하는 여러 부작용에 대처하기 위한 모든 정보 보호 활동을 포괄하는 광의의 개념이다. 이러한 정보보안은 정보기술의 급속한 발전과 함께 그 중요성도 날로 커지고 있는 실정이다. 과거에는 개인이나 특정 조직이 독점적으로 가지고 있던 정보로 인하여 정보 유통이 제한적이었으나, 최근 인터넷과 모바일 등 정보기술의 발전으로 인해 정보를 사회 전반 또는 전 세계와 공유하게 함으로써 정보보안을 위협하는 여러 부작용의 발생은 그 심각성이 더해가고 있다. 즉 정보를 유통하는 과정에서 정보에 대한 무단 유출 및 파괴, 변조, 전자메일의 오남용, 불건전한 정보의 대량 유통 등과 같은 부작용이 발생하고 있다.

최근에는 우리나라에서도 크고 작은 정보 범죄가 매년 급속한 추세로 증가하고 있는 실정이다. 향후 정보통신 시스템과 네트워크가 보다 개방화되고, 용량과 성능 및 시스템 간의 연결성이 강화될수록 그 취약성도 비례하여 증대될 것으로 보인다.

2. 정보보안 위협 종류

정보보안을 위협하는 여러 부작용이 발생하는 장소는 크게 컴퓨터 자체와 컴퓨터와 컴퓨터를 연결하는 네트워크 사이라 할 수 있다. 그러므로 정보보안도 크게 컴퓨터 보안과 네트워크 보안으로 나눌 수 있다. 컴퓨터 자체의 정보를 보호하기 위한 도구들의 모임을 컴퓨터 보안이라 한다면, 컴퓨터 간 정보 전송의 보안을 위한 도구들의 모임을 네트워크 보안이라 할 수 있다. 물론 두 가지의 보안 사이에 명확한 경계는 없다. 예를 들어 정보체계를 공격하는 가장 전형적인 형태인 바이러스의 경우 디스켓에 의해 전염될 수도 있고 인터넷에 의해 전염될 수도 있다.

만일 사용자 A가 발신자로서 정보를 목적지에 있는 사용자 B에게 전송하려 한다고 가정하자. 이러한 사례를 통하여 네트워크 보안을 위협하는 위험 요소의 몇 가지 예를 살펴보도록 하자.

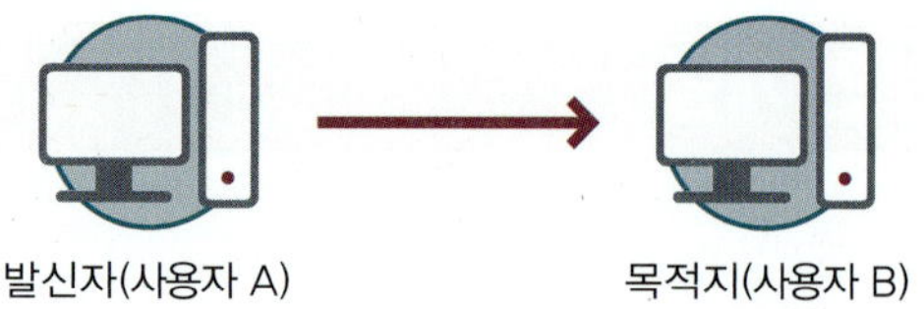

그림 13.1 ▸ 정보의 정상적인 전송

데이터 전송 차단

사용자 A가 사용자 B에게 정보를 전송할 때 사용자 C가 A와 B의 연결을 차단하는 경우이다. 이를 데이터 전송 차단(interruption)이라고 한다. 즉 A와 B 사이에 위치하는 C가 정보를 전송할 수 없다는 메시지를 만들어 A에게 전송하는 경우이다.

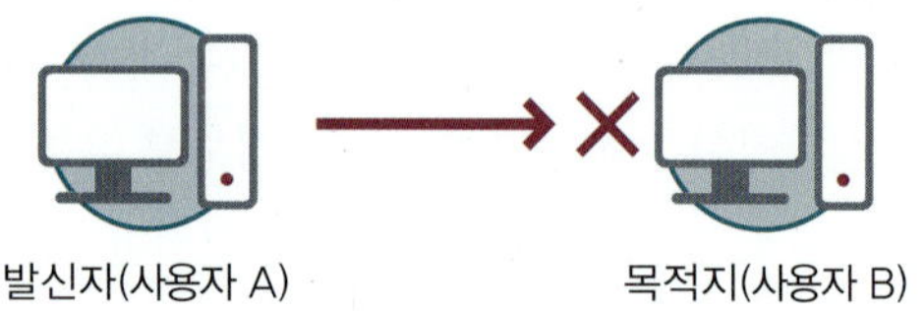

그림 13.2 ▸ 데이터 전송 차단

정보 가로채기

사용자 A와 사용자 B가 정보를 주고 받는 사이에 사용자 C가 도청하는 경우이다. 이러한 경우를 정보 가로채기(interception)라 한다. 이 경우 A와 B의 중요한 정보가 유출되는 심각한 문제가 발생한다.

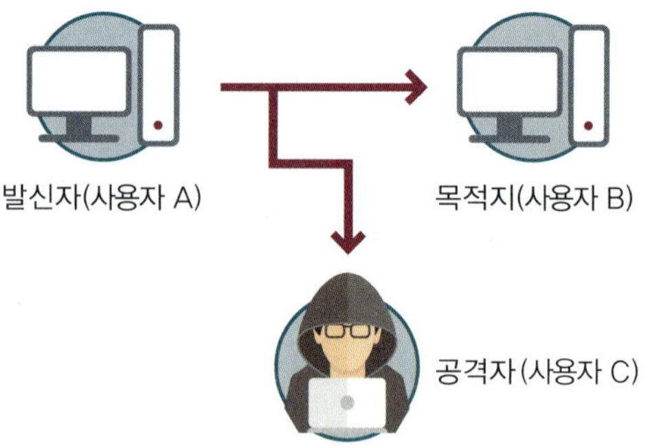

그림 13.3 ▸ 정보 가로채기

정보 변조

사용자 A가 사용자 B에게 전송할 정보를 사용자 C가 중간에 가로채서 정보의 일부 또는 전부를 변경하여 잘못된 정보를 B에게 전송하는 경우이다. 이를 정보 변조 (modification)라 하며, B는 잘못된 정보를 A가 전송한 것으로 오인할 수 있다.

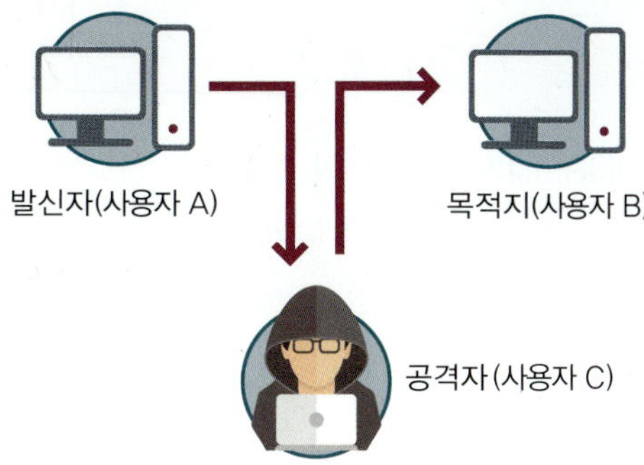

그림 13.4 ▸ 정보 변조

정보 위조

사용자 A도 모르게 사용자 C가 사용자 B에게 A가 정보를 전송한 것처럼 위조(fabrication)한 후 B에게 전송하는 경우이다. 이 경우는 위의 정보 변조와 다르게 A가 만들지 않은 정보가 본인도 모르게 B에게 전달된다.

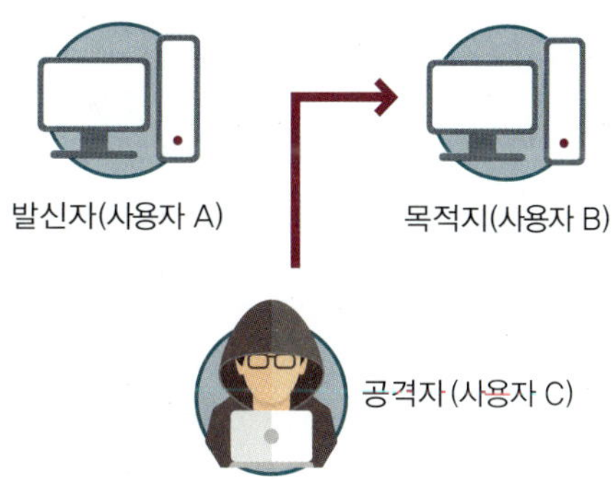

그림 13.5 ▸ 정보 위조

3. 정보보안 목표

정보보호의 기본적인 목표는 내부 또는 외부의 침입자에 의해 행해지는 각종 정보의 파괴, 변조 및 유출 등과 같은 정보 범죄로부터 중요한 정보를 보호하는 것이다. 정보보호에 대한 요구 사항은 크게 비밀성(confidentiality), 무결성(integrity), 가용성(availability)의 3가지로 구분된다. 이러한 3가지 요구사항 중에서 우선 순위는 해당 조직의 특성 및 환경과 상관 관계가 있다. 원래 초기의 정보보안에 관한 연구는 대부분 미 국방성에 의하여 주도되었으며 이로 인하여 보안성이 가장 중요하고 무결성, 가용성 순서로 중요도를 나열하였다. 그러나 비밀을 취급하는 국가 기관을 제외한 일반적인 기업, 금융기관 등에서는 우선 순위가 업종에 따라 달라질 수 있다.

비밀성

비밀성(confidentiality)은 정보의 소유자가 원하는 대로 정보의 비밀이 유지되어야 한다는 원칙이다. 정보는 소유자의 인가를 받은 사람만이 접근할 수 있어야 하며 인가되지 않은 정보의 공개는 반드시 금지되어야 한다. 비밀성을 보장하기 위한 메커니즘에는 접근 통제와 암호화 등이 있다.

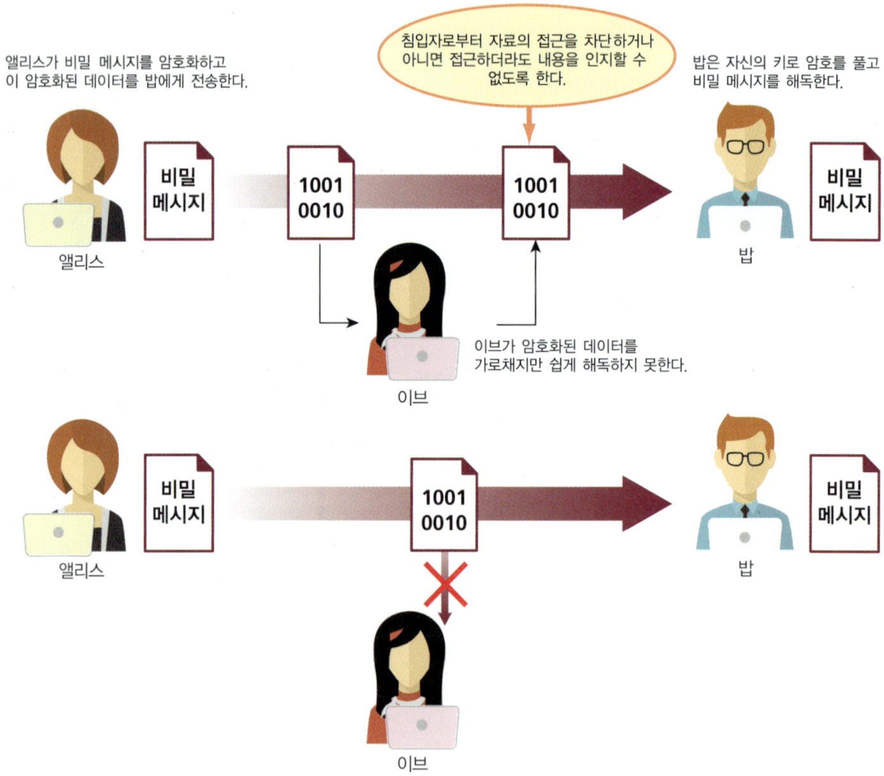

그림 13.6 ▸ 비밀성

접근 통제 메커니즘은 여러 계층에서 구현될 수 있는데 물리적 수준에서의 접근 통제, 시스템 운영체제 수준에서의 접근제어, 네트워크 수준에서의 접근제어 등이 있다. 접근 제어가 실패하더라도 데이터가 암호화되어 있으면 침입자가 이해할 수 없으므로 비밀성은 유지될 수 있다.

무결성

무결성(integrity)이란 비인가 된 자에 의한 정보의 변경, 삭제, 생성 등으로부터 보호하여 정보의 정확성, 완전성이 보장되어야 한다는 원칙이다. 무결성을 보장하기 위한 정책에는 정보 변경에 대한 통제 뿐만 아니라 오류나 태만 등으로부터의 예방도 포함되어야 한다. 무결성을 통제하기 위한 메커니즘에는 물리적인 통제와 접근 제어 등이 있다. 또한 정보가 이미 변경되었거나 변경 위험이 있을 때에는 이러한 변경을 탐지하여 복구할 수 있는 메커니즘이 필요하다.

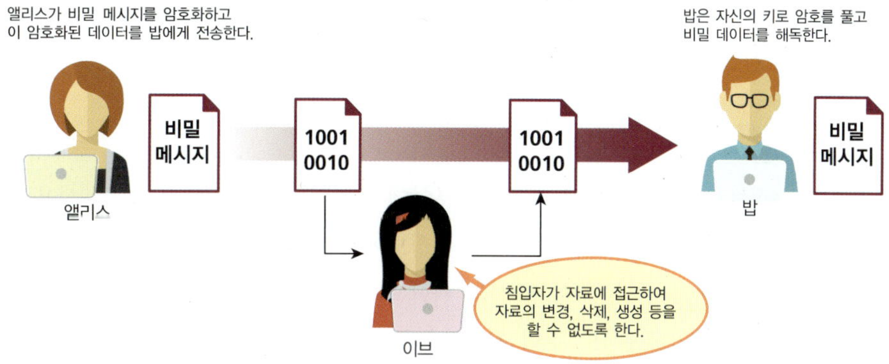

그림 13.7 ▸ 무결성

가용성

정보 시스템은 적절한 방법으로 작동되어야 하며, 정당한 방법으로 권한이 주어진 사용자에게 정보 서비스를 거부하여서는 안 된다는 것이 가용성이다. 가용성을 확보하기 위한 통제 수단에는 데이터 또는 시스템의 백업, 중복성의 유지, 물리적 위협 요소로부터의 보호 등이 있다. 시스템의 사용을 완전히 배제하는 완벽한 보안성과 시스템의 사용을 자유로이 허용하려는 가용성이라는 두 개념은 상호 이율 배반적인 면이 있으므로 적절한 수준에서 균형을 이루도록 절충하는 것이 바람직하다.

4. 정보보안 서비스

정보보안을 위한 서비스로는 기밀성, 인증, 무결성, 부인방지, 접근제어, 가용성 등이 있다. 여기에서 부인방지와 접근 제어에 대하여 알아본다.

부인 방지

부인 방지(nonrepudiation)는 송신자와 수신자 두 사람 각각 전송하지 않았다고 주장하거나, 수신하지 않았다고 주장하는 것을 막는 방법이다. 이 부인방지 서비스를 이용하면 메시지를 보냈을 때 수신자는 메시지에 적혀진 송신자에게서 왔다는 것을 확인할 수 있다. 마찬가지로 메시지를 받았을 때 송신자는 메시지에 적혀진 수신자가 받았다는 것을 확인할 수 있다.

접근 제어

접근 제어(access control)는 네트워크상에서 호스트 시스템이나 통신 링크에 연결된 응용 프로그램으로의 접근을 제한하거나 조절하는 능력을 말한다.

5. 정보보안의 생활화

개인정보

정보사회를 맞이하여 사회 각 분야에서 인터넷과 정보통신기술의 사용이 일상화되면서, 개인정보는 과거의 단순한 신분정보에서 오늘날에는 전자상거래, 고객관리, 금융거래 등 사회의 구성, 유지, 발전을 위한 필수적인 요소로서 기능하고 있다. 또한 개인정보는 기업의 입장에서도 수익 창출을 위한 자산적 가치로서 높게 평가되고 있다. 이러한 개인정의의 정의를 살펴보면, 우리나라의 「개인정보보호법」제2조에서는 개인정보를 '살아 있는 개인에 관한 정보로서 성명, 주민등록번호 및 영상 등을 통하여 개인을 알아볼 수 있는 정보(해당 정보만으로는 특정 개인을 알아볼 수 없더라도 다른 정보와 쉽게 결합하여 알아볼 수 있는 것을 포함한다)를 말한다'라고 규정하고 있다. 즉 개인정보는 개인의 신체, 재산, 사회적 지위, 신분 등에 관한 사실, 판단, 평가 등을 나타내는 일체의 모든 정보를 총칭한다. 이러한 개인정보는 그 범위가 고정되어 있는 것이 아니라 지속적으로 확대된다. 지식정보 사회의 발달과 함께 전자메일 주소, 신용카드 비밀번호, 위치정보, DNA정보 등 새로운 개인정보가 계속 등장하고 있다. 개인정보의 구체적인 예는 다음과 같다.

01
신분관계
성명, 주민등록번호, 주소, 본적, 가족관계, 본관 등

02
내면의 비밀
사상, 신조, 종교, 가치관, 정치적 성향 등

03
심신의 상태
건강상태, 신장, 체중 등 신체적 특징, 병력, 장애정도 등

04
사회경력
학력, 직업, 자격, 전과 여부 등

05
경제관계
소득규모, 재산보유상황, 거래내역, 신용정보, 채권채무관계 등

06
기타 새로운 유형
생체인식정보(지문, 홍채, DNA 등), 위치 정보 등

그림 13.8 ▸ 개인정보의 예(출처: 한국인터넷진흥원)

이러한 개인정보의 유형을 살펴보면 다음과 같다.

표 13.1 개인정보 유형(출처: 한국인터넷진흥원)

유형구분	개인정보 항목
일반정보	이름, 주민등록번호, 운전면허번호, 주소, 전화번호, 생년월일, 출생지, 본적지, 성별, 국적
가족정보	가족구성원들의 이름, 출생지, 생년월일, 주민등록번호, 직업, 전화번호
교육 및 훈련정보	학교출석상황, 최종학력, 학교성적, 기술 자격증 및 전문 면허증, 이수한 훈련 프로그램, 동아리활동, 상벌사항
병역정보	군번 및 계급, 제대유형, 주특기, 근무부대
부동산정보	소유주택, 토지, 자동차, 기타소유차량, 상점 및 건물
소득정보	현재 봉급액, 봉급경력, 보너스 및 수수료, 기타소득의 원천, 이자소득, 사업소득
기타수익정보	보험(건강, 생명 등) 가입현황, 회사의 판공비, 투자프로그램, 퇴직 프로그램, 휴가, 병가
신용정보	대부잔액 및 지불상황, 저당, 신용카드, 지불연기 및 미납의 수, 임금압류 통보에 대한 기록
고용정보	현재의 고용주, 회사주소, 상급자의 이름, 직무수행평가기록, 훈련기록, 출석기록, 상벌기록, 성격 테스트결과, 직무태도
법적정보	전과기록, 자동차교통위반기록, 파산 및 담보기록, 구속기록, 이혼기록, 납세기록
의료정보	가족병력기록, 과거의 의료기록, 정신질환기록, 신체장애, 혈액형, IQ, 약물 테스트 등 각종 신체테스트 정보
조직정보	노조가입, 종교단체가입, 정당가입, 클럽회원
통신정보	전자우편(e-mail), 전화통화내용, 로그파일(log file), 쿠키(cookies)
위치정보	GPS나 휴대폰에 의한 개인의 위치정보
신체정보	지문, 홍채, DNA, 신장, 가슴둘레 등
습관 및 취미정보	흡연, 음주량, 선호하는 스포츠 및 오락, 여가활동, 비디오 대여기록, 도박성향

개인정보보호

개인정보는 생활에 편리함을 주고 우리 사회의 경쟁력을 높이는데 기여하고 있지만 만일 누군가에 의해 악의적으로 오용될 경우, 개인의 안전과 재산에 중대한 손실을 초래할 수 있다. 그러므로 개인정보를 보호하는 것은 현재와 같은 정보화 사회에서 아무리 강조해도 지나치지 않을 것이다. 개인정보민원실, 개인정보분쟁조정 위원회를 소개하며 개인정보 유출통지 절차, 유출 신고 안내 및 기업·공공기관 자문과 정책을 홍보하는 서비스를 제공하는 개인정보침해신고센터(privacy.kisa.or.kr)에서는 다음과 같이 우리들이 일상생활에서 개인정보보호를 위해 실천해야 할 개인정보보호 오남용 피해예방 10계명을 만들어 전파하고 있다.

1. 개인정보처리방침 및 이용약관 꼼꼼히 살피기
2. 비밀번호는 문자와 숫자로 8자리 이상
3. 비밀번호는 주기적으로 변경하기
4. 회원가입은 주민번호 대신 I-PIN 사용
5. 명의도용확인 서비스 이용하여 가입정보 확인
6. 개인정보는 친구에게도 알려주지 않기
7. P2P 공유폴더에 개인정보 저장하지 않기
8. 금융거래는 PC방에서 이용하지 않기
9. 출처가 불명확한 자료는 다운로드 금지
10. 개인정보 침해신고 적극 활용하기

그림 13.9 ▸ 개인정보 오남용 피해예방 10계명

개인정보보호 수칙

개인정보보호 실천수칙의 하나를 살펴보면, 암호는 가능한 한 8자리 이상의 영문과 숫자로 만들고, 3개월마다 수정하도록 한다. 암호는 사용자 인증을 위해 사용하는 가장 간단하지만, 가장 강력한 보안 수단이다. 암호를 사용하지 않거나, 타인이 쉽게 알 수 있는 암호를 이용한다면 본인의 정보가 고의나 실수로 타인에게 유출될 수 있다. 그러므로 암호는 늦어도 3 개월마다 1회 이상 변경하여 타인이 암호를 알 수 없도록 해야 한다. 특히 다음과 같이 쉽게 예측되거나 유출될 수 있는 암호 사용은 자제 하도록 한다.

- 이름, 전화번호, 생년월일, 차량번호 등과 같이 쉽게 사용자를 추측할 수 있는 암호
- 숫자만으로 이루어지거나 길이가 짧은 암호
- love, happy와 같이 잘 알려진 단어로 구성된 암호

암호는 타인에 의해 쉽게 추측될 수 없도록 [, *, #, ? 등과 같은 특수문자와 숫자, 영문자가 조합된 것을 이용하고 가능하면 8자 이상의 길이로 조합하도록 한다.

한국인터넷진흥원의 개인정보보호 포털에서는 다음과 같이 우리들이 일상생활에서 스마트폰을 이용하는 경우 지켜야 할 개인정보보호 10대 수칙을 제공하고 있다.

표 13.2 스마트폰 이용자 개인정보보호 10대 수칙(출처: 한국인터넷진흥원의 개인정보보호 포털)

계명	내용
계명 01	회원가입을 하거나 개인정보를 제공할 때에는 개인정보취급방침 및 약관을 꼼꼼히 살핍니다.
계명 02	회원가입 시 비밀번호를 타인이 유추하기 어렵도록 영문/숫자 등을 조합하여 8자리 이상으로 설정합니다.
계명 03	가급적 안전성이 높은 주민번호 대체수단(아이핀: i-PIN)으로 회원가입을 하고, 꼭 필요하지 않은 개인정보는 입력하지 않습니다.
계명 04	자신이 가입한 사이트에 타인이 자신인 것처럼 로그인하기 어렵도록 비밀번호를 주기적으로 변경합니다.
계명 05	타인이 자신의 명의로 신규 회원가입 시 즉각 차단하고, 이를 통지 받을 수 있도록 명의도용 확인서비스를 이용합니다. 명의도용 확인 서비스 사이트: • 크레딧뱅크(http://www.creditbank.co.kr) • 사이렌24(http://www.siren24.com) • 마이크레딧(http://www.mycredit.co.kr)
계명 06	자신의 아이디와 비밀번호, 주민번호 등 개인정보가 공개되지 않도록 주의하여 관리하며 친구나 나든 사람에게 일러주지 않습니다.
계명 07	인터넷에 올리는 데이터에 개인정보가 포함되지 않도록 하며, P2P로 제공하는 자신의 공유폴더에 개인정보 파일이 저장되지 않도록 합니다.
계명 08	금융거래 시 신용카드 번호와 같은 금융 정보 등을 저장할 경우 암호화 하여 저장하고, 되도록 PC방 등 개방 환경을 이용하지 않습니다.
계명 09	인터넷에서 아무 자료나 함부로 다운로드 하지 않습니다.
계명 10	개인정보가 유출된 경우 해당 사이트 관리자에게 삭제를 요청하고, 처리되지 않는 경우 즉시 개인정보침해신고센터(국번 없이 118, www.118.or.kr)에 신고합니다.

13.2 컴퓨터 바이러스

1. 컴퓨터 바이러스 개요

컴퓨터 바이러스 정의

컴퓨터 바이러스는 '사용자 몰래 컴퓨터에 들어와 자기 자신 또는 자기 자신의 변형을 복사하는 등의 작업을 통하여 프로그램이나 실행 가능한 부분을 변형하여 컴퓨터의 운영을 방해하는 악성 프로그램'을 말한다. 이러한 컴퓨터 바이러스는 보조저장장치, 네트워크 공유 등을 통해 전파되거나 전자메일, 다운로드 또는 메신저 프로그램 등을 통해 감염된다.

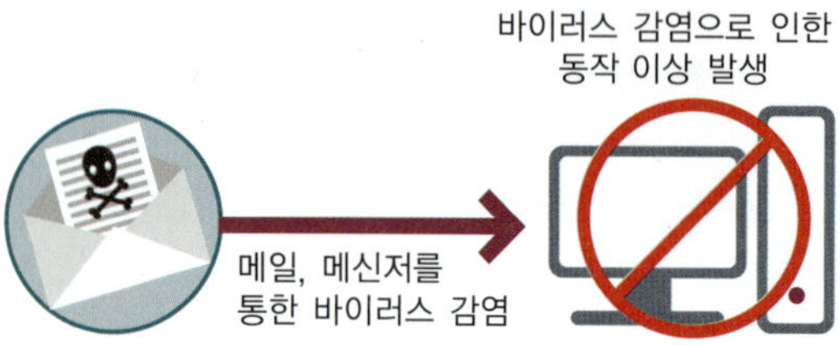

그림 13.10 ▸ 메일, 메신저 등을 통한 바이러스 감염

컴퓨터 바이러스는 자기 복사 능력 이외에도 실제의 바이러스와 비슷하게 부작용을 가지고 있는 경우가 많다. 즉, 감기 바이러스가 인체 내에서 증식만 하는 것이 아니라 감기를 일으키듯이, 컴퓨터 바이러스도 자기 자신을 복사하는 명령어의 조합만을 가지고 있지 않고 하드디스크에 저장된 귀중한 자료를 지워버리는 등의 일을 수행하는 명령어를 포함하는 경우가 많다. 이런 점이 생물학적 바이러스와 비슷하기 때문에 바이러스라는 용어를 사용하지만, 컴퓨터 바이러스는 다른 일반 프로그램과 동일한 누군가의 의하여 직접 만들어진 프로그램이다.

컴퓨터 바이러스 감염 증상

일단 컴퓨터 바이러스가 감염되면 컴퓨터는 다음과 같은 증상이 나타난다.

- 시스템을 부팅할 때 시스템 관련 파일을 찾을 수 없다고 에러메시지가 나오는 경우
- 윈도우가 실행되지 않는 경우
- 이유 없이 프로그램 실행속도가 저하되고 시스템이 자주 멈출 경우
- PC 사용 중 비정상적인 그림, 메시지, 소리 등이 나타날 경우

- 사용자 의사와 관계없이 프로그램이 실행되거나 주변장치가 스스로 움직일 경우
- 특정 폴더(특히 공유 폴더)에 알 수 없는 파일이 생길 경우

감염의 일반적인 증상이 위와 같이 있지만, 이는 바이러스와는 무관한 하드웨어 또는 소프트웨어 문제 때문일 수도 있다. 결과적으로 최신 바이러스 백신 프로그램을 설치한 경우를 제외하고 컴퓨터가 바이러스에 감염되었는지 아닌지 확신할 수 있는 방법은 없다. 그러므로 위와 같은 증상이 나타나면 최신 바이러스 백신 소프트웨어로 검사하는 방법이 최선이다.

2. 컴퓨터 바이러스 분류

컴퓨터 바이러스를 구분하는 한 방법은 컴퓨터 바이러스가 감염되는 컴퓨터의 종류에 따른 분류이다. 컴퓨터 바이러스는 그 컴퓨터가 가지고 있는 특정한 기능들을 이용하기 때문에 여러 기종에 감염되는 컴퓨터 바이러스는 존재하기 어렵기 때문이다. 따라서 컴퓨터 바이러스는 감염 기종에 따라 윈도우 바이러스, 유닉스 바이러스, 매킨토시(Macintosh) 바이러스 등으로 나눌 수 있다. 이러한 여러 플랫폼에서 지금까지 발견된 대부분의 바이러스는 윈도우 바이러스이다.

윈도우 바이러스를 분류하는 방법은 감염되는 부위에 따라 분류하는 것이다. 디스크의 가장 처음 부분인 부트 섹터(boot sector)에 감염되는 부트 바이러스(boot virus), 일반 프로그램에 감염되는 파일 바이러스(file virus), 부트 섹터와 프로그램 모두에 감염되는 부트·파일 바이러스(boot·file virus) 등으로 분류한다.

부트 바이러스

컴퓨터를 처음 켰을 때 디스크의 가장 처음 부분인 부트 섹터(boot sector)에 위치하는 프로그램이 제일 먼저 실행되는데, 이 부트 섹터에 자리 잡는 컴퓨터 바이러스를 부트 바이러스라고 한다. 세계 최초로 발견된 컴퓨터 바이러스인 브레인(brain) 바이러스와 미켈란젤로(michelangelo) 바이러스 등이 여기에 속한다.

파일 바이러스

파일 바이러스란 일반적인 프로그램에 감염되는 컴퓨터 바이러스를 말한다. 이때 감염되는 프로그램은 COM 파일, EXE 파일 등의 실행 파일(executable file), 주변기기, 구동 프로그램(device driver) 등이다. 컴퓨터 바이러스의 90% 이상이 여기에 속한다.

부트/파일 바이러스

부트/파일 바이러스는 부트 섹터와 파일 모두에 감염되는 바이러스로, 나타스(Natas) 바이러스, 절반(One_Half) 바이러스, 테킬라(Tequila) 바이러스 등이 있다.

3. 컴퓨터 바이러스 예방과 제거

컴퓨터 바이러스 예방

악의적인 컴퓨터 바이러스는 해가 갈수록 계속 늘어나므로 새로운 컴퓨터 바이러스들은 백신 프로그램만으로 완벽히 퇴치하기 쉽지 않다. 가장 중요한 것은 감염 후 퇴치가 아니라, 바이러스에 감염되지 않도록 미리미리 예방하는 것이다. 우리가 약간의 지식을 갖고 예방 노력을 기울인다면 바이러스 감염의 가능성을 줄이고 피해를 줄일 수 있다.

다음의 사항을 준수한다면 컴퓨터 바이러스로 인한 대부분의 피해를 막을 수 있다.

- 컴퓨터의 보안 업데이트가 자동으로 실행될 수 있도록 설정한다.
- 백신 프로그램 또는 개인 방화벽 등 보안 프로그램을 설치 운영한다.
- 불법 복사를 하지 않고 정품만을 사용한다.
- 중요한 프로그램이나 자료는 수시로 백업(backup)한다.
- 새로운 프로그램 사용시 항상 1~2개 정도의 최신 버전 백신 프로그램으로 검사하고, 정기적으로 모든 디스크를 검사한다.
- 쉐어웨어(shareware)나 공개 프로그램을 사용할 경우 컴퓨터를 잘 아는 사람이 오랫동안 잘 사용하고 있는 것을 복사하여 사용한다. 새로운 프로그램을 사용할 때는 항상 복수의 최신 버전 백신 프로그램을 사용하여 검사하고, 정기적으로 모든 디스크를 검사한다.
- 감염되지 않은 것이 확인된 깨끗한 도스 디스켓에 쓰기 방지 탭(write-protect tab)을 붙여서 비상시에 사용할 수 있도록 미리 준비해둔다.
- 눈에 뛰는 제목의 전자메일을 경계해야 한다. 악성 워드 매크로 바이러스에는 'The most important Thing' 등의 제목이나 자극적인 설명이 따른다. 이런 파일은 바이러스가 감염되어 있을 가능성이 높다.

컴퓨터 바이러스 제거

바이러스 제거를 위해 설계된 특정 도구 없이는 감염된 바이러스를 컴퓨터에서 완전히 제거하는 것은 전문가에게도 어려운 작업이다. 일부 바이러스 및 원치 않는 소프트웨어는 발견되어 제거된 후에도 자신을 다시 설치하도록 만들어져 있다. 다행히 컴퓨터를 업데이트하고 많은 기업에서 제공하는 무료 평가판 또는 비용이 저렴한 바이러스 백신 도구를 사용하면 바이러스와 같은 원치 않는 소프트웨어를 영구적으로 제거할 수 있다.

13.3 악성 프로그램과 해킹

1. 악성 프로그램

악성 프로그램은 일반적으로 제작자가 의도적으로 사용자에게 피해를 주고자 만든 프로그램으로 컴퓨터 시스템을 파괴하거나 작업을 지연 또는 방해하는 프로그램이다. 악성 프로그램은 바이러스(virus), 웜(worm), 트로이목마(troy) 등으로 나뉜다. 엄격히 말하면 웜과 바이러스는 다르다. 그러나 일반적으로 웜도 웜바이러스라는 표현을 쓰기도 한다.

웜

웜 바이러스는 실행코드 자체로 번식하는 유형을 말하며 주로 PC상에서 실행된다. 웜과 바이러스는 감염대상을 가지고 있는가와 자체 번식 능력이 있는가에 따라 분류된다. 즉 바이러스는 감염대상을 가지고 있지만, 웜은 감염대상을 가지지 않으며, 바이러스는 자체 번식 능력이 없으나, 웜은 자체 번식 능력이 있다. 1990년 말에 들어 전자우편을 통하여 다른 사람에게 전달되는 형태의 웜이 많이 출현하면서 일반인들에게 널리 인식되기 시작하였다.

웜의 번식을 위해서 웜 스스로 다른 사람에게 보내는 전자메일에 자신을 첨부하는데, 실제 자신이 작성한 편지보다 더 큰 크기의 편지가 상대방에게 전달되기도 하고 메일 프로그램의 주소록을 뒤져서 주소록에 있는 모든 사람들에게 무작위로 웜이 첨부된 전자메일을 자동으로 보내거나 아직 답장하지 않은 것만 골라서 보내기도 한다.

웜바이러스의 예방법은 자신이 잘 알지 못하는 사람한테 전송된 전자메일의 첨부파일은 되도록 열어보지 말고 바로 삭제할 것을 권장하며 백신프로그램 등으로 컴퓨터 바이러스를 미리 차단하는 것이 중요하다.

트로이목마

트로이목마는 해킹 기능을 가지고 있어 인터넷을 통해 감염된 컴퓨터의 정보를 외부로 유출하는 악성 프로그램이다. 트로이목마라는 이름은 트로이 전쟁 당시 목마 속에 숨어 있던 그리스 병사가 트로이를 멸망시킨 것에 비유하여 악성 프로그램이 사용자가 눈치채지 못하게 몰래 숨어든다는 의미에서 쓰여졌다.

트로이목마는 주로 인터넷에서 다운로드 파일을 통해 전파되며, 유용한 프로그램으로 가장하여 사용자가 그 프로그램을 실행하도록 속인다. 사용자가 의심하지 않고 그 프로그램을 실행하게 되면 실제 기대했던 기능을 수행한다. 트로이목마의 실제 목적은 사용자의 합법적인 권한을 사용해 시스템의 방어체제에 침해하여 접근이 허락되지 않는 정보를 획득하는 것이다. 한 예로, 어떤 트로이목마는 사용자가 누른 자판정보를 외부에 알려주기 때문에 신용카드번호나 비밀번호 등이 유출될 수 있다.

컴퓨터 바이러스는 다른 프로그램에도 감염될 수 있기 때문에, 한 프로그램에서 컴퓨터 바이러스가 발견되면 다른 프로그램도 모두 검사해 봐야 하지만, 트로이목마 프로그램은 자기 복사 능력이 없어 한 프로그램 내에서만 존재하기 때문에 해당 그 프로그램만 지워버리면 문제가 간단히 해결된다.

2. 해킹과 피싱, 디지털 포렌식

해킹

해킹(hacking)이란 컴퓨터 통신망을 통하여 사용이 허락되지 않은 다른 컴퓨터에 불법으로 접속하여 저장되어 있는 정보 또는 파일을 빼내거나, 마음대로 바꾸어 놓기도 하고, 심지어 컴퓨터 운영체제나 정상적인 프로그램을 손상시키는 행위를 의미한다.

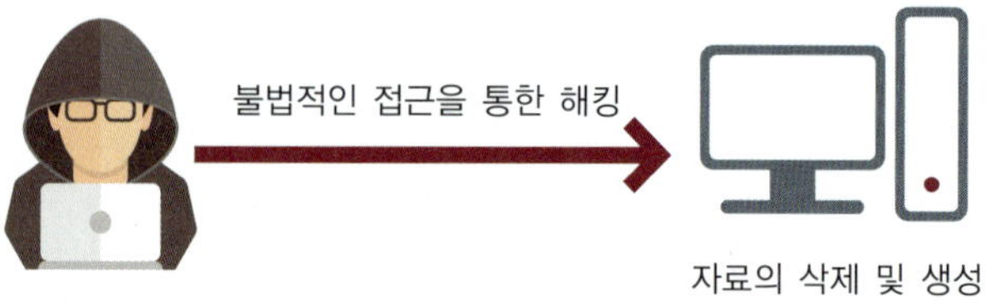

그림 13.11 ▸ 해킹 개념

자기도 모르게 파일이나 프로그램이 삭제된 경우나, 자기도 모르게 파일이 생성되거나 프로그램이 실행되는 경우 등이 발생하면 해킹이 발생한 것을 의심할 수 있다. 그러나 단순히 정보만을 빼내 간다면 해킹이 발생하더라도 모를 수 있으니, 일상적인 컴퓨터의 사용에서 정보보호 수칙을 지키는 주의를 요망한다.

IT Story

스니핑과 스푸핑

스니핑(sniffing)은 전문가들이 사용하는 고도의 해킹 수법으로서, 전화의 도청 원리와 같이 특수 소프트웨어를 이용해 상대방의 ID, 비밀번호, 메일 등을 가로채는 수법을 말한다.

스푸핑(spoofing)은 자기자신의 식별 정보를 속여 다른 대상 시스템을 해킹하는 기법을 말한다. 네트워크상의 공격자는 TCP/IP 프로토콜 상의 취약성을 기반으로 해킹을 시도하는데, 자신의 IP주소, DNS이름, Mac 주소 등의 시스템 정보를 위장하여 감춤으로써 역추적을 어렵게 만든다.

해커와 크레커

현재 해커는 다른 사람의 컴퓨터에 불법으로 침입하여 정보를 빼내서 이익을 취하거나 파일을 없애버리거나 전산망을 마비시키는 악의적 행위를 하는 사람을 의미하는 것으로 많이 쓰인다. 그러나 해커의 원래의 의미는 "컴퓨터 시스템 내부구조와 동작 따위에 심취하여 이를 알고자 노력하는 사람으로서 대부분 뛰어난 컴퓨터 및 통신 실력을 가진 사람들"이다.

해커라는 용어는 1950년대 말 미국 매사추세츠공과대학(MIT) 동아리 모임에서 처음 사용되었던 '해크(hack)'에서 유래되었다고 한다. 당시 MIT에서는 '해크(hack)'라는 말을 '작업과정 그 자체에서 느껴지는 순수한 즐거움 이외에는 어떠한 건설적인 목표도 갖지 않는 프로젝트나 그에 따른 결과물'을 지칭하는 은어로서 사용하였는데, 동아리 학생들이 여기에 사람을 뜻하는 '-er'을 붙여 해커라고 쓰게 되었다. 그러나 순수하게 작업과정 자체의 즐거움에 탐닉하는 컴퓨터 전문가들의 행위로 시작된 해킹은 컴퓨터가 일반화되면서 점차 부정적인 의미로 변질되었다.

현재 해커로 일컫는 '다른 사람의 컴퓨터에 침입하여 악의적 행위를 하는 사람'은 원래 크래커(cracker)라는 용어로 불렸다. 그러므로 이런 파괴적 행위를 하는 자들은 크래커라고 하여 해커와 구별하기도 한다. 그러나 현재에는 해커와 크래커는 구별되어 쓰이지 않고 '범죄 행위를 하는 자'라는 의미로 쓰인다.

어나니머스(Anonymous)

어나니머스는 전 세계를 무대로 어나니머스라는 이름으로 활동하는 해커 집단을 말한다. 어나니머스의 의미인 '익명'에 맞게 그 조직의 구성원은 알려져 있지 않으며, 전 세계적으로 약 3,000명 정도로 추정된다고 한다. 또한 어나니머스의 구성원은 정해져 있는 것이 아니라 원하면 누구나 점조직으로 분포한 세계 각지의 해커가 되어 가상 공간에서 작전을 수행한다고도 알려져 있다.

그림 13.12 ▸ 어나니머스의 표식

어나니머스는 사이버 검열과 감시를 반대하는 사회 운동 단체로 이러한 행위에 반하는 정부와 단체 또는 기업을 대상으로 인터넷 해킹 공격을 하고 있으며, 비슷한 성격의 고발 전문 사이트인 위키리크스(WikiLeaks)를 지지하는 모임으로 유명하다. 또한 우리에게 어나니머스는 북한과 사이버전쟁을 벌이겠다고 선포하고, 북한의 정보매체 사이트인 '우리민족끼리' 사이트를 공격한 것으로도 유명하다.

어나니머스의 활동에 대한 평가는 다양하다. 그러나 이름을 사칭한 것인지는 모르지만 어나니머스라는 이름으로 개인정보를 빼내가는 사례도 있다고 하니 주의가 필요하다. 어나니머스는 2012년, 타임지가 선정하는 '세계에서 가장 영향력 있는 인물 100인'에 들기도 했다. 어나니머스가 인터상에서 어느 국가에도 편향되지 않고 나름 선의의 인터넷 경찰?인지는 두고 봐야 할 것 같다.

어나니머스는 '우리는 이름이 없다. 우리는 군단이다. 우리는 용서하지 않는다. 우리는 잊지 않는다. 우리를 맞이하라.'라는 표어를 사용하며, 단체의 익명성을 나타내는 머리가 없는 사람을 표식으로 사용한다.

피싱

피싱(phishing)은 개인정보(privacy)와 낚시(fishing)의 합성어로, 은행 또는 전자상거래 업체의 홈페이지와 동일하게 보이는 위장 홈페이지를 만든 후, 인터넷 이용자들에게 유명 회사를 사칭하는 전자메일을 보내, 위장 홈페이지에 접속하게 하여 계좌번호, 주민등록번호 등의 개인정보를 입력하도록 유도하여, 이를 이용해 금융사기를 일으키는 신종 사기 수법을 말한다.

피싱과 같은 신종 사기에 대처하려면 주의가 최선이다. 다음과 같은 요령으로 대처하도록 한다.

- 은행, 카드사 등에 직접 전화를 걸어 이메일이 안내하는 사항이 사실인지를 확인한다.
- 이메일에 링크된 주소를 바로 클릭하지 말고, 해당은행, 카드사 등의 홈페이지 주소를 인터넷 주소창에 직접 입력하여 접속한다.
- 출처가 의심스러운 사이트에서 경품에 당첨되었음을 알리는 경우 직접 전화를 걸어 사실인지를 확인하고, 사실인 경우에도 가급적이면 중요한 개인정보를 제공하지 않는다.

- 피싱이라고 의심되는 메일을 받았을 경우 해당 은행, 카드사, 쇼핑몰 및 은행, 신용카드, 현금카드 등의 내역이 정확한지 정기적으로 확인한다.

주의에도 불구하고 피싱과 같은 사기에 관련되면 다음 사이트에 신고 처리한다.

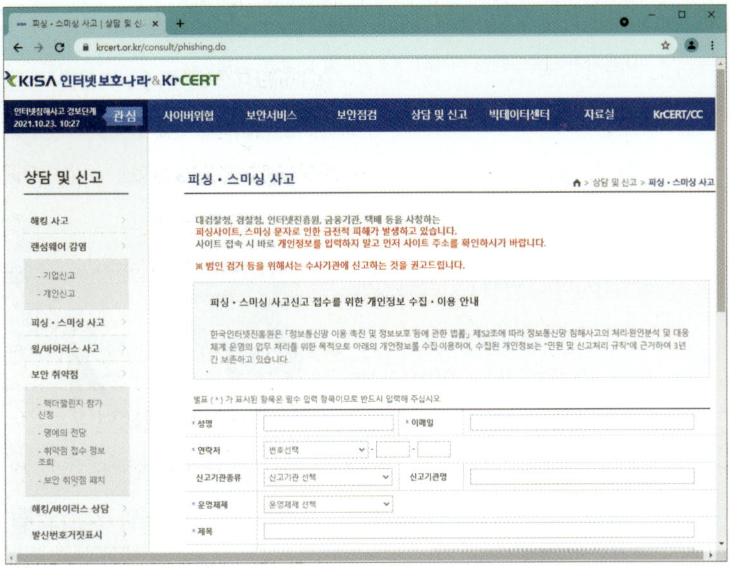

그림 13.13 ▸ 한국인터넷진흥원의 인터넷보호나라 (www.krcert.or.kr/consult/phishing.do)

스파이웨어

스파이웨어란 스파이와 악성 프로그램인 소프트웨어의 합성어로, 컴퓨터 이용자가 모르게 또는 동의 없이 설치되어 컴퓨터 사용에 불편을 끼치거나 정보를 가로채가는 악성 프로그램을 말한다.

그림 13.14 ▸ 스파이웨어

여러분의 컴퓨터에 다음과 같은 증상이 나타난다면 한번 쯤은 스파이웨어가 없나 의심해야 할 것이다.

- 웹 브라우저의 홈페이지 설정이나 즐겨찾기 등이 변경되는 경우
- 원하지 않는 광고창이 뜨거나 성인사이트로 접속되는 경우
- 이용자가 프로그램을 삭제하거나 종료할 수 없는 경우

디지털 포렌식

고대 로마 시대의 포럼(forum)과 공공(public)이라는 라틴어에서 유래한 포렌식(forensic)은 '범죄 과학 수사의'라는 의미의 형용사다. 디지털 포렌식이란 전자적으로 저장된 데이터를 식별, 획득, 처리, 분석 및 보고하는 데 중점을 둔 범죄 과학(forensic science)의 한 분야이다. 즉 디지털 포렌식은 포렌식 분야 중 하나로, 범죄 수사를 위해 수사 영장이나 데이터 소유주의 동의를 받아 합법적으로 디지털 장비의 삭제된 데이터를 복원, 분석 등을 하여 증거를 추출하거나 추출된 증거를 분석하는 행위 등을 통칭하는 용어이다.

그림 13.15 ▸ 디지털 포렌식 개념

디지털 포렌식은 1970년대 후반 미국에서 처음 도입되어, 초창기에는 군사 기밀을 다루는 수사기관 등 제한된 영역에서 주로 사용됐다. 특히, 최근 들어서는 컴퓨터를 비롯한 스마트폰과 같은 디지털 보급 기기가 늘어, 디지털 포렌식을 활용한 과학 수사 연구가 매우 활발해졌다. 최근 뉴스에 스마트폰 포렌식이 자주 등장하는데, 데이터가 수집되는 전자 기기는 컴퓨터, 스마트폰, 원격 저장소, 무인 항공 시스템, 선박 장비 등 다양하다.

그림 13.16 ▸ 디지털 포렌식

3. 디도스와 랜섬웨어

DOS와 DDOS

도스(DOS)는 Denial of Service의 약자로 서비스 거부를 뜻한다. 하나의 악의적인 시스템 공격으로 서버의 네트워크 성능을 저하시키거나 시스템의 자원을 부족하게 하여 서버의 서비스를 거부시키는 공격을 말한다. 또한 DDoS는 Distribute Denial of Service의 약자로 디도스라고도 부르며, 분산서비스 거부를 의미한다. 좀비 PC의 공격으로 서버의 네트워크 성능을 저하시키거나 시스템을 마비시켜 서버의 서비스를 거부시키는 공격을 말한다. DDoS는 크래킹의 일종으로, 좀비(zombie) PC라 부르는 많은 PC를 분산 배치하여 원격 조종해 단시간 내에 컴퓨터 시스템이 처리할 수 없을 정도로 많은 분량의 패킷을 동시에 발생시키는 공격을 함으로써, 서버가 장애를 일으키도록 하는 행위를 뜻한다. 결국 DOS와 DDoS는 하나의 악의적인 시스템이 직접 서버를 공격하느냐, 아니면 분산되어 있는 여러 시스템을 좀비로 만들어 공격하게 하느냐에 따라 DOS와 DDoS로 구분된다고 볼 수 있다.

PC의 사용자도 모르게 악성코드나 이메일 등을 통해 악성 프로그램인 봇(bot)에 감염되어 일명 좀비PC가 된다. 악성코드에 감염된 좀비 PC는 자신도 모르게 해커의 조성에 따라 다수의 특정 도메인을 대상으로 다양한 프로토콜의 패킷을 지속적으로 전송하는 공격을 수행하게 되며, 좀비 PC의 공격을 받은 사이트는 여러 장애를 일으키거나 아예 셧다운이 되는 등 치명적 손상을 입을 수 있다.

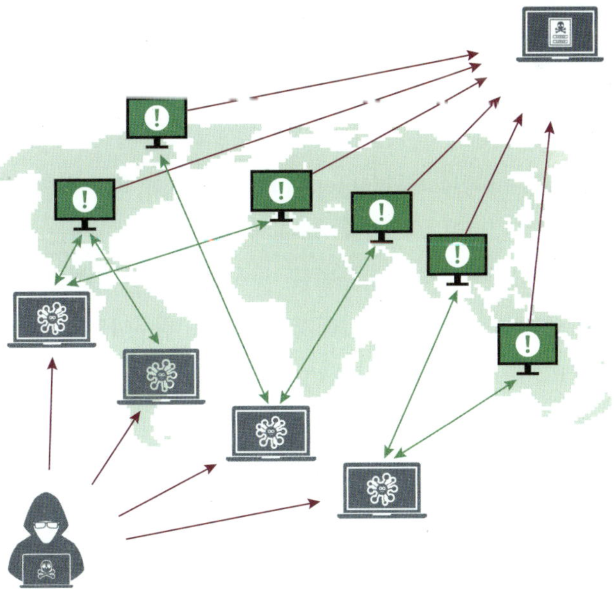

그림 13.17 ▸ DDos의 헤커와 좀비

랜섬웨어 개요

랜섬웨어(ransomware)는 몸값(ransom)과 소프트웨어(software)의 합성어로 사용자의 동의 없이 시스템을 잠그거나 데이터를 암호화시켜 컴퓨터나 파일을 사용할 수 없도록 한 후 암호화를 풀어주는 대가로 금전(몸값)을 요구하는 악성 프로그램을 말한다. 컴퓨터나 파일의 접근이 제한되기 때문에 암호를 풀어 제한을 없애려면 해당 악성 프로그램을 개발한 자에게 비트코인 등의 가상화폐로 지불을 강요 게 된다. 일반적인 악성 바이러스는 단지 데이터의 사용에 제한을 가하는 피해를 주지만 랜섬웨어는 이것을 인질로 금전을 요구하니 바이러스계의 강도인 셈이다.

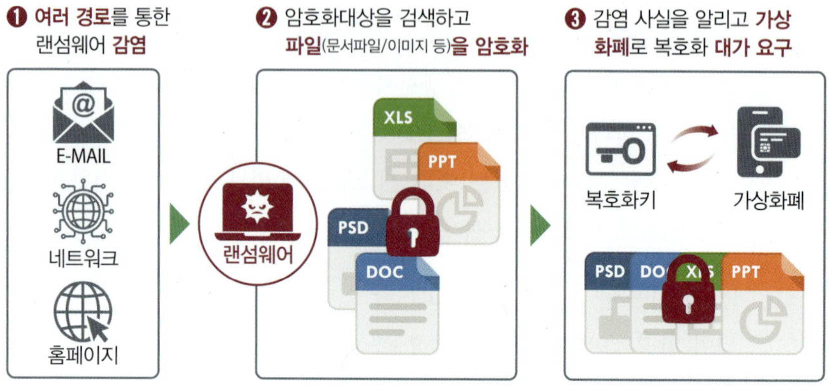

그림 13.18 ▸ 랜섬웨어 개요 (자료: 한국인터넷진흥원 랜섬웨어 대응 가이드라인)

랜섬웨어는 신뢰할 수 없는 사이트, 스팸메일, 파일공유 사이트, 네트워크를 통해 유포될 수 있다. 특히 단순한 홈페이지 방문만으로도 감염될 수 있으며, 드라이브 바이 다운로드(Drive-by-Download) 기법을 통해 유포될 수 있다. 드라이브 바이 다운로드는 취약한 웹사이트에 방문하였을 뿐인데 사용자 모르게 악성 스크립트가 동작하여 취약점을 유발시키는 코드를 실행하여 악성코드를 다운, 실행하고 사용자의 PC를 감염시키는 기법이다. 특히 토렌트(Torrent), 웹하드 등 P2P 사이트를 통해 동영상 등의 파일을 다운로드 받고 이를 실행할 경우, 악성코드에 감염되는 사례가 있어 이에 대한 주의가 필요하다. 또한 출처가 불분명한 이메일 수신 시 첨부파일 또는 메일에 URL 링크를 통해 악성코드를 유포하는 사례가 있으므로 첨부파일 실행 또는 URL 링크 클릭에 주의가 필요하다.

랜섬웨어 증상과 예방

랜섬웨어에 감염되면 다음과 같은 증상이 발생한다.

- 평소 문제없이 열렸던 문서 사진 그림 음악 동영상 파일들 중 일부 혹은 전체가 읽을 수 없게 되거나 열리지 않는 현상이 발생
- 평소 아무 문제없이 사용하던 파일의 이름과 확장자가 바뀌거나 파일 확장자 뒤에 특정 확장자가 추가된 것을 볼 수 있으며, 아예 확장자가 사리지는 경우도 발생
- 평소 사용하던 운영체제로 부팅이 되지 않고 랜섬웨어 감염 사실 및 금전요구 화면을 볼 수 있음
- 사용자의 파일이 암호화되었음을 알리고 이를 해제하기 위한 비용과 지불할 방법을 보여주는 다음과 같은 안내 창을 볼 수 있음

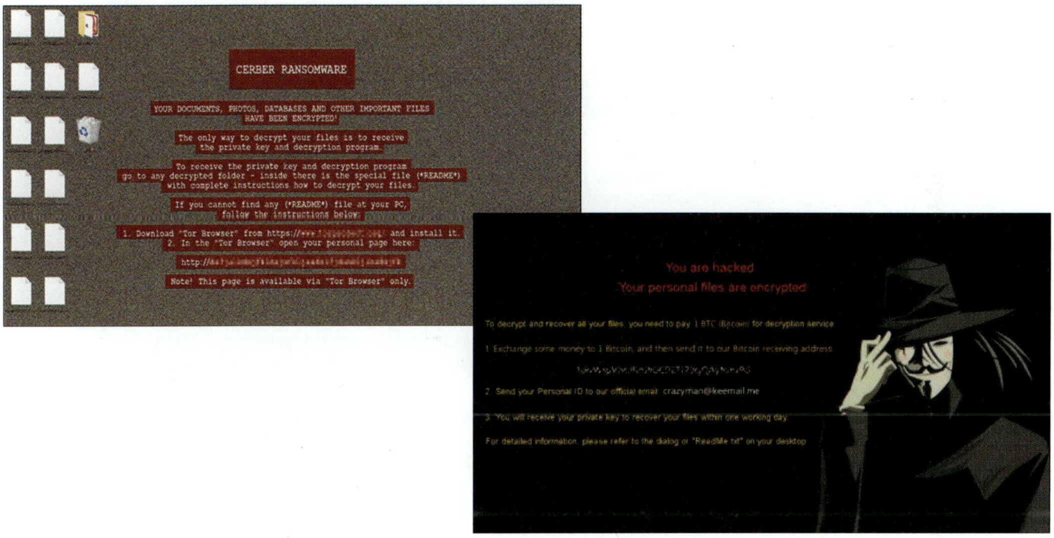

그림 13.19 ▸ 랜섬웨어 감염 시 바탕화면 사례

인터넷진흥원의 정보보호나라에 따르면 랜섬웨어를 방지하기 위해서는 ①사용하는 PC의 운영체제 및 각종 SW의 보안 패치를 항상 최신으로 업데이트하는 것이 중요하다. 또한 ②백신을 설치하고, 항상 최선 버전으로 업데이트하며, ③출처가 불명확한 이메일은 확인하지 말고 URL 링크는 접속하지 않는다. ④파일 공유 사이트 등에서 다운로드하지 말고, ⑤파일을 정기적으로 백업해두는 것이 랜섬웨어를 예방할 수 있는 가장 최선의 방법이다.

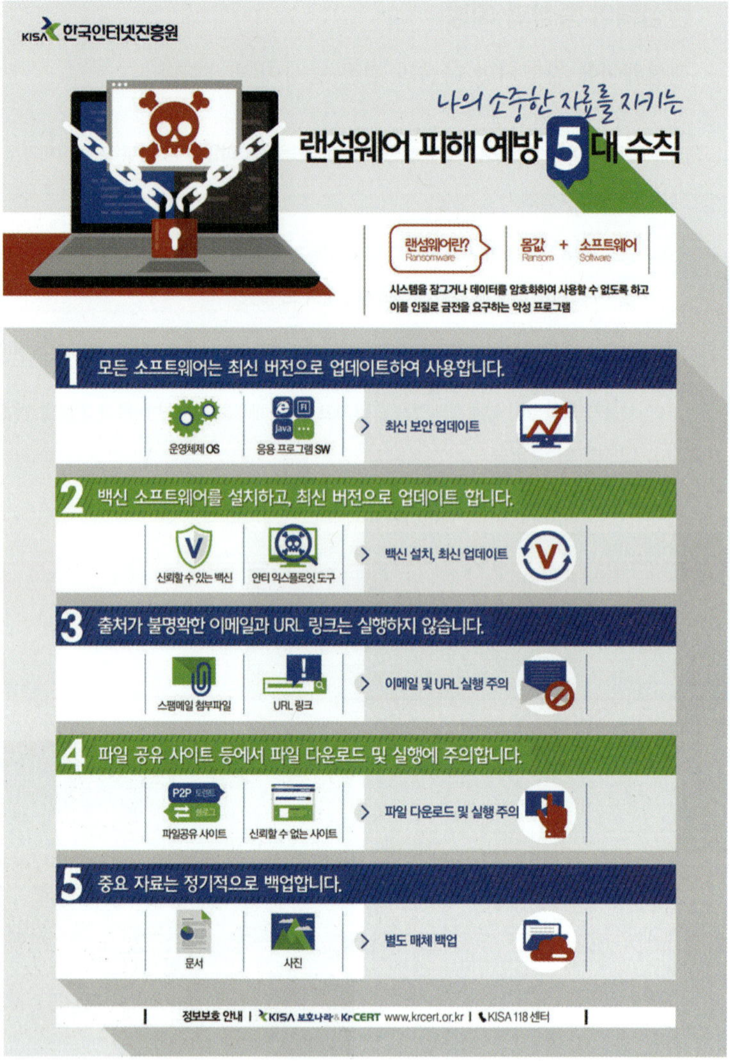

그림 13.20 ▸ 정보보호나라의 랜섬웨어 예방 수칙

랜섬웨어 감염 조치

경찰청 사이버 안전국(cyberbureau.police.go.kr)에서는 랜섬웨어 감염 시 다음과 같은 조치를 취하라고 권고하고 있다.

1. 랜섬웨어 감염시 외장하드나 공유폴더도 함께 암호화 되므로 신속히 연결 차단
2. 인터넷선과 PC 전원 차단
3. PC의 하드 디스크를 분리하여 암호화가 되지 않은 파일은 백업
4. 증거 보존 상태에서 신속하게 경찰에 신고

5. 증거조사 후 하드 디스크는 분리하여 전문 보안업체 통해 치료 요청

6. 감염된 PC는 포맷 후 백신 등 주요 프로그램 최신버전 설치 후 사용

7. 평소 해킹 상담이나 피해 신고, 원격 점검 등은 한국인터넷진흥원(인터넷침해대응센터, www.krcert.or.kr 및 전화 118)에서 서비스 제공

랜섬웨어에 감염되어 금전 요구를 받게 되면 당황하게 되고, 암호화된 시스템에 급한 파일이 있다면 난감하다. 그러나 금전을 지불하고 암호를 푸는 선택은 가급적 피하는 것이 좋다. 한번 금전을 지불한 피해자는 공격자에게 손쉬운 대상으로 인식되어 암호를 풀 수 있는 복호화 키를 제공받더라도 이후 또 다른 범죄행위를 위한 대상이 될 수 있기 때문이다. 한국인터넷진흥원뿐만 아니라 전 세계적으로도 랜섬웨어 감염시 공격자에게 복호화 비용을 지불하지 않도록 권장한다.

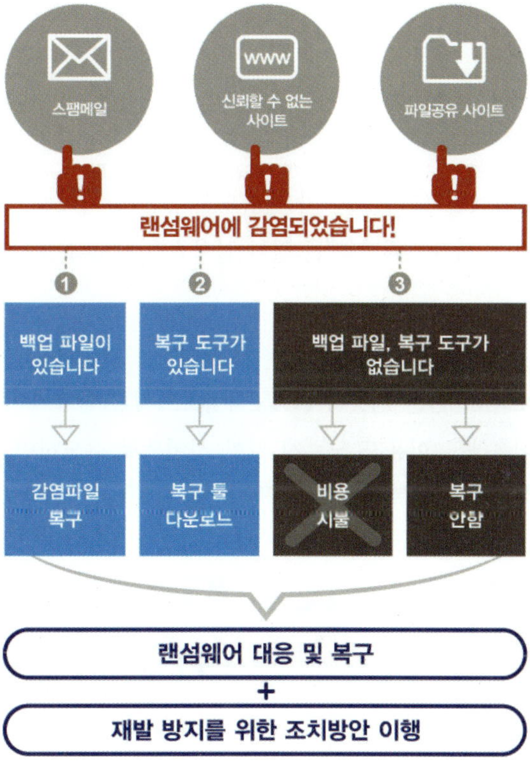

그림 13.21 ▸ 랜섬웨어 감염 시 대응 및 복구 (참조: 인터넷진흥원 보호나라 자료)

랜섬웨어에 감염되어 암호화된 파일은 현실적으로 복구가 어려우며, 극히 일부의 랜섬웨어만 복구가 가능하며, 인터넷진흥원의 보호나라의 랜섬웨어 복구도구 링크(www.boho.or.kr/ransomware/recovery.do)를 참고하거나 노모어랜섬(www.nomoreransom.org)을 참고하자.

4. 스미싱과 파밍

스미싱

스미싱(smishing)은 문자메시지(SMS)와 피싱(Phishing)의 합성어로 '무료쿠폰 제공', '돌잔치 초대장' 등의 내용을 담은 문자메시지 내에 링크된 인터넷주소를 클릭하면 악성코드가 설치되어 피해자가 모르는 사이에 소액결제가 되는 피해가 발생하거나, 스마트폰에 저장된 주소록 연락처, 사진(주민등록증·보안카드 사본), 공인인증서와 같은 중요한 개인정보 등까지 빠져나가는 수법이다.

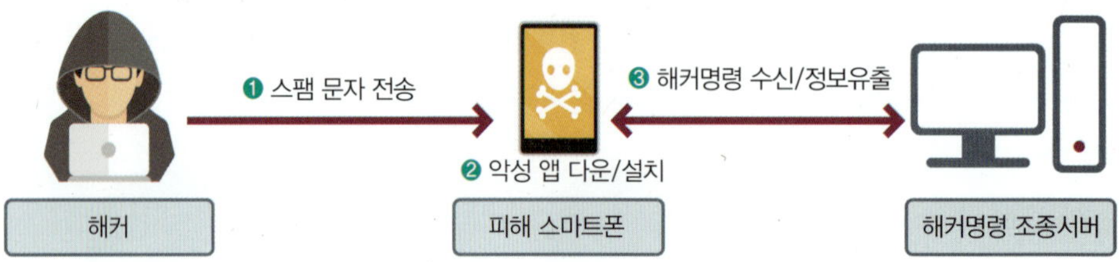

그림 13.22 ▸ 스미싱(출처: 한국인터넷진흥원)

스미싱을 예방하려면 출처가 확인되지 않은 문자메시지의 인터넷주소를 연결하지 말도록 하며, 스마트폰에 미확인 앱이 설치되지 않도록 보안설정을 강화하도록 한다.

파밍

파밍(pharming)은 이용자 PC를 악성코드에 감염시켜 금융회사 등의 정상 홈페이지 주소로 접속해도 이용자 모르게 가짜 사이트로 유도하여 개인 금융정보 등을 몰래 탈취해가는 수법이다.

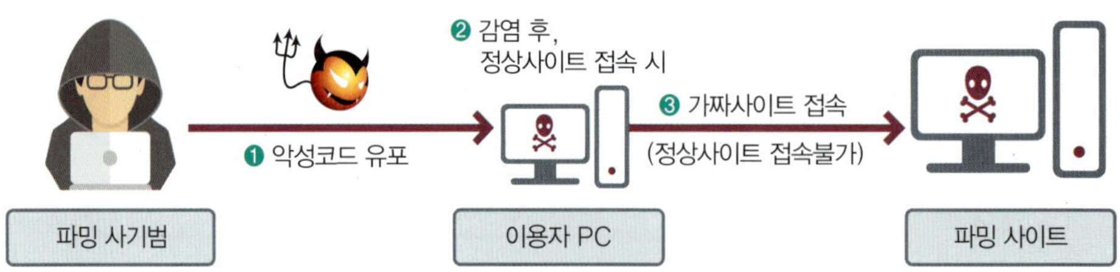

그림 13.23 ▸ 파밍(출처: 한국인터넷진흥원)

파밍을 예방하려면 일회용 비밀번호생성기인 OTP(One Time Password)를 사용하고, 컴퓨터나 이메일에 공인인증서, 보안카드 사진, 비밀번호를 저장하지 않도록 한다. 또한 접속한 사이트 주소의 정상 여부를 항상 확인하며, 요구하더라도 보안카드 번호 전부를 절대 입력하지 말아야 한다.

만일 파밍에 감염되었다면 한국인터넷진흥원(KISA)의 '보호나라' 서비스 백신프로그램을 이용하여 치료하거나 피해 컴퓨터를 아예 포맷하도록 한다. 또한 파밍으로 피해금이 발생했다면 경찰서(신고전화 112)나 금융감독원(민원상담 1332)을 통해 지급정지 요청을 한 후, 파밍 피해 내용을 신고하여 '사건사고 사실확인원'을 발급받아 해당 은행에 제출하여 피해금 환급 신청을 하도록 한다.

13.4 암호화 기술

오늘날과 같이 많은 정보가 인터넷과 모바일 상에서 교환되고 있는 시대에, 정보보호의 중요성은 점점 커지고 있다. 이러한 정보보호를 위한 서비스로는 기밀성, 인증, 무결성, 부인방지 등이 있다고 학습하였다. 이러한 다양한 정보보호 서비스를 위한 기본적인 방법이 암호 기법이다. 암호 방식은 고대 문자 해독에도 이용되었으나, 현재 정보 사회에서 암호 방식이 상업적으로 이용되면서 인터넷 뱅킹 등 인터넷 상에서의 비즈니스 업무에 적극 이용되고 있다.

암호(cryptography)는 평문을 해독 불가능한 형태로 변형하거나 또는 암호화된 통신문을 해독 가능한 형태로 변환하기 위한 원리, 수단, 방법 등을 취급하는 기술을 말한다. 암호학(cryptology)은 암호와 암호 해독을 연구하는 학문이다. 암호학 관련 문헌에서 자주 등장하는 인물이 바로 앨리스(Alice)와 밥(Bob), 그리고 이브(Eve)이다. 앨리스가 밥에게 메세지를 보내면, 중간에 잠재적인 도청자인 제3의 인물 이브가 그 메시지를 가로채려 한다.

1. 암호화 개요

암호화 과정

암호화의 입력이 되는 원문인 의미 있는 메시지를 평문(plain text)이라 하고, 이 메시지를 읽을 수 없는 메시지로 암호화(encryption)했을 때 이 메시지를 암호문(cipher text)이라 한다. 또한 암호화의 반대로, 암호문에서 평문으로 변환하는 것을 복호화(decryption)라 한다. 암호화는 알고리즘과 키(key)로 되어 있다. 키는 평문과는 무관한 값이고 알고리즘은 사용된 키에 따라 다른 출력을 내보낸다. 즉 키의 값에 따라 알고리즘의 출력이 바뀐다.

암호를 잘 사용하려면, 송신자와 수신자는 정보를 코드화된 형태(cipher text)로 바꿀 때 사용한 규칙(cipher)이 어떠한 것인지를 알아야 한다. 어떤 암호 기법에서는 동일한 키를 암호화와 복호화 모두에 사용하지만 또 다른 메커니즘에서는 그들 처리과정에 사용하는 키를 서로 다르게 사용한다. 여기서 전자의 경우를 대칭키 혹은 비밀키 암호 기법이라 하며 후자를 비대칭키 혹은 공개키 암호 기법이라 한다.

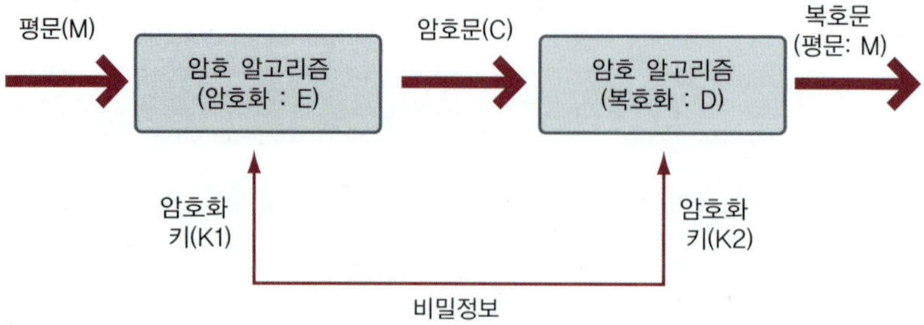

• 암호화: C=E(M, K1)
–비밀키 암호 시스템: K1=K2
–공개키 암호 시스템: K1≠K2(K1 또는 K2는 서로 다른 키를 사용한다.)

• 복호화: M=D(C, K2)

그림 13.24 ▸ 암호화와 복호화 개념

암호화의 한 예를 들자면, 원문의 각 문자에 임의의 숫자 13을 더하는 것이다. 수신자와 송신자가 메시지에 무슨 일을 했는지를 알고 있다면, 수신자는 암호화 과정을 반대로 원문을 알 수 있다. 즉 암호화된 문자에서 각각 13를 빼면 원문을 알 수 있다.

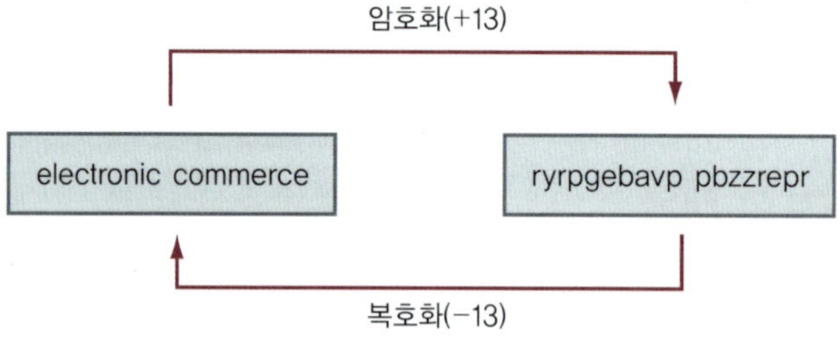

그림 13.25 ▸ 암호화와 복호화의 간단한 예

암호화 기법 분류

암호화 기법은 일반적으로 다음 세 가지의 형태로 분류할 수 있다.

첫째, 모든 암호화 알고리즘은 두 개의 일반적인 원리, 즉 평문의 각 원소를 다른 원소에 대응시키는 대체(substitution)와 평문의 원소들을 재배열하는 치환(transposition)을 기본으로 한다.

둘째, 사용된 키의 개수에 따라 분류할 수 있다. 송신자와 수신자가 같은 키를 사용하면 대칭키(symmetric key), 혹은 비밀키(secret key) 암호화라 하고, 다른 키를 사용하면 비대칭키(asymmetric key), 혹은 공개키(public key) 암호화라 한다.

셋째, 암호화하는 방법으로 스트림(stream) 암호와 블록(block) 암호로 구별된다. 스트림 암호란 연속적으로 글자를 입력해서 연속적으로 출력하는 방법을 말하고, 블록 암호란 한 블록씩 동시에 암호화하여 입력 블록에 대하여 출력 블록을 만드는 것을 말한다. 보통 사용되는 블록의 크기는 64비트이다. 블록 암호는 스트림 암호와 같은 정도의 효과를 얻을 수 있다.

키에 기초한 알고리즘은 다음 두 가지 면에서 편리하다.

첫째, 암호화 알고리즘은 수정하기 어렵기 때문에 대상이 바뀔 때마다 알고리즘을 바꿀 필요가 없다. 다른 키를 사용해서, 많은 사람과 통신할 때 같은 알고리즘을 사용할 수 있기 때문이다.

둘째, 만약 누가 암호를 해독했다면 암호화된 메시지에 새로운 키만 연결하면 된다. 새로운 알고리즘을 연결할 필요가 없다.

각 알고리즘에 사용 가능한 키의 수는 키에 있는 비트의 수에 따른다. 예를 들어, 8비트 키는 단지 256개의 조합이 가능하다. 가능한 키의 수가 길면 길수록 암호화된 메시지를 해독하기는 어렵다. 그러므로 암호문의 해독 난이도는 키의 길이에 비례한다. 256개 정도면 컴퓨터로 모두 다 체크해 볼 수 있으나, 100비트 키가 사용되었다면 컴퓨터가 매초 100만 번을 시도해본다면, 맞는 키를 찾으려면 수백 년 걸릴 것이다. 56비트의 키를 사용하여 만든 것에는 DES(Data Encryption Standard) 알고리즘이 있다. 과거에는 DES 정도이며 안전성이 보장되었으나 오늘날 컴퓨팅 기술의 발전으로 인해 짧은 키를 사용하는 DES는 더 이상 안전하지 않다고 알려져 있다. 따라서 DES보다는 DES를 세 번 적용한 트리플 DES(Triple DEA)를 사용할 것을 권장하고 있다.

2. 비밀키 암호화

암호화 시스템은 처음 생긴 이래로 주로 허가 받지 않은 제3자가 메시지를 읽는 것을 막기 위해 메시지를 암호화하거나 복호화하는 데에 사용하였다.

비밀키 암호화 개념

키를 기본으로 한 암호화 시스템 중 가장 오래된 방법을 대칭키 암호화, 혹은 비밀키 암호화라 한다. 이 방법은 보내는 사람과 받는 사람이 같은 키를 가지고 있는 경우다.

즉, 두 당사자가 그 키를 가지고 암호화하고 복호화 한다. 다음 그림은 비밀키 암호화 과정을 나타낸다. 암호문이 만들어지고 전송된 후에 암호문은 암호화할 때 사용한 키와 같은 키로 해독되어 원래의 평문으로 바뀔 수 있다.

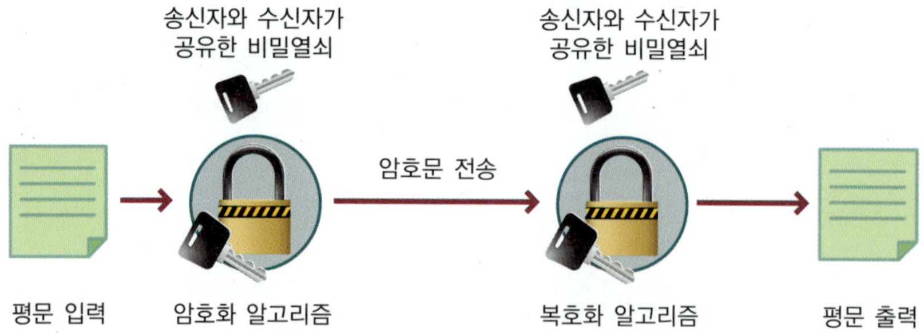

그림 13.26 ▸ 비밀키 암호화 시스템

비밀키 암호화의 보안은 여러 요인에 의존한다. 먼저 암호화 알고리즘은 암호문을 해독하기 어려울수록 그 가치가 있다. 그런데 암호화 알고리즘은 알고리즘의 보안이 아니라 키의 보안에 의존한다. 즉 알고리즘과 암호문을 가지고 메시지를 해독하는 것이 불가능해야 한다. 알고리즘의 보안은 필요 없고 키의 보안만이 필요하다. 이와 같은 이유로 이 암호화 방법은 널리 사용될 수 있다. 알고리즘을 비밀로 할 필요가 없으므로 제조업자들은 싼 가격으로 암호화 알고리즘의 칩을 개발할 수 있다. 비밀키 암호화의 보안 문제는 키의 비밀 유지에 달려있다.

비밀키 암호화의 예

비밀키 암호화 기술의 이해는 오늘날 사용하고 있는 암호화와 암호화 공격을 기본적으로 이해하는데 도움이 된다. 대체(substitution)와 치환(transposition) 기술 중에서 대체를 이용한 암호화의 예를 들어보자.

먼저 가장 오래 전 사용된 대체 암호를 예를 들자. 대체 암호를 사용한 최초의 사람은 쥴리어스 시저(Julius Caesar)이다. 시저는 알파벳을 순서대로 나열한 다음 각 문자를 3 문자 뒤에 위치에 있는 문자로 바꾸어 메시지를 암호화 했다. 다음이 그 예이다.

평　문: a b c d e f g h i j k l m ......
암호문: d e f g h i j k l m n o p ......

한 문자 뒤에 있는 문자로 암호화하거나, 두 문자 뒤, 네 문자 뒤 등으로 암호화 하면 25가지의 방법이 있다. 이처럼 간단한 암호 기법을 시저 암호라 한다. 일정한 숫자만큼 뒤에 있는 문자로 암호화하는 방법이 시저 암호 알고리즘이 되고 이 일정한 숫자가 키가 된다. 만약 시저 암호를 사용한 암호문이 있다면, 가능한 경우를 모두 체크하여 암호를 쉽게 풀 수 있다. 25개의 키 중에 하나를 선택해야 하므로 25번을 시도하면 이 암호는 풀 수 있다. 시저 암호는 너무 쉽게 풀리기 때문에 이 방법을 확장하여 알파벳 문자끼리 일대일 대응을 택하여 암호화할 수 있다. 이러한 방법은 가능한 키의 개수가 26! 이 되어 키의 수가 매우 많은 암호 알고리즘이다.

비밀키 암호화의 특징

암호 분석가가 알고 있는 정보의 양에 따라 암호화된 메시지에 대한 여러 형태의 공격들이 있다. 가장 어려운 것은 단지 암호문만 알고 있을 때 이다. 어떤 경우에는 암호화 알고리즘을 알고 있다고 가정할 수 있다. 이 경우 가능한 공격은 가능한 모든 키를 다 동원하는 것이지만, 키 공간이 매우 크다면 이것은 비현실적이다. 그러므로 이런 경우 암호 분석가는 암호문 그 자체의 분석에 의존해야 한다. 일반적으로 여러 가지 통계적 테스트를 해야 한다. 이 방법을 사용하기 위해 암호분석가는 숨겨져 있는 평문의 형태를 알아야 한다. 즉, 평문이 영어인지, 불어인지, 아니면 도스 파일인지, 자바 소스 파일인지를 알아야 한다.

이러한 비밀키 암호화에는 다음 두 가지 결점이 있다. 통신하는 두 당사자가 서로 같은 키를 가지고 있어야 하므로 n 명의 상대방이 있는 경우 n 개의 비밀키가 있어야 한다. 만약 여러 상대방에게 같은 키를 사용한다면 그들은 서로의 메시지를 읽을 수 있게 된다. 또한 비밀키 암호화 방법으로는 송신자와 수신자를 증명할 수 있는 인증을 할 수 없다. A와 B가 같은 키를 가지고 있을 때 그 두 사람이 메시지를 만들고 암호화한 다음, 서로 다른 사람이 그 메시지를 보냈다고 주장할 수 있다. 이러한 비밀키 암호화의 단점은 부인봉쇄가 불가능하다는 점이다. 이 단점을 해결하기 위한 방법으로 비대칭 암호화 알고리즘을 사용하는 공개키 암호화 기법을 사용한다.

DES 알고리즘

DES(Data Encryption Standard)는 원래 루시퍼(Lucifer)로 알려진 IBM에서 개발된 것을 암호 알고리즘으로 수정한 것으로서 전 세계적으로 가장 잘 알려져서 널리 이용되고 있다. 1973년 미국국립표준국(NBS: National Bureau of Standards)이 국가암호표준을 위한 방법을 공모했을 때 IBM이 이 연구결과를 제출하였고, 공모작 중에서 가장 좋은 알고리즘으로 인정을 받아 1977년에 암호화 표준으로 채택되었다.

DES 알고리즘은 비밀키 암호화 알고리즘 중 가장 널리 사용되고 있는 알고리즘이다. DES에서는 56비트의 키를 사용하여 64비트 자료를 블록 암호화한다. DES 알고리즘은 64비트의 입력을 64비트의 출력으로 바꾼다. DES 에서는 동일한 같은 키를 가지고 같은 방법으로 해독한다.

컴퓨터의 발달에 따라 DES의 안전성이 불충분하므로 미국국립표준기술연구소(NIST: National Institute of Standards and Technology)가 차세대 표준 암호 방식으로 개발한 것이 AES(Advanced Encryption Standard)이다. AES 요구 규격은 데이터 블록 길이가 128비트이고, 키의 길이는 128비트, 192비트, 256비트의 3종류가 있다.

3. 공개키 암호화

중요한 정보를 안전하게 보호하고자 고대로부터 사용되어 온 암호의 최대 난제는 암호화 과정에 사용되는 키를 안전하게 분배시키는 일이다. 이의 해결 방안은 1976년 디피(Diffie)와 헬만(Hellman)에 의해 제안된 공개키 암호기법의 개념을 이용하는 것이다. 이 암호 기법은 키에 관한 정보를 공개함으로써 키 관리의 어려움을 해결하고자 하는 방식이다.

공개키 암호화 개념

공개키 암호화 기법은 대체와 치환보다는 수학적인 함수를 기본으로 한다. 공개키 암호화 기법은 한 개의 키만 사용하는 비밀키 암호화와는 달리 두 개의 분리된 키를 사용하는 비대칭적 암호화이다. 공개키 암호 기법은 암호화할 때 사용하는 키인 공개키(public key)와 복호화할 때 사용하는 키인 비공개키(private key)를 다르게 생성하여 공개키는 공개하고 비공개키만 안전하게 유지하는 방식이다.

공개키 암호 기법에서 한 쌍의 키 중에 한 개의 키는 단순히 정보를 암호화하는 데에, 다른 키는 단지 복호화에 사용한다. 비공개키(private key)는 당사자(소유자)만이 알고 있고, 다른 키는 당사자와 연결되어 있는 모든 것에 공개되어 있으므로 공개키(public key)라 한다. 한 쌍의 키는 하나의 유일한 모양을 가지고 있다. 그 중 한 개의 키에 의해 암호화된 자료는 남은 다른 키에 의해서만 복호화가 가능하다. 다시 말하면, 송신자가 메시지를 암호화하는데 비공개키나 공개키를 사용할 수 있다. 수신자가 복호화하기 위해 다른 키를 사용하면 된다. 네트워크상에서 각 말단시스템은 받을 메시지의 암호화와 복호화를 위하여 한 쌍의 키가 사용되어지도록 형성되어 있다. 각 시스템은 암호화키를 알리기 위하여 암호화키를 공개 레지스터나 파일에 놓는다. 짝이 되는 다른 키는 비밀이다. 이 키들은 메시지의 비밀을 보장하고, 메시지 작성자의 인증에 사용된다. 메시지의 비밀을 보장하기 위해 송신자는 수신자의 공개키를 사용하여 메시지를 암호화 한다. 그러면 비공개키를 가지고 있는 수신자만이 해독할 수 있다.

예를 들어, 비밀 메시지를 전달하기 위해 A는 먼저 D의 공개키를 얻는다. 그러면 A는 D의 공개키를 사용하여 메시지를 암호화한다. 그리고 D에게 보낸다. 그 메시지는 D의 공개키로 암호화되었기 때문에 단지 D의 비공개키를 가지고 있는 사람 D만이 메시를 복호화할 수 있다.

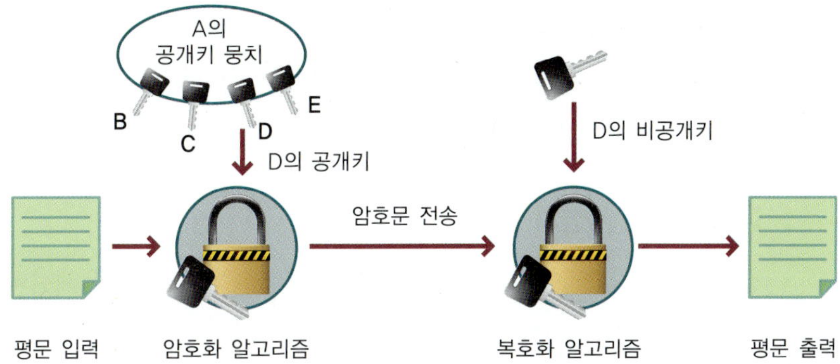

그림 13.27 ▸ 공개키 암호화 시스템

디지털 서명

공개키 암호화 기법을 메시지의 작성자 인증에 이용할 수 있다. A가 B에게 메시지를 보낼 때 A의 비공개키로 암호화하면 B는 A의 공개키로 이를 해독한다. A의 공개키로 해독이 가능하다면, 이 암호문은 A의 비공개키로 암호화한 것임이 틀림없으므로, A가 보낸 것임을 확신할 수 있다. 이를 디지털 서명(Digital Signature)이라 한다. 물론 이 메시지를 바꿀 수도 없으므로 메세지가 그대로 보존된다는 무결성도 보장된다.

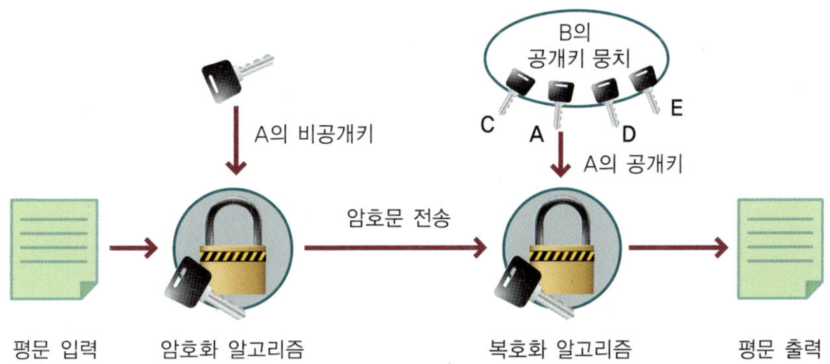

그림 13.28 ▸ 공개키를 이용한 디지털 서명

인터넷상에 정보를 전송하는데 비공개키로 디지털 서명을 사용하는 것은 종이서류에 서명하는 것과 비슷하다. 그러나 송신자의 메시지인 것을 확인할 수는 있어도 다른 누군가 그 메시지를 읽지 않았다고는 확신할 수 없다. 왜냐하면 송신자의 공개키를 사용하여 메시지를 해독할 경우 누구든 원하면 복호화할 수 있으므로 기밀성은 보장할 수 없다. 만약 기밀서류인 경우 다음과 같은 방법으로 메시지를 전달할 수 있다.

송신자의 비공개키로 암호화하고 디지털 서명을 보장하고, 수신자의 공개키로 다시 암호화한다. 이 메시지가 수신자에게 전달되면 이 마지막 암호문은 수신자만이 수신자의 비공개키로 해독하고, 다시 송신자의 공개키로 해독할 수 있으므로 수신자의 메시지를 확인할 수 있다. 그러므로 기밀성이 보장된다. 그러나 이러한 접근 방법은 복잡한 공개키 알고리즘에서 네 번의 단계를 거쳐야 하는 단점이 있다.

공개키 암호 기법의 특징

공개키 암호기법의 주요 장점은 안전성은 물론 편의성이 대폭 개선되었다는 것이며, 또 다른 장점으로는 메시지 내용 또는 발신원에 대한 부인을 방지할 수 있는 전자 서명(digital signature) 기능을 제공한다는 것이다. 비밀키 시스템을 이용한 인증은 약간의 비밀정보를 요구하며 가끔은 제3자의 신뢰적인 개입을 요구하기도 한다. 결과적으로 이러한 경우에 송신 측은 공유한 비밀정보의 일부가 양측 중 어느 한 측에 의하여 훼손되었음을 주장함으로써 이전에 인증된 메시지를 부인할 수 있다. 반면에 공개키 인증은 이러한 형태의 부인을 원천적으로 막을 수 있다. 모든 사용자는 오직 자신의 비공개 비밀키를 잘 보관하는 책임만을 진다. 공개키 인증의 이러한 속성을 부인방지 또는 부인봉쇄라고 한다.

공개키 암호기법의 단점은 암호화의 처리속도가 비밀키 기법에 비하여 비교적 느리다는 것이다. 현재 이용 가능한 공개키 암호화 방법에 비하여 훨씬 빠른 비밀키 암호화 방법이 많이 있다. 그럼에도 불구하고, 공개키 암호기법은 이두 기법들의 장점들을 이용하기 위하여 비밀키 암호기법과 함께 이용할 수 있다. 즉, 암호화를 위하여 가장 좋은 해결방안은 공개키 시스템의 안전성에 대한 장점과 비밀키 시스템에서의 속도에 대한 장점을 모두 얻기 위하여 이두 기법을 상호 보완적으로 혼용한다는 것이다. 이러한 방식의 예는 디지털 봉투(digital envelope)에서 편지의 내용은 비밀키 기법으로 암호화하고 이를 다시 공개키 기법으로 전자서명을 하는 경우에 해당한다.

공개키 암호기법은 비록 사용자의 비공개키 자체를 이용할 수 없다 할지라도 위장(impersonate) 공격에 취약한 점이 있다. 인증 기관(certificate authority)에 대한 공격이 성공하면 공격자는 다른 사람의 이름에 그가 선택한 어떤 키를 연계시켜 놓고 훼손된 인

증기관의 공개키 인증서를 이용함으로써 그가 선택한 사람이 누구든지 간에 그 사람인 것처럼 위장할 수 있게 된다.

공개키 암호 기법은 비밀키 암호 기법을 대체한다는 의미가 아니라 오히려 전체 보안 환경을 보다 안전하게 하기 위한 보완적인 것이다. 공개키 기법의 우선적인 용도는 비밀키 시스템에서의 안전한 키분배에 적용하는 것이다. 비밀키 암호기법 역시 대단히 중요하며 지속적인 연구와 개발이 요구되는 분야이다.

RSA 알고리즘

RSA는 1977년 미국 메사추세츠 공과 대학(MIT)의 리베스트(R. Rivest), 샤미르(A. Shamir), 아델먼(L. Adelman)이 만든 공개키 암호 방식의 암호화 기법으로 세 사람 성의 머리글자를 따서 이름을 만들었다. RSA 암호 방식의 안전성은 큰 숫자를 소인수분해하는 것이 어렵다는 것에 기반을 두고 있으며, 암호키와 공개키를 갖는 공개키 알고리즘 방식이다.

4. 인증

인증의 개요

인터넷상에서 행해지는 여러 유형의 정보의 교류에서 그 상대방이 믿을만한 사람인지, 전송 도중 내용에 이상이 없는지 대한 의구심이 생길 수 있다. 인증(authentication)이란 이와 같은 정보의 교류 속에서 전송 받은 정보의 내용이 변조 또는 삭제되지 않았는지와 주체가 되는 송·수신자가 정당한지를 확인하는 방법을 말한다. 그러므로 암호 시스템을 이용한 인증은 정보보안의 중요한 역할을 하고 있으며, 인터넷상에서 행해지는 전자상거래에 있어서 이러한 보안 문제의 해결을 위해서는 암호기술을 이용한 인증이 매우 중요한 역할을 담당하고 있다.

인증의 유형은 통신 상대방 한쪽에 대해서만 인증을 하는 단방향 인증과 통신 상대방 서로에 대하여 쌍방향으로 인증을 행하는 상호인증으로 분류 할 수 있다. 그리고 전산망에서는 통신망에 연결된 실체가 적법한 상대인가를 인증하는 사용자 인증과 발신 데이터가 변조되지 않고 전달되었는가에 대한 인증하는 메시지 인증으로 분류할 수 있다.

사용자 인증

사용자 인증은 사용자가 터미널을 통해 컴퓨터 시스템에 들어가기를 원하거나 또는 정보의 전송에서 필요한 송/수신자, 이용자, 관리자들이 자신이 신분을 증명하기 위한 방법이다. 사용자 인증은 제3자가 위장을 통해 자신이 진정한 본인임을 증명하려 할 경우, 이를 불가능하게 해야 한다.

메시지 인증

메시지 인증이란 전송되는 메시지의 내용이 변경이나 수정이 되지 않고 본래의 정보를 그대로 가지고 있다는 것을 확인하는 과정을 말한다. 즉 수신된 메시지가 정당한 사용자로부터 전송되었고 변경되지 않았음을 확인하기 위해 인증을 수행하게 된다.

5. 전자서명

전자서명의 개요

전자서명이란 현재 사용되고 있는 도장이나 사인을 전자정보로 구현한 것으로 업무의 안전성을 보증하기 위하여 전자문서에 전자식 방식으로 서명한 것을 말한다. 전자서명은 사이버 세상에서 거래를 증명하거나 신원확인이 필요할 때, 사용자 인증, 메시지 인증에 사용되고, 데이터 무결성을 제공한다. 이러한 전자 서명은 다음과 같은 특징을 가지고 있다.

- 전자서명은 유일하다.
- 전자서명은 전자문서 자체에 첨부되어 있기 때문에 절취하여 다른 문서에 첨부 할 수 없다.
- 자필로 하는 서명은 시간이 흐름에 따라 변할 수 있지만 비공개키가 같은 전자서명은 항상 변하지 않는다.

전자서명은 다음과 같은 요구사항이 필요하다.

- 서명문의 제3자, 수신자에 의한 위조 불가(unforgettable)
  - 서명자만이 서명문을 생성가능
- 서명자 인증(authentic)
  - 서명문의 서명자를 확인 가능
- 재사용 불가(not reusable)
  - 서명문의 서명은 다른 문서의 서명으로 사용 불가능
- 변경 불가(unalterable)
  - 서명된 문서의 내용 변경 불가능
- 부인 불가(non-repudiation)
  - 서명자는 나중에 서명한 사실을 부인 불가능

전자서명은 일상 생활에서 이용하는 인감이나 주민등록증과 같이 인터넷 상에서 신원을 확인하는 방법이다.

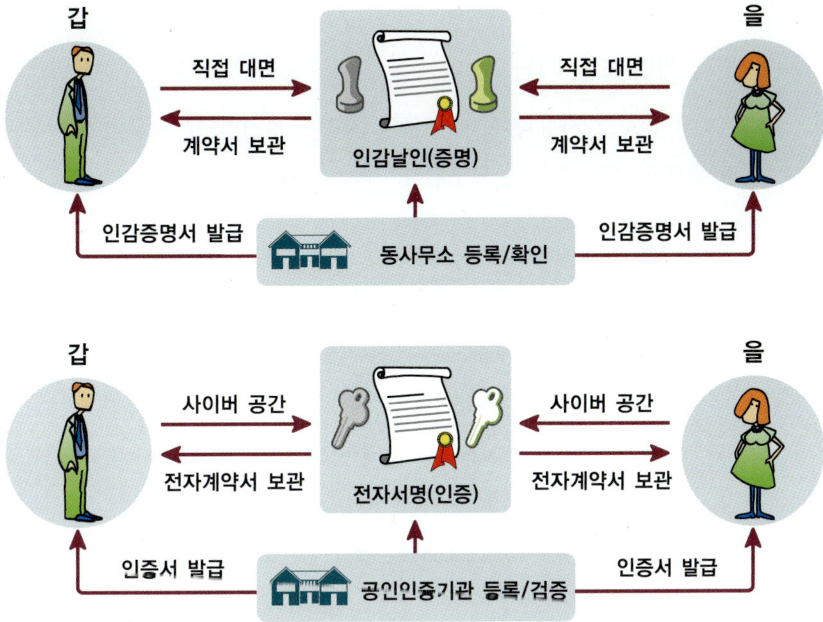

그림 13.29 ▸ 인감과 전자서명의 비교

13.5 인터넷 보안

1. 전자메일 보안

전자메일 보안의 필요성

전자우편은 송신자로부터 수신자에게까지 전송되는 도중에 수많은 컴퓨터들을 거치게 된다. 전송 도중 거치게 되는 컴퓨터의 사용자가 만약 불순한 의도를 가진다면 전자우편의 내용을 도청할 수 있고, 심지어는 내용을 변경하여 전송하거나 전송 자체를 가로막을 수 있다. 더욱 심각한 것은 수신자가 이러한 공격 즉, 도청, 내용의 변경, 전송 방해 등을 감지할 수 없다는 데 있다.

전자우편에 중요한 내용이 포함되어 있다면 이러한 공격들은 매우 심각한 문제점을 유발시킬 수 있다. 또한, 앞으로 전자우편이 전자상거래 등 개인의 중요 정보를 전송하는 시스템에 응용될 것을 감안한다면 이러한 전자우편의 보안 문제점은 더이상 간과할 수 없는 문제가 된다. 그러므로, 전자우편의 보안을 보장해 주는 방법을 준비하는 것이 매우 시급하다.

전자 메일 보안 기능

전자우편은 그 사용량에 비해 보안 기능을 무시한 채 사용되기 쉬우나, 다음과 같은 전자 우편도 보안 기능이 요구된다.

- **기밀성**(confidentiality) : 수신자로 지정된 사용자만이 전자우편의 내용을 읽을 수 있게 함으로써 네트워크상의 공격자가 내용을 도청하지 못하도록 하는 기능이다.
- **사용자 인증**(user authentication) : 전자우편의 송신자로 되어 있는 사용자가 실제로 보낸 것인지를 확인해주는 기능으로 공격자가 신원을 위장하여 전자우편을 보낼 수 없게 하는 기능이다.
- **메시지 인증**(message authentication) : 송신자가 송신할 때의 전자우편의 내용과 수신자가 수신할 때의 내용이 일치하는지를 확인해주는 기능이다.
- **송신 부인방지**(non–repudiation of origin) : 송신자가 전자 우편을 송신한 후, 송신 사실을 부인하지 못하도록 하는 기능이다.
- **수신 부인방지** (non–repudiation of receipt) : 수신자가 전자우편을 수신한 후, 수신 사실을 부인하지 못하게 하는 기능이다.
- **재전송 공격방지**(replay attack prevention) : 송신자와 수신자 사이에서 제3자가 전자 우편을 가로채어 똑같은 메시지를 계속 수신자에게 전송하는 행위를 막는 기능이다.

PGP

PGP(Pretty Good Privacy)는 필 짐머만(Phil Zimmermann)이 제작한 전자우편을 위한 암호 도구이며 PGP가 제공해 주는 보안 기능에는 기밀성, 사용자 인증, 메시지 인증 및 송신부인 방지 등이 있다. 그러나 수신부인 방지 및 재전송 공격 방지 기능 등은 PGP 자체로는 해결해주지 못하고, 메일 프로토콜의 수정을 요구한다.

PGP에서 사용하는 알고리즘은 이미 그 안전성이 입증된 여러 암호화 알고리즘들이며, 새로운 버전이 나오면서 다양한 알고리즘이 추가되는 등의 변화가 있다. PGP를 다른 암호화 도구와 구별해 주는 가장 큰 사항은 공개키 인증으로서 공개키 인증에 대한 권한이 모든 사용자에게 주어져 있다는 것이다.

S/MIME

전자우편의 보안을 위한 또 하나의 방법은 S/MIME(Secure Multipurpose Internet Mail extension)을 이용하는 방법이다. S/MIME은 RSA 데이터 보안 회사(RSA Data Security, Inc.)에서 제작한 도구로서 현재 넷스케이프(Netscape), 익스플로러(Explorer) 등의 메일 프로그램에서 지원하고 있다. S/MIME에서 지원하는 보안 요구사항은 기밀성, 메시지 인증, 송신 부인방지, 및 사용자 인증 등이다.

2. 웹 보안

웹 보안 개요

WWW는 기본적으로 안전하지 않다는 개념에서 출발한다. 그 이유는 WWW 서비스를 지원하는 인터넷 자체가 개방성을 바탕으로 설계된 TCP/IP를 사용하고 있기 때문이다. 그러나, WWW 서비스가 시작되면서 사용 인구가 일반화, 대중화되었고, 이에 따라 WWW의 보안에 관한 관심이 증가하고 있다. 특히, 인터넷의 WWW 서비스를 이용하는 전자상거래 서비스의 형태가 다양화되면서 인터넷을 통해 전송되는 사용자의 중요한 정보의 양이 급격히 증가하고 있다. 보안 기능이 구비되지 않은 WWW을 전자상거래에 계속 이용할 경우, 크고 작은 경제 범죄가 계속하여 발생할 것으로 예상된다.

웹 보안의 취약성

웹은 기본적으로 인터넷과 TCP/IP 인트라넷상에서의 클라이언트/서버 응용 프로그램이다. 웹은 컴퓨터와 네트워크보안에서 다루지 않은 새로운 보안의 위협에 직면해 있다.

- 인터넷에서는 정보를 주고 받는다. 즉 두 가지의 경로, 송신과 수신이 있다. 웹은 인터넷상의 웹 서버에서 누군가에 의하여 공격 받기 쉽다.
- 웹은 통일되고 새로운 정보를 볼 수 있는 창구이며, 비즈니스 거래를 위한 플랫폼의 역할을 하고 있다. 따라서 웹 서버가 파괴되면 심각한 문제가 발생한다.
- 웹 콘텐츠는 방대하고, 웹 서버에 설치되어 운영되는 소프트웨어는 복잡하다. 이 복잡한 소프트웨어는 많은 보안 약점을 숨기고 있을 수 있다. 웹의 역사가 짧으므로 보안 공격을 받기 쉬운, 새롭고 향상된 시스템들이 많다.
- 초보 사용자들은 보통 웹 서비스에 대하여 클라이언트이다. 그런 사용자들은 존재하는 보안의 위협을 알 수도 없고 효과적으로 대응할 도구나 지식도 가지고 있지 않다.

웹 응용 프로그램에 대한 보안에는 두 개의 프로토콜, S-HTTP(Secure HTTP)와 SSL(Secure Sockets Layer) 등이 있다. 이것은 서버와 브라우저의 인증을 제공하고 서버와 브라우저 사이의 통신의 비밀성과 무결성을 보장한다. 특히 S-HTTP는 서류의 인증과 보안을 보장하는 HTTP을 지원하도록 구성되어 있다. SSL은 비슷한 보안을 제공하나, 통신망 스택(응용프로그램 계층과 TCP 전송 계층, IP 통신망 계층 사이)에서 HTTP보다 하위에 작용하여 통신채널의 비밀을 보장한다.

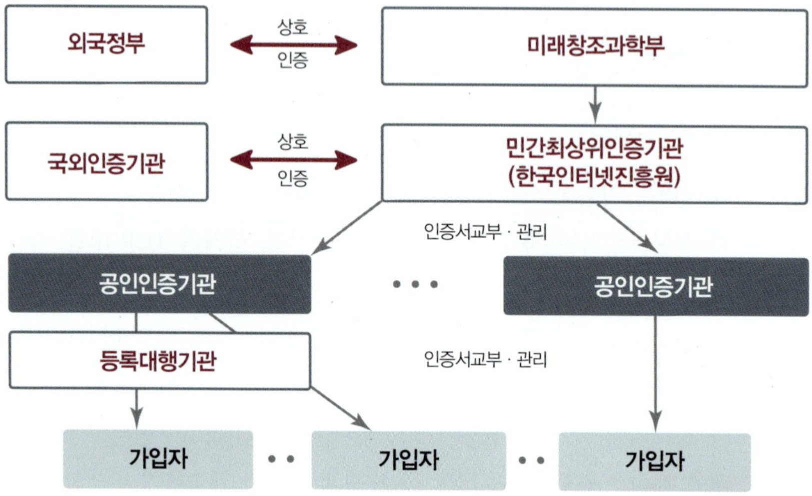

그림 13.30 ▸ 웹 보안 구현 방법의 계층

S-HTTP

S-HTTP(Secure HTTP)는 1994년 미국의 EIT(Enterprise Integration Technologies) 사에서 HTTP 보안 요소를 첨가한 웹 보안 프로토콜로서 범용으로 사용될 수 있도록 설계되었고 통신의 기밀성, 인증, 무결성 등을 지원한다. 응용 레벨에서의 메시지 암호화를 통해 안전한 통신을 보장해 주고, RSA 사의 공개키 암호 알고리즘을 이용하여 서버와 클라이언트가 공유하여야 하는 정보(비밀키) 등을 암호화하여 전송한다.

SSL

SSL(Secure Socket Layer)는 넷스케이프 사에서 개발한 웹 보안 프로토콜로서 응용 계층과 TCP/IP 사이에 위치하며 내용의 암호와, 서버의 인증, 메시지 내용의 무결성을 제공한다. 서버에 대한 인증은 필수적으로 수행하고, 클라이언트에 대한 인증은 서버의 선택에 따라 수행된다.

3. 방화벽

방화벽 개념

방화벽(firewall)을 넓은 의미로 정의하면 인터넷 같은 외부 네트워크에 연결된 LAN과 같은 내부 네트워크를 외부의 불법적인 사용자의 침입으로부터 안전하게 보호하기 위한 정책 및 이를 지원하는 하드웨어 및 소프트웨어를 총칭하며 침입차단시스템이라고도 한다.

방화벽 시스템을 사용하는 일반적인 이유는 방화벽 시스템이 없을 경우, 내부망은 NFS(Network File System)나 NIS(Network Information Service)와 같은 정보보호상 안전하지 못한 서비스에 노출되거나 네트워크 상의 다른 호스트로부터 공격 당할 가능성이 높기 때문이다. 방화벽 시스템을 이용한 네트워크는 호스트의 전체적인 정보보호를 동시에 강화시켜 주는 이점이 있으며, 정보보호 및 통제가 한 곳에서 가능하므로 정보보호 정책을 효율적으로 시행할 수 있다.

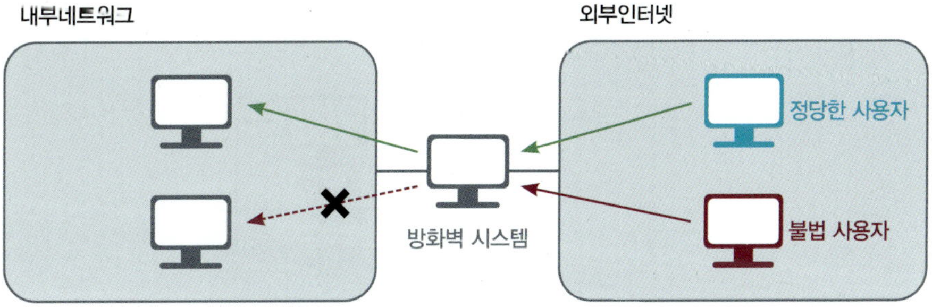

그림 13.31 ▸ 방화벽 개념

방화벽은 보호된 네트워크 밖의 허가 받지 않은 사용자를 막고, 위지석으로 공격 반기 쉬운 서비스가 네트워크에 남아 있거나 들어오는 것을 금지하며, IP를 속이는 여러 형태의 공격으로부터 보호하는 하나의 초크(choke) 점이라 할 수 있다. 보안 능력이 방화벽이라고 하는 하나의 시스템이나 시스템 집합으로 통합되기 때문에 하나의 초크 점의 사용은 보안 관리를 간단하게 만든다.

방화벽은 지역 어드레스를 인터넷 어드레스로 바꾸는 통신망 주소 번역기(translator)의 기능과 인터넷 사용을 감시하거나 기록하는 통신망 관리 기능과 같이 보안과 관련 없는 여러 인터넷 기능을 위한 편리한 플랫폼 역할도 수행한다.

그러나 이러한 방화벽 시스템은 내부의 인증된 사용자에 대해서는 한정된 제어밖에 할 수 없고, 해커가 E-mail, FTP, Web 등의 서비스를 통해 내용 관련 공격을 해올 때 이를 방어할 수 없다는 근본적인 취약점을 가지고 있다. 따라서 방화벽 시스템은 보호하고자 하는 네트워크의 자원이나 정보들을 완벽하게 불법 침입자로부터 보호할 수는 없으며, 다만 외부 네트워크에서 내부 네트워크로의 진입을 1차로 방어해 주는 기능만을 수행한다.

방화벽 동작 원리

방화벽의 주요 목적은 다른 사용자로부터 네트워크를 보호하는 것이다. 네트워크를 보호하는 것은 중요한 데이터를 정당하지 않은 사용자가 접근하는 것을 막고, 정당한 사용자가 네트워크 자원을 방해 없이 접근하도록 하는 것이다.

일반적으로 방화벽은 내부의 신뢰성 있는 네트워크와 외부의 신뢰성 없는 네트워크 사이에 위치한다. 방화벽은 응용 레벨의 네트워크 트래픽을 검사하여 거절하는 초크 점(choke point)으로서 동작한다. 방화벽은 또한 네트워크 계층과 전송 계층에서도 동작할 수 있는데, 이는 들어오고 나가는 패킷의 IP와 TCP 헤더를 검사하여 프로그램된 패킷 필터 규칙에 따라 패킷을 통과시키거나 거절한다. [그림 13.32]는 방화벽의 동작 원리를 보여 주고 있다.

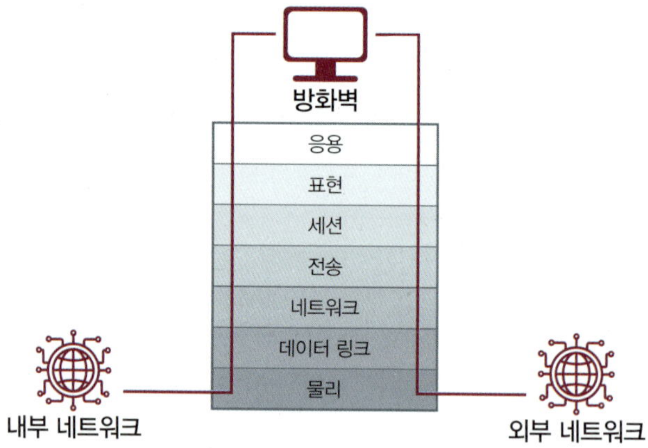

그림 13.32 ▸ 방화벽 동작 원리

현재 시판되고 있는 방화벽 제품은 많은 종류가 있지만 크게 패킷 필터링(packet filtering) 기법과 응용 게이트웨이(application gateway) 방식으로 분류할 수 있다.

13.6 정보 윤리

1. 정보 윤리 개념

정보 윤리란?

우리나라는 다른 어느 나라보다도 정보통신 기술의 발달로 태블릿 PC와 스마트폰 등을 활용하여 다양한 지식과 정보를 공유하고 있다. 이러한 ICT(Information, Communication and Technology)의 발달은 정치, 경제, 사회, 문화 등 국가사회 전체에 영향을 미침으로써 하루가 다르게 우리 삶의 모습을 변화시키고 있다. 이러한 정보화의 발달은 우리 사회를 좋은 방향으로 이끄는 순기능만 있는 것이 아니라 많은 역기능도 나타나고 있는 것이 현실이다. 즉 개인정보침해, 저작권 위반, 사이버폭력, 사이버 성매매, 인터넷 중독, 유해정보 유통, 인터넷 사기, 계층갈등, 사이버 파괴 등의 문제점들이 등장하고 있다. 이러한 정보화 따른 문제점을 해결하기 위해서는 법과 제도도 필요하지만 사회를 구성하는 구성원 개개인이 정보화의 역기능을 치유하고 그 문제점을 예방하려는 노력과 함께 규범인 윤리의식 함양이 절실하다. 즉 '지식정보 사회를 살아가는 구성원으로서 갖추어야 할 바람직한 가치관과 행동양식을 심어주는 윤리적 원리와 도덕규범'을 정보윤리라 할 수 있다.

정보 윤리 필요성

윤리의 사전적 의미는 '사람으로서 마땅히 행하거나 지켜야 할 도리'를 말한다. 정보화 발달에 따라 기존의 윤리로는 날로 다양해지고 복잡해지는 사이버 공간에서의 문제들을 해결하는데 많은 한계점을 안고 있다. 따라서 기존 윤리 이론들을 정보화의 특성을 고려하여 신중하게 적용하는 정보 윤리의 함양이 절실히 필요하다. 이러한 정보 윤리는 법과 제도 등으로 해결하기 힘든 근본적인 문제를 해결해 줄 수 있는 도덕규범으로 바람직한 정보생활을 영위하도록 하게 하는 윤리적 지침을 제시해 줄 수 있다

정보 윤리 원칙

정보윤리 원칙을 살펴보면 존중, 책임, 자율, 정의 등을 들 수 있다. 존중은 사이버 상에서 자신 및 타인을 존중하는 것으로 자신 및 타인의 개인정보를 소중히 여기고 함부로 다루지 않는 것을 뜻하며 타인의 명예를 훼손하거나 이유 없이 타인을 비방하는 행동을 하지 말아야 한다. 정보 격차로 인해 발생하는 문제점들을 인식하고 능동적인 사회인으로서 정보 격차를 줄여나가는 데 앞장서도록 한다.

책임은 사이버 상에서 이루어지는 자신의 행동에 책임의식을 가지는 것으로 프로그램 불법 복제 및 유통을 하지 않으며, 저작권을 보호하고, 음란물 및 허위 정보를 유통하지 않으며, 인터넷 사용자로서 정직한 자세를 가지는 것을 뜻한다.

자율은 정보통신 기술에 대한 노예로 전락하게 되는 인터넷, 음란물, 쇼핑, 도박 중독에 빠지지 않고, 건전한 인터넷 언어를 사용하며, 민주적인 의사표현과 사회 참여를 통해 건전한 네티즌의 자세를 갖는 것을 의미한다.

정의란 인터넷을 통해 공정하고, 타인을 배려하는 행동을 하는 것으로, 차별이나 소외 없는 평등한 정보사회를 건설하고, 정보 소외계층을 배려하고 이들의 권익을 위해 적극적으로 행동하는 것을 의미한다.

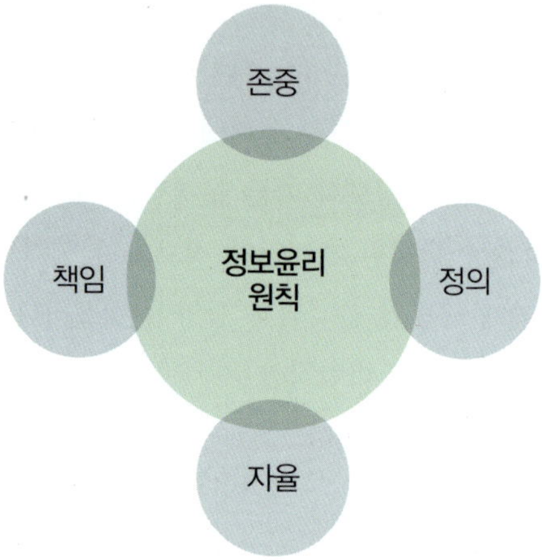

그림 13.33 ▸ 정보윤리 원칙

2. 정보화의 역기능

개인정보 유출

이름, 전화번호, 주민번호 등 개인 정보의 유출은 해당 개인에게 생명 및 신체의 위협뿐만 아니라 재산상의 손실을 비롯한 개인에 대한 편견과 명예훼손 등을 초래할 수 있고, 이로 인해 신용 저하 등 다양한 불이익을 받을 수 있으며, 범죄에 악용될 수도 있다. 정보화 발달에 따른 이러한 개인정보 유출 사건은 일상적인 일이 될 정도로 자주 발생하는 정보화 역기능의 한 예이다.

2014년 국내에서 발생한 롯데카드와 농협카드, 국민은행카드 등 여러 카드 회사의 개인정보 유출은 개인정보를 취급하는 대규모 회사가 얼마나 개인정보의 보안관리를 허술하게 하는지를 보여주는 한 사례이다. 2014년 1월 검찰의 발표로 확인된 개인정보 대량 유출사건은 대한민국의 주요 카드사에서 1억 4000만 건이 넘는 개인정보가 실제 2013년에 유출된 사건이다. 유출된 개인정보는 이름·전화번호·이메일주소·아이디·비밀번호·주민등록번호·신용카드번호 등으로, 이렇게 유출된 개인정보는 스팸메일 등에 이용되거나 최악의 경우, 각종 피싱과 보이스 피싱 등에 악용될 수 있는 상황이었다.

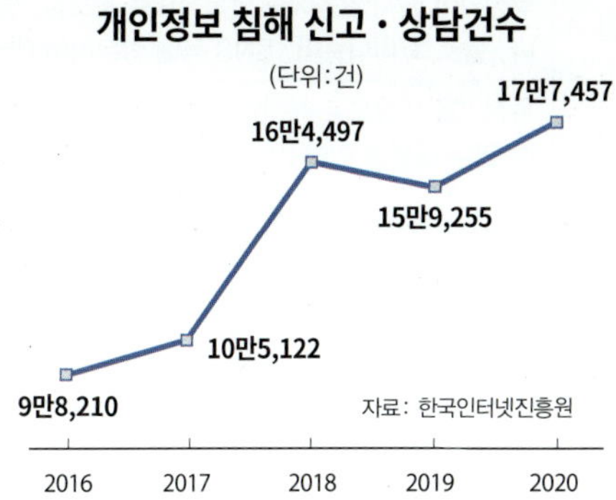

그림 13.34 ▸ 개인정보 침해신고 상담건수

사이버 폭력

인터넷이나 SNS 공간에서 발생하는 각종 사이버 범죄의 일종으로 블로그, 트위터 등의 가상 공간에서 다른 사람에게 피해를 입히는 모든 행위를 사이버 폭력이라 정의할 수 있다. 이러한 사이버 폭력은 특정인을 대상으로 악의를 목적으로 정보기술을 이용하거나 가상공간을 활용하여 고의적, 반복적으로 수행하는 적대적인 행위를 말한다. 특히 익명성이 보장되는 인터넷 사이트에서는 자신의 행위에 대한 죄책감이 사라져 일반인들도 군중 심리에 싸여 사이버 폭력을 자행하고 있음에도 불구하고 그런 행동이 범죄임을 의식하지 못하여 보다 폭력적이 되는 경향이 있다. 사이버 공간의 특수성으로 사이버 폭력은 쉽게 확산되며, 거의 영구적으로 기록이 남아서 피해자에게 지울 수 없는 아픔을 주게 된다.

방송통신위원회와 한국인터넷진흥원의 요약보고서에 따르면 이러한 사이버 폭력 유형은 사이버 언어폭력, 사이버 명예훼손, 사이버 스토킹, 사이버 성폭력, 신산정보 유출, 사이버 왕따 등이 있다.

표 13.3 사이버 폭력의 유형(출처: 방송통신위원회와 한국인터넷진흥원의 요약보고서)

유형	정의
사이버 언어폭력	인터넷, 휴대폰 문자 서비스 등을 통해 욕설, 거친 언어, 인신 공격적 발언 등을 하는 행위
사이버 명예훼손	사실여부에 상관없이 다른 사람/기관의 명예를 훼손하는 글을 인터넷, SNS 등에 올려 아무나(불특정 다수) 볼 수 있게 하는 행위
사이버 스토킹	특정인이 원치 않음에도 반복적으로 공포감, 불안감을 유발하는 이메일이나 쪽지를 보내거나, 블로그/미니홈피, SNS 등에 방문하여 댓글 등의 흔적을 남기는 행위
사이버 성폭력	특정인을 대상으로 성적인 묘사 혹은 성적 비하 발언, 성차별적 욕설 등 성적불쾌감을 느낄 수 있는 내용을 인터넷이나 휴대폰을 통해 게시하거나 음란한 동영상, 사진을 퍼트리는 행위
신상정보 유출	개인의 프라이버시에 해당하는 내용을 언급 또는 게재하거나 신상 정보(이름, 거주지, 재학 중인 학교 등)를 유포시키는 행위
사이버 왕따	인터넷상의 소셜 미디어 사이트, 핸드폰 텍스트 메시지, 채팅 사이트 등의 전자통신 수단을 이용한 왕따를 지칭하는 신종 따돌림

방송통신위원회와 한국인터넷진흥원의 요약보고서의 설문 조사 결과를 보면 사이버 폭력의 원인으로는 '익명성으로 인한 통제의 어려움' 과 '사이버 폭력의 심각성 인식 부족' 이 주요 원인으로 꼽을 수 있다.

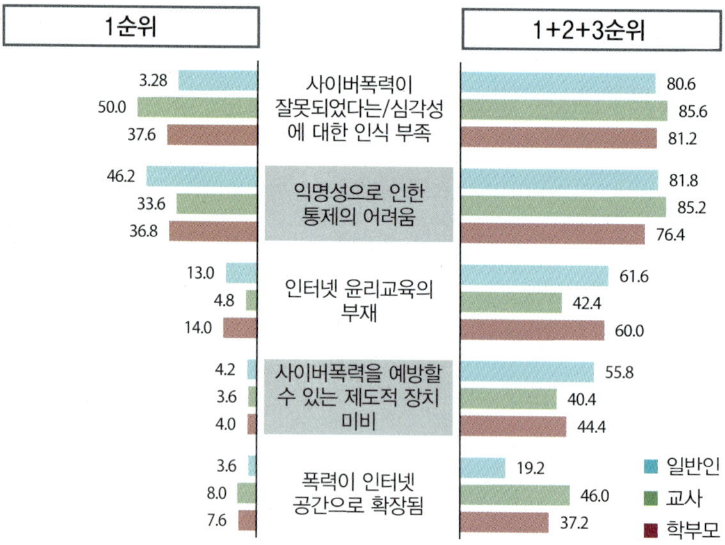

그림 13.35 ▸ 사이버 폭력의 원인(출처: 방송통신위원회와 한국인터넷진흥원의 요약보고서)

다양한 국가기관 및 단체에서 범죄가 없는 클린 사이버 공간을 만들기 위해 노력하고 있으나, 가장 중요한 것은 정보기술의 혜택을 누리는 네티즌 개개인 스스로가 인격적 존재로서 주인의식과 함께 상대를 배려하는 자세를 가지고 밝고 아름다운 사이버 공간을 함께 만들어 가는 것이다.

저작물의 무단 배포

최근 드라마, 가요, 가전제품 등의 다양한 한국의 콘텐츠와 대중문화가 동남 아시아를 비롯하여 전 세계적으로 열풍이 일고 있다. 그러나 한류의 주류를 이끄는 가요나 드라마와 같은 콘텐츠에서 발생하는 실제 수익은 콘텐츠의 불법 유통으로 그 열기만큼 크지 않다고 한다. 이와는 반대로 미국 드라마를 비롯한 영국이나 일본 등에서 제작된 영화나 드라마가 토렌트와 같은 다양한 배포 방법으로 국내에서 무단으로 배포되고 있는 것이 현실이다.

2014년에 미국 유명 드라마 제작사들이 드라마의 자막을 한글로 번역해 불법 배포한 혐의로 네티즌을 집단 고소하는 일이 발생했다. 고소당한 네티즌은 드라마의 자막이라는 특수한 저작물이라 위법인지 몰랐다 하더라도, 분명 영상저작물인 원저작물의 제작자 허가 없이 드라마의 자막인 특수저작물을 무단 배포하는 일은 저작권법에 위배된다고 한다.

이렇듯 저작권법은 나름 복잡하므로 상황에 따라서 위법인 사실을 모를 수 있을 정도로 매우 어려운 법리적 해석이 될 수 있다. 따라서 저작물의 사용과 저장, 관리 또는 배포는 좀 더 엄격하게 정보 윤리를 적용하여 저작물 관리에 조심할 필요가 있다.

IT Story

저작권법에서의 저작물(2014년 7월 1일 시행)

저작권법은 저작자의 권리와 이에 인접하는 권리를 보호하고 저작물의 공정한 이용을 도모함으로써 문화 및 관련 산업의 향상발전에 이바지함을 목적으로 하는 법이다.

저작물은 살펴보면, 소설 · 시 · 논문 · 강연 · 연설 · 각본 등의 어문저작물, 음악저작물, 연극 및 무용 · 무언극 등의 연극저작물, 회화 · 서예 · 조각 · 판화 · 공예 · 응용미술저작물 등의 미술저작물, 건축물 · 건축을 위한 모형 및 설계도서 등의 건축저작물, 사진저작물, 영상저작물, 지도 · 도표 · 설계도 · 약도 · 모형 등의 도형저작물, 컴퓨터프로그램저작물 등이 있다.

다른 저작물로는 2차적저작물과 편집저작물이 있다. 2차적저작물은 원저작물을 번역 · 편곡 · 변형 · 각색 · 영상제작 그 밖의 방법으로 작성한 창작물을 말하여, 독자적인 저작물로서 보호된다. 편집저작물은 저작물이나 부호 · 문자 · 음 · 영상 그 밖의 형태의 자료의 집합물을 말하며, 그 소재의 선택 · 배열 또는 구성에 창작성이 있는 것을 말한다. 편집저작물도 독자적인 저작물로서 보호된다.

내용 점검 문제

[객관식]

다음 각 문항에 대하여 보기 중에서 알맞은 것을 선택하시오.

01 정보보안에 대한 설명으로 옳지 않은 것은?

A. 정보보안은 유형, 무형의 정보 생성과 가공, 유통, 배포, 사용하는 과정에서의 부작용에 대처하기 위한 모든 정보 보호 활동을 포괄하는 광의의 개념이다.

B. 최근 인터넷과 모바일 등 정보기술의 발전으로 정보보안을 위협하는 여러 부작용의 발생은 그 심각성이 더해가고 있다

C. 정보를 유통하는 과정에서 여러 부작용이 발생하고 있다.

D. 정보통신 시스템과 네트워크가 보다 폐쇄화 되고, 연결성이 강화될수록 그 취약성도 비례하여 증대될 것으로 보인다.

02 정보보안을 위협하는 예의 설명으로 옳지 않은 것은?

A. 차단 - 정보를 전송하지 못하도록 하는 행위

B. 가로채기 - 정보 전송 중간에서 정보를 빼내는 행위

C. 변조 - 정보를 송수한 사람이 송신 사실을 부정하는 행위

D. 위조 - 발신자 모르게 정보를 수신자에게 전송하는 행위

03 사용자 A도 모르게 사용자 C가 사용자 B에게 A가 정보를 전송한 것처럼 전송하는 것은?

A. 정보 변조

B. 정보 위조

C. 차단

D. 정보 가로채기

04 정보보안 수칙에서 올바른 암호의 바른 사용 방법이 아닌 것은?

A. 분실을 막기 위해서 추측이 가능한 암호를 이용한다.

B. 가능하면 길게 만든다.

C. 특수문자, 영문자, 숫자를 조합한다.

D. 적어도 3개월 마다 수정한다.

05 다음 빈칸에 알맞은 용어는 무엇인가?

> 정보보안을 위협하는 여러 부작용이 발생하는 장소는 크게 컴퓨터 자체와 컴퓨터와 컴퓨터를 연결하는 네트워크 사이라 할 수 있다. 그러므로 정보보안도 크게 __________보안과 __________보안으로 나눌 수 있다.

A. 송신자, 수신자

B. 비밀성, 무결성

C. 대칭성, 비대칭성

D. 컴퓨터, 네트워크

06 바이러스 종류 중 성격이 다른 하나는?

A. 부트 바이러스

B. 파일 바이러스

C. 부트/파일 바이러스

D. PC 바이러스

07 컴퓨터 통신망을 통하여 사용이 허락되지 않은 다른 컴퓨터에 불법으로 접속하여 저장되어 있는 정보 또는 파일을 빼내거나, 마음대로 바꾸어 놓기도 하고, 심지어는 컴퓨터 운영체제나 정상적인 프로그램을 손상시키는 행위는?

A. 바이러스

B. 크래커

C. 해킹

D. 피싱

08 컴퓨터 바이러스 예방법에 대한 설명으로 옳지 않은 것은?

A. 컴퓨터의 보안 업데이트가 자동으로 실행될 수 있도록 설정한다.

B. 백신 프로그램 또는 개인 방화벽 등 보안 프로그램을 설치 운영한다.

C. 가격이 비싼 소프트웨어는 가급적이면 복사하여 이용한다.

D. 쉐어웨어나 공개 프로그램을 사용할 경우 컴퓨터를 잘 아는 사람이 오랫동안 잘 사용하고 있는 것을 복사하여 사용한다.

09 다음 중 컴퓨터 바이러스에 대한 설명으로 옳지 않은 것?

A. 컴퓨터 바이러스는 디스켓, 네트워크 공유 등을 통해 전파되거나 전자메일, 다운로드 또는 메신저 프로그램 등을 통해 감염된다.

B. 컴퓨터 바이러스는 자기 복사 능력 이외에도 실제의 바이러스와 비슷하게 부작용을 가지고 있는 경우가 많다.

C. 컴퓨터가 바이러스에 감염되면 컴퓨터는 여러 오작동을 할 수 있다.

D. 컴퓨터 바이러스는 감염 없이 자생적으로 스스로 만들어질 수 있다.

10 악성 프로그램과 해킹에 대한 설명으로 옳지 않은 것은?

A. 트로이목마는 해킹 기능을 가지고 있어 인터넷을 통해 감염된 컴퓨터의 정보를 외부로 유출하는 악성 프로그램이다.

B. 해킹(hacking)은 컴퓨터에 불법으로 접속하여 정보를 빼내가는 행위이다.

C. 크래커는 컴퓨터 시스템 내부구조와 동작 따위에 심취하여 이를 알고자 노력하는 사람으로서 대부분 뛰어난 컴퓨터 및 통신 실력을 가진 사람이다.

D. 피싱(phishing)은 개인정보(privacy)와 낚시(fishing)의 합성어이다.

11 해커와 크레커에 대한 설명으로 옳지 않은 것은?

A. 크레커의 원래의 의미는 '컴퓨터 시스템 내부구조와 동작 따위에 심취하여 이를 알고자 노력하는 사람으로서 대부분 뛰어난 컴퓨터 및 통신 실력을 가진 사람들'이다.

B. '다른 사람의 컴퓨터에 침입하여 악의적 행위를 하는 사람'은 원래 크래커(cracker)라는 용어를 사용한다.

C. 현재에는 해커와 크래커는 구별되어 쓰이지 않고 범죄 행위를 하는 자의 의미로 쓰인다.

D. 순수하게 작업과정 자체의 즐거움에 탐닉하는 컴퓨터 전문가들의 행위로 시작된 해킹은 컴퓨터가 일반화되면서 점차 나쁜 의미로 변질되었다.

12 암호화에 대한 설명으로 옳지 않은 것은?

A. 공개키는 모두에게 알려져 있는 키다.

B. 디지털 서명에서 송신자는 공개키를 이용하여 메시지를 암호화한다.

C. 비밀키 암호화 방법에서는 정보를 보내는 사람과 받는 사람이 같은 키를 가지고 있다.

D. DES 알고리즘은 비밀키 암호화 알고리즘 중 가장 널리 사용되고 있는 알고리즘이다.

13 암호화의 반대로, 암호문에서 평문으로 변환하는 것을 무엇이라 하는가?

A. 대칭화　　B. 복호화

C. 공개키　　D. 비밀키

14 다음 중 만든 공개키 암호 방식의 암호화 기법으로 만든 암호 알고리즘은 무엇인가?

A. RSA　　B. CA

C. DES　　D. PGP

15 정보의 교류 속에서 전송 받은 정보의 내용이 변조 또는 삭제되지 않았는 지와 주체가 되는 송/수신자가 정당한지를 확인하는 방법은?

A. 인증　　B. 부인방지

C. 피싱　　D. 방화벽

16 전자메일 보안 기법으로 짝지어진 것은?

A. DES, RSA　　B. PGP, S/MIME

C. SSL, S-HTTP　　D. 패킷 필터링, 응용 게이트웨이

17 정보 보안 서비스에 해당하지 않는 것은?

A. 부인방지　　B. 접근제어

C. 인증　　D. 위조

18 웹 보안 기법으로 짝지어진 것은?

A. DES, RSA
B. PGP, S/MIME
C. SSL, S-HTTP
D. 패킷 필터링, 응용 게이트웨이

19 문자메시지와 피싱의 합성어로 문자메시지 내에 링크된 인터넷주소를 클릭하면 악성코드가 설치되어 소액결제가 되거나 중요한 개인정보 등을 가져가는 수법은?

A. 스미싱
B. 파밍
C. 부인방지
D. 무결성

20 외부 네트워크에 연결된 LAN과 같은 내부 네트워크를 외부의 불법적인 사용자의 침입으로부터 안전하게 보호하기 위한 정책 및 이를 지원하는 하드웨어 및 소프트웨어를 총칭하는 것은 무엇인가?

A. 웹보안
B. 방화벽
C. 게이트웨이
D. 라우터

[괄호 채우기]

다음 각 문항에 대하여 빈칸에 적절한 단어를 채우시오.

01 ___________은 유형, 무형의 정보 생성과 가공, 유통, 배포, 그리고 정보를 사용하는 과정에서 발생하는 여러 부작용에 대처하기 위한 모든 정보 보호 활동을 포괄하는 광의의 개념이다.

02 정보보안의 목표 중에서 ___________은 정보의 소유자가 원하는 대로 정보의 비밀이 유지되어야 한다는 원칙이다

03 ___________는 송신자와 수신자 두 사람 각각 전송하지 않았다고 주장하거나, 수신하지 않았다고 주장하는 것을 막는 방법이다.

04 ___________는 '사용자 몰래 컴퓨터에 들어와 자기 자신 또는 자기 자신의 변형을 복사하는 등의 작업을 통하여 프로그램이나 실행 가능한 부분을 변형하여 컴퓨터의 운영을 방해하는 악성 프로그램'을 말한다.

05 컴퓨터 시스템을 파괴하거나 작업을 지연 또는 방해하는 프로그램인 악성 프로그램은 ___________, ___________, ___________ 등으로 나뉜다..

06 ___________(이)란 비인가 된 자에 의한 정보의 변경, 삭제, 생성 등으로부터 보호하여 정보의 정확성, 완전성을 보장되어야 한다는 원칙이다.

07 ____________은 개인정보(Privacy)와 낚시(Fishing)의 합성어로, 은행 또는 전자상거래 업체의 홈페이지와 동일하게 보이는 위장 홈페이지를 만든 후, 인터넷 이용자들에게 유명 회사를 사칭하는 전자메일을 보내, 위장 홈페이지에 접속하게 하여 계좌번호, 주민등록번호 등의 개인정보를 입력하도록 유도하여, 이를 이용해 금융사기를 일으키는 신종 사기 수법을 말한다.

08 공개키 암호화 기법을 메시지의 작성자 인증에 이용할 수 있는데, A가 B에게 메시지를 보낼 때 A의 ____________로 암호화하면 B는 A의 ____________로 이를 해독한다.

09 ____________이란 현재 사용되고 있는 도장이나 사인을 전자정보로 구현한 것으로 업무의 안전성을 보증하기 위하여 전자문서에 전자식 방식으로 서명한 것을 말한다.

10 ____________을 넓은 의미로 정의하면 인터넷 같은 외부 네트워크에 연결된 LAN과 같은 내부 네트워크를 외부의 불법적인 사용자의 침입으로부터 안전하게 보호하기 위한 정책 및 이를 지원하는 하드웨어 및 소프트웨어를 총칭하며 ____________이라고도 한다.

[주관식]

01 정보보안을 위협하는 예를 열거하고 설명하시오.

02 정보보안 목표를 열거하고 설명하시오.

03 부인방지에 대하여 설명하시오.

04 웜과 바이러스의 차이를 설명하시오.

05 피싱에 대하여 설명하시오.

06 비밀키 암호화 기법의 개념을 그림과 함께 설명하시오.

07 공개키 암호화 기법의 개념을 그림과 함께 설명하시오.

08 공개키 암호화 기법을 이용한 디지털 서명 방법을 설명하시오.

09 인증의 종류를 열거하고 각각에 대하여 설명하시오.

10 국내의 랜섬웨어 피해 사례에 대하여 알아보시오.

참고문헌 및 자료 출처

- http://www.shockwave.com
- http://www.ir52.com
- http://www.iriver.com
- http://www.asciitable.com
- http://en.wikipedia.org/wiki/Animation
- http://www.photoshopcafe.com/tutorials/liquid-type.htm
- http://labnol.blogspot.com/2007/04/download-adobe-premier-cs3-adobe.html
- http://www.naver.com
- http://www.mtv.com
- http://www.samsung070.com
- KAIST EE Newsletter, pp. 6-7, 겨울호, 2007.
- http://www.nero.com
- http://www.Bilizard.com
- http://www.itvt.com
- http://www.cdrummond.qc.ca/cegep/informat/Professeurs/Alain/files/ascii.htm
- 논문 참조: Unpaired Image-to-Image Translation using Cycle-consistent Adversarial Networks
- github.com/junyanz/CycleGAN
- https://www.youtube.com/watch?v=UCwbJxW-ZRg&t=41s
- 논문 참조: Synthesizing Obama: Learning Lip Sync from Audio
- https://www.sramanamitra.com/2017/07/05/manand-superman-life-near-an-approaching-technology-singularity
- www.youtube.com/watch?v=V1e YniJ0Rnk
- www.youtube.com/watch?v=QilHGSYbjDQ&pbjreload=101
- https://www.toolboxtve.com/from-tv-to-ott
- www.bbc.com/bitesize/guides/zp92mp3/revision/1
- https://www.privacy.go.kr/nns/ntc/cmd/tenCommandments.do
- www.cs.cmu.edu/afs/cs/usr/wing/www/publications/Wing06.pdf

찾아보기

ㅅ

ㅇ

M

N – P

Q – R

S

T – V

W – Z

번호